前言

　　這世界上有各式各樣的投資流派，每個流派也都有佼佼者獲利驚人，例如說有人做統計套利，包括股票、期貨、可轉債之間的價值計算，或者是整股零股之間的套利，也有台指期不同合約之間的套利，套利手法之多，數不勝數。更有人做大家熟知的價值投資，透過分析財報去選股，然後以籌碼、價量去擇時。

　　所謂江湖一點訣，其實有些在投資領域的專有名詞或是手法，聽起來非常高深，但實際上概念不難理解，但往往執行時又困難重重，我們舉個例子，例如說大家常常聽到的套利，有一個最基礎的是我們同時觀測大小微台的價格，因為他們背後的指數都是同一邏輯，所以理論上價格應要相當接近，當我們看到了例如說 10 點以上的價差，可能是有某一個台指產品被超買或超賣了，所以我們就做多超賣的一邊，做空超買的一邊，即可鎖住獲利，聽起來概念很簡單，實作也很簡單對吧？就是觀測價差，看到價差進去一多一空，甚至簡單的加減法就可以。但問題是，我們看到了 10 點價再進去搶，99% 搶不到，早就被市場的高頻交易商搶光，我們下單後會發現價差完全不存在，而產生手續費的損失。在微台剛出的時候，我們也搶進去執行套利，但一個月後我們就搶不到任何價差了。上述例子可以傳達，我們一開始可能覺得「套利」這個詞高大上，很困難，但如果有人舉了一個例子，我們會發現他的概念很簡單，但自己真的要去做的時候，又會發現簡單的策略執行起來高深莫測。

還有一個剛加入量化投資領域，剛剛研發出第一個策略的人常常做錯的事情 – 就是為了績效而沒有去考量合理性，過度的去擬合參數，或者是偷看到未來數據。坦白說，我們作為歷史數據的未來人，要用過去的數據建構出回測賺錢的策略，絕不是困難的事情，在量化交易的競賽中，我們提交了 50 多個台美中股，夏普比率 >1.5 以上，並符合各項檢測的交易策略，甚至有些策略的夏普 > 4 以上，但我們深知很多策略在未來一定會失效，只是競賽使用罷了。我們透過擬合參數，絕對可以做出賺錢的策略，而且超級賺錢，但這些策略在未來一定非常淒慘。

因此在本書中，我們除了傳授技術，無論是量化分析技術還是工程技術，我們都希望在過程中不斷向讀者提醒，以避免做出未來一定會很淒慘的那種策略，另外因為書本的篇幅有限，而且有些套件例如說券商的下單 shioaji 及資料源 yfinance 可能會因為更新了新版，而與書本教的方式使用方法不同，所以我們在 github 中提供了程式碼以及 issue 供讀者發問討論，如果套件使用方法有變，我們也會在上面做即時的更新，讀者在開始之前可以先去 github 搜尋 ZJHuang915 找到本書的程式碼 PythonQuantTrading，害羞提 issue 的同學也可以找到我們的個人信箱，隨時寄信給我們，我們都會盡快做回覆。

目錄

第 1 章 股票財報的量化分析與研究

1.1 認識財報因子 1-1
　　解析三大重要財報 1-1
　　取得財報因子資料 1-15
　　常見的六大重要財報因子 1-26
1.2 透過 Alphalens 評估因子 1-31
　　如何使用 Alphalens 1-36
　　解析 Alphalens 報表中五大分析結果 1-54
1.3 建立財報因子選股模型來挑選績優股 1-73
　　建立單因子選股模型 1-73
　　建立多因子選股模型 1-82
　　靜態 / 動態選股模型 1-103
1.4 財報因子選股模型回測績效 1-106
　　Backtrader 介紹 1-106
　　Pyfolio 介紹 1-130
　　Backtrader 因子模型回測結果 1-140
　　Backtrader 因子模型回測結果 - 未交易的問題 1-153

第 2 章 股票價量的量化分析與研究

- 2.1 認識價量因子 2-1
  - 什麼是價量數據 2-1
  - 創建價量因子的常見手法 2-3
  - 四大類價量因子 2-10
- 2.2 快速產生多種價量因子 2-21
  - TALIB 使用介紹 2-21
  - 開源的 Alphas-WorldQuant 101 2-27
  - 開源的 Alphas- 國泰君安 191 2-30
- 2.3 WorldQuant 101 Alphas 因子分析 2-35
- 2.4 台股操作更傾向反轉還是動能？ 2-46

第 3 章 台指期的價量研究

- 3.1 台指期的資料處理 - 分 K 轉換 3-11
- 3.2 台指期在回測系統中如何設定？ 3-20
- 3.3 台指期的策略研究 3-29
- 3.4 台股與台指期的結合 - 對沖股票部位 3-65

第 4 章 AI 模型好用嗎？

- 4.1 前言 4-1
  - 任務目標的類型 4-5
  - 切分資料集 4-6
  - 低度擬合 vs 過度擬合 4-7
  - AI 模型預測的任務五大步驟 4-9

4.2	機器學習在股價預測上的應用	4-11
	線性迴歸模型 (Linear Regression Model)	4-12
	邏輯迴歸模型 (Logistic Regression Model)	4-17
	決策樹模型 (Decision Tree Model)	4-23
	隨機森林模型 (Random Forest Model)	4-30
	XGBoost	4-34
4.3	深度學習在股價預測上的應用	4-38
	隨機種子 (Random Seed) 設定	4-39
	數據載入和批量 (Batch) 處理	4-40
	損失函式 (Loss Function) 選擇	4-42
	優化器 (Optimizer) 設定	4-47
	模型 (Model) 架設	4-51
	訓練函式	4-61
	評估函式	4-63
4.4	強化學習在股價預測上的應用	4-64
	Environment 設置實作	4-68
	模型訓練實作	4-77
	模型推論實作	4-81
	多資產交易範例	4-83

第 5 章 該如何進行交易？

5.1	透過 Backtrader 獲取交易訊號及串接下單 API– 以股票為例	5-3
5.2	透過 Backtrader 獲取交易訊號及串接下單 API– 以期貨為例	5-62
5.3	Line Message API 進行交易推播	5-103
5.4	自建 Airflow 排程環境	5-125
	Docker 簡介	5-126
	Airflow 簡介	5-133

　　　　將股票策略加入 Airflow 排程中 5-154

　　　　將期貨策略加入 Airflow 排程中 5-183

　5.5　結語 – 交易前請看..5-198

1 股票財報的量化分析與研究

1.1 認識財報因子

解析三大重要財報

　　當你看到這個章節的標題時,可能會好奇為什麼這本書要從財報因子開始談起?其實原因很簡單,財報數據很好地反映出一家公司的體質,是分析公司最基本也最重要的資訊來源。當然我們判定是好公司之後,還可以藉由價量及籌碼去判定股票是否價格足夠甜美、籌碼分布是否健全。但無論如何,財報代表了一家公司的盈利狀況及體質,所以我們才選擇從財報因子作為量化分析研究的起點。

第 1 章 股票財報的量化分析與研究

我們來聊聊什麼是財務報表。簡單來說，你可以把財報想像成公司的健康檢查報告。醫生會根據血壓、心跳等指標來評估我們的身體狀況，財報則是透過分析公司的具體數據來了解公司的盈利能力、債務狀況和營運表現。對於投資者和管理者而言，財報是一個相當重要的參考工具，能夠幫助我們更好地評估公司的現狀及未來發展。所謂「知己知彼，百戰百勝」，如果你願意花時間閱讀和研究這些公開的財報數據，就有機會在股市中發現那些財務穩健且獲利穩定的公司。

當然不是說財報指標就能完美的讓我們大家都賺到錢，畢竟財報都是公開的，稍微有一點點研究過的人都能夠輕易取得這家公司是否是營利，但我們寫程式的人，是不是有更有效率的方式分析財報數據，或者是否能生成更有利的財報指標，並且分析他對配置資產是有幫助的，這是我們本章節想要傳遞的重點，例如說，大家都知道稅後淨利這個指標來看公司是不是賺錢的，但我們還可以繼續問幾個問題分析下去：包括公司的稅後淨利在全市場中表現如何？他的稅後淨利相比他的資產或股本是不是足夠賺錢？單純一個「賺十億」是毫無意義的，要跟許多事一起看，他才產生價值，例如說跟他的資產比，如果他資產一億，他能夠賺十億，真的是太驚人優秀了；但如果他資產一千億，賺十億其實讓人覺得有點可惜，並且跟同樣業務的其他公司比起來如何？當我們有這個想法的時候，可以嘗試做這個指標，然後做因子分析，再建構策略，有效的話最終成為我們的交易訊號。

回歸正題，接下來，會來介紹三大重要財報，包含資產負債表、損益表和現金流量表。我們可以在公開資訊觀測網站查詢上市櫃公司的公開資訊，其中公開資訊包含了各間公司基本資料、股東會及股利、重大訊息公告以及本章節的重點—財務報表。

◆ 資產負債表（Balance Sheet）

資產負債表主要由三個部分組成：資產、負債和股東權益。簡單來說，資產可以理解為「錢用在哪裡」，而負債和股東權益則代表「錢從哪裡來」。然而,負債和股東權益的差別在於「取得資金的方式」,如果公司是向外借款,例如發行公司債或是向銀行貸款,這些屬於負債;如果是向股東募資,則屬於股東權益。

資產和負債分別依照「資產變現的能力」和「債務到期的時間」來區分是否具有流動性。能在一年內轉換成現金的資產稱為流動資產,其他則屬於非流動資產;同樣地,一年內需要償還的負債稱為流動負債,其餘的則為非流動負債。最後,資產負債表上的資產總額一定會等於負債總額加上股東權益總額,這就是為什麼資產負債表的英文名稱叫做 Balance Sheet(平衡報表)的原因。如果你對資產和負債詳細項目有興趣,可以直接查閱財報,裡面會列出公司記錄的細項。

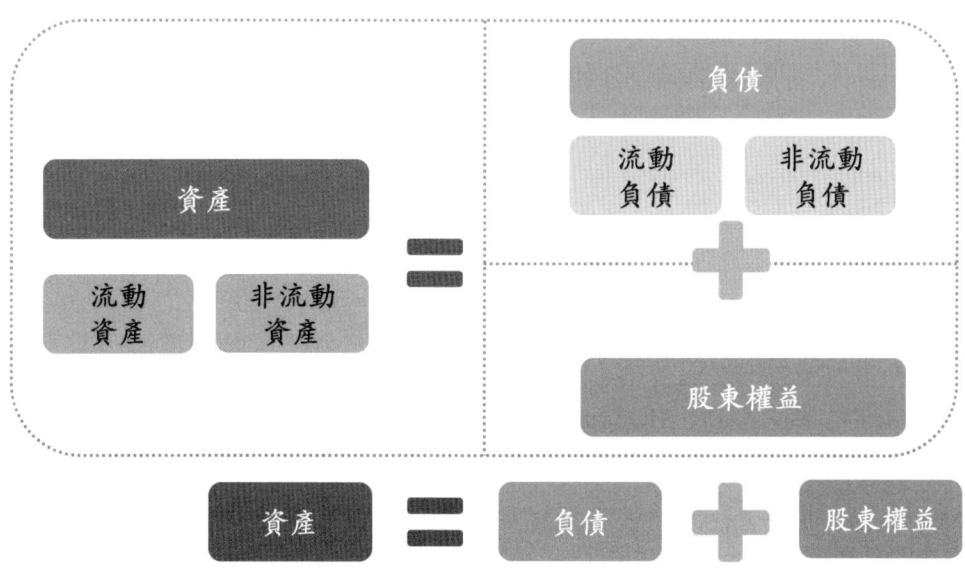

▲(圖 - 資產負債表架構圖)

舉個例子來說,阿瑋最近開了一間洗衣店。開業時,他向銀行借了五萬塊,並且朋友投資了三萬塊。阿瑋用這八萬塊去買了一台洗衣機。對於這家洗衣店來說,這台價值八萬塊的洗衣機是資產,銀行借的五萬塊是負債,而朋友投資的三萬塊則是股東權益。

第 1 章 股票財報的量化分析與研究

股東權益就是資產扣掉負債後剩餘的部分。換句話說,股東權益反映了如果公司進行清算後的價值,也就是償還所有負債後股東能夠獲得的資產價值。有些投資者會透過比較股票當下價格和每股股東權益,來判斷股價是否被高估或低估。

企業的長期財務狀況是決定長期投資成敗的關鍵,而最能反映公司長期財務體質的正是資產負債表。透過資產負債表中的資產與負債結構,我們可以特別關注公司是否面臨流動性風險。下圖顯示了台積電在 112 年第四季的資產負債表範例(資料來源:公開資訊觀測站)。

民國112年第4季
單位:新台幣仟元

會計項目	112年12月31日 金額	%	111年12月31日 金額	%
流動資產				
現金及約當現金	1,465,427,753	26.49	1,342,814,083	27.05
透過損益按公允價值衡量之金融資產－流動	924,636	0.02	1,070,398	0.02
透過其他綜合損益按公允價值衡量之金融資產－流動	154,530,830	2.79	122,998,543	2.48
按攤銷後成本衡量之金融資產－流動	66,761,221	1.21	94,600,219	1.91
避險之金融資產－流動	0	0.00	2,329	0.00
應收帳款淨額	201,313,914	3.64	229,755,887	4.63
應收帳款－關係人淨額	624,451	0.01	1,583,958	0.03
其他應收款－關係人淨額	71,871	0.00	68,975	0.00
存貨	250,997,088	4.54	221,149,148	4.45
其他流動資產	53,381,146	0.96	38,853,204	0.78
流動資產合計	2,194,032,910	39.66	2,052,896,744	41.35
非流動資產				
透過損益按公允價值衡量之金融資產－非流動	13,417,457	0.24	0	0.00
透過其他綜合損益按公允價值衡量之金融資產－非流動	7,208,655	0.13	6,159,200	0.12
按攤銷後成本衡量之金融資產－非流動	79,199,367	1.43	35,127,215	0.71
採用權益法之投資	29,616,638	0.54	27,641,505	0.56

不動產、廠房及設備		3,064,474,984	55.39	2,693,836,970	54.26
使用權資產		40,424,830	0.73	41,914,136	0.84
無形資產		22,766,744	0.41	25,999,155	0.52
遞延所得稅資產		64,175,787	1.16	69,185,842	1.39
其他非流動資產		17,053,843	0.31	12,018,111	0.24
非流動資產合計		3,338,338,305	60.34	2,911,882,134	58.65
流動負債					
透過損益按公允價值衡量之金融負債－流動		121,412	0.00	116,215	0.00
避險之金融負債－流動		27,334,164	0.49	813	0.00
應付帳款		55,726,757	1.01	54,879,708	1.11
應付帳款－關係人		1,566,300	0.03	1,642,637	0.03
其他應付款		423,960,584	7.66	454,300,789	9.15
本期所得稅負債		98,912,902	1.79	120,801,814	2.43
其他流動負債		305,961,197	5.53	312,484,841	6.29
流動負債合計		913,583,316	16.51	944,226,817	19.02
非流動負債					
應付公司債		913,899,843	16.52	834,336,439	16.81
長期借款		4,382,965	0.08	4,760,047	0.10
遞延所得稅負債		53,856	0.00	1,031,383	0.02
租賃負債－非流動		28,681,835	0.52	29,764,097	0.60
其他非流動負債		188,506,553	3.41	190,171,228	3.83
非流動負債合計		1,135,525,052	20.53	1,060,063,194	21.35
負債總額		**2,049,108,368**	**37.04**	**2,004,290,011**	**40.37**
歸屬於母公司業主之權益					
股本					
普通股股本		259,320,710	4.69	259,303,805	5.22
股本合計		259,320,710	4.69	259,303,805	5.22
資本公積					
資本公積－發行溢價		33,299,225	0.60	33,076,016	0.67
資本公積－實際取得或處分子公司股權價格與帳面價值差額		8,406,282	0.15	8,406,282	0.17
資本公積-認列對子公司所有權權益變動數		4,199,936	0.08	4,229,892	0.09

資本公積－受贈資產	81,368	0.00	64,955	0.00
資本公積－採用權益法認列關聯企業及合資股權淨值之變動數	302,396	0.01	311,863	0.01
資本公積－合併溢額	22,803,291	0.41	22,803,291	0.46
資本公積－限制員工權利股票	783,883	0.01	438,029	0.01
資本公積合計	69,876,381	1.26	69,330,328	1.40
保留盈餘				
法定盈餘公積	311,146,899	5.62	311,146,899	6.27
特別盈餘公積	0	0.00	3,154,310	0.06
未分配盈餘（或待彌補虧損）	2,846,883,893	51.46	2,323,223,479	46.79
保留盈餘合計	3,158,030,792	57.08	2,637,524,688	53.12
其他權益				
其他權益合計	-28,314,256	-0.51	-20,505,626	-0.41
庫藏股票	0	0.00	0	0.00
歸屬於母公司業主之權益合計	3,458,913,627	62.52	2,945,653,195	59.33
非控制權益	24,349,220	0.44	14,835,672	0.30
權益總額	**3,483,262,847**	**62.96**	**2,960,488,867**	**59.63**
負債及權益總計	5,532,371,215	100.00	4,964,778,878	100.00

▲（圖 - 台積電在 112 年第四季的資產負債表範例）

◆ 損益表（Income Statement）

　　損益表主要由三個部分組成：收入、支出和所得稅。我們經常在新聞中聽到某家公司營業收入創下新高，或營業利益大幅成長的消息。然而，這些數字不一定代表公司實際賺取的利潤，因為營業收入和營業利益都是由許多不同的項目組合而成。因此，若要真正理解一家公司的營運狀況，首先需要掌握損益表的結構。透過下方營業收入的公式以及**圖 - 損益表架構圖**，可以清楚了解損益表中各項目間的關聯性，幫助我們更正確地評估公司財務表現。

　　營業收入

　　＝營業成本＋營業毛利

= 營業成本 + 營業費用 + 營業利益

= 營業成本 + 營業費用 + 業外收支 + 稅前淨利

= 營業成本 + 營業費用 + 業外收支 + 所得稅 + 稅後淨利

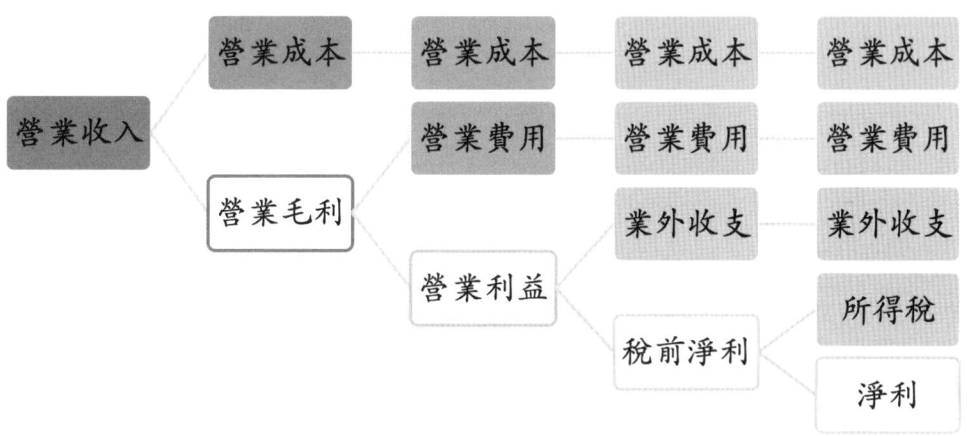

▲（圖 - 損益表架構圖）

我們提到的營業成本、營業費用和業外支出，這三者都屬於支出，但它們有不同的涵義。營業成本是指公司在「製造產品或提供服務過程中直接產生的成本」，像是購買原物料或工廠的生產費用，這些成本與公司的核心業務息息相關。營業費用則是指「與銷售無關的間接成本」，這些費用都必須支付，例如水電費、員工薪資或產品的研發費用。業外支出是指「與公司主要業務無關的支出」，像是額外投資損失或出售資產時的虧損，這些不屬於公司日常營運的一部分。

舉個例子，假設阿瑋開了一家飲料店，茶葉原料、飲料杯或提袋這些成本屬於和本業直接相關的營業成本，因為它們是製作飲料時必須支出的費用。而員工工資、店租則是和本業間接相關的營業費用，即便一天賣不出任何一杯飲料，這些費用仍然需要支付。如果阿瑋決定賣掉舊的飲料封膜機，那麼這筆交易產生的損益就屬於業外收支，因為這項交易並不是飲料店日常營運的一部分。

第1章 股票財報的量化分析與研究

圖 - 損益表架構圖右下角顯示的「淨利」是公司最終盈虧的關鍵指標。如果淨利為正，代表公司有賺錢；如果淨利為負，則表示公司處於虧損狀態。當我們在評估一家公司的投資價值時，除了要參考資產負債表來了解公司的財務狀況，還需要仔細分析損益表，以確認公司是否持續賺錢。此外，我們還應深入了解哪些項目在提升收益，哪些項目可能造成虧損，才能更全面地評估公司的經營狀況和投資潛力。

舉例來說，如果公司的虧損主要來自於研發成本增加，那麼這或許不需要過度擔心，因為這類虧損可能只是短期現象，未來研發的成果可能會帶來更高的收益。相反地，如果公司的高利潤主要來自於出售機器或土地，那就值得關注，因為這可能意味著公司正在縮小規模或退出某些業務。因此，在評估這些數據時，我們應該關注數字背後的深層含義。下圖顯示了台積電在112年第四季的損益表範例（資料來源：公開資訊觀測站），幫助我們更具體了解公司的收益與支出狀況。

民國112年第4季

單位：新台幣仟元

會計項目	112年度 金額	%	111年度 金額	%
營業收入合計	2,161,735,841	100.00	2,263,891,292	100.00
營業成本合計	986,625,213	45.64	915,536,486	40.44
營業毛利（毛損）	1,175,110,628	54.36	1,348,354,806	59.56
營業毛利（毛損）淨額	1,175,110,628	54.36	1,348,354,806	59.56
營業費用				
推銷費用	10,590,705	0.49	9,920,446	0.44
管理費用	60,872,841	2.82	53,524,898	2.36
研究發展費用	182,370,170	8.44	163,262,208	7.21
營業費用合計	253,833,716	11.74	226,707,552	10.01
其他收益及費損淨額				
其他收益及費損淨額	188,694	0.01	-368,403	-0.02
營業利益（損失）	921,465,606	42.63	1,121,278,851	49.53
營業外收入及支出				
利息收入	60,293,901	2.79	22,422,209	0.99
其他收入	479,384	0.02	947,697	0.04

1-8

1.1 認識財報因子

其他利益及損失淨額	4,276,095	0.20	3,493,586	0.15
財務成本淨額	11,999,360	0.56	11,749,984	0.52
採用權益法認列之關聯企業及合資損益之份額淨額	4,655,098	0.22	7,798,359	0.34
營業外收入及支出合計	57,705,718	2.67	22,911,867	1.01
稅前淨利（淨損）	979,171,324	45.30	1,144,190,718	50.54
所得稅費用（利益）合計	141,403,807	6.54	127,290,203	5.62
繼續營業單位本期淨利（淨損）	837,767,517	38.75	1,016,900,515	44.92
本期淨利（淨損）	837,767,517	38.75	1,016,900,515	44.92
其他綜合損益(淨額)				
確定福利計畫之再衡量數	-623,356	-0.03	-823,060	-0.04
透過其他綜合損益按公允價值衡量之權益工具投資未實現評價損益	1,954,563	0.09	-263,749	-0.01
避險工具之損益－不重分類至損益	39,898	0.00	0	0.00
採用權益法認列之關聯企業及合資之其他綜合損益之份額-不重分類至損益之項目	42,554	0.00	154,457	0.01
與不重分類之項目相關之所得稅	-124,646	-0.01	-733,956	-0.03
不重分類至損益之項目：	1,538,305	0.07	-198,396	-0.01
國外營運機構財務報表換算之兌換差額	-14,464,353	-0.67	50,845,614	2.25
透過其他綜合損益按公允價值衡量之債務工具投資未實現評價損益	4,123,201	0.19	-10,102,658	-0.45
避險工具之損益	-74,735	0.00	1,329,231	0.06
採用權益法認列之關聯企業及合資之其他綜合損益之份額-可能重分類至損益之項目	63,938	0.00	550,338	0.02
與可能重分類之項目相關之所得稅	0	0.00	-6,036	0.00
後續可能重分類至損益之項目：	-10,351,949	-0.48	42,628,561	1.88
其他綜合損益（淨額）	-8,813,644	-0.41	42,430,165	1.87
本期綜合損益總額	828,953,873	38.35	1,059,330,680	46.79
淨利（損）歸屬於：				
母公司業主（淨利/損）	838,497,664	38.79	1,016,530,249	44.90
非控制權益（淨利/損）	-730,147	-0.03	370,266	0.02
母公司業主（綜合損益）	830,509,542	38.42	1,059,124,890	46.78
非控制權益（綜合損益）	-1,555,669	-0.07	205,790	0.01
基本每股盈餘				
基本每股盈餘		32.34		39.20
稀釋每股盈餘				
稀釋每股盈餘		32.34		39.20

▲（圖 - 台積電在 112 年第四季的損益表範例）

◆ 現金流量表（Cash Flow Statement）

現金流量表主要由三個部分組成：營運現金流、投資現金流和籌資現金流。顧名思義，現金流量表用來記錄公司現金的流向，包括現金的流入和流出。現金對公司的營運至關重要，就像我們日常生活中需要現金來支付吃飯、服飾、住房和交通等開支一樣，公司在日常營運中也需要穩定的現金流入來支付各種費用，確保業務的順利運作。

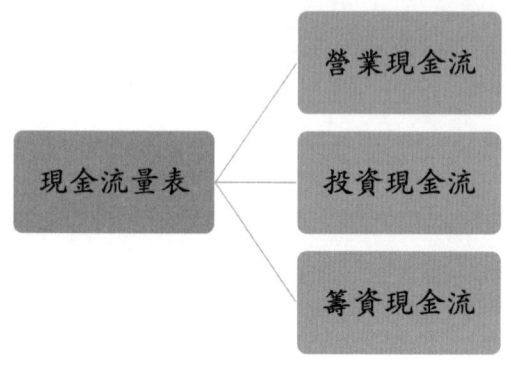

▲（圖 - 現金流量表架構圖）

營運現金流、投資現金流和籌資現金流分別代表公司在不同活動中的現金流動情況。營運現金流指的是所有「與公司主要業務營運相關的現金流」。如果營運現金流為正值，表示公司在日常營運中有穩定的現金流入；如果為負值，則代表現金在營運過程中持續流出，這時需要特別注意公司的現金管理狀況。投資現金流指的是「與投資活動相關的現金流」，如購買長期資產（如設備、廠房）、收購其他公司、投資股票或債券等。如果投資現金流為正值，可能表示公司正在出售資產來獲取現金；而投資現金流為負值通常是正常現象，因為企業常會投資於設備或擴展業務來促進未來的成長。籌資現金流指的是「透過貸款或募資等方式獲得的現金流」，這些活動並不屬於公司日常運營。如果籌資現金流為正值，表示公司正在向銀行或股東籌集資金；如果為負值，則表示公司在償還銀行貸款、支付利息或向股東支付現金股利等。

1.1 認識財報因子

　　總之，現金流量表的主要功能是評估公司現金流入和流出的整體狀況。與其他財務報表不同，現金流量表只會記錄實際發生現金「收付」的動作。當現金流量表上的某個數字為負值時，並不一定表示公司處於不利狀況，需要仔細分析現金流入流出的具體項目來判斷。下圖顯示了台積電在112年第四季的現金流量表範例（資料來源：公開資訊觀測站），有助於我們進一步了解公司現金運作的情況。

民國112年第4季

單位：新台幣仟元

會計項目	112年度 金額	111年度 金額
營業活動之現金流量－間接法		
繼續營業單位稅前淨利（淨損）	979,171,324	1,144,190,718
本期稅前淨利（淨損）	979,171,324	1,144,190,718
折舊費用	522,932,671	428,498,179
攤銷費用	9,258,250	8,756,094
預期信用減損損失（利益）數/呆帳費用提列（轉列收入）數	35,745	52,351
透過損益按公允價值衡量金融資產及負債之淨損失（利益）	-12,355	0
利息費用	11,999,360	11,749,984
利息收入	-60,293,901	-22,422,209
股利收入	-464,094	-266,767
股份基礎給付酬勞成本	483,050	302,348
採用權益法認列之關聯企業及合資損失（利益）之份額	-4,655,098	-7,798,359
處分及報廢不動產、廠房及設備損失（利益）	369,140	-98,856
處分無形資產損失（利益）	-3,045	6,004
處分投資損失（利益）	473,897	410,076
處分採用權益法之投資損失（利益）	-15,758	0

1-11

第1章 股票財報的量化分析與研究

項目		
非金融資產減損損失	0	790,740
未實現外幣兌換損失（利益）	-246,695	10,342,706
其他項目	-337,935	138,827
收益費損項目合計	479,523,232	430,461,118
強制透過損益按公允價值衡量之金融資產（增加）減少	289,570	-1,354,359
應收帳款（增加）減少	28,441,987	-32,169,853
應收帳款－關係人（增加）減少	959,507	-868,634
其他應收款－關係人（增加）減少	-2,896	-7,444
存貨（增加）減少	-29,847,940	-28,046,827
其他流動資產（增加）減少	-12,530,880	-4,450,883
其他金融資產（增加）減少	1,878,712	-1,680,611
其他營業資產（增加）減少	-720,278	0
與營業活動相關之資產之淨變動合計	-11,532,218	-68,578,611
應付帳款增加（減少）	847,049	7,594,105
應付帳款－關係人增加（減少）	-76,337	205,451
其他流動負債增加（減少）	-47,701,680	59,212,193
淨確定福利負債增加(減少)	-687,223	-2,538,848
其他營業負債增加（減少）	2,298,265	126,614,309
與營業活動相關之負債之淨變動合計	-45,319,926	191,087,210
與營業活動相關之資產及負債之淨變動合計	-56,852,144	122,508,599
調整項目合計	422,671,088	552,969,717
營運產生之現金流入（流出）	1,401,842,412	1,697,160,435
退還（支付）之所得稅	-159,875,065	-86,561,247
營業活動之淨現金流入（流出）	1,241,967,347	1,610,599,188

1.1 認識財報因子

投資活動之現金流量		
取得透過其他綜合損益按公允價值衡量之金融資產	-62,752,002	-54,566,725
處分透過其他綜合損益按公允價值衡量之金融資產	35,698,575	44,963,367
透過其他綜合損益按公允價值衡量之金融資產減資退回股款	127,963	2,938
取得按攤銷後成本衡量之金融資產	-149,387,898	-183,125,920
按攤銷後成本衡量之金融資產到期還本	134,605,822	62,329,674
取得透過損益按公允價值衡量之金融資產	-14,142,072	-125,540
除列避險之金融負債	68,237	1,684,430
取得不動產、廠房及設備	-949,816,825	-1,082,672,130
處分不動產、廠房及設備	703,904	983,358
存出保證金增加	-4,056,496	-2,117,041
存出保證金減少	1,454,012	505,423
取得無形資產	-5,518,414	-6,954,326
處分無形資產	3,078	12,636
其他預付款項增加	-63,153	0
收取之利息	55,887,164	18,083,755
收取之股利	3,521,611	3,016,434
其他投資活動	47,545,898	7,051,432
投資活動之淨現金流入（流出）	**-906,120,596**	**-1,190,928,235**
籌資活動之現金流量		
短期借款減少	0	-111,959,992
發行公司債	85,611,319	197,879,254
償還公司債	-18,100,000	-4,400,000
舉借長期借款	2,450,000	2,670,000
償還長期借款	-1,756,944	-166,667
存入保證金增加	230,116	271,387
存入保證金減少	-367,375	-62,100

1-13

第 1 章 股票財報的量化分析與研究

租賃本金償還	-2,854,344	-2,428,277
發放現金股利	-291,721,852	-285,234,185
庫藏股票買回成本	0	-871,566
支付之利息	-17,358,981	-12,218,659
非控制權益變動	11,048,781	16,263,548
其他籌資活動	27,925,028	13,225
籌資活動之淨現金流入（流出）	-204,894,252	-200,244,032
匯率變動對現金及約當現金之影響	-8,338,829	58,396,970
本期現金及約當現金增加（減少）數	122,613,670	277,823,891
期初現金及約當現金餘額	1,342,814,083	1,064,990,192
期末現金及約當現金餘額	1,465,427,753	1,342,814,083
資產負債表帳列之現金及約當現金	1,465,427,753	1,342,814,083

▲（圖 - 台積電在 112 年第四季的現金流量表範例）

◆ 財報因子的更新時間

既然財報能提供如此豐富的資訊，如果我們能在第一時間獲取到財報，就有機會比其他人更早進行投資佈局並獲利。因此，掌握財報的公佈時間成為一個關鍵策略。財報分為三種：月報、季報和年報。

- 月報：每月 10 日前公佈，內容僅包含營收數據，提供公司每月的收入狀況。

- 季報：每季度公佈一次，提供更詳細的財務資訊。第一季財報（涵蓋 1 月至 3 月的財務資訊）在 5 月 15 日前公佈，第二季財報（4 月至 6 月）在 8 月 14 日前公佈，第三季財報（7 月至 9 月）則在 11 月 14 日前公佈。

- 年報：一年公布一次，並會在次年 3 月 31 日前公佈。通常分析時會被作為第四季的季報進行統計運算。

備註：若為季報，金融股及 KY 公司不受此限，月底前提交即可。

1-14

1.1 認識財報因子

如果我們能精準掌握財報的公佈時間,並盡早取得相關數據,就能讓我們在投資決策上更具優勢。

取得財報因子資料

取得財報資料的第一種方法是透過公開資訊觀測站,這個網站提供的數據通常是準確的第一手資料。查詢流程非常簡單,如下:

1. 進入網站後,點選「財務報表」。
2. 選擇你想查看的報表類型,例如「資產負債表」、「綜合損益表」或「現金流量表」。
3. 輸入「公司代號」、選擇「年度」和「季別」。
4. 最後點選「查詢」,就能看到對應的財報資料。

圖 - 公開資訊觀測站頁面和**圖 - 查詢 2330 在 110 年第一季的資產負債表歷史資料**顯示了查詢畫面的範例。

▲(圖 - 公開資訊觀測站頁面)

1-15

第 1 章 股票財報的量化分析與研究

▲ 查詢 2330 在 110 年第一季的資產負債表歷史資料

　　第一種方法適合用來查詢少量資料，但如果需要大量公司財報進行分析，手動查詢就變得不太實用了。不過，不用擔心，現在已經有許多開源的 API 能夠幫助我們快速取得大量的財報資料，例如 FinLab 和 Yahoo Finance。

　　這兩個 API 提供的數據格式略有不同。Yahoo Finance 為每支股票提供單獨的財務報表，記錄該股票的所有財務資訊，因此需要逐一查詢每支股票的報表來取得數據，這和公開資訊站的資料格式相近。而 FinLab 則提供的是每個因子的一張表格，記錄所有股票在該因子上的數據。這樣可以直接查詢某個因子的表格來獲取所有股票的數據。需要注意的是，Yahoo Finance 只提供最近五年的財報資料，而 FinLab 則提供從 2013 年第一季到目前最新的財報數據，更適合用於進行長期的財務分析。

　　在使用 FinLab 前，需要先註冊一個帳號並取得 API Token。如果使用免費版帳號，每天的資料用量上限為 500 MB；如果使用付費版帳號，則可獲得更高的資料用量上限（5000 MB）以及更完整的數據集。以下以「現金及約當現金」這個財報資料為例，詳細說明使用 FinLab 取得特定財報因子資料的步驟：

1. 首先進入 FinLab 的「線上回測平台」頁面（如**圖 -FinLab 頁面**所示），並使用 Google 帳號登入。

1.1 認識財報因子

▲（圖 -FinLab 頁面）

2. 登入後，點選右上角的頭像進入個人頁面。在該頁面中，你可以找到並複製 API 驗證碼（API Token）。這個 Token 相當於一把鑰匙，能夠讓你透過程式碼來存取 FinLab 提供的資料。

▲（圖 -FinLab Token 頁面）

1-17

第 1 章　股票財報的量化分析與研究

3. 在登入後，點選左側的「資料庫目錄」。在資料庫頁面中，你可以使用快捷鍵「Ctrl + F 鍵」來搜尋特定資料集。如果你需要查看「財報」，可以搜尋「財報」來找到相應資料的位置。

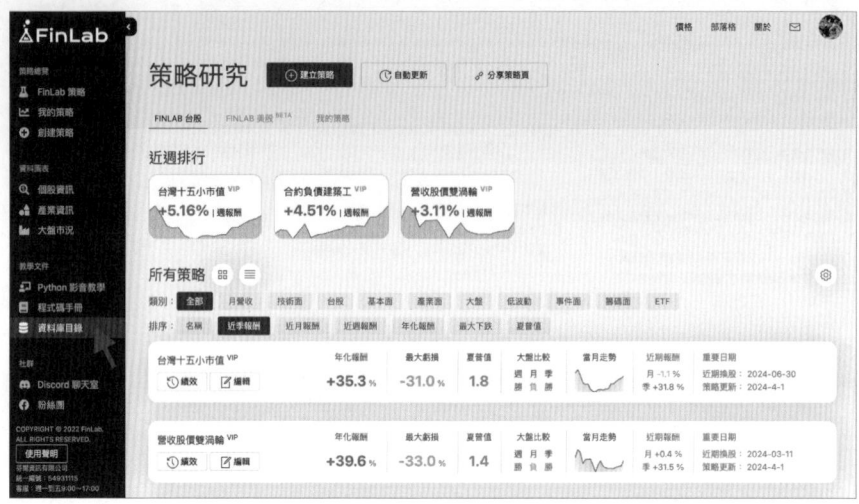

▲（圖 -FinLab 頁面）

4. 找到需要的資料欄位後，複製該欄位的「使用方法」。這段「使用方法」是在撰寫程式碼時需要用到的，幫助我們取得對應的資料。

▲（圖 -FinLab 資料庫頁面）

1-18

這本書假設你已經具備基本的 Python 使用知識，不過大家使用 Python 的習慣都不同，有人使用 Spyder，有人使用 Jupyter Notebook。我們會簡單說明我們執行 Python 程式碼的習慣，幫助快速上手。如果你還沒有安裝程式碼編輯器，建議可以安裝 Visual Studio Code（簡稱 VScode），這是目前許多開發者常用的編輯器。當然如果對 Python 精熟的讀者可以略過，使用自己習慣的方式去運行，但如果是使用一些比較冷門的編譯器，我們可能也沒有使用經驗，比較難提供有效的協助。

讀者可以先從執行我們提供的範例程式碼開始學習，透過這些範例，可以了解如何執行 Python 程式碼。每段程式碼也都有詳細的註解，說明各行指令的目的，讓你能夠在實際操作中掌握 Python 的基本用法。如果在學習過程中遇到問題，隨時可以參考網上的豐富教學資源，或者直接與我們聯繫，我們將提供進一步的協助。

◆ **如何執行 Python 程式碼**

首先，我們會建立一個以 .py 為結尾的檔案，將程式碼寫入檔案中。接下來，你可以選擇以下任一種方式來執行這個 .py 檔案的內容：

1. 執行選取的程式碼區塊：如果你只想獨立執行某段程式碼，可以先選取該段程式碼，然後按下 Ctrl + Shift 鍵來執行選取的區塊。執行後，你會在終端機中看到這段程式碼執行的結果。

2. 在終端機中一次執行整個 .py 檔案：如果你想直接執行整個檔案，可以在終端機中輸入以下命令來執行程式：「python 檔案名稱 .py」。執行後，程式中的所有顯示訊息將會在終端機中顯示出來。

3. 使用 VScode 的特定功能來執行程式碼：可以在每段程式碼前加上 #%%，這樣 VScode 會將這段程式碼識別為一個「單元格」。在這個區塊的上方會出現一個「Run Cell」按鈕，點擊它即可執行該段程式碼（如**圖 -#%% 的示意圖**所示）。如果你的程式碼會生成圖片，強烈建議使用這種方式，因為它能讓你在 VScode 的右側直接顯示圖形結果，這是使用終端機執行程式時無法實現的功能。

第 1 章　股票財報的量化分析與研究

```
Run Cell | Run Below | Debug Cell
#%%
#import 需要的套件
import pyfolio as pf
import yfinance as yf
import pandas as pd
import matplotlib.pyplot as plt
```

▲（圖 -#%% 的示意圖）

透過這些方式，你可以輕鬆地開始編寫和執行 Python 程式碼。

回到正題，我們在使用 Python 程式來取得 FinLab 資料時，必須使用 API Token 進行授權。API Token 是一組驗證碼，它允許你的程式訪問 FinLab 的資料庫。然而，將 Token 直接寫在程式中並分享給他人，可能會導致 Token 被洩漏，從而帶來安全風險。

為了避免將敏感資訊（如 API Token、密碼等）直接寫在程式中而造成安全風險，我們可以使用 Python 的 load_dotenv 函式來提高程式的安全性。load_dotenv 是一個工具，允許將這些敏感資訊儲存在一個名為 .env 的文件中，並在程式執行時將 .env 內的資訊載入運行環境。這樣的好處是，敏感資訊不再直接暴露在程式碼中，而是通過 .env 文件進行管理。而一般來說，我們上傳程式碼去 github 或是其他儲存庫，這樣的 env 文件可以透過一些設定避免將它提交到公開的儲存庫上，提高程式碼的安全性。

以下是使用 load_dotenv 的步驟說明：

1. 在使用 load_dotenv 函式前，需要安裝 python-dotenv 套件。如果你的環境中還沒有這個套件，請在終端機中使用以下命令來安裝。之後只要看到程式區塊最上方寫「cmd」的內容，都請在終端機執行。

==========================cmd ======================
pip install python-dotenv

2. 創建 .env 文件：首先，在專案目錄中創建一個名為 .env 的文件。在這個文件中，可以儲存機敏資訊。舉例來說，下面創建兩個變數 TOKEN1 和 TOKEN2。

🖥️：PythonQuantTrading/.env

```
TOKEN1=123
TOKEN2=456
```

3. 切換到專案資料夾：在執行任何程式前，建議先在終端機執行「cd PythonQuantTrading 資料夾位置」，將當前位置切換到「PythonQuantTrading」資料夾下。

4. 在程式中載入 .env 文件：接下來，在你的 Python 程式中，使用 load_dotenv 函式來載入 .env 文件中的資料。這樣，你就可以從環境變量中讀取 TOKEN1 和 TOKEN2，而不是直接在程式碼中暴露這些資訊。以下是使用 load_dotenv 的完整程式範例。你可以在終端機執行整個檔案（執行命令「python Chapter1/1-1/load_dotenv.py」），終端機會顯示這兩個 TOKEN 對應的值，如**圖 -load_dotenv 執行結果**。

```
> python Chapter1/1-1/load_dotenv.py
TOKEN1: 123
TOKEN2: 456
```

▲（圖 -load_dotenv 執行結果）

🖥️：PythonQuantTrading/Chapter1/1-1/load_dotenv.py

```python
# 載入需要的套件
import os

from dotenv import load_dotenv

# 載入 .env 檔案中的環境變數
load_dotenv()

# 取得並顯示 TOKEN1 的值
TOKEN1 = os.getenv("TOKEN1")
print(f"TOKEN1: {TOKEN1}")   # TOKEN1: 123
```

第 1 章　股票財報的量化分析與研究

```
# 取得並顯示 TOKEN2 的值
TOKEN2 = os.getenv("TOKEN2")
print(f"TOKEN2: {TOKEN2}")   # TOKEN2: 456
```

接下來，我們終於要開始撰寫程式碼來取得 FinLab 和 Yahoo Finance 的資料。首先，使用 FinLab 資料前，需要安裝 finlab 套件；而要使用 Yahoo Finance 的資料，則需要安裝 yfinance 套件。如果你的環境中還沒有這兩個套件，請在終端機中使用以下命令來安裝。

========================cmd =====================

pip install yfinance

pip install finlab

我將在下方的程式範例中示範如何使用這兩個套件來獲取資料，並在每一行程式上方都添加了註解。由於這部分比較簡單，我就不做過多的解釋，你可以直接透過讀每行上方的註解來理解各行程式的目的。

◆ **範例 1：從 FinLab 取得「現金及約當現金」資料**

以下是從 FinLab 取得「現金及約當現金」資料的範例程式。在財務分析中，通常使用財報的截止日作為分析基準。如果你想將資料的季別格式（格式為「年份 - 季度」）轉換為財報截止日，只需在取資料的程式後面加上「.deadline()」即可。這樣一來，資料會自動轉換為財報截止日格式。

圖 - 從 **FinLab** 取得一部分的資料範例，索引是季別格式和圖 - 從 **FinLab** 取得一部分的資料範例，索引是財報截止日格式顯示了從 FinLab 獲取資料的兩個範例，差別在於前者季格式資料表索引使用的是季度時間作為索引，而後者日格式則是使用財報截止日作為索引。無論哪個範例，資料表中的欄位名稱都是股票代碼。FinLab 提供的財報資料從 2013 年第一季開始，因此可以分析從那時以來的所有季度數據。

1.1 認識財報因子

：PythonQuantTrading/Chapter1/1-1/get_financial_data_from_finlab.py

```python
# 載入需要的套件
import os
import finlab
from dotenv import load_dotenv
from finlab import data

# 載入.env檔案中定義的變數
load_dotenv("Chapter1/.env")

# 取得儲存在.env檔案中 FINLAB API Token
FINLABTOKEN = os.getenv("FINLABTOKEN")
# 使用 API Token 登入 FinLab 量化平台
finlab.login(api_token=FINLABTOKEN)

# 以取得「現金及約當現金」的財務報表數據為例
# 對應的使用方法為 [financial_statement:現金及約當現金]
# 使用 .deadline() 將索引從季別「年度-季度」格式轉為財報截止日「yyyy-mm-dd」
# 公司財報截止日對應為：{'Q1':'5-15','Q2':'8-14','Q3':'11-14','Q4':'3-31'}
df = data.get("financial_statement:現金及約當現金").deadline()
print("取得「現金及約當現金」的財務報表數據：")
print(df)
```

```
symbol        9982      9983      9984      9985      9986
date
2023-Q2    14890.0   46218.0   43381.0  211948.0   20963.0
2023-Q3        NaN       NaN       NaN       NaN       NaN
2023-Q4    15013.0  162734.0   51348.0  229520.0   32729.0
2024-Q1        NaN       NaN       NaN       NaN       NaN
2024-Q2    20266.0  168833.0   40312.0  208062.0   34825.0
```

▲（圖 - 從 FinLab 取得一部分的資料範，索引是季別格式）

```
symbol        9982      9983      9984      9985      9986
2024-05-15  15013.0  162734.0   51348.0  229520.0   32729.0
2024-05-30  15013.0  162734.0   51348.0  229520.0   32729.0
2024-08-14  20266.0  168833.0   40312.0  208062.0   34825.0
2024-09-02  20266.0  168833.0   40312.0  208062.0   34825.0
2024-11-01  20266.0  168833.0   40312.0  208062.0   34825.0
```

▲（圖 - 從 FinLab 取得一部分的資料範例，索引是財報截止日格式）

第 **1** 章　股票財報的量化分析與研究

◆ 範例 2：從 Yahoo Finance 取得財報資料

以下是從 Yahoo Finance 取得「季度 / 年度損益表」、「季度 / 年度資產負債表」、「季度 / 年度現金流量表」的範例程式。程式碼下面三張圖顯示了從 Yahoo Finance 獲取年度資料範例，可以看到 Yahoo Finance 只提供最近五年的財報資料（2019 ～ 2023 年）。

🖥️ ：PythonQuantTrading/Chapter1/1-1/get_financial_data_from_yfinance.py

```python
# 載入需要的套件
import yfinance as yf

# 以取得台積電 2330.TW 的財報資料為例
# 可以把「2330.TW」換成任意想查詢的公司股票代碼
stock = yf.Ticker("2330.TW")

print("取得台積電的季度損益表:")
print(stock.quarterly_financials)

print("取得台積電的季度資產負債表:")
print(stock.quarterly_balance_sheet)

print("取得台積電的季度現金流量表:")
print(stock.quarterly_cashflow)

print("取得台積電的年度損益表:")
print(stock.financials)

print("取得台積電的年度資產負債表:")
print(stock.balance_sheet)

print("取得台積電的年度現金流量表:")
print(stock.cashflow)
```

1.1 認識財報因子

```
取得台積電的年度損益表:
                                                    2023-12-31          2022-12-31  ...        2020-12-31  2019-12-31
Tax Effect Of Unusual Items                      439276610.819893   450946515.219931  ...    804033135.053612         NaN
Tax Rate For Calcs                                      0.130998            0.13179  ...             0.126103         NaN
Normalized EBITDA                                 1520153500000.0    1589654800000.0  ...       912176400000.0        NaN
Total Unusual Items                                  3353300000.0       3421700000.0  ...         6376000000.0        NaN
Total Unusual Items Excluding Goodwill               3353300000.0       3421700000.0  ...         6376000000.0        NaN
Net Income From Continuing Operation Net Minori...  851740000000.0    992923400000.0  ...       510744000000.0        NaN
Reconciled Depreciation                            532190900000.0     437254800000.0  ...       331724600000.0        NaN
Reconciled Cost Of Revenue                         986625200000.0     915536500000.0  ...       628124700000.0        NaN
EBITDA                                            1523506800000.0    1593076500000.0  ...       918552400000.0        NaN
EBIT                                               991315900000.0    1155822200000.0  ...       586827800000.0        NaN
Net Interest Income                                 48294500000.0      106722000000.0 ...         6936900000.0        NaN
Interest Expense                                    11999400000.0       11750000000.0 ...         2081500000.0        NaN
Interest Income                                     60293900000.0       22422200000.0 ...         9018400000.0        NaN
Normalized Income                              848825976610.819946  989952646515.219971 ...  505172033135.053589      NaN
Net Income From Continuing And Discontinued Ope... 851740000000.0     992923400000.0  ...       510744000000.0        NaN
Total Expenses                                    1240279700000.0    1142613300000.0  ...       772470200000.0        NaN
Total Operating Income As Reported                 921465600000.0    1121278900000.0  ...       566783700000.0        NaN
Diluted Average Shares                              25929300000.0       25929190000.0 ...        25930380000.0        NaN
Basic Average Shares                                25929200000.0       25929190000.0 ...        25930380000.0        NaN
Diluted EPS                                                 32.85               39.2 ...                19.97         NaN
Basic EPS                                                   32.85               39.2 ...                19.97         NaN
Diluted NI Availto Com Stockholders                851740000000.0     992923400000.0  ...       510744000000.0        NaN
Net Income Common Stockholders                     851740000000.0     992923400000.0  ...       510744000000.0        NaN
Net Income                                         851740000000.0     992923400000.0  ...       510744000000.0        NaN
Minority Interests                                     712300000.0       -371300000.0 ...         -264000000.0        NaN
Net Income Including Noncontrolling Interests      851027700000.0     993294700000.0  ...       511008000000.0        NaN
Net Income Continuous Operations                   851027700000.0     993294700000.0  ...       511008000000.0        NaN
Tax Provision                                      128288800000.0     150777500000.0  ...        73738300000.0        NaN
Pretax Income                                      979316500000.0    1144072200000.0  ...       584746300000.0        NaN
Other Income Expense                                 9565900000.0       12122000000.0 ...        11024800000.0        NaN
Other Non Operating Income Expenses                  1412400000.0        1020500000.0 ...         1086800000.0        NaN
```

▲（圖 - 從 Yahoo Finance 取得台積電的年度損益表）

```
取得台積電的年度資產負債表:
                                                   2023-12-31       2022-12-31       2021-12-31       2020-12-31  2019-12-31
Treasury Shares Number                                     0.0              NaN              NaN              NaN         NaN
Ordinary Shares Number                           25932070992.0    25930380458.0    25930380458.0    25930380458.0         NaN
Share Issued                                     25932070992.0    25930380458.0    25930380458.0    25930380458.0         NaN
Total Debt                                      956257900000.0   888174400000.0   753631900000.0   367792300000.0         NaN
Tangible Book Value                            3406755700000.0  2877020500000.0  2122438100000.0  1809043200000.0         NaN
...                                                        ...              ...              ...              ...         ...
Cash Cash Equivalents And Short Term Investments 1714803200000.0 1586500100000.0 1204913700000.0   799893200000.0         NaN
Other Short Term Investments                    249375400000.0   243686000000.0   139923500000.0   139722600000.0         NaN
Cash And Cash Equivalents                      1465427800000.0  1342814100000.0  1064990200000.0   660170600000.0         NaN
Cash Equivalents                                 12326200000.0    13522700000.0     6182100000.0     6590000000.0         NaN
Cash Financial                                 1453101600000.0  1329291400000.0  1058808100000.0   653580600000.0         NaN
```

▲（圖 - 從 Yahoo Finance 取得台積電的年度資產負債表）

```
取得台積電的年度現金流量表:
                                                 2023-12-31       2022-12-31       2021-12-31       2020-12-31  2019-12-31
Free Cash Flow                                 286568900000.0   520972800000.0   262724300000.0   305885100000.0         NaN
Repurchase Of Capital Stock                              0.0       -871600000.0             0.0              0.0         NaN
Repayment Of Debt                              -22711200000.0  -118955000000.0    -4585300000.0   -73487300000.0         NaN
Issuance Of Debt                               116058600000.0   200963600000.0   401771200000.0   246211000000.0         NaN
Capital Expenditure                           -955398400000.0 -1089626400000.0  -849436400000.0  -516781100000.0         NaN
...                                                       ...              ...              ...              ...         ...
Gain Loss On Investment Securities               -18400000.0       143300000.0     -455500000.0    -2080000000.0         NaN
Net Foreign Currency Exchange Gain Loss         -246700000.0     10342700000.0   -16115900000.0    -1372600000.0         NaN
Gain Loss On Sale Of PPE                         366100000.0       -92900000.0       274800000.0     -188300000.0         NaN
Gain Loss On Sale Of Business                            NaN               NaN              0.0       16300000.0  4600000.0
Net Income From Continuing Operations          979316500000.0  1144072200000.0   663036000000.0   584746300000.0         NaN
```

▲（圖 - 從 Yahoo Finance 取得台積電的年度現金流量表）

常見的六大重要財報因子

接下來，我們將探討幾種常見的財報因子。根據每個人的投資策略和偏好，可以選擇合適的財報因子來深入分析公司。財報因子通常可分為六大類：價值因子、成長因子、規模因子、動能因子、風險因子和流動性因子。以下是這些因子的簡單介紹：

◆ 價值因子

價值因子反映了股票價格相對於公司價值的高低估情況，通常使用股價和公司價值的比值來評估，公式如下：

$$價值因子 = \frac{股價}{公司價值}$$

公司價值通常以營收、盈餘或淨值來替代。如果股價上升，導致價值因子高於其歷史平均值，這可能意味著股價被高估，此時買入價格相對較高；相反，如果股價下降，導致價值因子低於其歷史平均值，可能代表股價被低估，買入價格相對較低。常見的價值因子包括股價淨值比（P/B）、股價盈餘比（P/E）和股價營收比（P/S）。

1. 股價淨值比（P/B）：衡量股票價格與公司每股淨值之間的比例。低 P/B 值通常表示股價相對便宜。

2. 股價盈餘比（P/E）：衡量股票價格與公司每股盈餘之間的比例。低 P/E 值通常表示股價相對便宜。

3. 股價營收比（P/S）：衡量股票價格與公司每股營收之間的比例。低 P/S 值通常表示股價相對便宜。

◆ 成長因子

成長因子用來評估公司未來增長的潛力。成長因子越高，通常表示公司盈利增長潛力越強；反之，成長因子低則表示盈利能力較弱。常見的成長性評估方法包括月增率（MoM）和年增率（YoY）。

1. 月增率：比較本月與上月數據的變化，公式如下：

$$月增率 = \frac{本月數值 - 上個月數值}{上個月數值}$$

2. 年增率：比較今年與去年同期的數據變化，公式如下：

$$年增率 = \frac{今年數值 - 去年數值}{去年數值}$$

以營收為例，營收月增率可以比較當月營收與上個月營收的變化，公式如下：

$$營收月增率 = \frac{本月營收 - 上個月營收}{上個月營收}$$

營收年增率則比較今年營收與去年同月營收的變化，公式如下：

$$營收年增率 = \frac{今年營收 - 去年營收}{去年營收}$$

相較之下，年增率是與去年同期的數據進行比較，能排除季節性波動的影響，更準確地反映公司的長期營運趨勢。而月增率則可能受到季節性波動或工作日數變化的影響。例如，夏季可能是公司的旺季，若將秋季的數據與夏季相比，月增率可能會下跌，這並不代表公司表現不佳，而是受到季節性因素的干擾。

如果營收年增率呈現上升趨勢，通常表示公司營收逐年增長，未來前景看好，股價也可能隨之上揚；反之，若年增率下滑，則可能預示公司面臨潛在挑戰，投資者應密切關注這種情況。

此外，巴菲特偏好的股東權益報酬率（ROE）也是一種重要的成長因子，公式如下：

$$股東權益報酬率 = \frac{稅後淨利}{股東權益}$$

ROE 用來衡量公司如何有效運用股東資本來創造利潤。換句話說，ROE 越高，代表公司能為股東帶來更多的回報，顯示出公司具有較強的成長潛力和盈利能力。特別是在尋找那些能穩定產生高回報的公司時，ROE 具有很高的參考價值。

◆ 規模因子

規模因子用來反映公司的市場規模或資本規模。通常，規模較大的公司經營較穩定，因為它們擁有更多的資源、更強的市場地位和穩定的收入來源，這使得它們的投資風險相對較低。相比之下，規模較小的公司可能面臨更高的風險，因為它們的資源較少，市場競爭力不如大型公司。但是，小型公司往往具備更大的成長潛力，因為它們通常具有更大的創新能力和市場擴展空間。

常見的規模因子包括總市值和總資產。其中，總市值是衡量公司市場規模的常用指標，通常被視為公司在市場中的價值代表。下方以總市值的公式為例：

$$市值 = 流通的普通股股數 \times 當前股價$$

◆ 動能因子

動能因子基於「強者恆強、弱者恆弱」的原則，也就是說，過去表現良好的公司，未來很可能繼續表現出色；而過去表現不佳的公司，未來可能也會持續低迷。研究顯示，股市中經常出現「短期反轉、中期慣性和長期反轉」的現象。這裡的短期、中期和長期分別指的是週、季和年的報酬率。當中，慣性代表著股票的動能，過去的增長趨勢可能延續到未來一段時間。

循環投資者通常會利用動能因子的慣性來制定策略。例如，在中期（如幾個月或一個季度），投資者可能會選擇持有那些過去表現優異的股票，因為這些股票有較大機會延續增長趨勢。這種策略依賴於過去績優股的動能效應，藉此尋找潛在的投資機會。

◆ 風險因子

風險因子反映了投資者所需承擔的風險程度。較高的風險因子通常表示投資風險較高，但需要強調的是，高風險不一定能帶來高回報。正如霍華馬克斯所說，風險應該理解為「未來報酬率的不確定性」。由於未來報酬存在不確定性，投資者往往需要更高的潛在回報來補償風險，否則他們通常不會接受高風險的投資。常見的風險評估因子包括 Beta 值和債務比率。

1. Beta 值：衡量股票相對於市場的波動性。高 Beta 值表示該股票的波動性較市場更大，意味著風險較高，投資者可能面臨較大的價格波動。

2. 債務比率：反映公司資產中由債務資金構成的比例。較高的債務比率表示公司依賴更多的借貸資金，可能面臨較高的償債壓力，風險也因此增大。

◆ 流動性因子

流動性因子衡量股票在市場中的流通性或交易難易程度。較高的流動性因子值表示該股票在市場上更容易被買賣。這對投資者非常重要，因為流動性越高，投資者就越能在需要買賣時迅速進出市場，而不會對股價造成過大的波動。相反，流動性較低的股票可能會難以快速賣出，並且在交易時面臨較大的價格波動風險。衡量流動性的常見指標包括交易量和股票的自由流通量：

1. 交易量：表示股票在市場上的成交量，交易量高通常意味著該股票流動性較好。對於短線投資者來說，交易量是一個關鍵指標，因為它直接影響交易的順暢度和成本。

2. 自由流通量：指市場上可供自由交易的股票數量，較高的自由流通量表示該股票更容易被買賣，且流動性更強。

最後強調一下，無論是月度、季度還是年度的財報，這些數據僅能反映公司過去的表現，並不保證未來的成功。此外，財報因子的有效性可能會隨市場環境而變化。例如，美國市場的投資者通常偏重公司的增長潛力和股東回報，因此「成長因子」和「動能因子」更受重視；而台灣市場的投資者則更關注公司的價值、規模及穩定現金流，因此價值因子、規模因子和流動性因子更具吸引力。

因此，在做投資決策時，應綜合考慮多個財務指標，並結合市場的具體條件和當前的經濟形勢進行全面分析。投資者應保持謹慎態度，避免依賴單一因子或片面分析。透過多角度的分析，能夠提供更全面的視角，幫助投資者做出更明智的投資決策。當然市場最有趣的地方就是，總是有許多令人跌破眼鏡的情況，正在做正確的事情未必會賺錢；正在做錯誤的事情也未必一定會賠錢，有時候市場「未知的情緒」會超越公司本身的價值，也就是我們大家常說的，大家對這家公司的未來充滿期待，這個期待反映在股價上，是財報完全沒辦法反映出來的。例如說之前市場上在笑話的美國很知名的做空機構放空了特斯拉，並遭到巨額虧損，但有興趣的同學可以去看看他們提出的原因，其實從技術跟財務分析的角度是站得住腳的，特斯拉的獲利及體質並沒有對齊他的股價，特斯拉的本益比其實高的很不合理，但問題可能就是市場對馬斯克的期待，導致對未來的期待反映在了現在的股價上。

但是市場上有沒有特斯拉的相對反面例子？這家公司的財報根本沒在賺錢或是賺很少，但是公司股價飛漲，本益比高漲，市場押注他的研究將有突破，但最後跌到剩下壁紙？當然有！而且還很多，例如說大家有興趣可以去看看 QS(QuantumScape Corporation) 這一支美股。

離題了，閒聊就到此，我們接著進入下一章節，使用 Alphalens 這個因子分析工具，就統計分析及量化的角度來分析因子！

1.2 透過 Alphalens 評估因子

在評估因子的表現時，Alphalens 是一個不可或缺的工具。在深入介紹 Alphalens 之前，我們先來了解一下「Alpha」在這裡的意義。在金融領域，Alpha 代表一項投資相比大盤指數所獲得的超額收益，也就是衡量投資績效的一個關鍵指標。簡單來說，Alpha 告訴我們一個投資策略是否能帶來比市場更好的回報。

Alphalens 的主要功能是幫助我們深入分析因子策略的表現，評估這些策略是否能在實際操作中實現超越大盤的收益。透過 Alphalens，我們可以精確檢視各種因子對策略收益的影響，從而建構或優化投資策略，提升投資績效。這些因子可以是財報因子的數值，也可以是基於規則的方法（rule-based）生成的交易訊號，甚至是利用現代 AI 技術預測的交易訊號。無論是哪種類型的因子或訊號，都可以透過 Alphalens 進行深入的因子分析。

接下來，我們將一步步講解如何操作 Alphalens，並將其應用於財報因子選股中，以驗證這些因子是否能真正帶來 Alpha。

Alphalens 是一個非常容易上手的分析工具，只要準備好股價數據和因子數據，Alphalens 就能自動生成一份完整的因子分析報告。在使用 Alphalens 之前，需要先安裝相關的套件。目前有兩個選擇：alphalens 和 alphalens-reloaded。由於 alphalens 已停止維護，我建議安裝 alphalens-reloaded，因為它繼承了原始套件，並且持續進行更新與維護。

```
=====================cmd =====================
pip install alphalens-reloaded==0.4.4
```

◆ 實作程式小技巧

在實作程式時，有三個小技巧我認為非常值得分享。

首先，在開始撰寫程式之前，建議先理清整體任務流程。你可以拿出紙筆，繪製一個簡單的流程圖，這將有助於在開發過程中保持思路清晰。通過這種方法，可以避免因思路不清而頻繁重構程式，從而節省時間，提升開發效率。如果在寫程式的過程中邊想邊做，往往會在進行到一半時陷入混亂，最終不得不重新調整邏輯，這樣不僅浪費時間，還會讓開發變得更加困難。

其次，如果某個操作需要重複使用兩次或更多次，最好將其封裝成函式或模組化處理。這樣不僅提高了程式碼的重用性，還能讓程式變得更簡潔易讀，並且更方便維護。我會為每個大章節創建一個 utils.py 檔案，將該章節中需要重複使用的函式集中放在這裡。主程式可以透過以下兩種方式來使用 utils.py 中的函式：

1. 如果只需使用部分函式，可以使用：「from utils import 函式名」

2. 如果需要載入 utils.py 裡的所有函式，可以使用：「import utils」

如果在載入模組或函式時遇到「找不到模組或函式」的問題，可能是因為 Python 無法在其預設的模組搜尋路徑中找到目標檔案（例如 utils.py）。為了解決這個問題，可以使用 sys.path.append(模組路徑) 將目標檔案所在的資料夾加入到 Python 的模組搜尋路徑中，讓 Python 能夠正確地找到並載入模組或函式。舉例來說，假設專案目錄結構如**圖 - 目錄結構範例**。

```
∨ folder1
  ∨ folder2
    ∨ folder3
        folder3_main.py
      folder2_main.py
    folder1_main.py
  utils.py
```

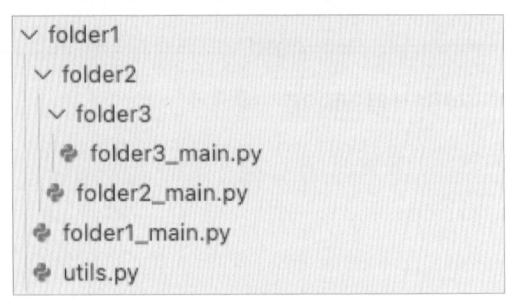

▲（圖 - 目錄結構範例）

1.2 透過 Alphalens 評估因子

在這個結構中,每個資料夾內都有一個對應的 main.py 檔案,而這些 main.py 都需要使用到 folder1 裡的 utils.py 中的函式。因此,我們需要在程式中指定 folder1 的資料夾路徑作為模組的搜尋位置。

為了實作這部分,可以利用 os.path.dirname(path) 來取得指定路徑 path 的資料夾位置,再將這個位置透過 sys.path.append(path) 加入到 Python 的模組搜尋路徑中。以下分別展示如何在不同的 main.py 中實現這一功能。執行這些檔案的位置是在 folder1 的上一層資料夾。

1. 在 folder1_main.py 中

即使 folder1_main.py 與 utils.py 在同一個資料夾中,因為執行位置是在 folder1 的上一層資料夾,必須手動將 folder1 的路徑加入模組搜尋路徑。

🖥 : PythonQuantTrading/folder1/folder1_main.py

```python
import os
import sys

current_folder = os.path.dirname(__file__)
print(f"目前程式檔案所在的資料夾相對路徑: {current_folder}")

parent_folder = os.path.dirname(current_folder)
print(f"目前程式檔案所在的資料夾的上一層資料夾路徑: {parent_folder}")

sys.path.append(parent_folder)
import folder1.utils as folder1_utils  # noqa: E402

folder1_utils.print_import_successfully()
```

2. 在 folder2_main.py 中

因為 utils.py 在 folder2_main.py 一層資料夾外,所以需要再多加一層搜尋路徑。

1-33

🖥 ：PythonQuantTrading/folder1/folder2/folder2_main.py

```python
import os
import sys

current_folder = os.path.dirname(__file__)
print(f"目前程式檔案所在的資料夾相對路徑: {current_folder}")

parent_folder = os.path.dirname(current_folder)
print(f"目前程式檔案所在的資料夾的上一層資料夾路徑: {parent_folder}")

parent_parent_folder = os.path.dirname(parent_folder)
print(f"目前程式檔案所在的資料夾的上上層資料夾路徑: {parent_parent_folder}")

sys.path.append(parent_parent_folder)
import folder1.utils as folder1_utils   # noqa: E402

folder1_utils.print_import_successfully()
```

3. 在 folder3_main.py 中

因為 utils.py 在 folder3_main.py 上兩層的資料夾，所以需要再多加兩層搜尋路徑。

🖥 ：PythonQuantTrading/folder1/folder2/folder3/folder3_main.py

```python
import os
import sys

current_folder = os.path.dirname(__file__)
print(f"目前程式檔案所在的資料夾相對路徑: {current_folder}")

parent_folder = os.path.dirname(current_folder)
print(f"目前程式檔案所在的資料夾的上一層資料夾路徑: {parent_folder}")

parent_parent_folder = os.path.dirname(parent_folder)
print(f"目前程式檔案所在的資料夾的上上層資料夾路徑: {parent_parent_folder}")

parent_parent_parent_folder = os.path.dirname(parent_parent_folder)
print(f"目前程式檔案所在的資料夾的上上層資料夾路徑: {parent_parent_parent_folder}")

sys.path.append(parent_parent_parent_folder)
import folder1.utils as folder1_utils   # noqa: E402

folder1_utils.print_import_successfully()
```

最後，要保持良好的註解習慣。清楚的註解不僅能提升程式碼的可讀性，還能讓日後的維護工作更加輕鬆。不論是與他人協作還是自己回顧程式碼，清晰的註解都能幫助你快速理解和回憶當時的邏輯。在此，我想推薦一個實用的註解工具 typing_extensions 套件中的 Annotated。這是 Python 的型別提示工具，能在型別提示中附加額外說明，特別適合在函式參數中提供更詳細的描述。在使用 typing_extensions 之前，需要先安裝 typing_extensions 套件。

Annotated 使用上有兩個重要規範需要注意：

1. 第一個參數必須是有效的型別，例如 int、float、str、tuple、list 等。

2. Annotated 至少要有兩個參數，例如 Annotated[int] 是無效的，必須像這樣使用：Annotated[int,"0~10 的整數 "]。當然，也可以提供更多的說明，例如 Annotated[int,"0~10 的整數 "," 必須是偶數 "]。

💻：PythonQuantTrading/Chapter1/1-2/annotated_example.py

```python
# 載入需要的套件
from typing import Tuple

from typing_extensions import Annotated


def annotated_example(
    n1: Annotated[int, "這個數字將會被加1"], n2: Annotated[int, "這個數字將會被加2"]
) -> Tuple[Annotated[str, "轉成文字的 n1+1"], Annotated[str, "轉成文字的 n2+2"]]:
    """
    接受兩個整數作為輸入，n1 會加 1，n2 會加 2，然後將加總結果轉換為字串形式回傳。
    """
    return str(n1 + 1), str(n2 + 2)


print(f"輸出結果：{annotated_example(3, 4)}")   # 輸出結果：('4', '6')
```

看完上面 Annotated 的例子，是不是即使沒有人跟你口頭說明這個程式，你也能清楚了解這個函式的作用。它接受兩個整數作為輸入，分別對這兩個數字進行加法運算，第一個數字加 1，第二個數字加 2，最後返回兩個結果的文字形式。上面這個程式範例最後輸出的結果就是 ('4','6')。

強烈建議在寫程式時多添加註解，這不僅能幫助你在多年後回顧自己的程式碼時快速理解，還能讓其他協作者更容易看懂你的程式。

接下來，我們將開始介紹如何使用 Alphalens 來產生因子分析結果，並一一解讀報表中的內容。這裡我會以「營業利益」這個因子的資料作為範例來說明實作方式。

如何使用 Alphalens

使用 Alphalens 進行因子分析的流程可以分為以下四個步驟：

1. 準備數據：首先，需要準備好股價資料和因子資料，這些資料將作為後續分析的基礎。

2. 整理數據：將取得的資料整理成符合 Alphalens 規定的格式，以便能夠進行有效的分析。

3. 計算因子數值與未來收益：使用 get_clean_factor_and_forward_returns 函式來計算因子數值及其對應的未來收益表。這一步會產生 Alphalens 後續分析所需的清理過的因子數據和收益數據。

4. 生成因子分析報表：最後，使用 create_full_tear_sheet 函式來生成最終的因子分析報表，該報表提供完整的因子表現評估，幫助我們理解因子的有效性及其對投資收益的影響。

這四個步驟就是使用 Alphalens 進行因子分析的基本流程。

1.2 透過 Alphalens 評估因子

1. 準備價格資料 (from yfinance) & 因子資料 (from finlab)
2. 將資料整理以符合格式規定
3. 使用 get_clean_factor_and_forward_returns 函數，得到適合 Alphalens 後續分析的因子數值和未來收益表。
4. 使用 create_full_tear_sheet 函數，得到最後因子分析結果報表。

▲（圖 - 使用 Alphalens 的流程）

使用 Alphalens 的第一步是準備兩個資料集：股價資料集和因子資料集。在這個示範中，股價資料是從 Yahoo Finance 取得，因子資料則來自 FinLab。然而，這兩個資料集在格式上有特定的要求。

1. 股價資料集（類型：pd.DataFrame）：
   - 索引（index）：時間（如日期）
   - 欄位（columne）：多個股票代碼

2. 因子資料集（類型：pd.Series，使用 MultiIndex）：
   - 索引（index）：時間、股票代碼
   - 欄位（columne）：單一因子名稱

這兩個資料集必須涵蓋相同的時間範圍，並且時間的格式和類型需要保持一致。你可以使用 type 函式檢查它們的資料類型。接下來的說明中，我們會統一將 DataFrame 的「index」稱為「索引」。下方兩張圖分別顯示了股價資料集的範例和因子資料集的範例，股價資料集可以使用像收盤價這樣的價格類

第 1 章　股票財報的量化分析與研究

型作為交易數據。只要將資料整理成這個格式，就可以進行 Alphalens 的後續分析。

股價資料集

Ticker Date	1101	1102	1103
2017-05-16	18.036190	18.150354	7.539372
2017-05-17	17.882038	17.956924	7.432178
2017-05-18	17.856346	17.763493	7.432178
2017-05-19	17.727880	17.892447	7.360715
2017-05-22	17.779264	17.602299	7.360715

（左圖 - 股價資料集的範例）

因子資料集

datetime	asset	value
2017-05-16	1101	1941630.0
	1102	442220.0
	1103	24292.0
	1104	47681.0
	1108	28189.0
...	...	...
2021-05-14	9943	152342.0
	9944	-16111.0
	9945	840507.0
	9955	-30128.0
	9958	122746.0

（右圖 - 因子資料集的範例）

　　前面有提到使用 Alphalens 有一個限制，就是兩個資料集必須涵蓋相同的時間範圍。如果你有一個是每天收集的日頻資料，而另一個是每季度收集的季頻資料，則需要將季頻資料擴展為日頻資料，或者也可以反向操作，將日頻數據變為季頻，但前者做起來比較簡單，所以我們選擇將季頻的數據轉為日頻。接下來的程式範例會使用日頻的股價資料和季頻的因子資料進行分析，因此首先需要將季頻因子資料擴充到與股價資料相同的頻率。最簡單的方法是使用「填補」手法來進行資料擴充。在 pandas 中，常見的填補方法包括：bfill 函式（向後填補）和 ffill 函式（向前填補）。

1.2 透過 Alphalens 評估因子

1. bfill 函式（向後填補）：用後面的值來填補前面的空值。然而，在處理股價和因子這種有時序性資料時，通常不建議使用 bfill，因為它可能會引發「偷看到未來資料」的問題。

2. ffill 函式（向前填補）：將前面的值填補到後面空值的位置。這種方法常用於處理因子資料，因為它不會引入未來資訊。

下方兩張圖分別顯示向後填補和向前填補方法的示意圖。圖中箭頭左側的兩張圖顯示了原始資料集的遺失值情況，而右側的兩張圖則顯示了經過這兩種填補方式處理後的資料集。一般來說，在時間序列資料的處理過程中，ffill 是較為合適的選擇，ffill 是拿昨天跟歷史的數據向前、向未來填補，是合理的；bfill 是拿明天跟未來的資料向後、向歷史回補，是比較不妥當的，因為等於就是看到了未來的資料。

▲（圖 -bfill 向後填補方式的示意圖）

▲（圖 -ffill 向前填補方式的示意圖）

第 1 章　股票財報的量化分析與研究

讓我們回顧一下財報的公佈時間 (金融業及 KY 是月底，例如 5/31、8/31)：

1. 第一季財報：5 月 15 日前公佈

2. 第二季財報：8 月 14 日前公佈

3. 第三季財報：11 月 14 日前公佈

4. 第四季財報：次年 3 月 31 日前公佈

為了簡化資料處理過程，我們假設所有公司的財報都在固定日期公佈，分別是：

1. 5 月 15 日（第一季）

2. 8 月 14 日（第二季）

3. 11 月 14 日（第三季）

4. 次年 3 月 31 日（第四季）

在填補資料時，我們會從財報公布日的當天開始，將該次財報的數值填補到下一次財報公布日前的所有日期中。舉例來說，我們會將 2013 年第一季財報的數值填入 2013 年 5 月 15 日到 2013 年 8 月 13 日這段期間，將 2013 年第二季財報的數值填入 2013 年 8 月 14 日到 2013 年 11 月 13 日這段期間，依此類推處理其他季度的資料。**表 - 財報公佈時間和對應的填補日期的範例表**列出因子資料填補日期的範例。

1.2 透過 Alphalens 評估因子

在接下來的程式範例中,我們將使用 2015 年第一季財報到 2019 年第四季財報的因子資料來進行分析,並將這段期間的數據填補到 2015 年 5 月 16 日至 2020 年 5 月 14 日的時間範圍內,再來進行因子分析。

▼(表 - 財報公佈時間和對應的填補日期的範例表)

財報公布季度	填補日期
2013 第一季財報	2013/05/15 ～ 2013/08/13
2013 第二季財報	2013/08/14 ～ 2013/11/13
2013 第三季財報	2013/11/14 ～ 2014/03/30
2013 第四季財報	2014/03/31 ～ 2014/05/14
…	…

介紹完資料後,我們終於進入程式實作的部分。我會將程式實作分成兩個部分來介紹:一個是用來存放自訂函式的 utils.py 檔案,另一個是主程式檔案 main_alphalens_analysis_for_single_factor.py。在主程式中,我們會載入並使用 utils.py 裡的函式。完整的程式內容也可以在 GitHub 上查看。

utils.py 檔案的作用是存放我們在程式中反覆使用的自訂函式。如果某個函式在之前的小章節中已經介紹過,這裡不會再重複說明,而是專注於介紹本次實作中用到的新函式。如果讀者忘記了某個函式的用途,可以回頭查閱這個部分,所有函式都有詳細的註解說明,讀者可以直接閱讀註解以了解每一個部分的程式。此外,為了方便查找,我會整理一個函式介紹的表格,可以快速查看這次程式範例中有哪些新函式。下方的表格整理了在章節 1-2 中常用的函式。

第 1 章 股票財報的量化分析與研究

▼（表 -Chapter1/utils.py 內函式介紹）

🖥：PythonQuantTrading/Chapter1/utils.py

函式名稱	函式目的

finlab_
login
	``python
	def finlab_login() -> None:
	    """
	    函式說明: 使用 FinLab API token 登入 FinLab。
	    """
	    current_dir = os.path.dirname(os.path.abspath(__file__))
	    # 載入 .env 檔案中定義的變數
	    load_dotenv(f"{current_dir}/.env")
	    # 取得儲存在 .env 檔案中 FINLAB API Token
	    api_token = os.getenv("FINLABTOKEN")
	    # 使用 API Token 登入 FinLab 量化平台
	    finlab.login(api_token=api_token)
	``

get_top_
stocks_by_
market_
value
	``python
	def get_top_stocks_by_market_value(
	    excluded_industry: Annotated[List[str], "需要排除的特定產業類別列表"] = [],
	    pre_list_date: Annotated[str, "上市日期須早於指定日期"] = None,
	    top_n: Annotated[int, "市值前 N 大的公司"] = None,
	) -> Annotated[List[str], "符合條件的公司代碼列表"]:
	    """
	    函式說明:
	    篩選市值前 N 大的上市公司股票代碼，並以列表形式回傳。篩選過程包括以下條件:
	    1. 排除特定產業的公司(excluded_industry)。
	    2. 僅篩選上市日期早於指定日期(pre_list_date)的公司。
	    3. 選擇市值前 N 大的公司(top_n)。
	    """
	    # 從 FinLab 取得公司基本資訊表，內容包括公司股票代碼、公司名稱、上市日期和產業類別
	    company_info = data.get("company_basic_info")[
	        ["stock_id", "公司名稱", "上市日期", "產業類別", "市場別"]
	    ]
	    # 如果有指定要排除的產業類別，則過濾掉這些產業的公司
	    if excluded_industry:
	        company_info = company_info[~company_info["產業類別"].isin(excluded_industry)]
	    # 如果有設定上市日期條件，則過濾掉市日期晚於指定日期的公司
	    if pre_list_date:
	        company_info = company_info[company_info["市場別"] == "sii"]
	        company_info = company_info[company_info["上市日期"] < pre_list_date]
	    # 如果有設定top_n條件，則選取市值前 N 大的公司股票代碼
	    if top_n:
	        # 從 FinLab 取得最新的個股市值數據表，並重設引名稱為 market_value
	        market_value = pd.DataFrame(data.get("etl:market_value"))
	        market_value = market_value[market_value.index == pre_list_date]
	        market_value = market_value.reset_index().melt(
	            id_vars="date", var_name="stock_id", value_name="market_value"
	        )
	        # 將市值數據表與公司資訊表根據股票代碼欄位(stock_id)進行合併，
	        # 並根據市值欄位(market_value)將公司由大到小排序
	        company_info = pd.merge(market_value, company_info, on="stock_id").sort_values(
	            by="market_value", ascending=False
	        )
	        return company_info.head(top_n)["stock_id"].tolist()
	    else:
	        return company_info["stock_id"].tolist()
	``

1.2 透過 Alphalens 評估因子

函式名稱	函式目的
| get_daily_ close_ prices_ data | ```python
def get_daily_close_prices_data(
    stock_symbols: Annotated[List[str], "股票代碼列表"],
    start_date: Annotated[str, "起始日期", "YYYY-MM-DD"],
    end_date: Annotated[str, "結束日期", "YYYY-MM-DD"],
    is_tw_stock: Annotated[bool, "stock_symbols 是否為台灣股票"] = True,
) -> Annotated[
    pd.DataFrame,
    "每日股票收盤價資料表",
    "索引是日期(DatetimeIndex格式)",
    "欄位名稱包含股票代碼",
]:
    """
    函式說明：
    獲取指定股票清單(stock_symbols)在給定日期範圍內(start_date~end_date)每日收盤價資料。
    """
    # 如果是台灣股票，則在每個股票代碼後加上 ".TW"
    if is_tw_stock:
        stock_symbols = [
            f"{symbol}.TW" if ".TW" not in symbol else symbol
            for symbol in stock_symbols
        ]
    # 從 YFinance 下載指定股票在給定日期範圍內的數據，並取出收盤價欄位(Close)的資料
    stock_data = yf.download(stock_symbols, start=start_date, end=end_date)["Close"]
    # 如果只取一支股票，將其轉換為 DataFrame 並設定欄位名稱為該股票代碼
    if len(stock_symbols) == 1:
        stock_data = pd.DataFrame(stock_data)
        stock_data.columns = stock_symbols
    # 使用向前填補方法處理資料中的遺失值
    stock_data = stock_data.ffill()
    # 將欄位名稱中的 ".TW" 移除，只保留股票代碼
    stock_data.columns = stock_data.columns.str.replace(".TW", "", regex=False)
    return stock_data
``` |
| get_ factor_ data | ```python
def get_factor_data(
    stock_symbols: Annotated[List[str], "股票代碼列表"],
    factor_name: Annotated[str, "因子名稱"],
    trading_days: Annotated[
        List[DatetimeIndex], "如果有指定日期，就會將資料的頻率從季頻擴充成此交易日頻率"
    ] = None,
) -> Annotated[
    pd.DataFrame,
    "有指定trading_days：回傳多索引資料表,索引是datetime和asset,欄位包含value(因子值)。",
    "未指定trading_days：回傳原始FinLab因子資料表,索引是datetime,欄位包含股票代碼。",
]:
    """
    函式說明：
    從 FinLab 獲取指定股票清單(stock_symbols)的單個因子(factor_name)資料,
    並根據需求擴展至交易日頻率資料或是回傳原始季頻因子資料。
    如果沒有指定交易日(trading_days),則回傳原始季頻因子資料。
    """
    # 從 FinLab 獲取指定因子資料表,並藉由上 .deadline() 將索引格式轉為財報截止日
    factor_data = data.get(f"fundamental_features:{factor_name}").deadline()
    # 如果指定了股票代碼列表,則篩選出特定股票的因子資料
    if stock_symbols:
        factor_data = factor_data[stock_symbols]
    # 如果指定了交易日,則將「季度頻率」的因子資料擴展至「交易日頻率」的資料,
    # 否則回傳原始資料
    if trading_days is not None:
        factor_data = factor_data.reset_index()
        factor_data = extend_factor_data(
            factor_data=factor_data, trading_days=trading_days
        )
        # 使用 melt 轉換資料格式
        factor_data = factor_data.melt(
            id_vars="index", var_name="asset", value_name="value"
        )
        # 重命名欄位名稱,且根據日期、股票代碼進行排序,最後設定多重索引 datetime 和 asset
        factor_data = (
            factor_data.rename(columns={"index": "datetime"})
            .sort_values(by=["datetime", "asset"])
            .set_index(["datetime", "asset"])
        )
    return factor_data
``` |

1-43

第 1 章 股票財報的量化分析與研究

函式名稱	函式目的

extend_
factor_
data
	``python
	def extend_factor_data(
	    factor_data: Annotated[
	        pd.DataFrame,
	        "未擴充前的因子資料表",
	        "欄位名稱包含index(日期欄位名稱)和股票代碼",
	    ],
	    trading_days: Annotated[List[DatetimeIndex], "交易日的列表"],
	) -> Annotated[
	    pd.DataFrame,
	    "填補後的因子資料表",
	    "欄位名稱包含index(日期欄位名稱)和股票代碼",
	]:
	    """
	    函式說明:
	    將因子資料(factor_data)擴展至交易日頻率(trading_days)資料，使用向前填補的方式補值。
	    """
	    # 將交易日列表轉換為 DataFrame 格式，索引為指定的交易日的列表
	    trading_days_df = pd.DataFrame(trading_days, columns=["index"])
	    # 將交易日資料與因子資料進行合併，以交易日資料有的日期為主
	    extended_data = pd.merge(trading_days_df, factor_data, on="index", how="outer")
	    extended_data = extended_data.ffill()
	    # 最後只回傳在和 trading_days_df 時間重疊的資料
	    extended_data = extended_data[
	        (extended_data["index"] >= min(trading_days_df["index"]))
	        & (extended_data["index"] <= max(trading_days_df["index"]))
	    ]
	    return extended_data
	``

convert_
quarter_to_
date
	``python
	def convert_quarter_to_dates(
	    quarter: Annotated[str, "年-季度字串，例如：2013-Q1"],
	) -> Annotated[Tuple[str, str], "季度對應的起始和結束日期字串"]:
	    """
	    函式說明:
	    將季度字串(quarter)轉換為起始和結束日期字串。
	    ex: 2013-Q1 -> 2013-05-16, 2013-08-14。
	    """
	    year, qtr = quarter.split("-")
	    if qtr == "Q1":
	        return f"{year}-05-16", f"{year}-08-14"
	    if qtr == "Q2":
	        return f"{year}-08-15", f"{year}-11-14"
	    if qtr == "Q3":
	        return f"{year}-11-15", f"{int(year) + 1}-03-31"
	    if qtr == "Q4":
	        return f"{int(year) + 1}-04-01", f"{int(year) + 1}-05-15"
	``

1.2 透過 Alphalens 評估因子

函式名稱	函式目的
| convert_date_to_quarter | ```python
def convert_date_to_quarter(
    date: Annotated[str, "日期字串,格式為 YYYY-MM-DD"],
) -> Annotated[str, "對應的季度字串"]:
    """
    函式說明:
    將日期字串(date)轉換為季度字串。
    ex: 2013-05-16 -> 2013-Q1
    yyyy-mm-dd -> yyyy-q。
    """
    # 將字串轉換為日期格式
    date_obj = datetime.strptime(date, "%Y-%m-%d").date()
    year, month, day = (
        date_obj.year,
        date_obj.month,
        date_obj.day,
    )  # 獲取年份、月份和日期
    # 根據日期判斷所屬的季度並回傳相應的季度字串
    if month == 5 and day >= 16 or month in [6, 7] or (month == 8 and day <= 14):
        return f"{year}-Q1"
    elif month == 8 and day >= 15 or month in [9, 10] or (month == 11 and day <= 14):
        return f"{year}-Q2"
    elif month == 11 and day >= 15 or month in [12]:
        return f"{year}-Q3"
    elif (month == 1) or (month == 2) or (month == 3 and day <= 31):
        return f"{year-1}-Q3"
    elif month == 4 or (month == 5 and day <= 15):
        return f"{year-1}-Q4"
``` |

接下來,我們來看看程式碼。由於大部分的功能已經寫在 utils.py 內的函式中,這使得主程式 main_alphalens_analysis_for_single_factor.py 變得相當精簡。主程式只需要根據需求來載入相關的函式進行操作。

這個主程式分為兩部分來介紹:

1. Part 1:使用「營業利益」作為單一因子分析操作示範。

2. Part 2:針對 53 個不同的因子進行全面的 Alphalens 分析。

首先來看 Part 1 的程式碼,這段程式會生成兩個資料集:factor_data 和 close_price_data。這兩個資料集必須符合 Alphalens 的兩個主要條件,時間要對齊以及價格和因子資料集形式上的規定。建議你在執行範例程式時,可以使用以下語法觀察這些資料集的細節:

1. 索引名稱:資料表名稱 .index

2. 欄位名稱:資料表名稱 .columns
```

3. 型別：type(變數)

4. 前幾筆資料：資料表名稱 .head()

5. 後幾筆資料：資料表名稱 .tail()

在完成資料前處理後，接下來就可以開始準備生成因子報告。使用 get_clean_factor_and_forward_returns 函式可以產生要進行分析的表格。這個表格涵蓋了以下三種資訊：

1. 未來收益值（預設欄位名稱：1D、5D、10D）：這些數值分別表示股票在未來 1 個交易日後、5 個交易日後和 10 個交易日後的收益。可以透過參數 periods 來控制要分析未來幾天的收益，欄位名稱將根據指定的 periods 自動生成。

2. 原始的因子值（欄位名稱：factor）：這是每個股票的原始因子數據，用於評估因子的效果。

3. 因子分組結果（欄位名稱：factor_quantile）：這是根據因子值對股票進行分組的結果，分組後可以用來分析不同組別下的收益表現。

在執行 get_clean_factor_and_forward_returns 函式時系統會回傳一段訊息，說明數據處理和轉換過程中的詳情。以**圖 -get_clean_factor_and_forward_returns 函式生成的分析表格範例**內的訊息做為說明的範例。

「Dropped 1.0%entries from factor data:1.0%in forward returns computation.max_loss is 35.0%,not exceeded:OK!」我們可以將這段訊息拆解成四個部分來理解：

1.2 透過 Alphalens 評估因子

- Dropped 1.0%entries from factor data：這表示在處理因子數據時，有 1.0% 的數據被丟棄了。通常是因為因子數據或價格數據有缺失或不完整的情況，導致這部分數據無法使用，因而被剔除。

- 1.0%in forward returns computation：這進一步說明，這 1.0% 的數據是在計算未來收益（forward returns）的過程中被丟棄的。這些數據可能缺少對應的未來收益數據，通常是因為某些日期的價格數據有問題或缺失。

- max_loss is 35.0%,not exceeded:OK!：這表示設置的 max_loss 參數值是 35.0%，即允許最多丟棄 35% 的數據。由於實際丟棄的數據比例沒有超過這個設定值，因此顯示「OK!」，說明數據處理過程在可接受範圍內，並且是正常的。

總結來說，這段訊息提供了有關數據處理狀況的詳細回饋，讓我們可以了解數據丟棄的原因及比例。只要看到「OK!」這個訊息，就表示處理過程中沒有遇到超出容許範圍的問題，不需要擔心。

```
82  # 使用 Alphalens 將因子數據與收益數據結合，
83  # 生成 Alphalens 分析所需的數據表格。
84  alphalens_factor_data = get_clean_factor_and_forward_returns(
85      factor=factor_data.squeeze(),
86      prices=close_price_data,
87      quantiles=5,
88  )
89  alphalens_factor_data
```

問題　輸出　偵錯主控台　**終端機**　連接埠　註解　AZURE　GITLENS

```
Dropped 1.0% entries from factor data: 1.0% in forward returns computation
s).
max_loss is 35.0%, not exceeded: OK!
```

▲（圖 -get_clean_factor_and_forward_returns 函式生成的分析表格範例）

在這裡要先提到，在 Alphalens 中有三個容易被混淆的概念：「group」、「bin」和「quantile」，它們各自有不同的用法。

1. quantile（分位數）：分位數是指將資料從小到大排序後，均分成若干組。常見的有五分位數或十分位數，這種方法讓投資者可以比較不同分位數的表現。例如，將因子資料集分為五個分位數時，第一分位數包含因子值最低的 20% 股票，最後一分位數包含因子值最高的 20% 股票。投資者可以藉由分析不同分位數的結果，來討論哪個分位數下的股票表現較好。

2. bin（等間隔分組）：「bin」是根據資料的數值範圍進行平均間隔的分組。每一組的範圍是相等的，不同於「quantile」根據資料數量分組。因此，「bin」是將數值範圍平均切分，而「quantile」是根據資料數量分成等量組。

3. group（分組）：「group」用來根據某些屬性（如行業或市值）將資料進行分組，從而在具有相似特性的資產中進行分析。如果指定「group」，Alphalens 會在每個「group」中再進行「quantile」分組。例如，可以先按行業進行分組，然後在每個行業組內分別應用因子分析。這樣做的好處是能理解同一因子在不同行業環境下的表現是否一致。**圖 - 依照產業各自切分「quantile」的架構範例**顯示依照產業（group）進行分組後，再各個產業各自進行「quantile」切分的架構範例。

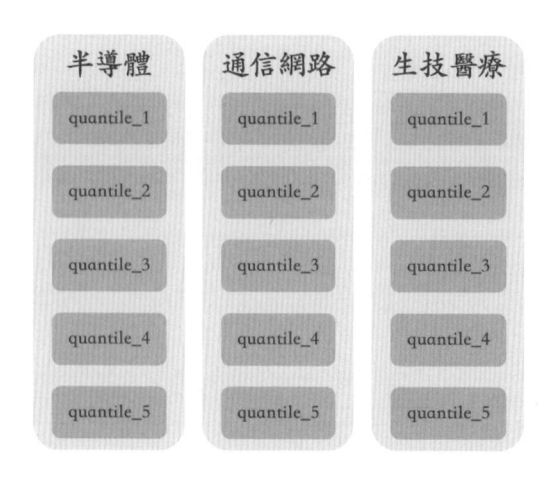

▲（圖 - 依照產業各自切分「quantile」的架構範例）

1.2 透過 Alphalens 評估因子

下表列出一些關於使用 get_clean_factor_and_forward_returns 函式比較重要的參數設定，當然你也可以不指定數值，直接使用函式內預設數值。

▼（表 -get_clean_factor_and_forward_returns() 函式的參數設定）

```
def get_clean_factor_and_forward_returns(
    factor,
    prices,
    groupby=None,
    binning_by_group=False,
    quantiles=5,
    bins=None,
    periods=(1, 5, 10),
    filter_zscore=20,
    groupby_labels=None,
    max_loss=0.35,
    zero_aware=False,
    cumulative_returns=True,
):
```

參數	參數 type	參數意義
factor	pd.Series-MultiIndex	因子資料集
prices	pd.DataFrame	價格資料集
groupby	pd.Series-MultiIndex or dict	如果有指定 groupby，它用於按照股票的某些屬性（例如行業別）進行分組，就可以計算每個分組下特定的未來收益。 預設是 None。
quantiles	int or sequence[float]	將股票依照因子數值分成的組合數量。 預設是 5 組。
periods	sequence[int]	設定我們希望計算未來多久後的收益。 預設是 1、5 和 10 天。
max_loss	float,optional	允許因子資料集中最大的遺失值比例。 預設是 0.35。

第 1 章 股票財報的量化分析與研究

這個產生的分析表格涵蓋了未來收益值，未來收益值是什麼呢？未來收益指的是投資在未來某段時間可能實現的收益，這裡是用（未來價格 - 今天價格）除以 今天價格來衡量這段時間的收益。接下來以「日頻」的交易來舉例說明未來收益的計算方式。如果 periods 參數指定 1，那麼這個 1D 未來收益率就是

$$1\text{天未來收益} = \frac{\text{明天價格} - \text{今天價格}}{\text{今天價格}}$$

如果 periods 參數指定 5，那麼 5D 未來收益率就是

$$5\text{天未來收益} = \frac{5\text{天後的價格} - \text{今天價格}}{\text{今天價格}}$$

如果 periods 參數指定 10，那麼 10D 未來收益率就是

$$10\text{天未來收益} = \frac{10\text{天後的價格} - \text{今天價格}}{\text{今天價格}}$$

其他天數的未來收益就以此類推。

在生成分析表格後，我們可以使用 create_full_tear_sheet 函式來生成一系列的分析結果報告。Alphalens 的使用非常簡單，我認為最困難的部分可能在於解讀這些報告，並根據報告結果設計適合的因子策略。

下面是完整 Alphalens 因子分析範例程式內容。程式主要拆成兩個部分來呈現。Part 1 是使用「營業利益」這一個因子的分析示範，而 Part 2 則通過 for 迴圈來針對 53 個不同財務因子進行批量分析。範例的分析期間為 2017/5/16 至 2021/5/15，也就是涵蓋了 2017 第一季到 2020 第四季的財報資料。在進行因子分析之前，我有先採取了一些初步的公司篩選：

1.2 透過 Alphalens 評估因子

1. 行業排除：排除了金融業、保險業、存託憑證和建材營造業的公司，因為這些行業的資本結構、盈利模式與其他行業存在明顯差異，可能會對因子分析產生干擾，這幾個產業的財報有特殊性，如果要分析可能比較建議個別針對這些產業進行分析。例如，金融業的財務因子如資產負債比等指標，與製造業的意義截然不同。

2. 上市時間篩選：排除了 2017 年後上市的所有公司。新上市的公司在財務數據的穩定性上可能較差，並且可用的歷史數據較少，這可能會對回測結果的可靠性產生影響。

當然，你可以選擇不進行這樣的初步篩選，以獲得更全面的市場分析。程式中有載入 json 檔案的部分，這個 json 檔案記錄了所有需要分析的因子清單。你也可以直接將要分析的因子清單當作變數寫在程式內。

備註 53 個財務因子：

營業利益,EBITDA,營運現金流,歸屬母公司淨利,折舊,流動資產,流動負債,取得不動產廠房及設備,經常稅後淨利,ROA 稅後息前,ROA 綜合損益,ROE 稅後,ROE 綜合損益,稅前息前折舊前淨利率,營業毛利率,營業利益率,稅前淨利率,稅後淨利率,業外收支營收率,貝里比率,營業費用率,推銷費用率,管理費用率,研究發展費用率,現金流量比率,稅率,每股營業額,每股營業利益,每股現金流量,每股稅前淨利,每股綜合損益,每股稅後淨利,總負債除總淨值,負債比率,淨值除資產,營收成長率,營業毛利成長率,營業利益成長率,稅前淨利成長率,稅後淨利成長率,經常利益成長率,資產總額成長率,淨值成長率,流動比率,速動比率,利息支出率,營運資金,總資產週轉次數,應收帳款週轉率,存貨週轉率,固定資產週轉次數,淨值週轉率次數,自由現金流量。

第 1 章 股票財報的量化分析與研究

💻：PythonQuantTrading/Chapter1/1-2/main_alphalens_analysis_for_single_factor.py

```
======================== part1 ========================

# 載入需要的套件。
import json
import os
import sys
from alphalens.tears import create_full_tear_sheet
from alphalens.utils import get_clean_factor_and_forward_returns
utils_folder_path = os.path.dirname(os.path.dirname(os.path.dirname(__file__)))
sys.path.append(utils_folder_path)
# 載入 Chapter1 資料夾中的 utils.py 模組,並命名為 chap1_utils
import Chapter1.utils as chap1_utils  # noqa: E402
# 使用 FinLab API token 登入 FinLab 平台,取得資料訪問權限。
chap1_utils.finlab_login()
analysis_period_start_date = "2017-05-16"
analysis_period_end_date = "2021-05-15"
# 排除指定產業(金融業、金融保險業、存託憑證、建材營造)的股票,
# 並排除上市日期晚於 2017-01-03 的股票。
top_N_stocks = chap1_utils.get_top_stocks_by_market_value(
    excluded_industry=[
        "金融業",
        "金融保險業",
        "存託憑證",
        "建材營造",
    ],
    pre_list_date="2017-01-03",
)
print(f"列出市值前 10 大的股票代號: {top_N_stocks[:10]}")
print(f"股票數量: {len(top_N_stocks)}")  # 757
# 獲取指定股票代號列表在給定日期範圍內的每日收盤價資料。
close_price_data = chap1_utils.get_daily_close_prices_data(
    stock_symbols=top_N_stocks,
    start_date=analysis_period_start_date,
    end_date=analysis_period_end_date,
)
close_price_data.head()
print(f"股票代碼(欄位名稱): {close_price_data.columns}")
print(f"日期(索引): {close_price_data.index}")
# 針對市值前 300 大的股票,獲取指定因子(營業利益)的資料,
# 並根據每日的交易日將因子資料擴展成日頻資料。
factor_data = chap1_utils.get_factor_data(
    stock_symbols=top_N_stocks,
    factor_name="營業利益",
    trading_days=sorted(list(close_price_data.index)),
)
factor_data = factor_data.dropna()
factor_data.head()
print(f"列出欄位名稱{factor_data.columns}")
print(f"列出索引名稱(日期,股票代碼): {factor_data.index}")
# 使用 Alphalens 將因子數據與收益數據結合,
# 生成 Alphalens 分析所需的數據表格。
alphalens_factor_data = get_clean_factor_and_forward_returns(
    factor=factor_data.squeeze(),
    prices=close_price_data,
    quantiles=5,
)
# 使用 Alphalens 生成完整的因子分析圖表報告。
create_full_tear_sheet(alphalens_factor_data)
```

1.2 透過 Alphalens 評估因子

```python
# 排除指定產業（金融業、金融保險業、存託憑證、建材營造）的股票，
# 並排除上市日期晚於 2017-01-03 的股票。
top_N_stocks = chap1_utils.get_top_stocks_by_market_value(
    excluded_industry=[
        "金融業",
        "金融保險業",
        "存託憑證",
        "建材營造",
    ],
    pre_list_date="2017-01-03",
)
print(f"列出市值前 10 大的股票代號: {top_N_stocks[:10]}")
print(f"股票數量: {len(top_N_stocks)}")  # 757
# 獲取指定股票代碼列表在給定日期範圍內的每日收盤價資料。
close_price_data = chap1_utils.get_daily_close_prices_data(
    stock_symbols=top_N_stocks,
    start_date=analysis_period_start_date,
    end_date=analysis_period_end_date,
)
close_price_data.head()
print(f"股票代碼（欄位名稱）: {close_price_data.columns}")
print(f"日期（索引）: {close_price_data.index}")
```

======================== part2 ========================

```python
with open(
    utils_folder_path + "/Chapter1/1-2/factors_list.json",
    "r",
    encoding="utf-8",
) as file:
    result = json.load(file)

# 從載入的 JSON 文件中提取因子名稱列表，準備進行分析。
fundamental_features_list = result["fundamental_features"]
print(f"將要分析的因子清單: {fundamental_features_list}")
print(f"總計有 {len(fundamental_features_list)} 個因子")
# 使用 for 迴圈從 FinLab 獲取多個因子的資料。
# 將所有因子資料儲存到字典 factors_data_dict 中，鍵為因子名稱，值為對應的因子資料。
factors_data_dict = {}
for factor in fundamental_features_list:
    factor_data = chap1_utils.get_factor_data(
        stock_symbols=top_N_stocks,
        factor_name=factor,
        trading_days=list(close_price_data.index),
    )
    factors_data_dict[factor] = factor_data
# 使用 Alphalens 進行因子分析。
for factor in fundamental_features_list[41:]:
    print(f"factor: {factor}")
    alphalens_factor_data = get_clean_factor_and_forward_returns(
        factor=factors_data_dict[factor].squeeze(),
        prices=close_price_data,
        periods=(1,),
    )
    create_full_tear_sheet(alphalens_factor_data)
```

解析 Alphalens 報表中五大分析結果

報表內容主要分成五大部分，分別為分位數統計分析 Quantiles Statistics Analysis、收益分析 Returns Analysis、資訊係數分析 Information Coefficient Analysis、換手率分析 Turnover Analysis、因子排名自相關分析 Factor Rank Autocorrelation Analysis，接下來就一一來解讀下面的圖表。

◆ Part I. 分位數統計分析 Quantiles Statistics Analysis

Quantiles Statistics

factor_quantile	min	max	mean	std	count	count %
1	-29994833.0	3437.0	-1.721270e+05	7.604860e+05	146040	20.052755
2	-32070.0	63172.0	1.597619e+04	1.710239e+04	145560	19.986846
3	10603.0	181298.0	8.145669e+04	3.165505e+04	145080	19.920937
4	73524.0	555802.0	2.249648e+05	7.938874e+04	145560	19.986846
5	258251.0	157120174.0	2.692027e+06	9.158732e+06	146039	20.052617

▲（圖 - 分位數統計分析表範例）

假設你想評估學生整體考試成績的分布，而不是關注特定幾個學生的成績。你可以將所有學生的成績「從低到高」排序，然後將他們分成幾個等級，例如，分數最低的 20% 的學生為第一等級，接下來的 20% 為第二等級，以此類推。這些等級就是所謂的「分位數」。這樣的分類有助於清楚地看到各個等級下學生的表現，從而更好地理解成績的整體分布情況。

在分析股票因子時，Alphalens 也使用類似的方法。Alphalens 不會直接使用股票的原始因子數值來進行分析，而是根據這些因子數值將股票「由小到大」排序，並根據排序的名次將股票分成幾個等級，這些等級稱為「分位數」。

假設我們以天為單位進行資料分析，Alphalens 會根據每天每檔股票的因子數值，將股票分入不同的分位數組。這個分位數統計分析結果會以一個表格的形式呈現，其中每一列代表不同分位數下的統計資料。**圖 - 分位數統計分析表範例**是分位數統計分析結果的範例。

1.2 透過 Alphalens 評估因子

值得注意的是，每個時間點下股票都會重新排序和分組，因此不同日期之間的分位數值範圍可能會有重疊。舉例來說，如果某一天的因子值普遍較高，這天最低分位數的最小值可能會高於其他天因子值較低時的最高分位數的最大值。因此，不同天之間的分位數值範圍可能會發生重疊。

這種分析方法讓我們能夠觀察因子值的分佈及其變化，並且可以顯示是否存在異常值。如果某個分位數的值表現出乎意料地低或高，這可能表明數據中存在錯誤，或者是需要進一步研究的異常情況。

◆ Part II. 收益分析 Returns Analysis

Returns Analysis

	1D	5D	10D
Ann. alpha	0.047	0.049	0.048
beta	-0.050	-0.108	-0.117
Mean Period Wise Return Top Quantile (bps)	0.917	0.452	0.322
Mean Period Wise Return Bottom Quantile (bps)	-1.675	-0.675	-0.478
Mean Period Wise Spread (bps)	2.592	1.132	0.808

▲（圖 - 收益分析表範例）

收益分析，顧名思義，就是討論投資的收益情況。在這裡，收益是指如果你購買某支股票後，預期所能獲得的利潤。舉例來說，1 天的收益率（1D）表示今天買入股票，並在下一個交易日賣出時的預期收益。如果預期的未來收益較高，你可能會選擇買入這支股票；如果預期股票會帶來虧損，你可能會選擇不買入，或者做空這支股票（即先賣出，等到價格下跌時再買回股票以獲得價差利潤）。

之所以稱這些收益為「預期」收益或「未來」收益，是因為當你買入股票時，實際上並不知道未來股價會上漲還是下跌。我們只能根據過去的歷史數據來預測未來的股價走勢。因此，這裡的收益只是基於過去資料的推測結果。

第 1 章　股票財報的量化分析與研究

既然涉及到預測，我們就需要評估因子的預測能力和穩定性，來判斷因子是否能夠準確預測未來的收益。在接下來的介紹中，所有與預測相關的收益都會統一稱為「未來收益」，這樣可以幫助你在閱讀時更清楚地理解，這些收益是基於預期推測而來的。

假如你在使用 get_clean_factor_and_forward_returns 函式時沒有指定 periods 參數，系統預設會計算 1 個交易日後（1D）、5 個交易日後（5D）和 10 個交易日後（10D）的未來收益。這些指定天數的收益欄位將會在收益分析的圖表中顯示。

圖 - 收益分析表範例是一個收益分析結果的表格範例，其中表格內的 alpha 和 beta 是透過對「市場平均收益」與「因子未來收益」進行線性迴歸分析得出的。線性迴歸是一種統計方法，用來了解兩個變數之間的關係。我們用一個簡單的例子來解釋這個概念，假設我們想知道學生讀書的時間長度和他們的考試成績之間的關聯。我們收集了一些學生的讀書時間和成績數據，然後畫出散佈圖（橫軸是讀書時間，縱軸是考試成績）。如果我們發現這些數據點大致沿著一條斜線排列，那麼我們可以用一條直線來描述讀書時間和成績之間的關係。這條直線的方程式是這樣的：

$$預估成績 = α + β \cdot 唸書時間$$

其中 $β$ 表示每增加一單位唸書時間，成績會增加多少分，如果 $β$ 是正值，表示唸書時間和成績呈正相關，讀書時間越長，成績越好。反之，如果 $β$ 是負值，表示唸書時間和成績呈負相關，讀書時間越長，成績可能會變差。而 $α$ 則表示當讀書時間是 0 時，預期的成績是多少。

同樣的邏輯應用在因子分析上，我們可以透過這個迴歸模型來了解「市場平均收益」與「因子未來收益」之間的關聯。對應的迴歸公式為：

$$因子未來收益 = α + β \cdot 市場平均收益$$

1.2 透過 Alphalens 評估因子

在這個式子中的 α 對應到上面的**圖 - 收益分析表範例**的表格中 alpha，β 對應到上面的**圖 - 收益分析表範例**的表格中 beta。接下來更具體地解釋 alpha 和 beta 各自的含義，同時也會解釋什麼是市場平均收益。

1. 市場平均收益：這是所有股票在某段時間內的平均收益表現。例如，假設觀察市場中的 5 支股票，記下它們某一天的收盤價，再記下次日的收盤價。然後，計算每支股票的收益，將 5 支股票的收益率相加並除以 5，得到的平均值就是這一天的市場平均收益。

2. alpha(α)：這個數值表示因子能夠產生的額外收益，與市場收益無關。簡單來說，alpha 表示該因子即使在市場平均收益為 0 的情況下，是否仍能夠帶來超額收益。當 alpha 是正值且數值較大時，表示即使市場沒有上升或下降，因子本身也能產生較高的收益，這通常意味著該因子具有增值潛力。當 alpha 為 0 時，因子無法帶來額外收益，它的表現完全依賴市場走勢。

3. beta(β)：這個數值表示因子收益隨著市場收益變動的敏感程度。它反映了因子與市場整體波動之間的關聯。當 beta 大於 0 時，表示因子收益與市場收益呈正相關。市場上漲時，因子收益也隨之上升；市場下跌時，因子收益也跟著下降。當 beta 小於 0 時，表示因子收益與市場收益呈負相關，市場上漲時，因子收益會下降，市場下跌時，因子收益會上升。beta 的絕對值越大，表示因子的收益對市場變動越敏感，即波動性越高。

Return Analysis 表格內其他欄位的意義可以參考**表 - 收益分析表中欄位介紹**。

第 1 章　股票財報的量化分析與研究

▼（表 - 收益分析表中欄位介紹）

欄位名稱	欄位意義
Ann.alpha	這代表相對於市場基準指數的年化超額報酬率。簡單來說，alpha 衡量的是你的投資策略是否比市場基準（例如大盤指數）表現得更好。如果 alpha 值越大，表示這個策略在長期內賺取的超額收益越多。舉例來說，假設因子的波動性與市場波動性相同（beta = 1），市場基準的年收益是 5%，而你的策略帶來了 8% 的年收益，那麼你的 alpha 就是 3%。這表示你的策略比市場基準表現得更好，產生了 3% 的超額收益。
beta	這是一個衡量因子報酬相對於市場基準波動性或風險的指標。如果 beta 大於 1，表示因子的收益波動性大於市場，市場上漲 1%，因子的收益可能上漲超過 1%；如果 beta 小於 1，表示因子的收益波動性小於市場。例如，如果 beta 是 1.2，這意味著市場波動 1%，因子的收益可能波動 1.2%。
Mean Period Wise Return Top Quantile(bps)	這表示最高分位數組的平均收益率，並以基點（bps，1 個基點等於 0.01%）表示。這個數值告訴我們，在分位數最高的一組股票中，平均收益是多少。數值越大，表示最高分位數的股票收益表現越好。策略制定時，可以選擇買入這些高分位數的股票。例如，如果這個指標是 50 bps，表示最高分位數組的股票平均每期收益是 0.5%。
Mean Period Wise Return Bottom Quantile(bps)	這表示最低分位數組的平均收益率，也以基點表示。這個數值反映了最低分位數股票的平均收益。與最高分位數相反，這個數值越大，表示最低分位數股票的表現越好。
Mean Period Wise Spread(bps)	這是最高分位數組與最低分位數組的平均收益率差異，並以基點表示。這個指標顯示了最高分位數組和最低分位數組之間的收益差距，是評估因子有效性的關鍵指標。如果這個數值的絕對值越大，表示最高分位數組與最低分位數組之間的收益差距越大，也就是說，因子能夠更精確地區分出哪些股票具有高收益潛力，哪些股票的收益較差，這表明策略的選股能力越強。例如，假設這個指標為 70 bps，則表示最高分位數組和最低分位數組之間的平均收益差距為 0.7%。

1.2 透過 Alphalens 評估因子

接下來的四張圖基本上都是根據前面提到的表格數據生成的。圖表能夠更直觀地幫助我們理解這些數據，因為圖形化的呈現比單純的數字更容易讓人吸收資訊。我們可以透過這些圖表快速判斷因子是否在某個特定的分位數下表現特別好，還是它對整個股票池都有不錯的收益。

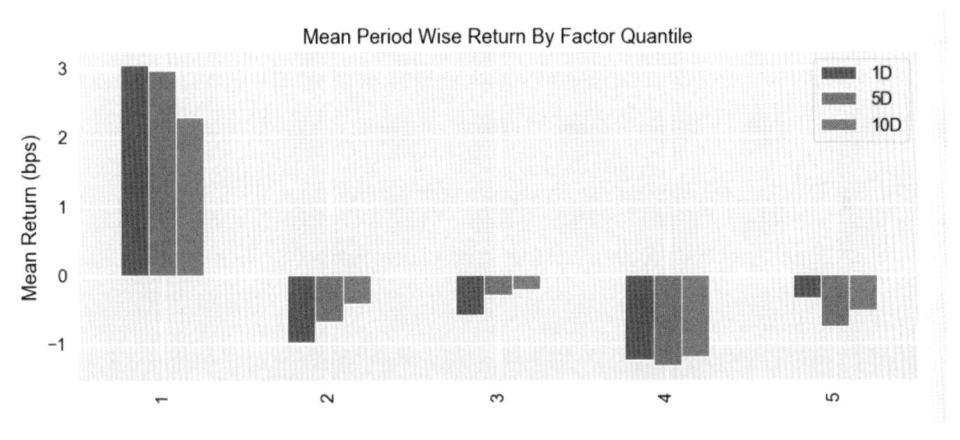

▲（圖 -Mean Period Wise Return By Factor Quantile Plot）

其中，Mean Period Wise Return By Factor Quantile Plot 能幫助我們理解不同分位數的股票在未來的平均收益表現。

1. 橫軸：從 1 到 5，表示根據因子值從低到高將股票分成五個等級的分位數。1 代表因子值最低的一組股票，5 代表因子值最高的一組股票。

2. 縱軸：顯示的是平均未來收益率，數值越高代表股票在該分位數下的預期收益越高。

這張圖使用不同顏色來標示基於不同時間範圍計算的未來收益：

1. 藍色：表示未來 1 個交易日後的收益。

2. 橘色：表示未來 5 個交易日後的收益。

3. 綠色：表示未來 10 個交易日後的收益。

我們繼續看上面的**圖 -Mean Period Wise Return By Factor Quantile Plot** 圖最左側（橫軸位置 1）顯示的是因子值最低的分位數的平均收益，最右側（橫軸位置 5）顯示的是因子值最高的分位數的平均收益。藉由這張圖，我們可以觀察以下幾點：

1. 哪個分位數下，平均未來收益最高？

   如果最高收益集中在某個分位數，意味著這個因子在該分位數的股票上表現最好。因此，該位數下的股票可能是最佳的買入選擇。

2. 平均未來收益是否隨著分位數增加而改變？

   我們關注的是隨著分位數從 1 增加到 5，平均收益是否連續遞增或遞減。如果是的話，這表示因子對不同分位數的股票有穩定的影響，說明股票的未來收益隨著因子值的變化有一致的模式。當因子值增加時，股票的未來收益可能連續上升（或下降）。這樣的穩定模式表明該因子具有較強的預測能力，在預測股票收益方面的可靠性較高，可以根據這樣的模式設計穩定的交易策略。

如果某個分位數平均未來收益特別的低，表示因子在這個分位數的股票上表現較差，但不代表這個分位數下的股票可以透過做空從中獲益，還需要搭配接下來要介紹「Factor Weighted Long/Short Portfolio Cumulative Return」的圖一起來做判斷是否合適做空。

總言之，從**圖 -Mean Period Wise Return By Factor Quantile Plot** 可以觀察到，因子值較低的股票組合（在第一分位數，橫軸位置 1），在未來往往能獲得較高的收益率。如果我們根據這個圖形結果來設計交易策略，可以考慮買入因子值較低的股票（分位數 1），因為這些股票預期會帶來較高的多頭收益。這樣的策略利用了因子對未來收益的預測能力，從市場波動中獲利。

1.2 透過 Alphalens 評估因子

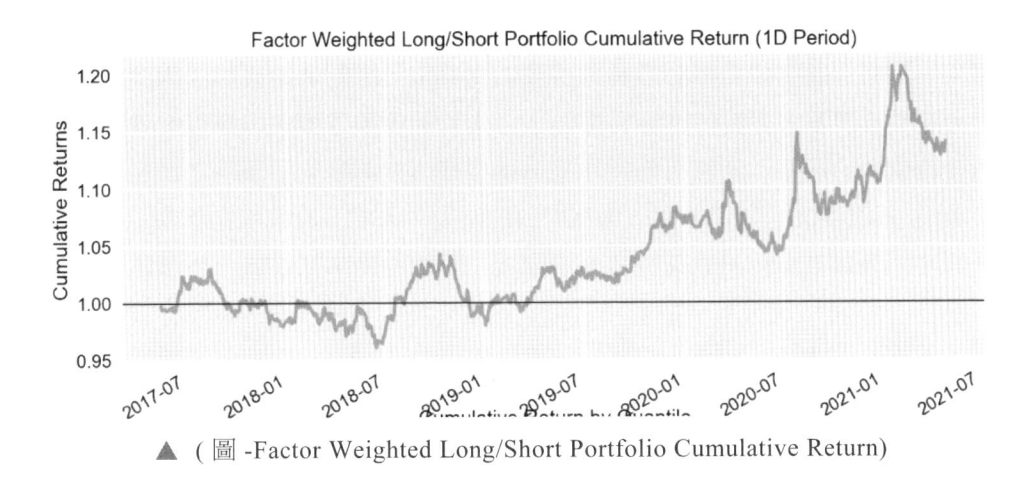

Factor Weighted Long/Short Portfolio Cumulative Return (1D Period)

▲ (圖 -Factor Weighted Long/Short Portfolio Cumulative Return)

　　接下來，上方的**圖 -Factor Weighted Long/Short Portfolio Cumulative Return** 顯示了多空策略下的累積收益表現。這張圖的橫軸代表時間，縱軸代表累積未來收益值，這張圖有兩個重點：其一為「因子權重」，二為「多空平衡」。

　　首先是因子的加權方式，因子加權的方式常見的有兩個，一個是「因子權重」，另一個是「等權重」。圖是採用因子權重，意味著因子值越高，權重越大；因子值越低，權重越小。另一種因子分配方式是等權重，這個很直觀，就是所有股票都配置一樣的金額。我們以大家都熟知的市值來說，大家都知道台積電的市值佔整體市場的比例非常大，大概佔了接近 40%，如果使用因子權重，台積電一人就會被分配到接近 40% 的資金；但如果是等權重的話，假設我們整體市場是一千只股票，那台積電只會被分配到 0.1% 的資金，與其他股票完全無差異。顯見得因子權重在整體市場的配置中，更能體現出因子的影響力，如果是全市場等權重的話，因子幾乎就毫無意義了。

第 1 章　股票財報的量化分析與研究

再來是「多空平衡」，這是對沖基金很喜歡使用的股票配置的手法。多空平衡的策略一般來說是相對容易獲得高的夏普值，因為他的報酬曲線容易較平滑，波動低換言之夏普值就容易提升，但是累計報酬這樣的指標可能就會略遜色於純做多的策略。為何部分對沖基金會偏好這樣的多空平衡呢？大家可以想像 2020 新冠疫情的時候，當市場在崩跌的時候，大部分股票都在下跌，無論體質好壞，這時不管我們的選股技術再強大，我們的勝率都很低，所以純做多策略很容易在 2020 面臨巨大的虧損，但是多空平衡的策略在此時就可以有很不錯的收益，做空的部位可以加減沖掉多頭部位的損失。

那具體多空平衡是怎麼做的呢？其實他聽起來很專業，但他的核心其實就是對因子做「去中心化」，例如說我有一個因子，五支股票，他的數值是：

$$4,6,10,11,12$$

那如果我們做一般的純多頭策略，這樣的數值要分配資金的話，以因子權重來說就是把數值都加總，4+6+10+11+12 = 43。然後將他帶回數值，就能得到這五個股票應該分配什麼樣的權重。

$$4/43,6/43,10/43,11/43,12/43$$

可得到純做多這樣分配資金（四捨五入）：

$$9\%,14\%,23\%,26\%,28\%$$

那多空平衡是怎麼做的？常見的作法如剛剛說，是去中心化，其實就是先算出平均數，減掉平均數之後，再做分配。我們因子 4,6,10,11,12 的平均是 8.6，所以我們首先把所有數值先減去平均，得到：

$$-4.6,-2.6,1.4,2.4,3.4$$

1.2 透過 Alphalens 評估因子

從上面這個數值，大家可以感受到，負的數值加總起來是 -7.2，正的也是 7.2，正的跟負的加起來為 0，這就是多空平衡的核心：透過去中心化（減去平均）達成多方部位跟空方部位投入一樣的金額。那我們在拿上面那個數值一樣算成比例去計算哪些股票做多多少、做空多少就可以了，我們就不贅述了，方法跟上面一樣。

回歸正題，所以**圖 -Factor Weighted Long/Short Portfolio Cumulative Return** 我們可以觀測自己的因子適不適合多空平衡的因子權重策略。透過這張圖，我們可以觀察以下幾點：

1. 累積收益曲線是否穩定增長？
   如果曲線呈現穩定持續上升，這表明因子能夠有效區分高收益和低收益的股票。這種情況意味著做多分位數高的股票，做空分位數低的股票是一種有效的投資策略，能帶來穩定的長期收益。

2. 累積收益曲線是否持續減少？
   如果曲線呈現穩定下降，這說明因子同樣也能有效區分高低收益的股票。但是，不同之處在於此時適合反向操作，也就是做多分位數低的股票，做空分位數高的股票。

3. 累積收益曲線是否有明顯的下凹現象？
   下凹現象表示在某些時段內，累積收益出現了突然下降。這可能由市場波動、宏觀經濟事件或其他外部因素引起，暗示特定時段的投資組合面臨較大的風險。投資者應密切關注這些時間點，分析背後的原因，例如市場情緒變化、政策變動或因子失效，做出更合理的應對。

透過這張圖可以直觀地了解因子的長期表現及其應用價值。穩定上升的累積收益曲線意味著該因子具有良好的預測能力，能在投資組合中發揮穩定的貢獻；而波動過大的曲線則需要更深入的分析，避免不必要的風險。這些觀察為制定更加精準的多空頭策略提供了重要依據。是否適合做空，需要藉由「Factor Weighted Long/Short Portfolio Cumulative Return」圖來進行判斷。

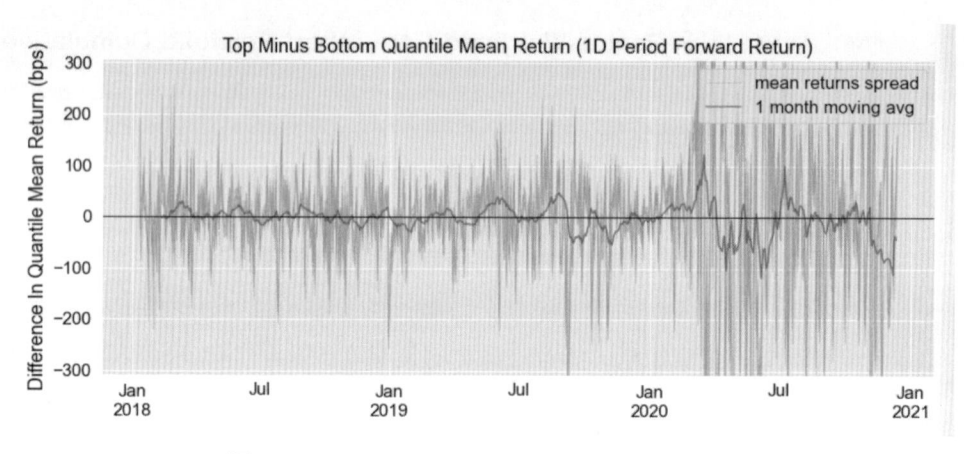

▲（圖 -Top Minus Bottom Quantile Mean Return Plot）

接下來，在**圖 -Top Minus Bottom Quantile Mean Return Plot** 中，橫軸表示時間，縱軸顯示的是最高分位數組與最低分位數組之間的平均收益率差異。藉由這張圖，我們可以重點觀察以下幾點：

1. 平均收益率的差異是否持續地保持正值差距或是持續地保持負值差距。

   如果圖中的收益率差異持續為正值，這表示最高分位數組的股票表現一直好於最低分位數組，表明因子的選股能力穩定且有效。投資者可以根據這個訊息選擇買入因子值較高的股票。如果圖中的收益率差異持續為負值，這表示最低分位數組的股票表現好於最高分位數組，投資者可以反向調整策略，買入因子值較低的股票。

1-64

2. 收益率差異是否在 0 附近波動？

   如果收益率差異不斷在 0 附近波動，有時正有時負，這表明因子的選股能力不穩定，預測效果不明顯。

需要特別注意的是，這些收益分析結果並未考慮交易成本，如手續費、滑價等因素。使用 Alphalens 的主要目的是評估因子對預測股票報酬的能力，而不是評估完整交易策略的實際獲利性。實際交易成本會受到交易平台、交易頻率、交易量等多種因素的影響，因此我認為在初期的因子分析階段，可以先不考慮這些成本，這樣有助於進行因子之間的公平比較。然而，在最後實際應用中，投資者仍需將交易成本納入考量，才能更精確地評估策略的真實收益。

◆ **Part III. 資訊係數分析 Information Coefficient Analysis**

Information Coefficient(IC) 是一個衡量因子值與未來收益相關性的指標，其計算基於 Spearman's rank correlation coefficient，因此 IC 值的範圍介於 -1 到 1 之間。每天都會計算一個新的 IC 值，並將這些值繪製成圖表來分析因子的表現。

關於 IC 數值的解釋：

1. IC 值接近 1：這表示因子排名與未來收益之間存在強烈的正相關。換句話說，因子值較高的股票更有可能在未來取得較好的收益。這意味著因子能有效預測哪些股票將表現更好，即因子值越高的股票，未來收益越可能越高。

2. IC 值接近 -1：這表示因子排名與未來收益之間存在強烈的負相關。這意味著因子值較低的股票更有可能在未來取得較好的收益。這與 IC 值接近 1 的情況類似，但差異在於此時因子值越低的股票，未來的收益越可能越高。

3. IC 值接近 0：這表示因子值與未來收益之間沒有顯著的線性相關性。換句話說，因子的預測能力較弱，無法明確區分哪些股票將在未來表現更好。然而，這並不意味著因子與收益之間完全無關，可能存在其他形式的關係，例如二次、三次等非線性關係，需要進一步分析來確認。

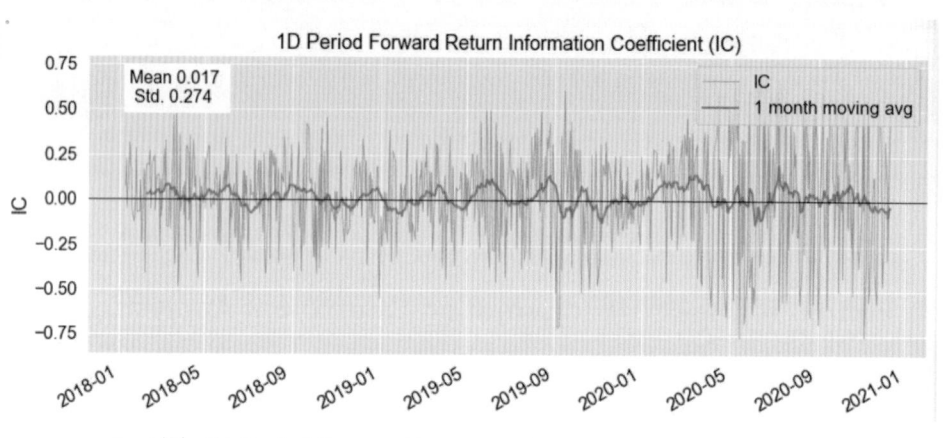

▲（圖 -1D Period Forward Return Information Coefficient Plot）

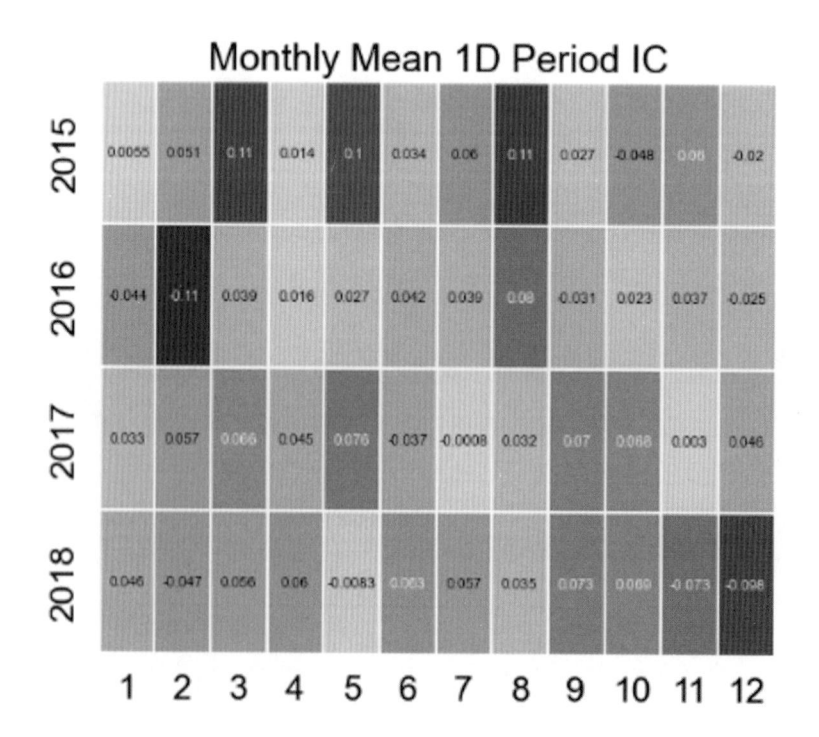

▲（圖 -Monthly Mean 1D Period IC Plot）

資訊係數分析對應到兩種圖表類型：

1. 時間序列圖（如**圖 -1D Period Forward Return Information Coefficient Plot**）：這張圖顯示隨時間變化的 IC 值。如果 IC 值曲線相對平滑，這通常代表因子的預測力較穩定。圖表中還會顯示 IC 值的平均值和標準差。標準差可以幫助我們判斷 IC 值的穩定性。標準差越小，表示 IC 值的波動性越低，預測力越穩定。而平均值可以協助判斷 IC 值大多數呈現正值或負值，也就是可以判斷因子值與未來收益之間大多數呈現正相關或是負相關。

2. 熱力圖（如**圖 -Monthly Mean 1D Period IC Plot**）：這張圖利用顏色的深淺來表示不同月份下 IC 值的變化，幫助我們快速識別在一年中的哪些月份 IC 值表現出正相關或負相關。熱力圖中的顏色變化也可以協助識別 IC 值的穩定性。如果顏色變化不大，表示 IC 值相對穩定。如果顏色變化劇烈，則表明 IC 值波動較大，因子的預測能力在不同月份有顯著差異，可能受市場或外部環境的影響較大。

這些圖表不僅能幫助我們評估因子的整體預測能力，還可以根據因子在特定時間段的表現來調整投資策略。例如，如果我們發現某個因子在上半年常顯示正相關，而在下半年常顯示負相關，那麼可以根據這個模式進行調整，定期重新配置投資組合，每半年調整一次，以實現更佳的投資效果。

IC 值是評估一個因子整體預測能力的重要指標。然而，值得注意的是，IC 值的計算通常不涉及對樣本股票進行分組，而是基於整個股票池進行計算。因此，無法確切得知這種預測能力是來自特定的股票組合還是涵蓋了整體表現。

為了更全面地評估因子的表現，應該結合多種分析圖表來進行考量。例如，IC 分析提供了對因子預測能力的廣泛視角，而收益分析則可以深入到各個股票組合的具體表現中。結合這兩種方法，可以更準確地識別因子在不同股票分組中的預測效果，避免單純依賴 IC 分析而忽略因子在不同股票之間的表現差異，也可以避免僅關注收益分析而忽略因子整體預測強度的評估。

◆ Part IV. 換手率分析 Turnover Analysis

換手率（Turnover）衡量的是投資組合中資產（如股票）的變動頻率。簡單來說，它反映了投資組合中有多少資產被替換掉的頻率。高換手率通常意味著投資組合中的資產經常被買入或賣出，這可能是因為投資組合管理者頻繁調整組合來應對市場變化或尋找更好的投資機會。然而，高換手率也意味著更高的交易成本，這可能會侵蝕整體投資回報。因此，換手率不僅可以用來衡量因子的穩定性，還能幫助我們評估潛在的交易成本。

在某個時間點 t 下，Turnover 計算方式是，在時間點 t 新加入這個分位數的資產數量（即這些資產在上一個時間段不屬於這個分位數）除以在時間點 t 內屬於這個分位數的資產總數，公式如下

$$Turnover = \frac{新加入資產數量}{總資產數量}$$

	1D	5D	10D
Quantile 1 Mean Turnover	0.054	0.113	0.155
Quantile 2 Mean Turnover	0.132	0.267	0.354
Quantile 3 Mean Turnover	0.159	0.312	0.408
Quantile 4 Mean Turnover	0.131	0.265	0.353
Quantile 5 Mean Turnover	0.056	0.117	0.162

▲（圖 -Quantile Mean Turnover Table)

在進行 Turnover Analysis 時，我們通常會得到一個表格，如上圖 -Quantile Mean Turnover Table，用來比較不同分位數下的換手率。這個表格可以幫助我們了解在不同分位數中的交易頻率。第 k 組在時間點 t 下的換手率公式如下：

$$第k組在時間點t下的Turnover$$
$$= \frac{時間點t時在第k組,但在時間點t-1時下不在第k組的股票數量}{時間點t時在第k組的股票數量}$$

將所有時間取平均值，就是圖 -Quantile Mean Turnover Table 表格內的平均換手率數值。

如果某個因子的換手率過高，這可能意味著頻繁的交易，進而導致較高的交易成本，從而侵蝕潛在利潤。在這種情況下，投資者可能會選擇那些換手率較低的因子來降低交易成本。當然了如果換手率過高，也是有量化及數學的手段可以處置，例如說大家可能都曉得的對因子做平滑化 (取移動平均)、還有 decay(有點像移動平均，但他會加權，比較近的因子乘上比較高的倍數，比較遠的因子權重低) 等等。

透過這種分析，投資者可以更好地評估因子在實際應用中的交易成本問題，並根據自己的交易策略和成本控制需求作出更明智的選擇。理想情況下，投資者會選擇那些換手率較低，但仍能提供良好預測能力的因子，這樣既能降低交易成本，又能保持策略的有效性。

◆ Part V. 因子排名自相關分析 Factor Rank Autocorrelation

因子排名自相關係數是衡量某個時刻根據因子值對股票進行排名，與其過去排名之間相關性的一個指標。它可以用來分析因子排名的穩定性，也就是判斷因子在不同時間段內的表現是否一致，還是有顯著差異。特別強調一下，自相關性是基於股票的因子排名計算的，而非原始因子值，這樣做的好處就是可以更加專注於在不同時間段內相對位置的變化。

因子排名自相關係數與換手率之間存在一定的反向關聯。若因子的自相關性較低，表示當前的因子排名與前期排名差異較大，也就是因子排名在短期內發生了較大的變動，這會導致投資組合的調整頻率增高，從而提高換手率。相反，如果因子的自相關性高，表示因子排名在不同時間段內保持較高的一致性，因子排名較為穩定。在這種情況下，投資組合的調整頻率會減少，換手率相對較低。

第 1 章　股票財報的量化分析與研究

在量化策略中，因子排名的自相關性在量化策略中是一個重要的指標。高自相關性的因子通常被認為是較為穩定的訊號，適合用於中長期的投資策略。因為這類因子不易受到短期市場波動的影響，預測能力相對穩固，有助於在長期內保持策略的有效性。

在此，我們來比較一下目前提到兩種不同的相關性，讓你可以更清楚這兩者的差異。

1. 資訊分析中的相關性：這種相關性是比較「因子值與未來收益」之間的相關性。IC 分析的重點在於衡量因子是否能夠「有效預測未來收益」，即因子值越高或越低時，是否能對應到相應的收益表現。

2. 因子排名自相關性：這裡討論的是因子排名在「不同時間點之間的一致性」，也就是某一時間點下的因子排名與另一個時間點的因子排名之間的相關性。這種分析關注的是「因子本身隨時間的穩定性」，評估因子是否能夠在不同時間保持一致的表現。

為了進一步瞭解因子排名自相關性的影響，我們通常使用兩種圖表進行分析：

1. 表格（如圖 -Mean Factor Rank Autocorrelation Table）：這張表格會顯示平均自相關係數。較高的平均自相關係數表示因子的排名變動較小，表明在不同時間點間的表現一致性較好。

2. 時間序列圖（如圖 -1D Period Fator Rank Autocorrelation Plot）：這張圖顯示了自相關係數隨時間的變動情況。如果因子排名的自相關程度在時間上保持穩定，這張圖會呈現一條近似水平的趨勢線。如果曲線起伏較大，則表示因子排名在不同時間點的變動較大，穩定性較低。

	1D	5D	10D
Mean Factor Rank Autocorrelation	0.998	0.988	0.976

▲（圖 -Mean Factor Rank Autocorrelation Table）

1D Period Factor Rank Autocorrelation

▲（圖 -1D Period Fator Rank Autocorrelation Plot）

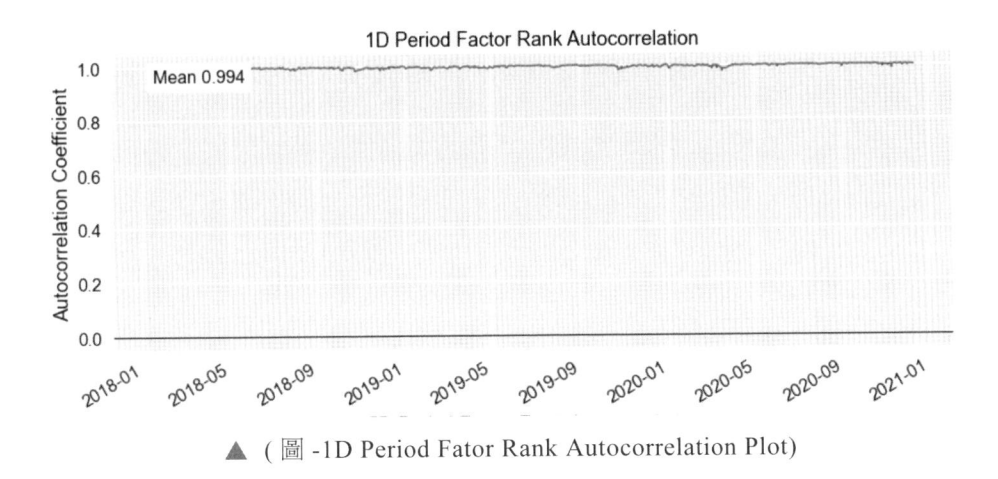

◆ Part VI. 總結

　　Alphalens 是一個功能強大的分析工具，提供了多種分析方法，幫助我們深入了解因子的特性。這些分析方法包括：分位數統計分析（Quantiles Statistics Analysis）、收益分析（Returns Analysis）、資訊係數分析（Information Coefficient Analysis）、換手率分析（Turnover Analysis）、以及因子排名自相關分析（Factor Rank Autocorrelation Analysis）。透過這些多元化的分析，我們可以從不同角度理解因子的特點，可以更有效地選擇表現最佳的因子來使用。

　　僅依賴單一分析結果來做決策是不夠的，除了評估因子的整體表現，深入探討在不同分組中的表現也是必要的。在 Alphalens 的分析方法中，分位數統計分析、收益分析和換手率分析主要聚焦於「各個分組下」的表現，有助於我們了解因子在不同分位數內的效果，像是哪個分位數的股票具有較高的回報或較低的交易成本。而資訊係數分析和因子自相關分析則更多地考量因子的「整體」效能，有助於我們評估因子在所有股票中的預測能力和穩定性。

　　應用這些分析時，並沒有一個統一的標準來定義每個指標的理想範圍。投資者需要根據自己的交易風格和經驗來設置適合的參數。例如：

第 1 章 股票財報的量化分析與研究

1. **低換手率的投資者**：可能更關注交易成本，因此會將投資組合的換手率上限設定在 20% 以下，以減少因頻繁交易而產生的手續費和滑價成本。

2. **注重 IC 值的投資者**：可能認為一個優秀的因子應該具有至少 0.10 的 IC 值，這表示因子對未來收益有一定的預測能力。然而，若 IC 值超過 0.20，這些投資者可能會擔心回測結果存在過度擬合的風險。因此，他們會將 IC 值設定在 0.10 到 0.20 之間，來確保因子具有足夠的預測力，但又不至於過度擬合歷史數據。

使用 Alphalens 來分析因子可以幫助我們了解因子的預測能力及適合的交易方式。然而，Alphalens 的報酬分析並未考慮股票交易中可能產生的手續費、滑價或其他實際交易情境中的成本與限制。因此，在使用 Alphalens 進行因子分析後，還需要借助其他專業的回測軟體，如 Backtrader 或 Pyfolio，來進行進一步的回測和評估。這些工具能模擬實際交易過程，並將手續費和滑價納入考量，從而更精確地評估因子的實際成效和交易策略的可行性。接下來，就會和大家介紹要如何使用 Backtrader 和 Pyfolio 這兩個工具，

當然了很多人都有一個疑問，我直接拿我的因子使用 Backtrader 去做回測不就好了嗎？我直接建構策略，他還會考慮手續費，我直接回測就知道因子的好壞了，為何還要做因子分析？

我們大家都同意，沒有一個什麼萬能的交易策略架構可以配適任何因子的，對吧？例如說，我們透過 0050 的好表現，可以知道市值因子先選 top 50 最大的，然後再根據因子權重分配金額，會是一個蠻穩健的策略，但如果事先沒有做因子分析，你怎麼得知他適合因子權重？你怎麼得知要篩選 top 50？如果今天換一個因子，例如說公司的負債，我們顯然就不能用 top 50 了對吧？top 50 是憑感覺來的是很難說服專業的投資交易者的。

假設新的命題來了：我要利用稅後淨利來建構，那我們直接拿 0050 的這個模式放進稅後淨利裡面是正確的嗎？我們取 top 50 的稅後淨利，然後根據賺錢的多寡來配置資金，聽起來似乎合理，但如果我是要交易這個策略的投資者，我一定會問：根據是什麼？為何是 top 50？為何要等權重？有沒有可能 top 50

稅後淨利高的公司，並不是越高越好，反而高的異常的有問題？是不是等權重更好。

如果我們做了因子分析，這一切就有理有據，我在建構策略時，是有依據的，我先充分地探索過我的因子，並且再搭配上回測結果，會更容易讓人信服。例如我把稅後淨利丟進去，我發現它在全市場多空平衡表現不好，那我就不做全市場多空平衡，我改去觀測分位數，我發現稅後淨利可能在第四分位數表現超級好，這時候我就可以建構策略：稅後淨利由大到小排序，篩選出第四分位數的股票進行資金配置。所以我們並不是要說回測不好，而是想說因子分析＋回測，會讓你得出更有理有據、最適合這個因子的交易策略。

最後有一個小提醒：如果你使用的是原始版本的 Alphalens 套件，可能會遇到一個常見的問題，這是因為 tears.py 文件中的 get_values() 函式已經被移除了，你需要將 get_values() 都改成 to_numpy()，否則在執行程式時可能會遇到 AttributeError:'Index'object has no attribute'get_values' 的錯誤。如果你使用的是 alphalens-reloaded 版本，這個問題已經被修正，因此不會出現此類錯誤。由於原始版本的 Alphalens 已經停止維護，我強烈建議你使用有持續更新的 alphalens-reloaded 版本。這樣一來，當你遇到任何問題時，還可以在這個套件的 GitHub 頁面提 Issue，與其他使用者交流解決方案，或尋求進一步的技術支援。

1.3 建立財報因子選股模型來挑選績優股

建立單因子選股模型

在金融市場中，投資策略的構建主要依賴於兩種核心模型：「擇時模型」和「擇股模型」。擇時模型主要目的在於判斷進入或退出市場的最佳時機。這類模型特別適合用於操作 ETF 等綜合性金融產品，或者是像是台指期這樣的反應整體市場的期貨產品，因為這些產品通常涵蓋多種股票或債券。投資者可以專注於選擇最佳的進出場時機，而不必花時間逐一挑選個別股票。擇時模型經常用於預測市場走勢，幫助投資者決定何時進場以把握市場機會，何時退出以

第 1 章　股票財報的量化分析與研究

降低風險。相較於擇時模型，擇股模型更專注於選擇個別股票。投資者利用擇股模型來挑選具備成長性或價值的股票，通常會在特定時間點（如每月、每季或每年）對投資組合進行調整和更新。擇股模型強調精準選股，在合適的時間點持有這些股票，來最大化投資回報。在這個章節，我們會介紹擇股模型建立的部分。

接下來，我們將探討如何基於先前章節中介紹的 Alphalens 分析結果，來開發一個有效的「擇股模型」。首先回顧一下，Alphalens 是一個強大的工具，用於評估選股因子的效果。它通過將股票分組，並對這些組合的表現進行深入分析，包含分位數統計分析、收益分析、資訊係數分析、換手率分析，以及因子排名自相關性分析。依據這些全面的分析結果，投資者可以篩選出符合特定條件的因子，並將它們應用到擇股模型中。例如，可以選擇具備較好預測力的因子，或是交易成本低的因子，又或者是自相關性高適合中長期策略的因子。

在建構選股模型的過程中，我們首先會從單因子選股模型開始，這是一個簡單且直觀的起點。單因子選股模型的核心在於選擇一個對股票表現有預測能力的因子，並根據該因子的表現來篩選股票。隨著模型的逐步成熟，我們可以進一步將這個模型發展為更為複雜的多因子選股模型。多因子選股模型的原理是將多個獨立的因子結合起來，這些因子可能反映了不同的財務特徵或市場動向。雖然多因子模型在形式上可以看作是一個加權的單一綜合因子，但相比於單因子模型，通常能達到更高的預測準確率和更好的投資表現。

在這個過程中，Alphalens 提供的 Mean Period Return By Factor Quantile 圖（即因子分位數與收益之間的關係圖，如**圖 - 最佳投組和最差投組的範例**）是非常重要的參考依據。圖表中每個長條代表分析期間內某個投資組合的平均預期收益。這些圖表是透過 Alphalens 的 get_clean_factor_and_forward_returns 函式生成的，該函式可以根據 periods 參數來設置分析的時間範圍。當我們將 periods 設置為 1 時，每個位置只會有一根長條，這根長條代表該投資組合在一個交易日內的平均預期收益。如果將 periods 設置為多個時間，就會如**圖 - 最佳投組和最差投組的範例**每個組合下會有多個收益值，一個顏色代表一個時間設置。接下來的討論會以一個交易日計算的收益為主（periods 設置為 1）。

1.3 建立財報因子選股模型來挑選績優股

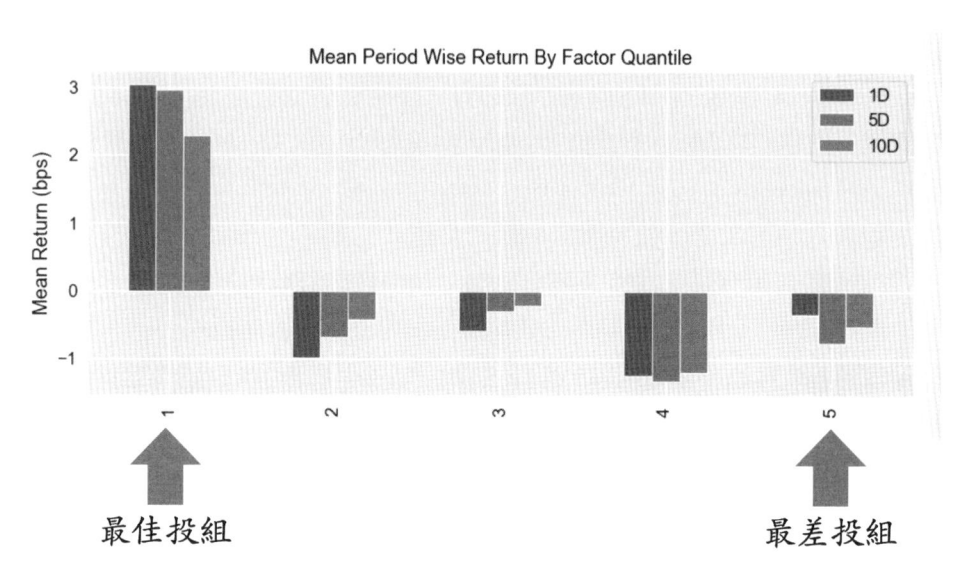

[圖表：Mean Period Wise Return By Factor Quantile，顯示 1D、5D、10D 在分位數 1-5 的平均收益，分位數 1 為最佳投組，分位數 5 為最差投組]

▲（圖 - 最佳投組和最差投組的範例）

Mean Period Return By Factor Quantile 圖顯示出不同因子分位數下股票的收益變化情況，幫助我們直觀地了解因子值如何影響股票的未來收益。具體而言，這張圖可以指出在某些分位數中，因子對未來收益的影響是否顯著，並且能幫助我們辨別哪些分位數的股票適合買入或賣出。

在接下來的討論中，我們將頻繁提到「最佳投組」和「最差投組」，這裡先來明確定義一下這兩個概念在本書中的含義。

1. 最佳投組：指的是平均收益最高的那組股票組合，這通常在 Mean Period Return By Factor Quantile 圖中對應於「最高長條」的位置。換句話說，這個組合中的股票在因子分析中預測出未來收益表現最為優異。例如，在上方的**圖 - 最佳投組和最差投組的範例**中，若橫軸位置 1 的組合（即最低分位數的組合）顯示最高的平均收益，我們就稱這個組合為「最佳投組」。

2. 最差投組：指的是平均收益最低的那組股票組合，對應於圖中的「最低長條」的位置。這表示該組合的股票在未來的預期表現最差。以上方的

第1章 股票財報的量化分析與研究

圖 - 最佳投組和最差投組的範例為例，如果橫軸位置 5（即最高分位數的組合）顯示最低的平均收益，我們則稱這個組合為「最差投組」。

接下來，我們以 Mean Period Wise Return By Factor Quantile 作為策略制定的依據。Mean Period Wise Return By Factor Quantile 長條圖清楚顯示了不同分位數下股票收益的差異，如果看到兩端的對比非常顯著，一端的長條特別高，另一端的長條則明顯偏低，整張圖呈現出一種明顯的斜線形狀，表示這個投資組合之間存在極大的績效差異：一端是表現非常出色的最佳投組，另一端則是表現欠佳的最差投組。這種因子的區分度非常高，非常適合用來建構選股模型。我們稱這個現象為「最佳投組績效顯著性高且最差投組績效顯著性低」。根據這個觀察，我們的策略就是「做多」最佳投組，並「做空」最差投組。所謂「做空」指的是先借入並賣出股票，預期股價下跌後再以更低的價格買回來，從而賺取價差收益。這種情境可以進一步細分為以下兩種具體案例。

第一種、因子值增加，平均未來收益隨之遞增：

我們搭配下表裡的圖來看，**圖 -a1** 顯示，因子值最高的分位數（橫軸最右側）的股票表現顯著優於因子值最低的分位數（橫軸最左側）。這意味著因子值越高，股票的未來收益越好。且**圖 -a2** 中的累積收益曲線呈現穩定增長，進一步證明了因子值與收益之間的正相關性。這兩張圖的結論是：做多因子值高的股票（高分位數），做空因子值低的股票（低分位數），能夠帶來穩定的長期收益。

第二類、因子值遞增，平均未來收益隨之遞減：

圖 -b1 顯示了相反的結果：因子值最低的分位數的股票表現最佳，而因子值最高的分位數的股票表現最差。這表明因子值越低，股票的未來收益越高。**圖 -b2** 中的累積收益曲線呈現穩定下降，顯示因子值高的股票作為多頭標的可能會虧損。從反向操作的角度看，做多因子值低的股票（低分位數），做空因子值高的股票（高分位數），可以獲得穩定的長期收益。

1.3 建立財報因子選股模型來挑選績優股

在設計選股模型時，我們可以靈活調整交易的股票數量，而不一定要涵蓋整個組合。例如，可以選擇只交易因子值最高或最低的前 5 名或前 10 名股票，這樣可以集中資金於最有潛力的標的，同時分散一定的風險。但需要注意的是，假如收益表現最好的股票出現在最低分位數（如**圖 -b1** 中因子值最低的股票組合），我們的策略需要進行調整，將多頭交易的焦點轉向這些因子值最低的股票組合，而不是因子值最高的股票。

看到這裡，你可能會有疑問，為什麼我們沒有討論獲利表現最好的股票出現在中間分位數組合（橫軸位置是 2、3、4）的情況呢？原因在於，當良好收益表現集中在中間分位數時，投資決策會變得更複雜。相比高分位數和低分位數這樣的極端情況，中間分位數的股票分布更分散，具體交易範圍的選擇會變得不明確。例如，應該交易第 100 ～ 200 名的股票，還是第 200 ～ 300 名的股票？這需要根據市場中股票的總數和分位數的劃分來進一步判斷。因此，出於實務性的考量，我們更專注於高分位數和低分位數的策略，這些極端分位數能提供更明確的操作。

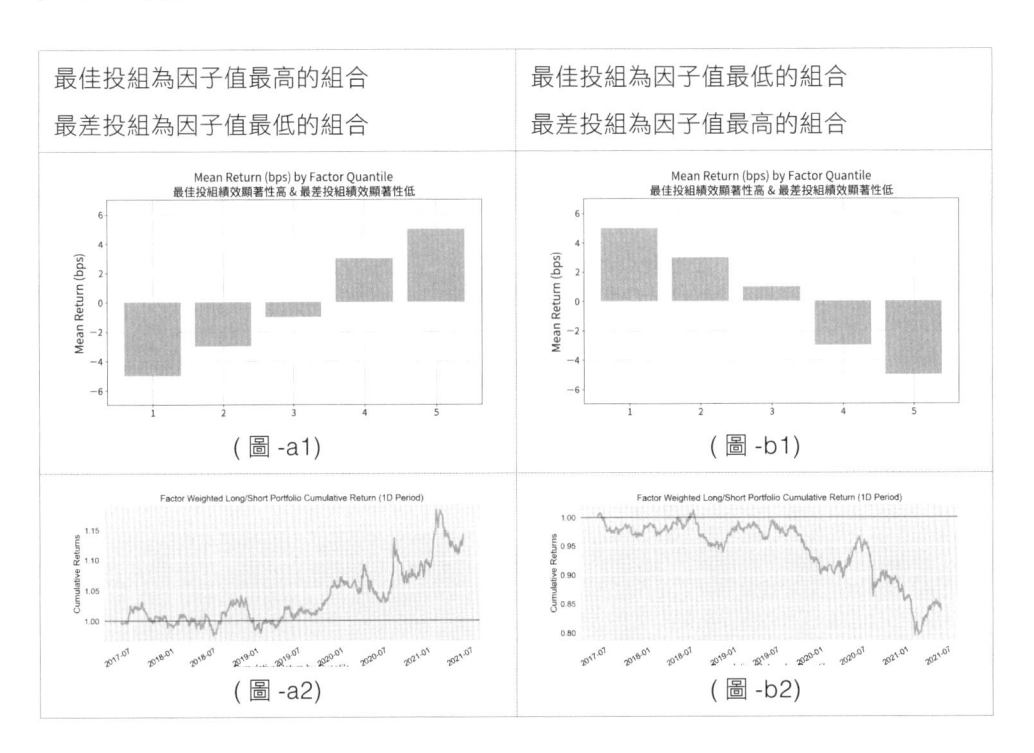

最佳投組為因子值最高的組合
最差投組為因子值最低的組合

(圖 -a1)

(圖 -a2)

最佳投組為因子值最低的組合
最差投組為因子值最高的組合

(圖 -b1)

(圖 -b2)

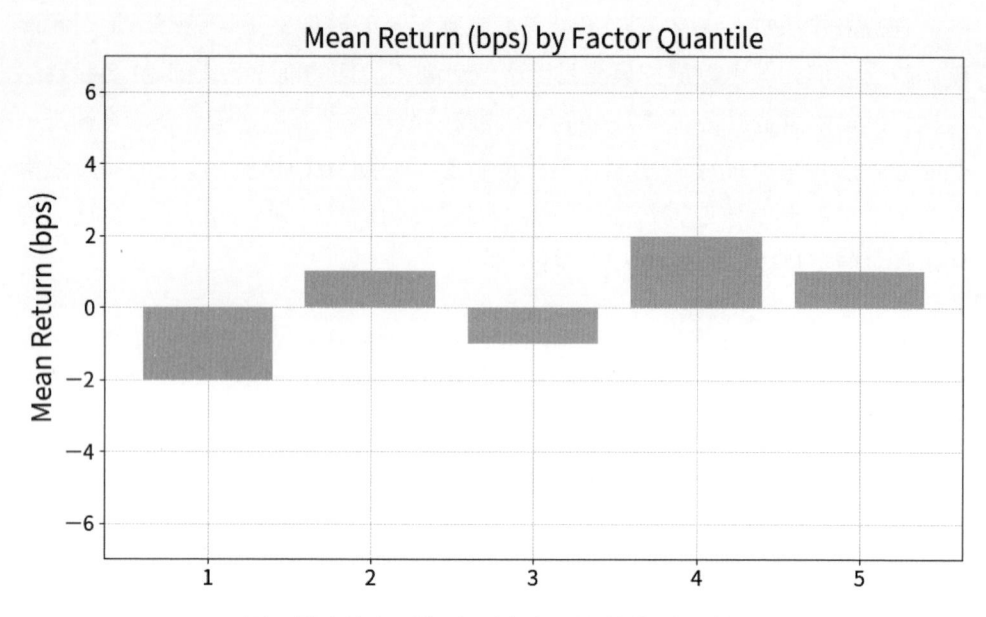

▲（圖 - 最邊緣股票組合間沒有明顯績效差異的範例）

　　透過分析不同情況下的投組績效，我們可以制定更靈活且針對性的投資策略，從而在各種市場條件下實現最佳投資回報。然而，如果在因子收益分析中發現像上方的**圖 - 最邊緣股票組合間沒有明顯績效差異的範例**所示的情況，即在不同分位數（尤其是最邊緣的股票組合）之間沒有明顯的績效差異，設計一個有效的選股模型確實會變得較為困難。這並不代表該因子完全無效，也許通過對因子值進行進一步轉換，或者將與其他因子結合使用，能夠提升因子預測能力。

　　對於剛開始接觸因子分析的讀者，建議從前面提到的六種交易情境中挑選出因子，作為建立選股模型的基礎。這樣的開始會相對簡單，等你逐步了解並掌握因子分析的精髓，可以根據你的想法再進一步優化選股模型的建置。

1.3 建立財報因子選股模型來挑選績優股

◆ **實例結果分析**

我會從之前執行的 main_alphalens_analysis_for_single_factor.py 中的 Part 2 結果，選擇一些具有代表性的因子來顯示實際案例。

在「Mean Period Return By Factor Quantile」圖（下表中的**圖 -c1 ～圖 -d9**）中，我們觀察到「營業利益」、「營運現金流」、「歸屬母公司淨利」、「經常稅後淨利」、「ROE 稅後」、「營業利益成長率」、「稅後淨利成長率」、「稅前淨利成長率」和「應收帳款週轉率」這 9 個因子都顯示一端的股票組合的收益顯著低，而另一端的收益則顯著高。

這種現象表明這些因子具有雙向預測的能力，也就是說，某些股票會帶來正向的收益，而另一些股票會導致負向的表現。針對這種雙重特性，我們建議採用多空策略來操作。具體來說，我們可以針對收益顯著為正的股票組合採取多頭操作，預期這些股票未來將繼續上漲；同時，針對收益表現不佳的股票組合，則應該採取空頭策略，利用這些股票下跌的趨勢獲利。

以「營業利益成長率」為例，該因子的結果顯示因子值最低的 20% 股票組合表現最差，意味著這部分股票的投資者相較於其他組合的投資者承受了更高的虧損；而因子值最高的 20% 股票組合表現最佳，這意味著過去持有這部分股票的投資者獲得了顯著的正收益。因此，針對這個因子，我們應該對因子值最低的股票組合進行空頭操作，預期它們的表現會繼續下滑；同時，對因子值最高的股票組合進行多頭操作，預期它們的收益將持續上升。

相反的情況可以在「應收帳款週轉率」這個因子中看到。表現最差的是因子值最高的 20% 股票組合，這意味著持有這些股票的投資者虧損較大；而表現最好的是因子值最低的 20% 股票組合，這部分股票組合的投資者相比其他組合獲得了更高的收益。因此，我們應該對因子值最高的股票組合採取空頭操作，並對因子值最低的股票組合採取多頭操作。總結來說，這種雙向策略能讓投資者在同時面對上漲和下跌的市場中找到機會，透過多空策略，最大化投資收益。

第1章 股票財報的量化分析與研究

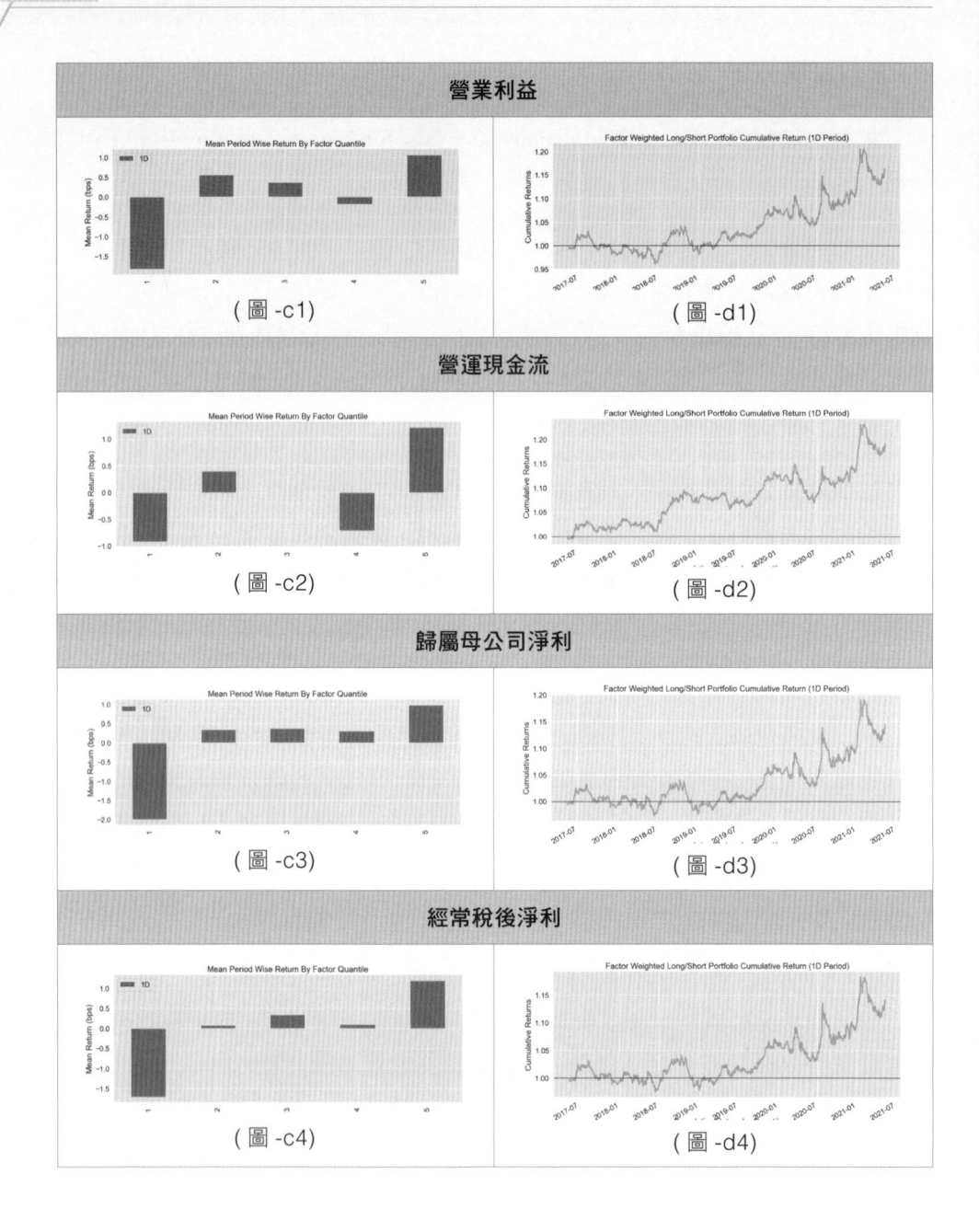

營業利益

(圖-c1)　　(圖-d1)

營運現金流

(圖-c2)　　(圖-d2)

歸屬母公司淨利

(圖-c3)　　(圖-d3)

經常稅後淨利

(圖-c4)　　(圖-d4)

1.3 建立財報因子選股模型來挑選績優股

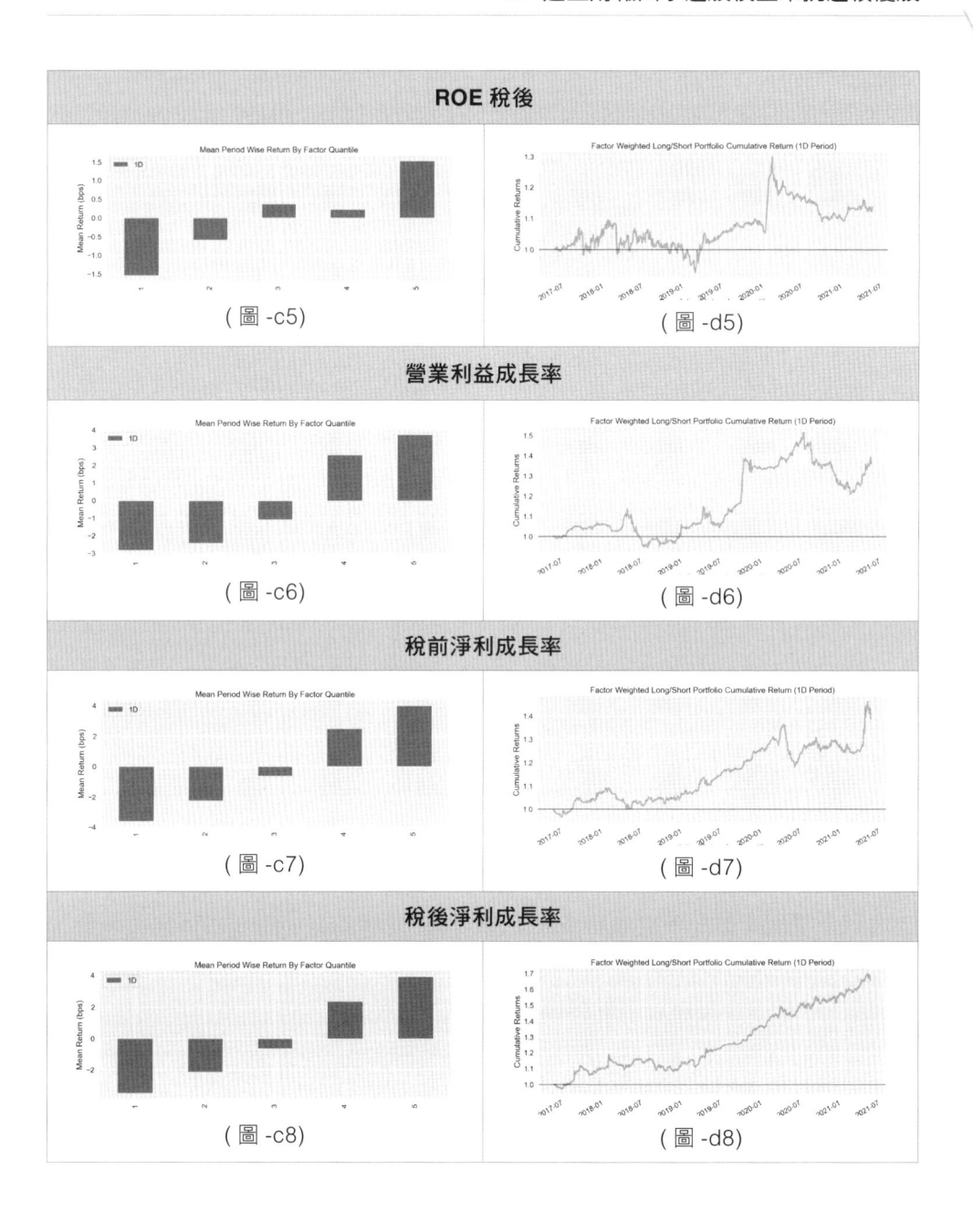

ROE 稅後

(圖-c5)

(圖-d5)

營業利益成長率

(圖-c6)

(圖-d6)

稅前淨利成長率

(圖-c7)

(圖-d7)

稅後淨利成長率

(圖-c8)

(圖-d8)

第 1 章　股票財報的量化分析與研究

應收帳款週轉率

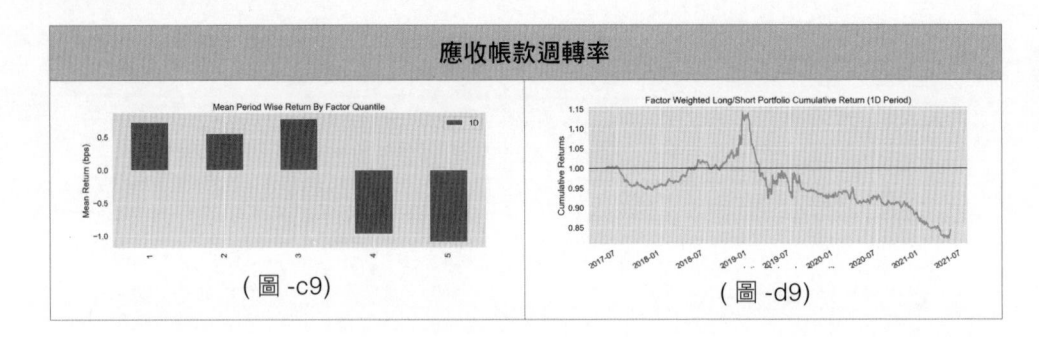

(圖 -c9)　　　　　　　　　　　　(圖 -d9)

　　選擇這些單因子的目的在於它們具備良好的區分能力，能有效識別出潛在的高收益和低收益公司。透過對這些因子的分析，我們可以構建一套簡單但實用的投資策略，包含做多、做空，以及多空並用的策略。老話一句，核心概念很簡單，就是對於那些預期未來表現優異的公司，我們進行多頭操作，期待它們股價上升；而對於那些預期表現不佳的公司，則採取空頭策略，預期它們的股價將下跌，以此來獲取投資回報。

　　目前藉由單因子選股模型分析篩選出的這些有效因子，將成為後續多因子選股模型的基礎。我們會根據這些單因子的表現進一步延伸，結合多個因子來構建更全面的選股模型，從而提升策略的穩健性和預測能力。

建立多因子選股模型

　　有了單因子選股模型的基礎後，接下來我們要討論多因子選股模型。多因子選股模型已經成為投資領域中尋找市場機會的主要工具。相比於傳統的單因子模型，多因子模型展現了更高的有效性和穩定性。

　　多因子模型的核心是結合多種不同的因子（例如同時結合價值因子、成長因子等）進行選股。這種多樣化的模型有助於增進策略的 robust 穩定性，避免單一因子的失效對整體投資組合產生負面影響。即使某個因子在特定時間表現不佳，其他因子仍有可能去彌補補足，維持策略的整體效能。同時，多因子模型結合不同的投資風格，也可以更全面地去捕捉市場多種趨勢和擴展選股的視

1.3 建立財報因子選股模型來挑選績優股

野。投資者可以根據當前的市場狀況，靈活調整各個因子的權重，讓模型適應市場的波動。在市場進入波動期時，投資者可以通過調整因子的配置來平衡風險與收益。總結來說，多因子選股模型具有風險分散、涵蓋範疇廣泛、靈活調整等優點，盡可能地在多變的市場中持續獲利。以下會介紹兩種將多個因子結合成多因子選股模型的方法：「綜合排序加權法」和「主成分分析法」。

◆ 多因子選股模型―綜合排序加權法

在投資策略中，單因子選股模型是根據「單一因子值」對股票進行排序，而「綜合排序加權法」則是透過「加權後的綜合排序結果」來對股票進行排序。這個方法的基本流程是，先對每個因子進行排序，然後根據不同因子的權重對排序結果進行加權，最終得出一個綜合的排名，根據排名來決定交易哪些股票，這就是建構一個多因子選股模型的完整步驟。

為什麼要先對各個因子進行排序？這是因為不同因子的數值範圍可能差異很大，直接將這些數值進行加權加總會導致結果失真。例如，有些因子的範圍可能是 0 到 1，而其他因子的範圍可能是 0 到 100,000。如果不先做任何處理，那些範圍較大的因子會在加權計算中過度影響結果。為了避免這種失衡，先進行排序可以將不同尺度的數據統一到同一個比較基礎上，使加權計算更加公平合理。此外，我們關注的重點是股票之間的相對排名，而不是因子值的絕對大小。因此，對每個因子進行排序後，忽略數值的絕對差異，專注於股票的相對位置，從而更好地進行選股。

接下來，舉個例子來說明如何使用「綜合排序加權法」來構建多因子選股模型。假設我們有 3 支股票，每支股票都有 A、B、C、D 這四個因子的數據。我們需要根據這些因子的排序結果來挑選一檔股票進行交易。對應的數據格式如**表 - 某一時間點下，單因子因子值範例**，索引是時間和股票名稱，欄位名稱則是這四個因子。

第 1 章 股票財報的量化分析與研究

▼（表 - 某一時間點下，單因子因子值範例）

時間	商品	A	B	C	D
2024-01-01	Asset 1	0.1	300	20	1000
	Asset 2	0.2	200	10	2000
	Asset 3	0.3	100	30	3000
2024-01-02	Asset 1	…	…	…	…
	Asset 2	…	…	…	…
	Asset 3	…	…	…	…

◆ 步驟一：了解因子與未來收益的關係

首先，我們需要使用 Alphalens 來分析各個單因子與未來收益之間的關係，確定每個因子是否與未來收益成正相關（因子值越大，未來收益越高，類似於下表圖 **-e1**）或負相關（因子值越大，未來收益越低，如下表圖 **-f1**）。

假設在這個範例中，分析結果顯示 A、C 和 D 因子的數值越大，股票的預期未來收益越高，這表明 A、C、D 因子與未來收益成正相關。而 B 因子的結果則相反，因子值越大時，股票的預期未來收益反而越低，說明 B 因子與未來收益成負相關。

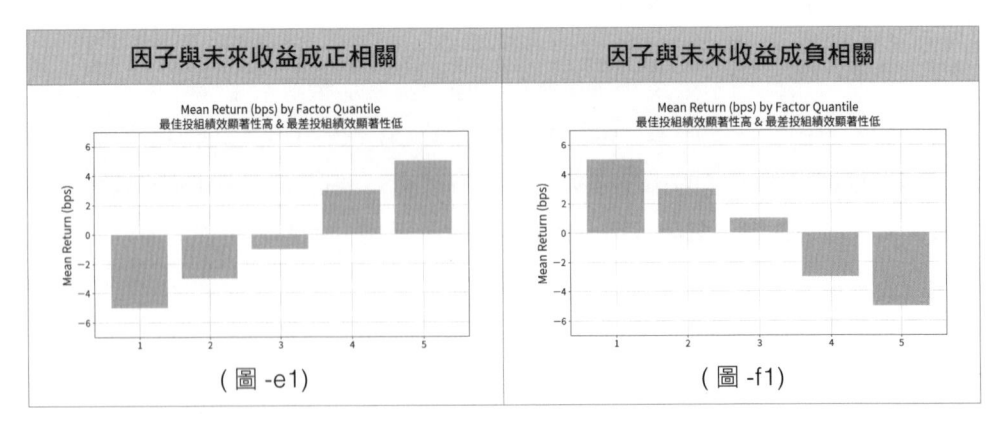

因子與未來收益成正相關	因子與未來收益成負相關
（圖 -e1）	（圖 -f1）

1-84

◆ 步驟二：在每個時間點，根據因子與收益的相關性進行股票排序

接下來，我們要依據每個因子的特性，對每個時間點的股票進行排序（盡量把未來收益高的股票往後排）：

1. 如果因子值與未來收益呈「正相關」：將股票按照因子值「由小到大」排序（正相關意味著因子值越大，未來收益可能越高，這樣未來收益高的股票會排在後面）。

2. 如果因子值與未來收益呈「負相關」：將股票按照因子值「由大到小」排序（負相關則表示因子值越小，未來收益可能越高，這樣收益高的股票會排在後面）。

在這個範例中，A、C、D 因子的數值與未來收益呈正相關，因此我們將股票根據 A、C、D 因子的數值由小到大進行排序。而 B 因子的數值與未來收益呈負相關，則按照 B 因子數值由大到小進行排序。**表 - 某一時間點下，單因子各自排序結果範例**顯示了某個時間點的排序結果範例，每個時間點都需要進行這樣的單因子排序操作。排序越後面的股票，預期未來收益越大。

▼（表 - 某一時間點下，單因子各自排序結果範例）

時間	商品	A （正相關） （由小到大）	B （負相關） （由大到小）	C （正相關） （由小到大）	D （正相關） （由小到大）
2024-01-01	Asset 1	1	1	2	1
	Asset 2	2	2	1	2
	Asset 3	3	3	3	3

◆ 步驟三：加權綜合排序結果

接著，我們將每個因子的排序結果進行加權計算，得到綜合排序名次。不同的策略可以使用不同的權重分配方法，例如：

1. 等權重：每個因子的權重相等。

2. 基於 Alpha 值加權：根據單因子 Alphalens 分析中獲得的 Alpha 值來決定各因子的權重。Alpha 值越高，說明該因子能夠產生的額外收益越高，可以給予這個因子更高的權重；相反地，Alpha 值越低，權重則設置地較小。

你可以在選擇將加權後的分數做一次排序動作再進行後續分析，也可以拿加權後的分數直接進行後續分析。我接下來的程式是選擇前者，將加權後的分數再進行一次排序動作才進行後續因子分析。

在這個範例中，我們採用等權重的方法，也就是每個因子的權重都是 1/4，將各因子的排序結果進行加權。下表顯示某一時間點下，股票等權重加權結果範例。

▼ (表 - 某一時間點下，股票等權重地加權結果範例)

時間	商品	加權後的排序分數
2024-01-01	Asset 1	1/4*(1+1+2+1)= 1.25
	Asset 2	1/4*(2+2+1+2)= 1.75
	Asset 3	1/4*(3+3+3+3)= 3

1.3 建立財報因子選股模型來挑選績優股

◆ 步驟四：使用 Alphalens 進行因子分析

在這一步，我們將加權後的結果視為一個新的因子，並使用 Alphalens 來分析這個加權因子與未來收益之間的關聯性。透過這個分析，我們可以評估該因子的預測效果。理想情況下，我們希望看到正相關的結果，也就是說，排序分數越高的股票組合應該在未來獲得更高的收益。

這樣的預期是基於前面我們對因子的排序邏輯，因為我們前面步驟已刻意將那些預期收益較高的股票排在排名較後的位置。因此，當我們進行加權排序後，這些股票應該仍然保持在較後的位置。如果 Alphalens 的分析顯示最高分位數（位置 5）的收益顯著高於其他分位數，這就證明我們的模型對於預測未來收益是有效的。

◆ 步驟五：構建選股模型

如果步驟四中的因子分析結果符合我們的預期，也就是因子值越大，收益越正，因子值越小，收益越負，那麼我們就可以仿照建構單因子選股模型策略步驟。具體而言，對於排名靠前且表現不佳的股票，我們可以採取空頭策略；對於排名靠後且表現良好的股票，則採取多頭策略。然而，如果發現收益沒有隨著因子值變小而轉為負值，我們則可以省略空頭操作，只專注於做多那些表現良好的股票。

到這裡你會發現，這種綜合排序加權法其實是將多個因子的資訊整合成單一因子，然後依據 Alphalens 的分析結果，來設計適合的選股模型。

為了這個實作，utils.py 中新增了兩個函式，分別是 rank_stocks_by_factor 和 calculate_weighted_rank，這兩個函式的目的是幫助我們進行因子的排序與加權操作，如**表 -Chapter1/utils.py 內函式介紹**所示。

第 1 章 股票財報的量化分析與研究

▼（表 -Chapter1/utils.py 內函式介紹）

：PythonQuantTrading/Chapter1/utils.py

函式名稱	函式目的

rank_
stocks_by_
factor
	``python
	def rank_stocks_by_factor(
	    factor_df: Annotated[
	        pd.DataFrame,
	        "因子資料表",
	        "欄位名稱含asset(股票代碼欄位)、datetime(日期欄位)、value(因子值欄位)",
	    ],
	    positive_corr: Annotated[bool, "因子與收益的相關性, 正相關為 True, 負相關為 False"],
	    rank_column: Annotated[str, "用於排序的欄位名稱"],
	    rank_result_column: Annotated[str, "保存排序結果的欄位名稱"] = "rank",
	) -> Annotated[
	    pd.DataFrame,
	    "包含排序結果的資料表",
	    "欄位名稱含asset(股票代碼)、datetime(日期)、value(因子值欄位)、rank(排序結果欄位)",
	]:
	    """
	    函式說明：
	    根據某個指定因子的值(rank_column)對股票進行排序，
	    遞增或遞減排序方式取決於因子與未來收益的相關性(positive_corr)。
	    如果相關性為正，則將股票按因子值由小到大排序；如果為負，則按因子值由大到小排序。
	    最後，將排序結果新增至原始因子資料表中，且指定排序結果欄位名稱為 rank_result_column。
	    """
	    # 複製因子資料表，以避免對原資料進行修改
	    ranked_df = factor_df.copy()
	    # 將 datetime 欄位設置為索引
	    ranked_df = ranked_df.set_index("datetime")
	    # 針對每一天的資料，根據指定的因子欄位進行排名
	    # 如果因子與收益正相關，則根據因子值由小到大排名
	    # 如果因子與收益負相關，則根據因子值由大到小排名
	    ranked_df[rank_result_column] = ranked_df.groupby(level="datetime")[
	        rank_column
	    ].rank(ascending=positive_corr)
	    ranked_df = ranked_df.fillna(0)
	    ranked_df.reset_index(inplace=True)
	    return ranked_df
	``

1.3 建立財報因子選股模型來挑選績優股

calculate_
weighted_
rank

```python
def calculate_weighted_rank(
    ranked_dfs: Annotated[
        List[pd.DataFrame],
        "多個包含因子資料表的列表",
        "欄位名稱含asset(股票代碼)、datetime(日期)、value(因子值欄位)、rank(排序結果欄位)",
    ],
    weights: Annotated[List[float], "對應於各因子權重的列表"],
    positive_corr: Annotated[
        bool, "因子與收益相關性的列表,正相關為 True,負相關為 False"
    ],
    rank_column: Annotated[str, "用於排序的欄位名稱"],
) -> Annotated[
    pd.DataFrame,
    "包含加權排序結果的資料表",
    "欄位名稱含asset(股票代碼)、datetime(日期)和加權排名結果(weighted_rank)",
]:
    """
    函式說明:
    根據多個因子的加權排名計算最終的股票排名。
    len(ranked_dfs) 會等於 len(weights)
    """
    # 檢查 ranked_dfs 和 weights 的長度是否相同,否則拋出錯誤
    # 也就是有 n 個因子資料就需要有 n 個權重值
    if len(ranked_dfs) != len(weights):
        raise ValueError("ranked_dfs 和 weights 的長度必須相同。")
    # 初始化 combined_ranks 為空的 DataFrame,用來儲存加權後的排名結果
    combined_ranks = pd.DataFrame()
    # 遍歷每個因子排名資料表及其對應的權重
    for i, df in enumerate(ranked_dfs):
        # 將每個因子的排名乘以對應的權重,並存入新的欄位 rank_i
        df[f"rank_{i}"] = df[rank_column] * weights[i]
        if combined_ranks.empty:
            combined_ranks = df[["datetime", "asset", f"rank_{i}"]]
        else:
            # 根據 datetime 和 asset 這兩個欄位將資料進行合併
            combined_ranks = pd.merge(
                combined_ranks,
                df[["datetime", "asset", f"rank_{i}"]],
                on=["datetime", "asset"],
                how="outer",
            )
    # 將合併後的資料中遺失值刪除
    combined_ranks = combined_ranks.dropna()
    # 最後,將所有乘上權重的排名進行每個股票每日的加總,得到最終的加權排名
    combined_ranks["weighted"] = combined_ranks.filter(like="rank_").sum(axis=1)
    # 根據加權總分計算最終的股票排名
    # 使用 rank_stocks_by_factor 函數對加權排名結果進行排序
    ranked_df = rank_stocks_by_factor(
        factor_df=combined_ranks,
        positive_corr=positive_corr,
        rank_column="weighted",
        rank_result_column="weighted_rank",
    )
    return ranked_df[["datetime", "asset", "weighted_rank"]]
```

1-89

第 1 章 股票財報的量化分析與研究

輸入資料的範例	輸出資料的範例

```
       datetime asset      value factor_name
0    2017-05-16  1101  301.255247    營業利益成長率
1    2017-05-16  1102    8.853618    營業利益成長率
2    2017-05-16  1103  126.614370    營業利益成長率
3    2017-05-16  1104   50.612799    營業利益成長率
4    2017-05-16  1108  -78.808291    營業利益成長率
...         ...   ...         ...         ...
737313 2021-05-14 9943   14.550609    營業利益成長率
737314 2021-05-14 9944   67.401457    營業利益成長率
737315 2021-05-14 9945   79.006093    營業利益成長率
737316 2021-05-14 9955  -55.059187    營業利益成長率
737317 2021-05-14 9958  -16.671079    營業利益成長率
```

```
       datetime asset      value factor_name   rank
0    2017-05-16  1101  301.255247    營業利益成長率  705.0
1    2017-05-16  1102    8.853618    營業利益成長率  398.0
2    2017-05-16  1103  126.614370    營業利益成長率  634.0
3    2017-05-16  1104   50.612799    營業利益成長率  531.0
4    2017-05-16  1108  -78.808291    營業利益成長率   84.0
...         ...   ...         ...         ...   ...
737313 2021-05-14 9943   14.550609    營業利益成長率  326.0
737314 2021-05-14 9944   67.401457    營業利益成長率  485.0
737315 2021-05-14 9945   79.006093    營業利益成長率  511.0
737316 2021-05-14 9955  -55.059187    營業利益成長率  107.0
737317 2021-05-14 9958  -16.671079    營業利益成長率  185.0
```

（圖 -rank_stocks_by_factor 輸入資料的範例）　　（圖 -rank_stocks_by_factor 輸出資料的範例）

　　下方是綜合排序加權法的程式範例。在這個範例中，我們採用了「綜合排序加權法」來結合 7 個在單因子分析結果與未來收益呈正相關的因子，這 7 個因子分別是：「營運現金流」、「歸屬母公司淨利」、「ROE 稅後」、「營業利益成長率」、「稅後淨利成長率」和「稅前淨利成長率」。為了進行多因子選股，我們使用了 combinations 函式來將這些因子按照指定的數量進行組合。在這個範例中，我們指定每次組合五個因子，透過 combinations 函式生成了 21 種五因子組合。

　　範例中採用了等權重的方式進行加權，也就是每個因子的權重為 0.2。程式內的變數 combined_df_dict 用來儲存經過排序和加權排名後的結果，這些結果是經由 calculate_weighted_rank 函式計算並生成的。**圖 -combined_df_dict 其中一個五因子組合加權排序結果的範 - 營運現金流、ROE 稅後、營業利益成長率、稅前淨利成長率、稅後淨利成長率**中顯示 combined_df_dict 中其中一個五因子組合的範例結果。

　　這個程式範例展示如何將多個因子組合進行排序和加權，最終得到綜合的股票排名。範例的分析期間為 2017/5/16 至 2021/5/15，也就是涵蓋了 2017 第一季到 2020 第四季的財報資料。

1.3 建立財報因子選股模型來挑選績優股

```
combined_df_dict[("營運現金流","ROE稅後","營業利益成長率","稅前淨利成長率","稅後淨利成長率")]
```
0.0s

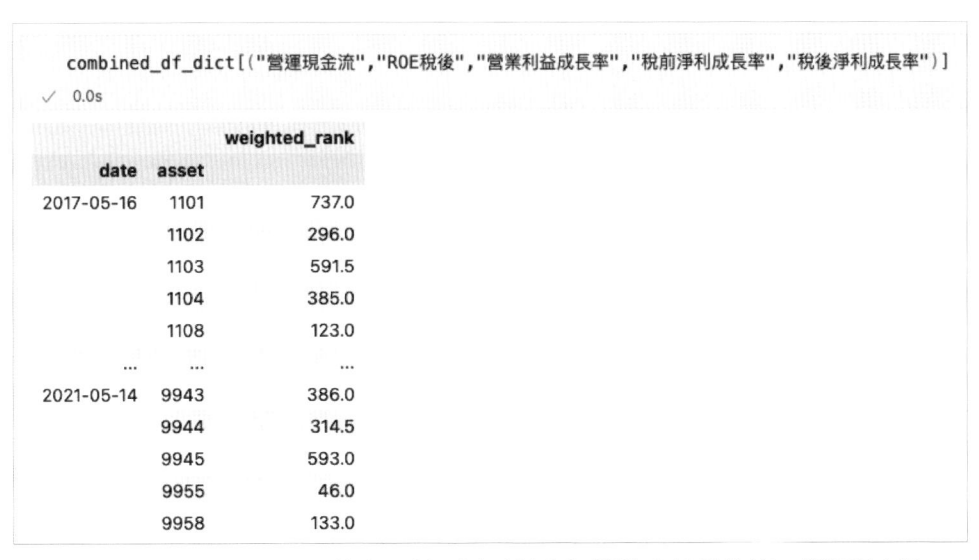

date	asset	weighted_rank
2017-05-16	1101	737.0
	1102	296.0
	1103	591.5
	1104	385.0
	1108	123.0
...	...	...
2021-05-14	9943	386.0
	9944	314.5
	9945	593.0
	9955	46.0
	9958	133.0

▲（圖 -combined_df_dict 其中一個五因子組合加權排序結果的範 - 營運現金流、ROE 稅後、營業利益成長率、稅前淨利成長率、稅後淨利成長率）

💻：PythonQuantTrading/Chapter1/1-3/main_alphalens_analysis_for_multiple_factors_with_weighted_rank.py

```python
# 載入需要的套件。
import os
import sys
from itertools import combinations
from alphalens.tears import create_full_tear_sheet
from alphalens.utils import get_clean_factor_and_forward_returns
utils_folder_path = os.path.dirname(os.path.dirname(os.path.dirname(__file__)))
sys.path.append(utils_folder_path)
import Chapter1.utils as chap1_utils  # noqa: E402
chap1_utils.finlab_login()

analysis_period_start_date = "2017-05-16"
analysis_period_end_date = "2021-05-15"
top_N_stocks = chap1_utils.get_top_stocks_by_market_value(
    excluded_industry=[
        "金融業",
        "金融保險業",
        "存託憑證",
        "建材營造",
    ],
    pre_list_date="2017-01-03",
```

```python
)
# 獲取指定股票代碼列表在給定日期範圍內的每日收盤價資料。
# 對應到財報資料時間 2017-Q1~2020-Q4
close_price_data = chap1_utils.get_daily_close_prices_data(
    stock_symbols=top_N_stocks,
    start_date=analysis_period_start_date,
    end_date=analysis_period_end_date,
)
# 列舉和收益成正相關的因子 (根據先前單因子分析結果)。
pos_corr_factors = [
    "營運現金流",
    "歸屬母公司淨利",
    "ROE稅後",
    "營業毛利成長率",
    "營業利益成長率",
    "稅前淨利成長率",
    "稅後淨利成長率",
]
# 從 FinLab 取得多個因子資料,並將這些資料儲存在 factors_data_dict 字典中,
# 字典的鍵為因子名稱,值為對應的因子數據。
factors_data_dict = {}
for factor in pos_corr_factors:
    factor_data = (
        chap1_utils.get_factor_data(
            stock_symbols=top_N_stocks,
            factor_name=factor,
            trading_days=list(close_price_data.index),
        )
        .reset_index()
        .assign(factor_name=factor)
    )
    factors_data_dict[factor] = factor_data
# 根據各個因子值 (欄位:value) 對股票進行排序,
# 排序後的結果存放在 rank_factors_data_dict 字典中,字典的鍵為因子名稱,值為排名結果。
rank_factors_data_dict = {}
for factor in factors_data_dict:
    rank_factors_data_dict[factor] = chap1_utils.rank_stocks_by_factor(
        factor_df=factors_data_dict[factor],
        positive_corr=True,
        rank_column="value",
        rank_result_column="rank",
    )
# 根據多個因子的排名和對應的權重,計算加權排名後,再依據加權排名結果將股票進行排序,
# combined_df_dict 用來儲存每個五因子組合的排序結果。
pos_corr_factor_pair = list(combinations(pos_corr_factors, 5))
print(f"總計有 {len(pos_corr_factor_pair)} 個五因子組合")
combined_df_dict = {}
for pair in pos_corr_factor_pair:
    combined_df_dict[pair] = chap1_utils.calculate_weighted_rank(
```

```python
        ranked_dfs=[
            rank_factors_data_dict[pair[0]],
            rank_factors_data_dict[pair[1]],
            rank_factors_data_dict[pair[2]],
            rank_factors_data_dict[pair[3]],
            rank_factors_data_dict[pair[4]],
        ],
        weights=[0.2, 0.2, 0.2, 0.2, 0.2],  # 等權重
        positive_corr=True,
        rank_column="rank",
    ).set_index(["datetime", "asset"])
# 使用 Alphalens 進行因子分析。
for pair in combined_df_dict:
    print(f"pair: {pair}")
    alphalens_factor_data = get_clean_factor_and_forward_returns(
        factor=combined_df_dict[pair].squeeze(),
        prices=close_price_data,
        periods=(1,),
    )
    create_full_tear_sheet(alphalens_factor_data)
```

以下是從分析結果中挑選出的其中一個組合範例（下表**圖 - 多因子組合 a1** 和**圖 - 多因子組合 b1**），結果顯示多因子組合的未來收益與因子值依然保持正相關關係，並且最佳平均收益超過 3，這比大多單因子模型的平均收益結果更為優異。這說明了多因子選股模型在收益方面有更好的表現。

這是一個範例實作，你可以根據自己的需求，替換不同的因子組合來進行組合分析。透過測試不同的因子組合，找到更符合你自己投資策略的多因子模型。

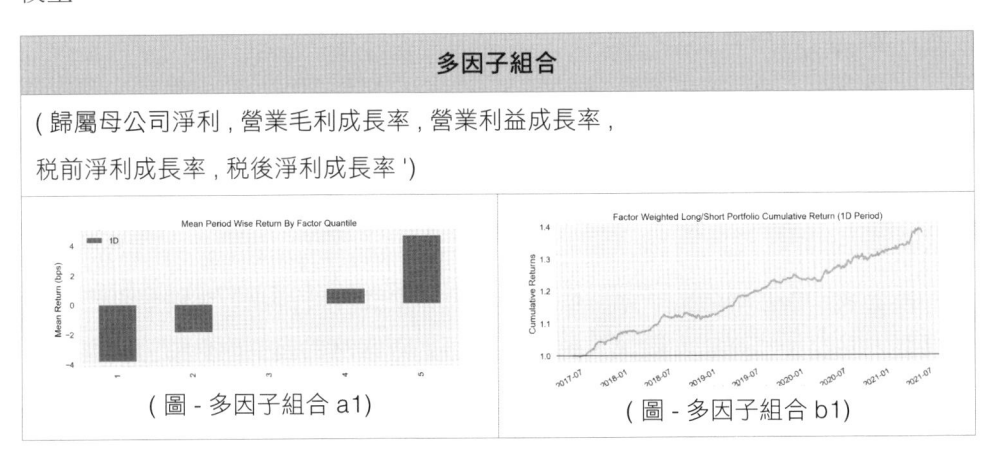

多因子組合
(歸屬母公司淨利 , 營業毛利成長率 , 營業利益成長率 , 稅前淨利成長率 , 稅後淨利成長率 ')
(圖 - 多因子組合 a1)   (圖 - 多因子組合 b1)

◆ 多因子選股模型─主成分分析法

主成分分析是什麼？想像你在一間很凌亂的房間裡，你要用簡單的幾句話來告訴朋友這個房間的狀況。這時候，你可能會挑選最顯眼的幾樣物品來描述這個房間，比如說：「這裡有很多散落的書和衣服、玩具」。透過這句話，你已經用最主要的「特點」來描述了房間的狀態，這就是主成分分析的核心思想，找到最能代表整體描述對象的「特點」或「成分」。

在資料分析中，主成分分析的目的是從大量的變數中，透過組合的方式，生成少數新的變數，這些新變數稱為「主成分」。那麼，這些主成分有什麼好處呢？主成分是基於原始變數生成的，能夠捕捉資料中的大部分重要資訊。同時，主成分的數量會比原始變數少，從而有效降低數據的複雜性，這就是我們常說的「降維」。透過主成分分析，可以去除一些資訊量較少的變數，或者去除那些傳達相似資訊的變數，讓我們能夠更聚焦在最重要的部分。

舉個實際例子，我們目前有很多財務指標數據，但我們無法同時觀察所有指標，這時可以透過主成分分析找到少數幾個最具代表性的指標。例如，「營業利益」、「營業利益率」和「營業營收比」這三個指標可能都在傳達相似的資訊，透過主成分分析，可能就會將它們合併為一個與營業相關的主成分，這樣就大大減少了變數的數量，同時保留了數據中最關鍵的訊息。

至於主成分分析是如何組合這些變數的呢？它會為每個變數分配一個加權係數，係數可能為正，也可能為負。這個係數是根據變數對整體數據影響的大小來決定的。影響越大的變數會被賦予更大的絕對係數值，而影響較小的變數則會有較小的絕對係數值。透過加總不同係數乘上變數值生成的主成分，就能捕捉數據中的主要特徵。至於背後的數學運算過程我們就不深入講解，主要可以先掌握主成分的概念。

接下來，我們舉個例子來說明如何使用「主成分分析法」來構建多因子選股模型。假設我們有三支股票，每支股票都有四個財報因子的數據，這些因子包括研發支出、資本支出、流動資產和負債比例。我們的目標是根據這些因子的排序結果，從中選擇一檔股票進行交易。**表 - 某一時間點下，財報數據範例**顯示了這些財報數據的格式，索引是不同的時間和股票名稱，而每個因子則作為欄位名稱。我們將使用這些數據進行主成分分析的步驟說明。

▼（表 - 某一時間點下，財報數據範例）

時間	商品	研發支出	資本支出	流動資產	負債比例
2024-01-01	Asset 1	11	10	43	33
	Asset 2	21	20	41	25
	Asset 3	31	30	45	27
2024-01-02	Asset 1	…	…	…	…
	Asset 2	…	…	…	…
	Asset 3	…	…	…	…

◆ 步驟一：對因子資料進行標準化

在進行主成分分析之前，我們通常需要先對財報數據進行標準化處理。這是因為不同的財務指標往往具有不同的單位和範圍，比如營業收入可能是以百萬計，而利潤率則是以百分比呈現。如果不進行標準化，數據範圍較大的指標會對分析結果產生過大的影響，從而使得結果失衡。

標準化的過程是將每個變數轉換為相同量級的數據，通常做法是將變數轉換為平均值為 0，標準差為 1 的標準化數據。這樣可以確保每個變數在主成分分析中有相同的影響力，使分析結果更公平。標準化後的數據能夠讓主成分分析更準確地提取出資料中的關鍵特徵，而不會因原始數據範圍的差異而受到影響。

◆ 步驟二：進行主成分分析，生成多個「主成分」

接下來，我們進行主成分分析，生成多個「主成分」。你可以指定生成的主成分數量，通常這個數量會少於原始變數數量，目的是在保留大部分資訊的同時，減少變數數量，使資料更簡單易懂。例如，若有四個因子，可以選擇生成三個主成分。

在主成分分析的結果中，通常我們會觀察三個表格：

1. 主成分的資訊保留比例表：這個表格顯示每個主成分能保留多少原始資料中的資訊，範例如**表 - 主成分的資訊保留比例表**。第一主成分通常能保留最多的資訊，隨後的主成分依次遞減。例如，如果前兩個主成分能保留約 90% 的資訊，那麼我們可以只使用這兩個主成分來替代原本的四個因子，大大簡化了資料。

2. 主成分係數表：這個表格顯示每個原始因子在各個主成分中對應到的係數值，範例如**表 - 主成分係數表**。每一列代表一個主成分，顯示哪些因子對這個主成分的貢獻最大。舉例來說，第一主成分的主要權重可能集中在「研發支出」和「資本支出」，如果某個公司在這個主成分上得分較高，代表它的研發和資本投入都較高，因此我們可以將這個主成分解釋為「成長表現指標」。第二主成分可能主要由「流動資產」和「負債比」組成，一個正值，一個負值，若公司在這個主成分上得分較高，代表它的流動資產較高，負債較低，這個主成分可以解釋為「財務健康指標」。

3. 主成分結果表：這個表格顯示經過主成分分析後的資料，範例如**表 - 主成分分析結果表**。每一列代表某個公司某一天的數據，但不同於原始數據，現在每列的數據已經被轉換為主成分的數值。這些主成分是原始變數的線性組合，雖然我們不再看到具體的原始變數值，但這些更少且具代表性的主成分能夠概括大部分的重要資訊。

1.3 建立財報因子選股模型來挑選績優股

▼（表 - 主成分的資訊保留比例表）

	保留原始資料資訊的比例（可解釋比例）
第一主成分	0.30
第二主成分	0.28
第三主成分	0.26
第四主成分	0.10
第五主成分	0.06

▼（表 - 主成分係數表）

	研發支出	資本支出	流動資產	負債比例	應收帳款週轉率	存貨週轉率
第一主成分	0.55	0.45	0	0	0	0
第二主成分	0.01	0.02	0.5	-0.45	0	0
第三主成分	0.01	0	0	0	0.5	0.5

▼（表 - 主成分分析結果表）

時間	財報數據	第一主成分	第二主成分	第三主成分
	Asset 1	-1	3	2
2024-01-01	Asset 2	0	1	2
	Asset 3	1	4	1

透過這樣的轉換，我們將原本高維度、複雜的資料簡化為低維度的資料，便於分析和解釋，同時保留了數據中的關鍵資訊。

我們接下來就可以直接使用表 - 主成分的資訊保留比例表的結果來進行 Alphalens 因子分析。

◆ 步驟三：將主成分套用 Alphalens 進行因子分析

接下來，我們將主成分的數值視為一個新的因子，並使用 Alphalens 來評估這個主成分數值與未來收益之間的關聯性。如果我們在分析過程中產生了多個主成分，可以有兩種選擇：

1. 將每個主成分分別套用 Alphalens 進行因子分析。

2. 將多個主成分加權合併為一個新的主成分，再進行 Alphalens 分析。

◆ 步驟四：根據 Alphalens 分析結果制定策略

根據 Alphalens 產生的分析結果，可以仿照建構單因子選股模型策略步驟，對於表現不佳的股票，我們可以採取空頭策略；對於表現良好的股票，則採取多頭策略。

接下來的範例程式目的在於從多個財務因子資料中提取主成分，並使用這些主成分進行因子分析。

🖥 ：PythonQuantTrading/Chapter1/1-3/main_alphalens_analysis_for_multiple_factors_with_pca.py

```python
# 載入需要的套件。
import os
import sys
import numpy as np
import pandas as pd
from sklearn.decomposition import PCA
from sklearn.preprocessing import StandardScaler
from alphalens.tears import create_full_tear_sheet
from alphalens.utils import get_clean_factor_and_forward_returns
utils_folder_path = os.path.dirname(os.path.dirname(os.path.dirname(__file__)))
sys.path.append(utils_folder_path)
import Chapter1.utils as chap1_utils   # noqa: E402
chap1_utils.finlab_login()
analysis_period_start_date = "2017-05-16"
analysis_period_end_date = "2021-05-15"
top_N_stocks = chap1_utils.get_top_stocks_by_market_value(
    excluded_industry=[
```

```python
            "金融業",
            "金融保險業",
            "存託憑證",
            "建材營造",
        ],
        pre_list_date="2017-01-03",
)
close_price_data = chap1_utils.get_daily_close_prices_data(
    stock_symbols=top_N_stocks,
    start_date=analysis_period_start_date,
    end_date=analysis_period_end_date,
)
# 要進行主成分分析的因子列表。
all_factors_list = [
    "營業利益",
    "營運現金流",
    "歸屬母公司淨利",
    "經常稅後淨利",
    "ROE稅後",
    "營業利益成長率",
    "稅前淨利成長率",
    "稅後淨利成長率",
    "應收帳款週轉率",
]
# 取得 FinLab 多個因子資料。
# 將多個因子資料集整合(concat)成一個資料集。
factors_data_dict = {}
for factor in all_factors_list:
    factor_data = (
        chap1_utils.get_factor_data(
            stock_symbols=top_N_stocks,
            factor_name=factor,
            trading_days=list(close_price_data.index),
        )
        .reset_index()
        .assign(factor_name=factor)
    )
    factors_data_dict[factor] = factor_data
# 將所有因子資料合併成一個 DataFrame
concat_factors_data = pd.concat(factors_data_dict.values(), ignore_index=True)
# 將資料格式轉換為索引是 datetime 和 asset，欄位名稱是因子名稱
concat_factors_data = concat_factors_data.pivot_table(
    index=["datetime", "asset"], columns="factor_name", values="value"
)
# 處理異常值和遺失值，將無窮大的值替換為 NaN，並透過向前填補的方法填補遺失值
concat_factors_data.replace([np.inf, -np.inf], np.nan, inplace=True)
# 進行主成分分析。
# 首先對因子數據進行標準化處理，以保證每個因子的尺度相同。
# 這個標準化過程會將每個因子數據的平均值調整為0，標準差調整為1。
scaler = StandardScaler()
```

```python
scale_concat_factors_data = scaler.fit_transform(concat_factors_data.dropna().values)
# 設置要提取的主成分數量為 8 ，這裡選擇了比財報因子數少一個的主成分數量。
pac_components_num = len(all_factors_list) - 1
print(pac_components_num)
pca = PCA(n_components=pac_components_num)
# 對標準化後的資料進行 PCA 分析。
principal_components = pca.fit_transform(scale_concat_factors_data)
# 將原始資料轉換成主成分分析結果表。每一行代表一個主成分。
principal_df = pd.DataFrame(
    data=principal_components,
    index=concat_factors_data.dropna().index,
    columns=[f"PC{i}" for i in range(1, pac_components_num + 1)],
)
# 產生主成分係數表
loadings = pd.DataFrame(
    pca.components_,
    columns=concat_factors_data.columns,
    index=[f"PC{i+1}" for i in range(pca.n_components_)],
)
print(f"主成分係數表, index 是第i個主成分, columns 是第j個財報因子:{loadings}")
# 產生主成分的資訊保留比例表
explained_variance_ratio = pd.DataFrame(
    pca.explained_variance_ratio_,
    index=[f"PC{i+1}" for i in range(pca.n_components_)],
    columns=["可解釋比例"],
)
print(f"主成分各自可解釋比例:{explained_variance_ratio}")
# 產生主成分的資訊保留累積比例表
cumulative_variance_ratio = pd.DataFrame(
    np.cumsum(pca.explained_variance_ratio_),
    index=[f"使用前{i+1}個主成分" for i in range(pca.n_components_)],
    columns=["累積可解釋比例"],
)
print(f"累積可解釋比例:{cumulative_variance_ratio}")
# 使用 Alphalens 進行第一主成分的因子分析。
alphalens_factor_data = get_clean_factor_and_forward_returns(
    factor=principal_df[["PC1"]].squeeze(),
    prices=close_price_data,
    quantiles=5,
    periods=(1,),
)
create_full_tear_sheet(alphalens_factor_data)
```

上面程式有使用到 pivot_table 函式，這個函式的目的就是將資料集展開，操作前後的比較如下方兩張圖所示。

1.3 建立財報因子選股模型來挑選績優股

	datetime	asset	value	factor_name
0	2017-05-16	1101	1.941630e+06	營業利益
1	2017-05-16	1102	4.422200e+05	營業利益
2	2017-05-16	1103	2.429200e+04	營業利益
3	2017-05-16	1104	4.768100e+04	營業利益
4	2017-05-16	1108	2.818900e+04	營業利益
...	...	...	...	...
6635857	2021-05-14	9943	4.356406e+01	應收帳款週轉率
6635858	2021-05-14	9944	1.399621e+00	應收帳款週轉率
6635859	2021-05-14	9945	5.274206e+00	應收帳款週轉率
6635860	2021-05-14	9955	5.921489e+01	應收帳款週轉率
6635861	2021-05-14	9958	1.272122e+00	應收帳款週轉率

▲ (圖 - 使用 pivot_table 前的 concat_factors_data)

datetime	factor_name asset	ROE稅後	應收帳款週轉率	歸屬母公司淨利	營業利益
2017-05-16	1101	0.789102	1.096983	832244.0	1941630.0
	1102	0.104497	0.912445	236681.0	442220.0
	1103	-0.662850	1.922639	-111320.0	24292.0
	1104	1.703072	1.221236	283869.0	47681.0
	1108	0.394747	1.285371	18766.0	28189.0
...	...	...	...	...	...
2021-05-14	9943	4.518187	43.564055	178714.0	152342.0
	9944	-0.285364	1.399621	-12700.0	-16111.0
	9945	0.640236	5.274206	360653.0	840507.0
	9955	-2.402645	59.214895	-38624.0	-30128.0
	9958	1.326542	1.272122	147577.0	122746.0

▲ (圖 - 使用 pivot_table 後的 concat_factors_data)

下三張圖顯示了這個範例程式進行主成分分析的結果。

factor_name	ROE稅後	應收帳款週轉率	歸屬母公司淨利	營業利益	營業利益成長率	營運現金流	稅前淨利成長率	稅後淨利成長率	經常稅後淨利
PC1	0.015864	-0.001322	0.508514	0.508475	0.002613	0.473246	0.004109	0.001559	0.508551
PC2	0.123190	-0.016601	-0.001661	-0.003023	0.129099	-0.007525	0.698014	0.693246	-0.000630
PC3	0.356225	-0.507580	-0.003018	-0.004018	0.768611	-0.006091	-0.088352	-0.129724	-0.002565
PC4	0.687611	0.708065	-0.002727	-0.004855	0.129566	-0.011098	-0.048056	-0.081123	-0.001729
PC5	0.619759	-0.490632	-0.002930	-0.005146	-0.612415	-0.007236	-0.004985	-0.002925	-0.002604
PC6	-0.026078	-0.002369	-0.000092	-0.000450	-0.026869	-0.002163	0.708943	-0.704264	-0.000068
PC7	0.008928	0.001937	-0.312714	-0.200511	0.001546	0.877345	0.004315	0.001452	-0.303585
PC8	0.002479	-0.000129	-0.350119	0.836431	-0.000075	-0.077106	0.000728	0.000432	-0.414545

▲ (圖 - 主成分係數表)

1-101

	可解釋比例
PC1	0.419768
PC2	0.124723
PC3	0.111577
PC4	0.111505
PC5	0.109776
PC6	0.097900
PC7	0.022155
PC8	0.002404

▲（圖 - 主成分的資訊保留比例表）

datetime	asset	PC1	PC2	PC3	PC4	PC5	PC6	PC7	PC8
2017-05-16	1101	0.347282	0.167950	0.025724	-0.071175	0.004391	-0.032787	-0.005526	0.166985
	1102	-0.150263	-0.038816	0.034961	-0.068020	0.010933	-0.003577	-0.023336	0.049749
	1103	-0.260514	-0.016564	0.025354	-0.081154	-0.016562	0.007782	0.072670	0.022210
	1104	-0.185001	-0.023691	0.056598	-0.025349	0.044035	0.000784	-0.039895	-0.043120
	1108	-0.255677	-0.047520	0.033579	-0.057461	0.021494	-0.001714	-0.000268	0.003228
...	...	...	...	...	...	...	...	...	...
2021-05-14	9943	-0.183553	-0.008623	-0.102231	0.310954	-0.075720	-0.000820	-0.001882	-0.005296
	9944	-0.268951	-0.001232	0.026971	-0.076173	-0.002328	0.013134	0.005516	0.000177

▲（圖 - 主成分結果表）

在**圖 - 第二主成分的 Mean Period Wise Return By Factor Quantile Plot** 顯示了第二主成分滿足了「最佳投組績效顯著性高且最差投組績效顯著性低」的條件，能有效地區分出表現較好的和較差的股票組合。而且在**圖 - 第二主成分的 Factor Weighted Long/Short Portfolio Cumulative Return** 展現了漂亮的穩定上升曲線，表示這個多空組合投資可以帶來相當穩定成長的收益。

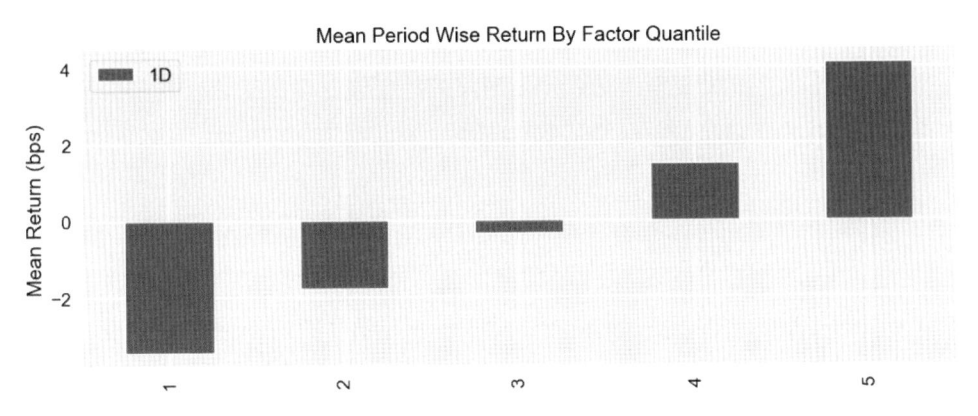

1.3 建立財報因子選股模型來挑選績優股

▲（圖 - 第二主成分的 Mean Period Wise Return By Factor Quantile Plot）

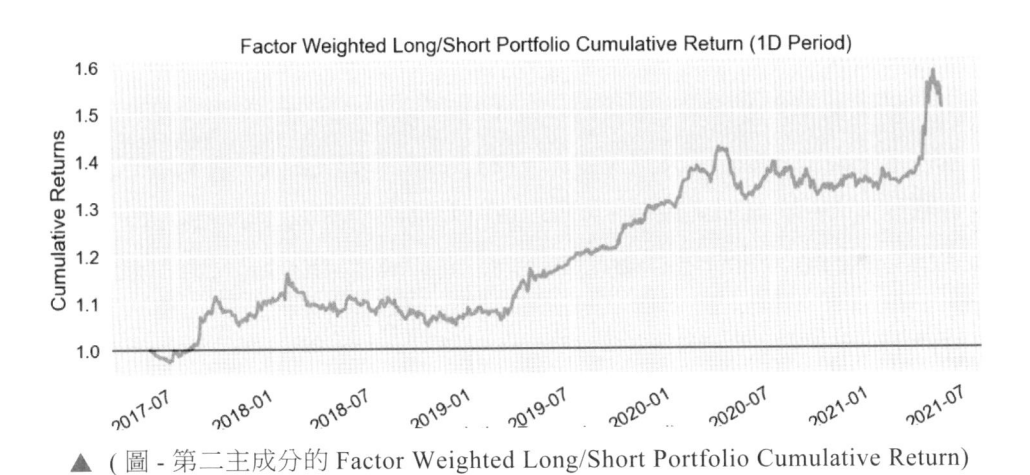

▲（圖 - 第二主成分的 Factor Weighted Long/Short Portfolio Cumulative Return）

靜態／動態選股模型

在進行因子分析時，如果仔細觀察 Alphalens 提供的資訊係數（IC）熱力圖，你會發現大多數因子的 IC 熱力圖顏色變化較大。回顧一下，這個熱力圖呈現的是因子與未來收益相關性的波動情況。如果顏色變化劇烈，代表因子在不同時間段與收益間的相關性波動較大，顯示因子與收益間的關係不穩定；相反，顏色一致則表示因子與收益的相關性較為穩定。

1-103

第 1 章　股票財報的量化分析與研究

因為因子與收益的關係經常變動，投資者需要根據這些變化來調整投資策略。因此，在建立選股模型時，我們要考慮的不僅僅是使用單因子還是多因子，還要決定選用「靜態模型」還是「動態模型」。

◆ 靜態選股模型

靜態選股模型使用「固定的單因子」或「固定的多因子組合」來建立選股策略。這類模型的優點在於操作簡單，特別適合那些對市場變動不敏感、且能在長期內保持穩定效果的因子。靜態模型的運作方式如**圖 - 靜態單因子選股模型運作範例**所示，範例中每一季都使用「營業發展費用率」這個因子來選擇股票：前 4 名的股票進行買入操作，後 4 名的股票進行賣出操作。

舉一個多空策略為例，如果某支股票在前一季的排名中位於前 4 名，但在下一季跌出前 4 名或後 4 名，這時就會對該股票進行平倉。股票 1103 在 2014 年第一季進入了前 4 名，因此被買入；但到了第二季時跌出了前 4 名，這時候就會賣出平倉。同樣的，股票 1107 在 2014 年第一季時進入了最後 4 名，因此被賣出，但在第二季時不再是最後 4 名，這時就會買回平倉。

這樣的靜態選股模型基於假設該因子在不同季節中始終能保持穩定的選股效果，因此無需頻繁調整因子，模型操作簡單且易於維護。

使用固定的單因子來選股

2014 第一季: 營業發展費用率		2014 第二季: 營業發展費用率
買入（做多）清單 1. 1101 2. 1102 3. 1103 4. 1104	• 賣出 1103、1104 平倉 • 買入 1132、1153	買入（做多）清單 1. 1101 2. 1102 3. 1132 4. 1153
賣出（做空）清單 1. 1105 2. 1106 3. 1107 4. 1108	• 買入 1107、1108 平倉 • 賣出 1137、1128	賣出（做空）清單 1. 1105 2. 1106 3. 1137 4. 1128

▲（圖 - 靜態單因子選股模型運作範例）

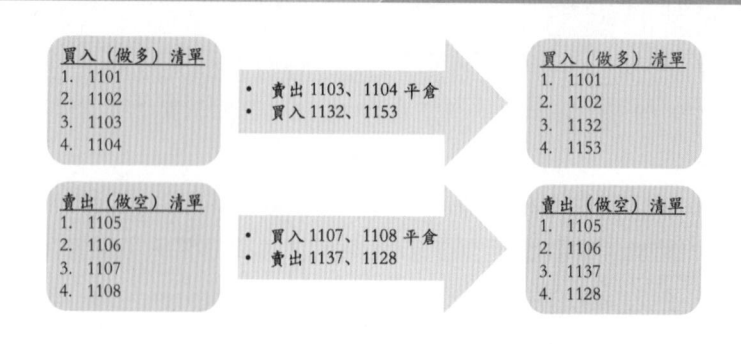

1.3 建立財報因子選股模型來挑選績優股

◆ 動態選股模型

相對地,動態選股模型則會隨著時間的推移進行滾動更新,根據每個時期的最佳因子來調整選股策略。這類模型的核心在於「因子的輪動性」,因為不同的因子表現會隨著市場條件變化而有所不同。在某些市場條件下,特定因子可能表現優異,而在其他時期,則可能有不同的因子更具優勢。

例如,**圖 - 動態單因子選股模型運作範例**顯示了一個動態單因子選股模型的範例。假設我們每一季根據前一季 Ann.Alpha 表現最好的因子來選擇股票。假設在 2013 年第四季,「營業發展費用率」表現最佳,那麼我們在 2014 年第一季就使用該因子進行選股;而到了 2014 年第一季,如果「稅後淨利成長率」的表現更佳,那麼我們便在 2014 年第二季改用這個因子進行選股。

至於具體的選股操作,和靜態模型的邏輯相同:每一季選擇前 4 名的股票進行買入,後 4 名的股票進行賣出。如果某支股票在前一季的排名中位於買賣清單內,但在下一季時跌出前 4 名或後 4 名,則進行平倉操作。這樣的動態選股模型能夠靈活應對市場變化,隨著當前時期表現最佳的因子來調整選股策略,來適應不同的市場條件並提高投資回報。

使用滾動的單因子來選股

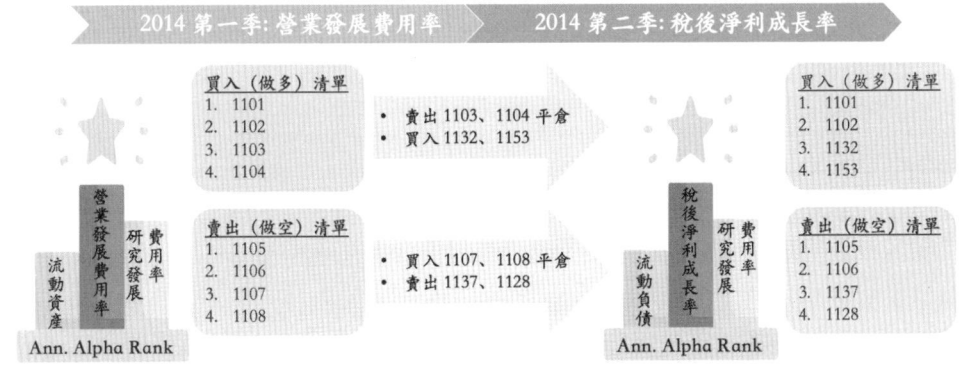

▲(圖 - 動態單因子選股模型運作範例)

總結來說，財報因子的表現穩定性是我們選擇靜態還是動態選股模型的關鍵。如果一個因子的表現長期穩定，那麼可以選擇操作相對簡單的靜態選股模型，依據固定的因子進行投資決策。然而，當因子的表現隨時間變化較大時，動態模型會更為合適，因為動態模型可以根據市場的變化更靈活調整選股策略。

在下一章節，我們將來學習如何使用回測工具來檢視這些選股模型的效果。

1.4 財報因子選股模型回測績效

Backtrader 介紹

目前市面上有很多開源的回測框架，其中比較知名的有 Backtrader、Backtest、Vnpy 和 Zipline。我建議新手可以從 Backtrader 開始學習，因為它相對簡單、容易上手，而且官方文件寫得很完整，網路上也有許多範例可以參考。在這本書中，我會選擇 Backtrader 作為主要的回測工具，並且搭配 Pyfolio 來視覺化呈現回測結果。接下來，我們先來介紹 Backtrader 這個回測工具！在使用 Backtrader 和 Pyfolio 之前要先安裝這兩個套件。

```
==========================cmd ======================
pip install backtrader
pip install pyfolio-reloaded
```

Backtrader 是一個量化交易研究平台，提供了策略開發、回測、策略優化和實際交易執行等功能。首先，需要建立一個 Cerebro 回測引擎實例。你可以把這個引擎想像成大腦，所有的事情都要讓這個大腦知道，因此我們需要告訴它數據來源、交易策略，還要讓它知道我們想觀察哪些指標。大腦會根據這些資訊進行計算，最後給出回測結果和我們關心的指標數據。

1.4 財報因子選股模型回測績效

```
建立一個 Cerebro 實例，         cerebro = bt.Cerebro()
它是 Backtrader 的核心引擎，管理資料、策略和回測流程。

將回測資料加入 Cerebro 實例。    cerebro.adddata(data)
資料可以來自 CSV 檔案、資料庫或其他資料來源。

將交易策略加入 Cerebro 實例。    cerebro.addstrategy(strategy))
策略定義了交易邏輯和規則。

添加各種分析器來評估策略的表現，像是夏普比率。   cerebro.addanalyzer(bt.analyzers.SharpeRatio,
分析器會在策略運行後計算相關的績效指標。         _name="sharpe")

設置初始資金、手續費。    cerebro.broker.setcommission(commission=0.0015)
                        cerebro.broker.setcash(initial_cash)

開始回測。    cerebro.run()
```

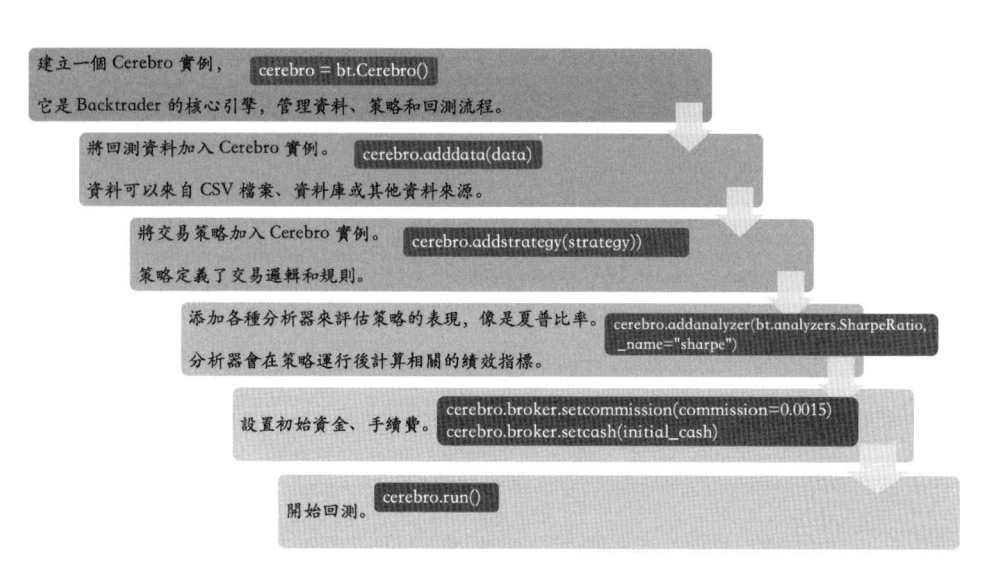

▲（圖 -Backtrader 的使用流程）

程式的基本架構如**表 -Backtrader 程式架構**所示。adddata 函式負責告訴大腦要加載的數據是什麼，而 addstrategy 函式則是設定交易策略。broker 負責執行交易動作，包括處理資金、持倉和交易等操作。你可以透過 setcash 函式設定初始資金，使用 setcommission 函式來設定手續費。最後，使用 run 函式開始進行回測。聽起來是不是很簡單呢？接下來，我們會針對「加載回測數據」和「設定交易策略」這兩個部分，做更詳細的介紹。

▼（表 -Backtrader 程式架構）

```python
# 首先要安裝 backtrader 套件：pip install backtrader
import backtrader as bt
cerebro = bt.Cerebro()
cerebro.adddata(data)
cerebro.addstrategy(strategy)
cerebro.addanalyzer(bt.analyzers.SharpeRatio, _name="sharpe")
cerebro.broker.setcash(100000.0)
cerebro.broker.setcommission(commission=0.001)
results = cerebro.run()
```

第1章 股票財報的量化分析與研究

◆ 加載回測數據

在進行回測時，第一步是將歷史數據加載到回測引擎中。接下來，我們介紹三種將資料加載進 Backtrader 的方法，包括「讀取 CSV 檔案」、「從 yfinance 下載資料」，以及「自訂資料格式」。只要數據能夠透過 adddata 函式順利加載並沒有出現錯誤，就可以開始回測了！

◆ 加載回測數據一：讀取 CSV 檔案

首先，我們可以將歷史股票數據保存為 CSV 格式，然後使用 Backtrader 提供的 GenericCSVData 方法來加載 CSV 檔案。只需要在 dataname 參數中指定 CSV 檔案的路徑。在使用 GenericCSVData 加載 CSV 時，必須指定資料中各個欄位的位置，包含 datetime（日期）、open（開盤價）、high（最高價）、low（最低價）、close（收盤價）、volume（成交量）以及 openinterest（未平倉合約數）。舉例來說，若時間欄位在 CSV 檔案的第一欄，就將 datetime 設為 0；若開盤價在第二欄，就將 open 設為 1。如果有不存在的欄位，像是在股票策略研究中比較不會用到的 openinterest（這通常與期貨和期權市場相關，表示未平倉合約的數量），可以將 openinterest 位置設為 -1，表示資料中沒有這個欄位。

以下是如何將 CSV 資料加載進 Backtrader 的簡單程式範例。進行這個實作前，我們需要先準備一個包含歷史股價數據的 CSV 檔案，如圖 -stock_data_example.csv 所示。首先創建了一個 GenericCSVData 物件，指定了 CSV 檔案路徑以及各個欄位的位置，就可以將這個資料加載了 Cerebro 回測引擎中進行回測。

	A	B	C	D	E	F
1	datetime	Open	High	low	close	volume
2	2020/1/2	74.06	75.15	73.8	75.09	135480400
3	2020/1/3	74.29	75.14	74.12	74.26	146322800
4	2020/1/6	73.45	74.99	73.45	74.95	118387200
5	2020/1/7	74.96	75.22	74.37	74.6	108872000
6	2020/1/8	74.29	76.11	74.29	75.8	132079200

▲（圖 -stock_data_example.csv）

1.4 財報因子選股模型回測績效

📄：PythonQuantTrading/Chapter1/1-4/main_for_start_backtrader.py

```python
"""加載回測數據：讀取 CSV 檔案"""
# 使用 GenericCSVData 方法載入 CSV 格式的股票數據
data = bt.feeds.GenericCSVData(
    dataname=parent_dir1 + "/data/stock_data_example.csv",  # 指定 CSV 檔案的路徑
    datetime=0,  # 設定 datetime 欄位的位置
    open=1,  # 設定 open 欄位的位置
    high=2,  # 設定 high 欄位的位置
    low=3,  # 設定 low 欄位的位置
    close=4,  # 設定 close 欄位的位置
    volume=5,  # 設定 volume 欄位的位置
    openinterest=-1,  # 設定 open interest 欄位，這裡不使用，設為 -1
    dtformat=("%Y-%m-%d"),  # 指定日期格式
)
cerebro = bt.Cerebro()  # 初始化 Cerebro 引擎
cerebro.adddata(data)  # 將數據添加到 Cerebro 中
results = cerebro.run()  # 執行回測
```

◆ 加載回測數據二：從 yfinance 下載資料

對於一些回測需求相對簡單的情境，例如只需要開盤價、最高價、最低價、收盤價和成交量等基本市場數據，從 yfinance 下載資料是一個很方便的選擇。這種方式的優點在於操作簡便，無需預先準備資料，只需進行簡單的查詢，就能直接獲取所需的歷史數據。

要使用這個方法，首先需要透過 yfinance 指定股票代碼以及所需數據的日期範圍，接著即可將下載的數據加載進 Backtrader 進行回測。以下是具體的程式範例，展示如何從 yfinance 下載股票數據並將其加載至回測引擎。如果你要加入多支股票，就多次使用 adddata 函式。

第 1 章　股票財報的量化分析與研究

💻：PythonQuantTrading/Chapter1/1-4/main_for_start_backtrader.py

```python
"""加載回測數據：從 yfinance 下載資料"""
# 使用 PandasData 方法載入 yfinance 股票數據
data_2330 = bt.feeds.PandasData(
    dataname=yf.download("2330.TW", "2020-01-01", "2020-01-31").droplevel(
        "Ticker", axis=1
    )[
        ["Open", "High", "Low", "Close", "Volume"]
    ]  # 下載 2330.TW 股票在指定日期範圍內的數據
)
data_2317 = bt.feeds.PandasData(
    dataname=yf.download("2317.TW", "2020-01-01", "2020-01-31").droplevel(
        "Ticker", axis=1
    )[
        ["Open", "High", "Low", "Close", "Volume"]
    ]  # 下載 2317.TW 股票在指定日期範圍內的數據
)
cerebro = bt.Cerebro()  # 初始化 Cerebro 引擎
cerebro.adddata(data_2330)  # 將 2330.TW 股票數據添加到 Cerebro 中
cerebro.adddata(data_2317)  # 將 2317.TW 股票數據添加到 Cerebro 中
cerebro.run()  # 執行回測
```

◆ 加載回測數據三：自訂資料格式

當回測資料中包含自定義欄位時，可以使用第三種方法來加載數據。首先，需要繼承 bt.feeds.PandasData 類，並在 params 中宣告自訂欄位名稱。

Backtrader 預設的資料結構包含以下欄位：datetime（日期）、open（開盤價）、high（最高價）、low（最低價）、close（收盤價）、volume（成交量）和 openinterest（未平倉合約數）。和前面提到的方法類似，必須指定這些欄位在數據中的位置。如果某個欄位不存在，就將其設置為 -1。如果你的數據中包含自定義欄位，這些欄位也需要在 params 中進行宣告。

以下是方法三的程式範例，使用到的資料如**圖 - 股票歷史資料範例**所示，其中包含兩個自定義欄位「factor1」和「factor2」。為了能夠使用這些欄位，需要在 params 中增加對這兩個欄位的設定，例如 ("factor1",6) 和 ("factor2",7) 或者是使用欄位名稱 ("factor1","factor1") 和 ("factor2","factor2")，這兩種方法都可以，可以用數字，也可以用欄位名稱，代表這些欄位的位置。這樣設定後，在進行回測時就可以順利使用這些自定義欄位的資料。

1.4 財報因子選股模型回測績效

:PythonQuantTrading/Chapter1/1-4/main_for_start_backtrader.py

```python
# 定義包含自定義因子的 PandasData 類別
class PandasDataWithFactor(bt.feeds.PandasData):
    params = (
        ("datetime", "datetime"),  # 對應 datetime 欄位
        ("open", "Open"),  # 對應 open 欄位
        ("high", "High"),  # 對應 high 欄位
        ("low", "Low"),  # 對應 low 欄位
        ("close", "Close"),  # 對應 close 欄位
        ("volume", "Volume"),  # 對應 volume 欄位
        ("factor1", "factor1"),  # 定義自訂因子 factor1,對應第 6 欄位
        ("factor2", "factor2"),  # 定義自訂因子 factor2,對應第 7 欄位
        ("openinterest", -1),  # 不使用 open interest,設為 -1
    )
data = PandasDataWithFactor(dataname=data)  # 初始化 PandasDataWithFactor
cerebro = bt.Cerebro()  # 初始化 Cerebro 引擎
cerebro.adddata(data)  # 將數據添加到 Cerebro 中
cerebro.run()  # 執行回測
"""加載回測數據:自訂資料格式"""
# 生成一個自訂的資料集,包含日期、價格和自定義因子
data = [
    ["2020-01-02", 74.06, 75.15, 73.80, 75.09, 135480400, 1, 11],
    ["2020-01-03", 74.29, 75.14, 74.12, 74.36, 146322800, 2, 12],
    ["2020-01-06", 73.45, 74.99, 73.19, 74.95, 118387200, 3, 13],
    ["2020-01-07", 74.96, 75.22, 74.37, 74.60, 108872000, 4, 14],
    ["2020-01-08", 74.29, 76.11, 74.29, 75.80, 132079200, 5, 15],
]
data = pd.DataFrame(data)  # 將數據轉換為 DataFrame 格式
data.columns = [  # 設定 DataFrame 的欄位名稱
    "datetime",
    "Open",
    "High",
    "Low",
    "Close",
    "Volume",
    "factor1",
    "factor2",
]
data["datetime"] = pd.to_datetime(data["datetime"])  # 將 datetime 欄位轉換為日期格式
```

	datetime	Open	High	Low	Close	Volume	factor1	factor2
0	2020-01-02	74.06	75.15	73.80	75.09	135480400	1	11
1	2020-01-03	74.29	75.14	74.12	74.36	146322800	2	12
2	2020-01-06	73.45	74.99	73.19	74.95	118387200	3	13
3	2020-01-07	74.96	75.22	74.37	74.60	108872000	4	14
4	2020-01-08	74.29	76.11	74.29	75.80	132079200	5	15

▲ (圖 - 股票歷史資料範例)

我們透過 cerebro.adddata(data) 來加載資料到回測引擎中。如果你想要使用多個股票資料進行回測，那就要使用 for loop 方式一個一個資料加進去。假設你加入了六個資料集，也就是你使用六次 adddata 函式，這時候如果如果執行 print(len(cerebro.datas)) 就會顯示 6。

◆ 設定交易策略

在定義策略時，首先需要了解如何取得當日或過去幾天的資料，才能將這些資料運用到交易邏輯中。在 Backtrader 的策略中，會使用 self.datas 來存取透過 adddata 函式加入的資料。如果加入了多個股票資料，self.datas 就是一個資料序列，序列中的每個元素代表一支股票的歷史資料。我們可以透過索引來取得序列中的資料。例如，透過 self.datas[0] 取得第一支股票的歷史資料，透過 self.datas[1] 取得第二支股票的歷史資料，以此類推。

每個資料序列包含不同的屬性（如開盤價、最高價、最低價、收盤價、成交量等五個屬性）。**表 - 資料取得指令介紹**列出了一些常見的資料存取指令，可以使用這些指令來取得對應的屬性。以下是以第一支股票資料 self.datas[0] 為例。

▼（表 - 資料取得指令介紹）

指令	指令對應的動作
self.datas[0].close	取得第一支股票收盤價的序列。
self.datas[0].open	取得第一支股票開盤價的序列。
self.datas[0].high	取得第一支股票最高價的序列。
self.datas[0].low	取得第一支股票最低價的序列。
self.datas[0].volume	取得第一支股票成交量的序列。
self.datas[0].datetime	取得第一支股票時間的序列。
self.datas[0]. 自定義變數名稱 ex:self.datas[0].factor1	取得第一支股票自定義變數的序列。

1.4 財報因子選股模型回測績效

每個屬性資料（如收盤價、開盤價等）又可以看作一個序列，如果我們要取出某個特定時間點的屬性，一樣也是透過索引來獲取資料點的數值。如果想取得當前的資料，索引就指定是 0，如果想取得上個時間點的資料，索引就指定是 -1，想取得上上個時間點的資料，索引就指定是 -2，其他就以此類推。例如，self.datas[0].close[0] 會給出當下時間點的收盤價，而 self.datas[0].close[-1] 則提供了前一個時間點的收盤價，self.datas[0].close[-2] 則提供了前兩個時間點的收盤價。

介紹完資料取用方式後，我們就可以來寫策略的模組。首先要繼承 bt.Strategy 模組，繼承模組後我們就可以去定義會使用到的函式，其中最重要的就是 next 這個函式，要把策略的邏輯都寫在這裡面，包含提供交易時的訊息或是執行買入、賣出動作。策略的主要架構可以參考**表 - 策略程式架構**所示，另外**表 - 策略內常見函式介紹**列出策略內常見函式的介紹。

▼（表 - 策略程式架構）

```python
class YourStrategy(bt.Strategy):
    def __init__(self):
        pass
    def log(self, txt, dt=None):
        pass
    def next(self, order):
        pass
        # 在這個函式中，可以呼叫 self.buy() 或是 self.sell() 函式
    def notify_order(self, order):
        pass
    def notify_trade(self, order):
        pass
```

▼ (表 - 策略內常見函式介紹)

函式	函式的意義
init()	初始化交易策略，包含定義策略會使用到的參數。
next()	定義策略邏輯的函式。
log()	定義回測執行過程中要輸出的內容，可以幫助我們了解策略執行的狀態。
notify_order()	追蹤訂單的狀態，「訂單狀態」變化時自動觸發。訂單狀態包含了提交、接受、完成、取消、拒絕等狀態。
notify_trade()	追蹤交易的狀態，「交易狀態」變化時自動觸發。任何已經平倉的交易都可以在這個方法裡面顯示利潤。
buy()	建立一個買入訂單，但還沒有執行，會在下一個交易時間點執行買入動作。關於訂單的執行狀態可以透過 notify_order 來得知。
sell()	建立一個賣出訂單，但還沒有執行，會在下一個交易時間點執行賣出動作。關於訂單的執行狀態可以透過 notify_order 來得知。

接下來，會透過五個範例策略，帶領大家逐步掌握如何撰寫策略。

◆ **範例策略一：印出交易日當天和前一天的開盤價和收盤價**

這個策略的功能是每天印出「當天和前一天的開盤價與收盤價」。我們可以透過 self.datas[0].datetime.date(0) 來取得當前交易日的日期，並使用 self.datas[0].open[0] 和 self.datas[0].close[0] 來分別獲取當天的開盤價和收盤價。如果當天不是第一天（即有前一天的資料），則透過索引 -1 來取得前一天的日期、開盤價和收盤價，並將它們一起印出。

以下是範例程式碼，其中使用的數據來自前面提到的 stock_data_example.csv。程式中使用 len(self.datas[0]) 來判斷策略目前執行了幾天，若是第一天，len(self.datas[0]) 的值為 1，第二天則為 2，依此類推。

1.4 財報因子選股模型回測績效

💻：PythonQuantTrading/Chapter1/1-4/main_for_start_backtrader.py

```python
"""範例策略一：印出交易日當天和前一天的開盤價和收盤價"""
# 定義一個策略類別，印出交易日當天和前一天的開盤價和收盤價
class PrintDataStrategy(bt.Strategy):
    # next 方法會在每個時間點被執行
    def next(self):
        # self.datas[0] 代表第一個數據集（即第一支股票）
        date = self.datas[0].datetime.date(0)    # 取得當前交易日的日期
        close = self.datas[0].close[0]    # 取得當前交易日的收盤價
        open = self.datas[0].open[0]    # 取得當前交易日的開盤價
        # len(self.datas[0]) 對應當前是第幾個交易日
        # 隨著每個交易日的進行，len(self.datas[0]) 會不斷增加
        # 每當 next() 方法被調用時，len(self.datas[0]) 值會加 1
        print(
            f"Day-{len(self.datas[0])}, "
            + f"Date: {date}, "
            + f"Close: {close}, "
            + f"Open: {open}"
        )
        # 檢查數據集中是否有前一天的資料
        # 這個檢查是為了避免存取不存在的前一天資料
        if len(self.datas[0]) > 1:
            # 索引 [-1] 表示前一個時間點的數據
            # 取得前一個交易日的日期、收盤價和開盤價
            yesterday_date = self.datas[0].datetime.date(-1)
            yesterday_close = self.datas[0].close[-1]
            yesterday_open = self.datas[0].open[-1]
            print(
                f"Yesterday Date: {yesterday_date}, "
                + f"Close: {yesterday_close}, "
                + f"Open: {yesterday_open}"
            )
data = bt.feeds.GenericCSVData(
    dataname=parent_dir1 + "/data/stock_data_example.csv",    # 指定 CSV 檔案的路徑
    datetime=0,
    open=1,
    high=2,
    low=3,
    close=4,
    volume=5,
    openinterest=-1,
    dtformat=("%Y-%m-%d"),
)
cerebro = bt.Cerebro()    # 初始化回測引擎
cerebro.adddata(data)    # 加載數據
cerebro.addstrategy(PrintDataStrategy)    # 加載策略
results = cerebro.run()    # 執行回測
```

透過這段程式碼，我們創建了一個 Cerebro 實例，並將資料和策略添加到回測引擎中。這個策略的主要功能是印出當天和前一天的日期、開盤價和收盤價等資訊。最後，我們使用 cerebro.run() 來執行策略，輸出結果將如**圖 - 範例策略一的交易資訊，印出交易日當天和前一天的開盤價和收盤價**所示。

```
Day-1, Date: 2020-01-02, Close: 75.09, Open: 74.06
--------------------------------------------------
Day-2, Date: 2020-01-03, Close: 74.26, Open: 74.29
Yesterday Date: 2020-01-02, Close: 75.09, Open: 74.06
--------------------------------------------------
Day-3, Date: 2020-01-06, Close: 74.95, Open: 73.45
Yesterday Date: 2020-01-03, Close: 74.26, Open: 74.29
--------------------------------------------------
Day-4, Date: 2020-01-07, Close: 74.6, Open: 74.96
Yesterday Date: 2020-01-06, Close: 74.95, Open: 73.45
--------------------------------------------------
Day-5, Date: 2020-01-08, Close: 75.8, Open: 74.29
Yesterday Date: 2020-01-07, Close: 74.6, Open: 74.96
```

▲（圖 - 範例策略一的交易資訊，印出交易日當天和前一天的開盤價和收盤價）

了解了這些基本概念之後，大家就可以開始探索更複雜的策略和分析方法了。希望這個簡單的範例能幫助大家快速上手 Backtrader。

接下來，我們將實際進行買入和賣出的操作。我們可以透過 order.status 來判斷當前訂單的狀態。訂單的狀態有多種可能性，這些狀態列於**表 -order.status 訂單狀態**中，像是訂單是否已被接受或被拒絕等。

▼（表 -order.status 訂單狀態）

函式	函式的意義
order.Submitted	訂單已經被創建並提交到交易系統，但還沒有被處理。
order.Accepted	訂單已經進入了市場的處理中，但還沒有被執行。
order.Completed	訂單已經成功執行買入或賣出，交易已經完成。 進一步可以透過 order.isbuy() 或是 order.issell() 來確認是買出還是賣出的訂單。
order.Rejected	訂單被拒絕。發生的原因可能是資金不足。

函式	函式的意義
order.Canceled	訂單被取消。
order.Margin	當交易嘗試執行時，帳戶中的可用資金或保證金不足以完成該交易。

另外，**表 - 訂單資訊**列出了與訂單相關的一些詳細資訊，比如訂單的執行價格。如果對這些細節有興趣，可以在策略中印出來查看。

▼（表 - 訂單資訊）

函式	函式的意義
order.executed.price	訂單被執行的單價。
order.executed.value	訂單被執行的總價值，也就是單價乘上交易數量。
order.executed.comm	執行訂單產生的手續費。
trade.pnl	不考慮手續費下的淨盈虧。
trade.pnlcomm	考慮手續費下的淨盈虧。

◆ 範例策略二：收盤價小於開盤價時買入，收盤價低於開盤價時賣出

這個策略的邏輯是：當收盤價低於開盤價時，買入一股；當收盤價高於開盤價時，賣出一股；如果收盤價等於開盤價，則不進行任何操作。

相比之前的策略，這裡多了兩個通知函式 notify_order 和 notify_trade。notify_order 用來顯示訂單的即時狀態，例如訂單的提交、接受或拒絕。訂單的執行流程通常分為三步：提交訂單、接受訂單，最後完成訂單。而 notify_trade 則在平倉時顯示訊息，當一次完整的買賣操作完成後，會顯示這次交易所獲得的利潤。

第 1 章 股票財報的量化分析與研究

在這個範例中，我們使用 self.buy() 和 self.sell() 函式來執行買賣操作。以下是範例程式碼，使用的資料與之前相同，來自 stock_data_example.csv。

💻：PythonQuantTrading/Chapter1/1-4/main_for_start_backtrader.py

```python
"""
範例策略二：
當收盤價 < 開盤價（收黑）時買入，
當收盤價 > 開盤價（收紅）時賣出，
當收盤價 = 開盤價時不執行操作。
"""
class OpenCloseStrategy(bt.Strategy):
    def __init__(self):
        self.order = None  # 初始化訂單狀態為 None，訂單狀態會隨著交易變更
        self.close = self.datas[0].close  # 取得第一個數據集的收盤價資料
        self.open = self.datas[0].open    # 取得第一個數據集的開盤價資料

    def log(self, txt, dt=None):
        """記錄策略日誌的函數"""
        # 如果沒有指定日期，則預設為當前交易日日期
        dt = dt or self.datas[0].datetime.date(0)
        print(f"{dt.isoformat()} {txt}")

    def notify_order(self, order):
        """訂單通知處理"""
        if order.status in [order.Submitted]:
            self.log("訂單已提交")
        if order.status in [order.Accepted]:
            self.log("訂單已接受")
        if order.status in [order.Canceled]:
            self.log("訂單取消")
        if order.status in [order.Margin]:
            self.log("保證金不足")
        if order.status in [order.Rejected]:
            self.log("訂單被拒絕")
        if order.status in [order.Completed]:
            executed_price = np.round(order.executed.price, 3)
            executed_comm = np.round(order.executed.comm, 3)
            if order.isbuy():
                self.log(
                    "訂單完成：買入執行, "
                    + f"價格: {executed_price}, "
                    + f"手續費 {executed_comm}"
                )
            elif order.issell():
                self.log(
                    "訂單完成：賣出執行, "
                    + f"價格: {executed_price}, "
                    + f"手續費 {executed_comm}"
                )
```

1.4 財報因子選股模型回測績效

```python
    def notify_trade(self, trade):
        """交易通知處理"""
        if trade.isclosed:  # 交易結束時
            trade_pnl = np.round(trade.pnl, 2)
            trade_pnlcomm = np.round(trade.pnlcomm, 2)
            self.log(f"考慮手續費的利潤: {trade_pnlcomm}")
            self.log(f"不考慮手續費的利潤: {trade_pnl}")

    def next(self):
        today_open = np.round(self.open[0], 2)
        today_close = np.round(self.close[0], 2)
        self.log(f"當前收盤價: {today_close}, " + f"當前開盤價: {today_open}")
        if self.close[0] < self.open[0]:
            # 如果收盤價小於開盤價，表示當日收黑，則執行買入操作
            self.buy(size=1)  # 買入一股
            self.log("收盤價小於開盤價，執行買入")
        elif self.close[0] > self.open[0]:
            # 如果收盤價大於開盤價，表示當日收紅，則執行賣出操作
            self.sell(size=1)  # 賣出一股
            self.log("收盤價大於開盤價，執行賣出")
# 加載數據
data = bt.feeds.GenericCSVData(
    dataname=parent_dir1 + "/data/stock_data_example.csv",  # 指定 CSV 檔案的路徑
    datetime=0,  # 設定 datetime 欄位的位置
    open=1,  # 設定 open 欄位的位置
    high=2,  # 設定 high 欄位的位置
    low=3,  # 設定 low 欄位的位置
    close=4,  # 設定 close 欄位的位置
    volume=5,  # 設定 volume 欄位的位置
    openinterest=-1,  # 設定 open interest 欄位，這裡不使用，設為 -1
    dtformat=("%Y-%m-%d"),  # 指定日期格式
)
cerebro = bt.Cerebro()  # 初始化回測引擎
cerebro.adddata(data)  # 加載數據
cerebro.addstrategy(OpenCloseStrategy)  # 加載策略
cerebro.broker.setcash(100000)  # 設置初始資金
cerebro.broker.setcommission(commission=0.0015)  # 設置交易手續費
results = cerebro.run()  # 執行回測
```

```
2020-01-02 當前收盤價: 75.09, 當前開盤價: 74.06
2020-01-02 收盤價大於開盤價，執行賣出
2020-01-03 訂單已提交
2020-01-03 訂單已接受
2020-01-03 訂單完成：賣出執行，價格: 74.29, 手續費 0.111
2020-01-03 當前收盤價: 74.26, 當前開盤價: 74.29
2020-01-03 收盤價小於開盤價，執行買入
2020-01-06 訂單已提交
2020-01-06 訂單已接受
2020-01-06 訂單完成：買入執行，價格: 73.45, 手續費 0.11
2020-01-06 考慮手續費的利潤: 0.62
2020-01-06 不考慮手續費的利潤: 0.84
2020-01-06 當前收盤價: 74.95, 當前開盤價: 73.45
2020-01-06 收盤價大於開盤價，執行賣出
2020-01-07 訂單已提交
2020-01-07 訂單已接受
2020-01-07 訂單完成：賣出執行，價格: 74.96, 手續費 0.112
2020-01-07 當前收盤價: 74.6, 當前開盤價: 74.96
2020-01-07 收盤價小於開盤價，執行買入
2020-01-08 訂單已提交
2020-01-08 訂單已接受
2020-01-08 訂單完成：買入執行，價格: 74.29, 手續費 0.111
2020-01-08 考慮手續費的利潤: 0.45
2020-01-08 不考慮手續費的利潤: 0.67
2020-01-08 當前收盤價: 75.8, 當前開盤價: 74.29
```

▲（圖 - 範例策略二的交易資訊）

在 2020/1/2 當天的收盤價高於開盤價，所以在 2020/1/2 決定賣出，且在 2020/1/3 以開盤價 74.29 賣出股票。在 2020/1/3 當天的收盤價低於開盤價，所以在下一個交易日 2020/1/6 買入股票。一輪買賣平倉後，我們可以看到這時候 notify_trade 就會印出這一買一賣所獲得收益。如果有考慮手續費的利潤是 74.29-73.45-0.221=0.62，如果沒有考慮手續費的利潤是 74.29-73.45=0.84。

在使用 Backtrader 進行回測時，除了可以透過 log 來即時查看交易狀況之外，我們還可以在執行策略前透過 addanalyzer 函式加入分析器，例如夏普比率（Sharpe Ratio）分析器、回撤（Drawdown）分析器、收益（Returns）分析器等。這些分析器會在交易結束後顯示結果，幫助我們分析策略表現。**表 - 分析器使用範例**列出這些分析器的使用範例，最後的 PyFolio 分析器是專門為後續結合 PyFolio 套件做準備的，它能提供更詳細的績效分析。我們稍後會詳細介紹如何使用 PyFolio 進行分析。

1.4 財報因子選股模型回測績效

▼（表 - 分析器使用範例）

夏普比率
Sharpe Ratio
	`cerebro.addanalyzer(bt.analyzers.SharpeRatio)`
	`results = cerebro.run()`
	`strat = results[0]`
	`strat.analyzers.sharperatio.get_analysis()`
	`strat.analyzers.sharperatio.get_analysis()['sharperatio']`

回撤
Drawdown
	`cerebro.addanalyzer(bt.analyzers.DrawDown)`
	`results = cerebro.run()`
	`strat = results[0]`
	`strat.analyzers.drawdown.get_analysis()`
	`strat.analyzers.drawdown.get_analysis()['drawdown']`

收益
Returns
	`cerebro.addanalyzer(bt.analyzers.Returns)`
	`results = cerebro.run()`
	`strat = results[0]`
	`strat.analyzers.returns.get_analysis()`

Pyfolio	`cerebro.addanalyzer(bt.analyzers.PyFolio)`
	`results = cerebro.run()`
	`strat = results[0]`
	`strat.analyzers.pyfolio.get_analysis()`

除了使用分析器之外，我們還可以透過 cerebro.broker 來獲取最後的交易資訊。cerebro.broker 負責處理與資金、持倉和交易相關的所有事務。**表 -cerebro.broker 的使用範例**中列出了 cerebro.broker 的一些常見用途和功能，包括如何取得現金餘額以及持倉狀況。

▼（表 -cerebro.broker 的使用範例）

`cerebro.broker.getcash()`	取得當前帳戶的現金餘額
`cerebro.broker.getvalue()`	取得當前帳戶的總額（包含現金和持倉的市值）
`cerebro.broker.getposition(data).price`	取得持倉的價格
`cerebro.broker.getposition(data).size`	取得持倉的數量

第 1 章　股票財報的量化分析與研究

◆ 範例策略三：每月定期定額 0050

現在，很多人會選擇使用定期定額的方式來進行投資。如果你會自己編寫策略，就可以利用回測工具來計算過去定期定額的投資收益。舉個例子，假設你從 2011 年 1 月 1 日開始，每個月定投 1 萬元購買大盤型 ETF 0050，並一直持續到 2020 年 12 月 31 日，這十年間的投資績效會如何呢？這時候，你就可以使用 Backtrader 來進行回測，模擬這段期間的投資表現並評估收益。

有一個很實用的函式叫做 add_timer。這個函式可以設置一個定時器，用來在特定時間點自動觸發交易操作。如果策略是固定在某個時間執行交易，這個函式就非常適合使用。透過 when 參數來設定觸發的時間點，例如 SESSION_START 代表交易日開始時觸發，SESSION_END 代表交易日結束時觸發。另外，還可以透過 monthdays 參數來指定每個月的具體交易日觸發，比如 monthdays=[1] 代表每個月的第一個交易日進行交易。我們來看下面這個範例。在 __init__ 中我們加入 add_timer。

💻：PythonQuantTrading/Chapter1/1-4/main_for_start_backtrader.py

```python
"""範例策略三：每月定期定額0050"""
class MonthlyInvestmentStrategy(bt.Strategy):
    # 定義策略的參數
    params = (
        ("cash_to_invest", None),   # 每月計劃投資的金額
        ("investment_day", None),   # 每月的投資日（哪一天執行定期投資）
    )
    def __init__(self):
        # 初始化一個定時器，設置在每個月的指定投資日執行操作
        self.add_timer(
            when=bt.Timer.SESSION_START,    # 在指定交易日開始時觸發
            monthdays=[self.params.investment_day],   # 每月的指定投資日
        )
        # 初始化訂單狀態為 None，用來追蹤當前的訂單
        self.order = None
    def log(self, txt, dt=None):
        """記錄策略日誌的函數"""
        dt = dt or self.datas[0].datetime.date(0)
        print(f"{dt.isoformat()} {txt}")
```

1.4 財報因子選股模型回測績效

```python
def notify_order(self, order):
    """訂單通知處理"""
    if order.status in [order.Completed]:
        # 取得成交價格
        executed_price = np.round(order.executed.price, 2)
        # 取得手續費
        executed_comm = np.round(order.executed.comm, 2)
        self.log(
            "訂單完成：買入執行, "
            + f"價格: {executed_price}, 手續費 {executed_comm}"
        )
def notify_timer(self, timer, when, *args, **kwargs):
    """定時器觸發時執行的操作"""
    self.log("定投日，執行買入訂單")
    # 取得當前帳戶可用的現金金額
    cash_available = self.broker.getcash()
    # 取得當前收盤價
    price = self.data.close[0]
    # 根據每月計劃投資的金額 (self.params.cash_to_invest) 和可用的現金
    # 計算可以買入的股票數量 size
    size = min(self.params.cash_to_invest, cash_available) // price
    if size > 0:
        # 如果計算出可以買的股票數量大於 0，則執行買入訂單
        self.order = self.buy(size=size)
# next 是在每個交易日都會被使用的方法，但這個範例中不做任何操作，
# 全都交由定時器控制交易
def next(self):
    pass
```

```
2011-01-03 定投日，執行買入訂單
2011-01-04 訂單完成：買入執行, 價格: 43.5, 手續費 15.01
2011-02-08 定投日，執行買入訂單
2011-02-09 訂單完成：買入執行, 價格: 44.17, 手續費 14.97
2011-03-01 定投日，執行買入訂單
2011-03-02 訂單完成：買入執行, 價格: 42.01, 手續費 14.87
2011-04-01 定投日，執行買入訂單
2011-04-06 訂單完成：買入執行, 價格: 42.4, 手續費 15.01
2011-05-03 定投日，執行買入訂單
2011-05-04 訂單完成：買入執行, 價格: 43.53, 手續費 14.82
2011-06-01 定投日，執行買入訂單
2011-06-02 訂單完成：買入執行, 價格: 43.81, 手續費 14.85
```

▲（圖 - 範例策略三的部分交易資訊）

如果你的策略中有一些變數是可調整的，而你想測試這些變數在不同數值下對策略績效的影響，但這些變數可能在策略的多個地方使用，每次手動更改數值會非常麻煩。這時候，你可以使用策略內參數（params）來簡化這個過程。

第 1 章　股票財報的量化分析與研究

在策略的模組開頭定義好這些參數，然後在函式中就可以直接使用 self.params. 參數名稱。以策略三為例，假設一開始定義了每月投資金額的參數 cash_to_invest 和每月哪天進行交易的參數 investment_day，那麼只需要在加載策略時指定想要設定的數值，接著在函式中使用 self.params.cash_to_invest 和 self.params.investment_day，系統就會自動將設定的數值代入。

執行上面的程式後，最終我們得到的回測結果顯示總收益率達到了 112.62%。這表示每投入 100 元，最終可以獲得 112.62 元的收益，總資產會增加到 212.62 元。這個收益率的計算方式是將最終總資產（包括現金）減去初始投入的資金，再除以最初的投資額。相比之下，將資金存入銀行的定存，最高利率通常不超過 3%，而且定存收益很容易被通膨侵蝕。如果想獲得更高的收益，可以考慮將部分資金投入股市，但相對應的風險也較大。

除了計算總收益率外，我們還可以參考分析器產出的詳細結果，如**圖 - 範例策略三中分析器輸出的結果**以及**圖 - 範例策略三所獲得收益 - 定期定額 0050.TW** 所呈現的結果。

```
# Sharpe Ratio
strat.analyzers.sharperatio.get_analysis()
✓ 0.0s
OrderedDict([('sharperatio', 0.620062984309175)])

# Drawdown
strat.analyzers.drawdown.get_analysis()
✓ 0.0s
AutoOrderedDict([('len', 0),
                 ('drawdown', 0.0),
                 ('moneydown', 0.0),
                 ('max',
                  AutoOrderedDict([('len', 322),
                                   ('drawdown', 26.913660792555554),
                                   ('moneydown', 535170.9644633797)]))])

# Returns
strat.analyzers.returns.get_analysis()
✓ 0.0s
OrderedDict([('rtot', 0.7543593731477544),
             ('ravg', 0.00030727469374653945),
             ('rnorm', 0.08051007663798652),
             ('rnorm100', 8.051007663798652)])
```

▲（圖 - 範例策略三中分析器輸出的結果）

1.4 財報因子選股模型回測績效

```
股票代碼：0050.TW
總投資股數：23483.0
總資產(包含剩餘現金)：2551498.75
總收益率：112.62%
最終現金餘額：246.52
```

▲（圖 - 範例策略三所獲得收益 - 定期定額 0050.TW）

如果你想回測其他標的，只需要在程式內更換股票代碼即可。例如，將投資標的改為台積電，並同樣從 2011 年開始進行定期定額投資至 2020 年底，回測得到的總收益率達到了 375.88%，資產翻了三倍多。

```
股票代碼：2330.TW
總投資股數：11739.0
總資產(包含剩餘現金)：5710612.46
總收益率：375.88%
最終現金餘額：3503.51
```

▲（圖 - 範例策略三所獲得收益 - 定期定額 2330.TW）

對於沒有時間深入研究公司財報但有想參與股市的人來說，定期定額投資是一個不錯的選擇。這種方法的優點在於可以透過長期穩定的投入來分散投資成本，減少市場波動的影響。現在許多券商也提供自動扣款的服務，只需確保帳戶中有足夠的資金，券商就會自動幫你購入股票，省去了手動操作的麻煩。

在選擇定期定額投資的標的時，如果沒有特別偏好的公司，ETF 是一個不錯的選擇。ETF 的一個最主要好處是能分散風險，因為它們是由多支股票組成，不像單一股票那樣集中風險。常見的 ETF 分為兩大類：一類是追蹤大盤指數的市值型 ETF，例如「元大台灣 50」（0050）和「富邦台 50」（006208）。這類 ETF 的增長潛力較大，但股息較低。另一類則是強調高股息的 ETF，例如「元大高股息」（0056）和「國泰永續高股息」（00878），這些 ETF 提供穩定的股息收入，股價成長空間則相對有限。

1-125

第 1 章 股票財報的量化分析與研究

對於年輕人來說，可以將較大比例的資金投資於市值型 ETF，因為從長期來看，股市通常有向上的趨勢，隨著時間的推移，這種累積投資能夠帶來更高的資本增值。而對於即將退休的人，則可以考慮將更多資金投入高股息 ETF，以便在退休後獲得穩定的股息收入來支撐退休後的生活開銷。

另外，Backtrader 提供了非常實用的功能，就是內建了許多常見的技術指標，這些指標可以直接在策略中使用。**表 -Backtrader 內建常用的指標函式使用範例**顯示一些常用的指標函式。接下來，我們會示範兩個策略在 next 函式中的具體寫法。至於其他函式，如 log 或 notify_order，我們就不再重複解釋了，這些可以直接參考之前的範例內容來使用，或是可以到 GitHub 上看完整的程式內容。

▼（表 -Backtrader 內建常用的指標函式使用範例）

指標名稱	對應指標函式
簡單移動平均（SMA）	bt.indicators.SimpleMovingAverage(self.data.close,period=20)
指數移動平均（EMA）	bt.indicators.ExponentialMovingAverage(self.data.close,period=20)
相對強弱指數（RSI）	bt.indicators.RSI(self.data.close,period=14)
指數平滑異同移動平均（MACD）	bt.indicators.MACD(self.data.close,period_me1=12,period_me2=26,period_signal=9)
布林帶（Bollinger Bands）	bt.indicators.BollingerBands(self.data.close,period=20,devfactor=2.0)
動量指標（Momentum）	bt.indicators.Momentum(self.data.close,period=12)

1.4 財報因子選股模型回測績效

◆ 範例策略四：移動平均交叉策略

移動平均交叉策略是透過兩條不同週期的簡單移動平均線來識別市場趨勢的變化。這個策略的核心概念是比較兩條移動平均線之間的交叉點，藉此預測價格走勢。在這個範例中，我們設定了兩條移動平均線：一條是短期的 5 日均線，另一條是長期的 20 日均線。當短期均線從下方突破長期均線，這意味著短期趨勢正在上升，是一個買入訊號，我們在這時候執行買入操作。而當短期均線從上方跌破長期均線，表示短期趨勢正在轉為下降，這時則執行賣出操作。

🖥️：PythonQuantTrading/Chapter1/1-4/main_for_start_backtrader.py

```python
"""範例策略四：移動平均交叉策略"""
class MovingAverageCrossStrategy(bt.Strategy):
    # 定義策略的參數：短期移動平均線週期和長期移動平均線週期
    params = (("short_period", 5), ("long_period", 20))
    def __init__(self):
        # 5日均線作為短期移動平均線
        self.short_sma = bt.indicators.SimpleMovingAverage(
            self.data.close, period=self.params.short_period
        )
        # 20日均線作為長期移動平均線
        self.long_sma = bt.indicators.SimpleMovingAverage(
            self.data.close, period=self.params.long_period
        )
        # 初始化訂單狀態,用來追蹤當前的訂單
        self.order = None
    def next(self):
        if not self.position:  # 當下沒有任何持倉
            # 如果短期移動平均線高於長期移動平均線，則買入股票
            if self.short_sma > self.long_sma:
                self.buy()
        else:  # 當下已經有倉位
            # 如果短期移動平均線低於長期移動平均線，則賣出股票
            if self.short_sma < self.long_sma:
                self.order = self.sell()  # 賣出股票
    def log(self, txt, dt=None):
        """記錄策略日誌的函數"""
        # 如果沒有指定日期，則預設為當前交易日日期
        dt = dt or self.datas[0].datetime.date(0)
        print(f"{dt.isoformat()} {txt}")
```

第 1 章　股票財報的量化分析與研究

```python
    def notify_order(self, order):
        """訂單通知處理"""
        if order.status in [order.Completed]:
            executed_price = np.round(order.executed.price, 3)
            executed_comm = np.round(order.executed.comm, 3)
            if order.isbuy():
                self.log(
                    "訂單完成: 買入執行, "
                    + f"價格: {executed_price}, "
                    + f"手續費 {executed_comm}"
                )
            elif order.issell():
                self.log(
                    "訂單完成: 賣出執行, "
                    + f"價格: {executed_price}, "
                    + f"手續費 {executed_comm}"
                )
cerebro = bt.Cerebro()
cerebro.addstrategy(MovingAverageCrossStrategy)
asset = "2330.TW"
data = bt.feeds.PandasData(
    dataname=yf.download(asset, "2021-01-01", "2021-12-31").droplevel("Ticker", axis=1)[
        ["Open", "High", "Low", "Close", "Volume"]
    ]
)
cerebro.adddata(data)
cerebro.broker.setcash(1000000)
cerebro.broker.setcommission(commission=0.0015)
cerebro.run()
```

◆ **範例策略五：RSI 過度買入 / 賣出策略**

　　相對強弱指數（RSI）是一種動量指標，用來衡量股票價格變動的速度與幅度，以判斷資產是否處於「超買」或「超賣」的狀態。RSI 的計算基於近期價格變動的平均漲幅與平均跌幅。在這個策略中，我們將 RSI 的計算週期設為 14 天。RSI 的值介於 0 到 100 之間，當 RSI 值低於 30 時，意味著資產可能已被過度賣出，未來可能有反彈的機會，這是一個買入信號；而當 RSI 值超過 70 時，則代表資產可能被過度買入，接下來可能出現價格回調的風險，這是一個賣出信號。

1.4 財報因子選股模型回測績效

:PythonQuantTrading/Chapter1/1-4/main_for_start_backtrader.py

```python
"""範例策略五:RSI 過度買入/賣出策略"""
class RSIStrategy(bt.Strategy):
    # 定義策略的參數:rsi_period, rsi_low, rsi_high
    # rsi_period: RSI 的計算週期,預設為14天
    # rsi_low: 當 RSI 低於此數值時進行買入,預設為30
    # rsi_high: 當 RSI 高於此數值時進行賣出,預設為70
    params = (("rsi_period", 14), ("rsi_low", 30), ("rsi_high", 70))
    params = (("rsi_period", 14), ("rsi_low", 30), ("rsi_high", 70))
    def __init__(self):
        # 使用參數中設定的 rsi_period 來計算 RSI
        self.rsi = bt.indicators.RelativeStrengthIndex(period=self.params.rsi_period)
        # 初始化訂單狀態,用來追蹤當前的訂單
        self.order = None
    def next(self):
        if not self.position:  # 當下沒有任何持倉
            # 如果 RSI 低於設定的 rsi_low 參數值 (預設為30),表示市場超賣,執行買入操作
            if self.rsi < self.params.rsi_low:
                self.buy()
        else:  # 當下已經有倉位
            # 如果 RSI 高於設定的 rsi_high 參數值 (預設為70),表示市場超買,執行賣出操作
            if self.rsi > self.params.rsi_high:
                self.sell()
    def log(self, txt, dt=None):
        """記錄策略日誌的函數"""
        # 如果沒有指定日期,則預設為當前交易日日期
        dt = dt or self.datas[0].datetime.date(0)
        print(f"{dt.isoformat()} {txt}")
    def notify_order(self, order):
        """訂單通知處理"""
        if order.status in [order.Completed]:
            executed_price = np.round(order.executed.price, 3)
            executed_comm = np.round(order.executed.comm, 3)
            if order.isbuy():
                self.log(
                    "訂單完成: 買入執行, "
                    + f"價格: {executed_price}, "
                    + f"手續費 {executed_comm}"
                )
            elif order.issell():
                self.log(
                    "訂單完成: 賣出執行, "
                    + f"價格: {executed_price}, "
                    + f"手續費 {executed_comm}"
                )
cerebro = bt.Cerebro()
```

```
cerebro.addstrategy(RSIStrategy)
asset = "0050.TW"
data = bt.feeds.PandasData(
    dataname=yf.download(asset, "2011-01-01", "2020-12-31").droplevel("Ticker", axis=1)[
        ["Open", "High", "Low", "Close", "Volume"]
    ]
)
cerebro.adddata(data)
cerebro.broker.setcash(100000)
cerebro.broker.setcommission(commission=0.0015)
cerebro.run()
```

以上介紹了 Backtrader 的基本使用方式，這些策略並不保證在市場上能獲利，主要是讓大家熟悉如何使用 Backtrader 進行回測。如果你有更進階的策略想要實現，可以查閱官方文件，每個模組都有詳細的說明。

到這裡，你可能會發現，回測產出的結果大多是數字，可能不太直觀，也難以想像這些數據的意義。不過別擔心，我們可以將 Backtrader 與即將介紹的 Pyfolio 結合，讓 Pyfolio 幫我們生成更直觀的分析報表。透過圖表來分析策略的效果，將能更清楚地判斷策略的優劣。

Pyfolio 介紹

Pyfolio 是一個廣泛使用的投資風險與回報分析工具，常用於 Jupyter Notebook 中進行視覺化顯示。它提供豐富的統計數據和圖表，幫助分析投資組合的表現，尤其在風險與回報評估方面。Pyfolio 能夠計算多種指標，如夏普比率、Beta 和 Alpha，並生成多種視覺化圖表，讓分析更直觀。

使用 Pyfolio 的過程非常簡單。首先，準備一組時間序列資料，例如資產的累積回報。接下來，將這些資料轉換為回報變化量，也就是計算與上個時間點之間的變化。完成這些轉換後，只需使用 Pyfolio 中的 create_returns_tear_sheet 函式，就可以生成一系列詳細的分析報告。

1.4 財報因子選股模型回測績效

這裡以台積電的股價作為範例進行介紹。假設在 2015/01/01 買入一張台積電,並在 2023/12/31 賣出,針對這個交易策略,每日的累積回報可以用每日股價來表示。首先,我們需要獲取台積電的每日收盤價,然後計算每日價格變動。這裡可以透過 pandas 的 pct_change() 函式來計算每日收盤價變化率。最後,將每日變化率輸入到 Pyfolio 中,即可產生對應的分析圖表。

📃 : PythonQuantTrading/Chapter1/1-4/main_for_start_pyfolio.py

```python
import pyfolio as pf
import yfinance as yf
# 分析台積電股票的歷史價格數據,生成投資收益報表
# 取得從 2015/1/1 ~ 2023-12-31 的台積電股票數據
stock_data = yf.download("2330.TW", start="2015-01-01", end="2023-12-31").droplevel(
    "Ticker", axis=1
)
# # 將股票數據的索引(日期)設置為台北時間
# stock_data.index = stock_data.index.tz_localize("Asia/Taipei")
# 計算每日收盤價的百分比變動,這代表每日的收益率
pct_change_close_data = stock_data["Close"].pct_change()
# 使用 PyFolio 生成投資收益報表,分析每日收益率
pf.create_returns_tear_sheet(pct_change_close_data)
```

在進行回測時,通常會設定一個基準資料(benchmark data)來進行比較,這樣才能確定我們所使用的策略是否相對更具優勢。常見的做法是選擇追蹤大盤指數的 ETF 作為基準,因為如果策略的表現無法超過大盤,那麼我們就大盤型的 ETF 反而是更簡單又有不錯回報的策略。在 Pyfolio 中,透過 benchmark_rets 參數來指定基準資料。

另外,如果需要區分歷史資料和實盤資料,可以使用 live_start_date 參數來設置實盤資料開始的日期。在這個日期之前的數據被視為歷史回測資料,之後的數據則視為實際交易資料。這樣可以幫助我們更清楚地了解策略在不同時間段內的表現。

在接下來的程式範例中,我們將下載台積電的歷史價格數據,並使用追蹤大盤指數的 0050 ETF 作為基準資料。接著,我們會計算它們各自的每日收盤價變化率,然後使用 create_returns_tear_sheet 函式生成回報分析報告,這樣我們就能清楚對比台積電和大盤型 ETF 的表現。

第 1 章　股票財報的量化分析與研究

💻：PythonQuantTrading/Chapter1/1-4/main_for_start_pyfolio.py

```python
# 將台積電的表現與追蹤大盤指數的 ETF 作比較，生成投資收益報表
# 取得 0050 ETF 從 2015/1/1 ~ 2023-12-31 的數據
benchmark_data = yf.download("0050.TW", start="2015-01-01", end="2023-12-31").droplevel(
    "Ticker", axis=1
)
# # 將股票數據的索引（日期）設置為台北時間
# benchmark_data.index = benchmark_data.index.tz_localize("Asia/Taipei")
# 計算每日收盤價的百分比變動，這代表每日的收益率
pct_change_benchmark_close_data = benchmark_data["Close"].pct_change()
# 使用 PyFolio 生成投資收益報表，將台積電績效表現與 ETF 比較
pf.create_returns_tear_sheet(
    pct_change_close_data, benchmark_rets=pct_change_benchmark_close_data
)
```

要將 Backtrader 與 Pyfolio 結合，其實相當簡單。只需要在使用 Backtrader 回測時，加入 Pyfolio 分析器。然後，運行策略後，取出 Pyfolio 分析器產出的數據，包含收益率、持倉情況以及交易紀錄，就可以使用 Pyfolio 套件來生成回報圖表分析報告即可。下面是一個簡單的範例，展示如何將 Backtrader 和 Pyfolio 結合來分析定期定額的策略。此策略設定為從 2015 年開始，每個月用一萬元定期定額購入 0050 ETF。

💻：PythonQuantTrading/Chapter1/1-4/main_for_start_pyfolio.py

```python
# 定義每月定期定額策略
class MonthlyInvestmentStrategy(bt.Strategy):
    params = (
        ("cash_to_invest", None),
        ("investment_day", None),
    )
    def __init__(self):
        self.add_timer(
            when=bt.Timer.SESSION_START,
            monthdays=[self.params.investment_day],
        )
        self.order = None
    def notify_timer(self, timer, when, *args, **kwargs):
```

1-132

1.4 財報因子選股模型回測績效

```python
        """定時器觸發時執行的操作"""
        cash_available = self.broker.getcash()
        price = self.data.close[0]
        size = min(self.params.cash_to_invest, cash_available) // price
        if size > 0:
            self.order = self.buy(size=size)
    def next(self):
        pass
cerebro = bt.Cerebro()  # 初始化回測引擎
# 加載 0050 ETF 的數據 (2015/1/1 ~ 2023-12-31)
data = bt.feeds.PandasData(
    dataname=yf.download("0050.TW", "2015-01-01", "2023-12-31").droplevel(
        "Ticker", axis=1
    )
)
cerebro.adddata(data)  # 將數據添加到回測引擎中
# 加載每月定期定額策略，每月投資 10000 元，投資日為每月的第一個交易日
cerebro.addstrategy(MonthlyInvestmentStrategy, cash_to_invest=10000, investment_day=1)
cerebro.broker.setcash(9 * 12 * 10000)  # 設定初始資金
cerebro.broker.setcommission(commission=0.0015)  # 設定交易手續費為
# 添加 PyFolio 分析器，用於在回測後進行分析
cerebro.addanalyzer(bt.analyzers.PyFolio, _name="pyfolio")
results = cerebro.run()  # 執行回測
strat = results[0]  # 取得第一個策略的結果
# 從策略中取得 PyFolio 分析器，用來進行投資組合績效分析
pyfoliozer = strat.analyzers.getbyname("pyfolio")
# 取得回測結果的四個主要部分，用來進一步分析投資組合的表現
# returns: 投資組合的收益率數據序列（例如每日收益率）
# positions: 投資組合在不同時間點的持倉情況（例如每個時間點持有多少股票）
# transactions: 投資組合的交易紀錄，詳細記錄買入和賣出的每筆交易
# gross_lev: 投資組合的總槓桿率
returns, positions, transactions, gross_lev = pyfoliozer.get_pf_items()
# 使用 PyFolio 生成完整的投資報告，涵蓋收益、持倉、交易等方面的分析
pf.create_full_tear_sheet(returns, positions, transactions)
```

接下來，我們來聊聊如何解讀這些分析報表。主要會從四個方面進行討論，分別是：收益、波動性、夏普比率和最大回撤。

第 1 章 股票財報的量化分析與研究

◆ 1. 收益 Returns

收益分析涵蓋了幾個關鍵指標：每日收益 (returns)、每月收益 (Monthly returns)、年化收益 (Annual returns) 和累積收益 (Cumulative returns)。這些指標都能幫助我們從不同的時間維度了解策略的表現。

「每日收益」反映了資產在每個交易日的變動，幫助我們了解策略在短期內的波動。例如，資產總值從 100 元增長到 105 元，則當天的收益率為 5%。而每月收益是指每個月的資產增減情況，讓我們能從稍長的時間週期中評估策略的表現。年化收益是將總收益率轉換為年度衡量基準，方便進行多個策略不同時間段的收益比較。累積收益是則反映從策略開始到結束期間資產的總變化，計算方式為

$$累積收益 = \frac{資產終值 - 資產初值}{資產初值}$$

下兩張圖分別顯示了策略的每日收益和累積收益的時間序列圖。從累積收益圖中，我們可以看到整體累積收益呈現逐年增長的趨勢，但在 2022 年出現了較大的回檔。

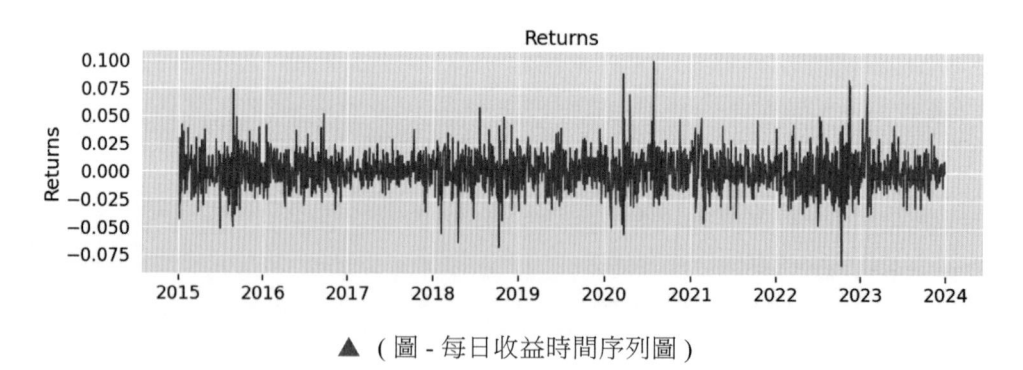

▲（圖 - 每日收益時間序列圖）

1.4 財報因子選股模型回測績效

(圖 - 累積收益時間序列圖)

　　下圖則顯示了策略的每月收益和年化收益情況。每月收益圖中的綠色區塊代表當月獲利，橘色區塊代表虧損。以這個範例為例，大部分月份都是正收益，2020 年 7 月的收益尤為亮眼，但有少數月份出現虧損。從年化收益圖來看，除了 2022 年年化收益為負，其他年份的年化收益都是正的，平均年化報酬率大約為 20%。

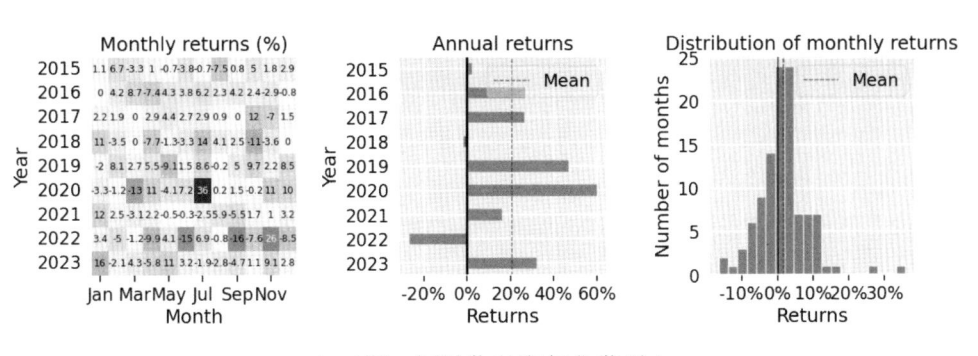

(圖 - 每月收益和年化收益)

這些收益指標是評估策略好壞的最直觀的依據，因為它們直接顯示了投資者的實際盈虧狀況。如果一個策略在大多數月份都有正收益，年化收益也高於基準，且累積收益穩步增長，那麼這個策略的盈利潛力是不錯的。

◆ 2. 波動性 Volatility

波動性描述了資產價格在一定時間內的變化幅度，是評估風險的重要指標。如果策略的波動性較高，說明資產的變動幅度較大，這可能帶來高收益的機會，但同時也伴隨著更大的虧損風險。

波動性計算公式主要依賴於交易天數和收益的標準差。在計算過程中，會使用滾動窗口的方法來計算每日收益的標準差。預設的滾動窗口長度是 126 天，大約相當於半年的交易天數。隨著時間的推移，每天的標準差會有所不同。接著，再將這個滾動標準差乘以一年交易天數的平方根，就可以得出滾動波動性的數值。

$$Rolling\ Volatility = \sqrt{N} \times \sigma_{rolling}(t)$$

其中，$\sigma_{rolling}(t)$ 是收益的標準差，N 是一年中交易天數（通常會設定為 252 天）。

以**圖 - 滾動式波動度時間序列圖**為例，這個策略的波動性大約在 0.15 到 0.40 之間，這表示每日收益的標準差介於 0.01($=\frac{0.15}{\sqrt{252}}$) 到 0.025($=\frac{0.40}{\sqrt{252}}$)，平均每日收益波動約為 2%。這個策略是用來交易追蹤大盤指數的 0050 ETF，如果其他策略的波動性超過 2%，那在進行交易時就需要特別小心，因為收益可能會出現較大的回撤。

1.4 財報因子選股模型回測績效

▲（圖 - 滾動式波動度時間序列圖）

◆ 3. 夏普比率 Sharpe ratio

夏普比率用來衡量每單位風險所帶來的超額報酬，數值越高，表示該投資在考慮風險後的收益表現越好。這是常用來評估投資績效工具，因為它同時考慮了收益和風險。

稍微來提一下計算滾動夏普比率的公式，首先，給定的滾動窗口長度，滾動式地計算每日收益的平均值和標準差。程式內預設的滾動窗口長度是 126 天，大概是半年的交易天數。最後，將滾動每日收益平均值乘以一年交易天數開根號，除以滾動每日收益標準差就可以取得滾動夏普比率數值。

$$Rolling\ Sharpe\ Ratio = \frac{\sqrt{N} \times \mu_{rolling}(t)}{\sigma_{rolling}(t)}$$

其中，$\sigma_{rolling}(t)$ 是收益的標準差，N 是一年中交易天數（通常會設定為 252 天）。

以**圖 - 夏普比率時間序列圖**為例，這個策略的夏普比率大約在 -2 到 4 之間，平均夏普比率為 1%。這個策略是用來交易追蹤大盤指數的 0050 ETF，如果你發現其他策略的夏普比率超過 1%，那麼這些策略相比於大盤，可能提供了更高的平均收益或更低的波動風險。

第 1 章　股票財報的量化分析與研究

▲（圖 - 夏普比率時間序列圖）

◆ **4. 最大回撤 Max Drawdown**

　　回撤（Drawdown）是衡量投資從最高點到最低點的損失幅度，是評估投資風險的重要指標之一。它讓投資者了解在最不利的市場條件下，可能會面臨多大的損失。舉例來說，如果資產從 100 萬成長到 120 萬，但隨後回落到 105 萬，當資產重新回升到 120 萬以上時，這期間的最大回撤就是 120 萬到 105 萬之間的差額，代表 15 萬的下跌幅度。下圖是回撤範例示意圖。

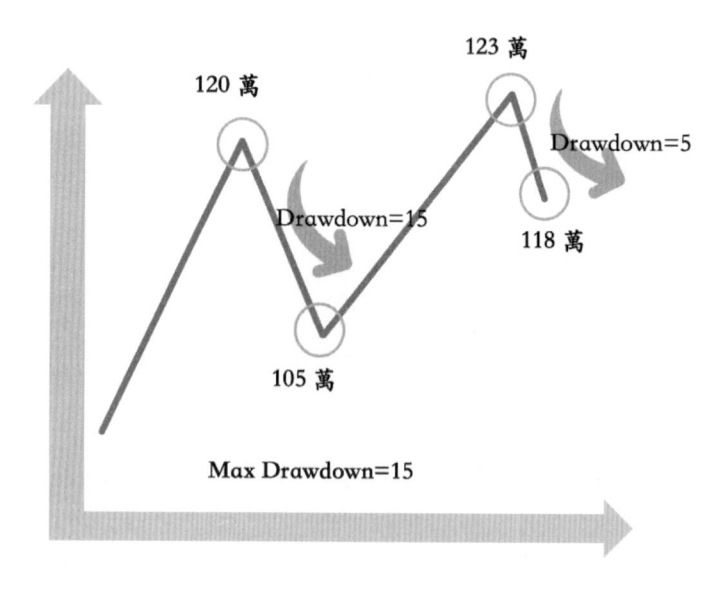

▲（圖 - 回撤示意圖）

1.4 財報因子選股模型回測績效

下方的**圖 - 回撤水位圖**顯示了當前資產價值低於先前最高資產價值多少的比例。換句話說，當你的投資組合價值下跌，並且還沒有回升至之前的最高水平時，這個圖表會顯示你在這段時間內所經歷的下跌百分比。

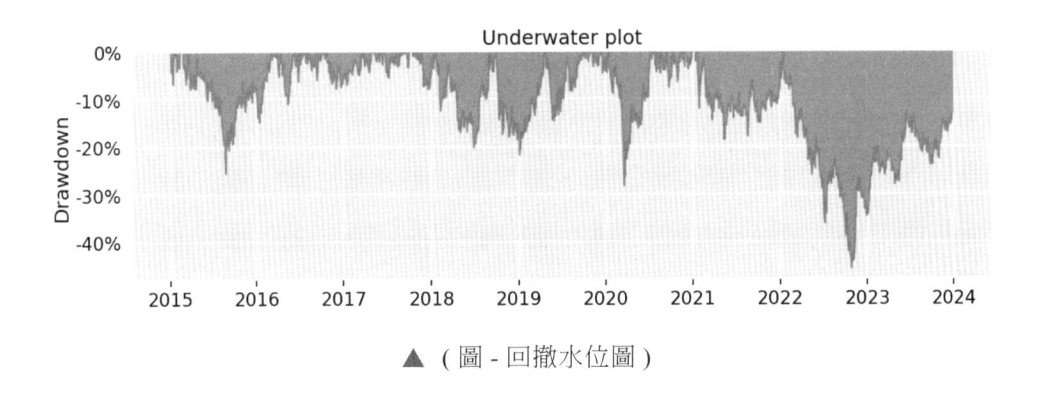

▲ (圖 - 回撤水位圖)

圖 - 前五大的回撤區段則顯示了這段時間內前五大回撤的區間及其下跌的量。

▲ (圖 - 前五大的回撤區段)

這些分析指標對於投資者來說，無論是評估過去的表現還是制定未來的投資策略，都是非常重要的。它們不僅顯示了投資策略在不同市場環境下的表現，還能反映風險程度。實際上，投資中很難找到一個完美的策略，同時具備高收益、高勝率和低回撤的特點，如果找到了，大部分情況是策略有誤會 (例如過擬合、偷看到未來數據)，或者是太過理想化難以達成的策略。大部分策略通常會在某些方面表現較好，但在其他方面可能相對較弱。例如，有些策略可能帶來較高的收益，但伴隨著較大的回撤風險；而有些策略則勝率較高，但收益相對較低。

在這種情況下，關鍵在於投資者如何根據自己的風險承受能力和投資偏好來選擇策略並決定資金的投入量。對我來說，對於那些雖然潛在收益高但伴隨著高回撤風險的策略，我會選擇投入較少的資金，因為這類積極策略會帶來較大的心理壓力。而對於勝率較高但收益較穩定的策略，我則會投入更多的資金，因為這類策略帶來的風險和壓力較小，更符合我的風險承受能力。

因此，選擇投資策略時，不僅要考慮其財務表現，還要關注它是否與自己的風險偏好相契合。理解自己能夠接受的風險水平，有助於做出更適合的策略選擇，並在投資中保持心理的穩定。

Backtrader 因子模型回測結果

在介紹完 Backtrader 和 Pyfolio 這兩套工具後，我們終於可以利用它們來評估單因子和多因子選股模型的策略表現。無論是單因子還是多因子選股模型，使用的策略設定基本相同，因為這些模型的操作都是針對股票的排名進行交易。我們只需要在回測前準備好包含開盤價、最高價、最低價、收盤價、成交量和排名等欄位的資料。這兩類選股模型就可以共用相同的策略進行回測。

這個選股模型策略是根據股票的排名來決定交易操作。首先，會根據特定的因子（例如價值因子、動量因子等）對股票進行排名，排名的順序則依據 Alphalens 的因子分析結果。如果某個因子與未來收益呈正相關，並且表現出「最佳投組績效顯著較好，最差投組績效顯著較差」的特徵，那麼策略會賣出排名較前的股票，並買入排名較後的股票。

因此，這個策略的關鍵在於設定兩個主要參數：buy_n 和 sell_n。buy_n 代表每天要買入的股票數量，sell_n 則代表每天要賣出的股票數量。舉例來說，如果將 buy_n 設為 10，表示每天選擇排名靠後的 10 隻股票進行買入操作；如果 sell_n 設為 10，則選擇排名靠前的 10 隻股票進行賣出操作。如果某一個參數沒有設定，則對應的操作不會執行。例如，如果沒有設置 sell_n，策略將不進行賣出操作。

1.4 財報因子選股模型回測績效

接下來，來提一下策略的實作，包含 __init__ 函式和 next 函式。在策略的 __init__ 函式中，首先會初始化股票數據，這些數據會存放在 self.stocks 變數中供後續使用。同時，還會初始化兩個變數 buy_positions 和 sell_positions，用來記錄已經做多和已經做空的股票。

在 next 函式中，策略會根據股票的排名進行排序，結果會存放在 sorted_ranks 中。接著，根據設定的 buy_n 和 sell_n 來決定交易的股票數量。具體來說，會取得排名靠後的 buy_n 隻股票，進行買入操作，對應的指令是 sorted_ranks[-self.params.buy_n:]；取得排名靠前的 sell_n 隻股票進行賣出操作，對應指令是 sorted_ranks[:self.params.sell_n]。

隨後，透過 for 迴圈來執行股票的買賣操作。如果某隻股票在賣出列表中且當前無持倉，則進行賣出做空；如果在買入列表中且當前無持倉，則進行買入做多操作。同時，如果已經持有股票，但該股票不在對應的買入或賣出名單中，策略就會執行相反操作來平倉，結束該筆交易。以下為選股模型策略的程式部分：

▼（表 - 選股模型策略程式架構）

```python
# 定義策略：根據因子排名買入和賣出股票
class FactorRankStrategy(bt.Strategy):
    # 策略參數：要買入和賣出的股票數量，及每檔股票的交易金額
    params = (
        ("buy_n", None),    # 需要買入的股票數量
        ("sell_n", None),   # 需要賣出的股票數量
        ("each_cash", None),  # 每檔股票交易的金額
    )
    def __init__(self):
        self.stocks = self.datas  # 將所有股票數據儲存在 self.stocks 變數中
        self.buy_positions = set()  # 記錄已買入的股票名稱
        self.sell_positions = set()  # 記錄已賣出的股票名稱
    def next(self):
        # 取得當天所有股票的因子排名：ex: {stock1: 1, stock2: 2}
        ranks = {data._name: data.rank[0] for data in self.stocks}
        # 根據排名從低到高排序：排名越小的因子值越小，排名越大的因子值越大
        sorted_ranks = sorted(ranks.items(), key=lambda x: x[1])
        # 取得排名最高的 buy_n 個股票（要買入的股票）
        if self.params.buy_n:
            buy_n_list = sorted_ranks[-self.params.buy_n :]
            buy_n_names = [name for name, rank in buy_n_list]  # 提取股票名稱
        # 取得排名最低的 sell_n 個股票（要賣出的股票）
```

```python
        # 取得排名最低的 sell_n 個股票 (要賣出的股票)
        if self.params.sell_n:
            sell_n_list = sorted_ranks[: self.params.sell_n]
            sell_n_names = [name for name, rank in sell_n_list]  # 提取股票名稱
        # 進行買入與賣出操作
        for data in self.stocks:
            # 取得當前股票名稱
            name = data._name
            # 取得當前股票的收盤價
            close_price = data.close[0]
            # 計算每檔股票的交易股數
            size = int(self.params.each_cash / close_price)
            # 1. 處理賣出(做空)操作
            if self.params.sell_n:
                if name in self.sell_positions and name not in sell_n_names:
                    # 如果股票已賣出且不再賣出清單,則平倉
                    self.close(data)
                    self.sell_positions.remove(name)
                elif name not in self.sell_positions and name in sell_n_names:
                    # 如果股票在賣出清單中,則賣出
                    self.sell(data, size=size)
                    self.sell_positions.add(name)
            # 2. 處理買入(做多)操作
            # 2. 處理買入(做多)操作
            if self.params.buy_n:
                if name in self.buy_positions and name not in buy_n_names:
                    # 如果股票已買入且不再買入清單,則平倉
                    self.close(data)
                    self.buy_positions.remove(name)
                elif name not in self.buy_positions and name in buy_n_names:
                    # 如果股票在買入清單中,則買入
                    self.buy(data, size=size)
                    self.buy_positions.add(name)
```

如果要執行多空策略,那加載策略的方式為

```
cerebro.addstrategy(FactorRankStrategy,buy_n=10,sell_n=10,each_cash=100_0000)
```

如果只要執行做多策略,那加載策略的方式為

```
cerebro.addstrategy(FactorRankStrategy,buy_n=10,each_cash=100_0000)
```

如果只要執行做空策略,那加載策略的方式為

```
cerebro.addstrategy(FactorRankStrategy,sell_n=10,each_cash=100_0000)
```

1.4 財報因子選股模型回測績效

在進行回測前,建議先將交易訊號準備好,避免在策略中動態計算指標或訊號。首先,我們需要將交易訊號(即股票的排名結果)和股價資料整理成一個數據集,也就是資料集中會有一個欄位紀錄每日的股票排名。

在之前的章節中,我們討論了靜態與動態選股模型。由於財報因子會隨時間變動,因此大多數情況下會採用動態選股模型。因此,我們可以設計一個能同時處理靜態與動態選股的排序函式,這個函式會根據給定的因子來輸出相對應的股票排名。

為了實現這一點,我們可以定義一個字典(select_rank_factor_dict),用來存放不同時間段內所使用的財報單因子。字典的鍵是時間,值則是對應的因子及其與收益的相關性。程式碼會遍歷這個字典,根據相應的因子數據對每個季度的股票進行排序。舉例來說,在下方範例中,2015 年使用「稅前淨利成長率」來排序股票,而 2016 年則使用「稅後淨利成長率」。排序函式會根據這個 select_rank_factor_dict 中的資訊來完成排序。

▼(表 - 動態單因子 select_rank_factor_dict 的範例)

```python
# 指定各個季度下要使用來排序的因子。
# name 對應的是每個季度的因子名稱,
# corr 對應的是因子值與未來收益的關係(根據單因子Alphalens分析結果)。
select_rank_factor_dict = {
    "2015-Q1": {"name": "稅前淨利成長率", "corr": True},
    "2015-Q2": {"name": "稅前淨利成長率", "corr": True},
    "2015-Q3": {"name": "稅前淨利成長率", "corr": True},
    "2015-Q4": {"name": "稅前淨利成長率", "corr": True},
    "2016-Q1": {"name": "稅後淨利成長率", "corr": True},
    "2016-Q2": {"name": "稅後淨利成長率", "corr": True},
    "2016-Q3": {"name": "稅後淨利成長率", "corr": True},
    "2016-Q4": {"name": "稅後淨利成長率", "corr": True},
    "2017-Q1": {"name": "稅前淨利成長率", "corr": True},
    "2017-Q2": {"name": "稅前淨利成長率", "corr": True},
    "2017-Q3": {"name": "稅前淨利成長率", "corr": True},
    "2017-Q4": {"name": "稅前淨利成長率", "corr": True},
    "2018-Q1": {"name": "稅後淨利成長率", "corr": True},
    "2018-Q2": {"name": "稅後淨利成長率", "corr": True},
    "2018-Q3": {"name": "稅後淨利成長率", "corr": True},
    "2018-Q4": {"name": "稅後淨利成長率", "corr": True},
    "2019-Q1": {"name": "稅後淨利成長率", "corr": True},
    "2019-Q2": {"name": "稅後淨利成長率", "corr": True},
    "2019-Q3": {"name": "稅後淨利成長率", "corr": True},
    "2019-Q4": {"name": "稅後淨利成長率", "corr": True},
}
```

第 1 章　股票財報的量化分析與研究

排序的函式可以使用第 1-3 章節中介紹的 rank_stocks_by_factor 函式來實現，而因子資料的取得則可以參考第 1-2 章節的 get_factor_data 函式。這樣的設計能靈活應對不同排序需求，無論是靜態還是動態選股模型，都可以透過此方法生成排名結果，簡化回測流程。

關於準備回測資料的任務，我們在程式碼中使用了兩個主要的函式：convert_quarter_to_dates 和 get_daily_price_and_volume_data。這兩個函式的說明參照表 -Chapter1/utils.py 內函式介紹和對應的程式碼。

▼（表 -Chapter1/utils.py 內函式介紹）

：PythonQuantTrading/Chapter1/utils.py

函式名稱	函式目的

convert_
quarter_
to_dates
	``python
	def convert_quarter_to_dates(
	    quarter: Annotated[str, "年-季度字串，例如：2013-Q1"],
	) -> Annotated[Tuple[str, str], "季度對應的起始和結束日期字串"]:
	    """
	    函式說明：
	    將季度字串(quarter)轉換為起始和結束日期字串。
	    ex: 2013-Q1 -> 2013-05-16, 2013-08-14。
	    """
	    year, qtr = quarter.split("-")
	    if qtr == "Q1":
	        return f"{year}-05-16", f"{year}-08-14"
	    if qtr == "Q2":
	        return f"{year}-08-15", f"{year}-11-14"
	    if qtr == "Q3":
	        return f"{year}-11-15", f"{int(year) + 1}-03-31"
	    if qtr == "Q4":
	        return f"{int(year) + 1}-04-01", f"{int(year) + 1}-05-15"
	``

get_daily_
price_and_
volume_data
	``python
	def get_daily_OHLCV_data(
	    stock_symbols: Annotated[List[str], "股票代碼列表"],
	    start_date: Annotated[str, "起始日期", "YYYY-MM-DD"],
	    end_date: Annotated[str, "結束日期", "YYYY-MM-DD"],
	    is_tw_stock: Annotated[bool, "stock_symbols 是否為台灣股票"] = True,
	) -> Annotated[pd.DataFrame, "價量的資料集", "欄位名稱包含股票代碼、日期、開高低收量"]:
	    """
	    函式說明：
	    取得指定股票(stock_symbols)在給定日期範圍內(start_date~end_date)的每日價量資料。
	    """
	    # 如果是台灣股票，則在股票代碼後加上 ".TW"
	    if is_tw_stock:
	        stock_symbols = [
	            f"{symbol}.TW" if ".TW" not in symbol else symbol
	            for symbol in stock_symbols
	        ]
	``

1.4 財報因子選股模型回測績效

函式名稱	函式目的
| get_daily_price_and_volume_data | ```python
# 使用 pd.concat 合併多隻股票的數據
all_stock_data = pd.concat(
    [
        # 從 YFinance 下載每隻股票在指定日期範圍內的數據
        pd.DataFrame(yf.download(symbol, start=start_date, end=end_date))
        .droplevel("Ticker", axis=1)
        # 新增一個 "asset" 的欄位，用來儲存股票代碼
        .assign(asset=symbol.split(".")[0])
        # 重設索引並將日期欄位名稱從 Date 改為 datetime
        .reset_index()
        .rename(columns={"Date": "datetime"})
        # 使用向前填補的方法處理資料中的遺失值
        .ffill()
        for symbol in stock_symbols
    ]
)
all_stock_data.columns.name = None
all_stock_data = all_stock_data[
    ["Open", "High", "Low", "Close", "Volume", "datetime", "asset"]
]
return all_stock_data.reset_index(drop=True)
``` |

完整的整理回測資料範例程式如下：

📄：PythonQuantTrading/Chapter1/1-4/main_for_single_factor_backtrader.py

```python
import os
import sys
import backtrader as bt
import pandas as pd
import pyfolio as pf
utils_folder_path = os.path.dirname(os.path.dirname(os.path.dirname(__file__)))
sys.path.append(utils_folder_path)
import Chapter1.utils as chap1_utils  # noqa: E402
chap1_utils.finlab_login()
analysis_period_start_date = "2017-05-16"
analysis_period_end_date = "2021-05-15"
top_N_stocks = chap1_utils.get_top_stocks_by_market_value(
    excluded_industry=[
        "金融業",
        "金融保險業",
        "存託憑證",
        "建材營造",
    ],
    pre_list_date="2017-01-03",
)
# 取得指定股票代碼列表在給定日期範圍內的每日 OHLCV 數據。
all_stock_data = chap1_utils.get_daily_OHLCV_data(
    stock_symbols=top_N_stocks,
    start_date=analysis_period_start_date,
    end_date=analysis_period_end_date,
```
```

```python
)
all_stock_data["datetime"] = all_stock_data["datetime"].astype(str)
all_stock_data["asset"] = all_stock_data["asset"].astype(str)
# 指定各個季度下要使用來排序的因子。
# name 對應的是每個季度的因子名稱,
# corr 對應的是因子值與未來收益的關係(根據單因子Alphalens分析結果)。
select_rank_factor_dict = {
    "2017-Q1": {"name": "稅後淨利成長率", "corr": True},
    "2017-Q2": {"name": "稅後淨利成長率", "corr": True},
    "2017-Q3": {"name": "稅後淨利成長率", "corr": True},
    "2017-Q4": {"name": "稅後淨利成長率", "corr": True},
    "2018-Q1": {"name": "稅前淨利成長率", "corr": True},
    "2018-Q2": {"name": "稅前淨利成長率", "corr": True},
    "2018-Q3": {"name": "稅前淨利成長率", "corr": True},
    "2018-Q4": {"name": "稅前淨利成長率", "corr": True},
    "2019-Q1": {"name": "稅後淨利成長率", "corr": True},
    "2019-Q2": {"name": "稅後淨利成長率", "corr": True},
    "2019-Q3": {"name": "稅後淨利成長率", "corr": True},
    "2019-Q4": {"name": "稅後淨利成長率", "corr": True},
    "2020-Q1": {"name": "稅前淨利成長率", "corr": True},
    "2020-Q2": {"name": "稅前淨利成長率", "corr": True},
    "2020-Q3": {"name": "稅前淨利成長率", "corr": True},
    "2020-Q4": {"name": "稅前淨利成長率", "corr": True},
}
# 準備因子數據,將各季度的因子數據進行排序。
all_factor_data = pd.DataFrame()
for quarter, factor in select_rank_factor_dict.items():
    # 將季度字串轉換為起始和結束日期
    start_date, end_date = chap1_utils.convert_quarter_to_dates(quarter)
    # 生成該季度的交易日範圍
    trading_days = pd.date_range(start=start_date, end=end_date)
    # 取得因子數據,並按股票代碼和日期進行排序與填補
    quarter_factor_data = (
        chap1_utils.get_factor_data(
            stock_symbols=top_N_stocks,
            factor_name=factor["name"],
            trading_days=list(trading_days),
        )
        .reset_index()
        .assign(factor_name=factor["name"])
        .sort_values(by=["asset", "datetime"])
        .groupby("asset", group_keys=False)
        .apply(lambda group: group.ffill())
        .dropna()
    )
    # 根據因子值進行股票排序: 由小到大(positive_corr=True) or 由大到小(positive_corr=False)
    quarter_factor_data = chap1_utils.rank_stocks_by_factor(
        factor_df=quarter_factor_data,
        positive_corr=factor["corr"],   # 根據因子相關性決定排序方向
        rank_column="value",    # 用來排序的欄位名稱
        rank_result_column="rank",   # 儲存排序結果的欄位名稱
```

1.4 財報因子選股模型回測績效

```python
    ).drop(columns=["value"])
    # 合併該季度的因子數據
    all_factor_data = pd.concat([all_factor_data, quarter_factor_data])
# 重設索引並將日期與股票代碼轉換為字串格式
all_factor_data = all_factor_data.reset_index(drop=True)
all_factor_data["datetime"] = all_factor_data["datetime"].astype(str)
all_factor_data["asset"] = all_factor_data["asset"].astype(str)
# 將因子數據與股價數據進行合併
all_stock_and_factor_data = pd.merge(
    all_stock_data, all_factor_data, on=["datetime", "asset"], how="outer"
)
# 按股票代碼和日期排序,並填補遺失值
all_stock_and_factor_data = (
    all_stock_and_factor_data.sort_values(by=["asset", "datetime"])
    .groupby("asset", group_keys=False)
    .apply(lambda group: group.ffill())
    .reset_index(drop=True)
)
# 定義回測資料格式,新增排名資料
class PandasDataWithRank(bt.feeds.PandasData):
    params = (
        ("datetime", "datetime"),  # 日期欄位
        ("open", "Open"),  # 開盤價欄位
        ("high", "High"),  # 最高價欄位
        ("low", "Low"),  # 最低價欄位
        ("close", "Close"),  # 收盤價欄位
        ("volume", "Volume"),  # 成交量欄位
        ("rank", "rank"),  # 排名欄位
        ("openinterest", -1),  # 持倉量欄位 (不使用)
    )
    # 新增因子排名這條數據線
    lines = ("rank",)
# 定義策略:根據因子排名買入和賣出股票
class FactorRankStrategy(bt.Strategy):
    pass  # 請參考前面內容
# 設定回測引擎
cerebro = bt.Cerebro()
# 加入交易策略 FactorRankStrategy,設定策略參數:
# buy_n: 每次要買入的股票數量 (20檔)
# sell_n: 每次要賣出的股票數量 (20檔)
# each_cash: 每檔股票的交易金額,這裡是總資金的90%除以40檔股票,確保每檔股票有足夠資金配置
cerebro.addstrategy(
    FactorRankStrategy, buy_n=20, sell_n=20, each_cash=2000_0000 * 0.9 / 40
)
# 依序加入每檔股票的數據到回測引擎中
stock_list = list(set(all_stock_and_factor_data["asset"]))
for stock in stock_list:
    data = all_stock_and_factor_data[all_stock_and_factor_data["asset"] == stock]
    data = data.drop(columns=["asset", "factor_name"])  # 移除不必要欄位
    data["datetime"] = pd.to_datetime(data["datetime"])  # 日期欄位轉為 datetime 格式
    data = data.dropna().sort_values(by=["datetime"]).reset_index(drop=True)
    data = PandasDataWithRank(dataname=data)  # 使用自訂的數據格式 PandasDataWithRank
    cerebro.adddata(data, name=stock)  # 加入數據到回測引擎
```

第 1 章　股票財報的量化分析與研究

```
# 設定初始資金為 2000 萬元
cerebro.broker.set_cash(2000_0000)
# 設定每筆交易的手續費為 0.1%
cerebro.broker.setcommission(commission=0.001)
# 加入 PyFolio 分析器，用於生成投資組合的性能分析報告
cerebro.addanalyzer(bt.analyzers.PyFolio)
# 運行策略
results = cerebro.run()
# 取得策略結果並生成投資組合分析報告
strat = results[0]    # 取得回測結果中的第一個策略
pyfoliozer = strat.analyzers.getbyname("pyfolio")
(
    returns,
    positions,
    transactions,
    gross_lev,
) = pyfoliozer.get_pf_items()
# 使用 PyFolio 生成完整的投資組合表現分析報告
pf.create_full_tear_sheet(returns)
```

我實際進行回測，設定交易期間為 2017/5/16 到 2021/5/15，每次買入排序數值最高的 20 支股票，賣出排序數值最低的 20 支股票。具體因子使用上，在 2017 和 2019 年財報資料是使用「稅前淨利成長率」作為排序依據，而在 2018 和 2020 年財報資料則改用「稅後淨利成長率」。回測結果顯示收益增長 33%，夏普比率為 1.06。從**圖 - 單因子選股模型回測分析結果**和**圖 - 單因子選股模型回測收益分析報表**的分析圖表中可以看出，累積收益逐年穩定增長，且每年的年化收益皆為正值，這顯示這個策略具備一定的穩定性。不過有同學可能會對 2017 開始的那一段不交易，績效是平的部分有疑慮，我們最後會統一說明一下這個原因。

Start date	2017-05-16
End date	2021-05-15
Total months	69
	Backtest
Annual return	5.051%
Cumulative returns	33.069%
Annual volatility	4.75%
Sharpe ratio	1.06
Calmar ratio	0.64
Stability	0.89
Max drawdown	-7.847%
Omega ratio	1.29
Sortino ratio	1.61
Skew	0.08
Kurtosis	7.25
Tail ratio	1.14
Daily value at risk	-0.578%

▲（圖 - 單因子選股模型回測分析結果）

1.4 財報因子選股模型回測績效

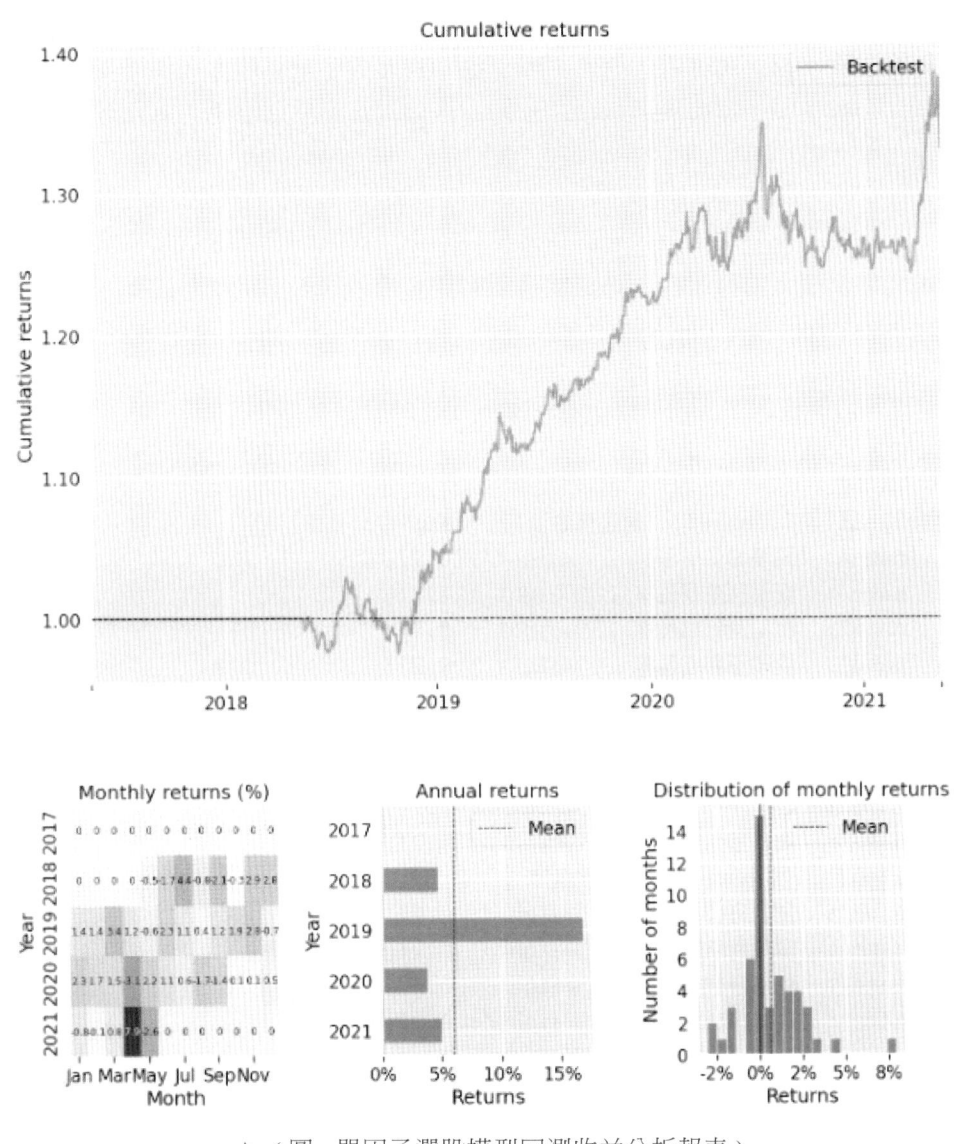

▲（圖 - 單因子選股模型回測收益分析報表）

如果想要測試其他單因子動態選股模型，只需對 select_rank_factor_dict 這個字典進行調整，將不同的因子填入其中即可。資料整理和策略的程式邏輯保持不變，只需在 select_rank_factor_dict 中指定你想使用的因子，這樣就可以靈活地測試不同的單因子動態選股模型，而不需要改動其他部分的程式。

第 1 章　股票財報的量化分析與研究

多因子選股模型的操作與單因子選股模型其實非常相似，核心流程都是先對股票進行排序，再進行回測。不同之處在於多因子選股模型的排序方式。在多因子股票排序中，我們需要先指定每個時期所參考的多個因子名稱及其對應的權重。

如果要實現靜態模型，只需在所有時期使用相同的因子組合和權重。若要實現動態模型，則可以在不同時期靈活調整所使用的因子組合和權重。以下提供了多因子靜態模型和多因子動態模型的 select_rank_factor_dict 範例。

▼（表 - 靜態多因子 select_rank_factor_dict 的範例）

```
# 靜態模型
{'2017-Q1': [{'name': '營運現金流', 'weight': 0.2},
  {'name': '歸屬母公司淨利', 'weight': 0.2},
  {'name': '營業利益成長率', 'weight': 0.2},
  {'name': '稅前淨利成長率', 'weight': 0.2},
  {'name': '稅後淨利成長率', 'weight': 0.2}],
 '2017-Q2': [{'name': '營運現金流', 'weight': 0.2},
  {'name': '歸屬母公司淨利', 'weight': 0.2},
  {'name': '營業利益成長率', 'weight': 0.2},
  {'name': '稅前淨利成長率', 'weight': 0.2},
  {'name': '稅後淨利成長率', 'weight': 0.2}],
 '2017-Q3': [{'name': '營運現金流', 'weight': 0.2},
  {'name': '歸屬母公司淨利', 'weight': 0.2},
  {'name': '營業利益成長率', 'weight': 0.2},
  {'name': '稅前淨利成長率', 'weight': 0.2},
  {'name': '稅後淨利成長率', 'weight': 0.2}],
  ...
}
```

1.4 財報因子選股模型回測績效

▼ (表 - 動態多因子 select_rank_factor_dict 的範例)

```
# 動態模型
select_rank_factor_dict = {
    "2014-Q4":[
        {"name":" 取得不動產廠房及設備 ","weight":0.2},
        {"name":" 研究發展費用率 ","weight":0.2},
        {"name":" 營業毛利成長率 ","weight":0.2},
        {"name":" 營業利益成長率 ","weight":0.2},
        {"name":" 稅後淨利成長率 ","weight":0.2},
    ],
    "2015-Q1":[
        {"name":" 取得不動產廠房及設備 ","weight":0.1},
        {"name":" 稅前淨利成長率 ","weight":0.3},
        {"name":" 營業毛利成長率 ","weight":0.2},
        {"name":" 營業利益成長率 ","weight":0.2},
        {"name":" 稅後淨利成長率 ","weight":0.2},
    ],,...
}
```

在這裡，我們使用了綜合加權法來構建多因子模型，因此會使用 1-3 章節中介紹的 calculate_weighted_rank 函式來進行加權排序。至於如何獲取因子資料，則可以參考 1-2 章節介紹的 get_factor_data 函式。

我實際進行回測，設定的交易期間為 2017/5/16 至 2021/5/15，並且每次選擇排序數值最高的 20 支股票進行買入，賣出排序數值最低的 20 支股票，在多因子靜態模型中使用的因子包括「歸屬母公司淨利」、「稅前淨利成長率」、「營運現金流」、「營業利益成長率」和「稅後淨利成長率」。這些因子以等權重組合成一個多因子模型。根據回測結果，累積收益增長了 38.26%，夏普比率為 1.19。從**圖 - 多因子選股模型回測分析結果**和**圖 - 多因子選股模型回測收益分析報表**的分析圖表中可以觀察到，累積收益也是逐年穩定增長，且每年的年化收益皆為正值。相較於單因子策略，這個多因子策略在績效上明顯較優越，夏普比率也提高了 0.13，表示多因子策略在投資回報上可以更具優勢。不過這一次我們看到了不交易績效為 0 的時段又更長了，到 2020 才逐漸有交易，為什麼呢？容我們後續道來。

第 1 章　股票財報的量化分析與研究

Start date	2017-05-16
End date	2021-05-14
Total months	46
	Backtest
Annual return	8.743%
Cumulative returns	38.26%
Annual volatility	7.269%
Sharpe ratio	1.19
Calmar ratio	1.03
Stability	0.29
Max drawdown	-8.489%
Omega ratio	1.54
Sortino ratio	1.94
Skew	0.70
Kurtosis	21.07
Tail ratio	1.56
Daily value at risk	-0.882%

▲（圖 - 多因子選股模型回測分析結果）

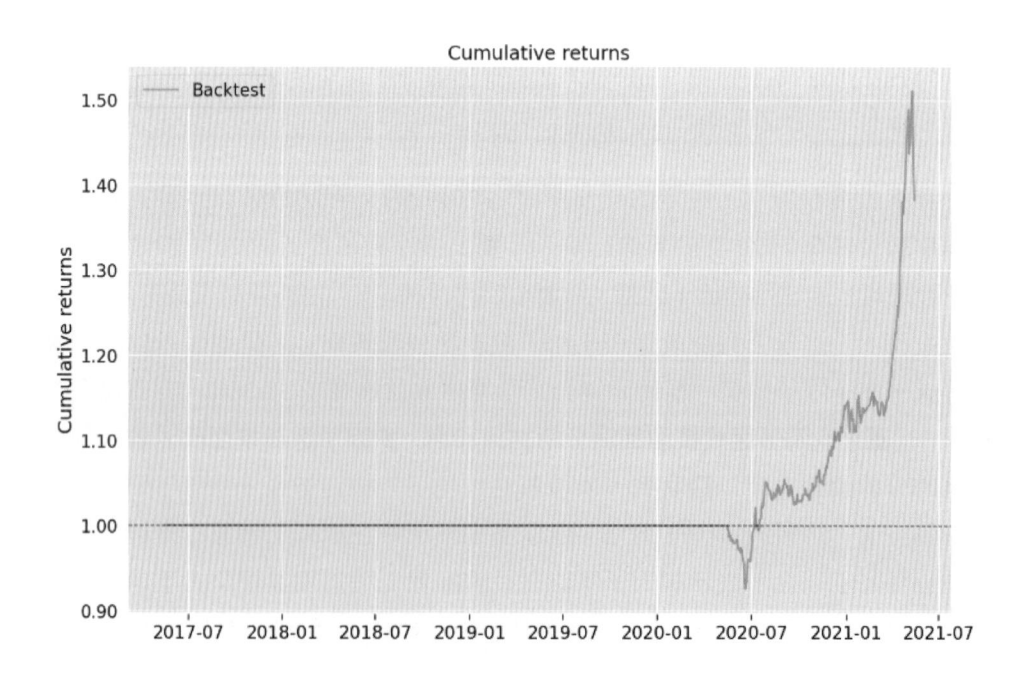

1-152

1.4 財報因子選股模型回測績效

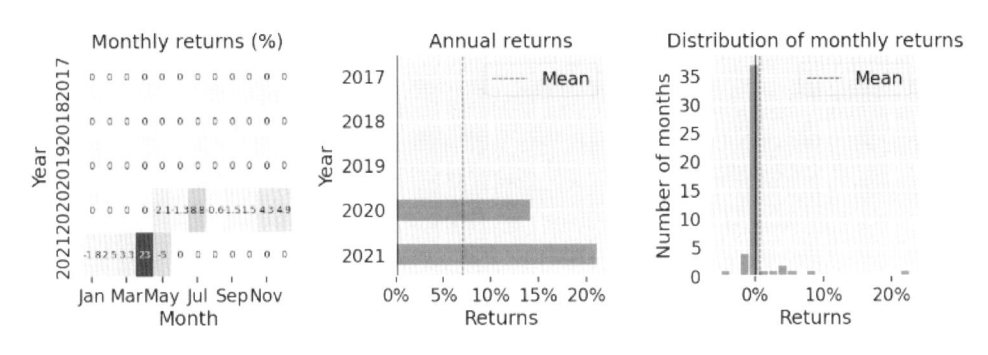

▲（圖 - 多因子選股模型回測收益分析報表）

單因子與多因子選股模型的完整程式碼因篇幅較長，這裡不放上完整程式。我已將所有程式碼上傳至 GitHub，你可以自行下載並執行，還能替換成你感興趣的因子來進行回測測試。我們馬上就來調整一下未交易的問題吧！

Backtrader 因子模型回測結果 - 未交易的問題

很多同學看到回測結果或許有一點驚訝，單因子回測結果竟然整整一年未交易，而多在更是到 2020 才開始有交易。原因是因為 Backtrader 會對齊所有的數據，有點像是會對所有股票的日期取交集的操作，例如說我們 800 檔股票，有其中的 795 檔都是 2017-05-16 到 2021-05-15，但是有五檔可能因為很多種原因導致數據缺失，他們的數據從 2018-05-16，這時候 Backtrader 就會從 2018-05-16 才開始交易，我個人是認為這不算是 Backtrader 的 bug，而是他們一開使就是這麼設計的，其實官方有在官方討論串說明過，對他們來說所有的商品日期數據都應該對齊才開始交易。既然這是已知的設計，所以我們主線教學仍然維持 Backtrader 的模式，但我們在後續這裡也跟同學介紹要怎麼處置這樣的問題。讓讀者自己去選擇自己喜歡的版本去做。

第 1 章　股票財報的量化分析與研究

對我們還說，數據有缺失可能有兩種情況：

1. 該股票可能本身因為暫停交易等等因素，真的當天無數據

2. 如下圖我截圖的程式碼，可能因為我們計算的欄位 rank 或者是其他欄位，因為計算使用的數據本來就有 Nan，導致出來的結果也有 Nan，但這些數據被我們 dropna 去掉了，所以沒有數據

```
for stock in stock_list:
    data = all_stock_and_factor_data[all_stock_and_factor_data["asset"] == stock]
    data["datetime"] = pd.to_datetime(data["datetime"])  # 日期欄位轉為 datetime 格式
    data = data.drop(columns=["asset", "factor_name"])  # 移除不必要欄位

    # 建立以基準 datetime 為索引的 DataFrame
    data = data.set_index("datetime")
    data = data.reindex(datetime_range)  # 補齊缺失的 datetime，初始填 NaN

    # 使用 bfill 回補數據
    data = data.ffill().bfill().reset_index()  # 回補後重置索引
    data = data.rename(columns={"index": "datetime"})  # 將 datetime 設回原欄位名稱

    data = data.dropna().sort_values(by=["datetime"]).reset_index(drop=True)  # 確保數據乾淨
    data = PandasDataWithRank(dataname=data)  # 使用自訂的數據格式 PandasDataWithRank
    cerebro.adddata(data, name=stock)  # 加入數據到回測引擎
```

▲（圖 - 程式碼截圖，dropna）

但也不能將 dropna 不做，如果數據不乾淨，Backtrader 的回測過程會出錯。所以我們建議的幾個權宜的做法：

1. 直接移除有問題的股票

2. 針對 NaN 欄位進行處理，如果是因為我們自己做的 rank 欄位導致資料缺失，可以 fill NaN 欄位在做運算

3. 將有缺失數據的股票使用 reindex 補齊缺失日期，並且使用 ffill + bfill 填補數據

◆ 1. 直接移除有問題的股票

我們來分析一下上面三點的優劣,第一點鐵定是最簡單的,直接查看哪些股票與大家的筆數不一樣,直接移除,但這樣的優點只有簡單而已,缺點很多,包括我們可能為了 3-5 天的缺失數據就直接不交易這只股票,顯然是有失公允。

◆ 2. 針對 NaN 欄位進行處理

第二點是不錯的方法,但讀者要先思考一件事情:如果是 rank 是 NaN,對我們來說 NaN 要怎麼處理?在量化交易的世界裡,如何看待缺失值也是一大學問。我打個比方,可能有讀者會覺得有缺失數據就是差勁,直接處理掉,但這樣想太暴力了,例如說有些資料源給的財報數據,在金融業例如國泰、富邦,他的財報數據存貨欄位可能就是 NaN,因為金融業並沒有存貨的問題,這時候難道我們就要把國泰富邦當作髒資料直接 Drop 掉嗎?顯然是不合適的。雖然我們遇到的不是這樣的狀況,但我只是想要舉個例子跟讀者說明對 NaN 值處理的慎重性。

回歸到我們回測的情境,如果是 rank 有 NaN 比較權宜的其中一種處理方式是,約定一個數字代表 NaN 值,利如說,我以 999999 去填充 nan,並且在做回測的時候,排除 rank 是 999999 的股票,我才做交易。

但這種解決方式只能解決今天是我們的 rank 是 NaN 的情況,如果是暫停交易導致個別天數沒有數據,還是有可能會缺失幾天的交易。

3. 將數據使用 reindex 填充日期

比較常見的做法是,我拿一個日期絕對完整的股票,例如說 2330 台積電,並且取出他的日期序列,要求其他股票如果與 2330 的日期長度不一樣,則強制填補,此時開高低收量跟 rank 可能會是 NaN,這時候我們再用 ffill 跟 bfill 去填充。

有些同學看到 bfill 可能會有點驚訝。我們前面不是才有提到過 ffill 才是股票應該要做的事嗎？bfill 有先看到數據的嫌疑。其實 bfill 只是做一個保險而已，保險缺失值是出現在我們剛開始交易的時候，使用 ffill 會填充不到這種情況，還會是 NaN，我們套用這種做法雖然是拿未來的資料往前套，可能有看到未來資料的嫌疑，但基於兩個原因我認為影響不會太劇烈，算是一種不得以的權宜方式：第一個原因是開高低收量都填充一樣的數值，所以從績效上來看最差就是我們白白投入了資金，不賺也不賠；第二個原因是這種情況應該不多，我認為頂多 3-5 只股票甚至不存在，而且我們可能也未必會交易到這幾只股票。

第一點我們就不介紹了，因為很簡單，讀者如果想採用可以自己排除掉那幾只股票。我們剛剛可以看到第二三點都有優劣，那我們不需要二選一，我們可以兩個都採用：我先使用 999999 去 fill rank 是 nan 的股票，然後回測的時候排除掉這些股票；再來使用 2330 的 datetime 去 reindex 那些股票數據太少的股票，在 ffill 及 bfill。

◆ 調整單因子回測程式

我們先來調整單因子的 code，只說明有調整的部分，其他我們就不再贅述了，請參考有 2 的程式。

首先我們先以 2330 為基準，一樣篩選出 2330 的數據，為保險起見一樣先對 datetime 轉換成 datetime 格式並且在 sort 一下數據。

💻：PythonQuantTrading/Chapter1/1-4/main_for_single_factor_backtrader2.py

```
# 以 2330 作為基準計算 datetime 範圍
base_stock = "2330"
base_data = all_stock_and_factor_data[all_stock_and_factor_data["asset"] == base_stock]
base_data["datetime"] = pd.to_datetime(base_data["datetime"])
datetime_range = base_data["datetime"].sort_values().reset_index(drop=True)
```

1.4 財報因子選股模型回測績效

接著在原先的程式 for loop 中，我加入了如果 rank 在 data 的 column 中 (其實這個判斷可做可不做，畢竟我們理論上一定要有 rank 欄位) 時，我們針對 rank 這個欄位做空值填補，以 999999 去填補。

📺：PythonQuantTrading/Chapter1/1-4/main_for_single_factor_backtrader2.py

```python
for stock in stock_list:
    data = all_stock_and_factor_data[all_stock_and_factor_data["asset"] == stock]
    data["datetime"] = pd.to_datetime(data["datetime"])   # 日期欄位轉為 datetime 格式
    data = data.drop(columns=["asset", "factor_name"])   # 移除不必要欄位
    # 針對 rank 欄位，fillna 為 999999
    if "rank" in data.columns:
        data["rank"] = data["rank"].fillna(999999)
```

有修改的部分主要是前面四行，我們對 data 做 reindex，使用先前 2330 產生出來的 datetime_range，這樣我們就完成了對 datetime 不足的數據做填補，接著我們對 data 做 ffill 的填補，才做 bfill 的填補，原則上就是先以 ffill 來填補避免用到未來數據，真的萬不得已才使用 bfill 來填補，然後我們 reset_index 再將 index rename 成 datetime，接著步驟就都一樣了。

📺：PythonQuantTrading/Chapter1/1-4/main_for_single_factor_backtrader2.py

```python
# 建立以基準 datetime 為索引的 DataFrame
data = data.set_index("datetime")
data = data.reindex(datetime_range)   # 補齊缺失的 datetime，初始填 NaN

# 使用 bfill 回補數據
data = data.ffill().bfill().reset_index()   # 回補後重置索引
data = data.rename(columns={"index": "datetime"})   # 將 datetime 設回原欄位名稱

data = data.dropna().sort_values(by=["datetime"]).reset_index(drop=True)   # 確保數據乾淨
data = PandasDataWithRank(dataname=data)   # 使用自訂的數據格式 PandasDataWithRank
cerebro.adddata(data, name=stock)   # 加入數據到回測引擎
```

1-157

第 1 章　股票財報的量化分析與研究

接著我們轉到 next 的部分，我們再取 ranks 的時候，後面再加一段 if data 的 rank 不等於 999999，我們才納入這個 dict。這樣我們就調整好了。

🖥：PythonQuantTrading/Chapter1/1-4/main_for_single_factor_backtrader2.py

```
def next(self):
    # 取得當天所有股票的因子排名: ex: {stock1: 1, stock2: 2}
    ranks = {data._name: data.rank[0] for data in self.stocks if data.rank[0]!=999999}
```

我們來看一下績效，下圖左圖是我們改完之後的績效；右圖是先前單因子的績效。在經過我們的調整後，2017-05-16 ~ 2018-05-16 也有了完整的交易，從各項指標中都可以看到多了這年的交易我們的績效都有顯著的提升。

	Backtest		Backtest
Start date	2017-05-16	Start date	2017-05-16
End date	2021-05-15	End date	2021-05-15
Total months	69	Total months	69
Annual return	6.374%	Annual return	5.051%
Cumulative returns	43.084%	Cumulative returns	33.069%
Annual volatility	5.203%	Annual volatility	4.75%
Sharpe ratio	1.21	Sharpe ratio	1.06
Calmar ratio	0.87	Calmar ratio	0.64
Stability	0.94	Stability	0.89
Max drawdown	-7.31%	Max drawdown	-7.847%
Omega ratio	1.28	Omega ratio	1.29
Sortino ratio	1.85	Sortino ratio	1.61
Skew	0.10	Skew	0.08
Kurtosis	4.01	Kurtosis	7.25
Tail ratio	1.13	Tail ratio	1.14
Daily value at risk	-0.63%	Daily value at risk	-0.578%

▲（圖 - 左圖是調整了日期後的績效，右圖是未調整的）

從圖 - 調整後的累計報酬圖中，我們也可以再次發現一開始前面是平的這個問題也被解決了。

1.4 財報因子選股模型回測績效

(圖 - 調整後的累計報酬圖)

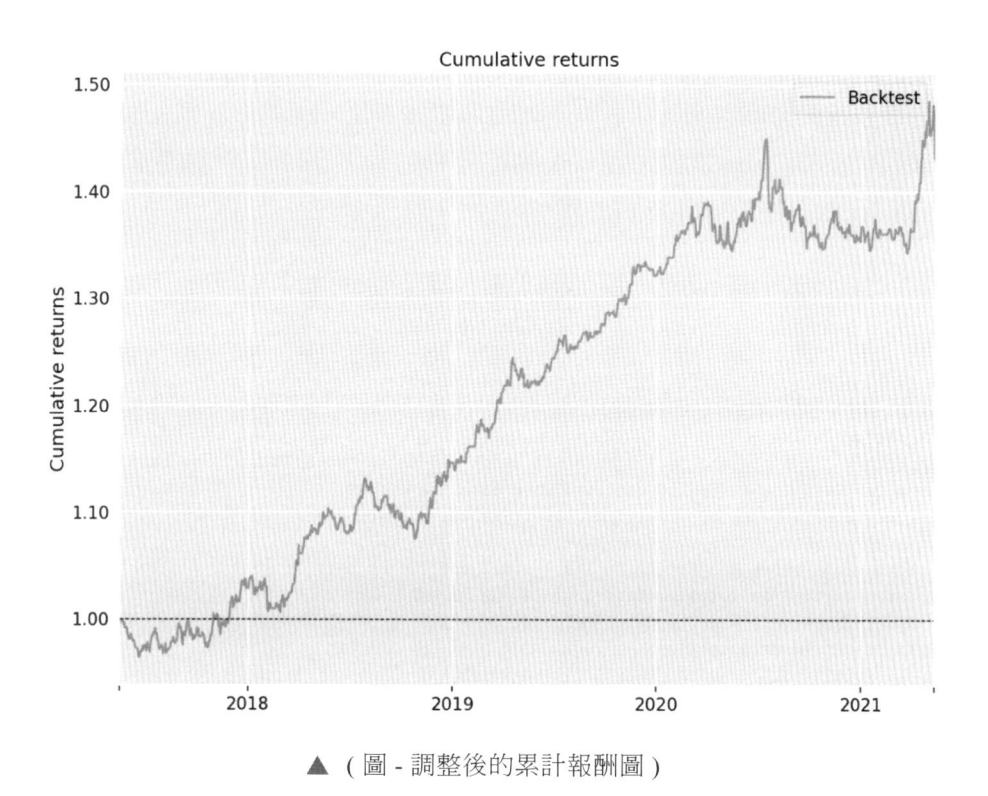

我們觀測每月營收以及每年營收也都能看到績效數據完整而且也變好了，到這裡我們完成了單因子策略的調整，接著我們去看看多因子的。

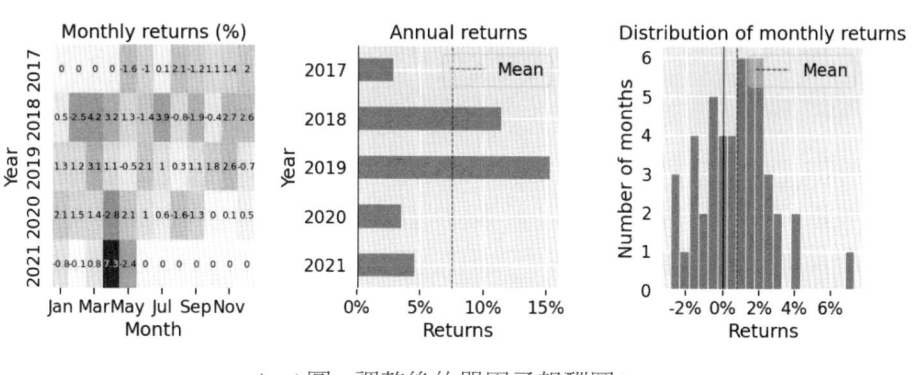

(圖 - 調整後的單因子報酬圖)

第 1 章　股票財報的量化分析與研究

◆ 調整多因子回測程式

　　接著我們來調整多因子程式，其實邏輯幾乎是一樣的，我們就快速帶過。一樣我們在 for loop 這裡先對 rank 欄位做 999999 的 fillna，然後我們在對數據做 reindex 後，在做 ffill 及 bfill 即可。

💻：PythonQuantTrading/Chapter1/1-4/main_for_multiple_factors_backtrader_2.py

```python
# 以 2330 作為基準計算 datetime 範圍
base_stock = "2330"
base_data = all_stock_and_factor_data[all_stock_and_factor_data["asset"] == base_stock]
base_data["datetime"] = pd.to_datetime(base_data["datetime"])
datetime_range = base_data["datetime"].sort_values().reset_index(drop=True)
for stock in stock_list:
    data = all_stock_and_factor_data[all_stock_and_factor_data["asset"] == stock]
    data = data.drop(columns=["asset"])    # 移除不必要欄位
    data["datetime"] = pd.to_datetime(data["datetime"])    # 日期欄位轉為 datetime 格式
    if "rank" in data.columns:
        data["rank"] = data["rank"].fillna(999999)
    # 建立以基準 datetime 為索引的 DataFrame
    data = data.set_index("datetime")
    data = data.reindex(datetime_range)    # 補齊缺失的 datetime，初始填 NaN

    # 使用 bfill 回補數據
    data = data.ffill().bfill().reset_index()    # 回補後重置索引
    data = data.rename(columns={"index": "datetime"})    # 將 datetime 設回原欄位名稱

    data = data.dropna().sort_values(by=["datetime"]).reset_index(drop=True)    # 確保數據乾淨
    data = PandasDataWithRank(dataname=data)    # 使用自訂的數據格式 PandasDataWithRank
    cerebro.adddata(data, name=stock)    # 加入數據到回測引擎
```

　　一樣在 next 中，rank 不是 999999 的數據才納入 dict 中，我們接著來看看績效數據如何。

💻：PythonQuantTrading/Chapter1/1-4/main_for_multiple_factors_backtrader_2.py

```python
# 取得當天所有股票的因子排名: ex: {stock1: 1, stock2: 2}
ranks = {data._name: data.rank[0] for data in self.stocks if data.rank[0]!=999999}
```

1-160

1.4 財報因子選股模型回測績效

下圖左圖是我們調整後執行的績效；右圖是本來的績效，可以發現在修改後 2017 ~ 2019 都有了交易，交易的時間長了可見到無論是累積報酬還是夏普等等績效數據都更加好看了。

	Backtest		Backtest
Start date	2017-05-16	Start date	2017-05-16
End date	2021-05-14	End date	2021-05-14
Total months	46	Total months	46
Annual return	13.319%	Annual return	8.743%
Cumulative returns	62.056%	Cumulative returns	38.26%
Annual volatility	8.433%	Annual volatility	7.269%
Sharpe ratio	1.53	Sharpe ratio	1.19
Calmar ratio	1.70	Calmar ratio	1.03
Stability	0.80	Stability	0.29
Max drawdown	-7.847%	Max drawdown	-8.489%
Omega ratio	1.31	Omega ratio	1.54
Sortino ratio	2.38	Sortino ratio	1.94
Skew	0.14	Skew	0.70
Kurtosis	5.08	Kurtosis	21.07
Tail ratio	1.18	Tail ratio	1.56
Daily value at risk	-1.011%	Daily value at risk	-0.882%

▲（圖 - 左圖為調整後的績效，右圖為原績效）

一樣從累積報酬中，我們就可以發現前面一大長條績效是 0 的也消失了。

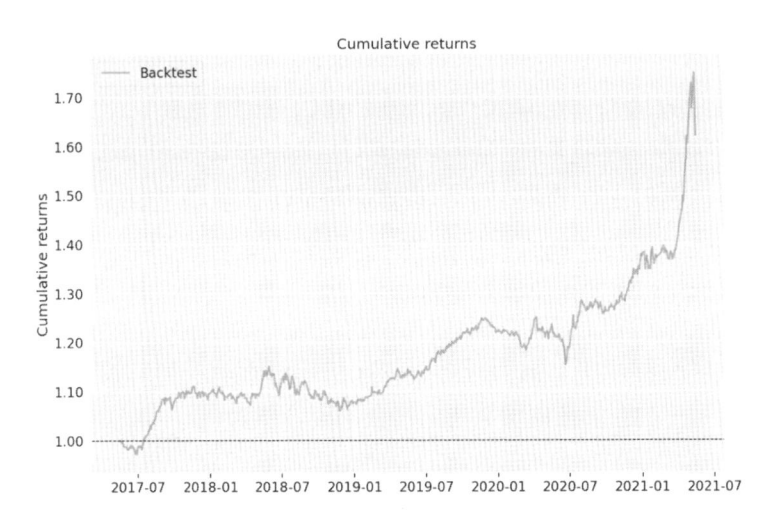

▲（圖 - 調整後的累積報酬圖）

第 1 章　股票財報的量化分析與研究

下方一樣是逐月報酬、逐年報酬及月報酬的分布，可見得績效數據都更完整了。

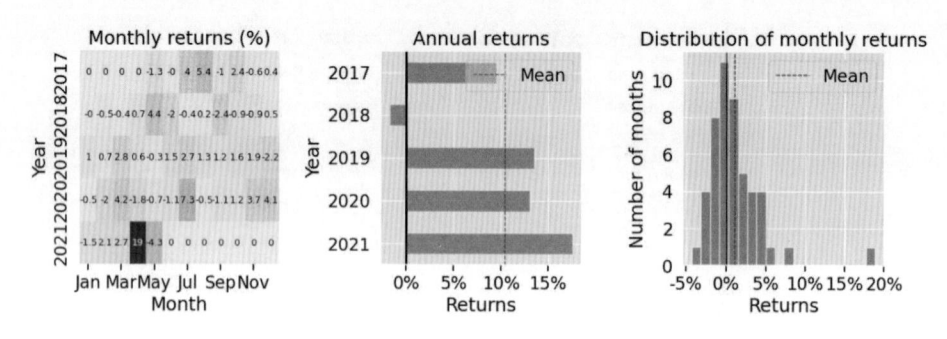

▲（圖 - 調整後的越報酬，年化報酬及月報酬的分佈）

到這裡我們調整完了交易績效數據缺失的問題。對於 Backtrader 數據對齊的政策，我們保持尊重的態度，所以我們提供了兩個版本給讀者選擇，請讀者自行取用自己覺得正確的模式，其中一個是一開始績效數據有很長一段都是 0 的，我們保留了 Backtrader 對數據的認知，需要股票數據對齊才進行交易；第二個是我們將所有無論是我們自己製作的 rank 有 NaN 的問題還是股價數據因為正常情況如暫停交易有缺失的問題做處理，然後就可以看到 Backtrader 有正常依照我們數據的起始日期進行交易。

最後總結一下，在本章中，我們探討了財報因子的基本概念，包括每個因子的定義、更新時間，以及如何透過 API 取得因子與股價資料。我們使用 Alphalens 工具評估了這些因子的有效性，並進一步建立了單因子與多因子選股模型，來挑選表現出色的股票。在回測階段，我們使用了 Backtrader 和 Pyfolio 來檢驗財報因子選股模型的實際績效。透過對財報因子的深入理解與分析，我們能夠更好地把握股票市場的投資機會。

在接下來的章節中，我們將進一步探討如何透過股票的價格與交易量來分析市場資訊，並透過價量指標來找出潛在的投資機會。

2 股票價量的量化分析與研究

2.1 認識價量因子

什麼是價量數據

　　接下來就從財報因子的分析轉向探索價量因子，除了透過財報因子了解公司本身財務狀況外，我們也需要知道目前市場的狀況，而價量因子正能來顯示市場行為和交易動態。結合價格與成交量數據的價量因子涵蓋了股票在價格與交易量上變動的資訊，同時也涵蓋了價格和交易量間交互關係，這些都是在投資決策中重要觀察的部分。在這個章節中將要討論要如何利用價格和成交的數據來捕捉市場趨勢和識別買賣訊號。

第 2 章　股票價量的量化分析與研究

◆ 價格數據

　　原始價格數據包含了開盤價、收盤價、最高價和最低價等資訊，這些數據反映市場每日股票交易實際情況。我們可以透過計算一些價格的統計量來深入分析市場表現趨勢，像是計算每天股票的價格範圍（最高價和最低價間差值）來衡量市場當日波動性和風險水平，又或是計算收盤價移動平均值來衡量股票長期趨勢。

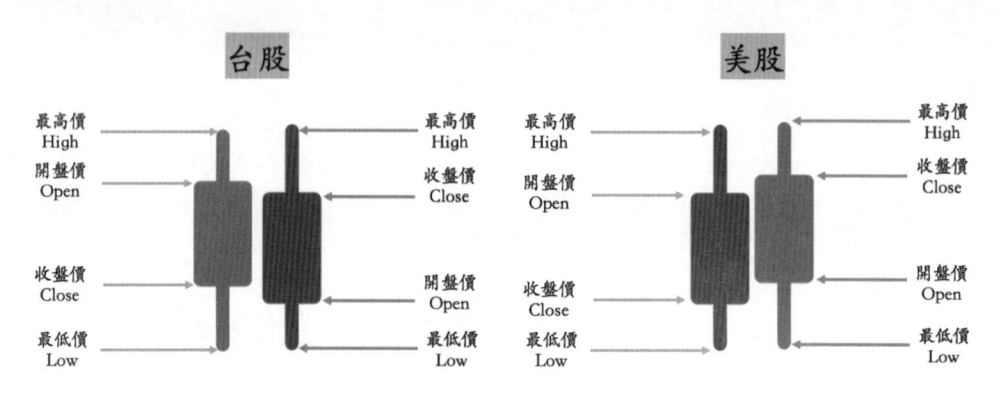

▲（圖 - 台股 K 棒 - 左圖和美股 K 棒 - 右圖）

　　關於股價，這裡要先來討論一下股價調整。在多數看盤軟體中，呈現的通常是「未還原股價」，也就是這些股價已經經過除權息處理，因此有時候我們會注意到 K 線圖上的價格突然下跌，如**圖 - 未還原股價和還原股價示意圖**所呈現。所謂的除權息就是在公司配發股息股利後調整價格。然而，在進行歷史數據分析或回測時，我們往往會使用的並不是未還原股價，而是調整後的「還原股價」，把除權除息後的價格加上的價格，這樣調整可以保持數據的連續性和一致性，使得長期的價格走勢可以被完整地被追蹤。但如果研究焦點是針對即時市場做出快速決策的短期行為，也可以使用未還原股價。未還原股價直接反映了市場的當前狀況，適用於那些需要迅速反應市場變化的交易策略。大家可以根據自己的策略或是分析方法，來選擇研究的市場環境。

2.1 認識價量因子

未還原股價

發放股利造成的缺口

還原股價

將股利加回

▲（圖 - 未還原股價和還原股價示意圖）

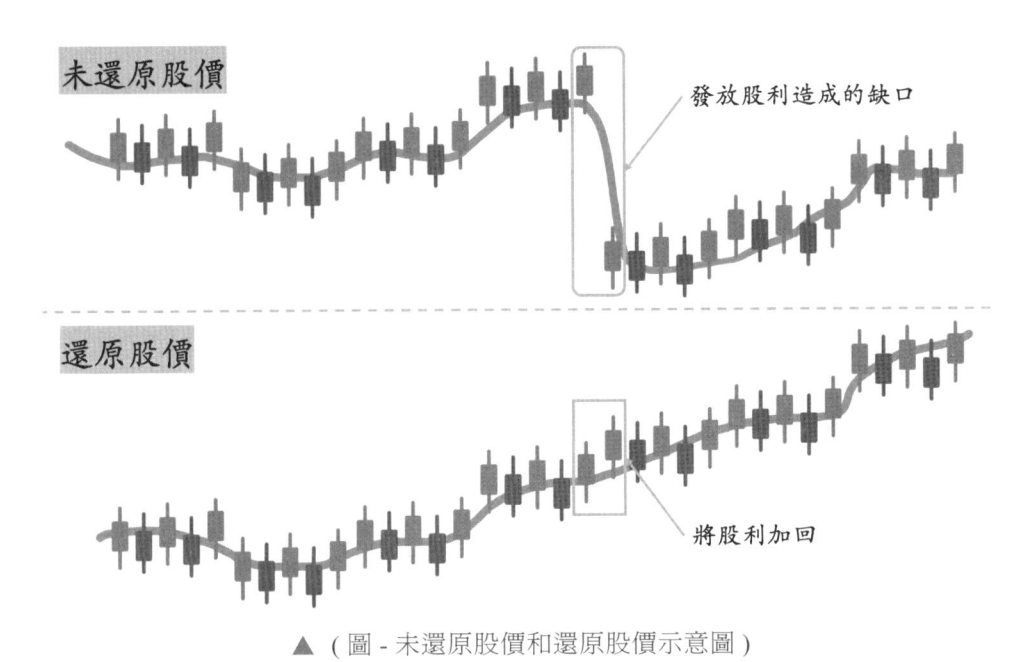

◆ **交易量數據**

交易量指的是在一段時間內的資產成交總量，可以反應市場活躍度和投資者對價格變動的信心水平。高交易量顯示大部分投資者對當前價格變動持有較高的信心，這也增強了價格變動趨勢的可信度。當在大量交易的支撐下，股價上漲時，常常被視為強烈的市場支持表現。相反，如果價格變動時的交易量較低，可能暗示市場對該變動持懷疑態度。市場影響力和信服力往往取決於價格與交易量變動的方向。

創建價量因子的常見手法

在量化分析中，常常會將價格數據和交易量數據透過某種方法組合在一起，創建價量因子，幫助我們從數據中近一步提取出有價值的訊息。最著名的價量因子範例包含了國泰君安 191、WorldQuant 101、TA-Lib 等，這些其實只是將開、高、低、收、量透過一些加減乘除和統計量進行組合，運算不難，難在要如何

第 2 章 股票價量的量化分析與研究

想出有創意且有意義的價量公式。接下來就列出一些價量公式上常會使用到的基本方法，可以根據這些方法的性質，靈活地使用在價量因子創建上。

1. 移動平均：移動平均的用途在於讓數據變得更平滑，能過濾掉短期的市場波動，突顯出長期的趨勢。這樣一來，有助於我們判斷市場的平均趨勢是否呈現上升、下降，或是進入盤整狀態。常見的移動平均方法是計算兩種不同時間長度的移動平均，將計算天數較多的移動平均視為「長期趨勢」，較少天數的則視為「短期趨勢」。藉由比較這兩者之間的相對位置，我們可以更清楚地判斷買賣訊號。以對收盤價進行移動平均計算當作範例，在第 k 時間點下移動平均公式表示為 $\frac{P_k + P_{k-1} + ... + P_{k-n+1}}{n}$，其中 P_k 是第 k 時間點下的收盤價，而 n 是用來計算移動平均的天數，常見可以設定為三天或是五天。

	第 $(k-2)$ 時間點	第 $(k-1)$ 時間點	第 k 時間點	第 $(k+1)$ 時間點	第 $(k+2)$ 時間點
原始收盤價	P_{k-2}	P_{k-1}	P_k	P_{k+1}	P_{k+2}
計算移動平均後的收盤價	$\frac{\sum_{i=k-n-1}^{k-2} P_i}{n}$	$\frac{\sum_{i=k-n}^{k-1} P_i}{n}$	$\frac{\sum_{i=k-n+1}^{k} P_i}{n}$	$\frac{\sum_{i=k-n+2}^{k+1} P_i}{n}$	$\frac{\sum_{i=k-n+3}^{k+2} P_i}{n}$

2. 加權平均：加權移動平均是一種移動平均的變形，在計算平均時，考慮每個資料點有不同的權重。最常見的做法是給近期數據更高的權重，然後隨著時間往前推，權重就越低，這是因為近期數據通常被認為比較遠期的數據更具有影響力。以對收盤價進行加權移動平均計算當作範例，在第 k 時間點下加權移動平均公式表示為 $\frac{P_k \times W_k + P_{k-1} \times W_{k-1} + ... + P_{k-n+1} \times W_{k-n+1}}{n}$，其中 P_k 是第 k 時間點下的收盤價，而 n 是用來計算移動平均的天數，常見可以設定為三天或是五天。舉例來說，假設 $n=3$，如果希望等權重可以將權重設定為（$W_k = \frac{1}{3}$，$W_{k-1} = \frac{1}{3}$，$W_{k-2} = \frac{1}{3}$），如果希望權重可以逐漸遞減則可以將權重設定為（$W_k = \frac{1}{6}$，$W_{k-1} = \frac{2}{6}$，$W_{k-2} = \frac{3}{6}$）。

	第 (k-2) 時間點	第 (k-1) 時間點	第 k 時間點	第 (k+1) 時間點	第 (k+2) 時間點
原始收盤價	P_{k-2}	P_{k-1}	P_k	P_{k+1}	P_{k+2}
移動平均收盤價	$\dfrac{\sum_{i=k-n-1}^{k-2} P_i \times W_i}{\sum_{i=1}^{n} W_i}$	$\dfrac{\sum_{i=k-n}^{k-1} P_i \times W_i}{\sum_{i=1}^{n} W_i}$	$\dfrac{\sum_{i=k-n+1}^{k} P_i \times W_i}{\sum_{i=1}^{n} W_i}$	$\dfrac{\sum_{i=k-n+2}^{k+1} P_i \times W_i}{\sum_{i=1}^{n} W_i}$	$\dfrac{\sum_{i=k-n+3}^{k+2} P_i \times W_i}{\sum_{i=1}^{n} W_i}$

3. 相關係數：相關係數用於衡量兩個變量之間的相關性強度和方向，變量可以是相同類型的資料，也可以是不同類型的資料。在價格和交易量的分析中，相關係數經常被用來識別價格與交易量之間的關聯性、衡量不同商品之間的價格相關性，或評估不同商品的交易量相關性。相關係數的公式如下：

$$\rho_{X,Y} = \frac{Cov(X,Y)}{\sigma_X \sigma_Y}$$

其中 X 和 Y 代表兩個數據序列，$Cov(X,Y)$ 是 X 和 Y 的共變異數，而 σ_X 和 σ_Y 是各自資料的標準差。共變異數和相關係數都可以衡量兩個變量之間的線性關係強度，但相關係數經過標準化處理，其值域介於 -1 到 1 之間，便於不同資料集之間的比較。

相關係數的值域範圍使它在比較不同資料集之間的關係時特別有用：當值接近 1 時，表示兩個變量高度正相關，值接近 -1 則表示高度負相關，值接近 0 則代表無顯著線性關係。需要注意的是，這裡強調的是「線性」關係。所謂線性關係，指的是兩個變量的變動呈現成比例的關聯，即當一個變量增加或減少時，另一個變量也以一定的比例變動。

除了計算相關係數值來觀察兩個變量的線性相關性之外，我們也可以通過視覺化的方式來進行分析。例如，熱點圖（如**圖 - 熱點圖**）和散佈圖（如**圖 - 散佈圖**）可以幫助我們快速地觀察多個變量之間的相關性。熱點圖特別適合用於觀察多個商品之間的價格相關性。熱點圖中的每一格代表兩個商品間的相關性程度，顏色越深表示線性相關性越強，顏色越淺則表示線性相關性較弱。由於

第 2 章 股票價量的量化分析與研究

本書為黑白印刷，無法呈現彩色，但在數據視覺化工具中，通常會看到從 -1 到 1 的顏色變化：顏色由深藍色過渡到淺藍色，接著淺紅色，最後到深紅色。接近紅色表示正相關，即當一個商品價格上漲，另一個商品價格也有上漲的趨勢；接近藍色則表示負相關，表示當一個商品價格上漲，另一個商品價格可能會下跌。熱點圖的顏色就是由相關係數決定的。

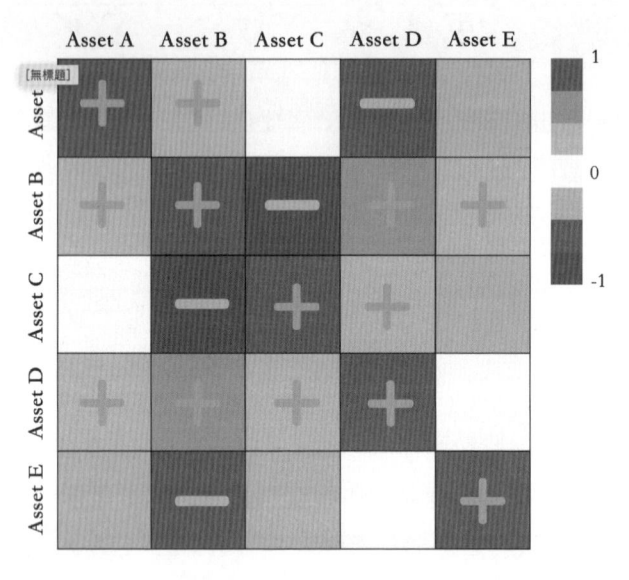

▲（圖 - 熱點圖）

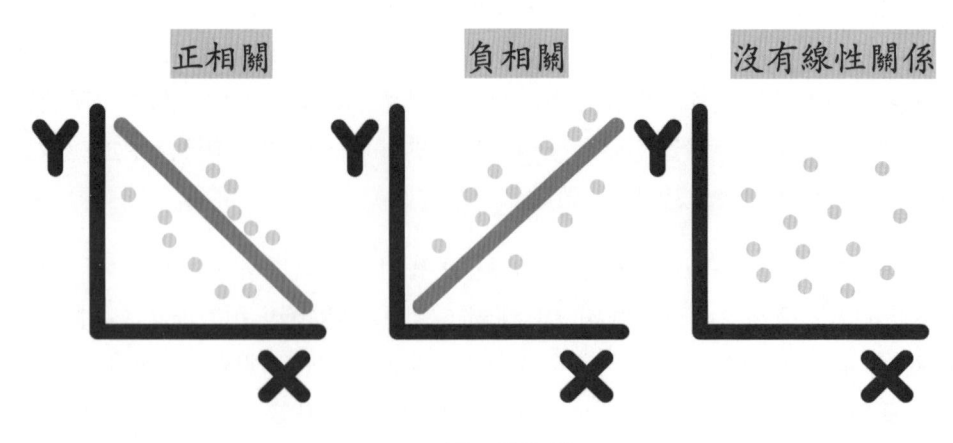

▲（圖 - 散佈圖）

至於散佈圖則是從資料的實際分佈情況來觀察兩個變量間的關係。當資料點沿著某個明顯的方向分佈，這通常表示兩個變量之間存在一定的關聯性，可能呈現正相關或負相關。如果資料點呈現出一條斜線或接近一條直線的形狀，則顯示出較強的線性相關；反之，若資料點散亂無章，沒有明顯的方向，則表示兩個變量之間的線性關聯性較弱或不存在。散佈圖不僅能幫助我們判斷資料的線性相關性，同時可以觀察資料中是否出現異常值（outliers）或是非線性的關係。

4. 排序：將資料集中的數據點按照某個特定值進行排序，這種情境通常適用於只關心數值的大小關係，而不在意它們的絕對數值。在這樣的情況下，排序可以幫助我們保留數據間的相對關係，便於快速辨別出最大值、最小值或其他具體的排名情況。例如，在選股時，我們可能不在意每檔股票的實際的漲跌幅數值，而是更關注哪些股票漲跌幅位居前列或後段，此時就可使用排序來取得關注的大小關係，進行進一步的分析或篩選。

5. 統計量：統計量是用來描述資料的集中趨勢和分散程度的指標，幫助我們理解資料的整體分佈情況，例如資料是否偏向某一方向、分散程度如何等。常見的統計量包括最大值、最小值、中位數、平均數、分位數和標準差等。這邊拿標準差來做介紹，標準差是用來衡量數據的分散程度。當標準差較大時，表示數據分布較為分散，遠離平均值；而當標準差較小時，則表示數據較為集中，靠近平均值。在金融領域中，標準差常被用來衡量投資回報的波動性及風險。較高的標準差意味著投資回報的波動較大，風險相對較高；而較低的標準差則顯示波動較小，風險較低。例如，以收盤價的標準差為例，標準差公式如下：

$$\sigma = \sqrt{\frac{\sum_{i=1}^{n}\left(P_i - \overline{P}\right)^2}{n-1}}$$

其中 P_i 是第 i 時間點下的收盤價，$\overline{P}$ 是 n 個時間點內的平均收盤價，而 n 是用來計算標準差的天數，通常可以設定為一段資料的筆數範圍。

第 2 章　股票價量的量化分析與研究

其他統計量如平均數，是將所有數值相加後除以數值的總個數，用來描述資料的整體集中趨勢；而分位數則是將所有數值由小到大排列後，依據資料的分布將數據分為四等份，產生的三個分割點即為分位數。這些分位數可以幫助我們了解資料在不同區間的分布情形，例如資料集中在較高區段還是較低區段。

除了直接觀察這些統計量的數值，我們還可以使用箱型圖來視覺化呈現資料的分布狀況（如**圖 - 箱型圖**）。箱型圖提供了中位數、四分位範圍、極端值等資訊，並且能幫助我們快速而直觀地掌握數據的集中趨勢、分布範圍以及可能的異常值，讓數據的特性一目了然。

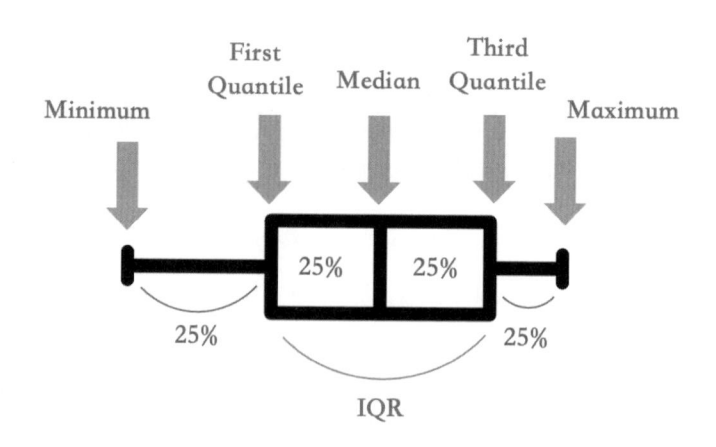

▲（圖 - 箱型圖）

6. 標準化：標準化是一種將數據調整到共同範圍內的方式，有助於消除不同數據集之間比較的障礙。常見的標準化方法有 Z-Score 標準化、最小最大標準化，以及小數縮放。以下為三種常見的標準化方法及其公式：

- Z-Score 標準化（Z-Score Normalization）
  標準化公式為

$$\frac{P_i - \overline{P}}{\sigma_p}$$

2-8

其中 P_i 是第 i 天的收盤價，$\bar{P}$ 是一段時間內收盤價的平均值，σ_p 是該段時間內收盤價的標準差。經過 Z-Score 標準化後，資料的平均值會變為 0，標準差為 1。這意味著資料的中心被移動到 0，且數據的分布被壓縮或擴展，使標準差變為 1，這樣就能在同一尺度上進行比較不同數據。

- 最小最大標準化（Min-Max Normalization）

    標準化公式為

$$\frac{P_i - MIN_p}{MAX_p - MIN_p}$$

其中 P_i 是每一天的收盤價，MAX_p 是一段時間內收盤價的最大值，MIN_p 是該段時間內收盤價的最小值。最小最大標準化將資料的最小值調整為 0，最大值為 1，這樣就能直接在 0 至 1 的範圍內比較不同數據。

- 小數縮放（Decimal Scaling）

    標準化公式為

$$\frac{P_i}{10^k}$$

其中 P_i 是每一天的收盤價，k 是一個整數，選取 k 使得所有數據的絕對值均小於 1。這種方式透過小數點移位來縮放數據，使其落在特定範圍內，適合需要進行較小幅度的標準化處理的情境。

根據不同的需求，我們可以選擇合適的標準化方式來調整資料的範圍和尺度，使不同數據集之間可以進行合理比較。當使用視覺化工具來觀察標準化後的數據特徵時，往往能發現一些有趣的現象。例如，當成交量與價格的數值範圍差異較大時，直接將兩者繪於同一張時間序列圖上可能難以辨識變化趨勢。在這種情況下，可以先將這兩個序列分別標準化，再將標準化後的數據繪於同一圖上，這樣便能直觀地比較不同範圍的變量間變化趨勢，進而發現潛在的市場訊號。

第 2 章　股票價量的量化分析與研究

例如，若在股價歷史資料中觀察到股價持續上漲，但成交量卻逐漸減少，這種「價漲量縮」的情況通常代表多方買進意願減弱，可能顯示著股價即將回跌。如果能在未來及時捕捉到這類訊號，我們便可以提早退出市場，避開下跌風險。這樣的分析和早期預警對於投資決策有很大幫助。

四大類價量因子

在瞭解創建價量因子的常見手法後，你可能還是不大清楚要如何利用價量資料創造因子。那我們接下來先來看一些常見經典的價量因子，也許你看完這些例子後，就會對於創建因子就更有想法了。我依照不同特性將價量因子分成四大類來介紹，包括動量因子、反轉因子、波動率因子和流動性因子。如果善用這些因子的優勢，就能夠幫助我們更全面地分析市場趨勢。

◆ **1. 動量因子**

- 特性：

  動量因子基於「強者恆強，弱者恆弱」的趨勢，認為股票在未來一段時間內有很高的可能性會持續過去的趨勢。動量因子會藉由過去歷史資料來衡量資產價格變動的速度或強度，藉此判斷資產價格的趨勢是延續還是即將反轉。

- 適用情境：

  動量因子在趨勢明確且持續的市場環境中最有效，特別是在牛市或熊市這類持續上升或下降的趨勢中。例如，2023 年的 AI 熱潮引發科技股市場情緒高漲，投資者對科技股未來前景樂觀，推動 AI 相關股價持續上升。此外，當市場情緒明顯且投資者信心強烈時，動量因子也能有效捕捉到價格變動的延續性。

- 常見相關因子：

  A. 相對強弱指數（Relative Strength Index，RSI）：
  這個指數，用來評估股價在近期內的上升和下降幅度。當 RSI 在 70 到 100 之間時，意味著該資產處於強勁的上升階段，這通常被視為超買區

2.1 認識價量因子

域。這個區域的市場情緒高漲,買方力量強大,價格可能會繼續上升。然而,過高的 RSI 同時也可能意味著短期內價格過熱,有回調的風險。相反地,當 RSI 在 0 到 30 之間時,這表示該資產進入了強勢下跌的階段,通常視為超賣區域。此時,市場情緒低迷,賣方力量佔優,價格可能會持續下跌。若 RSI 值介於 50 到 70 之間,代表漲幅比例偏高;介於 30 到 50 則顯示跌幅比例相對較大。RSI 的計算公式如下,用來衡量一段時間內上漲幅度佔整體價格變化的比例:

$$RSI = \frac{(一段時間內)漲幅平均值}{(一段時間內)漲幅平均值+(一段時間內)跌幅平均值} \times 100$$

舉例來說,假設在過去五天內資產的價格變動為:

漲 3 塊 ⬆、漲 1 塊 ⬆、跌 2 塊 ⬇、漲 5 塊 ⬆、跌 6 塊 ⬇,

如**圖 - 漲跌幅變化範例**所示。那麼對於這段時間內,RSI 為

$$RSI = \frac{(一段時間內)漲幅平均值}{(一段時間內)漲幅平均值+(一段時間內)跌幅平均值} \times 100$$

$$= \frac{\frac{3+1+5}{3}}{\frac{3+1+5}{3}+\frac{2+6}{2}} \cdot 100 = \frac{3}{3+4} \cdot 100 \approx 43$$

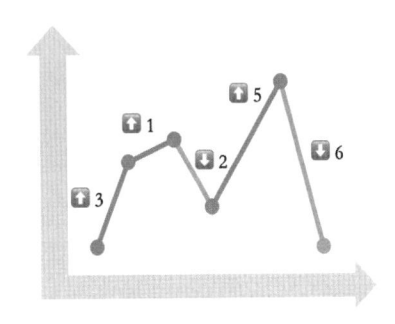

▲(圖 - 漲跌幅變化範例)

這樣算出來的 RSI 值約為 43，顯示該資產目前仍處於下跌趨勢，但並未進入超賣區域。這樣的 RSI 讀數可以幫助投資人更準確地判斷市場情緒和潛在的價格變動，進而做出更明智的決策。

B. 移動平均收斂發散指標（Moving Average Convergence Divergence，MACD）：透過比較短期和長期的平均價格變化，來判斷趨勢方向和動量變化。MACD 的公式如下

$$MACD = 短期離差值 - 長期離差值$$

我們來一步一步拆解說明這個公式。

首先，MACD 的關鍵在於「離差值」的計算。離差值是指短期與長期的指數平滑移動平均線（Exponential Moving Average,EMA）之間的差異。簡單來說，就是觀察短期價格趨勢和長期趨勢的差距。通常，我們會把短期設為 12 天、長期設為 26 天，這樣就能捕捉到股價短期與長期的波動對比，離差值的公式如下：

$$離差值 = EMA(股價,12) - EMA(股價,26)$$

但光看離差值還不足以評估市場動能的強弱，因此還需要一個「基準」來進一步確認趨勢。這就是「訊號線」（Signal Line），通常設定為 9 天的 EMA。訊號線就像是對離差值的平滑化，可以幫助過濾掉短期的價格波動，讓我們更清楚地看到趨勢。訊號線反應較慢，因此稱為「慢線」，而原始離差值反應快，被稱為「快線」。最終，MACD 指標就變成了快線與慢線之間的差異：

$$MACD = 快線 - 慢線 = 短期離差值 - EMA(短期離差值,9)$$

這麼一來，我們就能根據快線和慢線的相對位置，得到交易信號。例如，當快線從下方穿越慢線（MACD 由負轉正）時，代表短期動量增強，市場可能有上漲的趨勢，是一個買入信號。反之，當快線從上方穿越慢線（MACD 由正轉負）時，表示短期動量變弱，市場可能走跌，是一個賣出信號。

2.1 認識價量因子

C. 隨機震盪指數（Stochastic Oscillator，KD）：這個指標用來衡量股價在一定時間內的收盤價，與其在該時段內最高價和最低價的相對位置。簡單來說，KD 指標可以幫助投資人判斷市場是否進入了價格高估（超買）或低估（超賣）的區域，進而捕捉到價格轉折的時機。

KD 指標有兩條主要線：快線（K 線）和慢線（D 線），這兩條線就像是市場的指標燈號，幫助我們觀察趨勢。在開始計算 K 線和 D 線之前，首先需要得到 RSV 值（Raw Stochastic Value），這個值代表股價相對於近期的高低價範圍的位置。RSV 公式如下：

$$RSV = \frac{收盤價 - 最近N天最低價}{最近N天最高價 - 最近N天最低價}$$

接著，有了 RSV 後，我們可以計算 K 值和 D 值：

$$K = \frac{2}{3} \times 昨天K值 + \frac{1}{3} \times 今天RSV值$$

$$D = \frac{2}{3} \times 昨天D值 + \frac{1}{3} \times 今天K值$$

這樣每天計算的 K 值和 D 值就分別構成了 K 線和 D 線。K 線通常對價格變動更為敏感，而 D 線因平滑處理反應較慢，因此可以視為趨勢的「穩定指標」。

當我們看 KD 的數值時，若 K 線和 D 線的值較高（如超過 80），表示價格可能已接近短期的高點，是超買的訊號，此時市場價格可能即將回調；反之，若 KD 值偏低（如低於 20），則可能是超賣訊號，價格可能即將反彈。另外，最具代表性的信號就是「交叉點」。當 K 線（快線）從下方穿越 D 線（慢線）時，表示價格短期有回升的潛力，通常被視為買入訊號。當 K 線從上方穿越 D 線時，表示價格短期可能下跌，是一個賣出訊號。這是幫助我們讀懂市場情緒的工具。

第 2 章 股票價量的量化分析與研究

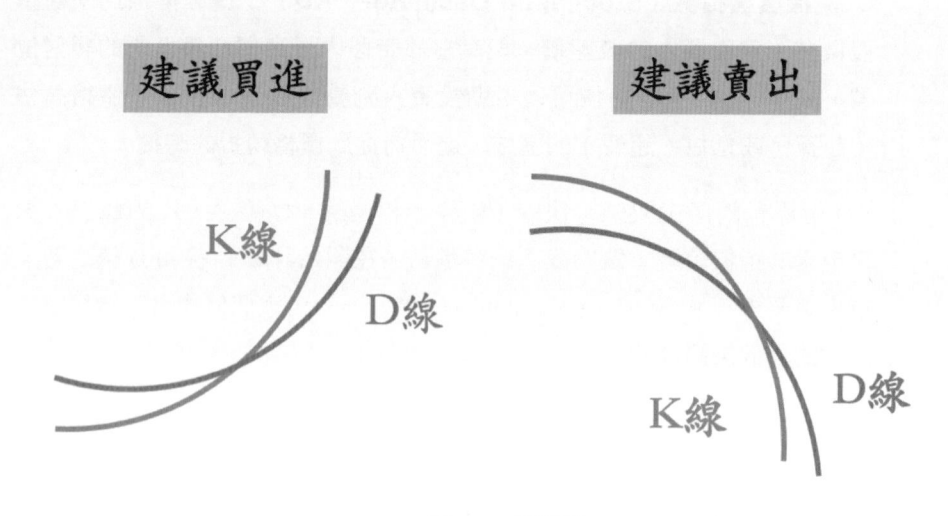

▲（圖 -KD 線策略）

　　使用動量指標時，特別要小心市場是否已經達到「過熱」的狀態。想像一下，當大量投資者瘋狂湧入買入某支股票，推動股價快速上升，動量指標的數值可能就會顯示出「過熱」的信號。這意味著市場的熱度和價格可能已經接近高點。

　　在這種情況下，若跟著湧入市場，很可能會面臨價格突然回檔的風險，也就是說，股價可能在短期內回落，讓追高的投資者成為「韭菜」。因此，當看到動量指標數值過高時，不妨停下來仔細觀察市場動向，審慎評估入場時機，避免因衝動追漲而成為市場波動的受害者。

◆ **2. 反轉因子**

- 特性：

　　反轉因子基於一個有趣的假設：市場價格在短期內常常「過度反應」，但長期會回歸平均值。換句話說，短期表現極差的股票未來可能會反彈，而短期表現極佳的股票可能會出現回落。反轉因子會根據過去的價格或交易量資料來捕捉這些反轉信號，以尋找價格偏離均值的機會。

2.1 認識價量因子

- 適用情境：

  反轉因子特別適合用於市場過度反應的環境，比如市場出現大幅波動、恐慌性拋售，或者在經歷了一段單邊上漲或下跌後，價格明顯偏離其均值時。這類因子就是用來捕捉市場的「逆轉時刻」，當價格開始顯現回歸趨勢時發出信號。除了介紹常見價量因子計算外，另外還會分享如何從價量形態中辨識出反轉時機。

- 常見相關因子：

  A. 布林通道（Bollinger Bands）：布林通道是由一條中間線（通常是 20 日移動平均線）和兩條上下壓力線構成。這兩條壓力線設在中間線的上下方，分別加減兩倍標準差，稱為上軌和下軌，用來衡量市場的超買或超賣狀態。如**圖 - 布林通道示意圖**所示，當價格突破上軌，表示市場可能「過度買入」，價格可能出現回落；相反地，當價格跌破下軌，表示「過度賣出」，價格可能反彈。

  設定上下兩倍標準差當作壓力線是有統計根據的。根據「68-95-99.7 法則」，如果樣本量夠大，那麼數據落在平均值 ± 一個標準差、兩個標準差和三個標準差範圍內的比例分別為 68%、95% 和 99.7%。這表示價格落在兩倍標準差外的情況其實很罕見，當價格突然超出這個區間，就意味著市場的過度反應，可能暗示股價的過度上漲或過度下跌。

介於過買狀態，價格可能會回檔下跌

布林通道上軌：均線 + 2倍標準差

均線 （20MA）

布林通道上軌：均線 - 2倍標準差

介於過賣狀態，價格可能會反轉上漲

▲（圖 - 布林通道示意圖）

B. 頂部反轉模式 - 頭肩頂：頭肩頂是一種常見的頂部反轉型態，通常出現在上升趨勢的尾端，暗示價格可能會從上升轉向下降。這個模式由三個峰組成：中間的峰（稱為「頭」）最高，而兩側的兩個峰較低（稱為「肩」），整體看起來像個頭和兩肩的形狀。連接兩個肩底部之間最低點的連線稱為「頸線」。

當價格向下突破頸線時，這被視為一個初步的賣出信號，表明可能會開始下跌趨勢。如果價格在突破頸線後再次反彈，但反彈的高點未能超過頸線，則這是一個確認的賣出信號，表明下跌趨勢可能持續。

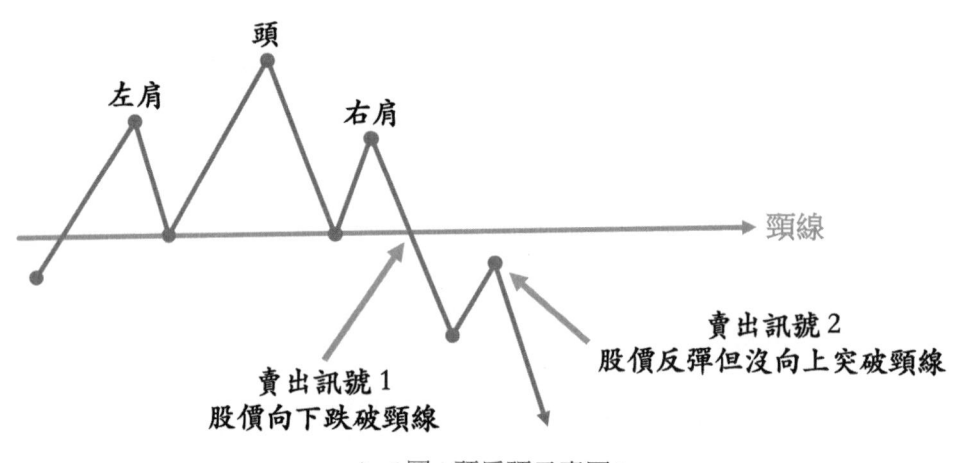

▲（圖 - 頭肩頂示意圖）

C. 底部反轉模式 - 頭肩底：頭肩底則是頭肩頂的鏡像，屬於底部反轉模式，通常出現在下降趨勢的尾端，表示價格可能即將從下降轉為上升。這個模式的結構與頭肩頂相似，但排列方向相反：中間的谷（頭）最低，兩側較高的谷稱為「肩」。連接兩個肩最高點的連線稱為「頸線」。

當價格向上突破頸線時，這通常被視為一個買入信號，暗示趨勢可能由下降轉向上升。如果價格在突破頸線後回撤，但未跌破頸線，則這是一個確認的買入信號，顯示上升趨勢可能繼續。

2.1 認識價量因子

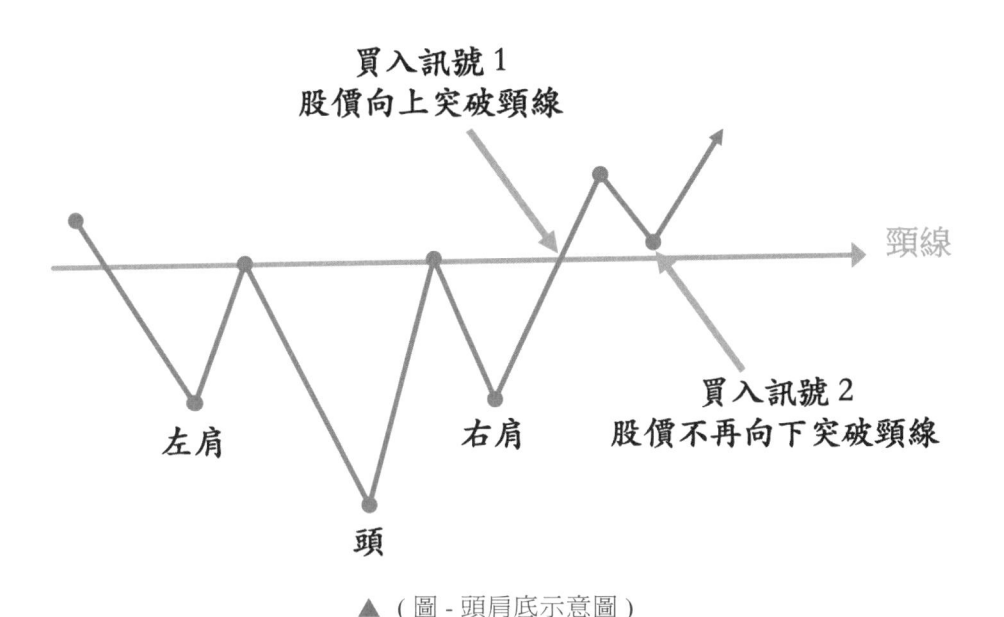

買入訊號 1
股價向上突破頸線

頸線

左肩　　　右肩

買入訊號 2
股價不再向下突破頸線

頭

▲（圖 - 頭肩底示意圖）

在多數情況下，動量因子策略和反轉因子策略可以互補使用，幫助投資人更靈活應對市場波動。當市場趨勢明顯時，動量因子策略通常更為有效，因為它捕捉的是持續的上升或下降趨勢。然而，當市場出現過度反應或波動過大時，反轉因子策略則可能更合適，因為它專注於價格回歸的機會。

在投資組合管理中，許多投資人會同時持有動量股和反轉股，以在不同的市場情況下取得平衡。例如，在市場樂觀時，動量股可以帶來較高回報，而在市場過度下跌後，反轉股則有望反彈。這種搭配能讓投資組合更具彈性，既能在趨勢明確時收益，也能在波動中抓住回調機會。

◆ **3. 波動率因子**

- 特性：

波動率因子專注於價格和交易量的變動幅度，通常高波動率伴隨著更高的風險和不確定性，因此在風險管理中扮演著重要角色。這類因子幫助投資者了解市場的活躍程度，從而更好地進行風險控制。

2-17

- 適用情境：

  波動率因子適合用於風險管理和投資組合優化。當投資者希望降低投資組合的波動風險時，可以藉助波動率因子來調整資產配置，進而達到穩定收益的效果。

- 常見相關因子：

  A. 平均真實波動幅度（Average True Range，ATR）：ATR 是用來追蹤特定時間內的價格波動情況。ATR 不僅顯示市場價格波動的程度，也能反映出交易者對市場的熱情程度。當 ATR 增加，代表市場活躍，交易者在當天頻繁買入或賣出；反之，當 ATR 降低，表示市場冷清，交易者的興趣降低。ATR 的計算基於每日的最高價、最低價和前一日的收盤價。首先計算真實波動幅度（TR），公式如下：

  $$TR = max(當日最高價 H_t, 前日收盤價 C_{t-1})$$

  $$-min(當日最低價 L_t, 前一日收盤價 C_{t-1})$$

  接著，將 TR 計算的結果以指數移動平均（EMA）進行平滑處理，得到 ATR：

  $$ATR = EMA(TR, n)$$

  可以將當前 ATR 值與 ATR 歷史平均值（例如過去一個月或一年的平均 ATR）進行比較。當 ATR 高於歷史平均值時，表示市場波動性較大，可能伴隨更高的風險；相反，ATR 低於歷史平均值則代表波動性較小，市場相對穩定。

  B. 布林通道（Bollinger Bands）：布林通道不僅能顯示價格的超買或超賣狀態，它的「通道寬度」也是衡量市場波動性的工具。當市場波動性增加時，布林通道的上軌和下軌會隨著標準差的增加而變寬，這意味著價格波動幅度加大。相反，當市場波動性減少時，標準差縮小，通道寬度變窄，顯示價格波動減小。布林通道通過這種動態調整，可以了解市場的波動程度。

C. 年化波動率：年化波動率衡量過去一年內價格的波動程度，通常基於 252 個交易日的日收益來計算。具體公式如下：

$$每日波動率 = \frac{今天價格 - 昨天價格}{昨天價格}$$

$$年化波動率 = \sqrt{252} \times 一年內每日波動率的標準差$$

可以將當前的年化波動率與過去一段時間的歷史平均值比較，以評估市場波動的相對強度。若當前的年化波動率高於歷史平均，表示市場波動性加大，風險也隨之增加；相反，若低於平均值則代表市場相對穩定。此外，年化波動率還能用來比較不同資產的波動性，協助投資者在配置資產時找到適合的風險水平。

波動因子常用來調整交易中的止損和止盈範圍，使策略更符合市場的波動情況。在波動較大的市場中，價格的上下波動幅度較大，因此需要設置較寬的止損和止盈範圍，這樣可以避免因正常的價格波動而過早觸發止損或止盈，讓交易更有持續力。而在波動較小的市場中，價格變動幅度較小，適合設置較窄的止損和止盈範圍，以便捕捉到微小的價格變化，從而實現更精確的收益管理。

透過這樣的調整，可以在不同的市場波動情況下更靈活地管理風險，避免不必要的交易干擾，提升整體交易策略的穩定性。

◆ 4. 流動性因子

- 特性：

  流動性因子用來衡量股票在市場上的交易難易程度，以及其交易對價格的影響程度。流動性高的股票在市場上更容易買賣，且交易對價格影響較小；相對而言，流動性低的股票交易不易，少量資金的買賣可能就會引發價格的劇烈波動。例如，一些資金較少的投資者如果集中買入流動性低的股票，可能會直接將股價推升至漲停；反之，如果賣出，可能導致股價跌停。有些人會利用這種特性刻意操縱流動性低的股票，吸引其他投資者在高價時入場，從而達到自己的投機目的。流動性因子會透過分析交易量、交易頻率和買賣價差等數據來綜合評估股票的流動性。

- 適用情境：

  流動性因子特別適合用於短期交易策略，因為流動性高的股票更易於快速買入和賣出，能降低交易成本。此外，流動性高的股票也適合高頻交易和套利策略，因為它們有助於快速進出市場，提升策略執行的效率和靈活性。

- 常見相關因子：

  A. 交易量：交易量指的是在特定時間內交易的股票數量或其他資產的總數量。通常來說，高交易量代表高流動性和活躍的市場，表示該資產可以更輕鬆地買入或賣出。

  B. 換手率：換手率是指在一段時間內的交易量與流通股數的比率。換手率越高，表示該股票的交易越頻繁，流動性越強，進出市場更容易。

  C. 買賣價差（Bid-Ask Spread）：買賣價差是指買入價格（Bid）和賣出價格（Ask）之間的差距。流動性高的股票通常具有較小的買賣價差，買賣雙方的報價更接近；相反，流動性低的股票買賣價差較大，交易的成本相對更高。

總結來說，創建價量因子是股票分析中的關鍵步驟，不同的價量因子能提供不同的市場洞見，幫助投資人更全面地理解市場，當然市場跟相關的研究都在不斷的進步，所以總是有許多新的價量指標在生成及失效，但無論如何雖說價量因子或技術指標無法完美的預測未來，但他可以描述現在的價量情形，可以描述現在的價格在何種點位，可以提供投資者資訊，讓投資者進出有據，而不是憑感覺操作。

在這個小章節中，我們介紹了四大類價量因子，各自具備獨特的特點和應用情境。動量因子基於趨勢延續的假設，適合捕捉持續上漲或下跌的股票；反轉因子則依賴價格反轉的現象，在市場過度反應後尋找反彈機會；波動率因子強調價格變動的幅度，對風險管理尤其重要；流動性因子衡量股票的交易活躍程度,是短期和高頻交易策略的關鍵。如果能夠有效地結合這四類因子,就能更深入地洞悉市場動向,制定出更具針對性的投資策略。接下來,我們將進入實作階段,學習如何用程式自動地構建多種價量因子。

2.2 快速產生多種價量因子

在本章中,我們將介紹如何使用程式生成多種價量因子。首先,我們會介紹一個技術分析中非常實用的 Python 套件——TALIB。TALIB 提供了豐富的技術分析指標,只要準備好價格數據,就能輕鬆利用 TALIB 快速生成多個價量因子。

除了 TALIB,還有許多開源的 Alpha 因子資源可供使用,例如國泰君安的 191 Alphas 和 WorldQuant 的 101 Alphas。我們將示範如何在 GitHub 上找到這些開源程式碼,並說明如何生成 Alpha 因子,讓分析資料更加多樣化。

最後,我們將挑選幾個在 Alphalens 分析中表現突出的 WorldQuant 101 Alphas 因子,進行更詳細的概念解釋,讓大家更深入理解其應用價值。透過這些工具與方法,你也能輕鬆快速地建立價量因子。

TALIB 使用介紹

在開始使用 TALIB 前,別忘了先透過 pip install TA-Lib 指令安裝套件。安裝完成後,即可在程式中 import talib 使用這個功能豐富的技術分析工具。TALIB 套件提供了多達 158 種技術指標,可透過 get_function_groups() 函式獲取所有分類後的指標列表。這些指標根據其用途被劃分為 10 個類別,各個類別介紹如**表 -TALIB 技術指標類別簡介**所示:

第 2 章 股票價量的量化分析與研究

▼（表 -TALIB 技術指標類別簡介）

類別名稱	指標數量	簡介
週期指標 Cycle Indicators	5	用來捕捉價格的週期性變化，幫助發現趨勢循環。
數學運算符 Math Operators	11	用於進行基礎數學運算，如加、減、乘、除，方便基本數據處理。
數學變換 Math Transform	15	對數據進行數學變換，可使用線性和非線性轉換，例如正弦（COS）、餘弦（SIN）、正切（TAN）、指數（EXP）等，來挖掘數據的潛在規律。
動量指標 Momentum Indicators	30	這些指標衡量價格變動的速度和強度，幫助識別市場的超買或超賣狀態，以及判斷價格趨勢的持續性。
重疊研究 Overlap Studies	17	這類指標通常疊加在價格圖上，提供直觀的視覺輔助，例如移動平均線和布林通道。
形態識別 Pattern Recognition	61	用於識別價格圖中的各種形態或模式，如頭肩頂和頭肩底，幫助掌握市場反轉訊號。
價格變換 Price Transform	4	對價格數據進行變換，突出價格的特性或模式。
統計函式 Statistic Functions	9	透過計算平均值、標準差、相關性等指標，這些統計函式能夠顯示市場數據的特性和趨勢。
波動率指標 Volatility Indicators	3	用於衡量價格波動的幅度，常用於風險管理和市場波動性的預測。
成交量指標 Volume Indicators	3	分析市場的交易量，幫助了解市場參與者的行為和情緒。

2.2 快速產生多種價量因子

使用 TALIB 生成價量因子有以下兩種方法：

1. talib. 指標名稱 (所需欄位資料，參數)：提供所需的欄位資料（如收盤價），並設置對應的參數，便可生成指標。

2. talib.abstract. 指標名稱 (完整的股價資料，參數)：直接提供包含「開、高、低、收、量」五個欄位的完整股價資料表，並設置所需參數即可。需要注意的是，這些欄位名稱必須是 open、high、low、close、volume（全為小寫），以符合 TALIB 的格式要求。

可以根據實際情境靈活選擇使用哪種方法。下面以生成收盤價的 30 日移動平均線當作示範。

第一種方法：talib. 指標名稱 (需要的欄位資料，參數)

```
import talib
talib.SMA(data['Close'],timeperiod=30)
```

第二種方法：talib.abstract. 指標名稱 (完整的股價資料，參數)

```
from talib import abstract
talib.abstract.SMA(data,timperiod = 30)
```

除了參考 TALIB Documentation，也可以直接使用 help(查詢函式名稱) 來查看 TALIB 各個函式的使用方式，包括輸入參數和輸出結果。舉例來說，talib.STOCH() 是生成 KD 指標的函式，我們可以透過 help(talib.STOCH) 來查詢該函式的詳細資訊。查詢結果會顯示三大部分：輸入（Inputs）、參數（Parameters）、輸出（Outputs）。例如，在 STOCH 函式中：

- 輸入部分說明了所需的數據，包括最高價（high）、最低價（low）和收盤價（close）。
- 參數部分列出了各個參數及其對應的預設值。例如，slowk_matype 指定了慢線的移動平均類型，預設值為 0，代表簡單移動平均線。

- 輸出部分說明了 STOCH 函式的輸出結果，包括 slowk 和 slowd 兩個變數。

了解這些輸入和輸出參數的含義能幫助我們使用應用 TALIB 函式，而具體的技術指標定義可以進一步參考相關資料來了解每個變數的意義。

```
Inputs:
    prices: ['high', 'low', 'close']
Parameters:
    fastk_period: 5
    slowk_period: 3
    slowk_matype: 0
    slowd_period: 3
    slowd_matype: 0
Outputs:
    slowk
    slowd
```

▲（圖 -help(talib.STOCH) 對應的結果）

在前一章中，我們將價量因子分為四大類，**表 - 四大類價量因子對應 TALIB 中函式的範例表**列出了這些因子如何對應到 TALIB 的範例。雖然 TALIB 中沒有直接用於評估流動性的函式，但我們可以透過一些指標間接反映市場流動性，例如使用移動平均線（SMA）計算成交量的移動平均值，以評估市場的流動狀況。

▼（表 - 四大類價量因子對應 TALIB 中函式的範例表）

動量因子	相對強弱指數（RSI）：talib.RSI
	移動平均收斂發散指標（MACD）：talib.MACD
	動量（Momentum）：talib.MOM
	隨機震盪指數（KD）：talib.STOCH
反轉因子	布林通道（Bollinger Bands）：talib.BBANDS
	隨機震盪指數（KD）：talib.STOCH
波動率因子	平均真實波幅（Average True Range）：talib.ATR
	布林通道（Bollinger Bands）：talib.BBANDS
	標準差（Standard Deviation）：talib.STDDEV

2.2 快速產生多種價量因子

以下程式碼範例展示了如何使用 TALIB 來生成技術指標,每行程式碼上方都附有註解,幫助你更容易了解 TALIB 的使用方法。

💻：PythonQuantTrading/Chapter2/2-2/main_for_start_talib.py

```python
# 載入需要的套件
import talib
import yfinance as yf
from talib import abstract  # noqa: F401
import pandas as pd
# 取得 TALIB 支援的所有技術指標名稱列表
all_ta_indicators = talib.get_functions()
print(f"TALIB 支援的技術指標總數量：{len(all_ta_indicators)}")
# 取得依類別分組後的技術指標名稱列表，例如分成動量指標、Cycle指標等
all_group_ta_indicators = talib.get_function_groups()
print(f"TALIB 所有技術指標分類的名稱：{list(all_group_ta_indicators.keys())}")
# 使用 yfinance 下載台泥（股票代碼 1101.TW）從 2022-01-01 到 2022-12-31 的股市資料
data = (
    pd.DataFrame(yf.download("1101.TW", start="2022-01-01", end="2022-12-31"))
    .droplevel("Ticker", axis=1)
    .reset_index()
    .ffill()
)
# 方法一：使用標準 TALIB 函數進行技術指標計算
# 計算 30 天的簡單移動平均線（SMA），並將結果存入新的欄位 "SMA"
data["SMA"] = talib.SMA(real=data["Close"], timeperiod=30)
# 計算 14 天的相對強弱指標（RSI），並將結果存入新的欄位 "RSI"
data["RSI"] = talib.RSI(data["Close"], timeperiod=14)
# 查看隨機指標（STOCH）的參數和使用說明
print(f"STOCH 函數說明：{help(talib.STOCH)}")
# 計算隨機指標（STOCH），包括%K線和%D線，並將結果存入對應欄位
# %K 和 %D 是隨機指標的兩條線，快線（fast %K）和慢線（slow %D）
data["STOCH_K"], data["STOCH_D"] = talib.STOCH(
    high=data["High"],
    low=data["Low"],
    close=data["Close"],
    fastk_period=5,     # 快線 %K 的週期為 5
    slowk_period=3,     # 慢線 %K 的週期為 3
    slowk_matype=0,     # 慢線 %K 的移動平均類型為簡單移動平均
    slowd_period=3,     # 慢線 %D 的週期為 3
    slowd_matype=0,     # 慢線 %D 的移動平均類型為簡單移動平均
)
# 計算移動平均收斂發散指標（MACD），包括 MACD 線、訊號線和柱狀圖，並將結果存入對應欄位
data["MACD"], data["MACDSignal"], data["MACDHist"] = talib.MACD(
    data["Close"],
    fastperiod=12,      # 快線的週期為 12
    slowperiod=26,      # 慢線的週期為 26
    signalperiod=9,     # 訊號線的週期為 9
)
```

```python
# 計算隨機指標 (STOCH)，包括%K線和%D線，並將結果存入對應欄位
# %K 和 %D 是隨機指標的兩條線，快線 (fast %K) 和慢線 (slow %D)
data["STOCH_K"], data["STOCH_D"] = talib.STOCH(
    high=data["High"],
    low=data["Low"],
    close=data["Close"],
    fastk_period=5,    # 快線 %K 的週期為 5
    slowk_period=3,    # 慢線 %K 的週期為 3
    slowk_matype=0,    # 慢線 %K 的移動平均類型為簡單移動平均
    slowd_period=3,    # 慢線 %D 的週期為 3
    slowd_matype=0,    # 慢線 %D 的移動平均類型為簡單移動平均
)
# 計算移動平均收斂發散指標 (MACD)，包括 MACD 線、訊號線和柱狀圖，並將結果存入對應欄位
data["MACD"], data["MACDSignal"], data["MACDHist"] = talib.MACD(
    data["Close"],
    fastperiod=12,     # 快線的週期為 12
    slowperiod=26,     # 慢線的週期為 26
    signalperiod=9,    # 訊號線的週期為 9
)
# 計算布林帶 (Bollinger Bands)，包括上軌線、中軌線和下軌線，並將結果存入對應欄位
data["BBANDS_upper"], data["BBANDS_middle"], data["BBANDS_lower"] = talib.BBANDS(
    data["Close"],
    timeperiod=5,      # 布林帶的週期為 5
    nbdevup=2.0,       # 上軌線與中軌線之間的標準差為 2
    nbdevdn=2.0,       # 下軌線與中軌線之間的標準差為 2
    matype=0,          # 移動平均的類型為簡單移動平均
)
# 方法二：使用 TALIB 的 abstract 模組進行技術指標計算
# 使用 abstract 模組時，資料欄位必須符合 TALIB 所需的格式
# TALIB 要求的資料欄位名稱為 "open"、"high"、"low"、"close"
# 重新命名資料欄位名稱，使其符合 TALIB 所需的格式
data = data.rename(
    columns={"Open": "open", "High": "high", "Low": "low", "Close": "close"}
)
# 使用 TALIB 的 abstract 模組計算 30 天的簡單移動平均線 (SMA)，並將結果存入 "SMA" 欄位
data["SMA"] = talib.abstract.SMA(data, timeperiod=30)
# 使用 TALIB 的 abstract 模組計算 14 天的相對強弱指標 (RSI)，並將結果存入 "RSI" 欄位
data["RSI"] = talib.abstract.RSI(data, timeperiod=14)
```

除了 TALIB，接下來我們將介紹研究領域中兩個著名的 Alpha 因子集：一個是 2015 年由 WorldQuant 發表的《101 Formulaic Alpha》，涵蓋 101 個 Alphas；另一個是由國泰君安發表的《基於短週期價量特徵的多因子選股體系》，共包含 191 個 Alphas。這些 Alphas 是一組基於數據公式的因子，在 GitHub 上有許多開源的實現程式碼可供使用，我們可以下載這些程式碼直接應用，或者根據公式自行編寫。

2.2 快速產生多種價量因子

接下來,我們將示範如何在 GitHub 上找到這兩個因子集的相關專案,並逐步說明如何生成 Alpha 因子。這部分將作為一個示範,幫助你了解從 GitHub 找到適合的資源。你也可以根據需求探索其他專案來生成新的因子。

開源的 Alphas-WorldQuant 101

在 GitHub 上搜尋「alpha101」,會看到大約 27 個相關專案。如果不確定該選擇哪個專案,建議優先挑選星星數較多的專案。例如,我們可以選擇星星數最多的「yli188/WorldQuant_alpha101_code」這個專案來生成 Alphas。

▲(圖 -GitHub 上搜尋「alpha101」的結果)

生成 Alphas 101 的流程如下:

1. 下載程式碼

   在終端機輸入「git clone https://github.com/yli188/WorldQuant_alpha101_code.git」下載專案。此專案包含的檔案如圖 -「**yli188/WorldQuant_alpha101_code**」的所有檔案所示。

2-27

第 2 章　股票價量的量化分析與研究

🔵 rookiequant yang_3_7_2019		3bb9918 · 5 years ago　⏱ 1 Commit
📄 101 Formulaic Alphas.pdf	yang_3_7_2019	5 years ago
📄 101Alpha_code_1.py	yang_3_7_2019	5 years ago
📄 101Alpha_code_2.py	yang_3_7_2019	5 years ago

▲（圖 -「yli188/WorldQuant_alpha101_code」的所有檔案）

2. 匯入模組

    我們需要使用專案中的 101Alpha_code_1.py 檔案內的函式和模組。通常會在程式開頭使用「import 101Alpha_code_1」，但因為檔案名以數字開頭，可能會遇到錯誤。因此，我們需將檔案名改為 Alpha_code_1.py，再用「import Alpha_code_1」匯入模組。

3. 修正不支援的函式

    由於這個專案已經發布五年，一些函式已經無法在現代 Python 中正常執行。我們需要開啟 Alpha_code_1.py 檔案並進行小部分修改。建議先運行原始程式碼，查看報錯訊息，並根據錯誤進行調整。以下是我遇到的兩個常見問題及其修正方式：

    ＊ 在 decay_linear() 函式中，將「.as_matrix()」改成「.values」。

    ＊ 將 alpha023、alpha071、alpha073、alpha077、alpha088、alpha092、alpha096 中的「.at」改成「.loc」。

4. 準備股價資料

    在程式中，模組 Alphas 需要包含以下欄位的股價資料：S_DQ_OPEN、S_DQ_HIGH、S_DQ_LOW、S_DQ_CLOSE、S_DQ_VOLUME、S_DQ_PCTCHANGE 和 S_DQ_AMOUNT。這些欄位分別對應於開盤價、最高價、最低價、收盤價、成交量、收盤價變動百分比以及成交金額。

5. 生成 Alphas

    最後，通過 Alpha_code_1.get_alpha() 函式來生成 Alphas。

2.2 快速產生多種價量因子

以下為程式碼範例，執行後的結果表如**圖 -Alphas101 的範例結果**所示。從結果可以看到，有些因子存在大量遺失值，或結果非數值型，因此在使用這些因子作為交易策略前，需進一步觀察和分析其有效性。

alpha001	alpha002	alpha003	alpha004	alpha005	alpha006	...	alpha072	alpha073
0.242481	0.471075	0.143508	-4.0	-0.066445	0.157506	...	1.317829	-17.0
0.077068	0.623091	0.079297	-1.0	-0.309709	0.139503	...	3.400000	-17.0
0.077068	0.552718	0.225810	-1.0	-0.404099	0.335487	...	14.166667	-16.0
0.859023	0.527861	0.474717	-3.0	-0.621760	0.557635	...	9.173913	-14.0
0.616541	0.509555	0.516419	-4.0	-0.393365	0.575452	...	4.604167	-10.0

▲（圖 -Alphas101 的範例結果）

在範例程式的最後，我們進行了因子篩選，保留符合以下條件的因子：

1. 遺失值的比例不超過 10%。

2. 零值比例不超過 10%。

3. 欄位必須要是數值型，而非像是 True 或是 False 的布林值。

📄：PythonQuantTrading/Chapter2/2-2/main_for_start_worldquant101.py

```python
# 載入需要的套件
import os
import sys
import pandas as pd
import yfinance as yf
utils_folder_path = os.path.dirname(os.path.dirname(os.path.dirname(__file__)))
sys.path.append(utils_folder_path)
# 載入 Chapter2/utils/ 資料夾中的 Alpha_code_1.py 模組
import Chapter2.utils.Alpha_code_1 as Alpha_code_1    # noqa: E402
"""
備註：
在計算 Alpha 因子時，許多指標會依賴過去數天的歷史數據，
因此如果只選取所需的日期範圍，可能會導致早期的 Alpha 因子無法正確計算。
為了解決這個問題，建議在選取資料時擴大日期範圍，
這樣可以確保計算 Alpha 因子時有足夠的歷史數據可用。
計算完所有因子後，再篩選出需要分析的時間段資料即可。
"""
```

```
# 使用 yfinance 取得台泥 (1101.TW) 股票資料，日期範圍為 2021-11-01 到 2022-12-31
data = (
    pd.DataFrame(yf.download("1101.TW", start="2021-11-01", end="2022-12-31"))
    .droplevel("Ticker", axis=1)
    .reset_index()
    .ffill()
)
data.columns.name = None
# 重新命名資料表的欄位名稱，以符合使用 Alpha_code_1 模組要求的格式
data = data.rename(
    columns={
        "Open": "S_DQ_OPEN",    # 開盤價
        "High": "S_DQ_HIGH",    # 最高價
        "Low": "S_DQ_LOW",      # 最低價
        "Close": "S_DQ_CLOSE",  # 收盤價
        "Volume": "S_DQ_VOLUME",# 成交量
    }
)
# 使用 Alpha_code_1 模組中的 get_alpha 函數生成 Alpha 因子
# alpha_data 的每一個欄位代表一個不同的 Alpha 因子
alpha_data = Alpha_code_1.get_alpha(data)
# 設定三個條件來篩選 Alpha 因子
# 條件一：計算每個因子遺失值的比例，保留遺失值比例小於 10% 的因子
missing_ratios = alpha_data.isnull().mean()
keeping_columns = missing_ratios[missing_ratios < 0.1].index
# 條件二：計算每個因子中 0 值的比例，保留 0 值比例小於 10% 的因子
zero_ratios = (alpha_data == 0).mean()
keeping_columns = [col for col in keeping_columns if zero_ratios[col] < 0.1]
# 條件三：檢查每個因子是否為浮點數型別，只保留是浮點數型別的因子
keeping_columns = [
    col for col in keeping_columns if pd.api.types.is_float_dtype(alpha_data[col])
]
# 根據篩選條件保留符合條件的 Alpha 因子
keeping_columns += ["Date"]
alpha_data = alpha_data[keeping_columns].ffill().dropna()
# 顯示前幾筆 Alpha 因子資料
alpha_data.head()
```

由於這些是其他開發者提供的程式碼，生成的結果可能與原始定義略有不同。最後，我們會將這些因子放入 Alphalens 進行因子分析，只篩選出表現優異的因子，以便進一步使用。

開源的 Alphas- 國泰君安 191

同樣地，我們首先在 GitHub 上搜尋「alpha191」，會出現 12 個符合的結果在這些專案中，我們選擇使用「popbo/alphas」這個專案的程式來生成 Alphas。

2.2 快速產生多種價量因子

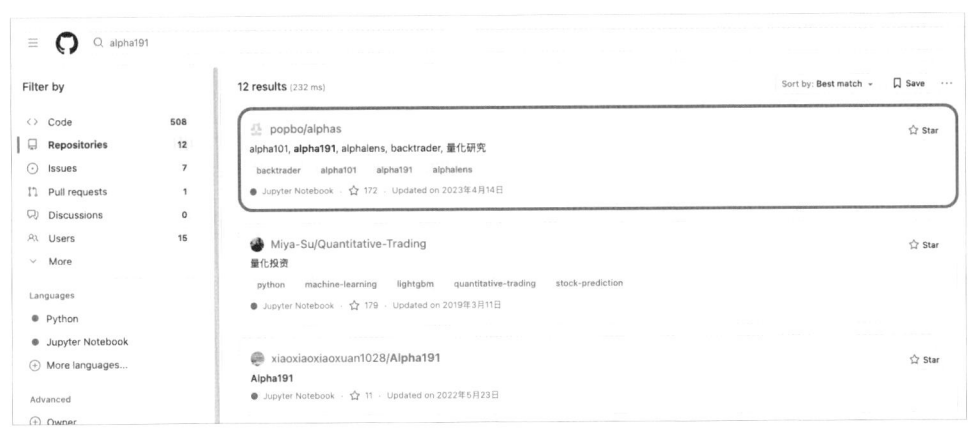

▲（圖 -GitHub 上搜尋「alpha191」的結果）

生成 Alphas 191 的流程如下：

1. 下載程式碼

   在終端機輸入「git clone https://github.com/popbo/alphas.git」下載專案。此專案包含的檔案如圖 -「**popbo/alphas**」**的所有檔案**所示。

▲（圖 -「popbo/alphas」的所有檔案）

2-31

第 2 章　股票價量的量化分析與研究

2. 修改模組以支援資料來源

   生成某些 Alphas 時可能出現錯誤，若手動修正太耗時，可以用 try-except 結構來跳過有問題的因子。try-except 的概念是：當程式遇到錯誤時，try-except 會捕捉錯誤並跳過該步驟，讓其他因子順利生成。這樣雖然會略過部分無法生成的 Alphas，但成功生成的因子仍然足夠用於後續分析。

3. 準備股價資料

   資料應包含以下欄位：開盤價（open）、最高價（high）、最低價（low）、收盤價（close）、成交量（volume）、平均成交價（vwap）以及成交額（amount）。

以下為程式碼範例，執行後的結果表如圖 -Alphas191 的範例結果所示。從結果可以看到，有些因子存在大量遺失值，或結果非數值型，因此在使用這些因子作為交易策略前，需進一步觀察和分析其有效性。

alpha004_1	alpha010_1	alpha014_1	alpha016_1	alpha016_2	alpha016_3	alpha016_4	alpha016_5	alpha018_1
1.0	1.0	0.932354	-0.2	-0.2	-0.2	-0.2	-0.2	1.023758
1.0	1.0	0.762833	-0.2	-0.2	-0.2	-0.2	-0.2	1.019396
1.0	1.0	-0.169518	-0.2	-0.2	-0.2	-0.2	-0.2	0.995772
1.0	1.0	-0.466175	-0.2	-0.2	-0.2	-0.2	-0.2	0.988433
1.0	1.0	-0.635696	-0.2	-0.2	-0.2	-0.2	-0.2	0.984277

▲（圖 -Alphas191 的範例結果）

另外 Alpha191 中有幾個策略是會去基準資料（benchmark data）進行比較，我們可以用大盤相關的資料去當作比較的基準資料。

同樣地，在範例程式的最後，我們進行了因子篩選，保留符合以下條件的因子：

1. 遺失值的比例不超過 10%。

2. 零值比例不超過 10%。

3. 欄位型態必須要是數值，而非像是 True 和 False 的布林值。

2.2 快速產生多種價量因子

📄：PythonQuantTrading/Chapter2/2-2/main_for_start_alpha191.py

```python
# 載入需要的套件
import os
import sys
import pandas as pd
import yfinance as yf
utils_folder_path = os.path.dirname(os.path.dirname(os.path.dirname(__file__)))
sys.path.append(utils_folder_path)
# 載入 Chapter2/utils/ 資料夾中的 alphas191.py 模組
import Chapter2.utils.alphas as alphas  # noqa: E402
import Chapter2.utils.alphas191 as alphas191  # noqa: E402
"""
備註:
在計算 Alpha 因子時,許多指標會依賴過去數天的歷史數據,
因此如果只選取所需的日期範圍,可能會導致早期的 Alpha 因子無法正確計算。
為了解決這個問題,建議在選取資料時擴大日期範圍,
這樣可以確保計算 Alpha 因子時有足夠的歷史數據可用。
計算完所有因子後,再篩選出需要分析的時間段資料即可。
"""
# 使用 yfinance 取得台泥 (1101.TW) 股票資料,日期範圍為 2021-11-01 到 2022-12-31
data = (
    pd.DataFrame(yf.download("1101.TW", start="2021-11-01", end="2022-12-31"))
    .droplevel("Ticker", axis=1)
    .reset_index()
    .ffill()
)
data.columns.name = None
# 重新命名資料表的欄位名稱,以符合 Alpha191 模組要求
data = data.rename(
    columns={
        "Close": "close",   # 收盤價
        "Open": "open",     # 開盤價
        "Volume": "volume", # 交易量
        "Low": "low",       # 最低價
        "High": "high",     # 最高價
    }
)
# 加入基準資料 (0050.TW) 的資料,用於 Alpha191 模組比較分析
benchmark_data = (
    pd.DataFrame(yf.download("0050.TW", start="2016-01-01", end="2019-12-31"))
    .droplevel("Ticker", axis=1)
    .reset_index()
    .ffill()
)
benchmark_data.columns.name = None
# 將基準資料的開盤價與收盤價加入到 data 中
data["benchmark_open"] = benchmark_data["Open"]
data["benchmark_close"] = benchmark_data["Close"]
data = data.ffill().dropna()
```

```python
# 初始化 Alphas191 類別，並傳入台泥的股票資料
alpha_2330 = alphas191.Alphas191(data)
# 取得所有 Alpha 方法的列表
alpha_methods = alphas.Alphas.get_alpha_methods(alphas191.Alphas191)
alpha_dict = {}  # 儲存成功執行的 Alpha 因子結果
error_method = []  # 儲存執行失敗的 Alpha 方法名稱
success_method = []  # 儲存執行成功的 Alpha 方法名稱

# 逐一執行所有 Alpha 方法，並記錄執行成功或失敗的情況
for method in alpha_methods:
    try:
        # 執行每個 Alpha 方法，並將結果存入 DataFrame
        df = getattr(alpha_2330, method)()
        # 根據產生的欄位數量，為結果設定新欄位名稱
        new_columns = [f"{method}_{i+1}" for i in range(int(df.shape[1]))]
        df.columns = new_columns
        # 將結果儲存到 alpha_dict 中
        alpha_dict[method] = df
        # 將成功的 Alpha 方法名稱加入 success_method 列表
        success_method.append(method)
    except Exception as e:
        # 如果執行失敗，將失敗的 Alpha 方法名稱加入 error_method 列表，並顯示錯誤訊息
        error_method.append(method)
        print(f"Error in method {method}: {e}")
# 將所有成功執行的 Alpha 方法的結果合併成一個 DataFrame
# 每個 column 代表一個 Alpha 因子
alpha_data = pd.concat(alpha_dict.values(), axis=1)
# 設定三個條件來篩選 Alpha 因子：
# 條件一：計算每個因子遺失值的比例，保留遺失值比例小於 10% 的因子
missing_ratios = alpha_data.isnull().mean()
# 只保留遺失值比例小於 10% 的因子
keeping_columns = missing_ratios[missing_ratios < 0.1].index
# 條件二：計算每個因子中 0 值的比例，保留 0 值比例小於 10% 的因子
zero_ratios = (alpha_data == 0).mean()
keeping_columns = [col for col in keeping_columns if zero_ratios[col] < 0.1]
# 條件三：檢查每個因子是否為浮點數型別，並只保留是浮點數型別的因子
keeping_columns = [
    col for col in keeping_columns if pd.api.types.is_float_dtype(alpha_data[col])
]
# 根據篩選條件保留符合條件的 Alpha 因子
alpha_data = alpha_data[keeping_columns].ffill().dropna()
alpha_data.head()
```

接下來的章節，我們將深入介紹從 WorldQuant 101 中挑選出的幾個適合台股的 Alphas，詳細解釋這些 Alphas 的設計概念，並針對這些 Alphas 設定對應的選股策略。

2.3 WorldQuant 101 Alphas 因子分析

在開始討論 WorldQuant 101 中的 alphas 前，讓我們先認識一些公式中常見的函式和變數，這樣在閱讀後續的公式時，可以更輕鬆理解每個部分的含義。我們準備了五張表格，依序介紹這些符號的用途，請讀者先看一下這五張表格。

▼（表 - 變數介紹）

變數名稱	變數意義
open	開盤價。
high	最高價。
low	收盤價。
close	最低價。
volume	成交量。
returns	每日收益 ;daily close-to-close returns。$$returns = \frac{todayclose - yesterdayclose}{yesterdayclose}$$
vwap	成交量加權平均價格 ;volume-weighted average price。$$vwap = \frac{\sum \frac{High + Low + Close}{3} \times volume}{\sum volume}$$

▼（表 - 排序相關函式介紹）

函式名稱	函式意義
rank(x)	對變數 x 進行排序，由小到大的排序，最後取出排序後的順序。 舉例來說：數列 x 是 [10,20,30,25,15]。排序後的結果是 [1,3,5,4,2]。
ts_rank(x,n)	計算變數 x 在給定滾動窗口大小 n 的排序結果。 舉例來說：變數 x 是 [10,20,30,25,15]，滾動窗口大小 n 是 3，排序後的結果是 [NA,NA,3,2,1]。 我們可以將變數拆開成 5 個部分 [NA,NA,10],[NA,10,20],[10,20,30],[20,30,25],[30,25,15]，對於這 5 個部分排序後的結果分別是 [NA,NA,NA],[NA,NA,NA],[1,2,3],[1,3,2],[3,2,1]。在這裡的設定是只要有一個 NA 存在，排序結果就一定是 NA。最後，再取這 5 個部分最後一個數值，分別是 [NA,NA,3,2,1]，就是排序結果。 | Index	窗口	計算公式	取最後一個數值
---	---	---	---
0	[NA,NA,10]	rank([NA,NA,NA])	NA
1	[NA,10,20]	rank([NA,NA,NA])	NA
2	[10,20,30]	rank([10,20,30])=(1,2,3)	3
3	[20,30,25]	rank([20,30,25])=(1,3,2)	2
4	[30,25,15]	rank([30,25,15])=(3,2,1)	1	

▼（表 - 統計相關函式介紹）

函式名稱	函式意義
correlation(x,y,n)	計算兩個變數 x 和 y 在給定滾動窗口大小 n 的相關性。
covariance(x,y,n)	計算兩個變數 x 和 y 在給定滾動窗口大小內 n 的共變異數。
stddev(x,n)	計算變數 x 在給定滾動窗口大小 n 的標準差。
sum(x,n)	計算變數 x 在給定滾動窗口大小 n 的總和。
product(x,n)	計算變數 x 在給定滾動窗口大小 n 的乘積。

2.3 WorldQuant 101 Alphas 因子分析

▼（表 - 轉換相關函式介紹）

函式名稱	函式意義
Signedpower(x,a)	計算 x^a。
abs(x)	計算變數 x 的絕對值 $|x|$。
log(x)	計算變數 x 的自然對數 $log(x)$。
scale(x)	對變數 x 進行標準化，使變數的均值變成 0，標準差變成 1。 $$標準化的公式 = \frac{變數內任一數值 - 變數的整體平均}{變數的標準差}。$$

▼（表 - 滑動窗口操作相關函式介紹）

函式名稱	函式意義
delay(x,n)	將變數 x 往後移動指定時間長度 n。 舉例來說：變數 x 是 [10,20,30,25,15]，窗口大小 n 是 2。delay(x,n) 的結果是 [NA,NA,10,20,30]。 | 延遲前	10	20	30	25	15 | | --- | --- | --- | --- | --- | --- | | 延遲後 | NA | NA | 10 | 20 | 30 |
delta(x,n)	計算變數 x 和 delay(x,n) 兩者的差異。 舉例來說：變數 x 是 [10,20,30,25,15]，窗口大小 n 是 2，delay(x,n) 的結果是 [NA,NA,10,20,30]。delta(x,n) 就是 [10,20,30,25,15] 扣掉 [NA,NA,10,20,30]，計算後的結果是 [NA,NA,20,5,-15]。

函式名稱	函式意義
decay_linear(x,n)	對變數 x 進行線性衰退加權平均。在這裡的設定是只要有一個 NA 存在，排序結果就直接是該位置的值。 舉例來說：變數 x 是 [10,20,30,25,15]，窗口大小 n 是 3。一次看三個值，各自對應權重是（1,2,3）除上總和 6，也就是 $(\frac{1}{6}, \frac{2}{6}, \frac{3}{6})$ =（0.17,0.33,0.50）。 最後計算後的結果是 [10,20,23.33,25.83,20.83]。 | Index	窗口	計算公式	數值
---	---	---	---
0	[NA,NA,10]	10	10
1	[NA,10,20]	20	20
2	[10,20,30]	10×0.17+20×0.33+30×0.50	23.33
3	[20,30,25]	20×0.17+30×0.33+25×0.50	25.83
4	[30,25,15]	30×0.17+25×0.33+15×0.50	20.83	
ts_ArgMax(x,n)	ArgMax 是找出最大值的位置，那 ts_ArgMax 是找出變數 x 在給定窗口大小 n 最大值的位置。舉例來說：變數 x 是 [10,20,30,25,15]，窗口大小 n 是 3。在這裡的設定是只要有一個 NA 存在，排序結果就一定是 NA。最後計算後的結果是 [NA,NA,3,2,1]。 | Index	窗口	計算公式	數值
---	---	---	---
0	[NA,NA,10]	argmax([NA,NA,10])	NA
1	[NA,10,20]	argmax([NA,10,20])	NA
2	[10,20,30]	argmax([10,20,30])	3
3	[20,30,25]	argmax([20,30,15])	2
4	[30,25,15]	argmax([30,25,15])	1	
ts_ArgMin(x,n)	ArgMin 是找出最小值的位置，那 ts_ArgMin 是找出變數 x 在給定窗口大小 n 最小值的位置。

2.3 WorldQuant 101 Alphas 因子分析

函式名稱	函式意義				
ts_max(x,n)	計算變數在給定滾動窗口大小 n 的最小值。				
	Index	窗口	計算公式	數值	
	0	[NA,NA,10]	max([NA,NA,10])	NA	
	1	[NA,10,20]	max([NA,10,20])	NA	
	2	[10,20,30]	max([10,20,30])	30	
	3	[20,30,25]	max([20,30,25])	30	
	4	[30,25,15]	max([30,25,15])	30	
ts_min(x,n)	計算變數在給定滾動窗口大小 n 的最小值。				

在這裡特別介紹一下「滾動」的概念，這是許多財務計算中常用的方法。滾動計算就像一個移動中的小框，逐步沿著數列滑動，每次只包含一定數量的數據，用來計算平均值、最大值，或其他統計數據。舉個例子，假設我們有一組長度為 5 的數據，並設定滾動窗口的大小為 3。你可以把這個滾動窗口想像成一個小框，每次移動時，只包含數列中的三個位置。在這個框框裡，會進行計算。第一次滾動時，這個框會包含第 1 個位置和前面假設的兩個空白位置，第二次滾動時，框裡包含了位置 1 和 2 以及一個空白位置，第三次滾動時，則完全包含位置 1、2、3。這樣的框會一直向右移動，直到整個數列的每個位置都被計算一次。

下圖是滾動的示意圖，圖中實線框代表有數據的實際位置，而虛線框表示假想的位置，這些虛線框讓我們理解窗口的效果。如果窗口大小為 n，那數列前會補上 n-1 個假想位置，這樣在計算前幾個位置時，也能符合窗口的大小需求。

這種「滾動」方式在財務分析中很常見，因為它能幫助我們從一段期間的數據中提取穩定的趨勢或變化。例如，當我們要分析一支股票的價格走勢，滾動計算可以讓我們持續觀察它的短期波動或長期趨勢。

第 2 章　股票價量的量化分析與研究

原始資料：

| 1 | 2 | 3 | 4 | 5 |

針對數列第 1 個位置進行第 1 次滾動：

| NA | NA | 1 | 2 | 3 | 4 | 5 |

針對數列第 2 個位置進行第 2 次滾動：

| NA | NA | 1 | 2 | 3 | 4 | 5 |

針對數列第 3 個位置進行第 3 次滾動：

| NA | NA | 1 | 2 | 3 | 4 | 5 |

針對數列第 4 個位置進行第 4 次滾動：

| NA | NA | 1 | 2 | 3 | 4 | 5 |

針對數列第 5 個位置進行第 5 次滾動：

| NA | NA | 1 | 2 | 3 | 4 | 5 |

在了解各符號的意涵後，我們將介紹幾個在特定時期於台股中表現優異的 Alpha 因子及其概念。這些因子之所以被選出，是因為在 Alphalens 的「Mean Period Return By Factor Quantile」圖表中，它們展現出「最佳投組績效顯著高於市場，而最差投組的績效顯著性低」的特性。透過這些例子，我們可以觀察並理解一些股市中的規律，為未來的因子建構和策略制定提供參考。

註：有關 Alphalens 的分析程式，可以參考 /Chapter2/2-3/main_alphalens_analysis_for_alpha191.py 和 /Chapter2/2-3/main_alphalens_analysis_for_worldquant101.py。

2.3 WorldQuant 101 Alphas 因子分析

◆ 最佳投組績效顯著好 & 最差投組績效顯著性低

在「Mean Period Return By Factor Quantile」圖表（圖-alpha.a1～圖-alpha.b7）中，我們可以看到這10個因子表現出一種獨特的「兩極化」特性。一端的長條顯著低於其他長條，代表該部分的未來收益為負；另一端則顯著高於其他，表示其未來收益為正。這些因子展現出雙向性，某些股票組合可以帶來相對高的正收益，某些股票組合會導致相對低的負收益。

基於這些觀察，利用這些因子的特性，我們可以設計出一種「多空選股策略」。具體而言，對於在這些因子上得分較低的股票，我們可以選擇做空，預期其表現將持續低迷；相對地，對得分高的股票進行多頭操作，預期其未來表現會優於市場平均。這樣的策略能幫助投資者在市場上漲與下跌的情況下都獲利，以達到投資回報的最大化。

一邊績效顯著好且另一邊績效顯著差

Alpha#6

Alpha#6: (-1 * correlation(open, volume, 10))

根據上述公式，Alpha#6的數值代表開盤價與交易量在過去10天內的相關係數的負值。

Alpha#6 數值大（數值接近1）：代表開盤價與成交量之間存在強烈的負相關性（原始相關係數接近-1）。換句話說，當開盤價上升時，成交量往往下降；反之亦然。

Alpha#6 數值小（數值接近-1）：代表開盤價與成交量之間存在強烈的正相關性（原始相關係數接近1）。也就是說，當開盤價上升時，成交量也同步上升；當開盤價下降時，成交量也隨之下降。

策略：做多 Alpha#6 數值小的股票，做空 Alpha#6 數值大的股票。換句話說，做多開盤價與交易量之間有強烈正相關的股票，做空開盤價與交易量之間有強烈負相關的股票，這些價量背離的股票可能預示著價格趨勢的反轉或不穩定。

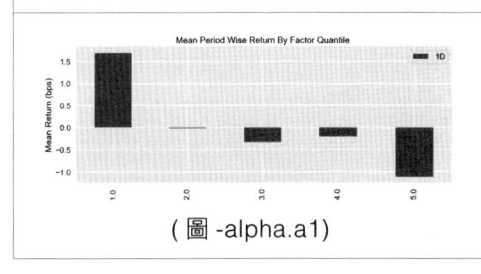

（圖-alpha.a1） 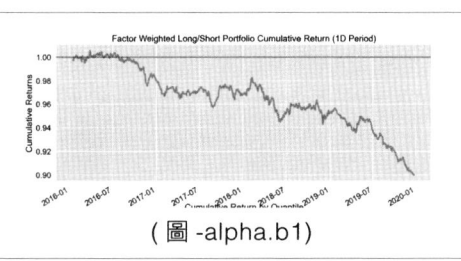 （圖-alpha.b1）

第 2 章　股票價量的量化分析與研究

一邊績效顯著好且另一邊績效顯著差

Alpha#8

Alpha#8: (-1 * rank(((sum(open, 5) * sum(returns, 5)) - delay((sum(open, 5) * sum(returns, 5)), 10))))

根據上述公式，Alpha#8 的數值衡量最近 5 天內開盤價和收益率的變化趨勢，並將當前的變化幅度與 10 天前進行比較。公式透過比較兩個時期的「開盤價總和和收益率總和的乘積」，來判斷股票在這段期間的穩定性或波動性。如果差異小，表示趨勢較為平穩；如果差異大，則表示波動性較強。

Alpha#8 數值大：表示當前與 10 天前的乘積值差異較小，說明股票的開盤價和收益率變化較為平穩，趨勢穩定。

Alpha#8 數值小：表示當前與 10 天前的乘積值差異較大，說明股票的開盤價和收益率變化較大，可能存在較高的波動性。

策略：做多 Alpha#8 數值大的股票，做空 Alpha#8 數值小的股票。

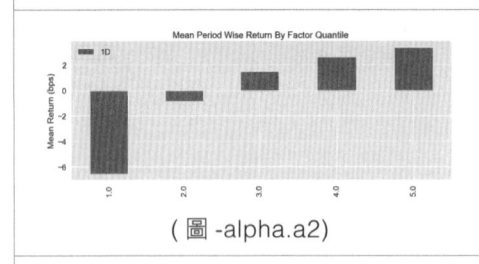

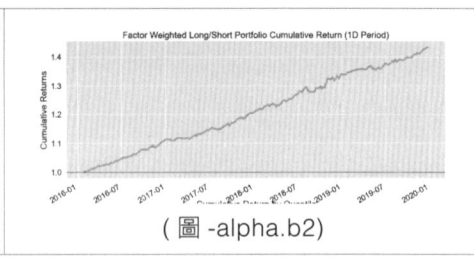

（圖 -alpha.a2）　　（圖 -alpha.b2）

Alpha#11

Alpha#11: ((rank(ts_max((vwap - close), 3)) + rank(ts_min((vwap - close), 3))) * rank(delta(volume, 3)))

根據上述公式，Alpha#11 的數值衡量股票在短期內 VWAP（成交量加權平均價）與收盤價之間的價格波動性，以及交易量的變化程度。

Alpha#11 數值大：表示 VWAP 與收盤價之間的短期價格波動顯著，且交易量變化幅度大，暗示市場對該股票的關注度較高，可能伴隨價格趨勢的顯著變化或市場情緒的高漲。

Alpha#11 數值小：表示 VWAP 與收盤價之間的價格波動較小，且交易量變化幅度有限。暗示市場對該股票的交易情緒相對平靜，短期內的價格變化趨勢不明顯。

策略：做多 Alpha#11 數值大的股票，做空 Alpha#11 數值小的股票。

2.3 WorldQuant 101 Alphas 因子分析

一邊績效顯著好且另一邊績效顯著差

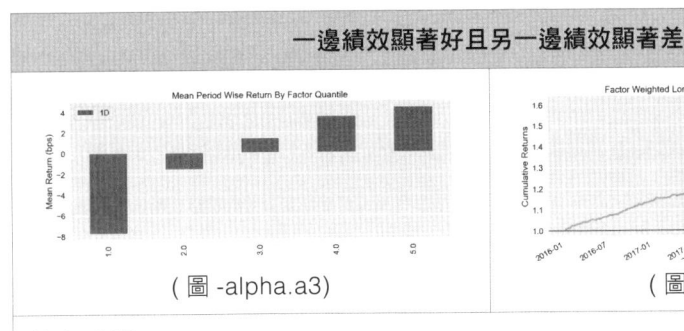

(圖 -alpha.a3 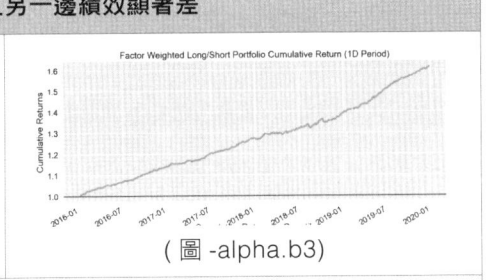)　　　　　　　　(圖 -alpha.b3)

Alpha#25

Alpha#25: rank(((((-1 * returns) * adv20) * vwap) * (high - close)))

這裡的「adv20」是將過去 20 天的交易量相加，然後除以 20，得到平均交易量。根據上述公式，Alpha#25 的數值衡量股票在高交易量和高波動性情況下的負收益影響，並根據這種影響在所有股票中進行相對排名。這個公式結合了收益率、平均交易量、VWAP 和價格波動，評估市場對特定股票的活躍度和價格反應，以識別潛在的反彈或下跌風險。

Alpha#25 數值大：表示該股票在當日出現負的收益率，且成交量較高，VWAP 較高，當日最高價與收盤價之間的差值較大。這可能表明該股票在高交易量和高波動性下，價格下跌幅度較大，市場對該股票的關注度和活躍度較高。

Alpha#25 數值小：表示該股票在當日出現正的收益率，且成交量較低，VWAP 較低，當日最高價與收盤價之間的差值較小。這可能表明該股票在低交易量和低波動性下，價格上漲幅度較小，市場對該股票的關注度較低。

策略：做空 Alpha#25 數值小的股票，做多 Alpha#25 數值大的股票。

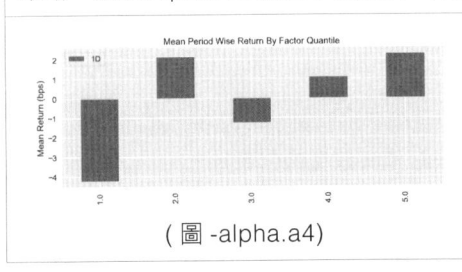

(圖 -alpha.a4 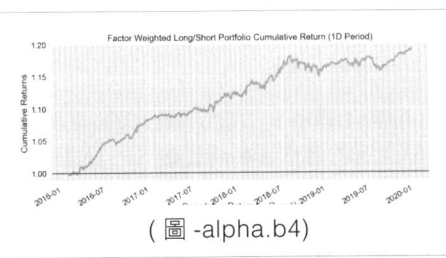)　　　　　　　　(圖 -alpha.b4)

第 2 章　股票價量的量化分析與研究

一邊績效顯著好且另一邊績效顯著差

Alpha#34

Alpha#34: rank(((1 - rank((stddev(returns, 2) / stddev(returns, 5)))) + (1 - rank(delta(close, 1)))))

根據上述公式，Alpha#34 的數值衡量股票在短期相對於中期的波動穩定性，並結合其當日價格變動，來評估股票的近期趨勢穩定性或波動風險。這個公式將短期和中期波動性對比，並考慮收盤價的變化，來判斷市場對該股票的穩定或波動態勢。

Alpha#34 數值大：表示該股票在短期內（2 天）的波動性相對於中期（5 天）較小，且當日收盤價較前一日有所上漲。這可能表明該股票近期趨勢穩定，價格上漲。

Alpha#34 數值小：表示該股票在短期內（2 天）的波動性相對於中期（5 天）較大，且當日收盤價較前一日有所下跌。這可能表明該股票近期波動性增加，價格下跌。

策略：做多 Alpha#34 數值大的股票，做空 Alpha#34 數值小的股票。

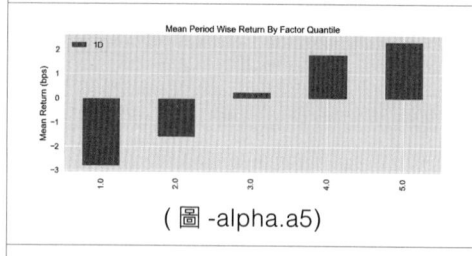

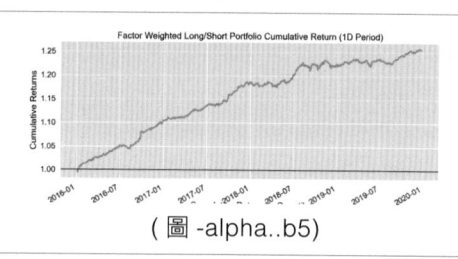

（圖 -alpha.a5）　　　　　　　　（圖 -alpha..b5）

Alpha#41

Alpha#41: (((high * low)^0.5) - vwap)

根據上述公式，Alpha#41 的數值衡量當天價格波動範圍的中間值（最高價與最低價的幾何平均）與成交量加權平均價（VWAP）之間的差異，來評估交易活動集中在較高或較低的價格區間。

Alpha#41 數值大：表示當日最高價與最低價的幾何平均數高於 VWAP，這可能表明該股票當日的價格波動範圍較大，且多數交易發生在價格較低的位置。

Alpha#41 數值小：表示當日最高價與最低價的幾何平均數低於 VWAP，這可能表明該股票當日的價格波動範圍較小，且多數交易發生在價格較高的位置。

策略：做多 Alpha#41 數值大的股票，做空 Alpha#41 數值小的股票。

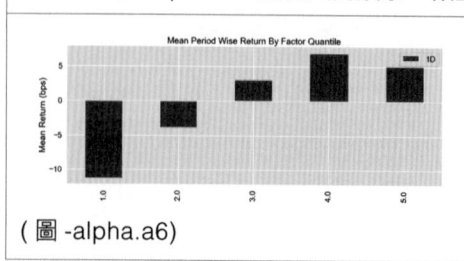

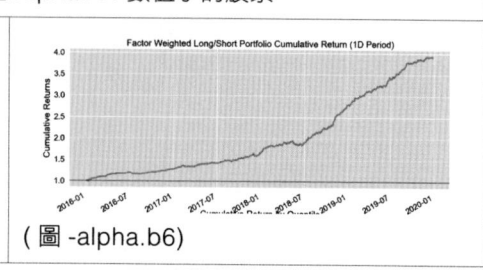

（圖 -alpha.a6）　　　　　　　　（圖 -alpha.b6）

2-44

2.3 WorldQuant 101 Alphas 因子分析

一邊績效顯著好且另一邊績效顯著差

Alpha#83

Alpha#83: ((rank(delay(((high - low) / (sum(close, 5) / 5)), 2)) * rank(rank(volume))) / (((high - low) / (sum(close, 5) / 5)) / (vwap - close)))

根據上述公式，Alpha#83 的數值衡量股票在短期內的價格波動、交易量的相對強度，以及成交加權平均價（VWAP）與收盤價之間的偏離程度，來判斷市場活躍度與價格穩定性。

Alpha#83 數值大：表示股票近期的價格波動較大，交易量活躍，且 VWAP 與收盤價的偏離程度顯著。這通常說明該股票市場參與度高，價格可能有顯著的短期趨勢或波動性。

Alpha#83 數值小：表示股票近期的價格波動性低，交易量相對低迷，且 VWAP 與收盤價之間的偏離程度有限。這通常表明市場對該股票的興趣較低，價格趨勢平緩，波動空間有限。

策略：做空 Alpha#83 數值小的股票，做多 Alpha#83 數值大的股票。

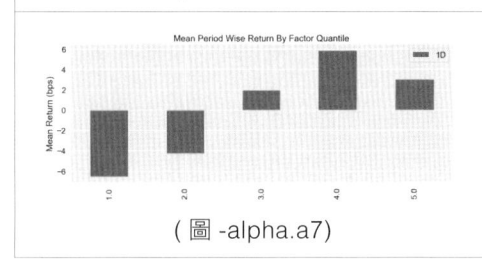

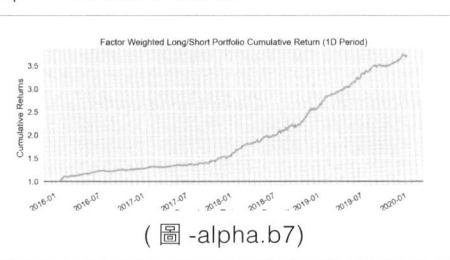

(圖 -alpha.a7)　　　　　　(圖 -alpha.b7)

整體而言，這些 Alpha 因子的設計，主要是透過多種價格指標（如開盤價、收盤價、最高價、最低價）以及成交量的變化，來捕捉股票的短期波動、趨勢穩定性與市場熱度。這些因子從不同的角度提取潛在的買賣訊號，反映出資金流向和市場情緒的變化。設計這些因子的目的是挖掘市場中蘊藏的異常定價或規律。例如：價格波動幫助判斷市場的活躍度和潛在的交易機會，成交量變化顯示市場的關注程度，價格與成交量的結合，如 VWAP 與收盤價的偏離程度，判斷市場價格是否處於合理區間。這些因子在不同的市場環境中可能表現出不同的特性，因此，在應用這些因子時需要靈活調整。對於不同市場或資產類別，應根據各市場的特性和歷史數據，驗證因子的有效性。透過因子與策略的有效結合，我們可以更準確地識別短期趨勢和投資機會，最大化投資收益。

2.4 台股操作更傾向反轉還是動能？

要對動能策略進行大分類時，一般來說我們會簡單粗暴地將它分為 momentum(順勢動能) 及 reversal(反轉)，我們用白話來說就是，momentum 是順勢而為，當股票呈現多頭或是正在漲勢上時，我們搭上順風車 ;reversal 是說當股票一飛沖天時，我們寫策略去捕捉他反轉下跌的機會。這兩個策略各有優劣，就好像投資門派有無數種一樣，光是使用技術指標的量能策略，有些人專注在捕捉跟著大行情走，有些人專注在捕捉漲過多的回調或者是跌到底部的撿便宜機會。

進行台股投資時，究竟應該採用反轉策略還是動能策略？我的建議是根據投資的時間長短來選擇適合的策略，因為短期和長期的操作模式各有其優勢，能幫助我們在最大化收益的同時有效控制風險。

◆ 短期操作：把握反轉機會

在短期內，股市常會因財報公佈、公司政策變動，甚至外部突發事件而出現過度反應，導致股價大幅波動。這種波動，對於反轉策略而言是個很好的機會。反轉策略基於「過度反應會回歸正常」的假設，認為股價在短期的極端變化後往往會回到平均水平。因此，投資者可以利用這種市場情緒，在股價過度下跌時逢低買入，待其反彈時獲利。例如，如果一家體質良好的公司因短期利空消息而股價下跌，反轉策略的投資者可能會選擇在這時買入，等候股價回升來獲得收益。

◆ 長期操作：順勢而行的動能策略

台股的長期走勢往往受到全球經濟、科技產業發展、政策變動及外資流入等因素的推動，使得整體市場呈現穩步上升的趨勢。對於長期投資者來說，動能策略較為適合，因為這種策略假設「趨勢會延續」。長期投資者可以選擇持有那些表現強勁的股票，隨著市場的長期上升趨勢持續獲利。尤其是在全球經濟向好和科技發展快速的情況下，選擇持有具備動能的強勢股，能更穩健地實現資本增值。

2.4 台股操作更傾向反轉還是動能？

　　不論是反轉還是動能策略，只要用得恰當，都能在市場中找到自己的獲利機會。短期內，反轉策略可利用市場的過度反應來實現快速收益；而在長期視角下，動能策略則幫助投資者順勢而行，讓資本在穩定的市場上升趨勢中增值。

　　這些策略是我基於對市場的觀察和理解而提出的。當然，每位投資者的情況、風格和偏好都不盡相同，關鍵在於找到最適合自己的策略並堅定地執行它。在投資世界裡，最忌諱的就是盲目跟風。當大眾一窩蜂追逐熱門標的時，往往也意味著風險在快速累積，這時候心態不穩的投資者反而容易被「收割」。保持冷靜、謹慎選擇策略，才有機會在市場中走得穩且走得遠。

MEMO

3 台指期的價量研究

　　我們這個章節要來討論期貨的交易，將會聊到期貨的交易模式及如何去回測及後續會有實際交易期貨的範例。

　　許多人對於期貨、選擇權、權證這類型的高槓桿產品，大多是感到擔心害怕。確實是這類型的產品都是有使用槓桿的產品，槓桿的意思意味著其實並沒有可以操作這類型產品的錢，我們透過較少的錢去參與該市場，那勢必就要承受對於現在的錢來說很高的風險。

第3章 台指期的價量研究

舉一個大家都能明白的例子，貸款買房子就是開槓桿的行為，例如說我準備台幣 200 萬頭期款，去買了 1500 萬元的房子 (我們先不探討什麼 200 萬頭期款能不能買到 1500 萬的房子)，假設房子今天下跌 10%(也不探討房子到底會漲會跌)，就是 150 萬元，那 150 萬元對於資產可能 100 萬或是 200 萬的人，是不是就是一種超級劇烈，幾乎傾家蕩產的損失？這就是槓桿的意思。當然了，有些同學可能會想說，房子又不像期貨股票會有下市或合約到期的風險，不能一概而論。不過我們這裡先不探討房子土地這種資產，在這方面的知識裡面我就是門外漢了。

實務上，對於一個產品的槓桿，是有公式可言的，但這裡探討的是這個商品本身的槓桿，而不是相較於你的資金部位的槓桿。台指期的契約價值即是當前的指數 * 他的乘數，用白話說就是假設現在 21,000 點，他的契約價值即是 21,000*200 = 4,200,000，420 萬；當前的台指期的原始保證金是 241,000，所以我們可得台指期這個產品的槓桿約是 17.4 倍 (420 萬除以 24 萬 1 千)，不過我寫到這裡時有聽說台指期要漲保證金，所以有可能未來槓桿會稍微下降。

$$初始槓桿 = \frac{契約價值}{原始保證金}$$

▲ (圖 - 商品的槓桿計算方式)

回歸正題，其實這些都只是金融工具而已，重要的是操作人有沒有認知到自己的行為的風險程度以及如何操作？即便是股票，你可能認為他的風險遠小於期貨，但仍然有同學會在股票資產上開槓桿，也會造成巨大的風險，例如說當沖、融資借券、質押等等操作。而如果我操作一口台指期，保證金假設是 24 萬，但我準備了 100 萬甚至是 200 萬的資金放在期貨戶頭裡，對我的資產來說，台指期的波動也是小小的風險而已。

有些同學可能會很困惑：我們前面不是都是在教學股票的資產配置策略嗎，為何這裡忽然說起來期貨？或許這個意見很主觀，但就我自己的交易模式來說，本身就有進行台指期的交易，並且在許多股票配置策略裡面，我也會使用 0050 或是台指期來進行策略的避險，以降低單純做多股票配置的波動。當然了要降低策略報酬的波動有諸多方法，包含了我們前面有提到的 Long-Short-Balance，也就是多空平衡的股票配置；亦或是簡單的持有與自己策略報酬相關性低的金融商品；持有根據策略的 beta 或其他方式所計算出來的台指期或 0050 的避險空單等等。

總之避險這個主題可以談論很多，而且每個人喜愛的策略屬性都不同，接受度亦不同，例如有些人傾向高報酬高風險的波動劇烈的交易策略；有些人如我，在意策略的波動，沒辦法接受或承擔過高的投資資金回檔，會在策略中加入一定比例的避險思想。無論為何，對資金量並沒有非常龐大的人來說，我認為這都沒有好壞之分，重點是你是否真正了解高報酬的背後是高風險，而不是只看到了他的優越報酬而未做好心理準備，或是使用過多的槓桿導致資金困難；或是你是否了解有些產品本身報酬波動不高，或者有可能是其具備避險思想，所以不可能產生數倍的驚人報酬。

有點離題了，無論如何，我們在這個章節會闡述如何去回測驗證自己的期貨策略，並且我們加入股票期貨一同進行回測，來感受一下加入期貨避險的策略是否更加符合讀者的期待。

或許部分讀者已經清楚期貨的交易，可能未必有真正的金融教科書這麼詳細，但我們還是介紹一下期貨產品有以下幾個重點需要注意，尤其在撰寫程式交易或是回測時應該要注意的重點

第 3 章　台指期的價量研究

◆ **保證金交易**

　　交易期貨時有一個非常重要的金額項目必須知道，叫做「保證金」。期貨合約涉及未來的交易，這意味著到期時，買賣雙方必須按照事先約定的價格進行買入或賣出，因此總有一方會盈利而另一方虧損。為了確保交易雙方履約，避免一方虧損後拒不認帳或逃避責任，雙方需要預先繳納一定量的保證金，這有點類似於定金的概念。

　　保證金的金額不等於合約的總價值，而是以一定比例設定，這個比例是根據價格波動性而定。然而，保證金分為以下兩種：

1. 原始保證金：這是帳戶中必須存放的最低金額，不符合此條件將無法下達新的買賣訂單。

2. 維持保證金：帳戶中已經持有期貨部位時，如果帳戶金額降至維持保證金以下，交易者將收到追加保證金的通知。

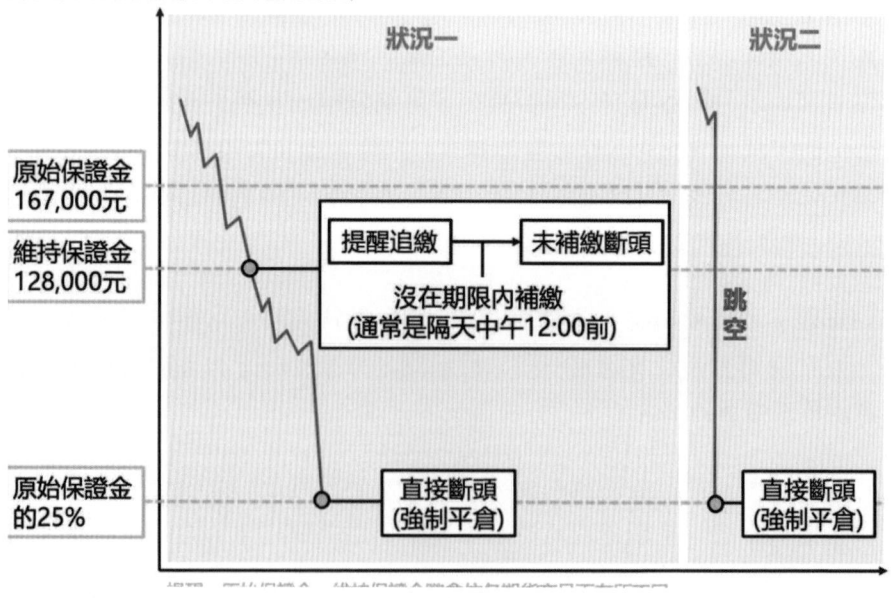

▲（圖 - 期貨保證金機制，源自於 Mr.Market 市場先生）

通俗一點解釋的話每一個期貨商品都會定義跳動一點是多少錢。或許比喻不如教科書精確，但我認為可以理解為，假設我與你對賭一樣產品，你是莊家，我認為商品 A 會漲，而你有商品 A，商品 A 可能太過昂貴不是我可以負擔的，但我真得非常有信心，所以我與你約定一個價格，當然這個價格是經過你這位莊家精算過決定的，也就是保證金，最終我們決議我交給你保證金 100 萬，然後我賭多方，賭 A 商品會漲，我們的賭注就開始了。

除了保證金之外，你作為莊家也有精算出每跳動一點應該要賭多少。假設我們約定跳動一點 100 元，這個商品真的漲了，漲 100 點，那麼我就贏了，你就要歸還我保證金 100 萬 + 100*100，所以你要給我 101 萬元；反之，跌 100 點，那我輸了，我要賠給你 100*100 也就是 1 萬元，這時後你又會從我的保證金中扣除 1 萬元，也就是歸還 99 萬元給我，實際上你可能還會多扣一點手續費跟稅金。

當然你作為莊家，如果正在虧損，一定不會讓我一直抱著直到 100 萬全部虧光對吧？所以期貨商品都有斷頭的機制，就是當我虧到一定程度的時候 (例如我給你的 100 萬，只剩下 20 萬)，你一定會要求我補繳保證金，才願意跟我賭下去，不然你要扣掉我的虧損，把錢退還給我，這就是斷頭，因為你作為莊家會擔心我會繳不出錢來，導致你的虧損。

所以這樣應該就很好理解，保證金的交易模式有幾個重點：

1. 保證金是多少

2. 每一點跳動點是多少

3. 虧損到多少金額要補繳保證金

那看到這裡，是不是可以理解期貨商品在資產配置中有什麼好處？因為他可以用少少的保證金，就玩到可能買不起的龐大資產，或者是我們更正向的來說，可以提高策略的資金使用效率，也就是在我的資產配置中，我可以用少少的錢達到很高程度的對沖，所以期貨本身就是非常高的槓桿。

第 3 章　台指期的價量研究

當然了，我說的可能比較狹隘，實際上在許多例如煤炭、原油等等商品期貨，在某些公司的主要業務中是有意義的，例如預期未來煤炭會大漲，他們會先購買煤炭期貨，用當前較低的價格先買下當期的煤炭交割權，直到未來約定的時間到了，可能該公司可以用遠低於市價的價格買到大量的煤炭。當然這種方式我們不探討，這比較偏公司營運的思維。

◆ 台指期 - 大台、小台及微台

一般來說，台指期以台灣加權指數為標的之期貨商品，分為大台指 (TX) 與小台指 (MTX) 以及新出的微型台指 (TMF)，三者最小升降單位均為 1 點，簡單來說，大家可以簡單理解為三者是一樣的商品，他們背後對標的是同一個指數，只是說小台跟微台指的保證金跟契約乘數較低，對資金較低者、想要測試策略者或者是希望做更靈活的操作的交易者有很大的好處。當然了一般情況來說，小台指跟微台指的手續費相較比較不划算一些，但對例如我這樣資金不是很巨大的交易者來說，微跟小台指的好處是操作更靈活，例如假設我的資金只能下 5 口大台，但我如果交易小台指期，我可能可以交易 20 口，我在撰寫策略分批進場時會有更大的操作及試錯空間。

截止至 2025 的 1 月，期交所上公布的，大台小台微台的保證金資訊如下，另外要注意的是，隨著指數水漲船高，保證金可是有可能會調高的，雖然如果調高了新聞應該也會看到，不過一切以期交所公布的保證金為準，如果有同學對期交所如何訂定保證金之類的議題有興趣，可以去看看期交所得「臺灣期貨交易所股份有限公司結算保證金收取方式及標準」。

▼（表格 - 台指及小台指保證金）

商品名稱	商品代號	原始保證金	維持保證金
台股期貨	TXF	354,000	272,000
小台指期貨	MXF	88,500	68,000
微型台指期貨	TMF	17,700	13,600

眼尖的讀者可能注意到了，還有一個維持保證金。還記得我們前面說的嗎？假設你是莊家，我跟你對賭，你一定會擔心我最終還不出我賭輸的錢，即便你扣留我的保證金也不足以彌補你身為莊家的虧損，所以你會設置一個維持保證金機制。在這個章節開頭的圖很好地表示了原始、維持保證金及斷頭機制，如果不太記得的同學可以再去看一下。

所以，大家在進行期貨交易的時候，也要記得盡量不要放太剛好的錢，以避免遭到砍倉或者是很頻繁地要補足帳戶裡的錢。

◆ 台指期 - 手續費

在交易台指期之前，手續費非常重要。手續費與保證金一樣會隨著指數的升高而變貴。下表是截至 2024 年 7 月時期期交所公布的台指期手續費。

值得注意的事，這裡分為兩個東西，交易所手續費指的是交易所向券商所收取的手續費，那想當然爾券商會向我們收取這個手續費，而且他最低不會收低於 12 + 8 = 20，因為這個金額是他要付給期交所的。至於你的券商或期貨商向你收取多少，則要去與你的營業員聯繫，我們只知道在手續費的方面，他最低的成本是 20 塊。

還沒說完，還有一個期貨交易稅率，是期貨契約金額的十萬分之二，假設以指數 2 萬點來說，依照稅率我們要付的錢就是 20000*200*0.00002 = 80。

▼（表 - 台指期手續費及稅率）

單位：新臺幣元 / 口	交易所手續費		期貨交易稅率
	交易經手費	結算手續費	
臺股期貨 (TX)	12	8	0.00002

第 3 章 台指期的價量研究

綜上所述，我們的最低最低的交易成本，以台指 2 萬點來說，單邊是 20+80 =100 元，如果一買一賣，則是 200 元，當然我們這樣算太低了，因為一般來說券商是不可能收我們 20 元手續費的，一般來說大約會是 60 元，當然如果你的條件好拿到的手續費更低。不過我們在回測的時候，考量到交易可能會有一些滑價的不穩定性，所以一般來說我們會用比較嚴格的手續費去測試我們的策略，以避免屆時上線交易收益不如預期。

我們在後續實作的章節中，單邊手續費算成本 200 元，以因應滑價有可能造成的損失。當然如果讀者不認同這樣的設置，也可以自行做調整沒問題。

◆ **台指期 – 近月與遠月**

在提到近月遠月之前，我們先補充一個小知識。一般來說在期貨交易所的報價牆，只會看到各個契約而已，而不會特別有一個「全」字。但是我們使用券商軟體的時候，看看會看到例如下圖，有「台指近」跟「台指近全」，這個全字差在會不會有夜盤的報價，如果你選的是台指近，在下午 1:45 分時應就不會跳動了，但如果你看的是台指近全，則在夜盤時段，也就是在下午 3:00 還會再繼續跳動到夜盤收盤，詳細地收開盤介紹在下方我們有做更詳細的說明，總之這個可以算是一個券商貼心的設計。

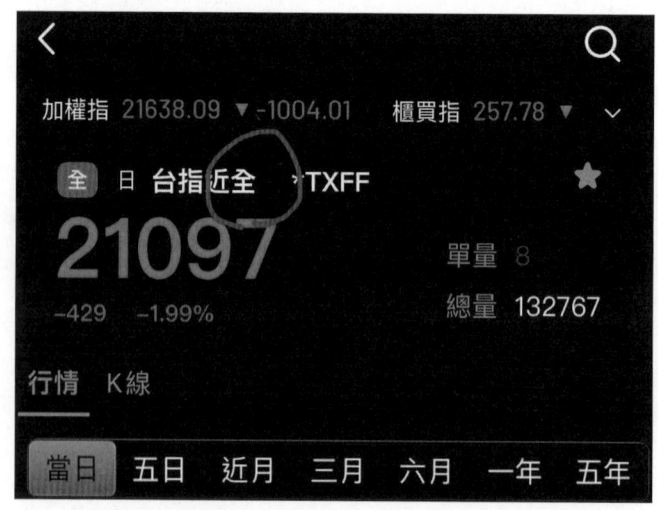

▲（圖 - 券商 app 台指近全）

接著我們說回來正題，台指期的契約究竟是怎麼算的呢？所謂的台指近月遠月又是什麼意思？首先我們要先來了解台指期這個產品有什麼契約。

下圖是期交所對商品的說明，其實期交所的說明都非常的完整清楚，不過如果是初入這個商品或是對金融產品不大熟悉的同學，可能會覺得有點艱澀難懂。我們現在看到下圖的「契約到期交割月份」這列，他描述到「自交易當月起連續三個月份，另加上三月、六月、九月、十二月中三個接續的季月契約在市場交易」，意思就是，假設現在是 2024 年 8 月，他提到自當月起連續三個月，所以意思就是在此時此刻，會有 8 月、9 月、10 月的台指期契約可以交易，他又提到了加上三月、六月、九月、十二月中三個接續的季月，所以除了 8、9、10 月的契約，還要在加上三個連續的季月，所以還會有 2024/12、2025/03、2025/06 這三個契約。

項目	內容
交易標的	臺灣證券交易所發行量加權股價指數
中文簡稱	臺股期貨
英文代碼	TX
交易時間	• 本契約交易日同臺灣證券交易所交易日 • 一般交易時段之交易時間為營業日上午8:45~下午1:45；到期月份契約最後交易日之交易時間為上午8:45~下午1:30 • 盤後交易時段之交易時間為營業日下午3:00~次日上午5:00；到期月份契約最後交易日無盤後交易時段
契約價值	臺股期貨指數乘上新臺幣200元
契約到期 交割月份	• 自交易當月起連續三個月份，另加上三月、六月、九月、十二月中三個接續的季月契約在市場交易 • 新交割月份契約於到期月份契約最後交易日之次一營業日一般交易時段起開始交易
每日結算價	每日結算價原則上採當日一般交易時段收盤前1分鐘內所有交易之成交量加權平均價，若無成交價時，則依本公司「臺灣證券交易所股價指數期貨契約交易規則」訂定之

▲（圖 - 源自期貨交易所之台指期貨規格）

我們看下圖的期交所報價牆，所以在 2024 年 8 月時，假設還沒到 8 月的結算日，此時此刻就會有 6 個台指期的契約，分別是 2024/08、2024/09、2024/10、2024/12、2025/03、2025/06 這 6 個契約，對應的就是下圖商品的台指期 084、台指期 094 等等。

第 3 章　台指期的價量研究

商品	狀態	買進	買量	賣出	賣量	成交價	漲跌	振幅%
臺指現貨	收盤	--	--	--	--	21,638.09	-1,004.01	2.23%
臺指期084	收盤	21,532.00	5	21,537.00	2	21,533.00	-1,127.00	2.61%
臺指期094	收盤	21,548.00	1	21,556.00	2	21,552.00	-1,125.00	2.61%
臺指期104	收盤	21,580.00	2	21,594.00	1	21,572.00	-1,128.00	2.45%
臺指期124	收盤	21,623.00	1	21,636.00	2	21,689.00	-1,046.00	1.99%
臺指期035	收盤	21,676.00	1	21,721.00	1	21,721.00	-1,084.00	1.77%
臺指期065	收盤	21,702.00	1	21,792.00	1	21,738.00	-1,116.00	2.11%
小臺指現貨	收盤	--	--	--	--	21,638.09	-1,004.01	2.23%

▲（圖 - 源自期交所行情報價牆）

　　聰明的讀者可能也感受到了，一般來說我們說的近月遠月，近月指的就是離現在最近的那份契約，例如現在的台指近，指的就是台指期 084 這一個契約，離現在最近的台指期契約理所當然就是成交量最大、最多人交易的契約了；至於其他的我們就會視為遠月契約。假設你是時空穿越者，你知道台積電在 2025 年 6 月的財報會開的超級超級好，台灣的經濟也會來到高峰，那你可以在 2024 年 8 月的此時此刻，去大量做多台指期 065 的契約。

　　當然這只是舉個例子，當你對未來非常期待且肯定時，你當然可以去買遠月的契約，畢竟所謂的期貨期貨，期這個字可以解讀為對未來的預期。近月遠月的應用有一個挺有利的指標就是有人會觀察近月跟遠月台指期的價差，來揣摩市場對未來台灣市場的預期。

◆ 台指期 – 交易時段、結算日

　　台指期的交易時段分為日夜盤，日盤的時段為早上 8:45 開盤，到下午 1:45，所以他比一般的股票市場早開了 15 分鐘，也比股票市場晚收盤 15 分鐘；夜盤的話是下午 3:00 開盤，開到隔日的凌晨 5:00 收盤。所以其實台指期的休息時段僅有下午 1:45 ~ 下午 3:00，還有隔日凌晨 5:00 到早上 8:45，其餘的時段都是開盤的。

只是說台指期的成交量都集中在日盤，夜盤一般來說除非台灣有重大事件，或者是美股開盤、FED 發表談話等等時段可能會造成夜盤有不小的波動，不然一般來說夜盤是波動跟成交量都是比較少的。

期貨商品都會有一個結算日，台指期如同一般的期貨商品，都會有一個該契約結算的日期，一般來說我們如果玩的是近月的期貨，那結算日是當月的第三個星期三，另外結算當天的結算時間為下午 1:30，在做回測的時候，這種情況就稍微比較麻煩。

在回測台指期的時候，我們要注意結算的問題，還有只能交易到下午 1:30 分的問題，而且會有是否需要轉倉的選項。不過值得慶幸的是，在回測或是撰寫程式碼的實務上，轉倉不是太麻煩的問題，因為轉倉本質上是我們最後要用結算的價格去賣出我們的舊的期貨契約，因為他到期了，理所當然不能再被交易，假設你仍然看好台股指數，那我們可以買下一期的最近月的新契約，以達成轉倉的目的。

3.1　台指期的資料處理 - 分 K 轉換

我們在前面的章節中簡單介紹了一下台指期有關的相關知識。在本章節中，我們會提供一個從 2019/3/4 ~ 2020/2/28 的 1 分 K 資料供同學練習使用，這個小節我們將會著重在分 K 資料如何處理 – 這其實是相當重要的議題，一般來說，大家對股票的數據接觸的可能都是以日 K 為主，但是期貨策略通常做程式交易會看得比較細，可能會看 5 分 K、15 分 K、30 分 K 等等的分 K，倒不是要一竿子打翻一條船，一定也有人使用很細的分 K 做股票，也一定也有人用日 K 來操作期貨，我是根據個人主觀的經驗談，我自己做台指期大部分看短分 K 的資料較多，當然了短分 K 不意味著高頻率的交易，即便我看的是 5 分 K，仍然可以做波段型的策略。有點離題了，總之我們這個小節會主要 focus 在如何處理拿到的數據，如何做很細緻的各種不同分 K 的轉換。

第3章 台指期的價量研究

上述的內容其實在我早前於 Mastertalks 上面開的線上課程「Python 全方位期貨課程」中有講述，如果有同學曾經有看過，那或許可以跳過 3.1～3.2 小節，不過本書的重點是股票進階的分析，所以與線上課程不同的是，我們在本書中會講述跟股票做結合的效果如何，而不會單純的探討單邊的效果。我們期望向同學展示將期貨加入到自己的股票資產中，會有什麼不一樣的表現。

◆ 台指期的分 K 處理

在開始之前講述台指期在回測中是如何設定的之前，請先找到 3_1_resample_data.py 這一支範例程式，我們先簡介一下在台指期中是如何做 resample，將 1 分 K 轉成我們要的資料，例如我們後續會以 30 分 K 來研究一下策略，所以我們會以 30 分 K 當作範例示範。

我們在第三章節的資料夾中放了一份 TXF 的檔案，是示範用的檔案，如果同學很想獲得當前最新的資料，在後續章節我們會講述如何透過券商 API 獲得最新的資料。當然如果需要更多歷史資料回測，那可能要獲得購買資料等渠道來獲得。

首先很簡單，我們先 import 我們的套件讀取資料 print 資料來看看。

💻：PythonQuantTrading/Chapter3/3-1/3_1_resample_data.py

```
1  #import套件
2  import pandas as pd
3  #讀取分K檔案
4  x = pd.read_csv('TXF.csv')
5  print(x)
```

OK，這就是我們的一分 K 資料，資料點從早上 8:46 開始，也就是我們說的期貨 8:45 分就會開盤了，那如果是 1 分 K 的話 8:46 就能統計出第一根 K 棒的開高低收了。我們也可以在末幾筆資料看到，台指期的資料會延伸到夜盤，也就是上午 5 點。

3.1 台指期的資料處理 - 分 K 轉換

```
(env) ~/Documents/dev/python-stock-analysis-advanced/ch3 git:(main) (4.971s)
python3 3_1_resample_data.py
                 Date   Open   High    Low  Close  Volume
0       2019/3/4 08:46  10390  10400  10380  10386    3858
1       2019/3/4 08:47  10387  10388  10373  10377    1332
2       2019/3/4 08:48  10377  10378  10371  10375     759
3       2019/3/4 08:49  10375  10376  10373  10376     436
4       2019/3/4 08:50  10375  10376  10361  10363     999
...                ...    ...    ...    ...    ...     ...
267845  2020/2/28 04:56  11169  11171  11168  11170      49
267846  2020/2/28 04:57  11171  11172  11168  11168      64
267847  2020/2/28 04:58  11169  11169  11166  11166     169
267848  2020/2/28 04:59  11167  11167  11165  11166     143
267849  2020/2/28 05:00  11166  11166  11162  11162     182

[267850 rows x 6 columns]
```

▲（圖 - 台指期資料概覽）

在做台指期的資料轉換時，由 1 分 K 轉換成 30 分 K，其實會有一點困擾，為什麼呢？因為在資料面，我們有提到有分成夜盤跟日盤，夜盤跟日盤的起始時間是不同的，如果同學有用過期貨的看盤軟體，可能會曉得期貨的 30 分 K 的第一根跑完的 K 棒會是上午 9:15 分，而夜盤的是下午 3:30，對我們人來說，15 分跟 30 分似乎是感覺不出差異，但是從程式面來說，可能就必須要分開處理，K 棒的生成本身是在一段時間做統計，取第一個價格為開盤，最後一個價格為收盤，但是當兩個的起始點有這 15 分鐘的差別，我們在採樣時就需要特別設計。或許同學還是毫無感覺，讓我們接著用例子娓娓道來。

對於分 K 的處理，我們可以使用 python 強大的 pandas 函數庫裡面到 pandas.core.resample.agg() 這個函數來達成。知名的函數庫有一個很大的優點是他們一般來說都有良好命名方式，我們從 resample 及 agg 等字眼就能感受到他是要幫我們進行根據指定的時間去做重新採樣及統計。

在使用這個函數之前，我們需要先 set_index() 將日期設置在 dataframe 的索引中，函數才可以幫助我們根據時間來做重新採樣。採樣的方式也很簡單，我們再 resample() 函數中放入需求的時間，例如 30min，我們就可以以 30 分鐘來採樣製作我們的 30 分 K。同學可能也猜到了，如果今天是例如說 40 分 K，那就是 40min，以此類推。當然他還支援了以小時 (1h)、日 (1d) 來重新採樣，要做

第 3 章　台指期的價量研究

成日 K，就是丟入 1d 即可。agg() 這個方法裡面可以定義各種好用的採樣統計方式，包含第一筆、最大值、最小值、總和、最後一筆，這些都是我們組成 K 棒的重要因素，另外平均值、中位數等等也都是可以計算的，而且使用上也非常簡單，例如說我要以 30 分鐘採樣 High 這個欄位的最大值，作為這根 30 分 K 的最大值，所以我可以簡單地用 High:max 這樣的方式讓函數知道我們要計算 High 這個欄位的最大值。

💻 ：PythonQuantTrading/Chapter3/3-1/3_1_resample_data.py

```
6   #為x建立index，供轉換使用
7   x = x.set_index(pd.DatetimeIndex(x.Date))
8   #示錯誤的示範-早盤不加參數的 agg
9   df30 = x.resample('30min').agg({
10      'Open':'first','High':'max','Low':'min','Close':'last','Volume':'sum'
11  }).dropna()
12  # 儲存成新的csv檔案
13  df30.to_csv('TXF_30_Test.csv')
```

透過上述的方式，我們成功以 30 分鐘為單位計算出開高低收量的 30 分鐘採樣的統計量，我們在上面程式的最後儲存了 csv 檔案以供檢查。不過壞消息是，你看他日盤的 Date 是從早上 8:30 開始，這不符合我們常常看到的 K 棒，一般來說，早上 8:45 開盤的台指期，應該第一根是 9:15 才是，但這個函數會預設以 30 分鐘為主來計算。而且即便是夜盤，第一根也被歸到 15:00 而非 15:30 了。

Date	Open	High	Low	Close	Volume
2019/3/4 8:30	10390	10400	10344	10349	13096
2019/3/4 9:00	10348	10362	10294	10318	28447
2019/3/4 9:30	10318	10343	10301	10312	21316
2019/3/4 10:00	10312	10325	10302	10322	8595
2019/3/4 10:30	10322	10324	10276	10293	16334
2019/3/4 11:00	10292	10306	10280	10306	7283
2019/3/4 11:30	10306	10315	10302	10314	5401
2019/3/4 12:00	10313	10323	10309	10318	4204
2019/3/4 12:30	10318	10324	10310	10322	3707
2019/3/4 13:00	10322	10335	10310	10312	8967
2019/3/4 13:30	10311	10316	10308	10311	5333
2019/3/4 15:00	10303	10307	10298	10301	1223
2019/3/4 15:30	10301	10301	10290	10291	1049

▲（圖 - 執行結果，將 1 分 K 調整為 30 分 K）

3.1 台指期的資料處理 - 分 K 轉換

所以現在我們面臨兩個問題要解決：

1. 我們的日盤第一根要調整到早上 9:15

2. 我們的夜盤第一根要調整到下午 15:30

從剛剛那個結果，我們可以感覺得出來，如果單純用 resample 來進行的話，以 30 分鐘來說，他預設是以整點跟 30 分作為切割點，即便我們的數據是從 8:45 開始，也會被歸類成 8:30 的部分。但我們早上的第一根不是如此，他不能被歸類在 8:30，而且同學是否有注意到，他是往前面的時間去歸類的，但我們 K 棒的統計是統計到後面的時間，以他這個 case 來說，他應該要把 8:30–9:00 的統計量記在 9:00，而不是 8:30，才符合我們一般在看盤軟體中看到的結果。

我們開始處理吧，因為我們不能使用 resample 預設的以 30 分跟整點作為 30 分鐘採樣的依據，所以日盤跟夜盤我們分開處理，最後在 concat 在一起。我們在前面為 dataframe 建立的 datetime 的索引 (index)，所以我們現在可以很方便的用 between_time() 功能來簡單切割出日盤及夜盤。

💻 : PythonQuantTrading/Chapter3/3-1/3_1_resample_data.py

```
31    morning_data = x.between_time('08:45', '13:45')
32    afternoon_data = x.between_time('15:00', '05:00')
```

我們可以 resample() 透過以下幾個參數，來解決上述的問題：closed、label、跟 offset 來解決這個問題，我們先看結果，後面再來解釋這些參數的用處是什麼。

第 3 章　台指期的價量研究

🖥 ：PythonQuantTrading/Chapter3/3-1/3_1_resample_data.py

```
34      # 早上8:45 ~ 13:45的資料做resample，並使用offset
35      morning_resampled = morning_data.resample(
36          '30min', closed='right', label='right', offset='15min').agg({
37          'Open': 'first',
38          'High': 'max',
39          'Low': 'min',
40          'Close': 'last',
41          'Volume': 'sum'
42      }).dropna()
43      print(morning_resampled)
```

我們看下圖的結果，這一次就很正確了，他的時間被正確的歸到第一根是 9:15，並且往後都是 45 分、15 分這樣的我們要的單位，而不是 30 分、0 分。

```
                       Open      High       Low     Close   Volume
Date
2019-03-04 09:15:00  10390.0   10400.0   10308.0   10309.0    28947
2019-03-04 09:45:00  10309.0   10343.0   10294.0   10315.0    27199
2019-03-04 10:15:00  10314.0   10325.0   10301.0   10313.0    11852
2019-03-04 10:45:00  10313.0   10324.0   10276.0   10280.0    15081
2019-03-04 11:15:00  10279.0   10293.0   10279.0   10292.0     8394
...                      ...       ...       ...       ...      ...
2020-02-27 11:45:00  11325.0   11344.0   11315.0   11329.0     8389
2020-02-27 12:15:00  11329.0   11329.0   11282.0   11283.0    11232
2020-02-27 12:45:00  11282.0   11295.0   11246.0   11260.0    15699
2020-02-27 13:15:00  11258.0   11275.0   11237.0   11260.0    12341
2020-02-27 13:45:00  11260.0   11288.0   11256.0   11273.0    15402

[2420 rows x 5 columns]
```

▲（圖 -resample 加入 label、closed、offset 參數）

那接下來，那三個在 resample() 中的參數代表了什麼呢？這三個參數都是要彼此互相搭配，才會有這樣的結果。其中最重要的是 offset 這個參數，設置 offset = 15min 代表著我們告訴 resample() 這個函數他在採樣的時候應該要往後偏移 15 分鐘，所以他就會從 8:30 + 15 分鐘開始採樣起，也就是會從 8:45 開始採樣，接著就是 9:15，認知到他有偏移量可以設置是很重要的，同學們就可以依照自己的喜好跟需求任意調整這個偏移量，就沒有任何分 K 可以難倒你。

3.1 台指期的資料處理 - 分 K 轉換

不過呢，如果只加了 offset，他就只會幫我們偏移 15 分鐘，所以我們的第一根會變成 8:45，一樣不符合我們的需求，感覺還少了點什麼，我們需要的是他幫我們統計完後第一根放 9:15。我開一個空白的 py 檔案來寫範例，這部分的 code 就沒有在 github 程式碼上面了。

如下所示，label 這個參數就很完美的解決我們的需求了，他是讓我們選我們的區間中，應該要歸屬左邊還是右邊，假設我們經過了 offset，30 分 K 的第一根區間會是 8:45–9:15，那所謂的 right 右邊，就是歸屬在 9:15; 反之 left 就是歸屬在 8:45，下面的範例是沒有經過 offset 的，所以就會是 8:30–9:00。那他預設會是 left，所以我們需要指定 label 為 right。

> __temp.py

```
#label='right' => 8:30+15 - 9:00+15的資料歸屬在9:00
#label='left' => 8:30-9:00的資料歸屬在8:30
```

到上面這個步驟，我們已經可以做到把我們的時間偏移 15 分鐘，並且可以把第一根 30 分 K 正確的歸屬到 9:15。現在只剩下 closed 這個參數了，概念很簡單，如果 closed 是 right 的話，代表著 x 在區間中的右邊是 <=，left 的話是 x 在左邊是 <=，意味著他在做區間採樣統計的時候，要如何去詳細的去定義統計的時間區間。

> __temp.py

```
#label='right' => 8:30+15 - 9:00+15的資料歸屬在9:00
#label='left' => 8:30-9:00的資料歸屬在8:30
```

到這裡，我們解釋了如何使用 resample() 這個函數，並透過 closed、offset 以及 label 來實現細節的分 K 計算，掌握這幾個參數之後，無論讀者遇到的是什麼頻率的資料，相信稍加思考都能夠順利處理，得心應手。

第 3 章　台指期的價量研究

接下來我們處理夜盤的資料。那夜盤的資料處理方式基本與日盤同，只是說夜盤是下午 3 點開盤，接著都是整點與 30 分，與 resample() 這個函數的 30 min 預設的是一樣的，所以我們不需要做 offset 偏移。

📖：PythonQuantTrading/Chapter3/3-1/3_1_resample_data.py

```python
45  # 下午15:00 ~ 隔日凌晨3:00的資料做resample，不使用offset
46  afternoon_resampled = afternoon_data.resample(
47      '30min', closed='right', label='right').agg({
48      'Open': 'first',
49      'High': 'max',
50      'Low': 'min',
51      'Close': 'last',
52      'Volume': 'sum'
53  }).dropna()
54  print(afternoon_resampled)
```

跑完之後，我們可以看下面的結果，可見得我們完美的把夜盤的資料轉換成 30 分 K 了。我們的工作快要完成了。

```
                       Open     High      Low    Close  Volume
Date
2019-03-04 15:30:00  10303.0  10307.0  10298.0  10301.0    1255
2019-03-04 16:00:00  10300.0  10300.0  10290.0  10294.0    1083
2019-03-04 16:30:00  10294.0  10295.0  10290.0  10295.0     711
2019-03-04 17:00:00  10295.0  10300.0  10293.0  10300.0     551
2019-03-04 17:30:00  10300.0  10301.0  10297.0  10298.0     373
...                      ...      ...      ...      ...     ...
2020-02-28 03:00:00  11251.0  11261.0  11208.0  11220.0    4705
2020-02-28 03:30:00  11219.0  11229.0  11206.0  11223.0    2605
2020-02-28 04:00:00  11224.0  11224.0  11202.0  11205.0    1434
2020-02-28 04:30:00  11204.0  11215.0  11188.0  11193.0    1594
2020-02-28 05:00:00  11193.0  11196.0  11162.0  11162.0    2566

[6776 rows x 5 columns]
```

▲（圖 - 夜盤的數據 resample 後的結果）

3.1 台指期的資料處理 - 分 K 轉換

最後的步驟了，我們只需要把日夜盤的 30 分 K 的 dataframe concat 起來即可，不過要記得要 sort_index() 一下 – 也就是我們要確保我們的資料真的按照時間順序正確排列，然後我們最後就可以放心的存一份 CSV 檔案，供後面的章節使用。

📃 : PythonQuantTrading/Chapter3/3-1/3_1_resample_data.py

```
56  # 合併早上和下午的resample結果
57  df30 = pd.concat([morning_resampled, afternoon_resampled]).sort_index()
58  df30.to_csv('TXF_30.csv')
```

程式跑完之後，我們可以打開 CSV 來看一下，我們就可以看到數據被完美的轉換以及拼接在一起，日盤第一根是 9:15 分，也有看到最後一根 13:45；夜盤的第一根我們也看到了 15:30 的第一根夜盤分 K，讀者也可以打開數據再做 double check，看一下是不是正確的統計 1 分 K 為 30 分 K。

Date	Open	High	Low	Close	Volume
2019/3/4 9:15	10390	10400	10308	10309	28947
2019/3/4 9:45	10309	10343	10294	10315	27199
2019/3/4 10:15	10314	10325	10301	10313	11852
2019/3/4 10:45	10313	10324	10276	10280	15081
2019/3/4 11:15	10279	10293	10279	10292	8394
2019/3/4 11:45	10292	10314	10289	10313	6813
2019/3/4 12:15	10313	10320	10307	10320	4629
2019/3/4 12:45	10320	10323	10310	10317	3710
2019/3/4 13:15	10317	10335	10316	10328	7113
2019/3/4 13:45	10328	10329	10308	10311	8945
2019/3/4 15:30	10303	10307	10298	10301	1255
2019/3/4 16:00	10300	10300	10290	10294	1083
2019/3/4 16:30	10294	10295	10290	10295	711
2019/3/4 17:00	10295	10300	10293	10300	551
2019/3/4 17:30	10300	10301	10297	10298	373
2019/3/4 18:00	10298	10298	10290	10291	665
2019/3/4 18:30	10291	10294	10290	10293	263
2019/3/4 19:00	10293	10298	10291	10292	364
2019/3/4 19:30	10292	10295	10291	10295	184
2019/3/4 20:00	10295	10296	10293	10294	196
2019/3/4 20:30	10294	10297	10293	10295	198
2019/3/4 21:00	10295	10297	10295	10295	179
2019/3/4 21:30	10295	10298	10294	10297	155
2019/3/4 22:00	10297	10310	10297	10303	1000
2019/3/4 22:30	10303	10305	10296	10305	604
2019/3/4 23:00	10303	10307	10285	10293	2396
2019/3/4 23:30	10293	10295	10282	10292	1567

▲（圖 - 處理完的 30 分 K csv 檔案）

至此我們已經說明完如何透過參數的細節去處理日夜盤的分 K 轉換，下一個小節中，我們將會說到在 Backtrader 中，我們要如何單純的回測期貨。在後續的章節中，我們會講到更進階的應用 – 如何同時回測期貨及股票。

3.2 台指期在回測系統中如何設定？

在前面的章節中，我們已經充分的介紹過 Backtrader，除了 Backtrader 基本的用法以及如何串接績效報告工具 Pyfolio 外，也有說明到如何使用 Backtrader 去進行多股票的配置。在 3.2 這個小節中，我們將會介紹如果是 Backtrader 要交易像期貨這樣的保證金商品，應該如何設置。掌握了這些細節能力之後，將沒有什麼回測是你無法達成的。

首先，在從股票的回測轉到台指期的回測時，我們需要注意兩個最主要的重點：

1. 期貨是保證金交易，損益算法與股票不同

2. 期貨會有到期問題，我們需要處理轉倉問題

◆ 期貨的保證金交易設置

我們逐個來處理吧，從 1 先開始，我們目前使用到 3_2_futures_bt.py 這一份範例。在 Backtrader 中，將交易轉成保證金交易是相當容易的事情。在前面的章節中，我們已經詳盡介紹過 Backtrader 了，我這裡不重要的地方就簡單的帶過了，不過為求讀者學習順利，我仍然會提供一個簡單的範例在這個小節中。

我們先從保證金設置開始講起，如果讀者正在看這份 code，請先滑到下方的部分。首先我們先呼叫 Backtrader 的回測物件 cerebro()，然後讀取我們的 30 分 K 的資料檔案，這裡我使用 PandasData() 來讀取我們準備的資料檔案，與先前提到的一樣，這個欄位可以用位置以及欄位名稱來傳遞給 Backtrader，如果讀者是希望 Backtrader 畫圖的話，可以將 plot = False 改成 True 即可。

3.2 台指期在回測系統中如何設定？

:PythonQuantTrading/Chapter3/3-2/3_2_futures_bt.py

```
95      cerebro = bt.Cerebro()
96      df = pd.read_csv('TXF_30.csv')
97      df = df.dropna()
98      df['Date'] = pd.to_datetime(df['Date'])
99      df.index = df['Date']
100     df = df.between_time('08:45', '13:45')
101     data_feed = bt.feeds.PandasData(
102         dataname=df,
103         name='TXF',
104         datetime=0,
105         high=2,
106         low=3,
107         open=1,
108         close=4,
109         volume=5,
110         plot=False,
111     )
```

接著我們一樣做 adddata()，這裡盡量我們為資料命名一下，雖然可能只有一樣產品的時候用不太到，但我們還是命名為 TXF，然後加入我們的策略跟本金。

:PythonQuantTrading/Chapter3/3-2/3_2_futures_bt.py

```
cerebro.adddata(data_feed, name='TXF')
cerebro.addstrategy(SampleStrategy)
cerebro.broker.setcash(300000.0)
```

接著這裡是最重要的部分了，我們從回測股票到回測期貨的轉換，這是第一個重點。在 Backtrader 中，我們只要有設置 margin 跟 mult 這兩個參數，並且 margin 有設置的話，此時 commision 就會默認為扣除一個整數金額，而不是像股票一樣是扣除一個百分比。以上都設置完成後，回測引擎就會以保證金的

第 3 章　台指期的價量研究

模式去交易。那下面幾個參數非常直觀，commision 是單邊的手續費，所以設置 200 元，代表進倉一口會扣 200，平倉一口也會，所以完成一次完整的交易，如果只下一口的話，會是 400 元；margin 是保證金，我這裡設置 167,000，因為我們的資料是 2019，以當時大概的行情來設定，讀者如果覺得數值不妥，可以自行修改；mult 是期貨商品的乘數，也就是我們先前介紹的，台指期的獲利是點數差 * 倉位方向 * 乘數 (200)。

💻：PythonQuantTrading/Chapter3/3-2/3_2_futures_bt.py

```
cerebro.broker.setcommission(commission=200, margin=167000, mult=200)
```

最後這裡我就不多做贅述，我們開始運行我們的程式碼。最後的部分小小提醒一下，先前有提到 Pyfolio 的圖表仰賴 Jupyter 得呈現，有時候我個人如果只是做實驗或是選擇參數，我會單純的使用 Pyfolio 底層運算績效的套件 Empyrical(程式碼縮寫為 ep) 來計算重要的績效指標，例如此處我計算累計報酬、夏普比率跟最大回撤。傳進去由 Backtrader 算好的 returns 日報酬序列即可。

💻：PythonQuantTrading/Chapter3/3-2/3_2_futures_bt.py

```
118    print('Starting Portfolio Value: %.2f' % cerebro.broker.getvalue())
119    cerebro.addanalyzer(bt.analyzers.PyFolio, _name='pyfolio')
120
121    results = cerebro.run()
122
123    print('Final Portfolio Value: %.2f' % cerebro.broker.getvalue())
124
125    strat = results[0]
126    pyfoliozer = strat.analyzers.getbyname('pyfolio')
127    returns, positions, transactions, gross_lev = pyfoliozer.get_pf_items()
128
129    pf.create_returns_tear_sheet(returns, positions=positions)
130    print('cum returns:', ep.cum_returns_final(returns))
131    print('mdd:', ep.max_drawdown(returns))
132    print('sharpe:', ep.sharpe_ratio(returns))
```

到這裡，我們完成了回測的設置而已，接下來我們還要介紹第二個重點，要如何處置結算日的問題。

3.2 台指期在回測系統中如何設定？

◆ 期貨的結算日處理

我們前面有提到，台指期的結算日是每個月的第三個星期三，但是回測引擎對到期合約的處理與我們的資料型態略有不同，未必是誰的問題，僅是資料格式不同而已。一般來說，以我自己的狀況，我獲得的台指期的資料是連續的，資料商或是某些人為了方便回測統計，會把每一個不同的台指期近月拼接在一起，例如說我們在書中提供的範例資料即是如此，我們在資料中暫時沒辦法辨識這是不同的合約，即使事實是每個月的第三個星期三合約就會變化。

我們來看看 Backtrader 的官方是怎麼處理的。在官方文件中的 Rolling over Futures 這個章節中就有提到，不是每一個資料提供者都有給予像是本書提供的範例資料這樣將近月台指期資料都拼接起來，易於回測的數據。某些資料商提供的是最原始的資料型態，也就是類似一個合約一包資料，我們就有可能看到例如說 TXF_2024_1 月合約 .csv、TXF_2024_2 月合約 .csv 等等。對此狀況，Backtrader 的處理方式是提供一個 rolloverdata() 讓我們可以把這個一個個合約匯入進去處理。不過我們這裡就不著墨太多，大部分的資料都是以拼接好的為主，即便今天有一個個合約拆開的資料，我想我也會使用 pandas 的 concat 將合約拼接成一大張表，所以我們這裡就只先告訴讀者還有另一種方式處理。

The RollOver Data Feed

backtrader has added with `1.8.10.99` the possibility to join futures' data from different expiration dates into a continuous future:

```python
import backtrader as bt

cerebro = bt.Cerebro()
data0 = bt.feeds.MyFeed(dataname='Expiry0')
data1 = bt.feeds.MyFeed(dataname='Expiry1')
...
dataN = bt.feeds.MyFeed(dataname='ExpiryN')

drollover = cerebro.rolloverdata(data0, data1, ..., dataN, name='MyRoll', **kwargs)

cerebro.run()
```

▲ (Backtrader 對於不同期的期貨合約的處理方式)

第 3 章　台指期的價量研究

那既然我們沒有分開的合約可以去判斷已經是每個月第三個星期三，我是選擇自行撰寫邏輯去判斷今天是不是本月的第三個星期三，如果是，我們就知道今天合約會到期，就可以選擇自己要如何操作。

我們剛剛在介紹怎麼設置 Backtrader，因為在程式的下半部的關係，沒有帶到需要的套件，我們首先先 import 我們想用到的套件。下方我們再簡單的加一個忽略 warning 的語法。

💻：PythonQuantTrading/Chapter3/3-2/3_2_futures_bt.py

```
3   import datetime
4   import backtrader as bt
5   import pandas as pd
6   import calendar
7   from datetime import datetime
8   import empyrical as ep
9   import pyfolio as pf
10  import warnings
11  warnings.filterwarnings('ignore')
```

我們設計一個函數來判斷傳入日期當月的期貨到期日。option_expiration 函數接受一個日期物件作為輸入，並通過計算出該月的第三個星期五來確定期貨的到期日。首先，calendar.weekday(date.year,date.month,1) 會取得該月份的第一天是星期幾，接著 (calendar.weekday(date.year,date.month,1)+ 4)%7 計算第一個星期五是在哪一天，最後 21-(calendar.weekday(date.year,date.month,1)+ 4)%7 計算出該月的第三個星期五的日期，並使用 datetime(date.year,date.month,day) 返回該日期作為期貨的到期日。我們最終會在 Backtrader 的回測中引用這個函數，來判斷是不是期貨合約的到期日。

💻：PythonQuantTrading/Chapter3/3-2/3_2_futures_bt.py

```
13  def option_expiration(date):
14      day = 21 - (calendar.weekday(date.year, date.month, 1) + 4) % 7
15      return datetime(date.year, date.month, day)
```

3.2 台指期在回測系統中如何設定？

我們可以來試用看看這個函數。我在下方很簡單的測試一下。使用今天的日期 (2024-09-25) 來測試看看是不是能夠回傳 9 月份的台指期到期日。

💻：PythonQuantTrading/Chapter3/3-2/3_2_futures_bt.py

```
17
18      print(option_expiration(datetime.now()))
19
```

上面的結果就會跑出來我們 9 月的契約的到期日，那就是 2024-09-18。

```
(env) ~/Documents/dev/python-stock-analysis-advanced/ch3 git:(main) (1.294s)
python3 3_2_futures_bt.py
2024-09-18 00:00:00
```

▲（圖 - 期貨到期日函數測試結果）

我們這個章節先使用一個簡單的範例來描述如何使用該函數，先不管回測的邏輯是否有效或合理，我們先簡單做一個基本策略。

💻：PythonQuantTrading/Chapter3/3-2/3_2_futures_bt.py

```
21  class SampleStrategy(bt.Strategy):
22      params = (
23          ('period_day', 5),
24          ('stop_loss', 0.01),   # 1% stop loss
25          ('take_profit', 0.01), # 1% take profit
26      )
27
28      def log(self, txt, dt=None):
29          ''' Logging function for this strategy'''
30          dt = dt or self.datas[0].datetime.datetime(0)
31          print('%s, %s' % (dt.isoformat(), txt))
32
33      def __init__(self):
34          self.dataclose = self.datas[0].close
35          self.datahigh = self.datas[0].high
36          self.datalow = self.datas[0].low
37          self.order = None
38          self.sellprice = None
39          self.buycomm = None

    def notify_order(self, order):
        if order.status in [order.Submitted, order.Accepted]:
            return
```

```
            if order.status in [order.Completed]:
                if order.isbuy():
                    self.log(f'''BUY EXECUTED, Price: {order.executed.price:.2f},
                            Cost: {order.executed.value:.2f},
                            Comm {order.executed.comm:.2f}''')
                    self.buycomm = order.executed.comm
                else:
                    self.sellprice = order.executed.price
                    self.log(f'''SELL EXECUTED, Price: {order.executed.price:.2f},
                            Cost: {order.executed.value:.2f},
                            Comm {order.executed.comm:.2f}''')
            self.bar_executed = len(self)
        self.order = None
58      def notify_trade(self, trade):
59          if not trade.isclosed:
60              return
61          self.log(f'OPERATION PROFIT, GROSS {trade.pnl:.2f}, NET {trade.pnlcomm:.2f}')
63      def next(self):
64          if self.order:
65              return
66
67          position = self.getposition().size
68          status = None
69          if (
70              option_expiration(self.datas[0].datetime.datetime(0)).day
71              == self.datas[0].datetime.datetime(0).day
72          ):
73              if self.datas[0].datetime.datetime(0).hour >= 13:
74                  status = "end"
75                  if position != 0:
76                      self.close()
77                      self.log("Expired and Create Close Order")
78
79          if status != 'end':
80              if not position:
81                  if self.dataclose[0] > self.datahigh[-1]:  # Breakout above the high
82                      self.buy()
83                      self.log('BUY ORDER CREATED')
84                  elif self.dataclose[0] < self.datalow[-1]:  # Breakout below the low
85                      self.sell()
86                      self.log('SELL ORDER CREATED')
88              # Exit Conditions
89              if position > 0 :  # Long position
90                  if (self.dataclose[0] > self.position.price * (1 + self.params.take_profit) or  # Take
91                      self.dataclose[0] < self.position.price * (1 - self.params.stop_loss)):  # Stop lo
92                      self.close()
93                      self.log('CLOSE LONG POSITION')
94
95              elif position < 0:  # Short position
96                  if (self.dataclose[0] < self.position.price * (1 - self.params.take_profit) or  # Take
97                      self.dataclose[0] > self.position.price * (1 + self.params.stop_loss)):  # Stop lo
98                      self.close()
99                      self.log('CLOSE SHORT POSITION')
```

3.2 台指期在回測系統中如何設定？

好，那我們來介紹一下我是怎麼去做到期日的判斷。重點在 next() 這個函數裡面。我是使用 status 這個變數去判斷，首先我們先設置 status 是 None，接著我們要判斷今天的日期是不是結算日。我們首先使用 option_expiration() 將回測該日丟入我們寫的函數，獲取該日期的當月結算日，然後我們取 day 獲取日期，再跟當前回測的日期做比較，就可以得知回測當前是否是該月的結算日。

📄：PythonQuantTrading/Chapter3/3-2/3_2_futures_bt.py

```python
def next(self):
    if self.order:
        return

    position = self.getposition().size
    status = None
    if (
        option_expiration(self.datas[0].datetime.datetime(0)).day
        == self.datas[0].datetime.datetime(0).day
    ):
        if self.datas[0].datetime.datetime(0).hour >= 13:
            status = "end"
            if position != 0:
                self.close()
                self.log("Expired and Create Close Order")

    if status != 'end':
        if not position:
            if self.dataclose[0] > self.datahigh[-1]:  # Breakout above the high
                self.buy()
                self.log('BUY ORDER CREATED')
            elif self.dataclose[0] < self.datalow[-1]:  # Breakout below the low
                self.sell()
                self.log('SELL ORDER CREATED')
```

如果回測當日是結算日的話，我這裡是設計結算日當天超過下午一點，我們就將 status 設置為 end，並且如果有庫存，我們就要平倉。

📄：PythonQuantTrading/Chapter3/3-2/3_2_futures_bt.py

```python
def next(self):
    if self.order:
        return

    position = self.getposition().size
    status = None
    if (
```

第 3 章　台指期的價量研究

```
70              option_expiration(self.datas[0].datetime.datetime(0)).day
71              == self.datas[0].datetime.datetime(0).day
72          ):
73              if self.datas[0].datetime.datetime(0).hour >= 13:
74                  status = "end"
75                  if position != 0:
76                      self.close()
77                      self.log("Expired and Create Close Order")
78
79          if status != 'end':
80              if not position:
81                  if self.dataclose[0] > self.datahigh[-1]:   # Breakout above the high
82                      self.buy()
83                      self.log('BUY ORDER CREATED')
84                  elif self.dataclose[0] < self.datalow[-1]:  # Breakout below the low
85                      self.sell()
86                      self.log('SELL ORDER CREATED')
```

在後續我們所有條件跟買賣動作中，我們會先判斷 status 是不是 end，不是 end 代表今天不是結算日且時間也還沒到下午一點，我們就進行交易判斷，如果是 end，則不動作。

🖥️：PythonQuantTrading/Chapter3/3-2/3_2_futures_bt.py

```
63      def next(self):
64          if self.order:
65              return
66
67          position = self.getposition().size
68          status = None
69          if (
70              option_expiration(self.datas[0].datetime.datetime(0)).day
71              == self.datas[0].datetime.datetime(0).day
72          ):
73              if self.datas[0].datetime.datetime(0).hour >= 13:
74                  status = "end"
75                  if position != 0:
76                      self.close()
77                      self.log("Expired and Create Close Order")
78
79          if status != 'end':
80              if not position:
81                  if self.dataclose[0] > self.datahigh[-1]:   # Breakout above the high
82                      self.buy()
83                      self.log('BUY ORDER CREATED')
84                  elif self.dataclose[0] < self.datalow[-1]:  # Breakout below the low
85                      self.sell()
86                      self.log('SELL ORDER CREATED')
```

```
88              # Exit Conditions
89              if position > 0 :   # Long position
90                  if (self.dataclose[0] > self.position.price * (1 + self.params.take_profit) or  # Take
91                      self.dataclose[0] < self.position.price * (1 - self.params.stop_loss)):  # Stop lo
92                      self.close()
93                      self.log('CLOSE LONG POSITION')
94
95              elif position < 0:  # Short position
96                  if (self.dataclose[0] < self.position.price * (1 - self.params.take_profit) or  # Take
97                      self.dataclose[0] > self.position.price * (1 + self.params.stop_loss)):  # Stop lo
98                      self.close()
99                      self.log('CLOSE SHORT POSITION')
```

大致上我們就處理好結算日的問題了，因為這只是範例而已，我們就不貼執行結果了，因為那個績效也沒有太多的參考意義，我們後續正式寫策略的時候再來貼績效數據。

在這個模式下有一些要提醒讀者的部分，以我們 30 分 K 的架構來說，到期日 13:00 以後意味著 13:15 會出發平倉單，然後會在 13:45 執行，照理來說，真實情境是結算時間點應該在 13:30，不過我們進行 resample 時他會被歸在 13:45，回測時應影響不大，我們仍然是用該契約的最後一個數據來進行交易，只是需要提醒一下讀者這個狀況。

再者如果讀者是更細緻的分 K，例如說 1 分 K，就要考量是不是仍然要使用 13:00 以後就不交易，而錯失 13:00-13:30 這中間的交易機會。這些都是要再去調整的。如果讀者想要調整更精細的分鐘判斷的話，可以再加上 self.datas[0].datetime.datetime(0).minute 來判斷分鐘的精細程度。因為情境實在太多，沒辦法逐一列舉，所以要看讀者自己喜歡的情境來處理，當然了使用本書所述之方法應也是無問題的。如果讀者對於各種不同情境的結算日處理方式有困惑的話，歡迎來信或是到本書提供的 github 處開 issue 一同討論。

3.3 台指期的策略研究

我們在這個小節的教學目標，是要能夠讓讀者熟悉如何使用 Backtrader 去進行期貨的回測。想像一下，我們在看一些財經頻道，常常會聽到投顧老師說什麼樣的線型代表強勢，我們看專家拿出來的圖，似乎是這麼一回事沒錯，從

第 3 章 台指期的價量研究

前我們可能會學起來然後下一次看到一樣的線型就貿然買進，但現在我們學過如何做回測，我們就可以去驗證這些線型是否真的可以去構建一個賺錢的策略。

因此我會先示範一個比較經典的傳統策略，然後我會在網路上蒐一個經典的台指期策略，我們把它轉為 Python 的 code 來實踐看看，希望讀者讀完此小節也具備這樣的技能：看到或聽到技術線型的策略時，可以自行做驗證。

在這個小節中，我們會提供兩個在我們提供資料的期間內，sharpe ratio 接近 1.5 且資產在 1 年左右的時間接近翻倍的期貨策略，當然了，我們必須先做免責聲明，首先是資料因為是範例的關係，時間較短，參考價值不高。我們後續會以主觀的視角帶讀者簡單解讀一下有什麼風險在裡面，我會注重什麼事情。如果讀者在自行理解風險，且經過詳盡測試之後，仍然願意交易，則需要自負風險及盈虧，我們不對損失做任何負責。

◆ 多頭排列的台指期策略

這個策略很多人可能早就聽說過了：股價呈現多頭排列。一般來說，多頭排列有很多定義，我們常聽到的其中一個版本是股價站上了 5ma、20ma、60ma(當然如果讀者認定的是 3ma、15ma、100ma 等等的則可以自己修改測試)，並且搭配了成交量的增加，則可以代表多頭趨勢即將建立，因此我們做多；反之則做空。

以往我們聽到多頭排列時，只能當作學習或是抽樣看幾段時間來辛苦的驗證，現在我們可以使用技術去驗證這件事。當然我們的資料比較短，所以可能結果需要多加驗證。在開始寫 code 之前，我們需要先建立好條件跟邏輯，這一個策略，我會這樣設計邏輯：

1. 無持倉時，當前收盤價 > 收盤價的 5、20、60 ma 時，且成交量的 5ma > 60 ma 時，代表多頭趨勢可能建立，且成交量增，做多。

2. 無持倉時，當前收盤價 < 收盤價的 5、20、60 ma 時，且成交量的 5ma < 60 ma 時，代表空頭趨勢可能建立，且成交量減，做空。

3. 持倉時，無論多空倉，只要獲利及虧損超過成本價的 2%，則停損停利。

3.3 台指期的策略研究

上述就是我們的交易邏輯，我們會依照這樣的條件賴建構策略。第三點我想特別說一下，這裡面可能有很多我的主觀意見，不過我們很常看到有同學的策略是設計例如說 100 點停損停利，並且回測期間橫跨幾乎快 20 年。對於這種狀況我是不大建議的，一般來說建議用當前價格的百分比來進行，為何這麼說呢？很簡單，因為數十年前的台指期點數與現在 2 萬多點的情況已經不同，以前點數小，1 萬點上下甚至在 1 萬點以下，漲跌 100 點已經不少了，但對於當前 2 萬點左右的指數，100 點是很輕易達成的，所以這個固定點數的停損停利，在當前的波動來說可能已經不符合你的期待了。

我們打開範例中 3_3_futures_ma_close_strategy.py 的 code，開始來解釋如何去實作。我們一樣先 import 需要的套件跟我們需要的到期日函數。我們在程式碼上面加上 #%% 的字樣，原因是我們執行 Pyfolio 的報告需要 Jupyter 這樣的環境可以查看。

💻 ：PythonQuantTrading/Chapter3/3-3/3_3_futures_ma_close_strategy.py

```
#%%
import datetime
import backtrader as bt
import pandas as pd
import calendar
from datetime import datetime
import empyrical as ep
import pyfolio as pf
import warnings
warnings.filterwarnings('ignore')

def option_expiration(date):
    day = 21 - (calendar.weekday(date.year, date.month, 1) + 4) % 7
    return datetime(date.year, date.month, day)
```

首先，我們先建立物件 MA_Volume_Strategy，並且養成小小的好習慣，把一些參數類的東西使用 params 的方式來儲存，除了前面提到的是 Backtrader 的一種好習慣之外，也以利之後想要做參數最佳化。在這裡我建立了五個參數，分別是收盤價與成交量的移動平均 (ma) 會使用到的參數，以及停利停損的 0.02 的百分比點數。

3-31

第 3 章　台指期的價量研究

📄 ：PythonQuantTrading/Chapter3/3-3/3_3_futures_ma_close_strategy.py

```
16    class MA_Volume_Strategy(bt.Strategy):
17        params = (
18            ('ma_short', 5),
19            ('ma_medium', 20),
20            ('ma_long', 60),
21            ('stop_loss_pct', 0.02),
22            ('take_profit_pct', 0.02),
23        )
```

　　log() 我就不贅述了，我們採用官方範例輸出 log 的方式。主要是說明 __init__ 中，我們先建立後續回測會使用到的技術指標及數據。我們先準備收盤價跟成交量，以及使用 backtrader 有內建的技術指標計算的工具 bt.indicators 來計算我們需要的技術指標：5、20、60 的收盤價的移動平均，以及 5、60 的成交量的移動平均。最終我們準備 order 紀錄訂單的狀態，我們就準備好我們回測所需要的數據了。

📄 ：PythonQuantTrading/Chapter3/3-3/3_3_futures_ma_close_strategy.py

```
25        def log(self, txt, dt=None):
26            ''' 日誌記錄函數 '''
27            dt = dt or self.datas[0].datetime.datetime(0)
28            print(f'{dt.isoformat()}, {txt}')
29
30        def __init__(self):
31            # 收盤價
32            self.dataclose = self.datas[0].close
33
34            # 成交量
35            self.datavolume = self.datas[0].volume
36
37            # 移動平均線
38            self.ma_short = bt.indicators.SMA(self.dataclose, period=self.params.ma_short)
39            self.ma_medium = bt.indicators.SMA(self.dataclose, period=self.params.ma_medium)
40            self.ma_long = bt.indicators.SMA(self.dataclose, period=self.params.ma_long)
41
42            # 成交量移動平均線
43            self.vol_ma_short = bt.indicators.SMA(self.datavolume, period=self.params.ma_short)
44            self.vol_ma_long = bt.indicators.SMA(self.datavolume, period=self.params.ma_long)
45
46            self.order = None
```

3.3 台指期的策略研究

在這裡中斷，小小提一下，我們在 __init__ 裡面，使用 Backtrader 的函數來準備我們的技術指標是其中一種做法，因為 Backtrader 會將數據包成一種他自創的物件形式，所以方便我們在回測函數 next() 中做簡單呼叫。當然了讀者當然也可以先在 feed data 之前先準備好數據，也就是說我們在準備資料檔案的時候，事先先將開高低收量以及各種技術指標先算好，然後在 bt.feeds.PandasData 的函數，還記得我們可以將我們做的欄位加入吧？我們就可以把自製的欄位透過告訴他欄位的索引位置或是欄位的名稱，讓 backtrader 的引擎可以吃到資料，然後可以在 next() 中呼叫，也是一種方式，類似下面這個簡單範例，我們可以事先先在 TXF_30.csv 中先準備好數據，再餵進去。我們前面的章節是用欄位名稱來傳遞給 feeds，這邊用欄位位置索引，讀者可以自行選喜歡的方式寫。

> __temp.py

```
cerebro = bt.Cerebro()
df = pd.read_csv('TXF_30.csv')
df = df.dropna()
df['Date'] = pd.to_datetime(df['Date'])
data_feed = bt.feeds.PandasData(
    dataname=df,
    name='TXF',
    datetime=0,
    high=2,
    low=3,
    open=1,
    close=4,
    volume=5,
    short_ma_close=6,
    medium_ma_close=7,
    long_ma_close=8,
    short_ma_volume=9,
    long_ma_volume=10,
    plot=False,
)
```

notify_order() 這裡我們就不花太多時間，notify_order() 與 notify_trade() 這類型的函數是 backtrader 範例中，當訂單產生及交易時，他會輸出通知用的函數。當然讀者想要在這好紀錄狀態之類的也可以自行擴充，我這裡先沿用官方的範例。

🖥：PythonQuantTrading/Chapter3/3-3/3_3_futures_ma_close_strategy.py

```python
def notify_order(self, order):
    if order.status in [order.Submitted, order.Accepted]:
        return
    if order.status in [order.Completed]:
        if order.isbuy():
            self.log(f'''BUY EXECUTED, Price: {order.executed.price:.2f},
                     Cost: {order.executed.value:.2f},
                     Comm {order.executed.comm:.2f}''')
            self.buycomm = order.executed.comm
        else:
            self.sellprice = order.executed.price
            self.log(f'''SELL EXECUTED, Price: {order.executed.price:.2f},
                     Cost: {order.executed.value:.2f},
                     Comm {order.executed.comm:.2f}''')
        self.bar_executed = len(self)
    self.order = None

def notify_trade(self, trade):
    if not trade.isclosed:
        return
    self.log(f'OPERATION PROFIT, GROSS {trade.pnl:.2f}, NET {trade.pnlcomm:.2f}')
```

接下來是重頭戲了，我們要在 next() 中實現並撰寫我們的策略。在開始之前呢，我們要先獲取當前是的持倉狀態、方向及持有的成本。這些東西都可以透過 Backtrader 的 self.getposition() 來取得，我們可以透過 size 及 price 這兩個 property 來獲得我們的持倉及成本，size 這個 property 返回的會是例如 1、2、3 或是 -1、-2、-3 或是 None，分別表示多空倉位的方向及數量，如果是 None 就是沒有持倉。

🖥：PythonQuantTrading/Chapter3/3-3/3_3_futures_ma_close_strategy.py

```
70    def next(self):
71        if self.order:
72            return
73
```

3.3 台指期的策略研究

```
74      position_size = self.getposition().size
75      position_price = self.getposition().price
```

接著我們照舊要處理契約到期的問題，引用上一個小節有討論過的台指期契約到期日處理方式。

🖥：PythonQuantTrading/Chapter3/3-3/3_3_futures_ma_close_strategy.py

```
status = None
if (
    option_expiration(self.datas[0].datetime.datetime(0)).day
    == self.datas[0].datetime.datetime(0).day
):
    if self.datas[0].datetime.datetime(0).hour >= 13:
        status = "end"
        if position_size != 0:
            self.close()
            self.log("Expired and Create Close Order")
```

在開始寫策略前，請一樣要記得加上，當 status!= end 的時候才判斷是不是要進行交易。完成後我們先寫當沒有持倉時的動作，當我們在 __init__ 中定義好我們數據的時候，我們就可以在這裡非常輕鬆地寫我們的條件，做多就是當我們當前的 close > 長中短期的 close ma，且短期的成交量均值 > 長期成交量均值，即建立買單，相反的就建立空單。

🖥：PythonQuantTrading/Chapter3/3-3/3_3_futures_ma_close_strategy.py

```
if status != 'end':
    if not position_size:
        # 多頭進場條件
        if (self.dataclose[0] > self.ma_short[0] and
            self.dataclose[0] > self.ma_medium[0] and
            self.dataclose[0] > self.ma_long[0] and
            self.vol_ma_short[0] > self.vol_ma_long[0]):
            self.order = self.buy()
            self.log('創建買單')
        # 空頭進場條件
        elif (self.dataclose[0] < self.ma_short[0] and
              self.dataclose[0] < self.ma_medium[0] and
              self.dataclose[0] < self.ma_long[0] and
              self.vol_ma_short[0] < self.vol_ma_long[0]):
            self.order = self.sell()
            self.log('創建賣單')
    else:
        pass
```

接著是當我們持有多倉時，要如何處理，我們在上一步驟中，else 的部分是先暫時放 pass 的，else 的部分代表的是我們有持倉時。當我們的持倉 > 0 表示持有多方部位，按照我們之前建立的策略條件，我的停利停損點設在成本價的 2%，所以我可以先預算出我的停損價格跟停利價格。並且接下來就很簡單了，我們判斷現在的收盤價如果大於停利價格，我們停利，當價格跌破我們的停損單的時候，我們停損。

💻 ：PythonQuantTrading/Chapter3/3-3/3_3_futures_ma_close_strategy.py

```
92              else:
93                  # 已有持倉，檢查出場條件
94                  if position_size > 0:
95                      stop_loss_price = position_price * (1 - self.params.stop_loss_pct)
96                      take_profit_price = position_price * (1 + self.params.take_profit_pct)
97                      # 多頭持倉
98                      if self.dataclose[0] >= take_profit_price:
99                          self.order = self.close()
100                         self.log('平多單 - 停利')
101                     elif self.dataclose[0] <= stop_loss_price:
102                         self.order = self.close()
103                         self.log('平多單 - 停損')
```

上面我們完成了當 position_size >0，也就是持有多單時我們的動作。持有空單時則也是一樣的做法，我們事先先算出停損跟停利的價格，不過需要稍微注意一點空單的停利算法跟多單不同，是價格跌了反而賺錢，所以寫法要注意。當有價格之後，做法也一模一樣。小於停利價的時候停利，大於停損價時停損。

💻 ：PythonQuantTrading/Chapter3/3-3/3_3_futures_ma_close_strategy.py

```
105                 elif position_size < 0:
106                     stop_loss_price = position_price * (1 + self.params.stop_loss_pct)
107                     take_profit_price = position_price * (1 - self.params.take_profit_pct)
108                     # 空頭持倉
109                     if self.dataclose[0] <= take_profit_price:
110                         self.order = self.close()
111                         self.log('平空單 - 停利')
112                     elif self.dataclose[0] >= stop_loss_price:
113                         self.order = self.close()
114                         self.log('平空單 - 停損')
```

3.3 台指期的策略研究

我們接下來快速帶過一些基本設置，就可以來執行看看了！如果沒有特別的，我就快速帶過了。首先是先處理資料。

📃：PythonQuantTrading/Chapter3/3-3/3_3_futures_ma_close_strategy.py

```python
# 初始化 Cerebro 引擎
cerebro = bt.Cerebro()
df = pd.read_csv('TXF_30.csv')
df = df.dropna()
df['Date'] = pd.to_datetime(df['Date'])
df.index = df['Date']
df = df.between_time('08:45', '13:45')
data_feed = bt.feeds.PandasData(
    dataname=df,
    name='TXF',
    datetime=0,
    high=2,
    low=3,
    open=1,
    close=4,
    volume=5,
    plot=False,
)
cerebro.adddata(data_feed, name='TXF')

# 添加策略
cerebro.addstrategy(MA_Volume_Strategy)
```

資金的部分可以特別說一下，前面是因為我們帶個範例，沒有特別去調整。我們的資料日期是 2019 ~ 2020，台指期的保證金依當時大概的行情我們先設置 167,000，保證金倒不是很嚴重的問題，主要是手續費沒有設定好可能比較嚴重。正常來說，手續費加稅單邊大約會是 100、110 之間，以當時的點數來說，不過實際上還是要看個人的手續費率。不過通常來說，我們做回測會將 commision 再設高一點，以應付所謂的滑價損失。這裡我設置單邊 200 元，乘數就不特別解釋了，就設置 200。

第 3 章　台指期的價量研究

💻：PythonQuantTrading/Chapter3/3-3/3_3_futures_ma_close_strategy.py

```
# 設定初始資金和交易成本
cerebro.broker.setcash(300000.0)
cerebro.broker.setcommission(commission=200, margin=167000, mult=200)
```

在滑價這個議題可以再多多討論一下。一般來說，滑價在短期且較多次交易，並且該商品的波動劇烈，滑價成本就會凸顯出來，代表著我們在回測時有可能是買在例如 10000 點，但是實際交易時可能價格急漲，所以我可能真實交易在 10005 點，對我來說，這 5 點就是多產生出來的損失，因為我買貴了，這就是所謂的滑價損失。雖然有一派的人會認為，長期來說，滑價成本應該會被弭平，因為滑價並非是永遠都滑向對我們不利的那一邊，有可能今天我買到的價格是 9995 點，我反而多賺了 5 點。

對於這件事情我認為見仁見智，但是一般來說我的建議是，我們回測畢竟還是要用比較嚴格的角度去認識我們的交易策略，所以一般來說最通用的做法是，我們多加一點手續費，例如說我的手續費跟稅本來是 100 元單邊，我考慮進滑價成本，我設個 200 元，甚至有些更嚴謹的人會直接設 2-3 點的滑價損失，單邊可能會設 300 或是 400，在此情況下如果還能夠獲得符合期待的利益，代表策略真的很不錯。

好的，我們繼續。接下來我也不贅述了，就是 Backtrader 開始回測，然後我們使用 Pyfolio 來分析績效，另外使用 Pyfolio 底層在計算績效的套件 Empyrical 來計算一些重要指標，我這裡暫時是使用累計報酬、最大回撤跟夏普比率。因為 Backtrader 跟 Pyfolio 高度整合的關係，我們一樣給 Empyrical 丟 Backtrader 產出的 return 即可。

💻：PythonQuantTrading/Chapter3/3-3/3_3_futures_ma_close_strategy.py

```
print('初始資產價值: %.2f' % cerebro.broker.getvalue())
cerebro.addanalyzer(bt.analyzers.PyFolio, _name='pyfolio')

# 執行回測
results = cerebro.run()
```

3.3 台指期的策略研究

```
print('最終資產價值: %.2f' % cerebro.broker.getvalue())

# 獲取回測結果
strat = results[0]
pyfoliozer = strat.analyzers.getbyname('pyfolio')
returns, positions, transactions, gross_lev = pyfoliozer.get_pf_items()

# 生成回測報告
pf.create_returns_tear_sheet(returns, positions=positions)
print('累積收益:', ep.cum_returns_final(returns))
print('最大回撤:', ep.max_drawdown(returns))
print('夏普比率:', ep.sharpe_ratio(returns))
```

我們來簡單分析一下這個我們在訪問聽到的多頭排列的策略的績效如何。首先是我們埋在 self.log() 中的訊息，它可以幫助我們理解訊號是什麼時候觸發；訂單在什麼時候執行，如果同學想要多加驗證，可以在 self.log() 裡面再埋入觸發訊時的 5ma、60ma 數值是多少等等訊息，可以去追蹤是不是數值上符合自己的期待。

```
初始資產價值: 300000.00
2019-03-12T09:45:00, 創建買單
2019-03-12T10:15:00, BUY EXECUTED, Price: 10359.00,
                    Cost: 167000.00,
                    Comm 200.00
2019-03-20T13:15:00, Expired and Create Close Order
2019-03-20T13:45:00, SELL EXECUTED, Price: 10543.00,
                    Cost: 167000.00,
                    Comm 200.00
2019-03-20T13:45:00, OPERATION PROFIT, GROSS 36800.00, NET 36400.00
2019-03-21T09:45:00, 創建買單
2019-03-21T10:15:00, BUY EXECUTED, Price: 10549.00,
                    Cost: 167000.00,
                    Comm 200.00
2019-04-08T09:45:00, 平多單 - 停利
2019-04-08T10:15:00, SELL EXECUTED, Price: 10785.00,
                    Cost: 167000.00,
                    Comm 200.00
2019-04-08T10:15:00, OPERATION PROFIT, GROSS 47200.00, NET 46800.00
2019-04-08T10:15:00, 創建買單
2019-04-08T10:45:00, BUY EXECUTED, Price: 10772.00,
                    Cost: 167000.00,
                    Comm 200.00
2019-04-17T10:45:00, 平多單 - 停利
2019-04-17T11:15:00, SELL EXECUTED, Price: 10990.00,
```

```
...
2020-02-25T09:15:00, SELL EXECUTED, Price: 11400.00,
                     Cost: 167000.00,
                     Comm 200.00
最終資產價值: 667200.00
```

▲（圖 - 執行結果，self.log print 出來的買賣紀錄）

Pyfolio 給我們的資訊相當大量，我在這裡主觀的描述我個人會觀測什麼東西。我們首先看 Pyfolio 輸出的績效統計，累計報酬達到 122%，很理想，綜合上面的內容，我們放 300,000 進去，在這 11 個月來，他會變成 667,200。sharpe ratio 1.85 也很理想，我個人基本上是 sharpe ratio >=1.5，就有可能來做交易，不過基本上要到 2 交易的可能會比較大。

Start date	2019-03-04
End date	2020-02-27
Total months	11
	Backtest
Annual return	129.868%
Cumulative returns	122.4%
Annual volatility	52.198%
Sharpe ratio	1.85
Calmar ratio	4.72
Stability	0.88
Max drawdown	-27.528%
Omega ratio	1.38
Sortino ratio	3.01
Skew	0.37
Kurtosis	2.20
Tail ratio	1.25
Daily value at risk	-6.192%
Gross leverage	0.30

▲（圖 - 執行結果，pyfolio 生成出的績效）

3.3 台指期的策略研究

　　我們繼續，下面這一張表基本上是在說最大的五次資金回撤出現在什麼位置，我們可以著重去檢討這幾段期間的進出，看有沒有什麼濾網可以把它過濾掉。當然了，從過去虧損的地方檢討，並透過設立專門為了躲避他而設置的例如停損停利點，雖然從數字上看有效，但真的上線的時候，這種策略會有 overfiting 的問題。例如說，我曾經看過有人的策略裡面出現 66 點停損的，這種停損數字很明顯就是去 tune 過去的 draw down 產生的，未來無用的可能性非常之大。

Worst drawdown periods	Net drawdown in %	Peak date	Valley date
0	27.53	2020-02-03	2020-02-25
1	24.40	2019-08-15	2019-09-03
2	17.79	2019-06-26	2019-07-25
3	16.55	2019-05-03	2019-05-09
4	11.00	2019-05-29	2019-06-06

▲（圖 - 執行結果，前五段 draw down）

　　那有同學可能會問，難道我不做檢討或最佳化了嗎？或是怎麼做比較好？這是一個非常有深度的問題，有很多技術手段可以去做合理的最佳化，我可以提一個比較基本的做最佳化的指引，就是如果你的最佳化成果，動一點點差異就非常大，這就是 overfiting 了，例如剛剛的例子，你停損 66 點跟停損 60、70 點的報酬差異相當之大，sharpe ratio 可能從 1.3 變成 2.2 之類的，如果只是變成 1.5、1.6 我認為是健康的，當鄰近你這個參數的其他參數表現很差，而只有你這個參數表現很好的時候，一般代表了你可能剛好去 fit 了過去某一段的巨大虧損，未來高機率會無效。

　　所以一般來說，參數最佳化我仍然會做，但是我會去觀測各個不同的參數會不會有驚人的績效提升，如果會有，我一般來說不敢採用，我應該會去選報酬比較平均穩定的那一組參數。這種思想在 train 模型來交易的時候，在模型選擇上也可以適用，當然是不是有更好的認定 over fiting 的方式呢？那肯定是會有，但我們這裡暫時不做過多的討論。

第 3 章　台指期的價量研究

好的，我們繼續來看績效報告，這是我們用 Empyrical 產生的數字，與上面差不多，我們不做過多的探討，這個東西會留著是因為到時候我們做參數調校的時候會使用這個來簡單計算，再選擇喜歡的參數。

```
累積收益： 1.223999999999998
最大回撤： -0.27528355387523606
夏普比率： 1.8546412114518773
```

▲（圖 - 執行結果，Empyrical 產生的績效數字）

這三張圖是 Pyfolio 產生的績效報告圖，在做這個策略更多的解讀之前，我們先嘗試來做最佳化，把策略測試到最佳的狀態，再來看一下績效數據是不是符合期待。這裡先放著成果展示，稍後再對重要的圖表做解讀。

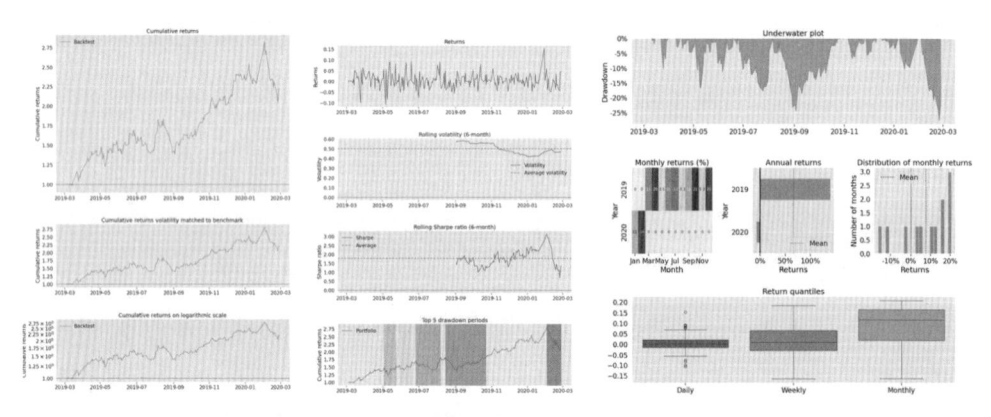

▲（圖 - 執行結果，Pyfolio 產生的結果）

◆ 多頭排列的台指期策略 – 參數調校

好的，接下來我們針對我們可以做參數調校的部分來做一下參數選擇。與上一個 part 一樣的程式碼我就不再貼了，我只特別說明從回測的模式切換到參數最佳化的設置要改些什麼。

3.3 台指期的策略研究

大抵上來說,策略面完全都不用變,主要都 focus 在下方的策略設置上。首先我們先看 3_3_futures_ma_close_strategy_optimize.py 這一份檔案。第一步驟我們要先把 bt.Cerebro() 裡面的參數 optreturn 設為 False,他預設是 True,會回傳一些跟回測有關係的東西;當我們設置為 False 的時候,他會回傳一些這一次運行的參數等等資訊,以及會少回傳一些元素,讓回測速度更快。一言以蔽之的話,所以我們需要先將這個參數設為 False。

💻 : PythonQuantTrading/Chapter3/3-3/3_3_futures_ma_close_strategy_optimize.py

```python
# 初始化 Cerebro 引擎
cerebro = bt.Cerebro(optreturn=False)
```

我們原先 add strategy 是使用這樣的方式 cerebro.addstrategy() 來加入我們的策略,但如果是參數演算的模式的話,我們需要用 cerebro.optstrategy() 來添加策略,並且我們要預先準備好我們要的參數組合的 list,輸入進去之後,Backtrader 的參數演算引擎就會自動幫我們把這些條件拿去做所有的排列組合做回測。

💻 : PythonQuantTrading/Chapter3/3-3/3_3_futures_ma_close_strategy_optimize.py

```python
# 參數範圍
ma_short_values = [3, 5, 10]
ma_medium_values = [15, 20, 30]
ma_long_values = [40, 60, 90]
stop_loss_values = [0.02, 0.01, 0.03, 0.05]
take_profit_values = [0.02, 0.01, 0.03, 0.05]

# 添加策略的排列組合
cerebro.optstrategy(MA_Volume_Strategy,
                    ma_short=ma_short_values,
                    ma_medium=ma_medium_values,
                    ma_long=ma_long_values,
                    stop_loss_pct=stop_loss_values,
                    take_profit_pct=take_profit_values)
```

當然，再次提醒一下，我們上面準備的參數的 list，必須要在策略裡面的 params 中被定義，所以我們前面才會將一些未來打算進行參數演化的參數先放在這裡。

🖥 ：PythonQuantTrading/Chapter3/3-3/3_3_futures_ma_close_strategy_optimize.py

```python
class MA_Volume_Strategy(bt.Strategy):
    params = (
        ('ma_short', 5),
        ('ma_medium', 20),
        ('ma_long', 60),
        ('stop_loss_pct', 0.02),
        ('take_profit_pct', 0.02),
    )
```

這應該算是 Backtrader 的一個小小 bug，就是 Backtrader 預設在回測時會用滿所有可以用的 cpu 資源來運算，但是在做參數調校模式的時候，這個參數要設為 1，才不會引發錯誤。

🖥 ：PythonQuantTrading/Chapter3/3-3/3_3_futures_ma_close_strategy_optimize.py

```python
# 執行回測
results = cerebro.run(maxcpus=1)
```

Run 完之後，我們原先是這樣取回 Backtrader 回測的成果 strat = results[0]，現在因為執行參數組合及最佳化，所以我們會同時拿到所有排列組合的回測結果，我們需要對 results 來 loop 取得我們要的元素，然後丟進去 Empyrical 來獲得我們要的績效數據，最終準備一個 list 來儲存我們此次參數的組合及績效，然後存成 excel，我們就可以來觀測哪一組參數最優。

3.3 台指期的策略研究

💻：PythonQuantTrading/Chapter3/3-3/3_3_futures_ma_close_strategy_optimize.py

```python
# 將結果保存為 Excel
output = []
for result in results:
    strat = result[0]
    pyfoliozer = strat.analyzers.getbyname('pyfolio')
    returns, positions, transactions, gross_lev = pyfoliozer.get_pf_items()

    cum_return = ep.cum_returns_final(returns)
    sharpe_ratio = ep.sharpe_ratio(returns)
    mdd = ep.max_drawdown(returns)

    output.append({
        'ma_short': strat.params.ma_short,
        'ma_medium': strat.params.ma_medium,
        'ma_long': strat.params.ma_long,
        'stop_loss_pct': strat.params.stop_loss_pct,
        'take_profit_pct': strat.params.take_profit_pct,
        'cum_return': cum_return,
        'sharpe_ratio': sharpe_ratio,
        'max_drawdown': mdd
    })
df_output = pd.DataFrame(output)
df_output.to_excel('optimization_results.xlsx', index=False)
print('結果已保存到 optimization_results.xlsx')
```

我們打開 excel 來看一下，總共有 432 種排列組合，其中我以 sharpe ratio 由大到小來排序，我們可以來看一下什麼排列組合最好。我們最終可以發現，3 ma short + 20 ma_mdeium + 60 ma_long + 0.02 stop_loss_pct + 0.02 take_profit 這個組合是最好的。

ma_short	ma_medium	ma_long	stop_loss_pct	take_profit_pct	cum_return	sharpe_ratio	max_drawdown
3	20	60	0.02	0.02	1.74	2.33	-0.24
5	15	60	0.03	0.02	1.58	2.17	-0.25
5	15	60	0.02	0.02	1.29	1.99	-0.22
3	30	60	0.02	0.02	1.26	1.92	-0.23
3	15	60	0.03	0.02	1.38	1.92	-0.30
5	30	90	0.02	0.02	1.18	1.92	-0.31
5	15	60	0.03	0.03	1.40	1.89	-0.37
5	15	60	0.03	0.05	1.42	1.87	-0.36
5	20	60	0.02	0.02	1.22	1.85	-0.28

▲（圖 - 參數最佳化後的結果）

我們拿出 3_3_futures_ma_close_strategy.py 這個檔案，把 params 裡面的參數換成最佳參數再來跑一次看看。

💻：PythonQuantTrading/Chapter3/3-3/3_3_futures_ma_close_strategy.py

```python
class MA_Volume_Strategy(bt.Strategy):
    params = (
        ('ma_short', 3),
        ('ma_medium', 20),
        ('ma_long', 60),
        ('stop_loss_pct', 0.02),
        ('take_profit_pct', 0.02),
    )
```

我們初步就可以看到，初始資產由 300,000 成長到了 821,000，在參數最佳化之前，我們的資產僅成長到 667,200，是挺令人滿意但又沒有太過頭的成長。

```
初始資產價值: 300000.00
2019-03-12T09:15:00, 創建買單
2019-03-12T09:45:00, BUY EXECUTED, Price: 10322.00,
                    Cost: 167000.00,
                    Comm 200.00
2019-03-20T13:15:00, Expired and Create Close Order
2019-03-20T13:45:00, SELL EXECUTED, Price: 10543.00,
                    Cost: 167000.00,
                    Comm 200.00
2019-03-20T13:45:00, OPERATION PROFIT, GROSS 44200.00, NET 43800.00
2019-03-21T09:15:00, 創建買單
2019-03-21T09:45:00, BUY EXECUTED, Price: 10550.00,
                    Cost: 167000.00,
                    Comm 200.00
2019-04-08T09:45:00, 平多單 - 停利
2019-04-08T10:15:00, SELL EXECUTED, Price: 10785.00,
                    Cost: 167000.00,
                    Comm 200.00
2019-04-08T10:15:00, OPERATION PROFIT, GROSS 47000.00, NET 46600.00
2019-04-08T10:15:00, 創建買單
2019-04-08T10:45:00, BUY EXECUTED, Price: 10772.00,
                    Cost: 167000.00,
                    Comm 200.00
2019-04-17T10:45:00, 平多單 - 停利
2019-04-17T11:15:00, SELL EXECUTED, Price: 10990.00,
...
2020-02-27T13:15:00, SELL EXECUTED, Price: 11258.00,
                    Cost: 167000.00,
                    Comm 200.00
最終資產價值: 821000.00
```

▲（圖 - 參數最佳化的結果）

3.3 台指期的策略研究

我們可以關注一些關鍵指標。原先的累計報酬是 122.4%，現在成長到了 173.667%，多了 50% 左右的報酬；sharpe ratio 也從 1.85 提升到了會願意真的進行交易的程度 2.33；max drawdown 最大回撤，也由 -27% 稍微較低為 -24%，在獲利全面提升的情況下，我們的最大回撤還有下降，是非常理想的狀況。

Start date	2019-03-04		Start date	2019-03-04
End date	2020-02-27		End date	2020-02-27
Total months	11		Total months	11
	Backtest			Backtest
Annual return	185.292%		Annual return	129.868%
Cumulative returns	173.667%		Cumulative returns	122.4%
Annual volatility	50.474%		Annual volatility	52.198%
Sharpe ratio	2.33		Sharpe ratio	1.85
Calmar ratio	7.57		Calmar ratio	4.72
Stability	0.90		Stability	0.88
Max drawdown	-24.473%		Max drawdown	-27.528%
Omega ratio	1.51		Omega ratio	1.38
Sortino ratio	3.90		Sortino ratio	3.01
Skew	0.41		Skew	0.37
Kurtosis	2.44		Kurtosis	2.20
Tail ratio	1.22		Tail ratio	1.25
Daily value at risk	-5.892%		Daily value at risk	-6.192%
Gross leverage	0.29		Gross leverage	0.30

▲ (圖 - 左圖是參數最佳化後數據；右圖是原始數據)

累計報酬的圖看起來也很不錯，不過在 2019-07 ~ 2019-09 這一段有一個比較大的 drawdown，讀者學習完後有興趣可以針對那段時間的買賣紀錄及數據去研究是否有濾網可以有效規避這段時間的虧損。

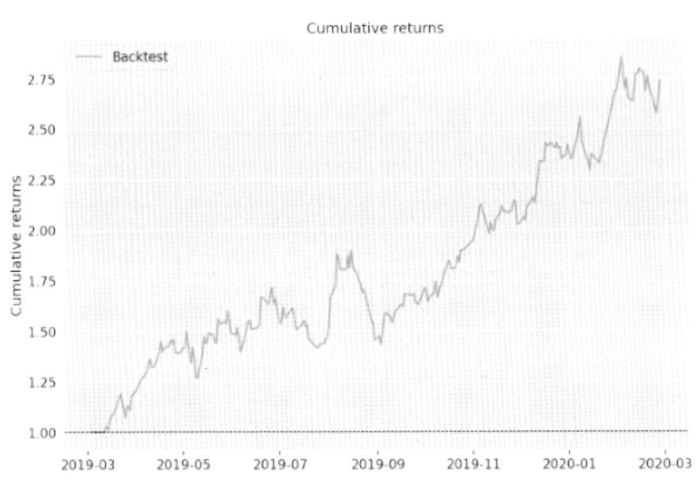

▲ (圖 - 參數最佳化後的結果，累計報酬圖表)

第 3 章　台指期的價量研究

這張 rolling sharpe ratio 我也會關注。基本上這樣的狀況就不錯，我們的平均落在 2 左右，但是 6-month 的線並沒有差異太大，雖然說再更平滑一點會更好，但是基本上最低點也未跌過 1，我個人是還可以接受。雖然他的這個圖表沒有，但我個人其實還會去算每年的 sharpe ratio，不希望看到每年的 sharpe ratio 太過浮動。在某些量化平台在審核策略的時候還會檢核你歷史資料期間的 sharpe ratio 不能與模擬資料期間差異過大。

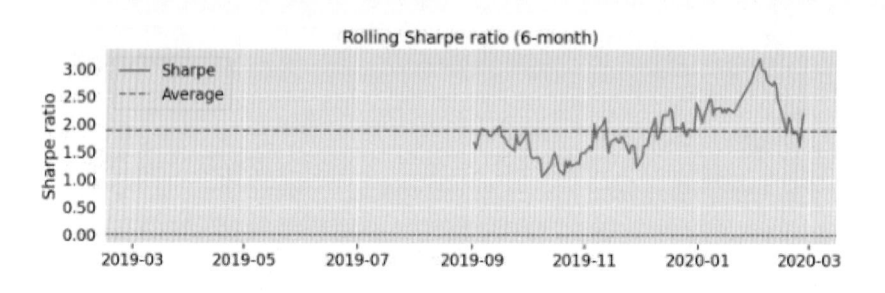

▲（圖 - 參數最佳化後的結果，rolling sharpe ratio）

這個逐月報酬跟逐年報酬我認為也是需要關注的，我們要避免一種情況，就是我們的獲利大部分都集中在某一年，或是某一月，這就是相當不健康的。在審核一個策略的時候，除了上述的我們會關注逐年的 sharpe ratio 有沒有差異過大之外，也會關注逐年的報酬率是不是都集中在某一年。例如說我們累積報酬率 500%，但是有 300% 都只在某一年而已，甚至有兩三年是賠錢的，這樣就相當不健康。我們的下圖只有兩年，樣本不夠充足，而且 2020 的交易日也相當稀少，因此並沒有太大的參考性。

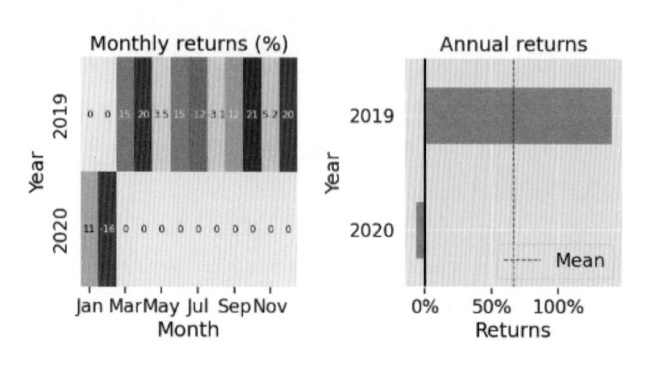

▲（圖 - 參數最佳化後的結果，月報酬跟年報酬）

3.3 台指期的策略研究

至此為止，我們算是完成了一個網上常常看到的移動平均 + 量能策略，從我們已有的資料來回測，我們可以發現這個策略確實是有效的，為我們帶來可觀的收益，在經過參數演化之後，sharpe ratio 甚至突破了 2，是蠻不錯的績效。

但是最後我還是要提醒一下，只有兩年的資料是遠遠不夠的，遠遠不夠說明這個策略足夠 robust(魯棒，意思是足夠強壯穩定)。再次聲明因為資料提供太多年可能會有爭議，讀者可以自行去找或是購買資料源，網路上可以下載的資料源用於自己研究，不公開或是營利販賣的話，理論上不會有太大的問題。如果讀者希望獲得更多歷史資料，也可以來聯繫我們。

我們示範了一個台指期的策略如何去實作，我們接下來再為大家帶來第二個範例。

◆ 破高破底順勢台指期策略

前面的章節有提到，量化趨勢策略可以分為 momentum(順勢) 跟 reversal(逆勢)，前者就是有點像是多頭趨勢建立、或是突破一定區間時去順勢進行作多，做空亦然；後者就是在觀測當漲多少時，價格可能準備要回檔或是修正而做空，做多則亦然，觀測股價多少是在谷底，可以去撿便宜。

我們在這裡回測看看破高破底的 momentum 順勢策略。當最高價突破過去一段時間的高點的時候，我們順勢做多；反之跌破一定程度低點時我們順勢做空，因此我這樣定義這個策略：

1. 當沒有持倉時，當前最高價 > 過去 18 根的最高價時，則做多。

2. 當沒有持倉時，當前最低價 < 過去 18 根的最低價時，則做空。

3. 當持有多倉時，當前的最高價 > 過去 18 根的最低價 + 當前收盤價的 3% 時，停利。

4. 當持有多倉時，收盤價 < 成本價 – 當前收盤價的 2% 時，停損。

5. 當持有空倉時，當前的最低價 < 過去 18 根的最高價 - 當前收盤價的 3% 時，停利。

第 3 章　台指期的價量研究

6. 當持有空倉時，收盤價 > 成本價 + 當前收盤價的 2% 時，停損。

接著我們馬上開始實作。如果跟前一個小節一樣的內容，我就快速帶過了。一樣，一開始我們先 import 套件，然後一樣放上我們自己做的期貨結算日判斷函數。

🖥 : PythonQuantTrading/Chapter3/3-3/3_3_futures_highest_high_lowest_low_bt.py

```
#%%
import datetime
import backtrader as bt
import pandas as pd
import calendar
from datetime import datetime
import empyrical as ep
import pyfolio as pf
import warnings
warnings.filterwarnings('ignore')

def option_expiration(date):
    day = 21 - (calendar.weekday(date.year, date.month, 1) + 4) % 7
    return datetime(date.year, date.month, day)
```

接下來我們做一個 High_Low_Strategy 的回測物件。params 我這裡放 18 根高低點、止損點數以及我們說的最近 18 根最低點 + n% 停利，等一下策略如果還可以，我們要對這些參數執行最佳化。log 的部分不變；__init__ 中我們先準備好最高價、最低價及收盤價，並且準備好 18 根高低點，這裡要特別注意我們傳入函數的高低點必須要取前一刻的，不然他會把現在這一根最高點也算進去，就一直無法捕捉現在的最高點高於過去 n 根的最高點。

3-50

3.3 台指期的策略研究

💻：PythonQuantTrading/Chapter3/3-3/3_3_futures_highest_high_lowest_low_bt.py

```python
class High_Low_Strategy(bt.Strategy):
    params = (
        ('period', 18),              # 回溯週期長度
        ('stop_loss_pct', 0.02),     # 2% 止損
        ('exit_pct', 0.03),          # 3% 出場條件
    )

    def log(self, txt, dt=None):
        ''' 日誌記錄函數 '''
        dt = dt or self.datas[0].datetime.datetime(0)
        print(f'{dt.isoformat()}, {txt}')

    def __init__(self):
        self.datahigh = self.datas[0].high
        self.datalow = self.datas[0].low
        self.dataclose = self.datas[0].close

        # 計算過去 18 根的最高價和最低價 (不包括當前K線)
        self.highest_prev = bt.ind.Highest(self.datahigh(-1), period=self.params.period)
        self.lowest_prev = bt.ind.Lowest(self.datalow(-1), period=self.params.period)

        self.order = None
```

訂單通知及成交通知也與之前相同，我們就快速帶過。

💻：PythonQuantTrading/Chapter3/3-3/3_3_futures_highest_high_lowest_low_bt.py

```python
    def notify_order(self, order):
        if order.status in [order.Submitted, order.Accepted]:
            return
        if order.status in [order.Completed]:
            if order.isbuy():
                self.log(f'''BUY EXECUTED, Price: {order.executed.price:.2f},
                        Cost: {order.executed.value:.2f},
                        Comm {order.executed.comm:.2f}''')
                self.buycomm = order.executed.comm
            else:
                self.sellprice = order.executed.price
                self.log(f'''SELL EXECUTED, Price: {order.executed.price:.2f},
                        Cost: {order.executed.value:.2f},
                        Comm {order.executed.comm:.2f}''')
            self.bar_executed = len(self)
        self.order = None

    def notify_trade(self, trade):
        if not trade.isclosed:
            return
        self.log(f'OPERATION PROFIT, GROSS {trade.pnl:.2f}, NET {trade.pnlcomm:.2f}')
```

第 3 章　台指期的價量研究

接下來我們就來撰寫最重要的部分。不過在一開始我們做一樣的事情，先處理期貨商品到期的出場。

💻：PythonQuantTrading/Chapter3/3-3/3_3_futures_highest_high_lowest_low_bt.py

```python
def next(self):
    if self.order:
        return  # 正在等待訂單執行

    status = None
    position_size = self.getposition().size

    if (
        option_expiration(self.datas[0].datetime.datetime(0)).day
        == self.datas[0].datetime.datetime(0).day
    ):
        if self.datas[0].datetime.datetime(0).hour >= 13:
            status = "end"
            if position_size != 0:
                self.close()
                self.log("Expired and Create Close Order")
```

接著重頭戲就來到了當不是合約到期日時，沒有持倉我們的進場條件。進場條件相當簡單，就是當前的最高價 > 過去 18 根高點就做多；當最低價 < 過去 18 根低點就放空，沒有倉位的時候入場的邏輯還蠻簡單的。

💻：PythonQuantTrading/Chapter3/3-3/3_3_futures_highest_high_lowest_low_bt.py

```python
# 進場條件
if status != 'end':
    if not position_size:
        if self.datahigh[0] > self.highest_prev[0]:
            self.order = self.buy()
            self.log('創建買單')
        elif self.datalow[0] < self.lowest_prev[0]:
            self.order = self.sell()
            self.log('創建賣單')
    else:
```

else 承接剛剛的 code，就是當我們有倉位的時候，要來寫出場邏輯。我們一樣先取出我的目前持倉的成本價，然後當目前的倉位 > 0 的時候，我們預先先算出停利價格 exit_price 還有停損價格 stop_loss_price，與先前稍微有一點點不一樣的是，出場價格我們這裡是用 18 根最低點去加上現在的收盤價 *0.03。把價格都設定好之後，接著就是當目前的最高價突破我們的出場價格，我們就平倉，或者是當目前的收盤價 <= 停損價格，我們也平倉止損。

💻：PythonQuantTrading/Chapter3/3-3/3_3_futures_highest_high_lowest_low_bt.py

```python
else:
    # 獲取當前持倉的成本價
    entry_price = self.position.price
    # 計算出場價和止損價
    if position_size > 0:
        # 多頭持倉
        exit_price = self.lowest_prev[0] + (self.dataclose[0] * self.params.exit_pct)
        stop_loss_price = entry_price - (self.dataclose[0] * self.params.stop_loss_pct)
        
        # 出場條件
        if self.datahigh[0] >= exit_price:
            self.order = self.close()
            self.log('平多單 - 出場條件達成')
        # 止損條件
        elif self.dataclose[0] <= stop_loss_price:
            self.order = self.close()
            self.log('平多單 - 止損')
    
    elif position_size < 0:
```

接著是，如果我們有空頭部位的話，我們也要判斷出場條件。跟剛剛的做法很像，我們先決定出 18 根高點 – 當前收盤價 *0.03 的出廠價格，然後再算出我們的停損價格，接著也跟剛剛一樣，只要當前的最低價 <= 我們的出場價格，代表我們覺得空單賺夠了，可以出場了。當當前收盤價 > 停損價格時，代表我們的空單面臨虧損，則我們需要做停損。

💻：PythonQuantTrading/Chapter3/3-3/3_3_futures_highest_high_lowest_low_bt.py

```python
    elif position_size < 0:
        # 空頭持倉
        exit_price = self.highest_prev[0] - (self.dataclose[0] * self.params.exit_pct)
        stop_loss_price = entry_price + (self.dataclose[0] * self.params.stop_loss_pct)
        
        # 出場條件
        if self.datalow[0] <= exit_price:
            self.order = self.close()
            self.log('平空單 - 出場條件達成')
        # 止損條件
        elif self.dataclose[0] >= stop_loss_price:
            self.order = self.close()
            self.log('平空單 - 止損')
```

第 3 章　台指期的價量研究

好，到上面我們已經完成了我們策略的撰寫，因為上一次移動平均趨勢策略的部分已經詳細說過了，所以我們這裡就說得比較簡潔，節省篇幅。接下來策略設定的部分也跟前面非常相似，所以我挑有差異的部分說就好，其餘的部分請讀者參閱我們提供的程式碼。

其實策略設定的部分，我們只需要改 addstrategy() 把他傳入我們新的回測 Class 即可，接著就可以來運行囉。

💻：PythonQuantTrading/Chapter3/3-3/3_3_futures_highest_high_lowest_low_bt.py

```
cerebro.addstrategy(High_Low_Strategy)
```

最後我們來看一下成果吧！在最後我們的資產從 300,000 到 654,000，在 11 個月中資產翻倍，是蠻吸引人的獲利。

```
Starting Portfolio Value: 300000.00
2019-03-07T09:15:00, 創建買單
2019-03-07T09:45:00, BUY EXECUTED, Price: 10330.00,
                    Cost: 167000.00,
                    Comm 200.00
2019-03-20T13:15:00, Expired and Create Close Order
2019-03-20T13:45:00, SELL EXECUTED, Price: 10543.00,
                    Cost: 167000.00,
                    Comm 200.00
2019-03-20T13:45:00, OPERATION PROFIT, GROSS 42600.00, NET 42200.00
2019-03-21T09:15:00, 創建買單
2019-03-21T09:45:00, BUY EXECUTED, Price: 10550.00,
                    Cost: 167000.00,
                    Comm 200.00
2019-04-17T13:15:00, Expired and Create Close Order
2019-04-17T13:45:00, SELL EXECUTED, Price: 11004.00,
                    Cost: 167000.00,
                    Comm 200.00
2019-04-17T13:45:00, OPERATION PROFIT, GROSS 90800.00, NET 90400.00
2019-04-18T09:15:00, 創建買單
2019-04-18T09:45:00, BUY EXECUTED, Price: 11012.00,
                    Cost: 167000.00,
                    Comm 200.00
2019-05-09T10:15:00, 平多單 – 止損
2019-05-09T10:45:00, SELL EXECUTED, Price: 10754.00,
...
2020-02-26T09:45:00, SELL EXECUTED, Price: 11430.00,
                    Cost: 167000.00,
                    Comm 200.00
Final Portfolio Value: 654000.00
```

▲（圖 - 買賣紀錄及初始跟期末金額）

3.3 台指期的策略研究

　　從績效數字來看，有 118% 的累計報酬，及 1.65 的 sharpe ratio，並且 max drawdown 是 -27.165%，在 -30% 以內，對我主觀來說是我可以接受的績效數字。

Start date	2019-03-04
End date	2020-02-27
Total months	11
	Backtest
Annual return	125.135%
Cumulative returns	118.0%
Annual volatility	59.687%
Sharpe ratio	1.65
Calmar ratio	4.61
Stability	0.75
Max drawdown	-27.165%
Omega ratio	1.36
Sortino ratio	2.76
Skew	1.31
Kurtosis	10.34
Tail ratio	1.12
Daily value at risk	-7.129%
Gross leverage	0.32

▲（圖 - 績效報告）

　　這一個跟先前一樣，是用 Empyrical 算出來的績效，與 Pyfolio 上面的結果相同。

```
cum returns: 1.1800000000000006
mdd: -0.2716503267973855
sharpe: 1.6504704664917937
```

▲（圖 - 簡易重要績效報告）

　　反映出五個時期的 draw down，讓策略撰寫的人可以去研究這一段時間的損失。有一個值得來聊聊的部分是他的 top 5 draw down 其實還蠻理想的，就是最大的 draw down 是 27%，次之與他差異蠻大的，是 17%，代表這個策略的整體波動度並不是很大，只是曾經在 2019 的時候遭逢比較大的 draw down。如果 top 5 draw down 都很接近，而且都偏大，其實是稍微比較不理想的狀況。

第 3 章 台指期的價量研究

Worst drawdown periods	Net drawdown in %	Peak date	Valley date	Recovery date	Duration
0	27.17	2019-05-29	2019-07-09	2019-08-06	50
1	17.61	2019-08-20	2019-09-03	2019-11-04	55
2	15.08	2019-05-03	2019-05-09	2019-05-17	11
3	13.40	2020-01-08	2020-01-14	2020-01-30	17
4	12.73	2019-11-06	2019-12-12	2020-01-07	45

▲（圖 -top 5 draw down）

這些是 Pyfolio 輸出的詳細的績效指標。與先前一樣，我們先放成果就好，我們等一下一樣拿這個例子來做參數最佳化，等挑選出最好的參數的時候我們再來看一下我自己會比較關注的績效圖表。

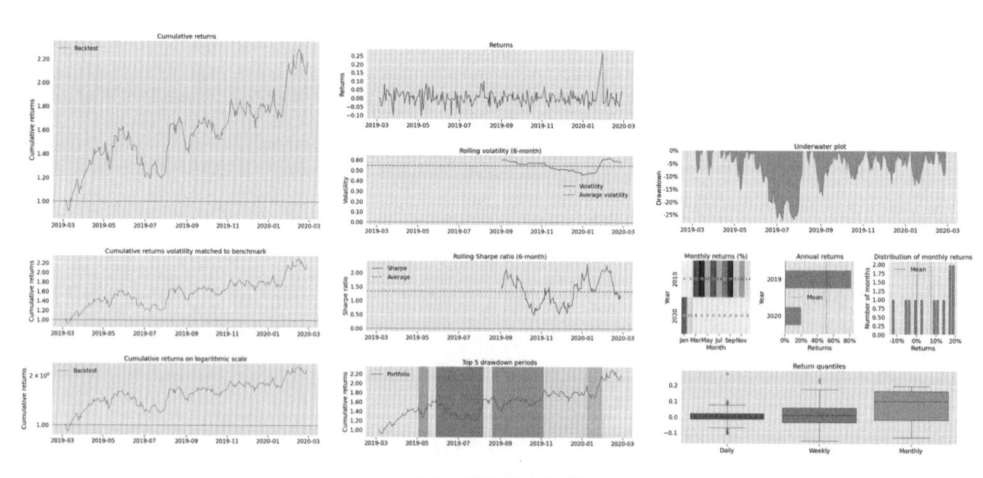

▲（圖 - 詳細績效圖表）

◆ **破高破底順勢台指期策略 – 參數調校**

在多頭排列的部分我們已經詳細介紹過參數調校的做法，在這裡我們節省篇幅，只說要修改的重點即可。

首先，我們一樣先定義我們的 n 根高低點的 n 的參數範圍以及停損及出場的百分比參數，然後一樣要改成專門用來做參數最佳化的 optstrategy()，然後把我們的參數範圍傳遞進去即可。

3.3 台指期的策略研究

🖥 : PythonQuantTrading/Chapter3/3-3/3_3_futures_highest_high_lowest_low_bt_optimize.py

```python
# 參數範圍
period_values = [3, 5, 10, 15, 18, 25, 50, 90, 150]
stop_loss_pct_values = [0.01, 0.02, 0.03, 0.04, 0.05]
exit_pct_values = [0.01, 0.02, 0.03, 0.04, 0.05]


# 添加策略的排列組合
cerebro.optstrategy(High_Low_Strategy,
                    period=period_values,
                    stop_loss_pct=stop_loss_pct_values,
                    exit_pct=exit_pct_values)
```

接著我們一樣在要用 loop 來接收每一個參數組合所產出來的績效結果，我們就可以來運行啦，並且來看看哪一組參數最優。

🖥 : PythonQuantTrading/Chapter3/3-3/3_3_futures_highest_high_lowest_low_bt_optimize.py

```python
# 執行回測
results = cerebro.run(maxcpus=1)

# 將結果保存為 Excel
output = []
for result in results:
    strat = result[0]
    pyfoliozer = strat.analyzers.getbyname('pyfolio')
    returns, positions, transactions, gross_lev = pyfoliozer.get_pf_items()

    cum_return = ep.cum_returns_final(returns)
    sharpe_ratio = ep.sharpe_ratio(returns)
    mdd = ep.max_drawdown(returns)

    output.append({
        'period': strat.params.period,
        'stop_loss_pct': strat.params.stop_loss_pct,
        'exit_pct': strat.params.exit_pct,
        'cum_return': cum_return,
        'sharpe_ratio': sharpe_ratio,
        'max_drawdown': mdd
    })
```

第 3 章　台指期的價量研究

```
df_output = pd.DataFrame(output)
df_output.to_excel('optimization_results.xlsx', index=False)
print('結果已保存到 optimization_results.xlsx')
```

執行完之後，最終有 225 個參數組合。其中我使用 sharpe ratio 最大的參數組合，也就是 15 根高低點，以及 2% 點數的停損及 2% 點數的出場，我們現在把這個參數放回去本來的 code 裡面，執行完成之後來看看績效差異多少。

period	stop_loss_pc	exit_pct	cum_return	sharpe_ratio	max_drawdo
15	0.02	0.02	1.30	1.90	-0.19
150	0.01	0.05	0.84	1.86	-0.17
50	0.03	0.05	1.18	1.78	-0.39
90	0.02	0.05	0.93	1.73	-0.26
15	0.02	0.03	1.23	1.70	-0.26
10	0.03	0.02	1.27	1.67	-0.31
150	0.04	0.05	0.86	1.66	-0.26
10	0.02	0.02	1.25	1.66	-0.36
18	0.02	0.03	1.18	1.65	-0.27

▲（圖 - 參數最佳化的執行報告）

我們回到原本執行回測的那份 code，並且把參數改好之後再重新執行一次。

🖥：PythonQuantTrading/Chapter3/3-3/3_3_futures_highest_high_lowest_low_bt.py

```python
class High_Low_Strategy(bt.Strategy):
    params = (
        ('period', 15),           # 回溯週期長度
        ('stop_loss_pct', 0.02),  # 2% 止損
        ('exit_pct', 0.02),       # 3% 出場條件
    )
```

3-58

3.3 台指期的策略研究

　　首先我們會看到買賣進出，從最後的資產可以看到本來是 654,000，現在成長到了 689,200，坦白說差異其實不會太大。我們等等再去看看其他數據會不會有差異。

```
Starting Portfolio Value: 300000.00
2019-03-07T09:15:00, 創建買單
2019-03-07T09:45:00, BUY EXECUTED, Price: 10330.00,
                    Cost: 167000.00,
                    Comm 200.00
2019-03-12T11:15:00, 平多單 - 出場條件達成
2019-03-12T11:45:00, SELL EXECUTED, Price: 10380.00,
                    Cost: 167000.00,
                    Comm 200.00
2019-03-12T11:45:00, OPERATION PROFIT, GROSS 10000.00, NET 9600.00
2019-03-14T09:15:00, 創建買單
2019-03-14T09:45:00, BUY EXECUTED, Price: 10364.00,
                    Cost: 167000.00,
                    Comm 200.00
2019-03-20T13:15:00, Expired and Create Close Order
2019-03-20T13:45:00, SELL EXECUTED, Price: 10543.00,
                    Cost: 167000.00,
                    Comm 200.00
2019-03-20T13:45:00, OPERATION PROFIT, GROSS 35800.00, NET 35400.00
2019-03-21T09:15:00, 創建買單
2019-03-21T09:45:00, BUY EXECUTED, Price: 10550.00,
                    Cost: 167000.00,
                    Comm 200.00
2019-04-01T09:15:00, 平多單 - 出場條件達成
2019-04-01T09:45:00, SELL EXECUTED, Price: 10675.00,
...
                    Cost: 167000.00,
                    Comm 200.00
2020-02-27T13:45:00, 平空單 - 出場條件達成
Final Portfolio Value: 689200.00
```

▲（圖 - 買賣紀錄）

第 3 章　台指期的價量研究

從下圖的績效比較來看，雖然我們的累計報酬沒有突飛猛進的進步，但是可以見到我們的波動及 max drawdown 都大幅下降了，可見得在維持報酬的同時，我們將風險波動大幅降低了，資產以一種更讓人安心的方式成長，所以參考了波動程度的指標 sharpe ratio 也順勢提高了很多。

	Backtest			Backtest
Start date	2019-03-04		Start date	2019-03-04
End date	2020-02-27		End date	2020-02-27
Total months	11		Total months	11
Annual return	137.766%		Annual return	125.135%
Cumulative returns	129.733%		Cumulative returns	118.0%
Annual volatility	52.715%		Annual volatility	59.687%
Sharpe ratio	1.90		Sharpe ratio	1.65
Calmar ratio	7.22		Calmar ratio	4.61
Stability	0.86		Stability	0.75
Max drawdown	-19.088%		Max drawdown	-27.165%
Omega ratio	1.43		Omega ratio	1.36
Sortino ratio	3.22		Sortino ratio	2.76
Skew	1.08		Skew	1.31
Kurtosis	7.86		Kurtosis	10.34
Tail ratio	1.24		Tail ratio	1.12
Daily value at risk	-6.243%		Daily value at risk	-7.129%
Gross leverage	0.27		Gross leverage	0.32

▲（圖 - 左圖是參數最佳化後的績效 ; 右圖是原始績效）

至於這張圖呢，一樣是可以讓讀者去解讀 drawdown 發生的時間點，可以去觀察那一段時間點發生什麼事情，有沒有方式可以規避虧損。

Worst drawdown periods	Net drawdown in %	Peak date	Valley date
0	19.09	2019-05-03	2019-05-10
1	16.77	2020-01-30	2020-02-25
2	14.84	2019-06-26	2019-08-02
3	12.19	2019-11-06	2019-12-13
4	9.79	2019-03-22	2019-03-25

▲（圖 -top 5 draw down period）

3.3 台指期的策略研究

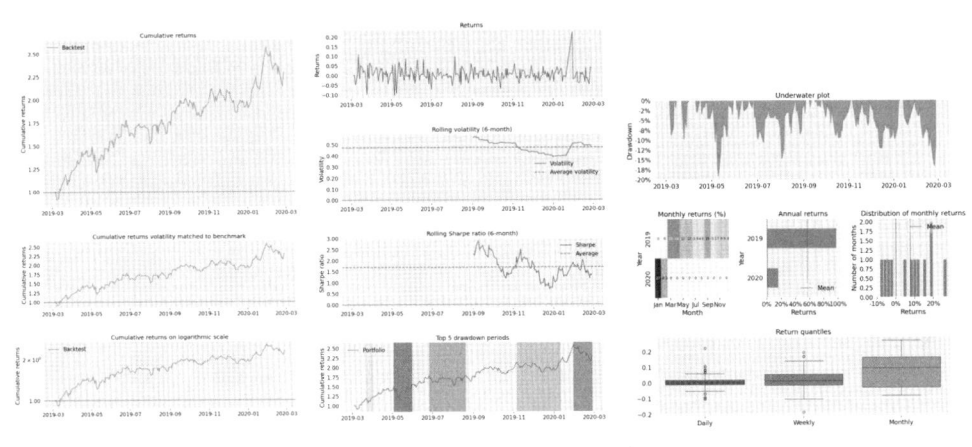

下圖是一系列 pyfolio 提供的圖表。我們一樣看幾張比較重要的。

▲（圖 -pyfolio 生成的圖表）

首先是累計報酬率。可見到在最末尾的時候有一個必較大的急升以及回檔。

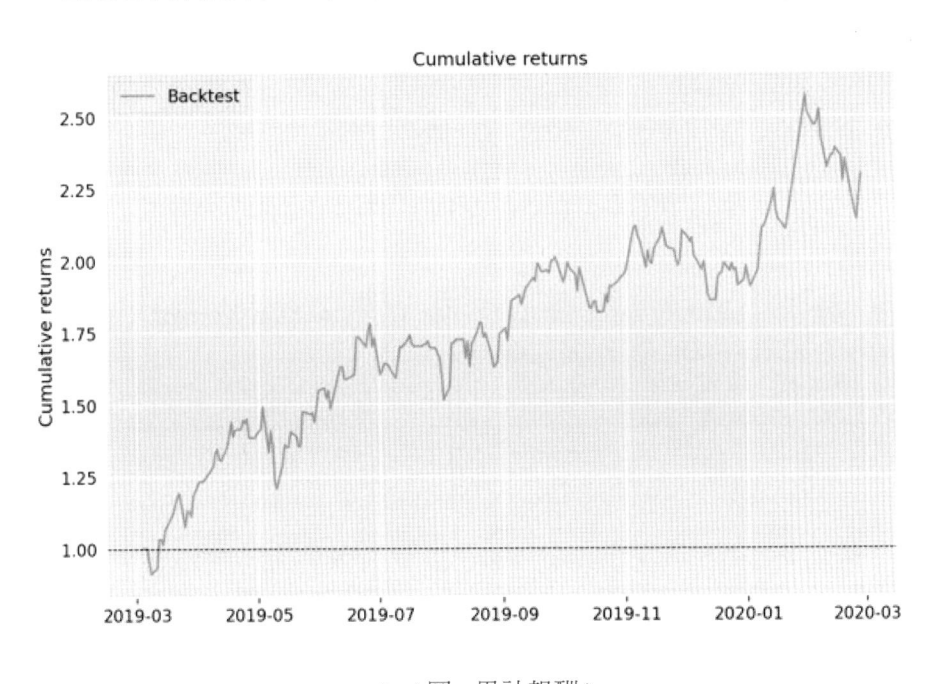

▲（圖 - 累計報酬）

3-61

第 3 章　台指期的價量研究

　　rolling Sharpe 的話相較先前那個策略，這一個的 rolling sharpe 顯得更震盪一些，以這個圖表來說是沒有先前那講策略來得出色。而且與先前的走勢較相反，初期比較高，後期下跌；先前的策略走勢是初期比較差，後期看漲。

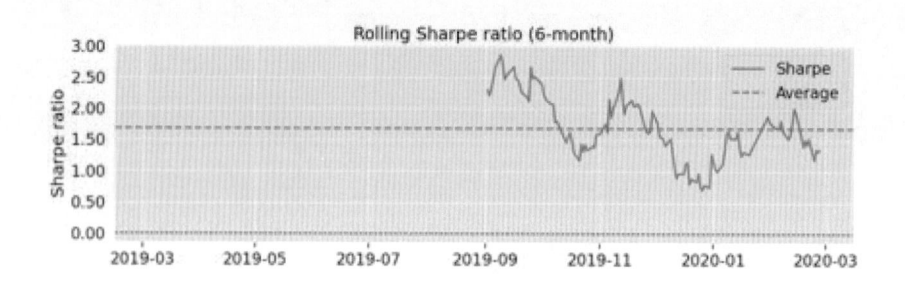

▲（圖 -rolling share ratio）

　　圖片可能有點糊，讀者可以看一下自己跑出來的成果。這個策略相較先前的來說，2020 也是營利的，兩年都是有賺錢的，尤其在 2020 年 1 月的時候報酬率相當出色。但問題與之前雷同，我們的資料不足，所以圖表的參考性較低。如果讀者自己換了更多資料來測試，可以關注一下每年的報酬，基本上我個人會期待看到每年都是賺錢的策略，且月報酬也是大部分的月份都是賺錢的，這樣在執行真實交易的時候信心比較充足。

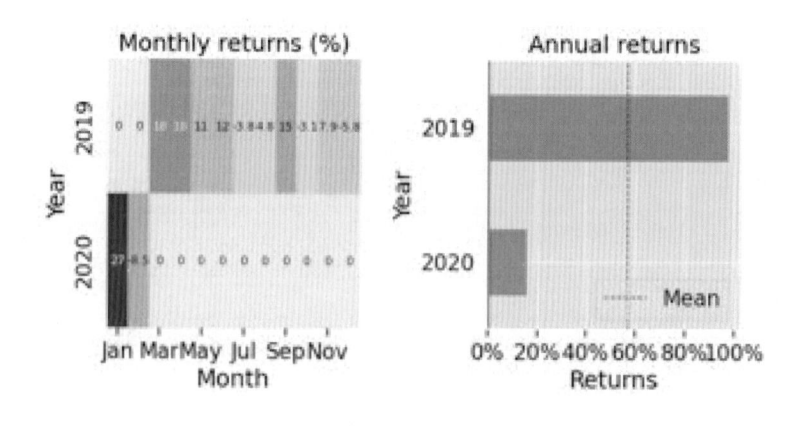

▲（圖 - 逐月報酬及逐年報酬）

3-62

3.3 台指期的策略研究

　　從報酬的廂型圖來看，其實我們要稍稍注意了，因為日報酬有相當高的極值，顯見我們不樂意看到的情況發生了：有幾筆特定的交易貢獻的巨大的利潤，這是我們要再去追查及小心的行為。甚至我看過有些人在做利潤分析的時候，會將自己策略獲利的極值剔除，如果還是賺錢的或是符合期待，他才會比較放心去使用。

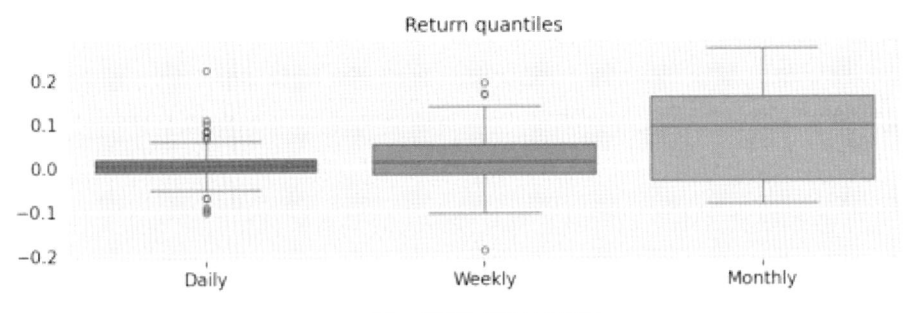

▲（圖 - 報酬率的廂型圖）

　　在這個小節中，我們提出了兩個期貨策略來供讀者練習，並且還有如何去做參數最佳化，最終在參數最佳化結果後，我們分別獲得了兩個績效符合預期的策略，分別是多頭趨勢策略，我們由原先的 122% 累計報酬與 1.85 share ratio，透過參數演算的方式獲得了最終 173% 累計報酬與 2.33 share ratio 的策略；另一個則是突破高點突破低點的策略，也從原先的 118% 累計報酬與 1.65 sharpe ratio 提升到 129% 累計報酬與 1.90 的 sharpe ratio。

　　當然了，期貨是保證金交易，所以有些人會認為對於保證金交易來說，最大回撤或是 sharpe ratio 是假議題，對有些人來說，期貨應該注重勝率、賺賠比及期望值，原因是因為 sharpe ratio 或是最大回撤，以保證金交易來說，是可以小小偷作弊的，例如很直觀的我們保證金假設要求是 20 萬，那本金設置為 60 萬甚至是更高，那很顯而易見對於我們整個資金池來說，波動就會變小，最大回撤也會變得好看 ---- 我個人是沒有解讀的這麼負面，但是他背後的思想是可以參考的，在期貨交易中，我個人也是不太建議放太貼近保證金的初始金額，原因是期貨是高槓桿商品，本身波動就很大，放太少的資金會造成麻煩，需要時常補保證金。這個解讀方式我個人是尊重的，並沒有錯，每個人在乎的策略績效指標都不一樣，任何指標都能反映一些事情，也都有缺陷在裡頭。

第 3 章　台指期的價量研究

　　最終，我們還是要提醒讀者，因為資料樣本不足，所以不建議就這樣去做交易，應該要有足夠多的資料樣本，且策略績效仍然符合預期，才去考量這件事情，並且心中一定要有兩個認知：一是投資有賺有賠，要自行對交易負責；二是實際交易的績效不如歷史回測績效是非常非常常見的事情，我們透過歷史去研究未來走勢，但終究是機率，歷史有可能會相似，也非常有可能一樣的事件走勢不同。

　　有同學可能會想問：那我們究竟應該選擇上面兩個策略的哪一種呢？我說說我的想法，非常主觀，首先我認為應該要看資金量，如果資金量比較少，必須擇一的話，我會選第一個多頭趨勢的策略，原因是在報酬及 sharpe ratio 上表現較好；但如果資金沒問題的話，我其實會去計算兩個策略的報酬相關性 (例如把 Pyfolio 生成的 returns，在用 numpy 的 corr 方法去算)，如果相關性低的話，我會傾向兩個都交易。

　　因為對我個人來說，我比較注重風險分散，所以我很喜歡持有各種不同的相關性低的交易策略，事實上我個人同時間也是執行 3-5 種股票及期貨的交易，這中間包含了傳統的量化分析，財報及股價；也包含了使用 AI 去訓練模型預測市場，一般來說，我不太敢去重壓一個策略，所以我喜歡每一個符合績效預期的策略都放一些部位去交易，事前先設定好虧損停止程式交易的點位即可。

　　所以總歸來說，如果是我我會兩個策略都進行交易。當然我還是要進行免責聲明，這兩個策略是我覺得可以研究下去的基於技術指標的期貨策略，這樣的技術指標確實有出現在我個人的交易上面，但是我使用的交易更加複雜，並不是這些技術指標單獨決定出的訊號去進出，因此如果讀者想要交易，需要自行負責且做更多的優化及研究，並且永遠不要忘記期貨的高槓桿特性，要注意風險上的控制。

　　閒聊至此，本單元結束了。下一個單元，我們將進行股票跟期貨的共同回測。

3.4 台股與台指期的結合 - 對沖股票部位

這個小節，我們將去探討更進階的用法，如何去回測不同資產的組合。在實務上股票跟期貨的組合是再常見不過的操作了，我們暫時不去探討什麼樣的現貨期貨策略會賺錢，我們探討一個人人都可以參與的研究問題，順便練習了解一下如何使用 Backtrader 同時回測股票以及保證金交易模式的期貨。

現在 ETF 相當盛行，大部分大家持有的都是以台美的 ETF 為主，包含最著名的 0050、00878 等等，以及美國的 SPY、QQQ 等等都是很著名的標的，我們都相信長期持有的魔力，美國及台灣的市場及經濟長期來看會不斷往上，因為反映了人與科技不斷進步的特性。但我們可以提一個問題在這裡：雖然我們都相信市場會不斷往上，但是大家也相信一定會有系統性風險的發生，例如說疫情期間各大指數 ETF 幾乎腰斬的慘狀，所以我們在佈局例如說 0050 的時候，我們持有台指期的空單避險部位，是不是會讓我兩邊都賺，或者是也不要這麼貪心，至少讓我們的資產是更加穩定地向上，相較於只持有 0050，擁有更好的 sharpe ratio。

◆ **0050 的報酬**

在我們嘗試想用放空期貨來穩定持有 0050 報酬之前，我們先簡單來看一下 0050 的報酬及曲線如何。

股票的資料我們使用 yfinance 的 download 來下載 0050 的資料，為了配合我們所擁有的期貨資料，我們的區間選定 2019-03-04 ~ 2020-02-28，然後我們稍微做一下資料處理，再計算一下 0050 的日報酬率，就可以丟給 Pyfolio 了。我們計算每天的日報酬率基本上意涵就是我們在 2019-03-04 全部錢丟進去會獲得的報酬率，就是 buy&hold 的概念。要稍微提醒一下就是這個概念不涉及太複雜的 0050 操作，無論是定期定額或是獲利再投入等等。

第 3 章 台指期的價量研究

💻：PythonQuantTrading/Chapter3/3-4/3_4_benchmark_returns.py

```python
#%%
import yfinance as yf
import pandas as pd
import pyfolio as pf
# # 使用 yfinance 加載 0050 的日 K 資料
data_0050 = yf.download('0050.TW', start='2019-03-04', end='2020-02-28').droplevel(
                "Ticker", axis=1
            )
print(data_0050)
data_0050 = data_0050[['Open', 'High', 'Low', 'Close', 'Volume']]
data_0050 = data_0050.reset_index()
data_0050['Date'] = pd.to_datetime(data_0050['Date'])

benchmark_returns = data_0050.set_index('Date')['Close'].pct_change().dropna()
benchmark_returns.index = pd.to_datetime(benchmark_returns.index)
print(benchmark_returns)
pf.create_returns_tear_sheet(benchmark_returns)
```

首先我們來看一下 buy and hold 0050 的績效如何。我們在 11 個月中獲得 15.2% 左右的獲利，並且 Sharpe Ratio 達到 1.14，勉勉強強算是中規中矩的表現。

Start date	2019-03-05
End date	2020-02-27
Total months	11
	Backtest
Annual return	16.023%
Cumulative returns	15.205%
Annual volatility	13.87%
Sharpe ratio	1.14
Calmar ratio	1.59
Stability	0.77
Max drawdown	-10.091%
Omega ratio	1.22
Sortino ratio	1.58
Skew	-1.10
Kurtosis	7.23
Tail ratio	1.08
Daily value at risk	-1.685%

▲（圖 -0050 績效報酬）

這是 0050 的累計報酬圖，可見到在 2019-05 ~ 06 有一個很驚人的跌幅，幾乎差點賠錢了，在 2020-01 ~ 03 這一段時間也有驚人的回檔。坦白說並不是很漂亮的報酬曲線。

3.4 台股與台指期的結合 - 對沖股票部位

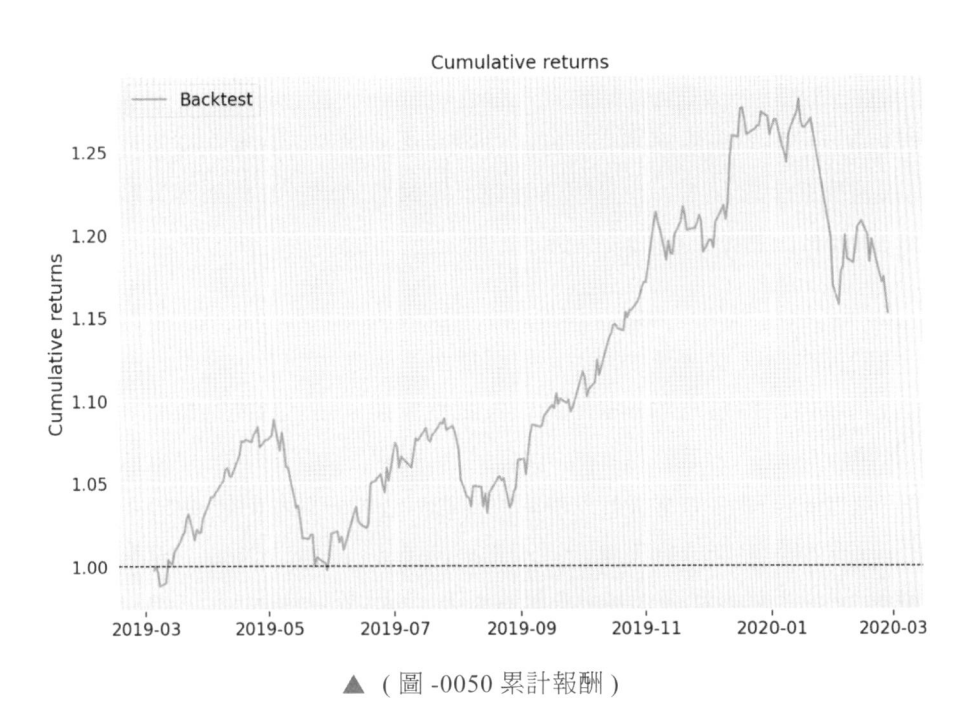

▲（圖 -0050 累計報酬）

    其實從數據上來看，0050 長期報酬並不是非常亮眼，當然很多人拿出的數據是有驚人的累計報酬，不過他是以凶險的方式達到驚人的累計報酬的，例如我們常說的在 2020 的時候指數就有幾乎腰斬的風險，所以其實他的報酬波動蠻大的，我如果沒記錯長期的 0050 的 sharpe ratio 並沒有達到 1，不過近年台灣經濟狀況良好，所以近年的表現應該有超過。

    不過話又說回來，我不是要嫌棄 0050 這樣的指數 ETF，相反的我自己也有持有，因為績效數據是一種參考，但他有時候不代表一切，甚至會有盲點。做量化交易跟回測很多年的人，坦白說要在一段區間內 tune 出報酬驚人的策略並非難事，因為我們是過來人了，懂的那段時間的市場適合什麼策略，或者是甚至用模型或是參數演算總能 tune 出遠超 0050 的策略。但我們在做量化交易很重視策略本身是否有金融以及數學邏輯在，如果沒有，這樣子的策略是很容易不穩定、不 robust 的。

有些同學總是會嘲笑某些 ETF 或是基金績效不好，但是大家不知道的是，那些 ETF 決大部分都是回測績效驚人超越 0050 的。可以理解吧！雖說回測不代表真實績效，但如果連回測都不好，怎麼敢拿出來賣？真實在交易真的獲得如此驚人報酬的少之又少，也是因為金融市場瞬息萬變，我們對他有敬畏之心，並且時常要推出新的策略或是模型。

0050 之所以會相對 robust 獲得大家的信賴，主要是因為對一個經濟體的信任，我們都相信美國或是台灣的市場長期會不斷進步向上，所以那些市場市值大的公司我們也相信大部分會不斷成長賺更多錢，而且他因為持有許多檔所以有分散風險的效果。這就是我們所說的有金融經濟上的邏輯，無論認不認同，但是有這樣的邏輯會增進持有人長期持有的信心，所以我們對 0050 敢投敢抱。當然了，未來台美經濟會不會一直都長期向上，沒有人敢斷言，就靠大家自己的判斷了，以上都是我個人非常主觀的想法，跟大家聊聊天。

我們回歸正題，我們看到了 0050 的報酬，接著我們來看一下怎麼在回測中加入期貨，並且怎麼去做會使得我們的 Sharpe Ratio 更好看。

◆ 股票與期貨 Backtrader 一同回測

我們先提一個簡單的案例，來練習一下股票跟期貨怎麼一起回測，說明完後我們再來思考要怎麼搭配起來獲得 sharpe ratio 更高的策略。

我們的條件就這樣設定：投入 500 萬，並且把其中的 50 萬用做購買大台，其餘購買 0050。0050 買入邏輯就是第一天就 all in; 大台則是買一口做空，只在到期時平倉，然後換倉再繼續做空。用白話說就是，一直持有多單 0050 跟空單大台一口。

前面有稍微提到過，在 Backtrader 中我們進行設定時可以給予 name 來定義這個例如說這個資料是屬於哪一個資產的，那同理包含手續費及乘數等等的設置，其實也可以透過 name 來賦予給不同的資產，就能完全做到不同資產用不同的方式去計算損益。

3.4 台股與台指期的結合 - 對沖股票部位

我們直接來看吧！前面一樣，我們 import 套件以及放入我們的到期日判斷函數。這裡有稍微不一樣一點點是我們 import yfinance 來獲取股票資料。

🖥 : PythonQuantTrading/Chapter3/3-4/3_4_futures_stock_bt.py

```python
#%%
import backtrader as bt
import pandas as pd
import calendar
from datetime import datetime
import empyrical as ep
import pyfolio as pf
import yfinance as yf
import warnings

warnings.filterwarnings('ignore')

# 定義期權到期日的計算函數
def option_expiration(date):
    # 計算當月的期權到期日
    day = 21 - (calendar.weekday(date.year, date.month, 1) + 4) % 7
    return datetime(date.year, date.month, day)
```

我們先跳過寫策略的地方，先來說明一下設置相關的東西。首先前面我們一樣先初始化回測引擎，再來我們如同上一個章節一樣透過 yfinance 簡單的獲得 0050 的資料，並且透過 PandsData 輸入資料。重點在於我們在 PandasData() 這裡特別聲明了 name =0050，並且在後面的 add_data() 以及 setcommition() 中我們都聲明了 name=0050，向回測引擎傳達我們的這個數據以及 commition 設定是為了 0050 的個資產來設置的，要注意的是這個 name 必須要一樣才不會有問題，回測引擎才對得起來，如果上面 add 的 name 寫 00501，後面 commition 入 0050，他就不會吃到設定，他就會用預設的數值去做損益的計算。

第 3 章　台指期的價量研究

🖥 ：PythonQuantTrading/Chapter3/3-4/3_4_futures_stock_bt.py

```python
# 初始化 cerebro
cerebro = bt.Cerebro()
# 使用 yfinance 加載 0050 的日 K 資料
data_0050 = yf.download('0050.TW', start='2019-03-04', end='2020-02-28').droplevel(
                "Ticker", axis=1
                )
data_0050 = data_0050[['Open', 'High', 'Low', 'Close', 'Volume']]
data_0050 = data_0050.reset_index()
data_0050['Date'] = pd.to_datetime(data_0050['Date'])
# 準備 0050 數據 feed
data_feed_0050 = bt.feeds.PandasData(
    dataname=data_0050,
    name='0050',
    datetime=0,
    high=2,
    low=3,
    open=1,
    close=4,
    volume=5,
    plot=False,
)
cerebro.adddata(data_feed_0050, name='0050')
cerebro.broker.setcommission(commission=0.001, name='0050')
```

有了上述股票的例子，期貨的例子可能就更好理解了。前面都與先前的示範一樣，我們獲取 TXF 30 分 K 的數據，並且把他輸入 Backtrader 的回測引擎裡面，同學可能也注意到重點了，我們在這裡一樣賦予了 name=TXF，給數據以及我們的 setcommition()，這樣我們就獲得了專門為 TXF 這個數據去計算損益的設置。屆時我們在回測時，TXF 的數據就會以期貨保證金的方式去算損益 ;0050 的數據就會用股票的損益計算方式去計算。

🖥 ：PythonQuantTrading/Chapter3/3-4/3_4_futures_stock_bt.py

```python
# 加載 TXF 的 30 分鐘 K 線資料
df = pd.read_csv('TXF_30.csv')
df = df.dropna()
df['Date'] = pd.to_datetime(df['Date'])
df.index = df['Date']
df = df.between_time('08:45', '13:45')
```

3-70

3.4 台股與台指期的結合 - 對沖股票部位

```python
# 準備 TXF 數據 feed
data_feed_txf = bt.feeds.PandasData(
    dataname=df,
    name='TXF',
    datetime=0,
    high=2,
    low=3,
    open=1,
    close=4,
    volume=5,
    plot=False,
)
cerebro.adddata(data_feed_txf, name='TXF')
# 設置初始現金及手續費信息
cerebro.broker.setcommission(commission=200, margin=167000, mult=200, name='TXF')
```

上面的部分我們交代完重點了，這裡就是一些 Backtrader 以及 Pyfolio 的設置，我們就不再贅述。

：PythonQuantTrading/Chapter3/3-4/3_4_futures_stock_bt.py

```python
# 添加策略至 cerebro
cerebro.broker.setcash(5000000.0)
cerebro.addstrategy(SampleStrategy)
# 輸出初始組合資產價值
print('初始組合資產價值: %.2f' % cerebro.broker.getvalue())

# 添加 PyFolio 分析器
cerebro.addanalyzer(bt.analyzers.PyFolio, _name='pyfolio')

# 執行回測
results = cerebro.run()

# 輸出最終組合資產價值
print('最終組合資產價值: %.2f' % cerebro.broker.getvalue())

# 使用 PyFolio 分析結果
strat = results[0]
pyfoliozer = strat.analyzers.getbyname('pyfolio')
returns, positions, transactions, gross_lev = pyfoliozer.get_pf_items()
```

第 3 章　台指期的價量研究

在這裡我們多做了一點事情，就是我們為 pyfolio 準備一個 0050 的數據當作 benchmark，我們將 0050 的收盤價取 pct_change() 獲得日報酬率，藉此傳遞給 pyfolio 的 benchmark，他就會告訴我們 benchmark 基準數據的 buy&hold 報酬率如何。

💻：PythonQuantTrading/Chapter3/3-4/3_4_futures_stock_bt.py

```python
# 加入 benchmark（0050 的收盤價作為基準）
benchmark_returns = data_0050.set_index('Date')['Close'].pct_change().dropna()
benchmark_returns.index = pd.to_datetime(benchmark_returns.index).tz_localize('UTC')
pf.create_returns_tear_sheet(returns, benchmark_rets=benchmark_returns, positions=positions)
print('累積回報:', ep.cum_returns_final(returns))
print('最大回撤:', ep.max_drawdown(returns))
print('夏普比率:', ep.sharpe_ratio(returns))
```

好，設定方面我們基本上完成了，接下來來看一下策略怎麼寫比較恰當。首先是 log() 的部分，我們這裡設計一個要傳入變數 is_stock，為什麼要設置這個呢？因為我們情境比較複雜，我們 0050 的資料是日 K，期貨資料是 30 分 K，因此我們在 print 資料的時候，需要判定現在是哪一個資料。如果 is_stock 是 True 表達是股票資料，我們取 self.datas[0] 第一位的日期來 print；反之去第二位的日期。這裡可以再多說明一下，backtrader 是以我們 add_data() 的順序來決定，如果今天我們 add_data() 多組數據，例如第一個我們先 add 0050 的數據，所以第一位 [0] 所取得的是 0050，1 就是 TXF。

💻：PythonQuantTrading/Chapter3/3-4/3_4_futures_stock_bt.py

```python
class SampleStrategy(bt.Strategy):
    def log(self, txt, dt=None, is_stock=True):
        # 根據是否為股票或期貨選擇不同的 datetime
        if is_stock:
            dt = dt or self.datas[0].datetime.datetime(0)  # 使用 0050 的 datetime
        else:
            dt = dt or self.datas[1].datetime.datetime(0)  # 使用 TXF 的 datetime
        print('%s, %s' % (dt.isoformat(), txt))
```

向前面的章節也有提到多股票回測，但因為我們多股票回測所有資產的性質跟日期都是一樣的頻率，所以直接 loop 就可以，沒有需要像我們這種不同資產不同頻率需要做特別處理。

3-72

3.4 台股與台指期的結合 - 對沖股票部位

__init__ 的地方我們先預先做好 0050 的收盤價以及 TXF 的收盤價 (當然 Backtrader 很自由，如果想要在 next() 中再獲取也可以)，另外我們準備 0050 跟 TXF 的 order;first_trade_done 是用來判斷是否是第一次交易，因為我們要在開頭買入 0050，就不再動作 0050，這個參數留著做這個判斷 ;cash_reserved_for_txf 顧名思義就是資金我們保留 100 萬來操作一口大台，剩下的錢則 all in 0050。

💻 : PythonQuantTrading/Chapter3/3-4/3_4_futures_stock_bt.py

```python
def __init__(self):
    self.dataclose_0050 = self.datas[0].close
    self.dataclose_txf = self.datas[1].close
    self.order_0050 = None
    self.order_txf = None
    self.first_trade_done = False
    self.cash_reserved_for_txf = 1000000
```

我這裡也有稍微修改一下 notify_order，其實主要修改的方向也只是配合 log() 函數，我們要告訴他現在的這個 order 究竟是 0050 還是 TXF，所以我們在這裡做 is_stock 的判斷，我們可以透過 order.data._name 來取得現在的股票字串是什麼，如果是 0050，我們則要告訴 log() 函數這個是 0050。

💻 : PythonQuantTrading/Chapter3/3-4/3_4_futures_stock_bt.py

```python
def notify_order(self, order):
    if order.status in [order.Submitted, order.Accepted]:
        return
    if order.status in [order.Completed]:
        is_stock = order.data._name == '0050'
        if order.isbuy():
            self.log(f'''買入執行{order.data._name},
                    價格: {order.executed.price:.2f},
                    成本: {order.executed.value:.2f},
                    手續費 {order.executed.comm:.2f}''',
                    is_stock=is_stock)
        else:
```

3-73

```
            self.log(f'''賣出執行{order.data._name},
                    價格: {order.executed.price:.2f},
                    成本: {order.executed.value:.2f},
                    手續費 {order.executed.comm:.2f}''', is_stock=is_stock)
    self.order_0050 = None
    self.order_txf = None
```

notify_trader 也跟 notify_order 一樣，我們要判斷現在是不是 0050，然後傳遞給 log() 函數。

💻 : PythonQuantTrading/Chapter3/3-4/3_4_futures_stock_bt.py

```
def notify_trade(self, trade):
    if not trade.isclosed:
        return
    is_stock = trade.data._name == '0050'
    self.log(f'操作利潤{trade.data._name}, 淨利 {trade.pnl:.2f}', is_stock=is_stock)
```

我們接著來到 next 的重頭戲。一開始我們還是要處理期貨的到期問題。但是要改的東西不少。我們一開始要先獲得台指期的部位以及當前期貨的日期時間，要特別注意的是我們要傳入 self.datas[1]，才是我們的台指期數據，不可以混淆了。準備好之後後續其實也沒有太困難，就是我們拿著台指期數據的日期丟進去我們的函數判斷是不是到期日，如果是的話要 self.close 平倉，平的話一樣要告訴他要平倉在我們台指期的資料上，然後一樣告訴 log 這不是股票數據。

💻 : PythonQuantTrading/Chapter3/3-4/3_4_futures_stock_bt.py

```
def next(self):
    status = None
    position_size = self.getposition(data=self.datas[1]).size
    futures_date = self.datas[1].datetime.datetime(0)
    if (
        option_expiration(futures_date).day
        == futures_date.day
    ):
        if futures_date.hour >= 13:
            status = "end"
            if  position_size != 0:
```

3.4 台股與台指期的結合 - 對沖股票部位

```
self.close(data=self.datas[1])
self.log('因到期日平倉 TXF 持倉', is_stock=False)
```

接下來我們要來寫邏輯了。當我們 self.first_trade_done 是 False 時,代表我們還未進行過任何交易,所以我們要來買入 0050 並且同時放空 TXF 做避險。我們先扣掉要給台指期預留的 100 萬,來當作要買入 0050 的錢,並且計算可以買的股數,這裡我還先沒有判斷只能一張一張買,因為實際上現在也可以買零股了,所以我是先寫股數然後我們 slef.buy() 購買 0050,這裡也要告訴他我們要買的資料是 self.datas[0] 也就是 0050,那我們緊接著要做空台指期,所以我們 self.sell() 然後下在 self.datas[1] 也就是台指期,並且把 first_trade_done 設為 True 表達我們買過 0050 了。

💻 : PythonQuantTrading/Chapter3/3-4/3_4_futures_stock_bt.py

```
if not self.first_trade_done:
    available_cash_for_0050 = self.broker.getcash() - self.cash_reserved_for_txf
    size_0050 = int(available_cash_for_0050 / self.dataclose_0050[0])
    self.order_0050 = self.buy(data=self.datas[0], size=size_0050)
    self.log(f'創建 0050 買入訂單, 大小: {size_0050}', is_stock=True)
    self.order_txf = self.sell(data=self.datas[1],size=1)
    self.log('創建 TXF 賣出訂單', is_stock=False)
    self.first_trade_done = True
    return
```

接著就更簡單了,如果 self.first_trade_done 是 True 的話,我們要來判斷是不是要繼續做空台指期。大家應該還記得我們每個月的第三個星期三會平倉,如果我們這裡不處理,平倉完之後就會一直不做空台指期了。所以我們這裡要判斷如果不是到期日,0050 已經有庫存了,然後台指期的倉位又是 0,我們就要再繼續做空台指期,以持續做空避險,而不是台指期到期就失去避險部位了。

💻 : PythonQuantTrading/Chapter3/3-4/3_4_futures_stock_bt.py

```
else:
    if status != 'end' and self.first_trade_done and position_size==0:
        self.order_txf = self.sell(data=self.datas[1],size=1)
        self.log('創建 TXF 賣出訂單', is_stock=False)
        self.first_trade_done = True
```

3-75

第 3 章　台指期的價量研究

雖然有很多同學可能會對有些交易模式不認同，不過目前我們先給一個最簡單的情境來描述如何去進行股票跟期貨的共同回測，所以同學可以自行根據自己覺得正確的邏輯調整，我們來看看照這樣的邏輯來執行的話績效如何呢。

首先是執行的歷程。我們可以見到一開始的時候我們買入了 0050，買入了 51981 股，並在下一個時間點 9:15 的時候我們放空了 TXF，從日期中可見得有按照我們的期待，股票跟期貨各自走自己的時間線，並且也確實在我們期待的地方因為到期日平倉 TXF 空單，並且在下一個時間點又有繼續補期貨空單。Backtrader 按照我們的期待同時回測了期貨以及股票。

```
[**********************100%***********************] 1 of 1 completed
初始組合資產價值: 5000000.00
2019-03-04T00:00:00, 創建 0050 買入訂單, 大小: 51981
2019-03-04T09:15:00, 創建 TXF 賣出訂單
2019-03-04T09:45:00, 賣出執行TXF,
                    價格: 10309.00,
                    成本: 167000.00,
                    手續費 200.00
2019-03-05T00:00:00, 買入執行0050,
                    價格: 76.60,
                    成本: 3981744.52,
                    手續費 3981.74
2019-03-20T13:15:00, 因到期日平倉 TXF 持倉
2019-03-20T13:45:00, 買入執行TXF,
                    價格: 10543.00,
                    成本: 167000.00,
                    手續費 200.00
2019-03-20T13:45:00, 操作利潤TXF,　淨利 -46800.00
2019-03-21T09:15:00, 創建 TXF 賣出訂單
2019-03-21T09:45:00, 賣出執行TXF,
                    價格: 10550.00,
                    成本: 167000.00,
                    手續費 200.00
2019-04-17T13:15:00, 因到期日平倉 TXF 持倉
2019-04-17T13:45:00, 買入執行TXF,
                    價格: 11004.00,
...
                    價格: 11780.00,
                    成本: 167000.00,
                    手續費 200.00
最終組合資產價值: 5293789.46
```

▲（圖 - 執行歷程）

我們來看一下長期持有 0050 股票跟台指期空單的績效，與單純持有 0050 的績效比起來如何。左邊是我們的有加上做空台指期的績效；右邊是單純持有 0050 的績效，可見得如果我們只是沒有計畫跟策略的放空台指期希望弭平 0050 的風險，這樣是完全行不通的，雖說左邊加上做空台指期的策略最大回撤降低

3.4 台股與台指期的結合 - 對沖股票部位

成 6% 了,可是問題是累計報酬實在是少太多了,只剩下一年約 5% 的累計報酬,並且 Sharpe Ratio 也下降為 1 以下,可見得我們每承擔一點風險所獲得的報酬下降了不少,因此這對我來說不是一個好方法。

	Backtest		Backtest
Start date	2019-03-05	Start date	2019-03-05
End date	2020-02-27	End date	2020-02-27
Total months	11	Total months	11
Annual return	6.295%	Annual return	16.023%
Cumulative returns	5.987%	Cumulative returns	15.205%
Annual volatility	7.16%	Annual volatility	13.87%
Sharpe ratio	0.89	Sharpe ratio	1.14
Calmar ratio	1.04	Calmar ratio	1.59
Stability	0.69	Stability	0.77
Max drawdown	-6.049%	Max drawdown	-10.091%
Omega ratio	1.17	Omega ratio	1.22
Sortino ratio	1.21	Sortino ratio	1.58
Skew	-1.14	Skew	-1.10
Kurtosis	7.15	Kurtosis	7.23
Tail ratio	1.23	Tail ratio	1.08
Daily value at risk	-0.877%	Daily value at risk	-1.685%
Gross leverage	0.21		
Alpha	-0.01		
Beta	0.49		

▲ (圖 - 左圖為使用台指期空單進行避險 ; 右圖是純粹 buy&hold 0050)

從累計報酬圖中更能看出差異。灰色的是 0050 的報酬率,綠色的是我們做空台指期 + 0050 的策略,可見得我們的累計報酬虧損太多了,並且報酬曲線也未見得更加平滑。

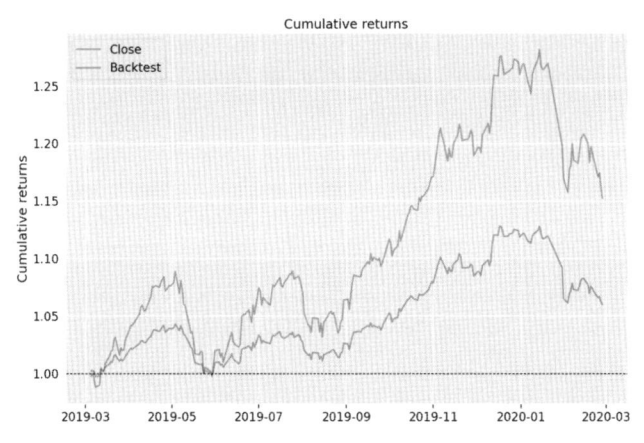

▲ (圖 -0050 的累計報酬 vs 做空台指期 + 0050 的策略累計報酬)

第 3 章　台指期的價量研究

從結果來說，單純 buy&hold 0050 以及空單台指期，雖說的確年化波動及最大回撤都有顯著變小，可是問題是犧牲掉的報酬率實在是太多了，當然如果終極目標就是最小化最大回撤及年化波動，那或許是一個可以考慮的策略。但是，我們是否有更聰明的方法？我們接著再來提出一個想法來實作。

◆ 股票與期貨 Backtrader 一同回測 2- 更靈活的操作台指期

剛剛的方法顯然太過簡單了。那我們做一點簡單的變化，是不是就會使得我們持有 0050 會持有的更安全、更舒適、甚至是報酬更好呢？

我們提出一個想法，台指期空單是否不要無腦的一直下呢？我們如果改成當我持有的 0050 出現報酬率的回檔，我們放空台指期避險呢？例如說，我本來賺了 20% 可是最近 0050 下跌，導致我只賺了 18%，稍微回檔了一下，此時我們再來放空台指期避險，直到我的 0050 資產回覆 20% 的水準我再出場，這樣如何？

我這裡設置 10%，當我的 0050 股票獲利回檔 10% 得時候，我們才放空台指期，並且在我的 0050 股票獲利回升 10% 的時候，我出清台指期的空單。我們來看一下程式該怎麼做吧！如果與上一個小節沒什麼改變的設定，我就不贅述囉！

我們來看一下 __init__ 的部分。這裡我們多了兩個參數，一個是 highest_profit，當我們進場 0050 的時候，我們要隨時追蹤過往的最高獲利，以用來判斷我們投資在 0050 的部位獲利有無創新高；第二個是 stop_loss_triggered，這個參數用來捕捉第一次觀測到 0050 的獲利從高點回落 10% 的時刻，如果不透過這個參數控制，我們很有可能會每天都不斷放空台指期，例如說我在 10/5 觀測到回落 10% 我放空台指期，如果我沒有記錄這個觸發，那 10/6、10/7 可能到 11/1 我的 0050 的報酬一直都沒有回去，我們就會每天都一直下台指期，所以我透過這個參數去控制。當然了，做法很多，很多聰明的讀者可能會想，那我用台指期的 position 是不是 0 去判斷不就好了？當然也沒問題，就是兩種做法，能夠達到目的即可。

3.4 台股與台指期的結合 - 對沖股票部位

📄 ：PythonQuantTrading/Chapter3/3-4/3_4_futures_stock_bt2.py

```python
def __init__(self):
    # 保存 0050 和 TXF 的資料
    self.dataclose_0050 = self.datas[0].close
    self.dataclose_txf = self.datas[1].close
    self.order_0050 = None
    self.order_txf = None
    self.first_trade_done = False
    self.cash_reserved_for_txf = 1000000

    # 用來追蹤 0050 的最高獲利
    self.highest_profit = 0
    self.stop_loss_triggered = False
```

其他地方都沒有調整，我們直接來看 next 的部分。前面的部分一樣，我們處理合約到期的問題，唯一不一樣的是，在我們購買 0050 的股票部位的時候，這一次我們沒有衝動直接下台指期空單。台指期空單的邏輯我們留到後面。

📄 ：PythonQuantTrading/Chapter3/3-4/3_4_futures_stock_bt2.py

```python
def next(self):
    position_size = self.getposition(data=self.datas[1]).size
    futures_date = self.datas[1].datetime.datetime(0)

    # 合約到期日檢查
    if option_expiration(futures_date).day == futures_date.day and futures_date.hour >= 13:
        if position_size != 0:
            self.close(data=self.datas[1])
            self.log('因到期日平倉 TXF 持倉', is_stock=False)
        return  # 不再執行後續邏輯

    # 第一次交易：購買 0050 股票
    if not self.first_trade_done:
        available_cash_for_0050 = self.broker.getcash() - self.cash_reserved_for_txf
        size_0050 = int(available_cash_for_0050 / self.dataclose_0050[0])
        self.order_0050 = self.buy(data=self.datas[0], size=size_0050)
        self.log(f'創建 0050 買入訂單, 大小: {size_0050}', is_stock=True)
        self.first_trade_done = True
        return
```

第 3 章 台指期的價量研究

接下來我們要紀錄 0050 股票部位的紀錄。我們獲取 0050 的 position，這裡要注意因為是 0050 所以 datas 要取 [0]。我們接著計算我們部位的當前損益，如果當前損益比我們紀錄的至今最高損益還高，我們就更新至今最高損益。

💻 ：PythonQuantTrading/Chapter3/3-4/3_4_futures_stock_bt2.py

```python
# 計算 0050 的持倉盈虧
position_0050 = self.getposition(data=self.datas[0])
current_profit = position_0050.size * (self.dataclose_0050[0] - position_0050.price)

# 更新最高獲利
if current_profit > self.highest_profit:
    self.highest_profit = current_profit
```

接著我們來寫何時要進場台指期空單。我們這裡用到了我們的 stop_loss_triggered，這個我們用做於紀錄是否我們已經下過台指期空單了，避免我們重複一直下空單 (當然，讀者一樣也可以用期貨的 position 是否為 0 來判斷)，並且當目前的收益比例是最高收益少了 10% 以上，我們觸發台指期空單，這裡我改了兩口，因為 100 萬的資本，一口大台如果以 167,000 來記，應該是綽綽有餘下兩口。一般來說我會下資本一半的量，要注意玩期貨最好不要下得太滿，不然容易被追繳保證金。

💻 ：PythonQuantTrading/Chapter3/3-4/3_4_futures_stock_bt2.py

```python
# 獲利回撤 10% 時觸發做空 TXF
if not self.stop_loss_triggered and current_profit < self.highest_profit * 0.9:
    self.log(f'0050 獲利回撤超過 10%,創建 TXF 賣出訂單', is_stock=False)
    self.order_txf = self.sell(data=self.datas[1], size=2)  # 賣出 2 口 TXF
    self.stop_loss_triggered = True
```

再小小提醒一下，因為我是用 2019 的數據我才用 16 萬多的保證金金額，我寫到這裡的時候保證金幾乎都要翻倍了，讀者到時候可以自行去更改保證金的金額。

3.4 台股與台指期的結合 - 對沖股票部位

回到正題，最後我們寫什麼時候要平我們的台指期空單部位。邏輯也很簡單，就是我們曾經觸發過台指期空單的下單 (一樣讀者可以使用 position 來判斷)，接著當當前的收益回到了之前最高收益的 90%，我們就平倉我們的避險空單部位。

💻 : PythonQuantTrading/Chapter3/3-4/3_4_futures_stock_bt2.py

```python
# 當價格恢復時 (0050 盈利重新超過之前的 90%) ，平倉 TXF
if self.stop_loss_triggered and current_profit >= self.highest_profit * 0.9:
    self.log(f'0050 盈利回升, 平倉 TXF',is_stock=False)
    self.close(data=self.datas[1])
    self.stop_loss_triggered = False
```

接著我們來執行看看，這樣子會不會讓我們的 0050 部位更穩定呢？下圖的左圖是我們加入空單避險的 0050 buy&hold 策略；右邊是純粹的 buy&hold，我們可以注意到我們透過空單避險的方式，可以顯著的提升我們的 sharpe ratio，並且年化報酬及累積報酬都沒有少太多，但是我們的最大回撤以及 Annual volatility 年化波動率都有不少的進步，尤其是我們的年化波動率減少非常的多。

	Backtest		Backtest
Start date	2019-03-05	Start date	2019-03-05
End date	2020-02-27	End date	2020-02-27
Total months	11	Total months	11
Annual return	15.552%	Annual return	16.023%
Cumulative returns	14.76%	Cumulative returns	15.205%
Annual volatility	8.909%	Annual volatility	13.87%
Sharpe ratio	1.67	Sharpe ratio	1.14
Calmar ratio	1.72	Calmar ratio	1.59
Stability	0.87	Stability	0.77
Max drawdown	-9.031%	Max drawdown	-10.091%
Omega ratio	1.35	Omega ratio	1.22
Sortino ratio	2.52	Sortino ratio	1.58
Skew	-0.16	Skew	-1.10
Kurtosis	3.21	Kurtosis	7.23
Tail ratio	1.15	Tail ratio	1.08
Daily value at risk	-1.063%	Daily value at risk	-1.685%
Gross leverage	0.06		
Alpha	0.06		
Beta	0.55		

▲ (圖 - 左圖為空單避險 + 0050 buy&hold; 右圖為單純的 0050 buy&hold)

第 3 章 台指期的價量研究

我們來看與 0050 單純 buy&hold 的報酬 (灰線)，雖說我們的報酬率走勢相近，最後的收益也相近，但是可以觀察例如下圖紅色圈圈的地方，可見得其他 0050 的持有者在這段時間內面臨的不小損失，被我們避開了，我們的 0050 資產因為有台指期空單的保護，所以沒有面臨到巨大的回撤。

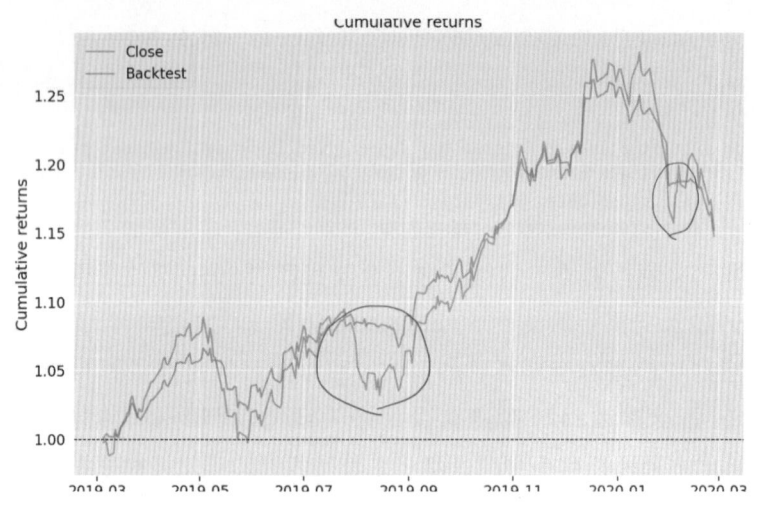

▲ (圖 - 執行結果，0050 buy&hold + 台指期空單避險 vs 0050 buy&hold)

接下來我們就留給讀者自行探索了，這個小節的主要目的是想要教學如何將 0050 以及台指期數據做結合回測，並且以一個非常親民的方式，也就是 buy&hold 0050 來作為範例如何配合台指期部位進行簡單的避險。在我們提供的資料期間內，可見得這個方式還可以接受，雖然效果並未特別顯著。

這個章節我們主要描述了台指期如何使用 Backtrader 來回測，並且提供兩個在資料提供區間績效不錯的期貨策略供讀者練習，並在最後說明了如何使用 Backtrader 進行不同資產的績效計算。下個章節中，我們將來講講，我們一般來如何用最低的成本、最簡單有效的方式來進行程式自動交易。

4 AI 模型好用嗎？

4.1 前言

　　AI 模型真的那麼好用嗎？能否用在交易上？這些問題經常被熱烈討論。還是回歸老話一句，在投資的世界裡，各個投資方式成功的人都有，有人靠主觀判斷致富，有人靠技術分析獲利，當然，也有不少交易者透過 AI 模型賺得盆滿缽滿。除非在做不正確的事情，例如過分相信單一績效指標、開了天眼使用了未來的數據等等錯誤，我一般對各種策略都抱持著開放的態度，只要你在模擬期間仍然維持績效，持續 rubust，我就會相信這是不錯的交易訊號，當然我們前面也有稍微提到根據我個人主觀的經驗，什麼樣的策略很不穩健，在未來容易失效。

第 4 章　AI 模型好用嗎？

在現在這個時代，利用 AI 來預測股價或收益率已經成為相當普遍的技術。不論是在大學、研究機構還是業界，都有大量的人力投入 AI 交易模型的研發。我曾經聽過歐洲某知名保險投資集團分享他們的 AI 研究技術，他們不僅關注 AI 模型的預測準確性，更專注於使用哪些因子可以提高模型的表現。舉例來說，他們的量化投資部門應用了深度學習中的注意力機制模型，不僅看模型的準確率，還分析哪些市場特徵讓模型的準確率提高，並以此基礎開發新的因子和特徵。這種洞察力讓他們能夠從 AI 工具中挖掘出深刻的市場因子，實現更精確的預測。

剛進入交易世界時，我曾經傲慢地認為 AI 必定能打敗一切，然而，隨著經驗的累積，我逐漸認識到每種交易方式都有其優勢和頂尖高手。舉例來說，有些主觀交易者憑藉獨到的市場洞察力，在其他人看不出差異的數據中發現寶藏。因此，無論是 AI 模型還是主動投資，最重要的還是找到自己可以接受的風險與報酬組合，以及符合自己投資理念的交易方式。這樣不僅能讓策略更穩健，還能讓自己對策略的執行更加自信。

從我的觀點來看，AI 不太可能完全取代從量化研究到交易的全過程。這有點像現代生成式 AI 的興起，許多人不認為 ChatGPT 能夠完全取代專業人士的角色。相反，若善用 AI 這一強大的工具，確實能給我們帶來不少好處和便利。你可以把 AI 模型想像成一個幫助我們做決定或理解事物運作方式的工具。就像天氣預報模型依據氣溫、風速、濕度等歷史數據來預測未來天氣一樣，AI 模型也是依據過去的市場資料來推測未來趨勢，為我們提供決策依據，我相信對像我們這樣資訊或是數學統計背景，金融為輔的人來說，利用 AI 分析並執行交易是有利的，畢竟我們目前也還沒有數十年的交易經驗；但反之我也相信對有著數十年交易經驗的老手，AI 肯定不能取代他們，但他們有可能借助 AI 達到更高的層次。

4.1 前言

　　閒聊太久了，回歸正題。接下來，我們來介紹研究中常見的三種 AI 模型：機器學習、深度學習和強化學習。這些模型各具特點，都是達成投資目標可以使用的有效手段。

◆ 機器學習 vs 深度學習 vs 強化學習

　　機器學習、深度學習和強化學習都是讓機器或是電腦「學習」的方式，但它們的學習方式和應用場景不盡相同。可以把它們想像成三種不同的「函式」，我們給它們資料，它們會根據內部的「參數」來做出回應或預測。我們要做的，就是通過不斷「訓練」，讓這些函式學會如何正確地回應，進而調整參數來做出更精準的判斷。

　　機器學習就像一個依賴既定規則的函式。假設我們有一堆股票的歷史數據，每筆數據都有真實結果（如是否上漲），機器學習模型就會從這些資料中找出規則，讓我們能在未來遇到新資料時，依據規則做出預測。

　　機器學習的模型相對簡單，所需的運算量也較小。可以把它看成一個「簡單的函式」，裡面有幾個可以調整的參數，像是「當某些條件滿足時，可能會有什麼結果」。所以，這些模型的解釋性較好，因為我們能清楚地看到它的運算過程和依據的條件。舉例來說，機器學習模型在預測某支股票的走勢時，會依據交易量、價格變動等簡單的參數做出預測。

　　深度學習是機器學習的「進階版」，它的結構要複雜得多。可以想像，這個函式有很多層，每一層都會根據不同的參數來處理數據。每一層好像是一道篩子，過濾並提取出有價值的資訊，並將有用的資訊傳給下一層。這就是所謂的「神經網路」，有點像是我們的大腦：經過多層處理，能抓住數據中的微妙變化。

第 4 章　AI 模型好用嗎？

深度學習特別適合處理圖片、語音這類的非結構化資料，因為它能從大量資料中「自動」找出特徵，而無需人工設定規則。它的參數量非常龐大，需要非常多的資料和強大的運算能力來訓練，否則它可能會亂猜而無法準確預測。深度學習需要大量的訓練數據來「調整參數」，可以理解為模型中的每一層有更多未知的「旋鈕」，這些旋鈕需要不斷根據數據調整，才能抓住有效的特徵。

強化學習是另一種完全不同的學習方式。和前兩種需要「有答案」的資料不同，強化學習並不依賴標記好的訓練數據，而是透過「試錯」來學習。例如，像教狗狗玩撿球遊戲，每次狗狗表現好，就給它獎勵，表現不好，就給予懲罰。強化學習的模型會在環境中不斷嘗試不同的行動，根據「獎勵」或「懲罰」來調整自己的策略。

強化學習可以想像成一個學習「如何玩遊戲」的函式。每次模型選擇一個行動，例如在股市模擬中決定「買」或「賣」，然後根據結果得到獎勵（賺錢）或懲罰（虧損）。隨著不斷嘗試，模型逐漸學會如何在不同情境中做出最佳決策。

總結三者的差異：

- 機器學習：依賴已知答案的訓練資料，用比較簡單的規則和參數來學習。適合處理結構化的數據，具有較好的解釋性。當然也有一些例如 k-means 的常見演算法是不須依賴已知答案的。

- 深度學習：也是依賴已知答案，但運算層數多，適合處理非結構化的資料，如圖像和語音。需要大量的數據和運算資源。

- 強化學習：不需要已知答案，而是透過不斷的嘗試和獎懲機制來學習最佳策略，適合用在需要動態調整策略的場景，例如遊戲和交易。

在金融市場中，這些方法各有千秋。機器學習可以幫助我們進行預測，深度學習在處理龐大資料上很有優勢，而強化學習則能在模擬環境中訓練出適應性強的交易策略。每種方法都有不同的應用場景，它們共同為達成我們的投資目標提供了有力的工具。

▼（表 - 機器學習模型和深度學習模型的比較表）

	機器學習模型	深度學習模型
模型的複雜度	較低，結構簡單，較易解釋	較高，包含多層神經網路，需要大量計算資源
所需訓練集資料集的大小	少量資料即可產生良好效果	大量資料支持效果較佳
所需訓練時間	訓練時間較短，快速產出結果	訓練時間較長，視數據量和層數而定
範例模型	線性迴歸模型 邏輯迴歸模型 決策樹模型 隨機森林模型 XGboost	LSTM CNN Attention

任務目標的類型

在訓練 AI 模型之前，第一步是先確認我們的目標，也就是我們當下想解決的問題。根據目標的不同，我們可以把訓練任務分成兩大類：數值預測任務和類別預測任務。

數值預測任務的目標是一個具體的數字，模型需要根據過去的資料來預測一個數值。舉例來說，如果我們想要預測明天的股價或未來的漲跌幅度，這就是一種數值預測。模型的目標是給出一個準確的數字。數值預測適合那些需要精確答案的情境，例如計算未來的氣溫、公司的營收成長或預估某項資產的價格。

另一種常見的任務是類別預測任務。這類任務的目標是將結果分到兩個或多個類別中，而不是給出一個具體的數字。例如，如果我們想預測股票價格在未來是上漲還是下跌，這就是一個二分類的類別預測。同樣地，若我們把股票的漲跌幅分成不同的區間（例如大幅上漲、略微上漲、略微下跌、大幅下跌），這也是一種類別預測任務，但屬於多分類。

在股價預測中，選擇合適的任務類型非常重要。如果你需要的是精確的數字，比如「明天的收盤價是多少」，那麼數值預測任務更合適；但如果你只需要知道價格的大致走向或趨勢，例如「明天價格是否會上漲」，那麼類別預測任務就比較適合。選擇合適的預測目標可以幫助我們選擇對應的模型和訓練方法，提升預測的效果。

為了讓接下來的內容介紹能更清楚，我們先解釋兩個在 AI 領域中經常提到的名詞：「特徵」和「目標」。特徵是模型用來觀察和學習的資訊，而目標則是我們希望模型能夠預測的結果。舉個例子，如果我們的任務是透過觀察「今天的最高價和最低價」來預測「明天的收盤價」，那麼「今天的最高價和最低價」就是特徵，而「明天的收盤價」就是目標。在機器學習中，「特徵」也常被稱為「自變數」，「目標」則對應「應變數」。

切分資料集

當我們在準備 AI 模型時，有一個關鍵步驟就是「切分資料集」。這個步驟不僅是為了訓練模型，也是為了確保模型在真實環境中能夠穩定運行。可能你會想：訓練的模型看起來不錯，是不是就可以直接上線了？但是實際情況下，大部分模型在訓練時表現好，不代表在真實場景中也能同樣出色。這就是切分資料集的意義所在。

在機器學習中，我們通常會將歷史數據分成三類：訓練集、驗證集和測試集。

- 訓練集：這是模型學習的資料來源，模型會從中找出規律、識別模式，並根據這些資料調整內部參數。

- 驗證集：這組資料是用來微調模型的，幫助我們在不同的模型之間做選擇。模型會在訓練的過程中偶爾看看驗證集的效果，以確保不會過度依賴訓練資料的特徵，這樣可以讓模型的預測更廣泛適用。

- 測試集：這是最後檢驗模型效果的數據集，模型在訓練和驗證過程中都不會接觸到這組資料。測試集提供了「模擬真實環境」的評估方式，來檢查模型的真實表現。

4.1 前言

　　這個過程就像是我們準備大考。訓練模型的過程就像我們平時上課學習，並透過做作業來練習基本概念和技巧。這就是訓練集的作用。在這期間，我們會參加模擬考，檢視自己是否掌握了所學內容。模擬考就像是驗證集，題目可能是新的，但能幫助我們檢查學習狀況。最後，我們上場參加正式考試，這就像測試集，用來檢驗整體學習效果。

　　切分資料集的主要目的是避免模型「過度擬合」訓練資料。所謂過度擬合，就是模型只會「死記硬背」訓練資料，卻無法適應新資料。就像準備考試時，如果只是背下了作業答案，作業可能會得高分，但考試只要題目稍微變化，你就可能答不出來。

　　通過驗證集和測試集（模型未接觸過的資料）來檢查模型的表現，我們可以檢查它是否過於依賴訓練資料。如果模型在驗證集上表現不好，就可以在訓練過程中進行微調。最終，我們用測試集來評估模型的真實效果。

　　通常情況下，我們會將資料切成三類，但在使用較簡單的機器學習模型時，也可以只切分為訓練集和測試集。這時，訓練集用來訓練模型，測試集則用來評估模型的效果。不過，切分時要注意，測試集應僅用於最終評估，避免在挑選模型時使用測試集的結果，否則就等於「偷看考試答案」。

　　切分資料集是一個重要的步驟，確保模型不僅在訓練資料上表現良好，也能適應新的、未見過的數據。透過這樣的設計，我們可以提升模型在真實應用中的穩定性，幫助它在實際環境中穩定運行。

低度擬合 vs 過度擬合

　　在機器學習中，我們常會碰到「低度擬合」和「過度擬合」這兩個概念。它們就像是學習過程中的兩個極端：一個是學得不夠，一個是學得太過。了解這兩者對模型的影響，可以幫助我們訓練出更穩定的 AI 模型。

第 4 章　AI 模型好用嗎？

低度擬合就像是學習的程度不夠，模型無法捕捉數據中的關鍵模式和特徵。這種情況下，模型看起來學習了某些規則，但其實只是「草草了事」，沒有真正理解資料的核心。要判斷模型是否為低度擬合，我們可以觀察它在訓練集和測試集上的表現。如果模型在這兩個數據集上的表現都很差，預測結果不準確，這通常是低度擬合的跡象。模型此時對於任何數據都缺乏有效的預測能力。

為了解決低度擬合的問題，我們可以嘗試：

- 增加模型複雜度：使用更複雜的模型，例如從簡單的線性回歸切換到更高階的決策樹模型。低度擬合通常發生在模型過於簡單，無法捕捉到數據中的複雜模式。簡單來說，模型太「笨」了，無法識別數據中的細節和變化。所以，我們可以增加模型的複雜度，讓它具有更強的表達能力來學習數據中的關鍵特徵。

- 增加特徵：如果數據本身的訊息不夠，模型很難找到規律，可以考慮加入更多有意義的特徵（例如股票預測中加入公司財報資訊等），讓模型有更多學習依據。

- 增加訓練時間：有時候低度擬合是因為模型訓練得不夠充分，延長訓練時間，讓模型有更多機會學習。

至於過度擬合就是模型「學得太好了」，甚至學到了「太多」。模型不僅記住了訓練數據的規律，還記住了訓練數據中的一些雜訊或偶然特徵。結果就是，模型在訓練數據上表現非常好，但在新數據上表現很差，因為它對訓練數據「記得太死」，缺乏靈活性。判斷過度擬合的方法是同樣是去觀察模型在訓練集和測試集上的表現，如果模型在訓練集上表現很好（如預測準確度隨著訓練次數越來越高），但在測試集上的效果明顯變差（如預測準確度隨著訓練次數越來越低），這通常就是過度擬合的跡象。也就是說，模型「考前死記硬背」，在考試時卻一片空白。

為了解決過度擬合的問題，我們可以嘗試：

- 減少模型複雜度：可以嘗試減少模型的層數或參數，讓模型更簡單、更通用。過度擬合的問題通常來自於模型太過靈活，導致它不僅記住了數據中的主要模式，還「死記」了訓練數據中的雜訊或偶然特徵。因此，減少模型的複雜度，可以讓模型只關注數據中最關鍵的特徵，避免過於依賴訓練數據中的細節。

- 增加訓練數據：讓模型接觸更多樣化的數據，可以幫助它學習到更普遍的規律，不會只記住訓練數據中的特殊情況。

低度擬合和過度擬合就像學習過程中的兩個陷阱：一個學得不夠，一個學得太過。我們希望模型在訓練中找到一個平衡，既能準確識別數據中的規律，又不會死記訓練數據中的細節。透過調整模型的複雜度、增加特徵、使用正則化等方法，我們可以打造出穩定、實用的模型，真正應用於實際問題中。

AI 模型預測的任務五大步驟

想要完成一項 AI 模型的預測任務，並不如想像中困難。只要掌握以下五個主要步驟：資料準備、建立模型、訓練模型、模型評估，還有視覺化預測結果，基本上就能完成一個完整的 AI 預測過程。我們一起來看看每個步驟的重點和操作。

第一步：資料準備

資料準備是成功的基礎，這一步驟包含整理和清理資料，並將資料切分成訓練集、驗證集和測試集。資料清理是一門學問，沒有標準答案，通常會根據領域知識（domain knowledge）和資料特性進行處理。

舉例來說，如果數據中有遺失值，我們要決定是補值還是忽略？如果不同特徵的數據範圍差異過大，我們可能需要正規化數據（也稱標準化），讓模型能夠更穩定地處理。正規化的方式有很多種，例如最小最大正規化或標準正規化等，也可以選擇全局正規化或滾動更新。這些細節都直接影響模型的效果。

至於資料切分的目的是為了讓模型有不同數據來源進行學習（訓練集）、檢查學習過程中的表現（驗證集），並用來評估最終性能（測試集）。

第 4 章　AI 模型好用嗎？

第二步：建立模型

建立模型這一步就是選擇一個適合的模型結構，簡單來說，選擇一組數學公式或計算過程。我們可以選擇簡單的模型（如線性回歸），也可以選擇更複雜的模型（如神經網路），來適應不同的預測任務。

不同模型適合不同的數據和目標。例如，數值預測可以選擇回歸模型或深度學習中的線性層作為輸出；如果是類別預測任務，則可以選擇分類模型，或使用深度學習的 sigmoid 層或 softmax 層作為輸出層（這些名詞會在後面章節介紹）。

第三步：訓練模型

訓練模型的過程就像是在教它如何從特徵中找出與目標的關聯。透過不斷的數據輸入，模型會逐步調整內部參數，使預測結果更準確。這個過程類似於我們不斷做練習題來提高解題技巧，隨著模型「練習」的次數增加，它會逐漸學到更好的預測模式。

第四步：模型評估

當模型訓練完成後，我們需要檢查它在驗證集和測試集上的表現，以確認它在真實環境中的穩定性。如果模型在測試集上的效果良好，我們就有信心它可以投入實際應用。

這一步要去觀察模型是否「學得太過」（過度擬合）或「學得不夠」（低度擬合）。透過觀察模型在不同數據集上的表現，我們可以進一步調整模型參數，找到最佳平衡。

第五步：視覺化模型的預測結果

最後，將模型的預測結果視覺化，可以幫助我們直觀地了解模型的預測能力。我們可以繪製預測結果與實際結果的對比圖，觀察兩者的走勢是否一致，確保模型的預測與實際情況吻合。

這五個步驟就像是為 AI 模型「搭建舞台」：從資料準備到模型建立，再到訓練和評估，最後將結果可視化，讓我們能確信模型在各個方面表現良好。在這些步驟中，我認為資料準備往往最花時間，因為數據品質是影響模型效果的基礎。接下來的章節，我們將深入探討如何選擇並建立合適的模型。

4.2 機器學習在股價預測上的應用

機器學習有兩個主要的分支：監督學習（Supervised Learning）和非監督學習（Unsupervised Learning）。這兩個分支的不同之處，主要在於數據是否有「標籤」。標籤就像是數據的答案，有了標籤，我們才能清楚知道每個數據點的正確分類或數值結果。

監督學習是指模型在已經「標記好答案」的數據上進行訓練。每個訓練數據樣本都已經有了對應的正確答案，因此模型學習的過程就像是做有答案的練習題。我們一步步教它根據這些已知答案，找到可以用來判斷新數據的規律。舉例來說，想像我們有一大堆已經標注了品種的狗的照片，這些標籤可能是「柴犬」、「哈士奇」等品種。我們會把這些帶有標籤的數據餵給模型，訓練它如何根據照片來辨認狗的品種。訓練過程中，模型會逐漸學會觀察到各品種的特徵，這樣未來遇到新照片時，它就能根據已學到的知識來辨別品種。

非監督學習則是在沒有標籤的數據上訓練模型。因為沒有給定答案，模型無法知道每筆數據的具體分類或結果。這種情況下，模型的目標是找到數據之間的內在結構或模式，例如哪些數據相似、哪些數據不同，從而將數據進行分群。例如，給模型一堆狗的照片，但不告訴它每張照片的品種。模型會開始分析這些照片的特徵，並試圖將相似的照片歸在一起。最終，模型可能會分出幾個群組，例如柴犬、哈士奇等，雖然它並不知道具體的品種名稱，但能夠找出哪些狗看起來「像」。

在本書中，我們只會專注於監督學習的部分。機器學習裡有不少經典模型，這些模型可能大家已經耳熟能詳，包括線性迴歸、邏輯迴歸、決策樹、隨機森林和 XGBoost 等。這些模型的結構和用途各有不同，適合解決不同的問題。接下來，我們會挑選幾個常見的模型，介紹它們的核心概念並示範如何使用程式碼實現。由於這本書的目標是讓讀者簡單入門，而不是專注於學術探討，所以我們不會深入解釋每個名詞和細節。如果讀者對某些部分感到好奇，或是有不夠清楚的地方，隨時歡迎提出問題或聯繫我們，我們很樂意回答。

線性迴歸模型（Linear Regression Model）

線性迴歸模型的目標，是找到兩個變量之間的線性關係，這樣我們就可以用一個變量來預測或是推論另一個變量。想像一下，假設我們想預測一個人的體重，而手邊的資料只有身高。此時，身高就是我們的「特徵」，而體重則是我們想要知道的「目標」。線性迴歸的任務，就是找到一條最能代表身高和體重關係的直線。

線性迴歸又可以依據特徵的數量分為簡單線性迴歸和多元線性迴歸。簡單線性迴歸只使用一個特徵來預測目標值。例如，利用一個人的身高預測他的體重。多元線性迴歸則會使用多個特徵來預測目標值。例如，若我們想預測房價，可能會考慮房屋的大小、地點、樓層、年齡等特徵，這些特徵都會幫助模型更精準地預測房價。簡單線性迴歸可以看作是多元線性迴歸的簡化版。兩者的公式幾乎相同，只是簡單線性迴歸只會有一個特徵。以下是多元線性迴歸的公式：

$$Y = b_o + b_1 X_1 + b_2 X_2 + ... + b_n X_n$$

公式中的 Y 代表目標的預測值，$X_1 \sim X_n$ 代表 n 個特徵（例如房價預測中的房屋面積、樓層等），$b_1 \sim b_n$ 就是模型訓練中學到的參數，這些參數表示每個特徵對預測結果的影響程度。當我們訓練完模型，就會得到這些參數的具體數值。接著，我們可以用這些參數來預測新資料的結果。

我們可以從模型最後的參數值來推論特徵和目標之間的關係。例如，如果某個參數 b_i 大於 0，表示特徵 X_i 和目標 Y 是正相關，也就是說，特徵值越大，目標值也傾向變大；反之，如果某個參數 b_i 小於 0，表示特徵 X_i 和目標 Y 是負相關，也就是說，特徵值越大，目標值傾向變小。另外，可以將參數值 b_i 取絕對值後的數值可以看作是特徵對於目標的影響程度，如果某個參數的絕對值很大，代表這個特徵對目標的影響力很大。反之，如果參數值接近 0，則表示該特徵對預測結果幾乎沒有影響。

在這裡，先來介紹一個機器學習工具包：Scikit-learn。這個工具包裡包含了許多常用的機器學習模型，例如分類模型、迴歸模型、隨機森林等。除了模型外，Scikit-learn 還有許多評估模型效果的指標，可以幫助我們了解模型的表現。使用 Scikit-learn 前，只需在命令列執行 pip install scikit-learn 來安裝套件。

接下來我們會實作一個簡單線性迴歸的程式範例，利用今天的開盤價、最高價、最低價、收盤價和交易量來預測明天的收盤價。也就是說，我們的特徵是開、高、低、收、量五個變量，而目標是隔日的收盤價。在這裡，我們會使用到以下 3 個 Scikit-learn 函式：train_test_split、LinearRegression 和 mean_squared_error，函式介紹可以參考**表 -Scikit-learn 的函式介紹（一）**。

表 -Scikit-learn 的函式介紹（一）

函式名稱	函式介紹
sklearn.model_selection.train_test_split	**函式目的**：將資料切分為訓練集和測試集。 **參數意義**： 1. *arrays：可以輸入多個要進行切分的資料集。例如，如果我們有特徵資料 X 和標籤資料 y，可以同時將它們輸入，train_test_split 會自動將兩者同時切分，保證它們的順序一致。 2. test_size：測試資料佔總資料集的比例。例如，test_size=0.2 表示測試集佔 20%，訓練集佔 80%。 3. random_state：如果設置了 random_state（例如 42），每次切分的結果會相同，方便重現實驗。如果沒有設置，每次切分結果都可能不同，數據分配會隨機變化。通常為了方便重現實驗結果，我們會設置一個任意的常數。 4. shuffle：是否在切分之前打亂數據的順序，預設為 True。如果設置為 False，則保留數據原本的順序。一般情況下在訓練時會選擇打亂數據，以避免數據因為排序而產生偏差。

第 4 章　AI 模型好用嗎？

函式名稱	函式介紹

sklearn.
model_selection.
train_test_split
	使用範例：
	
	``
	# 載入套件
	from sklearn.model_selection import train_test_split
	
	# 切分一個資料集範例
	# 將 features_data 切前 60% 資料做為訓練集特徵 X_train，切後 40% 資料做為測試集特徵 X_test
	X_train,X_test = train_test_split(
	    features_data,
	    test_size=0.4,
	    random_state=1326,
	    shuffle=False
	)
	
	# 切分多個資料集範例
	# 將 features_data 切前 50% 資料做為訓練集特徵 X_train，將切後 50% 資料測試集特徵 X_test；將 labels_data 切前 50% 資料做為訓練集目標 y_train，將切後 50% 資料做為測試集目標 y_test
	X_train,X_test,y_train,y_test = train_test_split(
	    features_data,labels_data,
	    test_size=0.5,
	    random_state=1326,
	    shuffle=False
	)
	``

sklearn.
linear_model.
LinearRegression
	函式目的：建立線性迴歸模型。
	使用範例：
	
	``
	# 載入套件
	from sklearn.linear_model import LinearRegression
	
	# 建立線性迴歸模型
	model = LinearRegression()
	
	# 使用訓練資料來訓練模型
	#X_train：訓練集的特徵，y_train：訓練集的目標
	model.fit(X_train,y_train)
	
	# 使用訓練好的模型來預測（推論）
	#y_train_pred：預測的訓練集收盤價
	y_train_pred = model.predict(X_train)
	``

4-14

4.2 機器學習在股價預測上的應用

函式名稱	函式介紹

sklearn.
metrics.
mean_squared_
error
	函式目的：計算預測結果的均方誤差（Mean Squared Error；MSE），用來評估模型的準確度。均分誤差公式：
	
	$$MSE = \frac{(y\_true - y\_pred)^2}{n}$$
	
	參數意義：
	1. y_true：真實目標值。
	2. y_pred：預測目標值。
	（y_true 和 y_pred 這兩個變數大小必須要相同）
	
	使用範例：
	<pre># 載入套件
	from sklearn.metrics import mean_squared_error
	
	y_true = [[0.5,1],[-1,1],[7,-6]]
	y_pred = [[0,2],[-1,2],[8,-5]]
	
	# 計算 y_true 和 y_pred 的均方誤差
	mean_squared_error(y_true,y_pred)</pre>

📔：PythonQuantTrading/Chapter4/4-2/main_for_linear_regression.py

```python
# 載入所需套件
import os
import sys
from sklearn.linear_model import LinearRegression
from sklearn.metrics import mean_squared_error
from sklearn.model_selection import train_test_split
utils_folder_path = os.path.dirname(os.path.dirname(os.path.dirname(__file__)))
sys.path.append(utils_folder_path)
import Chapter4.utils as chap4_utils  # noqa: E402

# 使用 0050.TW 在 2020-01-01 至 2021-12-31 的資料當作訓練資料
# 生成訓練和測試所需的資料
all_data = chap4_utils.generate_ticker_data(
    ticker="0050.TW", start_date="2020-01-01", end_date="2021-12-31"
)
# 取得特徵欄位 (開盤價、最高價、最低價、收盤價、交易量)
features_data = all_data[["Open", "High", "Low", "Close", "Volume"]]
```

第 4 章　AI 模型好用嗎？

```python
# 取得訓練目標欄位（隔日收盤價）
labels_data = all_data["Pred_Close"]

# 將資料分割為訓練集和測試集
# 將前 50% 資料設為訓練集 (X_train, y_train)，後 50% 資料設為測試集 (X_test, y_test)
# X_train：訓練集的特徵，y_train：訓練集的目標
# X_test：測試集的特徵，y_test：測試集的目標
X_train, X_test, y_train, y_test = train_test_split(
    features_data, labels_data, test_size=0.5, random_state=1326, shuffle=False
)
print(f"訓練集資料筆數: {X_train.shape[0]}")   # 訓練集資料筆數: 244
print(f"測試集資料筆數: {X_test.shape[0]}")    # 測試集資料筆數: 244

# 建立線性迴歸模型
model = LinearRegression()
# 使用訓練資料來訓練模型
# X_train：訓練集的特徵，y_train：訓練集的目標
model.fit(X_train, y_train)
# 使用訓練好的模型來預測（推論）
# y_train_pred：模型對訓練集的預測結果
y_train_pred = model.predict(X_train)
# y_test_pred：模型對測試集的預測結果
y_test_pred = model.predict(X_test)

# 使用均方誤差 (MSE) 來評估模型在訓練集和測試集的表現，誤差越小表示預測越準確
# 計算訓練集的 MSE
mse_train = mean_squared_error(y_true=y_train, y_pred=y_train_pred)
print(f"Train Mean Squared Error: {mse_train:.2f}")
# 計算測試集的 MSE
mse_test = mean_squared_error(y_true=y_test, y_pred=y_test_pred)
print(f"Test Mean Squared Error: {mse_test:.2f}")

# 繪製訓練集真實值和預測值的折線圖
chap4_utils.lineplot_true_and_predicted_result(
    true_values=y_train.values,
    predicted_values=y_train_pred,
    title="Linear Regression Result For TrainSet",
)
# 繪製測試集真實值和預測值的折線圖
chap4_utils.lineplot_true_and_predicted_result(
    true_values=y_test.values,
    predicted_values=y_test_pred,
    title="Linear Regression Result For TestSet",
)
```

在**表 - 線性迴歸模型預測結果折線圖**中，兩張圖展示了使用線性迴歸模型來預測隔日收盤價的結果。左邊的圖顯示模型在訓練集上的表現，右邊的圖則顯示模型在測試集上的表現。圖上橘色線是預測值，藍色線是真實值。如果預測結果與實際值之間有很大的差距，我們會在圖上看到預測線與實際線之間出現明顯的分離，這意味著模型的預測效果不佳。在理想的情況下，兩條線應該重

疊或非常接近，這樣才能說明模型的預測準確度較高。從下方這兩張圖可以看出，預測結果與實際的收盤價走勢基本一致，表示模型是有學習到了數據中的一些規律。

▼（表 - 線性迴歸模型預測結果折線圖）

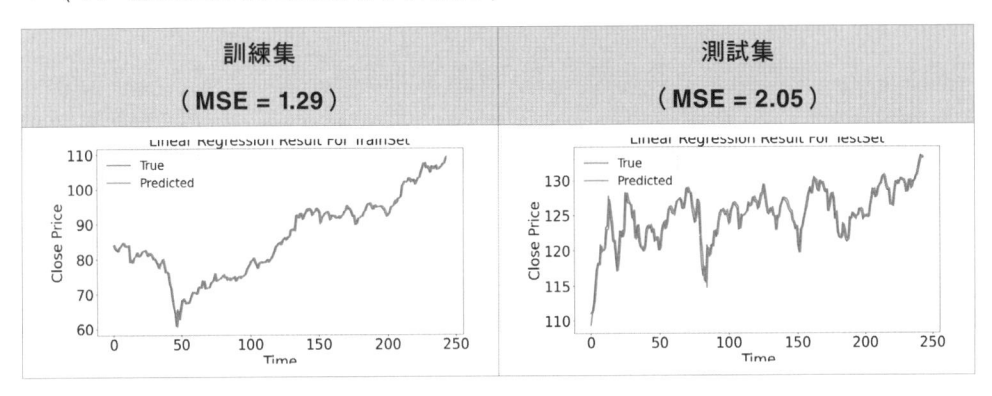

訓練集 （MSE = 1.29）	測試集 （MSE = 2.05）

邏輯迴歸模型（Logistic Regression Model）

　　邏輯迴歸模型是一種常用於二元分類問題的工具，簡單來說它可以回答「是或否」、「會或不會」有兩種答案的問題。舉例來說，我們可以用它來預測明天的股價會否上漲，或是預測某人在網上看到一則廣告後是否會購買產品。這個模型的特點是，它的輸出是一個介於 0 到 1 之間的機率，表示某件事情發生的可能性。如果這個機率高於某個門檻值（例如 0.5，可以自行調整門檻值），我們可以認為預測結果是「會發生」，反之則「不會發生」。

　　與線性迴歸不同，邏輯迴歸的輸出是一個「可能性」，而非具體數值。邏輯迴歸有兩種模式，一種是只使用單一特徵進行預測的「簡單邏輯迴歸」，另一種是考慮多個特徵來獲得預測的「多元邏輯迴歸」。例如，如果要預測明天股價的變動情況，我們可以依據今天的開盤價、最高價、最低價、收盤價和成交量來做出判斷，這就是一個多元邏輯迴歸的應用例子。在邏輯迴歸中，模型會建立一個數學公式，來描述特徵和預測結果之間的關係，以下是多元邏輯迴歸的公式：

$$Y = \frac{1}{1 + e^{-(b_o + b_1 X_1 + b_2 X_2 + ... + b_n X_n)}}$$

4-17

第 4 章　AI 模型好用嗎？

公式中的 Y 表示預測結果的機率值，範圍一定會介於 0 到 1 之間，$X_1 \sim X_n$ 代表 n 個特徵，$b_1 \sim b_n$ 是模型訓練得到的參數，代表每個特徵對預測結果的影響，我們也可以從參數值的絕對大小來看每個特徵對於目標的影響程度。

接下來，我們將用 Python 的 Scikit-learn 套件來實作這個邏輯迴歸模型。以使用今天的開盤價、最高價、最低價、收盤價和成交量五個特徵來預測明天的股價是上漲還是下跌當作任務目標。為了實現這個目標，我們會使用 Scikit-learn 套件中的兩個函式：LogisticRegression 和 classification_report，函式的介紹可以參考表 4.2.4。

特別拿 classification_report 來說明。在模型訓練完成後，classification_report 會生成一個評估報表，裡面包含多項評估指標，包括精確度（Precision）、召回率（Recall）、F1 分數（F1Score）、和準確率（Accuracy）等。這些指標的意義可以透過「混淆矩陣」（Confusion Matrix）來理解。混淆矩陣是一個 2x2 的表格，展示模型的分類正確與錯誤的情況。以「健康檢查」為例，如果我們想預測某人是否生病，「生病」的情況可被視為「正類別」，而「健康」則是「負類別」。在混淆矩陣中，我們會使用以下四個名詞 TP、FP、TN、FN 來描述模型的分類情況，如**表 - 混淆矩陣，Confusion Matrix** 是一個混淆矩陣的範例。

▼（表 - 混淆矩陣，Confusion Matrix）

	模型判定為正類別 模型判定為生病	模型判定為負類別 模型判定為健康
實際上是 正類別 實際上是 生病的人	True Positive(TP) 模型正確地將正類別判定為正類別。 模型正確地將生病的人判定為生病。	False Negative(FN) 模型錯誤地將正類別判定為負類別。 模型錯誤地將生病的人判定為健康。
實際上是 負類別 實際上是 健康的人	False Positive(FP) 模型錯誤地將負類別判定為正類別。 模型錯誤地將健康的人判定為生病。	True Negative(TN) 模型正確地將負類別判定為負類別。 模型正確地將健康的人判定為健康。

以下列出 Precision、Recall、F1Score、Accuracy、Support 等的公式，這些公式看起來可能有些複雜，但不用特別緊張。我們不僅列出公式，也會用健康檢查的例子來逐一解釋每個指標的意義。

1. $Precision_{Positive} = \dfrac{True\ Positive}{True\ Positive + False\ Positive}$。
   表示模型預測為「生病」的結果中有多少是真的生病。在健康檢查中，如果不想讓健康人因誤判而承受不必要的治療，Precision 就是一個重要指標。

2. $Recall_{Positive} = \dfrac{True\ Positive}{True\ Positive + False\ Negative}$。
   表示實際生病的人中有多少被正確檢測出來。在健康檢查中，如果我們希望不要漏掉任何病人，Recall 是我們應該關注的指標。

3. $F1Score = 2 \cdot \dfrac{Precision \cdot Recall}{Precision + Recall}$。
   這是綜合考量 Precision 和 Recall 表現的指標。

4. $Accuracy = \dfrac{True\ Positive + True\ Negative}{True\ Positive + True\ Negative + False\ Positive + False\ Negative}$。
   表示模型正確分類的比例。Accuracy 在樣本類別均衡時比較有意義，如果樣本不平均，例如樣本中病人很少但健康人很多，只要大多數預測為健康就可取得高準確率，準確率會失真。

5. Support 指的是每個類別的樣本數。例如，有多少人實際上是健康或患病的。

此外，還有一組「Macro」類型指標。Macro 指標的計算方式是對每個類別（像是生病類和健康類）的指標進行平均計算，給每個類別相同的權重，無論該類別的樣本數多少。這種「Macro」計算方式適合在我們希望均衡地評估每一類表現的情境。例如，在健康檢查中，如果我們既希望準確地識別出生病的人（正類別），又希望不錯判健康的人（負類別），Macro 指標可以提供一個公平的整體衡量。

6. $Macro\ Precision = \dfrac{Precision_{positive} + Precision_{negative}}{2}$。
   計算生病和健康兩類別的 Precision 平均值。

7. $Macro\ Recall = \dfrac{Recall_{positive} + Recall_{negative}}{2}$。
   計算生病和健康兩類別的 Recall 平均值。

8. $Macro\ F1Score = \dfrac{F1Score_{positive} + F1Score_{negative}}{2}$。
   計算生病和健康兩類別的 F1Score 平均值。

另一方面,「Weighted avg」類型指標會考慮每個類別的樣本數量,並對每個類別的指標進行加權平均,使樣本數多的類別對總體指標影響更大。當數據中各類別樣本數分布不均衡(例如健康的人數遠多於生病的人數)時,Weighted avg 能更準確地反映模型的實際表現。

9. $Weighted\ avg\ Precision =$
   $\dfrac{Precision_{positive} \times Support_{positive} + Precision_{negative} \times Support_{negative}}{Support_{positive} + Support_{negative}}$

   對每個類別的 Precision 進行加權平均。健康類別樣本數多,會使得模型的總體 Precision 更接近健康類別的 Precision。

10. $Weighted\ avg\ Recall = \dfrac{Recall_{positive} \times Support_{positive} + Recall_{negative} Support_{negative}}{Support_{positive} + Support_{negative}}$

    對每個類別的 Recall 進行加權平均。同樣,健康類別的 Recall 會因其樣本數較多而影響總體 Recall。

11. $Weighted\ avg\ F1Score =$
    $\dfrac{F1Score_{positive} \times Support_{positive} + F1Score_{negative} \times Support_{negative}}{Support_{positive} + Support_{negative}}$

    對每個類別的 F1Score 進行加權平均。

總結來說,Macro 和 Weighted avg 指標的主要差別在於權重的分配方式:Macro 指標對每個類別給予相同的權重,無論類別樣本數量;而 Weighted avg 指標則根據樣本數進行加權,也就是說,樣本較多的類別在結果中影響更大。你可以根據所關注的問題選擇適合的指標來評估模型表現。

4.2 機器學習在股價預測上的應用

無論是 Precision 還是 Recall，這兩個指標越接近 1 越好。F1 Score 則綜合了 Precision 和 Recall，它的範圍會於 0 到 1 之間，也是讓數值越接近 1 越好，表示模型在這兩方面都取得了平衡並表現出色。

▼（表 -Scikit-learn 的函式介紹（二））

函式名稱	函式介紹

sklearn.
linear_model.
LogisticRegression
	函式目的：建立邏輯迴歸模型。
	使用範例：
	``
	# 載入套件
	from sklearn.linear_model import LogisticRegression
	
	# 建立邏輯迴歸模型
	model = LogisticRegression()
	
	# 使用訓練資料來訓練模型
	#X_train：訓練集的特徵，y_train：訓練集的目標
	model.fit(X_train,y_train)
	
	# 使用訓練好的模型來預測（推論）
	#y_train_pred: 預測的訓練集收盤價
	y_train_pred = model.predict(X_train)
	``

sklearn. metrics. classification_report	**函式目的**：計算 precision、recall、f1-score、support、accuracy、macro avg 的函式。 **參數意義**： 1. y_true：真實目標值。 2. y_pred：預測目標值。 **使用範例**： ``` # 載入套件 from sklearn.metrics import classification_report y_true = [0,1,2,2,2] y_pred = [0,0,2,2,1] classification_report(y_true,y_pred) ```

第 4 章　AI 模型好用嗎？

💻：PythonQuantTrading/Chapter4/4-2/main_for_logistic_regression.py

```python
# 載入所需套件
import os
import sys
from sklearn.linear_model import LogisticRegression
from sklearn.metrics import classification_report
from sklearn.model_selection import train_test_split
utils_folder_path = os.path.dirname(os.path.dirname(os.path.dirname(__file__)))
sys.path.append(utils_folder_path)
import Chapter4.utils as chap4_utils  # noqa: E402

# 使用 0050.TW 在 2020-01-01 至 2021-12-31 的資料當作訓練資料
# 生成訓練和測試所需的資料，資料包含隔日的收盤價漲跌方向
all_data = chap4_utils.generate_ticker_data(
    ticker="0050.TW", start_date="2020-01-01", end_date="2021-12-31"
)
# 取得特徵欄位（開盤價、最高價、最低價、收盤價、交易量）
features_data = all_data[["Open", "High", "Low", "Close", "Volume"]]
# 取得目標欄位（隔日收盤價上漲或是下跌的方向，1 表示上漲，0 表示下跌）
labels_data = all_data["Pred_UpDown"]

# 將資料分割為訓練集和測試集
# 將前 50% 資料設為訓練集 (X_train, y_train)，後 50% 資料設為測試集 (X_test, y_test)
# X_train：訓練集的特徵，y_train：訓練集的目標
# X_test：測試集的特徵，y_test：測試集的目標
X_train, X_test, y_train, y_test = train_test_split(
    features_data, labels_data, test_size=0.5, random_state=1326, shuffle=False
)

# 建立邏輯迴歸模型
model = LogisticRegression(random_state=1326, max_iter=1000)
# 使用訓練資料來訓練模型
# X_train：訓練集的特徵，y_train：訓練集的目標
model.fit(X_train, y_train)
# 使用訓練好的模型來預測（推論）
# y_train_pred：模型對訓練集的預測結果
y_train_pred = model.predict(X_train)
# y_test_pred：模型對測試集的預測結果
y_test_pred = model.predict(X_test)

# 評估模型在訓練集和測試集的表現
# 使用分類報告 (precision、recall、f1-score、support、accuracy 等指標) 來評估模型
# 生成訓練集的分類報告，評估模型在訓練集上的表現
classification_report_train = classification_report(y_true=y_train, y_pred=y_train_pred)
print("Train Classification Report: ")
print(classification_report_train)
# 生成測試集的分類報告，評估模型在測試集上的表現
classification_report_test = classification_report(y_true=y_test, y_pred=y_test_pred)
print("Test Classification Report: ")
print(classification_report_test)
```

在**表 - 邏輯迴歸模型評估指標**中，我們可以看到這次訓練的結果，其中 support 表示每個類別的樣本數量。以訓練集為例，真實類別為 0 的樣本數量是 108，而類別為 1 的樣本數量是 136，兩者的數量相對接近。

當訓練資料中類別數量極度不平衡時，模型往往會偏向於預測樣本數量較多的類別。這是因為在訓練過程中，模型發現這類別頻繁出現，因此大部分時間只要選擇預測這個類別，準確率似乎就會提升。但這樣表示模型並沒有真正學會如何區分不同類別。特別是在測試集的類別分布與訓練集不同的情況下，如果測試集的類別比例更均衡，模型可能無法準確預測較少數的類別，導致在測試集上的表現不佳。

表 - 邏輯迴歸模型評估指標顯示，模型在訓練集和測試集上的準確率都僅約為 50% 左右，接近隨機猜測的結果，說明模型其實並未有效學會分類。根據不同任務對於準確率的要求也會有所不同。例如，在財務預測上，如果模型的準確率能達到 70% 以上，已經算是表現不錯的模型。

▼（表 - 邏輯迴歸模型評估指標）

訓練集						測試集				
	precision	recall	f1-score	support			precision	recall	f1-score	support
0	0.50	0.06	0.11	108		0	0.00	0.00	0.00	124
1	0.56	0.95	0.70	136		1	0.49	1.00	0.66	120
accuracy			0.56	244		accuracy			0.49	244
macro avg	0.53	0.51	0.41	244		macro avg	0.25	0.50	0.33	244
weighted avg	0.53	0.56	0.44	244		weighted avg	0.24	0.49	0.32	244

決策樹模型（Decision Tree Model）

決策樹模型是一種可以用來做分類或預測（迴歸）的工具。它的基本原理其實很簡單，根據不同特徵的值一步步地把數據進行分割，直到我們可以清楚地做出分類或預測，或者達到樹的最終深度。

第 4 章　AI 模型好用嗎？

可以想像決策樹就像我們日常生活中做決策的流程圖。它從一個起點（稱為根節點 Root Node）開始，每次依據條件來分支。如果條件成立，就走左邊的路線；如果不成立，就往右邊的路線走，這樣一步步下去，直到到達樹的末端（稱為葉節點 Leaf Node），那就是最終的結果。這些決策過程中的每個節點，就像你在做決定時的各種選擇。

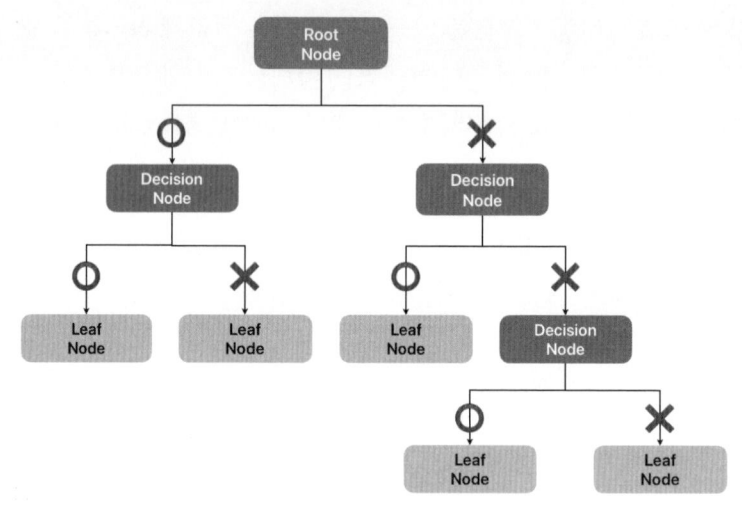

▲（圖 - 決策樹示意圖）

舉例來說，假設我們要建立一個決策樹模型來預測明天是否會下雨，我們有以下幾個特徵：

1. 今天的溫度（高或低）

2. 今天的濕度（高或低）

3. 今天的天氣狀況（晴天、陰天、雨天）

4.2 機器學習在股價預測上的應用

根據收集到的資料,我們可以構建出一個簡單的決策樹,如**圖 - 決策樹範例圖**所示:

1. 如果今天天氣是晴天或陰天,那麼明天預測不會下雨。

2. 如果今天不是晴天也不是陰天,而濕度很高,那麼明天有可能會下雨。

3. 如果今天濕度低且溫度也高,那麼明天可能會下雨。

4. 如果今天濕度低且溫度低,那麼明天可能不會下雨。

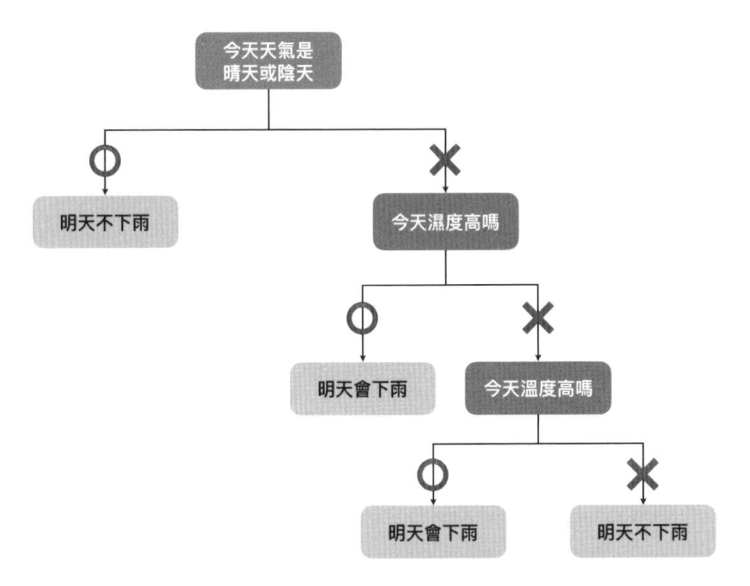

▲(圖 - 決策樹範例圖)

接下來,我們來實際做一個案例。我們會利用決策樹來預測股價,看看明天的股價是會上漲還是下跌。我們用今天的開盤價、最高價、最低價、收盤價和成交量這五個數據作為特徵。這次我們會用到 Scikit-learn 的 DecisionTreeClassifier 函式,函式介紹可以參考**表 -Scikit-learn 的函式介紹(三)**。

4-25

第 4 章　AI 模型好用嗎？

▼（表 -Scikit-learn 的函式介紹（三））

函式名稱	函式介紹

sklearn.
tree.
DecisionTreeClassifier
	函式目的：建立決策樹模型。
	參數意義：
	1. max_depth：指定樹的最大深度。
	
	使用範例：
	<pre># 載入套件
	from sklearn.tree import DecisionTreeClassifier
	
	# 建立決策樹模型
	model = DecisionTreeClassifier(max_depth=3)
	
	# 使用訓練資料來訓練模型
	#X_train：訓練集的特徵，y_train：訓練集的目標
	model.fit(X_train,y_train)
	
	# 使用訓練好的模型來預測（推論）
	#y_train_pred: 預測的訓練集收盤價
	y_train_pred = model.predict(X_train)</pre>

💻：PythonQuantTrading/Chapter4/4-2/main_for_decision_tree.py

```python
# 載入所需套件
import os
import sys
import matplotlib.pyplot as plt
from sklearn.metrics import classification_report
from sklearn.model_selection import train_test_split
from sklearn.tree import DecisionTreeClassifier, plot_tree
utils_folder_path = os.path.dirname(os.path.dirname(os.path.dirname(__file__)))
sys.path.append(utils_folder_path)
import Chapter4.utils as chap4_utils  # noqa: E402

# 使用 0050.TW 在 2020-01-01 至 2021-12-31 的資料當作訓練資料
# 生成訓練和測試所需的資料，資料包含隔日的收盤價漲跌方向
all_data = chap4_utils.generate_ticker_data(
    ticker="0050.TW", start_date="2020-01-01", end_date="2021-12-31"
)
```

4.2 機器學習在股價預測上的應用

```python
# 取得特徵欄位（開盤價、最高價、最低價、收盤價、交易量）
features_data = all_data[["Open", "High", "Low", "Close", "Volume"]]
# 取得目標欄位（隔日收盤價上漲或是下跌的方向，1 表示上漲，0 表示下跌）
labels_data = all_data["Pred_UpDown"]
# 將資料分割為訓練集和測試集
# 將前 50% 資料設為訓練集 (X_train, y_train)，後 50% 資料設為測試集 (X_test, y_test)
# X_train：訓練集的特徵，y_train：訓練集的目標
# X_test：測試集的特徵，y_test：測試集的目標
X_train, X_test, y_train, y_test = train_test_split(
    features_data, labels_data, test_size=0.5, random_state=1326, shuffle=False
)
# 建立決策樹模型
model = DecisionTreeClassifier(random_state=6, max_depth=2)
# 使用訓練資料來訓練模型
# X_train：訓練集的特徵，y_train：訓練集的目標
model.fit(X_train, y_train)
# 使用訓練好的模型來預測（推論）
# y_train_pred：模型對訓練集的預測結果
y_train_pred = model.predict(X_train)
# y_test_pred：模型對測試集的預測結果
y_test_pred = model.predict(X_test)
# 評估模型在訓練集和測試集的表現
# 使用分類報告 (precision、recall、f1-score、support、accuracy 等指標) 來評估模型
# 生成訓練集的分類報告，評估模型在訓練集上的表現
classification_report_train = classification_report(y_true=y_train, y_pred=y_train_pred)
print("Train Classification Report: ")
print(classification_report_train)
# 生成測試集的分類報告，評估模型在測試集上的表現
classification_report_test = classification_report(y_true=y_test, y_pred=y_test_pred)
print("Test Classification Report: ")
print(classification_report_test)

# 取得各個變數（特徵）的重要程度
# model.feature_importances_ 回傳每個特徵對模型決策的重要性
importance = model.feature_importances_
feature_names = features_data.columns
# 將變數的重要程度以長條圖表示
plt.figure(figsize=(8, 6))
plt.barh(feature_names, importance)
plt.xlabel("Feature Importance", fontsize=15)
plt.ylabel("Feature", fontsize=15)
plt.xticks(fontsize=15)
plt.yticks(fontsize=15)
plt.title("Feature Importance of Decision Tree", fontsize=15)
plt.show()

# 使用 plot_tree 函數來繪製決策樹，顯示模型如何決策
plt.figure(figsize=(14, 10))
plot_tree(
    model,
    feature_names=feature_names,
    class_names=["Down", "Up"],    # 類別名稱：Down 代表下跌，Up 代表上漲
```

```
    filled=True,
    fontsize=12,
)
```

表 - 決策樹模型評估指標顯示，決策樹模型在訓練集上的準確率比邏輯迴歸略高一些，但我認為這個結果還有提升空間，最好能優化到超過七成，再考慮實際使用。

▼（表 - 決策樹模型評估指標）

訓練集					測試集				
	precision	recall	f1-score	support		precision	recall	f1-score	support
0	0.81	0.28	0.41	108	0	0.00	0.00	0.00	124
1	0.62	0.95	0.75	136	1	0.49	1.00	0.66	120
accuracy			0.65	244	accuracy			0.49	244
macro avg	0.72	0.61	0.58	244	macro avg	0.25	0.50	0.33	244
weighted avg	0.71	0.65	0.60	244	weighted avg	0.24	0.49	0.32	244

在**圖 - 決策樹變數重要圖**中，你可以看到決策樹模型中每個特徵對預測結果的重要性，這些重要性是以長條圖的形式顯示的。條形越長，代表該特徵對預測結果的影響越大。在這個例子中，最低價對於預測結果的影響超過其他特徵，佔了將近四成的影響力。

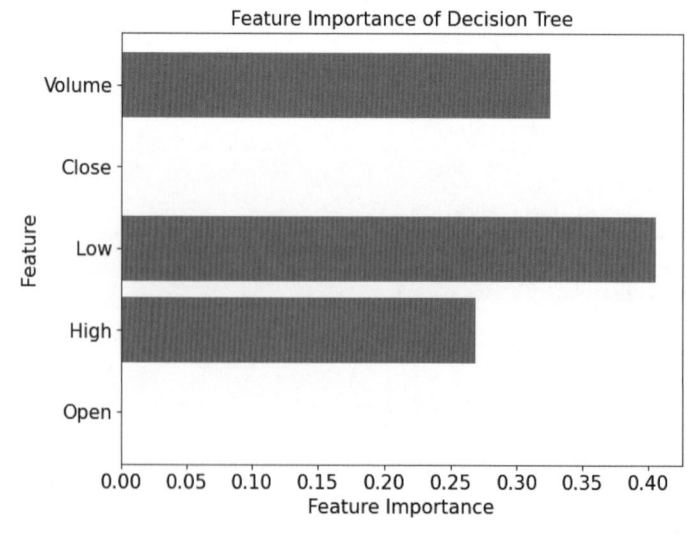

▲（圖 - 決策樹變數重要圖）

4.2 機器學習在股價預測上的應用

值得注意的是，在這次的模型訓練中，我們並沒有對數據進行正規化處理。正規化就是將所有特徵的數值調整到相似的範圍內，這樣特徵之間的比較會更公平。由於價格和成交量的數值差距非常大，沒有正規化的情況下，成交量顯得格外重要。如果你想要更精確地比較各特徵的重要性，要記得先將各個特徵都做正規化，讓每個特徵的值域範圍相同。

最後，**圖 - 決策樹模型的結果**顯示了我們用決策樹模型得到的預測結果。這棵樹其實就像一個指南，你可以把新的數據代入進去，沿著樹中的分支找到最終的分類結果。如果葉節點標示「class=up」，代表預測明天股價會上漲；如果是「class=down」，則代表預測股價會下跌。你可以根據這棵樹中的規則來預測新數據的走勢，就像用一張地圖來找出下一步該怎麼走一樣。

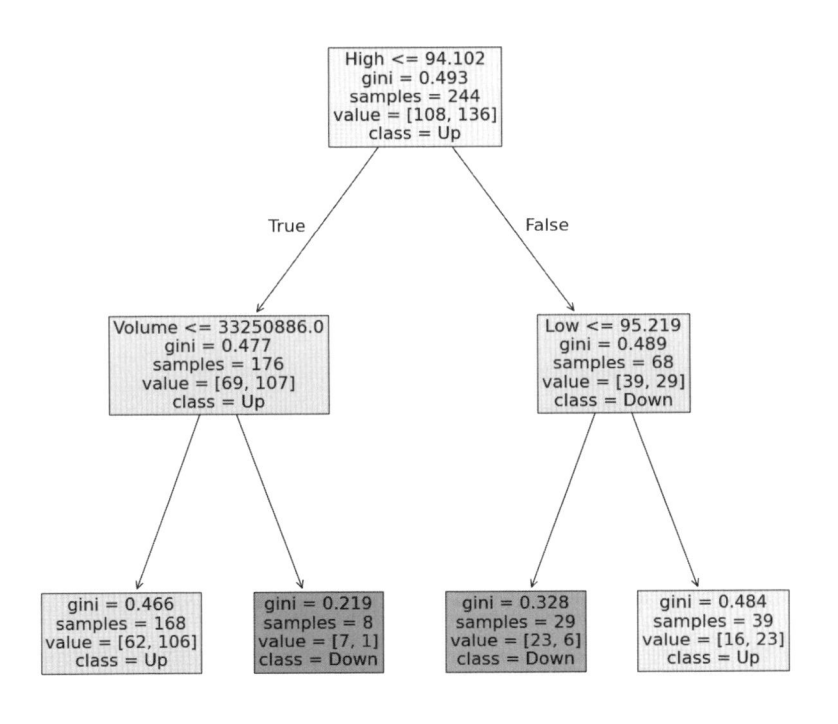

▲（圖 - 決策樹模型的結果）

隨機森林模型（Random Forest Model）

隨機森林是一種比較厲害的機器學習模型，常用於分類和迴歸任務。簡單來說，隨機森林由許多決策樹組成，這些決策樹在訓練過程中使用了隨機抽樣技術。它的主要概念是結合多棵樹的預測結果，來提高模型的準確性和穩定性。

可以這樣想像隨機森林的工作原理：如果你走進一片大森林，想了解某種樹的特徵，只問其中一棵樹的答案可能不夠全面，甚至帶有偏見。但如果你向森林中的多棵樹詢問，再把它們的回答綜合起來，你會得到一個更準確、更可靠的結果。隨機森林就是用這樣的方式來提升預測的精確度和穩定性。

在實作隨機森林時，首先會從收集到的資料中隨機抽取多個子集合，每個子集合用來訓練一棵決策樹。這些決策樹在訓練時會進一步隨機選擇特徵，增加樹之間的多樣性。接著，當模型接收到新資料時，會將資料輸入所有決策樹中，每棵樹給出一個預測結果。最後，隨機森林會將這些結果進行平均（用於迴歸）或投票表決（用於分類），得到最終的預測結果。

舉例來說，假設今天的任務是要將資料標註為 1 或 0，我們建立了 10 棵決策樹。如果有 7 棵樹預測第一筆資料的類別為 1，另外 3 棵樹預測為 0，那隨機森林會採用多數決，最終的預測結果就是 1。如果任務是預測一個數值，我們同樣有 10 棵決策樹，它們對某筆資料的預測分別是 1,1,1,1,1,2,2,3,4,4，那隨機森林就會將這些數值取平均，最終的預測結果是 2。

接下來，我們可以用隨機森林來預測股市。假設我們要預測明天的股價是上漲還是下跌，我們可以使用今天的開盤價、最高價、最低價、收盤價和交易量作為特徵，目標是預測股價的變動方向。在這個例子中，我們會使用 Scikit-learn 的 RandomForestClassifier 函式來進行模型訓練。RandomForestClassifier 函式介紹可以參考下表。

4.2 機器學習在股價預測上的應用

▼（表 -Scikit-learn 的函式介紹（四））

函式名稱	函式介紹

sklearn.ensemble.RandomForestClassifier	**函式目的**：建立隨機森林模型。
	參數意義：
	1. max_depth：指定樹的最大深度。
	使用範例：
	<pre># 載入套件
	from sklearn.tree import DecisionTreeClassifier
	
	# 建立隨機森林模型
	model = RandomForestClassifier(max_depth=3)
	
	# 使用訓練資料來訓練模型
	#X_train：訓練集的特徵，y_train：訓練集的目標
	model.fit(X_train,y_train)
	
	# 使用訓練好的模型來預測（推論）
	#y_train_pred: 預測的訓練集收盤價
	y_train_pred = model.predict(X_train)</pre>

💻 ：PythonQuantTrading/Chapter4/4-2/main_for_random_forest.py

```python
# 載入所需套件
import os
import sys
import matplotlib.pyplot as plt
from sklearn.ensemble import RandomForestClassifier
from sklearn.metrics import classification_report
from sklearn.model_selection import train_test_split
utils_folder_path = os.path.dirname(os.path.dirname(os.path.dirname(__file__)))
sys.path.append(utils_folder_path)
import Chapter4.utils as chap4_utils  # noqa: E402

# 使用 0050.TW 在 2020-01-01 至 2021-12-31 的資料當作訓練資料
# 生成訓練和測試所需的資料，資料包含隔日的收盤價漲跌方向
all_data = chap4_utils.generate_ticker_data(
    ticker="0050.TW", start_date="2020-01-01", end_date="2021-12-31"
)
# 取得特徵欄位（開盤價、最高價、最低價、收盤價、交易量）
features_data = all_data[["Open", "High", "Low", "Close", "Volume"]]
```

第 4 章　AI 模型好用嗎？

```python
# 取得目標欄位（隔日收盤價上漲或是下跌的方向，1 表示上漲，0 表示下跌）
labels_data = all_data["Pred_UpDown"]
# 將資料分割為訓練集和測試集
# 將前 50% 資料設為訓練集 (X_train, y_train)，後 50% 資料設為測試集 (X_test, y_test)
# X_train：訓練集的特徵，y_train：訓練集的目標
# X_test：測試集的特徵，y_test：測試集的目標
X_train, X_test, y_train, y_test = train_test_split(
    features_data, labels_data, test_size=0.5, random_state=1326, shuffle=False
)
# 建立隨機森林模型
model = RandomForestClassifier(n_estimators=10, random_state=1326)
# 使用訓練資料來訓練模型
# X_train：訓練集的特徵，y_train：訓練集的目標
model.fit(X_train, y_train)
# 使用訓練好的模型來預測（推論）
# y_train_pred：模型對訓練集的預測結果
y_train_pred = model.predict(X_train)
# y_test_pred：模型對測試集的預測結果
y_test_pred = model.predict(X_test)
# 評估模型在訓練集和測試集的表現
# 使用分類報告（precision、recall、f1-score、support、accuracy 等指標）來評估模型
# 生成訓練集的分類報告，評估模型在訓練集上的表現
classification_report_train = classification_report(y_true=y_train, y_pred=y_train_pred)
print("Train Classification Report: ")
print(classification_report_train)
# 生成測試集的分類報告，評估模型在測試集上的表現
classification_report_test = classification_report(y_true=y_test, y_pred=y_test_pred)
print("Test Classification Report: ")
print(classification_report_test)
# 取得每個特徵對模型決策的重要程度
importance = model.feature_importances_
feature_names = features_data.columns
# 將變數的重要程度以長條圖表示
plt.figure(figsize=(8, 6))
plt.barh(feature_names, importance)
plt.xlabel("Feature Importance", fontsize=15)
plt.ylabel("Feature", fontsize=15)
plt.xticks(fontsize=15)
plt.yticks(fontsize=15)
plt.title("Feature Importance of Random Forest", fontsize=15)
plt.show()
```

在完成訓練後，**表 - 隨機森林模型評估指標**顯示出隨機森林模型在訓練集上的準確率高於邏輯迴歸和單棵決策樹，這說明隨機森林在學習訓練集中特徵和目標的關係上表現良好。然而，當我們將這個模型應用到測試集時，準確率卻降到只有 50% 左右。這可能是因為模型過度擬合了訓練數據，也就是說，它在

4.2 機器學習在股價預測上的應用

訓練過程中學到了太多細節，包括訓練集中一些不具代表性的雜訊或特異特徵，導致在新數據上的表現不佳。

為了解決這個問題，可以採取降低模型複雜度的措施，例如減少決策樹的數量或限制每棵樹的深度。這樣雖然可能會讓訓練集上的準確率稍微下降，但能減少模型過度擬合的風險。另一種改善方法是增加訓練資料量，提供更多樣的樣本，讓模型更全面地學習，避免僅適應於特定數據的特徵。

▼（表 - 隨機森林模型評估指標）

訓練集	precision	recall	f1-score	support
0	0.97	1.00	0.99	108
1	1.00	0.98	0.99	136
accuracy			0.99	244
macro avg	0.99	0.99	0.99	244
weighted avg	0.99	0.99	0.99	244

測試集	precision	recall	f1-score	support
0	0.45	0.08	0.14	124
1	0.49	0.90	0.63	120
accuracy			0.48	244
macro avg	0.47	0.49	0.38	244
weighted avg	0.47	0.48	0.38	244

最後，我們可以透過**圖 - 隨機森林變數重要圖**來了解隨機森林模型中每個變數的重要性。圖中的長條越長，代表該變數對預測結果的影響越大。在這個例子中，每個變數的影響程度相似，這表示在股價預測中，開盤價、最高價、最低價、收盤價和交易量等因素都同樣重要，不可忽視。

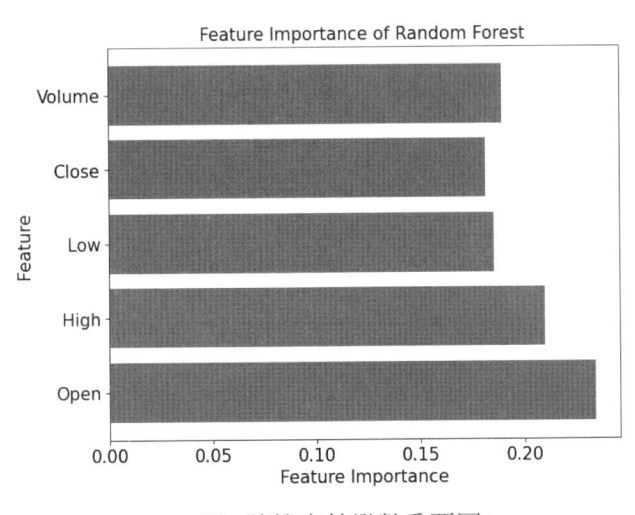

▲（圖 - 隨機森林變數重要圖）

第 4 章　AI 模型好用嗎？

XGBoost

　　XGBoost 也是一種基於決策樹的「提升方法」，透過結合多棵決策樹來提高預測準確度。這個「提升」的概念是指 XGBoost 在每次學習迭代時，會特別關注前一輪預測錯誤的樣本，對這些樣本賦予更高的權重，使模型逐步修正錯誤。經過多次迭代，模型在預測上會越來越精確。

　　舉個例子，假設我們想預測學生是否會通過考試。最初，模型可能會預測所有學生都有 50% 的機會通過考試，然後計算每個學生的預測結果與實際結果之間的誤差。例如，假如學生 A 實際上通過了考試，但模型預測他沒有通過，那麼在下一次訓練中，這個錯誤樣本（學生 A）就會被賦予更高的權重。接下來的迭代中，模型會特別關注這些被前一棵樹預測錯誤的樣本，並嘗試修正這些錯誤。這個過程會反覆進行，每次都建立一棵新樹來修正前一棵樹的錯誤，直到模型的錯誤率足夠低，或者達到預定的迭代次數為止。

　　接著，我們將進入程式實作部分。我們的例子是利用今天的股票開盤價、最高價、最低價、收盤價和成交量來預測明天的股價會上漲還是下跌。這些特徵就是開盤價、最高價、最低價、收盤價和成交量，而我們的目標是預測「上漲」或「下跌」。和其他機器學習模型不同，XGBoost 有自己的工具包叫做 xgboost，而不是用 Scikit-learn。你可以使用 pip install xgboost 這個指令來安裝它，至於更多函式介紹可以參考下表。

▼（表 -XGBoost 的函式介紹）

函式名稱	函式介紹
xgboost.train	**函式目的**：建立 XGBoost 模型。 **參數意義**： params：模型參數設定。參數包含 max_depth（最大樹的深度）、subsample（建構一棵樹的樣本比例）、eta（學習率）、objective（損失函式）、eval_metric（評估指標）等。 **使用範例**：

函式名稱	函式介紹
| xgboost.train | ```python
# 載入套件
import xgboost

# 創建 DMatrix 數據集
dtrain = xgboost.DMatrix(X_train, label=y_train)
dtest = xgboost.DMatrix(X_test, label=y_test)

# 設置 XGBoost 參數
params = {
    "objective": "binary:logistic",  # 二元邏輯回歸
    "eval_metric": "logloss",  # 評估指標
    "eta": 0.01,  # 學習率
    "max_depth": 3,  # 最大樹深
    "subsample": 0.8,  # 子樣本比例
}

# 建立 XGBoost 模型
# 使用訓練資料來訓練模型
bst = xgboost.train(
    params=params,
    dtrain=dtrain,
    # evals=evals,
)

# 使用訓練好的模型來預測（推論）
y_pred_prob = bst.predict(dtrain)

# 使用訓練資料來訓練模型
# X_train：訓練集的特徵，y_train：訓練集的目標
model.fit(X_train, y_train)

# 使用訓練好的模型來預測（推論）
# y_train_pred: 預測的訓練集收盤價
y_train_pred = model.predict(X_train)
``` |
```

第 4 章　AI 模型好用嗎？

📄：PythonQuantTrading/Chapter4/4-2/main_for_XGBoost.py

```python
import os
import sys
import matplotlib.pyplot as plt
import xgboost
from sklearn.metrics import classification_report
from sklearn.model_selection import train_test_split
utils_folder_path = os.path.dirname(os.path.dirname(os.path.dirname(__file__)))
sys.path.append(utils_folder_path)
import Chapter4.utils as chap4_utils  # noqa: E402
# 使用 0050.TW 在 2020-01-01 至 2021-12-31 的資料當作訓練資料
# 生成訓練和測試所需的資料，資料包含隔日的收盤價漲跌方向
all_data = chap4_utils.generate_ticker_data(
    ticker="0050.TW", start_date="2020-01-01", end_date="2021-12-31"
)
# 取得特徵欄位 (開盤價、最高價、最低價、收盤價、交易量)
features_data = all_data[["Open", "High", "Low", "Close", "Volume"]]
# 取得目標欄位 (隔日收盤價上漲或是下跌的方向，1 表示上漲，0 表示下跌)
labels_data = all_data["Pred_UpDown"]
# 將資料分割為訓練集和測試集
# 將前 50% 資料設為訓練集 (X_train, y_train)，後 50% 資料設為測試集 (X_test, y_test)
# X_train：訓練集的特徵，y_train：訓練集的目標
# X_test：測試集的特徵，y_test：測試集的目標
X_train, X_test, y_train, y_test = train_test_split(
    features_data, labels_data, test_size=0.5, random_state=1326, shuffle=False
)
# 創建 DMatrix 數據集，這是 XGBoost 專用的數據格式
dtrain = xgboost.DMatrix(X_train, label=y_train)
dtest = xgboost.DMatrix(X_test, label=y_test)
# 設置 XGBoost 參數
params = {
    "objective": "binary:logistic",  # 設定目標函數為二元邏輯回歸 (適合二分類任務)
    "eval_metric": "logloss",  # 評估指標使用 logloss
    "eta": 0.01,  # 設定學習率
    "max_depth": 3,  # 設定樹的最大深度
    "subsample": 0.8,  # 設定子樣本比例，防止過擬合
}
# 建立 XGBoost 模型並進行訓練
# bst 代表訓練後的模型
bst = xgboost.train(
    params=params,  # 設置的模型參數
    dtrain=dtrain,  # 訓練資料
)
# 使用訓練好的模型來進行預測
# 對訓練集進行預測，取得預測的機率
y_pred_prob = bst.predict(dtrain)
# 將預測機率轉換為預測的類別 (大於 0.546 為 1，否則為 0)
y_train_pred = (y_pred_prob > 0.546).astype(int)
# 對測試集進行預測，取得預測的機率
```

```python
y_pred_prob = bst.predict(dtest)
# 將預測機率轉換為預測的類別 (大於 0.545 為 1，否則為 0)
y_test_pred = (y_pred_prob > 0.545).astype(int)

# 評估模型在訓練集和測試集的表現
# 使用分類報告 (precision、recall、f1-score、support、accuracy 等指標) 來評估模型
# 生成訓練集的分類報告，評估模型在訓練集上的表現
classification_report_train = classification_report(y_true=y_train, y_pred=y_train_pred)
print(f"Train Classification Report: {classification_report_train}")
# 生成測試集的分類報告，評估模型在測試集上的表現
classification_report_test = classification_report(y_true=y_test, y_pred=y_test_pred)
print(f"Test Classification Report: {classification_report_test}")

# 繪製特徵重要性圖
# 使用 XGBoost 提供的 plot_importance 函數來視覺化呈現每個特徵對模型的影響
xgboost.plot_importance(bst)
plt.show()        # 顯示特徵重要性圖表
```

表 -XGBoost 模型評估指標顯示出目前 XGBoost 模型在訓練集上的準確率與單棵決策樹相近，但我認為這個結果還有提升空間。我們可以透過調整函式的參數來進一步優化模型，進而提高準確率，比如調整每棵樹的深度，或是每次看的樣本比例，這些也許能幫助模型更好地找到資料中的關聯。

▼（表 -XGBoost 模型評估指標）

訓練集					測試集				
	precision	recall	f1-score	support		precision	recall	f1-score	support
0	0.92	0.31	0.47	108	0	0.56	0.04	0.08	124
1	0.64	0.98	0.78	136	1	0.49	0.97	0.65	120
accuracy			0.68	244	accuracy			0.50	244
macro avg	0.78	0.65	0.62	244	macro avg	0.52	0.50	0.36	244
weighted avg	0.76	0.68	0.64	244	weighted avg	0.53	0.50	0.36	244

圖 -XGBoost 變數重要圖展示了各個變數在 XGBoost 模型中的重要性。以此範例而言，根據對預測目標的影響程度，由大到小的排序為：最高價、最低價、開盤價、收盤價、成交量。透過比較這些變數重要性的圖，我們可以發現不同模型對哪些變數重要的看法是有差異的。

第 4 章　AI 模型好用嗎？

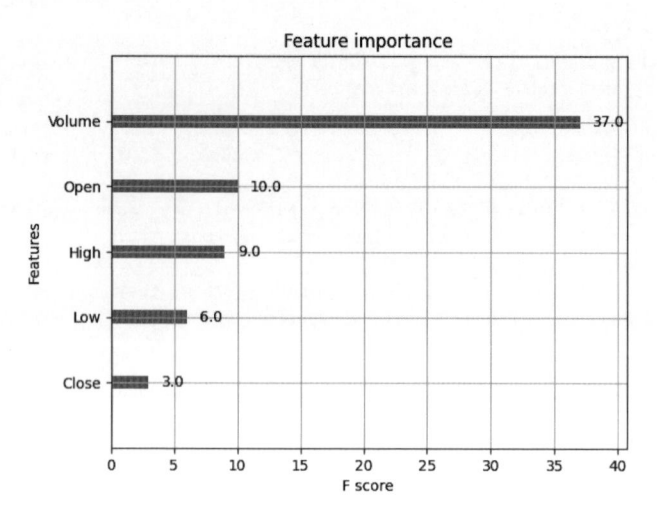

▲（圖 -XGBoost 變數重要圖）

　　最後總結一下，在這個章節中，我們介紹了幾種常見的機器學習模型，包括線性迴歸、邏輯迴歸、決策樹、隨機森林和 XGBoost，並透過實作展示了這些模型在應用中的表現。我們也討論了如何進一步優化模型的表現。希望透過這些內容，你已經對機器學習有了基本的認識，也知道如何將這些模型應用到自己的任務中。

4.3　深度學習在股價預測上的應用

　　在上一章節中，我們介紹了機器學習在股價預測上的應用，說明了不同的模型如何協助我們分析市場趨勢和預測價格波動。機器學習技術已經在這方面展現了不錯的成效。然而，隨著技術的發展，深度學習逐漸成為市場的主流工具，因為它能夠處理更龐大且複雜的數據，並自動發掘出隱藏的規律。因此，深度學習模型在多數任務上具有優勢，包含預測股價走勢任務。

　　在這個章節中，我們將一步步講解如何撰寫深度學習程式，並將這過程分成幾個重要部分。只要掌握這些基本概念，未來你可以根據不同需求來調整裡面細節，但大架構是不會變的。以下是我們將會探討的各個環節：

4.3 深度學習在股價預測上的應用

1. 隨機種子（random seed）設定：確保每次運行的結果一致。

2. 數據載入和批量（Batch）處理：處理大量數據成模型可以接受的格式。

3. 損失函式（loss function）選擇：指導模型學習的核心方法。

4. 優化器（optimizer）設定：提升模型表現的關鍵工具。

5. 模型（Model）架設：建構出模型的核心結構。

6. 訓練函式：讓模型學習數據中的規律。

7. 評估函式：利用已訓練的模型進行預測。

隨機種子（Random Seed）設定

在訓練深度學習模型時，我們經常會使用到一些「隨機操作」。例如，隨機初始化模型的參數，或者隨機打亂訓練數據。這些操作對於提升模型表現是有幫助，因為它們讓模型不會太過於依賴特定的數據順序。但是這些隨機操作也帶來了一個挑戰：每次訓練的結果可能會有些微不同，在開發或是測試時我們往往有需要去重現結果，但隨機性就會導致重現的動作變得困難。

這時候就需要用到「隨機種子」（Random Seed）。隨機種子其實就是一個特定的整數，設定之後，它會固定隨機生成器的行為。換句話說，每次運行程式時，隨機生成的結果都會相同，確保我們能夠重現訓練的結果，方便進行測試。

隨機種子特別有用的另一點是，團隊協作時，大家可以設定相同的隨機種子，這樣無論誰執行模型，結果都會一致，進一步提升溝通效率。

在實際開發中，我們可能會使用很多不同的工具和套件，只要牽涉到隨機性的部分，都應該設定隨機種子。特別是在使用深度學習框架時，像是在 Python、NumPy 和 PyTorch 裡設置隨機種子，就能確保模型行為的一致性。以下是一個簡單的範例來展示如何設定隨機種子。如果你還使用了其他帶有隨機性的套件，也最好一併進行設置。

設置 Python 和 NumPy 的隨機種子：這段程式碼確保在使用 Python 的 random 套件和 NumPy 進行隨機操作時，每次運行都會產生相同的結果。

```
seed = 1326# 這可以是任意正整數
random.seed(seed)
np.random.seed(seed)
```

設置 PyTorch 的隨機種子：這段程式碼確保在使用 PyTorch 進行隨機操作時，每次運行都會產生相同的結果。

```
seed = 1326# 這可以是任意正整數
torch.manual_seed(seed)
```

數據載入和批量（Batch）處理

「數據載入」是指將原始數據轉換為模型可以理解的格式，並將這些數據準備好以供給模型訓練。對於 PyTorch 來說，模型要求的數據格式是 tensor，一種支援多維度的格式。如果數據的原始格式是 array 或其他格式，可以使用 torch.tensor 函式將其轉換為 tensor 格式，這樣就符合 PyTorch 的要求了。接下來，我們會使用 PyTorch 的 Dataset 和 DataLoader 模組來進一步處理數據，以便模型可以高效地學習。

◆ **第一步、自定義 Dataset 模組**

Dataset 模組幫助我們定義如何提取特定數據及數據的大小。在自定義 Dataset 時，我們需要定義三個關鍵方法：

1. __init__：初始化數據集，設置數據的來源。

2. __len__：回傳數據集的總樣本數量，這個方法讓模型知道數據的大小。

3. __getitem__：根據索引值來取出資料集中對應的數據。

4.3 深度學習在股價預測上的應用

以下是一個關於自定義 Dataset 的範例：

```python
import torch
from torch.utils.data import Dataset
class StockDataset(Dataset):
    def __init__(self, data, seq_length):
        # 這個方法是用來初始化資料集。
        # 參數data是輸入資料，參數seq_length是設定每個樣本特徵的序列長度。
        # 舉例來說，如果想使用前3天的開高低收量來預測隔天的收盤價，
        # 就可以將 seq_length 設為 3。
        self.data = data
        self.seq_length = seq_length
    def __len__(self):
        # 這個方法是回傳資料集的樣本數。
        return len(self.data) - self.seq_length
    def __getitem__(self, idx):
        # 這個方法是用來根據索引回傳資料。把要回傳的資料放在 return 後面。
        # self.data 第一個位置索引對應的是時間軸
        # self.data 第二個位置索引對應的是欄位 (0:開,1:高,2:低,3:收,4:量)
        x = self.data[idx : (idx + self.seq_length), [0, 1, 2, 3, 4]]
        y = self.data[idx + self.seq_length, 3]
        return (
            torch.tensor(x, dtype=torch.float32),
            torch.tensor(y, dtype=torch.float32),
        )
# 創建資料集實例
train_dataset = StockDataset(data=train_data, seq_length=1)
```

◆ 第二步、使用 DataLoader

DataLoader 是 PyTorch 中的數據加載器，用於將 Dataset 包裝起來，方便進行批量載入數據和打亂數據順序。這裡的「批量」指的是一次載入多筆數據的方式，而不是一筆一筆地載入，可以大幅提高效率。透過 batch_size 參數，我們可以控制每次載入多少數據，還可以用 shuffle 參數來決定是否打亂數據的順序，這樣可以避免模型對數據順序過於依賴。以下是一個 DataLoader 的使用範例：

```python
# 創建數據加載器
train_loader = DataLoader(train_dataset, batch_size=32, shuffle=True)
# 可以透過 for 迴圈來迭代顯示數據加載器內的資料
for batch_data in train_loader:
    x, y = batch_data
    print(x)
    print(y)
```

在深度學習中，選擇適當的批次大小（batch size）對模型的訓練過程和最終性能有很大影響。不同的批次大小各有優缺點，以下是比較說明：

▼（表 - 批次大小的優缺點比較表）

	優點	缺點
批次數量大 Large Batch Size	1. 大批次能夠更好地利用 GPU 的並行計算能力，提高計算效率。 2. 大批次包含的樣本數多，梯度計算更加穩定，白話來說，就是有助於模型平穩收斂。	1. 處理大批次數據需要大量內存，可能超出 GPU 的容量，尤其是在高維數據或複雜模型時。 註：內存就像是電腦的短期記憶，存放著當前處理的數據，內存越多，可以處理的數據也越多。
批次數量小 Small Batch Size	1. 小批次佔用的內存較少，適合內存有限的環境，特別是在高維數據或複雜模型時。	1. 小批次樣本數少，梯度波動較大，可能導致訓練過程不穩定，容易陷入局部最佳解。 2. 小批次無法充分利用 GPU 的計算能力，使得每次訓練迭代的時間更長，降低了計算效率。

損失函式（Loss Function）選擇

損失函式是模型用來評估自己「表現」的工具，簡單來說，它告訴我們模型預測結果和真實答案之間的差距有多大。模型訓練的核心目標就是不斷調整自身，使損失函式的數值變得越小越好，這意味著模型的預測結果越來越接近真實值。在訓練過程中，我們可以透過損失函式來評估模型的效果、微調參數，甚至比較不同模型的表現，進而選擇出效果最佳的模型。

以下是三種常用的損失函式：均方誤差（Mean Squared Error；MSE）、二元交叉熵損失（Binary Cross Entropy Loss）和交叉熵損失（Cross Entropy Loss）。

4.3 深度學習在股價預測上的應用

◆ 1. 均方誤差（Mean Squared Error；MSE）

應用情境：常用於預測連續數字的迴歸任務，例如預測股票價格或房價。

計算公式：計算預測值與真實值之間差異的平方平均，公式如下：

$$MSE = \frac{1}{n}\sum_{i=1}^{n}(\hat{y}_i - y_i)$$

其中 $\hat{y}_i$ 代表模型預測值，y_i 代表真實值，n 代表總樣本數。

程式範例：對應到 PyTorch 內的方法是 torch.nn.MSELoss()。

```
import torch
import torch.nn as nn

# 定義均方誤差損失函式
mse_loss = nn.MSELoss()
# 假設有一些預測值 predictions 和真實值 targets
predictions = torch.tensor([2.5, 0.0, 2.1, 7.8], dtype=torch.float32)
targets = torch.tensor([3.0, -0.5, 2.0, 7.0], dtype=torch.float32)
# 計算均方誤差
loss = mse_loss(predictions, targets)
print(f'Mean Squared Error: {loss.item()}')
# Mean Squared Error: 0.2875000834465027
print(f'Mean Squared Error: {loss}')
# Mean Squared Error: 0.2875000834465027
```

在程式中，你可能會注意到我們經常使用 loss.item() 而不是直接使用 loss。這麼做的原因與 PyTorch 的數據結構 tensor 有關。當我們使用 PyTorch 的損失函式時，產生的結果是一個 tensor，也就是 PyTorch 自己的數據結構。但在 Python 裡，標準的數值類型是 float 或 int。

如果我們需要進一步進行數值計算或與其他 Python 函式搭配使用，標準的 Python 數值類型會比 tensor 更方便和相容。因此，透過 loss.item()，我們可以將 tensor 數值轉換成標準的 Python 數值，讓程式更方便於後續處理。

◆ 2. 二元交叉熵損失（Binary Cross Entropy Loss）

應用情境：適用於二元分類問題，也就是目標是兩個類別的預測任務，例如判斷病患是否罹患癌症（是或否）。

計算公式：用於計算預測機率分佈與真實值分佈之間的差異。公式如下，

$$Binary\ Cross\ Entropy = -\frac{1}{n}\sum_{i=1}^{n}\left[y_i log(\hat{y}_i) + (1-y_i)log(1-\hat{y}_i)\right]$$

其中 $\hat{y}_i$ 代表模型輸出的機率值（範圍是 0 到 1），y_i 代表真實標籤（0 或 1），n 代表總樣本數。

對於真實標籤 y_i 為 1 的樣本，損失值為 $-log(\hat{y}_i)$，如果要使損失值越小，模型預測的機率 $\hat{y}_i$ 需要越接近 1 越好，這樣 $-log(\hat{y}_i)$ 才會越接近 0。相反地，對於真實標籤 y_i 為 0 的樣本，損失值為 $-log(1-\hat{y}_i)$，如果希望損失數值越小，模型預測的機率 $\hat{y}_i$ 需要越接近 0 越好，這樣 $-log(1-\hat{y}_i)$ 就會越接近 0。

程式範例：對應到 PyTorch 內的方法是 torch.nn.BCELoss()。

```
import torch
import torch.nn as nn
# 定義二元交叉熵損失函式
bce_loss = nn.BCELoss()
# 假設有一些預測機率 predictions（值域是 0 到 1）和真實值 targets（0 或 1）
predictions = torch.tensor([0.5, 0.3, 0.9, 0.7], dtype=torch.float32)
targets = torch.tensor([1, 0, 1, 1], dtype=torch.float32)
# 計算二元交叉熵損失
loss = bce_loss(predictions, targets)
print(f'Binary Cross Entropy Loss: {loss.item()}')
# Binary Cross-Entropy Loss: 0.3779643774032593
```

◆ 3. 交叉熵損失（Cross Entropy Loss）

應用情境：適用於多類別分類問題，例如圖像分類中需要將圖像分為貓、狗和兔子等類別時。

計算公式：概念類似於二元交叉熵損失，只是二元交叉熵針對二元分類計算，而交叉熵損失適用於多類別的預測，計算公式如下：

$$Cross\ Entropy = -\frac{1}{n}\sum_{i=1}^{n}\sum_{j=1}^{C}y_{ij}log(\hat{y}_{ij})$$

其中 n 代表樣本數，C 表示類別數量，y_{ij} 是實際標籤，使用 one hot encodding 來表示，$\hat{y}_{ij}$ 則是模型對於第 i 個樣本屬於第 j 類別的機率值（值在 0 到 1 之間）。

公式的原理是針對每個樣本 i，只考慮它對應到正確類別的預測機率來計算損失。當 $y_{ij}=1$ 時，$log(\hat{y}_{ij})$ 代表該類別的預測機率，而其他錯誤類別對應的 y_{ij} 是 0，因此不會對損失值計算造成影響。

看到這裡，你可能會疑惑什麼是 One-Hot Encoding？簡單來說，Encoding 是一種將資料轉換成電腦能理解的數字格式。而 One-Hot Encoding 是其中一種 Encoding 的方式，用來處理多類別分類問題的標籤。它的原理很簡單：One-Hot Encoding 用一組 0 和 1 的序列來表示每個類別，並且只有一個位置是 1，代表該數值屬於的類別，而其他位置皆為 0。

讓我們來看看這個例子：假設我們有三個類別，分別是「貓」、「狗」和「兔子」。在 One-Hot Encoding 中，「貓」會被表示為 [1,0,0]，意思是「這是一隻貓」；「狗」則被表示為 [0,1,0]，代表「這是一隻狗」；而「兔子」則是 [0,0,1]，代表「這是一隻兔子」。

這種編碼方式的最大好處是，避免了不同類別之間產生數值大小上的誤解。如果我們直接用數字標記每個類別，例如 1 表示「貓」，2 表示「狗」，3 表示「兔子」，模型可能會誤以為這些數字有大小順序，錯誤地認為「狗比貓大」或「兔子是貓的三倍」。但顯然這些類別之間並無大小關係，所以用數字表示會導致誤解。透過 One-Hot Encoding，我們可以確保每個類別被平等地對待，不會因數字大小而影響模型的預測，這也是 One-Hot Encoding 在分類問題中最常被使用的原因。

下面是一個程式範例，對應到 PyTorch 內的方法是 torch.nn.CrossEntropyLoss()

```
import torch
import torch.nn as nn
# 定義交叉熵損失函式
cross_entropy_loss = nn.CrossEntropyLoss()
# 假設有一些預測機率 predictions（範圍是 0 到 1）和真實值 targets（四類）
predictions = torch.tensor(
    [[0.25, 0.25, 0.25, 0.25], [0.1, 0.2, 0.3, 0.4]], dtype=torch.float32
)
targets = torch.tensor([1, 3], dtype=torch.long)
# 計算交叉熵損失
loss = cross_entropy_loss(predictions, targets)
print(f"Cross Entropy Loss: {loss.item()}")
# Cross-Entropy Loss: 1.3144149780273438
```

PyTorch 和 NumPy 都提供了支援 One-Hot Encoding 的工具，以下是使用這兩個框架進行 One-Hot Encoding 的方法示範。假設你的分類問題中有多個類別，且這些類別之間沒有大小或順序關係，那麼可以使用其中任一種方法來將類別轉換為 One-Hot Encoding 格式。在使用 PyTorch 時，輸入和輸出的數據類型會是 tensor，而使用 NumPy 時，輸入和輸出則會是 array。

PyTorch 的程式範例

```
import torch
# 假設有 5 個類別，類別標籤為 0, 1, 2, 3, 4
labels = torch.tensor([0, 1, 2, 3, 4])
# 將類別標籤轉換為 One-Hot Encoding
one_hot_encoded = torch.nn.functional.one_hot(labels, num_classes=5)
type(one_hot_encoded)   # <class 'torch.Tensor'>
```

```
>>> one_hot_encoded
tensor([[1, 0, 0, 0, 0],
        [0, 1, 0, 0, 0],
        [0, 0, 1, 0, 0],
        [0, 0, 0, 1, 0],
        [0, 0, 0, 0, 1]])
```

▲（圖 - 使用 PyTorch 進行 One-Hot Encoding 的結果）

Numpy 的程式範例

```
import numpy as np
# 假設有 5 個類別，類別標籤為 0, 1, 2, 3, 4
labels = np.array([0, 1, 2, 3, 4])
# 將類別標籤轉換為 One-Hot Encoding
one_hot_encoded = np.eye(5)[labels]
type(one_hot_encoded)   # <class 'numpy.ndarray'>
```

```
>>> one_hot_encoded
tensor([[1, 0, 0, 0, 0],
        [0, 1, 0, 0, 0],
        [0, 0, 1, 0, 0],
        [0, 0, 0, 1, 0],
        [0, 0, 0, 0, 1]])
```

▲（圖 - 使用 Numpy 進行 One-Hot Encoding 的結果）

優化器（Optimizer）設定

優化器（Optimizer）是訓練深度學習模型時，用來調整模型參數的一種算法。它的目標是透過反覆更新參數，使損失函式的值逐漸減少，也就是讓模型的預測結果越來越準確。優化器會根據損失函式的數值來指導模型如何調整參數，以逐步減少誤差。在這裡，我們來介紹兩種常見的優化器：隨機梯度下降（Stochastic Gradient Descent；SGD）和自適應矩估計（Adaptive Moment Estimation；Adam）。

◆ 1. 隨機梯度下降（Stochastic Gradient Descent；SGD）

概念：SGD 是一種簡單但有效的算法，用來幫助模型逐步變得更準確。每次更新時，SGD 都會隨機選擇一個樣本（也就是一筆數據）來計算「梯度」，並用這個梯度來調整模型的參數。

那什麼是「梯度」呢？可以把梯度想像成一個指南針，指引模型該往哪個方向調整，才能更接近我們想要的結果。具體來說，梯度是根據模型預測的結果和真實答案之間的差距計算出來的。如果這個差距大，梯度就會指示模型進行更大的調整；如果差距小，調整就會比較小。

第 4 章　AI 模型好用嗎？

SGD 的特點是它每次只用一筆樣本來計算和調整參數，這樣的好處是計算速度很快，但缺點是因為每次只看一筆數據，模型的調整會有點不穩定，讓模型需要多一些次數才能穩定達到理想的效果。因此，雖然 SGD 能快速更新，但可能需要更長的時間才能完全收斂（也就是達到最佳的結果）。

範例程式：對應到 PyTorch 內的方法是 torch.optim.SGD()

```python
import torch
import torch.optim as optim
# 定義一個簡單的線性回歸模型
# 假設輸入數據有兩個特徵，輸出是一個目標值
model = torch.nn.Linear(2, 1)
# 使用均方誤差 (MSE) 作為損失函數，適合回歸問題
criterion = torch.nn.MSELoss()
# 定義優化器，使用隨機梯度下降 (SGD) 優化算法，學習率設為 0.01
optimizer = optim.SGD(model.parameters(), lr=0.01)
# 準備數據
# 輸入數據包含兩個樣本，每個樣本有兩個特徵
data = torch.tensor([[1000, 3], [1500, 4]], dtype=torch.float32)
# 目標值 (真實標籤)，每個樣本對應一個目標值
targets = torch.tensor([[320000], [430000]], dtype=torch.float32)
# 清除上一輪計算中累積的梯度訊息
# 這一步很重要，因為 PyTorch 中的梯度是累積的，如果不清零會導致梯度被疊加
optimizer.zero_grad()
# 模型預測
# 將輸入數據傳入模型，得到模型的預測輸出
outputs = model(data)
# 使用定義的損失函數比較模型輸出 (outputs) 和目標值 (targets)
# 得到當前模型的損失值，用於衡量預測值與真實值的差異
loss = criterion(outputs, targets)
# 根據損失值對模型的參數計算梯度，用於指導參數的更新方向
loss.backward()
# 根據計算出的梯度，使用優化器更新模型的參數，從而減小損失值
optimizer.step()
```

看到這裡，你可能會對程式碼中的最後五行感到疑惑，這五行到底在做什麼呢？

- optimizer.zero_grad()：用來清除上一個步驟的梯度信息。在 PyTorch 中，梯度是累積的，如果不在每次計算前清零，新的梯度會疊加在之前的梯度上，這會導致錯誤的梯度計算，從而影響模型參數的更新。這就像在量體重之前要先將體重計歸零，否則體重會不斷累加。

4.3 深度學習在股價預測上的應用

- outputs = model(data)：將輸入數據 data 傳入模型，模型根據當前的參數計算輸出預測結果 outputs。這類似於數學公式 y=f(x) 中，把 x 的值代入公式來求出 y。這裡，data 對應 x，outputs 對應 y。

- loss = criterion(outputs,targets)：將模型的預測結果 outputs 和真實標籤 targets 傳入損失函式 criterion，以計算出兩者之間的差距，並得到損失值 loss。模型預測結果與真實值的差距越大，損失值就越大。

- loss.backward()：這一步基於損失值 loss 計算每個參數的梯度。梯度就像指南針，指引模型參數更新的方向，幫助模型逐步減少預測誤差。

- optimizer.step()：根據前一步計算出的梯度方向，更新模型的參數，從而讓模型逐漸逼近最佳解。

通常這五個步驟會放在一個迴圈裡重複執行，每一次考慮完整的數據就稱為一個 epoch。每個 epoch 中，模型都會遍歷所有數據並根據損失調整參數。隨著迴圈不斷執行，模型會逐漸學會更好地預測，使損失值越來越小，達到我們希望的準確度。即使換成使用其他優化器，這五個步驟都不會變。

◆ 2. 自適應矩估計（Adaptive Moment Estimation；Adam）

概念：Adam 也是一種優化算法，擅長在訓練過程中自動調整學習率，並針對不同參數設定不同的學習速率。這樣的機制就像是為模型訓練中的每一步提供了專屬的引導

我們可以把 Adam 優化器想像成一個高效的「尋寶旅程」。假設你站在一座大山上，目標是找到隱藏在某處的寶藏，而這個寶藏的位置就相當於我們訓練模型時要找到的最佳參數值。為了增加挑戰，你只能閉著眼睛，僅憑感覺摸索著前進。每走一步，你會根據當下所感知的地勢變化來調整方向。但這種摸索方式有缺點，你無法事先得知地形的起伏，固定的步伐有時會讓你行進過慢，當地勢很平緩時，你可能浪費時間；而當地形險峻時，步伐過快又可能讓你錯失方向。

第 4 章　AI 模型好用嗎？

然而，如果你能根據前幾步的走向和速度來調整下一步的大小，情況就大不相同了。當地勢起伏較大時，你會主動放慢腳步；當地勢平坦時，你會加快步伐，迅速前進。這正是 Adam 優化器的巧妙之處。它根據前幾步的方向和速度來智能地調整步伐大小，避免了過快或過慢的問題，讓模型更高效地逼近最佳解。

總結來說，Adam 優化器就像是一個聰明的尋寶嚮導，幫助模型適應不同的地形變化，不僅加快收斂速度，還降低了迷失方向的可能性。這樣的優化方式，不僅有效節省了時間，還大幅提升了找到最佳解的精確性。

範例程式：對應到 PyTorch 內的方法是 torch.optim.Adam()

```python
import torch
import torch.optim as optim
# 定義一個簡單的線性回歸模型
# 假設輸入數據包含兩個特徵，模型輸出是一個目標值
# 模型表達式為 y = Wx + b，其中 W 是權重，b 是偏置
model = torch.nn.Linear(2, 1)
# 使用均方誤差 (MSE) 作為損失函數，用於衡量模型預測值與真實目標值的差異
criterion = torch.nn.MSELoss()
# 使用 Adam 優化器，它是一種基於自適應學習率的優化算法，比標準的 SGD 收斂更快且穩定
# 設定學習率 lr=0.01
optimizer = optim.Adam(model.parameters(), lr=0.01)
# 準備輸入數據和目標值
# data 是輸入特徵的數據張量，每行是一個樣本，每列是一個特徵
data = torch.tensor([[1000, 3], [1500, 4]], dtype=torch.float32)
# targets 是輸入數據對應的真實目標值
# 每個樣本對應一個目標值，表示模型需要學習的結果
targets = torch.tensor([[320000], [430000]], dtype=torch.float32)
# 使用一個簡單的循環 (epoch) 來訓練模型，共進行 100 次迭代
for epoch in range(100):
    # 清除上一輪計算中累積的梯度
    # PyTorch 中的梯度是累積的，因此在每次反向傳播前需要先清零
    optimizer.zero_grad()
    # 將輸入數據傳入模型，得到模型的預測輸出
    outputs = model(data)
    # 使用 MSE 損失函數比較模型預測值 (outputs) 與目標值 (targets)
    # 損失值用於衡量當前模型的預測誤差大小
    loss = criterion(outputs, targets)
    # 根據損失值對模型參數計算梯度，用於指導模型參數更新的方向
    loss.backward()
    # 使用 Adam 優化器根據梯度和學習率，更新模型參數
    optimizer.step()
    # 用於觀察模型的訓練進度
    if epoch % 10 == 0:
        print(f"Epoch {epoch+1}/100, Loss: {loss.item()}")
```

在模型訓練過程中，我們主要依靠訓練集上的損失函式來指導模型的參數更新，但也會定期在測試集上計算損失，以觀察模型在未見過的數據（即測試集）上的表現。如果你發現隨著參數更新，「訓練集的損失不斷下降，而測試集的損失卻開始上升」，這種情況稱為「過度擬合」（overfitting）。過度擬合意味著模型過於依賴訓練資料中的特徵，導致在面對未來的新數據時表現不佳，因為未來數據和訓練數據的分佈往往不完全一致。如果出現過度擬合，可以嘗試以下兩種方法來改善：

1. 增加訓練資料量：例如，若在進行股價預測，加入更多的歷史數據可以幫助模型學習到更全面的市場模式，提升對新數據的適應能力。

2. 簡化模型結構：減少模型的層數或參數數量，這樣可以減少模型對訓練集中特定特徵或雜訊的過度學習。

相反，如果隨著參數更新，訓練集的損失無法有效下降，這被稱為「欠擬合」（underfitting）。欠擬合表明模型無法有效捕捉訓練資料中的特徵，導致無法充分學習數據模式。在這種情況下，可以考慮以下方法：

1. 增加有意義的特徵：為訓練數據引入更多相關特徵，幫助模型更好地識別數據模式。

2. 增強模型複雜度：增加模型的層數或參數數量，讓模型具備更強的學習能力。

在訓練過程中，建議將損失函式的變化可視化，例如使用 TensorBoard 等工具生成損失曲線。這樣可以讓我們直觀地觀察模型的訓練進展和測試表現，隨時根據實際情況對模型進行調整，以確保模型在訓練集和測試集上的穩定表現。

模型（Model）架設

在深度學習中，模型是由一層層的「層」（Layer）所構成的。每一層都對輸入數據進行某種特定的運算或轉換，可以把這些層想像成構建模型的基本單位。模型可以只包含一層，也可以包含多層，依需求而定。每一層都接收前一層傳遞過來的數據，進行運算後，再將結果傳遞給下一層。在訓練過程中，這些層的參數會根據數據和預測結果的差異不斷調整。不同類型的層會對數據進行不同的處理，以下介紹幾種常見的層以及它們的用途：

◆ 1. 線性層（Linear Layer）

　　線性層會對輸入數據進行線性轉換，通常用於改變數據 tensor 的大小。它經常被用作模型的最終層，特別是在數值預測任務中，因為它可以將數據轉換成所需的輸出格式。在 PyTorch 中，可以使用 torch.nn.Linear(in_features,out_features) 函式來建立線性層，in_features 是輸入的特徵數量，而 out_features 是輸出的特徵數量。有關這個函式的詳細介紹可以參考**表 -torch.nn.Linear 介紹**。

▼（表 -torch.nn.Linear 介紹）

torch.nn.Linear(in_features,out_features)	
函式參數	in_features：輸入特徵的數量，即每個輸入向量的維度。 out_features：輸出特徵的數量，即每個輸出向量的維度。
函式輸入資料型態	torch.nn.Linear 的輸入是一個二維張量，張量形狀為 (*,in_features)。 *：這裡的 * 表示可以有任意多的前置維度，也就是說輸入張量形狀可以是（n1,n2,…,in_features）。 in_features：每個樣本的輸入特徵數量。
函式輸出資料型態	torch.nn.Linear 的輸出是一個二維張量，張量形狀為 (*,out_features)。 *：這裡的 * 表示可以有任意多的前置維度，也就是說輸出張量形狀可以是（n1,n2,…,out_features）。 out_features：每個樣本的輸出特徵數量。

程式範例：

```
import torch
import torch.nn as nn

# 定義模型
```

```
# 使用 PyTorch 的 nn.Linear 定義一個全連接線性層 (Linear Layer)
# - `in_features=20` 表示輸入特徵的數量為 20
# - `out_features=30` 表示輸出的特徵數量為 30
# 這個層將實現一個線性變換：y = xW^T + b，其中 W 是權重，b 是偏置
model = nn.Linear(in_features=20, out_features=30)

# 創建輸入張量
# 使用 torch.randn 隨機生成一個 2 維輸入張量，大小為 128 x 20
# - 第一個維度 (128) 表示有 128 個樣本
# - 第二個維度 (20) 表示每個樣本有 20 個特徵
input = torch.randn(128, 20)
type(input)   # <class 'torch.Tensor'>
input.size()  # torch.Size([128, 20])

# 將輸入張量傳入模型
# 將 input 作為輸入傳遞給線性層，得到輸出張量 output
# 線性層會對輸入張量進行線性變換，輸出張量的形狀會根據 out_features 調整
output = model(input)
type(output)   # <class 'torch.Tensor'>
output.size()  # torch.Size([128, 30])
```

◆ 2. 卷積層（Convolutional Layer）

　　卷積層常用於圖像處理任務，主要用於提取數據中的局部特徵。卷積層依賴於一個叫「卷積核」（Kernel）的工具，來對輸入數據進行卷積操作，從而識別圖片中的重要細節。

　　卷積核的作用：可以把卷積核想像成一個小矩陣，它像一個放大鏡一樣在輸入數據上滑動，每次覆蓋一部分數據，進行「卷積計算」。在每個位置上，卷積核中的數值會與覆蓋範圍內的數據逐一相乘，然後將結果相加，生成一個新的數據值。這樣的移動和計算過程，就能幫助模型從數據中找到有意義的特徵，好比在一張圖裡找出有趣的細節一樣。

　　舉個簡單的例子，假設你的輸入數據大小是 1x5，數值依序為 [3,1,2,6,5]，而你使用的卷積核大小（kernel_size）是 1x3，數值為 [1,-1,1]。在進行卷積時，卷積核會從左到右在數據上滑動，每次覆蓋三個數值並進行加權計算。

- 首先，卷積核覆蓋 [3,1,2]，計算結果為 3*1 + 1*(-1)+ 2*1 = 4；
- 接著，卷積核滑動到 [1,2,6]，計算結果為 1*1 + 2*(-1)+ 6*1 = 5；
- 最後，卷積核再滑動到 [2,6,5]，計算結果為 2*1 + 6*(-1)+ 5*1 = 1。

這樣，我們得到的卷積結果是 [4,5,1]。

如果你希望卷積後的結果與原輸入數據的大小相同，可以在輸入數據的邊緣補上 0（這稱為「填充」），比如將輸入數據從 [3,1,2,6,5] 變成 [0,3,1,2,6,5,0]。這樣在滑動時可以保證卷積後的結果尺寸與原數據一致。填充的數量通常會根據步長（stride）來調整，如果步長為 1，則可以在左右各補一個 0

此外，因為每個卷積核的權重不同，所以每個卷積核都會專注於不同的特徵，這樣的設計讓模型可以提取出豐富的特徵，包含局部和全局的圖片細節。舉例來說，可以藉由設定不同卷積核的大小，來提取時間序列中的短期趨勢和長期趨勢。

卷積核（Kernel）內每個數值都代表權重。這些數值都是模型的參數。

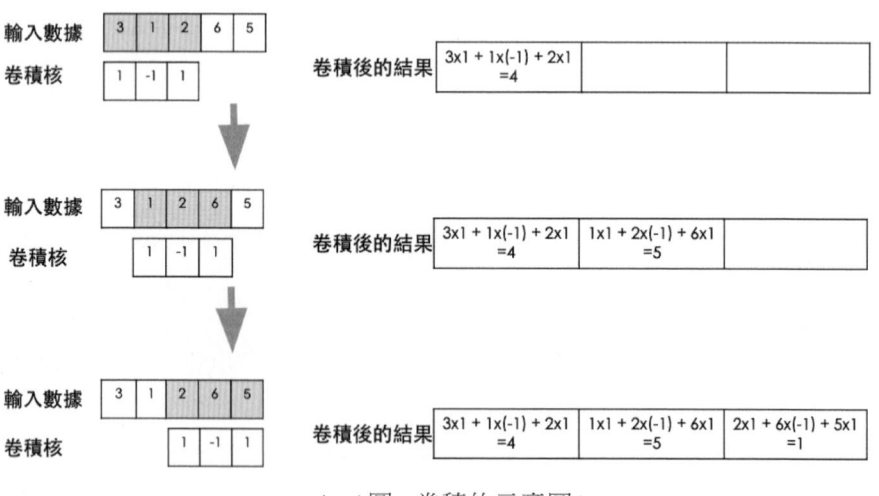

▲（圖 - 卷積的示意圖）

對應於 PyTorch 的函式是 torch.nn.Conv1d(in_channels,out_channels,kernel_size,stride=1)，具體函式介紹可參照**表 -torch.nn.Conv1d 介紹**。

▼（表 -torch.nn.Conv1d 介紹）

torch.nn.Conv1d(in_channels,out_channels,kernel_size,stride=1,padding=0)	
函式參數	in_channels：輸入特徵的數量，即每個輸入向量的維度。 out_channels：輸出特徵的數量，即每個輸出向量的維度，也就是卷積核的數量。 kernel_size：卷積核的大小，即卷積核的長度。 stride：卷積核在輸入數據上滑動的步數。 padding：在輸入數據的邊界填充額外的數據，以控制輸出特徵圖的大小。
函式輸入資料型態	torch.nn.Conv1d 的輸入是一個三維張量，形狀為 (batch_size,in_channels,sequence_length)： batch_size：批次大小，即一次輸入的樣本數量。 in_channels：每個樣本的輸入特徵數量。 sequence_length：每個樣本的序列長度。
函式輸出資料型態	torch.nn.Conv1d 的輸出也是一個三維張量，形狀為 (batch_size,out_channels,output_length)： batch_size：批次大小，與輸入相同。 out_channels：每個樣本的輸出特徵數量。 output_length：每個樣本的輸出序列長度。

程式範例：

```
import torch
import torch.nn as nn

# 定義一個一維卷積層
# 使用 PyTorch 的 nn.Conv1d 定義了一個一維卷積層 (1D Convolutional Layer)
model = nn.Conv1d(in_channels=1, out_channels=1, kernel_size=2, stride=1)
```

```
# 創建輸入張量
# 使用 torch.randn 隨機生成一個一維輸入張量，大小為 1x10
input = torch.randn(1, 10)
type(input)    # <class 'torch.Tensor'>
input.size()   # torch.Size([1, 10])

# 將輸入張量傳入模型
# 將 input 作為輸入傳遞給卷積層，得到輸出張量 output
# 輸出大小會因卷積核大小和步幅計算而有所變化
output = model(input)
type(output)    # <class 'torch.Tensor'>
output.size()   # torch.Size([1, 9])

# 將卷積層改為使用三個一維卷積層
model = nn.Conv1d(in_channels=1, out_channels=3, kernel_size=2, stride=1)
input = torch.randn(1, 10)
input.size()    # torch.Size([1, 10])
output = model(input)
output.size()   # torch.Size([3, 9])
```

◆ 3. 循環層（Recurrent Layer）

循環層（Recurrent Layer）主要用於處理序列數據，特別適合具有時間依賴性的連續數據，因為它可以捕捉數據中的長期依賴關係。在股票預測中，股價會隨著時間不斷變動，而循環層可以通過學習這些歷史價格資料中的模式來做出更準確的預測。比如，循環層可以幫助模型識別「上升趨勢」或「下降趨勢」，並基於過去的走勢來預測未來的價格變動方向。

常見的循環層包括 LSTM（Long Short-Term Memory）和 GRU（Gated Recurrent Unit）。這些層具備「記憶」功能，可以在一定時間內保留重要的信息，讓模型學習數據的趨勢變化並進行合理的推斷，這對於金融市場的時間序列預測是相當有幫助的。在 PyTorch 中，可以使用 torch.nn.LSTM 和 torch.nn.GRU 來構建這些循環層，以便捕捉股票價格的變動規律。

4.3 深度學習在股價預測上的應用

▼（表 -torch.nn.LSTM 介紹）

	torch.nn.LSTM(input_size,hidden_size,num_layers=1)
函式參數	input_size：輸入特徵的大小，即每個時間輸入數據的特徵數量。例如，若每個時間步的輸入是一個 10 維的向量，則 input_size 為 10。 hidden_size：隱藏層狀態的大小，即每個時間 LSTM 層輸出的特徵數量。例如，設置 hidden_size 為 20，則每個時間的輸出是一個 20 維的向量。 num_layers：LSTM 層的層數。表示單層 LSTM。若設置為 2 或更多，則為多層堆疊的 LSTM。
函式輸入資料型態	LSTM 的輸入是一個三維張量，形狀為 (seq_len,batch_size,input_size)： seq_len：序列的長度。 batch_size：批次大小，即一次輸入的序列數量。 input_size：每個時間輸入的特徵數量。
函式輸出資料型態	LSTM 的輸出包括兩部分： output：形狀為 (seq_len,batch_size,hidden_size)，表示每個時間步的輸出特徵。 (h_n,c_n)：分別是隱藏狀態和記憶單元狀態的最後一個時間的值。這兩個張量的形狀都是 (num_layers,batch_size,hidden_size)。 通常我們會使用 output 的結果。

程式範例：

```
import torch
import torch.nn as nn

# 定義 LSTM 層
model = nn.LSTM(input_size=10, hidden_size=32, num_layers=2)

# 創建一個3維輸入張量，大小為 3 x 5 x 10，
# 可以將這個張量想成有 3 個樣本，每個樣本是長度為 5 的時間序列，每個時間點下有 10 個特徵。
input = torch.randn(5, 3, 10)
type(input) #<class 'torch.Tensor'>
input.size() #torch.Size([5, 3, 10])
```

第 4 章　AI 模型好用嗎？

```
# 將張量input輸入模型，得到模型輸出張量output。
output, (h_n, c_n) = model(input)
type(output) #<class 'torch.Tensor'>
output.size() #torch.Size([5, 3, 32])
```

◆ 4. 注意力層（Attention Layer）

　　注意力層和循環層一樣，常用於處理序列數據。這裡用「閱讀」來舉例說明它們的差異。循環層就像一個「逐字閱讀」的讀者，它會一個字一個字地按順序讀句子，把當前讀到的內容和之前的內容連接起來。這種逐步閱讀的方式能夠捕捉長期的連續性關係。比如在股價分析中，循環層會按時間順序逐天學習價格的變動來理解長期趨勢。而注意力層則像一個「掃描重點」的讀者，它不會逐字讀，而是一次看完整個句子，然後挑出最重要的字詞進行理解。注意力層會自動聚焦在關鍵點上，比如在股價分析中，它會特別關注那些價格劇烈波動的時間段，並賦予這些時間段更高的權重。

　　由於注意力層可以一次看完整個句子（或整段數據），在模型架構上是可以並行運算，這使注意力層在大規模數據上的訓練效率更高。不過，因為注意力層有更多參數，因此在訓練的過程中需要更多的訓練資料才不會讓模型訓練不起來。對應的 PyTorch 函式是 torch.nn.MultiheadAttention，具體介紹可參照下表。

▼（表 -torch.nn.torch.nn.MultiheadAttention 介紹）

torch.nn.MultiheadAttention(embed,num_heads)	
函式參數	embed_dim：每個輸入向量的特徵數量。 num_heads：注意力頭的數量。多頭注意力機制將輸入數據分成多個子空間，每個頭獨立地進行注意力計算，各自捕捉不同的特徵。
函式輸入資料型態	MultiheadAttention 的輸入包括以下三個張量，形狀均為 (seq_len,batch_size,embed_dim)： seq_len：序列的長度。 batch_size：批次大小，即一次輸入的序列數量。 input_size：每個時間輸入的特徵數量。

	torch.nn.MultiheadAttention(embed,num_heads)
函式輸出資料型態	MultiheadAttention 的輸出包括以下兩個張量： attn_output：形狀為 (seq_len,batch_size,embed_dim)，表示注意力機制的輸出。 attn_output_weights：形狀為 (batch_size,num_heads,seq_len,seq_len)，表示注意力的權重。 通常我們會使用 attn_output 的結果。

程式範例：

```
import torch
import torch.nn as nn
# 定義 MultiheadAttention 層
multihead_attn = nn.MultiheadAttention(embed_dim=10, num_heads=2)
# 創建隨機的輸入張量
query = torch.randn(5, 3, 10)   # seq_len=5, batch_size=3, embed_dim=10
key = torch.randn(5, 3, 10)     # seq_len=5, batch_size=3, embed_dim=10
value = torch.randn(5, 3, 10)   # seq_len=5, batch_size=3, embed_dim=10
# 應用 MultiheadAttention 層
attn_output, attn_output_weights = multihead_attn(query, key, value)
attn_output.shape          # torch.Size([5, 3, 10])
attn_output_weights.shape  # torch.Size([5, 3, 10])
```

◆ 5. 激活函式層（Activation Function Layer）

　　激活函式會將輸入數據進行非線性轉換，比如取最大值或進行指數計算。這些激活函式本身沒有額外的參數，只是通過簡單的數學運算來改變數據的形態，使模型的表現更加靈活。由於激活函式引入了非線性，模型不再僅僅是簡單的加權計算，而是能夠學習和表達更複雜的數據關係。常見的激活函式包括 ReLU、Sigmoid 和 Tanh，在 PyTorch 中，它們分別對應 torch.nn.ReLU、torch.nn.Sigmoid 和 torch.nn.Tanh。雖然激活函式本身沒有參數要訓練，但選擇合適的激活函式對模型的學習效果和預測準確性有著直接影響。

第 4 章　AI 模型好用嗎？

激活函式在不同位置的選擇對應著不同的需求：

- 最後一層：根據輸出需求來選擇適合的激活函式。

    ＊如果希望輸出的是某支股票上漲的機率（介於 0 和 1 之間），可以在最後一層加入 Sigmoid 激活函式，這樣輸出將被限制在 0 到 1 的範圍內，表示為一個機率值。

    ＊若需要平衡正負輸出，可以使用 Tanh 函式，它會將輸出數據壓縮到 -1 到 1 的範圍內。

- 中間隱藏層：最常使用的是 ReLU 函式，ReLU 會將小於 0 的輸出設置為 0，適合用於中間層來幫助模型學習數據的特徵，能減少不必要的計算量，提高計算效率。

ReLU	Sigmoid	Tanh
$\mathrm{ReLU}(x) = \max(0, x)$	$\sigma(x) = \frac{1}{1+e^{-x}}$	$\tanh(x) = \frac{e^x - e^{-x}}{e^x + e^{-x}}$
輸出值域：0 至無窮大	輸出值域：0 至 1	輸出值域：-1 至 1

程式範例：

```
import torch
import torch.nn as nn
# 創建一個隨機的輸入張量
input_tensor = torch.randn(1, 3)
print(input_tensor)  # tensor([[-1, 1, 2])
# 定義 Sigmoid 激活函式
sigmoid = nn.Sigmoid()
# 使用 Sigmoid 激活函式進行轉換
```

```
output_sigmoid = sigmoid(input_tensor)
print(output_sigmoid)  # tensor([0.2689, 0.7311, 0.8808])
# 定義 ReLU 激活函式
relu = nn.ReLU()
# 使用 ReLU 激活函式進行轉換
output_relu = relu(input_tensor)
print(output_relu)  # tensor([0, 1, 2])
# 定義 Tanh 激活函式
tanh = nn.Tanh()
# 使用 Tanh 激活函式進行轉換
output_tanh = tanh(input_tensor)
print(output_tanh)  # tensor([-0.7616,  0.7616,  0.9640])
```

以上就是一些常用的模型層介紹。我們的模型可以由一層或多層組成。增加模型層數的好處是，它能夠更好地捕捉訓練數據中的特徵，使模型具備更強的學習能力。不過，層數過多也可能讓模型過度擬合訓練數據，導致在測試集上表現不佳，無法有效預測新數據。

如果對設計多層模型沒有太多概念，可以從 GitHub 等開源平台上找到類似的專案，參考其他人已經測試過的模型進行實作，這是入門的好方法。然後，可以根據自己的需求和實際效果進行調整和優化。

訓練函式

在深度學習中，訓練函式是模型訓練的核心部分。它主要包含以下幾個步驟：

- 將模型設置為訓練模式：在訓練模式下，模型會知道它正在學習新數據，而有些特殊的訓練技術只有在訓練模式下才會生效，比如 dropout。dropout 是一種防止模型「過度擬合」的技術。dropout 在訓練過程中會隨機「丟棄」一部分神經元，讓這些神經元暫時不參與計算，這樣可以避免模型過於依賴某些特定的神經元，強迫模型學習更多樣化的特徵。在實際運行中，dropout 只在訓練模式下啟用，而在測試模式下則會禁用，以確保所有神經元都參與計算，提供最完整的預測。

- 執行模型訓練：模型根據輸入數據進行計算，得出預測結果，這是訓練的核心過程，也是模型逐步學習數據特徵的關鍵。

第 4 章　AI 模型好用嗎？

- 評估模型的預測結果：將模型的預測結果與真實標籤進行比較，計算它們之間的差距，也就是損失值（loss）。損失值越小，表示模型的預測越接近真實值。

- 更新模型的參數：根據計算出的梯度，調整模型的參數，使其更接近最佳解。這一過程會反覆進行，訓練模型的預測越來越精準。

- 使用 TensorBoard 記錄並視覺化訓練指標：為了直觀了解訓練效果，TensorBoard 可以記錄訓練過程中的關鍵指標（如損失值和準確度），並將這些指標的變化過程可視化。這就像一張成長曲線，幫助我們觀察模型的進步情況，隨時調整訓練策略。

　　這些步驟確保模型能夠在訓練過程中逐步優化，不斷提高預測的準確性。訓練函式就像是模型學習成長的指導手冊，一步步幫助模型成長為更聰明的預測工具。

　　程式實作範例架構：

```
import torch
import torch.nn as nn
▶ Launch TensorBoard Session
from torch.utils.tensorboard import SummaryWriter
# 初始化 TensorBoard 紀錄器，指定紀錄內容的位置
writer = SummaryWriter(WRITER_PATH)
# 定義損失函式為均方誤差
loss_fn = nn.MSELoss()
# 定義一個 LSTM 模型
model = nn.LSTM(input_size=10, hidden_size=32, num_layers=2)

# 設定訓練週期的數量
for epoch in range(EPOCHS):
    model.train()    # 設置模型為訓練模式
    train_loss = 0.0    # 初始化訓練損失值
    # 迭代批次訓練集
    for inputs, targets in train_loader:    # 訓練集的資料
        # 透過 LSTM 模型進行輸入資料的預測
        outputs, _ = model(inputs)
        # 計算損失值
        loss = loss_fn(outputs, targets)
        # 清除模型參數的梯度
        optimizer.zero_grad()
        # 計算參數更新的方向
        loss.backward()
        # 根據計算出的更新方向來更新模型參數
```

```
        optimizer.step()
        # 累加損失值
        train_loss += loss.item()
    # 計算平均訓練損失值
    train_loss = train_loss / len(train_loader)
    # 使用 TensorBoard 紀錄平均訓練損失值
    writer.add_scalar(tag="Train Loss", scalar_value=train_loss, global_step=epoch)
    # 顯示每個 epoch 的平均訓練損失值
    print(f"Epoch [{epoch+1}/{EPOCHS}], Loss: {train_loss:.4f}")
```

評估函式

評估函式在每次訓練完成後對模型進行測試，檢查模型的學習成果，幫助我們了解模型在新數據上的表現。它的主要步驟包括以下幾點：

- 設置模型為評估模式：評估模式下，模型會關閉一些在訓練時才會啟用的功能（如 dropout），以確保預測結果的穩定性。

- 進行預測：模型接收測試數據，根據學習到的模式進行預測，生成結果。這步驟能模擬模型在真實情境中如何應對新數據的變化。

- 計算預測誤差：比較模型的預測結果和真實標籤之間的差距，計算出誤差（例如損失值）。這能反映模型在未知數據上的準確性和穩定性，損失值越低，通常表示模型預測越準確。

- 記錄和視覺化指標：使用 TensorBoard 等工具記錄評估過程中的關鍵指標（如損失值和準確度），並將這些指標的變化過程視覺化。這樣可以清晰看到模型在測試數據上的表現，幫助我們找到模型的優劣點。

這些步驟不僅幫助我們了解模型是否有學習到訓練中的模式，也能為接下來的優化和調整提供依據。評估函式就像是模型的「體檢」，確保它在面對新挑戰時依然有不錯的表現。

程式實作範例架構：

```
# 初始化 TensorBoard 紀錄器，指定紀錄內容的位置
writer = SummaryWriter(WRITER_PATH)
# 定義損失函式為均方誤差
loss_fn = nn.MSELoss()
# 定義一個 LSTM 模型
```

```python
model = nn.LSTM(input_size=10, hidden_size=32, num_layers=2)
for epoch in range(EPOCHS):
    # … 省略訓練函式的部分 …
    # 使用 TensorBoard 紀錄平均訓練損失值
    model.eval()
    test_loss = 0.0
    # 評估時禁計算梯度
    with torch.no_grad():
        for inputs, targets in test_loader:   # 測試集的資料
            # 透過 LSTM 模型進行輸入資料的預測
            outputs = model(inputs)
            loss = loss_fn(outputs, targets.unsqueeze(-1))
            test_loss += loss.item()
test_loss = test_loss / len(test_loader.dataset)
# 使用 TensorBoard 紀錄平均測試損失值
writer.add_scalar(tag="Test Loss", scalar_value=test_loss, global_step=epoch)
# 儲存模型的參數
torch.save(model.state_dict(), MODEL_PATH)
```

　　以上是我們探討的深度學習各個環節，包括隨機種子設定、數據載入與批量處理、損失函式選擇、優化器設定、模型架構、訓練函式和評估函式。這些內容目的在幫助大家理解並實現完整的深度學習流程，每個環節都包含基本概念和具體範例，讓大家對這些技術有初步的認識和掌握。

　　如果想進一步了解細節，建議參考 PyTorch 的官方文件，裡面有詳盡的說明。完整的程式碼已經上傳至 GitHub，大家可以下載後根據自己的數據進行調整，並探索不同模型設計對預測效果的影響。希望這些內容能幫助大家更輕鬆地開始深度學習之旅，並應用到實際的數據分析任務中。

4.4　強化學習在股價預測上的應用

　　這一章節介紹的模型與前兩章有很大的不同。之前的模型適用於已經標註好標籤或正確答案的訓練資料。舉例來說，如果我們想預測隔日的漲跌幅，需要先在訓練資料中計算好每一天的未來漲跌幅，然後比較模型的預測值與真實值的差異，並根據這個差異不斷調整模型參數，讓模型學會根據過去數據來預測未來變動。然而，強化學習（Reinforcement Learning）則不需要事先標記的資料。它是透過模型與環境的互動來學習，在這個過程中會設定一個「獎勵機

4.4 強化學習在股價預測上的應用

制」。模型的目標是找到一個策略，使得在整個過程中獲得的獎勵最大化。強化學習包含以下幾個重要元素：

1. 代理機器人（Agent）：這是負責在環境中學習和做出行動的「決策者」。

2. 環境（Environment）：代理機器人所處的空間，提供了模型進行互動的情境和規則。

3. 環境狀態（State）：描述當前環境中狀態的資訊。

4. 動作（Action）：代理機器人可以採取的行動。

5. 獎勵（Reward）：代理機器人每次行動後得到的回饋，用來評估行動的效果。

接下來的內容主要會以這些元素的英文名詞來稱呼，因為這些名詞在強化學習中具有固定含義，而中文翻譯可能會有多種解釋，容易造成混淆。

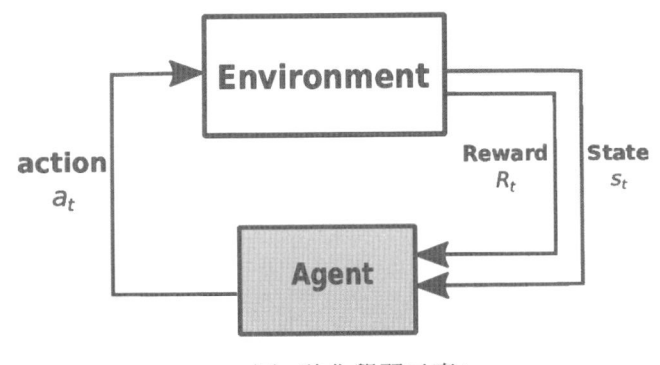

▲（圖 - 強化學習示意）

強化學習的核心是讓 Agent 透過與 Environment 的不斷互動，從 Environment 提供的 Reward 中學習，逐漸找到一個能獲得最大 Reward 的策略。每次互動的過程可以分為幾個步驟：

1. Environment 會告訴 Agent 當前的 State。

2. Agent 根據當前的 State 做出 Action。

3. Environment 接收到 Agent 的 Action 後，會回饋一個 Reward，告訴 Agent 這個 Action 的效果如何。Environment 同時也會轉變成一個新的 State。

這一系列操作會持續進行，直到達到預設的終止條件為止。我們把這個從開始到終止條件的完整過程稱為一個 Episode。終止條件可以根據任務需求來設定。例如，如果 Environment 是一年的股票數據，可以設定終止條件為 Agent 看完整個一年的資料。這樣，每看完一年的資料，就完成一個 Episode 的訓練。

強化學習的過程可以想像成訓練一隻小狗。當小狗做對了事，你就給牠一塊餅乾作為獎勵，讓牠知道這是正確的行為；如果做錯了事，就不給牠餅乾。經過反覆練習，小狗會學會去做正確的事，以換取更多的餅乾。在這個過程中，小狗就是 Agent，而餅乾就是 Reward。就像小狗從獎勵中學到哪些行為是「值得的」，Agent 也會從每次獎勵中找出最佳策略。

Agent 所做出的 Action 是有隨機性的，可以視為一個機率模型。Agent 會為每個可能的 Action 分配一個機率值，並根據這些機率隨機選擇 Action 來執行。通常，Agent 會賦予那些預期能獲得更高 Reward 的 Action 較高的機率。例如，當 Agent 預測股價有可能上漲時，會將「買入」這個動作分配較高的機率（如 0.7），而「賣出」的機率則較低（如 0.3）。在這樣的情況下，Agent 大多數情況下會選擇「買入」，但仍保留一些隨機性，有時候可能會選擇「賣出」。讓 Action 的選擇具備隨機性是有好處的，因為這樣可以讓 Agent 在經過多次 Episode 的訓練後，看到不同的可能性和多樣性，更能夠靈活地應對各種情境。如果 Action 不是隨機的，每次 Episode 的訓練過程都會一模一樣，這樣當環境改變時，Agent 就可能不知道該如何應對，因為它只學會了在已知情境下的操作。

在實際應用中，我們需要根據任務來設計 Observation 空間和 Action 空間。簡單來說，Observation 空間包含了所有可能出現的 State，而 Action 空間則包含所有 Agent 可以選擇執行的 Action。這兩個空間構成了強化學習系統的「決策範圍」，讓 Agent 知道有哪些可能的情況和行動可以選擇。

4.4 強化學習在股價預測上的應用

此外,還需要設計一個 Reward 的計算機制。這個機制能夠根據 Agent 的行動表現給予正面或負面的反饋,幫助它學會哪些行動是有利的,哪些需要避免。Reward 機制的設計會直接影響 Agent 的學習效果,因為 Agent 會不斷試圖最大化 Reward,從而找到最佳的行動策略。

以建立一個自動交易系統為例,強化學習可以幫助系統在股票市場中學習如何進行交易,以獲得最大收益。我們首先需要定義這個任務中的關鍵要素:

1. Agent:自動交易系統本身,即做出交易決策的主體。

2. Environment:股票市場。

3. State:系統在任一時刻的「狀態」,包括當前的資金情況、持倉狀態,以及市場的數據(如股票價格和交易量)。

4. Action:交易系統可以選擇的操作,例如「買入」、「賣出」或「保持不動」。

5. Reward:執行 Action 後所獲得的收益或損失,用來衡量操作效果。

在強化學習的流程中,系統會不斷地從市場中獲取最新的數據,根據每種操作的潛在利弊來決定下一步行動。例如,當市場價格上升時,系統可能選擇「買入」,當市場下跌時則可能選擇「賣出」。每次執行操作後,市場會根據真實結果進行反饋,系統透過這些回饋調整未來的決策。

強化學習在許多領域都有廣泛的應用,不僅在金融市場,在其他領域也有重要作用。最早的強化學習應用是讓機器學習下棋或玩遊戲,比如 AlphaGo 透過強化學習擊敗了人類圍棋冠軍。這種技術也被用於自動駕駛汽車,幫助車輛在複雜的交通環境中自主決策,確保安全行駛。

如果已有大量標記好的資料,可以使用傳統的機器學習或深度學習模型來進行訓練,因為模型可以直接從標記的資料中學習模式。然而,許多情況下,我們缺少足夠的人力來標記數據,或者根本沒有標記好的資料。在這種情況下,強化學習就非常有用。強化學習可以通過「試錯」的方式，不斷從環境的反饋中學習，即便沒有標記資料，也能學到有效的策略。

接下來，我們將把強化學習的實作分成三個部分進行討論，分別是「環境設置實作」、「模型訓練實作」和「模型推論實作」。首先，我們會從一個簡單的訓練任務開始，逐步帶領大家學習如何設計和實作一個強化學習任務。這個任務的目標是讓模型從 0050 股價資料中學習，自主決定何時買入或賣出 0050 股票。透過這個實作過程，希望可以幫助你掌握強化學習在金融市場中的基本應用。

Environment 設置實作

在強化學習中，提到 Environment（環境）的建置，就不得不提到 OpenAI 的 Gym 工具。Gym 提供了各種強化學習的測試環境，使我們無需自行建構環境就可測試和比較不同的強化學習演算法。研究者和開發者能夠在統一的環境下測試其模型，節省了大量搭建測試環境的時間。此外，除了使用 OpenAI Gym 提供的環境，你還可以透過繼承 gym.Env 模組來創建自己的自定義環境，滿足特定任務需求。

Gym 提供了一個基本框架，讓開發者只需繼承 gym.Env 並實作其中的方法，即可建構出一個自定義的 Environment。以下是主要需要實作的方法：

1. __init__ 方法

2. reset 方法：當每個 Episode 開始時，reset 方法會被使用，用於重置環境到初始 State。這個方法的作用類似於重新洗牌，使得每個 Episode 都從相同的起點開始。

3. step 方法：這是強化學習中最核心的方法。每次 Agent 採取 Action 時，step 方法會更新環境 State，計算並回傳更新後的 State、Reward、是否達到終止條件（done）以及額外信息（info）。這個方法模擬了 Agent 與 Environment 的互動。

4. render 方法：render 用來將環境的當前狀態可視化，幫助我們觀察 Agent 的行為。對於股票預測這類應用，render 方法可以設計成顯示當前股價趨勢或是交易動作等數據，幫助理解 Agent 的行動邏輯。

需要實作的方法包括 __init__ 方法、reset 方法、step 方法和 render 方法。這四個方法是 Environment 的核心，但你也可以根據需要額外實作一些自定義的方法，比如用來紀錄 Action 或環境 State 變化的方法。以下是 Environment 設置模組實作的主要架構：

```python
import gym
class StockTradingEnv(gym.Env):
    def __init__(self):
        """
        初始化環境，設定初始參數。
        這個方法主要負責初始化環境中的 State 或是 Action 等。
        """
        pass
    def reset(self):
        """
        重置環境，將所有狀態重置為初始值。
        這個方法通常在每一個新的 Episode 開始時被調用。"""
        pass
    def step(self, action):
        """
        根據執行的 Action 來更新環境的 State，並計算 Reward。
        同時也會檢查當前的 Episode 是否結束。
        """
        pass
    def render(self, mode="human"):
        """顯示資訊。"""
        pass
```

◆ __init__ 方法

__init__ 方法是初始化方法，負責設置環境中的各種參數和變數並指定初始值。這些設置項目包含 Observation 空間、Action 空間，以及環境的初始 State。Observation 空間用於描述環境中可能出現的 State，而 Action 空間則定義了 Agent 可以選擇的所有 Action。這兩個空間可以是離散空間，也可以是連續空間。

在 Gym 中，可以使用 gym.spaces.Box 和 gym.spaces.Discrete 來設置強化學習環境的 Observation 空間和 Action 空間：

- gym.spaces.Box：適用於連續數值空間。連續數值是指可以在某範圍內任意取值的數字，例如溫度可以是 25.1 度、25.12 度等。

- gym.spaces.Discrete：適用於離散數值空間。離散數值是有限的、可數的數字，比如一週有七天，分別是星期一到星期日，這七個選項是離散的。

gym.spaces.Box 是 OpenAI Gym 中用來定義連續空間的類別，常用於設置連續的觀測空間或動作空間。該空間可以是一維或多維，多維空間由多個連續變量組成。參數 low 和 high 分別代表空間中的最小值和最大值，shape 表示空間的維度大小，而 dtype 指定數據的類型。以下是一個使用 gym.spaces.Box 創建一個範圍從 -1 到 1 的一維連續空間的範例：

```
import gym
import numpy as np
observation_space = gym.spaces.Box(
    low=-1, high=1, shape=(1,), dtype=np.float32
)
```

如果要建立一個多維空間，只需在 shape 參數中指定所需的維度。例如，以下範例創建了一個範圍從 0 到 255 的 3 維空間：

```
observation_space = gym.spaces.Box(
    low=0, high=255, shape=(64, 64, 3)
)
```

gym.spaces.Discrete 用來定義離散的狀態或動作空間，這類空間通常由有限個離散數值組成。參數 n 指定離散空間內的元素數量，範圍為 0 到 n-1，代表可以選擇的不同動作或狀態的數量。以下範例使用 gym.spaces.Discrete 創建了一個有 3 個可能動作（0、1、2）的離散空間：

```
import gym
action_space = gym.spaces.Discrete(n=3)
```

4.4 強化學習在股價預測上的應用

除了定義動作空間和狀態空間,在 __init__ 方法內,我們還需要設置一些環境變數,並使用稍後介紹的 reset 方法來重置環境,讓環境回到初始狀態。以下是 __init__ 方法的範例程式。

```python
import numpy as np
import gym
import pandas as pd
import yfinance as yf
# 下載 0050.TW 的歷史資料,時間範圍為 2020-01-01 至 2020-12-31 當作訓練資料
train_df = (
    pd.DataFrame(yf.download("0050.TW", start="2020-01-01", end="2020-12-31"))
    .droplevel("Ticker", axis=1)
    .reset_index()
    .ffill()
)
train_df.index = train_df["Date"]
train_df.columns.name = None
train_df = train_df.drop(columns=["Date"])

# 下載 0050.TW 的歷史資料,時間範圍為 2021-01-01 至 2021-12-31 當作測試資料
test_df = (
    pd.DataFrame(yf.download("0050.TW", start="2021-01-01", end="2021-12-31"))
    .droplevel("Ticker", axis=1)
    .reset_index()
    .ffill()
)
test_df.index = test_df["Date"]
test_df.columns.name = None
test_df = test_df.drop(columns=["Date"])
class StockTradingEnv(gym.Env):
    def __init__(self, df):
        """
        初始化股票交易環境。
        設定交易環境中的參數和狀態,包括初始資金、手續費、動作空間和觀察空間。
        """
        super(StockTradingEnv, self).__init__()
        self.df = df    # 股票的歷史數據
        self.stock_dim = 1    # 股票數量,這裡設定為1 (如0050.TW)
        self.initial_amount = 20000    # 初始資金設定為 20000
        self.buy_cost_pct = 0.001425    # 買入股票時的手續費
        self.sell_cost_pct = 0.001425 + 0.003    # 賣出股票時的手續費和交易稅
        self.reward_scaling = 1e-2    # Reward 的縮放(正規化)比例

        # 定義 Action 一維空間,表示賣出和買入的動作
        # 數值 0 表示執行賣出動作
        # 數值 1 表示保持不變
        # 數值 2 表示執行買入動作
        self.action_space = gym.spaces.Discrete(3)
```

第 4 章　AI 模型好用嗎？

```
# 定義 State 七維空間，State 包含現金、持有的股票數量、股票價格數據(開高低收量)
# State 可能數值範圍從0到無限大
# State[0]:現金； State[1]:持有的股票數量； State[2]:開盤價； State[3]:最高價；
# State[4]:最低價； State[5]:收盤價； State[6]:交易量
self.observation_space = gym.spaces.Box(
    low=0, high=np.inf, shape=(2 + len(self.df.columns),), dtype=np.float32
)
# 重置 Environment State 為初始 State
self.reset()
```

首先，我們下載了代號為 0050.TW 的股票歷史數據，範圍涵蓋從 2020 年 1 月 1 日到 2020 年 12 月 31 日。隨後，刪除了不需要的「Adj Close」欄位，只保留了開盤價、最高價、最低價、收盤價和交易量這五個欄位，用來模擬交易環境中的市場情況。

接著，我們設置了一些基本參數，例如股票數量、初始資金、買賣手續費以及收益的正規化比例。這些參數定義了交易環境中的限制和成本，使得模擬環境更貼近真實市場情況。

在 Action 空間中，我們設置了 3 種可能的操作：賣出（值 =0）、保持不動（值 =1）、和買入（值 =2）。Observation 空間則包含了 7 個關鍵特徵：現金餘額、持有的股票數量，以及當前股票的開盤價、最高價、最低價、收盤價和交易量。也就是說，每一天的 State 都是由這 7 個特徵構成，因此我們在設置 gym.spaces.Box 時將 shape 參數設為 7。最後，我們使用 reset 方法來重置環境，確保每次試驗開始時，環境都回到初始狀態，使得模擬流程保持一致。

◆ reset 方法

reset 方法的主要作用是將環境重置到初始狀態。強化學習需要進行多次試驗來學習最佳策略，因此在每次新試驗開始時，都需要將環境重置。如果只在 __init__ 方法中定義初始狀態，則每次試驗結束後都需要創建一個新的環境對象，這樣做既低效又不便。reset 方法允許我們在不創建新對象的情況下直接重置環境，從而更高效地進行多次試驗。

4.4 強化學習在股價預測上的應用

```python
class StockTradingEnv(gym.Env):
    def reset(self):
        """
        重置環境狀態為初始狀態，通常在每個 Episode 的開始時調用。
        初始化現金、持有股票數量、第一天的股票價格等。
        """
        # 設置隨機種子
        random.seed(7777)
        np.random.seed(7777)
        torch.manual_seed(7777)
        self.day = 0  # 初始化執行天數為第一天
        # 取出第一天歷史資料當作初始股票價格數據
        self.data = self.df.iloc[self.day]
        # 初始化現金 State[0] 為初始金額 self.initial_amount
        # 初始化持有的股票數量 State[1] = 0
        # 初始化股票價格數據(開高低收量) State[2]~State[6] 是第一天歷史資料
        self.state = np.array(
            [self.initial_amount, 0] + self.data.tolist(), dtype=np.float32
        )
        # self.terminal 的值用來判斷交易是否應該結束，如果是 True 就是一個 Episode 結束
        # 重置終止標誌為 False，表示新的一輪交易開始
        self.terminal = False
        self.reward = 0  # 初始化累積收益值為0
        self.asset_memory = [self.initial_amount]  # 初始化資產記錄為初始資金
        self.actions_memory = []  # 初始化 Action 記錄
        self.date_memory = [self.data.name]  # 初始化日期記錄為第一天日期
        self.trade_memory = []  # 初始化交易記錄
        return self.state
```

在 reset 方法中，每當開始新的一輪交易試驗時，這個方法會將環境重置到初始狀態，以便從頭開始進行訓練。具體來說，reset 方法的步驟如下：

1. 設定初始交易日：將交易日設置為第一天，並從歷史數據中提取第一天的股票價格和交易量作為初始狀態。

2. 初始化基本參數：

- 現金餘額：設置為初始交易資金。

- 持有股票數量：設為零，表示初始時並未持有任何股票。

- 收益：設為零，表示從零開始累計收益。

- 股票價格數據：取出第一天的股票價格，這些數據作為第一天的市場行情，供模型進行決策。

3. 重置交易標誌：將 self.terminal 設為 False，表示交易試驗尚未結束，讓 Agent 可以正式開始新的試驗。

4. 清空歷史紀錄：初始化資產變化、交易紀錄等數據，確保在新試驗開始時這些紀錄為空。這樣可以從零開始記錄每一步的變化，便於日後分析和評估模型的表現。

透過這些步驟，reset 方法可以有效地重置環境，使每次試驗都從相同的初始狀態開始，這樣可以在多次運行中保持一致性。

◆ **step 方法**

step 方法的主要作用是接收 Agent 的 Action，並返回行動結果，包括新的 State、Reward、是否結束試驗（Done）以及其他附加訊息。以下是 step 方法的範例程式：

```python
class StockTradingEnv(gym.Env):
    def step(self, action):
        """
        根據 Action 來更新環境狀態，計算回報，並判斷 Episode 是否結束。
        """
        # 檢查是否到達資料的最後一天，若到達最後一天，則設置 terminal 為 True
        self.terminal = self.day >= len(self.df.index) - 1
        if self.terminal:
            return self.state, self.reward, self.terminal, {}
        # 計算當前總資產(現金+股票的價值)
        begin_total_asset = self.state[0] + self.state[1] * self.state[2]

        if action == 0:  # 執行賣出操作
            # 賣出的股票數量是目前持有的股票數量
            sell_num_shares = self.state[1]
            # 計算賣出股票後獲得的現金(數量*開盤價)，並扣除賣出手續費
            sell_amount = sell_num_shares * self.state[2] * (1 - self.sell_cost_pct)
            self.state[0] += sell_amount  # 更新現金餘額
            self.state[1] -= sell_num_shares  # 更新持有的股票數量
            # 記錄賣出交易的日期、類型、數量和價格
            self.trade_memory.append(
                (self.data.name, "sell", sell_num_shares, self.state[2])
            )
```

```python
if action == 2:   # 執行買入操作
    # 計算能夠買入的股票數量，不能超過可用的現金數量(現金除以當下價格)
    buy_num_shares = self.state[0] // (self.state[2] * (1 + self.buy_cost_pct))
    # 計算買入股票需要的現金(數量*開盤價)，並加上買入手續費
    buy_amount = buy_num_shares * self.state[2] * (1 + self.buy_cost_pct)
    self.state[0] -= buy_amount   # 更新現金餘額
    self.state[1] += buy_num_shares   # 更新持有的股票數量
    # 記錄買入交易的日期、類型、數量和價格
    self.trade_memory.append(
        (self.data.name, "buy", buy_num_shares, self.state[2])
    )

self.day += 1   # 更新天數到下一天
self.data = self.df.iloc[self.day]   # 取得下一天的數據
# 更新 State，包括目前現金、目前持有的股票數量和下一天股票價格數據
self.state = np.array(
    [self.state[0], self.state[1]] + self.data.tolist(), dtype=np.float32
)
# 計算新的總資產
end_total_asset = self.state[0] + self.state[1] * self.state[2]
# 計算 Reward 為總資產的變化，並將 Reward 進行正規化動作
self.reward = end_total_asset - begin_total_asset
self.reward = self.reward * self.reward_scaling
# 根據不同的動作給予額外的小額獎勵
if action == 0:   # 賣出獲得額外獎勵
    self.reward += 0.05
elif action == 1:   # 保持獲得小額獎勵
    self.reward += 0.005

# 記錄資產、日期和 Action 的變化
self.asset_memory.append(end_total_asset)
self.date_memory.append(self.data.name)
self.actions_memory.append(action)
# 回傳當下 State、Reward、是否終止和其他額外訊息
return self.state, self.reward, self.terminal, {}
```

step 方法範例程式的步驟：

1. 檢查試驗是否結束：首先，step 方法會檢查當前是否已到數據的最後一天。如果是，則將 self.terminal 設為 True，表示這一輪試驗結束，並返回當前的 State、Reward 和終止標誌。

2. 根據 Action 執行操作：
   - 賣出操作：如果 Action 是 0 的話，表示賣出操作。此時，方法會計算賣出的股票數量和所獲得的收益，更新現金餘額和持股數量。

- 買入操作：如果 Action 是 2 的話，表示買入操作。此時，方法會計算買入的股票數量和所需成本，更新現金餘額和持股數量。

3. 記錄交易資訊：每次交易後，交易訊息會被存入 trade_memory 中，以便之後在試驗後進行評估和分析。

4. 更新日期與股票數據：將交易日更新至下一天，並取得新的股票數據，從而更新當前狀態。這樣，Agent 可以在新的市場數據下進行下一次決策。

5. 計算 Reward：計算新的總資產值，並根據當前和前一天的總資產變化量來計算 Reward，並對 Reward 進行正規化。另外在這個設計中，我們會給 Agent 一些小獎勵來鼓勵賣出操作，這樣可以避免在訓練過程中出現 Agent 只是不斷持有股票的現象。

6. 回傳更新後的 State：最後，step 方法回傳更新後的 State、此次行動的 Reward、是否結束（Done），以及其他可能有用的訊息。

這樣的設計模擬了實際的交易過程，幫助 Agent 透過多次試驗學習到最適合的交易策略。

◆ **render 方法**

render 方法的主要用途是顯示當前環境的 State 資訊，比如說當前是第幾天、剩餘現金金額、持有的股票數量、股票的開盤價以及總資產等訊息，方便用戶了解當前的交易情況。

```python
class StockTradingEnv(gym.Env):
    def render(self, mode="human"):
        """顯示交易環境的當前狀態。"""
        print(f"目前日期: {self.data.name}")
        print(f"目前執行到第幾天: {self.day}")
        print(f"目前Reward: {self.reward}")
        print(f"目前現金金額: {self.state[0]}")
        print(f"目前持有股票數量: {self.state[1]}")
        print(f"目前股票開盤價: {self.state[2]}")
        print(f"目前總資產: {self.state[0] + self.state[1] * self.state[2]}")
```

4.4 強化學習在股價預測上的應用

◆ 其他方法

除了基本的函式如 reset、step 和 render，我們還可以新增一些自定義的函式來記錄和保存狀態，方便在評估模型效果時使用。這些紀錄能夠幫助我們回顧整個交易過程中的每一步細節，為模型性能的分析提供參考。以下是幾個常見的自定義紀錄函式範例：

- save_asset_memory 方法：用來保存每一天的資產紀錄，便於追蹤總資產的變動情況。
- save_action_memory 方法：用來保存每一步的動作紀錄（如買入、賣出或持有），便於分析 Agent 在不同市場情況下的決策。
- save_trade_memory 方法：用來保存每次交易紀錄。

這些方法可以在每次執行 step 時使用，將當前的 State 和 Action 保存下來，便於後續的分析。

```
class StockTradingEnv(gym.Env):
    def save_asset_memory(self):
        """儲存每一天的總資產紀錄，並回傳一個包含日期和資產的 DataFrame。"""
        return pd.DataFrame({"date": self.date_memory, "asset": self.asset_memory})

    def save_action_memory(self):
        """儲存每一天的 Action 記錄，並回傳一個包含日期和動作的 DataFrame。"""
        return pd.DataFrame(
            {"date": self.date_memory[:-1], "actions": self.actions_memory}
        )

    def save_trade_memory(self):
        """儲存發生交易的記錄，並回傳一個包含日期、交易類型、交易股票數量和交易價格的 DataFrame。"""
        return pd.DataFrame(
            self.trade_memory, columns=["date", "type", "shares", "price"]
        )
```

模型訓練實作

在模型訓練實作的小節中，我們要來討論三種強化學習演算法：Policy Based、Value Based 和 Actor-Critic。這三類演算法各有不同的學習策略和決策過程，在不同的應用場景中有各自的優勢和適用性。

Policy Based

- 概念：Policy Based 方法直接學習一個策略，也就是在每個 State 下應該選擇的 Action。這種方法不關心每個動作具體能帶來多少 Reward，而是專注於學習一個能夠直接決定 Action 的策略。

- 舉例：想像你在玩象棋，而手頭有一本策略指南，裡面詳述了各種棋局下應該怎麼走棋。這本指南就是你的策略。當你根據指南來進行每一步棋時，無需考慮每一步帶來的分數，只需要依照策略來做決策，最終達到贏得比賽的目標。這就像在複雜的棋局中，只要依據這本書的建議來選擇最佳行動，就能逐步邁向勝利。

- 對應的演算法：Proximal Policy Optimization（PPO）是一種常用的策略導向（Policy Based）演算法，專門用來在不確定、變化多端的環境中訓練模型。它適用於連續動作（像是調整速度的幅度）或離散動作（像是買入或賣出這類二選一的行為）等情境。PPO 的優勢在於，它能夠穩定地調整模型的策略，讓模型逐步學習如何在不同情況下做出更好的決策。假設我們用 PPO 來訓練一個交易 Agent，它的目標是在股市中進行買賣，實現最大的收益。PPO 幫助 Agent 不斷調整「買入」或「賣出」的機率，以適應不穩定的市場變化。比如，當股價波動劇烈時，PPO 會讓 Agent 更謹慎地買賣；而當趨勢明確時，PPO 會讓 Agent 更加積極地進行交易。

◆ **Value Based**

- 概念：Value Based 方法專注於學習價值函式，這個函式用來評估在每個 State 下進行某個 Action 的潛在價值。換句話說，這種方法會計算在某個情境中選擇某個動作可以帶來的預期 Reward，並選擇能夠帶來最高價值的動作。目標是找到讓 Agent 總是朝著最佳結果前進的路徑。

- 舉例：假設你在一個迷宮裡尋找出口。你一開始並不知道該往哪個方向走，但可以逐步計算並記住每個位置的價值（價值是該位置離出口的距離），記錄下每個點朝出口的距離。每次移動時，你選擇朝價值更高的方向前進，這樣就算不確定具體的動作，你也可以大致沿著正確的方向，最終找到出口。

- 對應的演算法：Deep Q-Network（DQN）是 Value Based 演算法中的代表，它適用於離散動作空間。DQN 透過深度學習計算每個狀態下的價值函式，並根據預測的價值來選擇最佳動作。這個方法適合應用在遊戲 AI 中。假設我們使用 DQN 來控制遊戲中的角色行動。比如在一個平台跳躍遊戲中，DQN 會學習每個場景下的最佳動作，如「跳躍」、「攻擊」或「防守」，根據這些動作能否讓角色前進或躲避障礙來計算其價值。隨著訓練次數增多，DQN 能幫助角色贏得遊戲。

◆ **Actor-Critic**

- 概念：Actor-Critic 方法結合了 Policy Based 和 Value Based 的優點，透過同時學習一個策略（Actor）和一個價值函式（Critic）來進行決策。Actor 負責在每個 State 下選擇 Action，而 Critic 負責評估這些動作的價值，並向 Actor 提供 Reward，幫助逐步改進策略。這種雙重結構能讓模型更精確地學習到最佳策略，並使學習過程更加穩定。

- 舉例：可以把 Actor-Critic 方法比作一場戲劇表演。在表演中，你作為演員（Actor）決定在每個場景中如何表現自己，而在一旁的評論家（Critic）則觀察你的表演，並給予評價。評論家告訴你哪些動作或情緒表達效果更好、哪些需要改進。你根據這些反饋不斷調整自己的表演，隨著時間的推移，整體表演水平會逐步提升。

- 對應的演算法：

    ＊ Advantage Actor-Critic（A2C）：適用於連續和離散的動作空間。

    ＊ Twin Delayed Deep Deterministic Policy Gradient（TD3）：適用於連續的動作空間，通常應用於控制任務中，例如機器人控制。

第 4 章　AI 模型好用嗎？

這些方法各有優勢，並在不同的強化學習應用中扮演重要角色。Policy Based 方法專注於直接學習策略，適合需要靈活快速決策的場景；Value Based 方法強調價值評估，通過最大化 Reward 來選擇最佳行動；Actor-Critic 方法結合了 Policy Based 和 Value Based 的優勢。無論是遊戲 AI、金融交易、自動駕駛或是機器人控制，這三類演算法都發揮著重要作用，幫助系統在不同情境下逐步學習並做出最佳決策。

在強化學習中，stable_baselines3 提供了多種實用的強化學習演算法，如 PPO（Proximal Policy Optimization）、DQN（Deep Q-Network） 和 A2C（Advantage Actor Critic）。接下來，我會簡單介紹如何使用這個套件來進行模型訓練。這裡假設你已經依照前面介紹準備好了一個強化學習環境（env），以下就進入到訓練模型的基本步驟。

1. 選擇演算法：首先，選擇一個適合的強化學習演算法。這裡以 PPO 為例，但也可以用 DQN 或 A2C 替換。需要注意的是，有些演算法僅適用於特定類型的動作空間（例如，DQN 只適用於離散動作空間），因此在建立環境時，要確保選用的演算法和環境的動作空間兼容。

2. 初始化模型：在初始化模型時，需要設定一些模型的參數：

   - policy：用於指定網路架構。常見選項包括 MlpPolicy（多層感知器，用於處理一般數據）、CnnPolicy（卷積神經網絡，適合處理圖像數據）以及 CnnLstmPolicy（結合 CNN 和 LSTM，適合帶有時間序列的圖像數據）。

   - env：傳入透過 Gym 建立的環境。

   - verbose：控制訓練過程中的輸出訊息。設為 0 表示不顯示任何訊息，設為 1 表示顯示詳細訓練資訊。

3. 訓練模型：使用 learn 方法來訓練模型，並在 total_timesteps 參數中指定訓練的總步數。例如，如果設置 total_timesteps=10000，模型將會進行 10,000 步的訓練。這個過程會根據環境的 Reward 不斷調整策略。

4. 保存模型：訓練結束後，可以使用 save 方法將模型保存起來，以便未來載入使用。

5. 加載模型：當需要重新使用已訓練的模型時，可透過 load 方法來載入模型。

整體來說，使用 stable_baselines3 來訓練強化學習模型的流程非常簡單，只需經歷「初始化模型」、「訓練」、「保存」和「加載」這幾個步驟。透過這個套件使我們能輕鬆切換不同的演算法進行測試，從而找到最佳的策略。

模型推論實作

當強化學習模型訓練完成後，我們可以使用 load 方法載入已經訓練好的模型，並應用到定義好的環境。使用模型進行推論之前，別忘了先初始化環境，才能順利開始模型推論。以下是模型推論的基本步驟。

1. 載入模型並設置環境：使用 load 方法載入已訓練的 DQN 模型，並將其應用到自訂的股票交易環境 StockTradingEnv。這裡的交易環境可以透過測試數據集來建立，以模擬真實的交易場景。

2. 初始化環境：在交易模擬開始前，記得先使用 reset 方法初始化環境。這樣可以讓每次推論都從相同的起始點開始，方便追蹤結果。

3. 遍歷數據集進行推論：使用 for 迴圈遍歷整個數據集。在每個迭代步驟中，透過 DQN 模型來預測應採取的行動（如買入或賣出股票），然後執行行動。執行後會返回更新後的環境狀態、當前收益、交易是否結束的標誌（done），以及其他相關資訊。

4. 評估模型表現：每個步驟後，根據環境的反饋可以評估模型的表現，包括每次交易的收益和資產變動。記錄每天的資產情況，將現金餘額和持有的股票價值合計，來觀察模型的實際表現。

第 4 章　AI 模型好用嗎？

```
====================== A2C ======================

# 使用訓練數據集 train_df 創建交易環境
env = StockTradingEnv(train_df)
# 使用 A2C 算法創建模型
model = A2C("MlpPolicy", env, verbose=1)
# 訓練模型，總訓練步數為 1000 步
model.learn(total_timesteps=1000)
# 將訓練好的模型儲存為文件 A2C_0050.zip
model.save("A2C_0050")

====================== PPO ======================

# 使用訓練數據集 train_df 創建交易環境
env = StockTradingEnv(train_df)
# 使用 PPO 算法創建模型
# 使用多層感知機 (Multi-Layer Perceptron, MLP) 作為策略和價值網絡的結構
model = PPO("MlpPolicy", env, verbose=1)
# 訓練模型，總訓練步數為 30000 步
model.learn(total_timesteps=30000)
# 將訓練好的模型儲存為文件 PPO_0050.zip
model.save("PPO_0050")

====================== DQN ======================

# 使用訓練數據集 train_df 創建交易環境
env = StockTradingEnv(train_df)
# 使用 DQN 算法創建模型
model = DQN(policy="MlpPolicy", env=env, verbose=1)
# 訓練模型，總訓練步數為 1000 步
model.learn(total_timesteps=1000)
# 將訓練好的模型儲存為文件 DQN_0050.zip
model.save("DQN_0050")
```

　　在程式中，我們會記錄每天的資產變化，這些資產包括當前的現金餘額和持有股票的總價值。為了更直觀地觀察模型的表現，我們可以透過繪製時間序列圖來視覺化展示資產變化情況。

　　以下是比較了三種不同演算法（例如 DQN、PPO 和 A2C）在相同數據集下的資產變化結果。

　　完整程式碼已上傳至 GitHub，大家可以自行下載後進行實驗，來進一步比較不同演算法的效果。

4.4 強化學習在股價預測上的應用

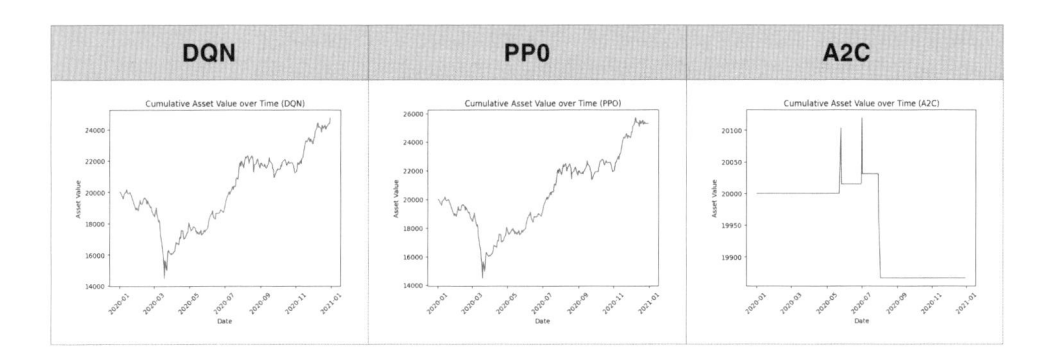

DQN	PPO	A2C
Cumulative Asset Value over Time (DQN)	Cumulative Asset Value over Time (PPO)	Cumulative Asset Value over Time (A2C)

多資產交易範例

在進行多資產交易時，我們需要考慮多個資產的評分與交易策略。這裡就實作一個多資產交易的策略，每天根據股票評分從高到低排序，並交易評分最高的前三名股票。每天的操作如下：

1. 賣出前一天持有的三支股票中但不在今天前三名評分之列的股票。

2. 從剩下的股票中挑選，補足至三支股票，作為今天的交易組合。

這個範例是使用美股市值前十名的股票作為標的。以下是建立交易環境的範例程式：

```python
class MultiStockTradingEnv(gym.Env):
    def __init__(self, df, stock_dim=9, top_k=3):
        """
        初始化多股票交易環境，設定交易環境的參數和初始狀態。
        Args:
        - df (pd.DataFrame): 股票的歷史數據，包含日期、股票代碼及價格等資訊。
        - stock_dim (int): 總股票數量，預設為 9。
        - top_k (int): 每天選擇交易的前 K 檔股票，預設為 3。
        """
        super(MultiStockTradingEnv, self).__init__()
        self.df = df  # 股票的歷史數據
        self.stock_dim = stock_dim  # 設定股票總數量，預設為9
        self.top_k = top_k  # 設定要交易的股票數量，預設為3
        self.initial_amount = 2000000  # 初始資金設為200萬
        self.buy_cost_pct = 0.001425  # 買入股票時的手續費比例
        self.sell_cost_pct = 0.001425 + 0.003  # 賣出股票時的手續費和證交稅
        self.reward_scaling = 1e-2  # Reward 的縮放(正規化)比例
        # 獲取所有交易日期的列表，按時間順序排列。
        self.all_date = list(sorted(self.df["Date"].unique()))
```

```python
        # 定義 Action 空間,定義每檔股票的推薦分數範圍 [0, 1]。
        self.action_space = gym.spaces.Box(
            low=0, high=1, shape=(stock_dim,), dtype=np.float32
        )
        # 定義 State 空間,State 包含現金、日期、持有的股票數量、股票代碼、股票價格數據(開高低收量)。
        # State可能數值範圍從0到無限大。
        # State[0]:現金; State[1]:日期;
        # State[2+i*7]:第i隻股票目前持有的股票數量; State[3+i*7]:第i隻股票代碼;
        # State[4+i*7]:第i隻股票開盤價; State[5+i*7]:第i隻股票最高價;
        # State[6+i*7]:第i隻股票最低價; State[7+i*7]:第i隻股票收盤價;
        # State[8+i)*7]:第i隻股票交易量。
        self.observation_space = gym.spaces.Box(
            low=0, high=np.inf, shape=(2 + 7 * stock_dim,), dtype=np.float32
        )
        # 重置 Environment State 為初始 State
        self.reset()
    def reset(self):
        """
        重置環境狀態為初始狀態,通常在每個 Episode 的開始時調用。
        """
        # 設置隨機種子,確保結果可重現
        random.seed(7777)
        np.random.seed(7777)
        torch.manual_seed(7777)
        self.day = 0  # 初始化執行天數為第一天
        # 取出第一天歷史資料當作初始股票價格數據
        self.data = self.df[self.df["Date"] == self.all_date[self.day]]
        # 初始化現金、日期和每檔股票的狀態
        state = [self.initial_amount, self.day]
        for stock in self.data["Asset"].unique():
            stock_data = self.data[self.data["Asset"] == stock].iloc[0]
            state += [0, stock] + stock_data[
                ["Open", "High", "Low", "Close", "Volume"]
            ].tolist()
        self.state = np.array(state, dtype=np.float32)  # 儲存初始狀態
        self.reward = 0  # 初始化累積收益為0。
        # self.terminal 的值用來判斷交易是否應該結束,如果是 True 就是一個 Episode 結束
        self.terminal = False  # 重置終止標誌為 False,表示新的一輪交易開始
        self.asset_memory = [self.initial_amount]  # 初始化資產記錄為初始資金
        self.actions_memory = []  # 初始化 Action 記錄
        self.date_memory = [self.all_date[self.day]]  # 初始化日期記錄為第一天日期
        self.trade_memory = []  # 初始化交易記錄
        self.last_topk = []  # 初始化前一天的 topk 清單
        return self.state
    def step(self, actions):
        """
        根據 Action 來更新環境狀態,計算回報,並判斷 Episode 是否結束。
        Args:
        - actions (np.ndarray): 股票推薦的分數。
        """
        # 檢查是否到達資料的最後一天,若到達最後一天,則設置 terminal 為 True
```

4.4 強化學習在股價預測上的應用

```python
self.terminal = self.day >= len(self.all_date) - 1
if self.terminal:
    return self.state, self.reward, self.terminal, {}
# 計算今天開始時的總資產(現金 + 持有股票的價值)
begin_total_asset = self.state[0]
for i in range(self.stock_dim):
    begin_total_asset += (
        self.state[4 + i * 7] * self.state[2 + i * 7]
    )  # 開盤價 * 持有股票數量
# 根據 Action 來選擇今天的 top_k 股票
sorted_indices = np.argsort(actions)[::-1][: self.top_k]
current_topk = [
    self.state[3 + i * 7] for i in sorted_indices
]  # 3 + i*7: 股票代碼
# 賣出昨天的 top_k 股票,若今天不再是 top_k
sell_indices = [
    i
    for i in range(self.stock_dim)
    if self.state[3 + i * 7] in self.last_topk
    and self.state[3 + i * 7] not in current_topk
]
for i in sell_indices:
    sell_num_shares = self.state[2 + i * 7]  # 2 + i*7: 股票數量
    if sell_num_shares > 0:
        # 計算賣出股票後獲得的現金,扣除賣出手續費
        sell_amount = (
            sell_num_shares * self.state[4 + i * 7] * (1 - self.sell_cost_pct)
        )
        self.state[0] += sell_amount  # 更新現金餘額
        self.state[2 + i * 7] -= sell_num_shares  # 更新持有股票數量
        # 記錄賣出交易的日期、股票代碼、類型、數量和金額
        self.trade_memory.append(
            (
                self.all_date[self.day],
                self.state[3 + i * 7],
                "sell",
                sell_num_shares,
                sell_amount,
            )
        )
available_cash = self.state[0]  # 計算剩餘現金
# 買入新的 top_k 股票
buy_indices = [
    i for i in sorted_indices if self.state[3 + i * 7] not in self.last_topk
]  # 3 + i*7: 股票代碼
if buy_indices:
    # 計算每支股票可以分配的現金
    cash_per_stock = available_cash / len(buy_indices)
    for i in buy_indices:
        # 計算可以買入的股票數量,根據分配的現金和買入價格
        buy_num_shares = cash_per_stock // (
            self.state[4 + i * 7] * (1 + self.buy_cost_pct)
        )
```

4-85

```python
            )
            if buy_num_shares > 0:
                # 計算買入股票所需的現金,包含買入手續費
                buy_amount = (
                    buy_num_shares * self.state[4 + i * 7] * (1 + self.buy_cost_pct)
                )
                self.state[0] -= buy_amount  # 更新現金餘額
                self.state[2 + i * 7] += (
                    buy_num_shares  # 2 + i*7: 股票數量 # 更新持有股票數量
                )
                # 記錄買入交易的日期、股票代碼、類型、數量和金額
                self.trade_memory.append(
                    (
                        self.all_date[self.day],
                        self.state[3 + i * 7],
                        "buy",
                        buy_num_shares,
                        buy_amount,
                    )
                )
# 更新到下一天
self.day += 1
self.data = self.df[self.df["Date"] == self.all_date[self.day]]
state = [self.state[0], self.day]  # 更新狀態,包含現金和日期
for stock in self.data["Asset"].unique():
    stock_data = self.data[self.data["Asset"] == stock].iloc[
        0
    ]  # 取得該股票的新數據
    # 更新持有股票數量和新的股票價格數據
    state += [
        self.state[2 + self.data["Asset"].tolist().index(stock) * 7],
        stock,
    ] + stock_data[["Open", "High", "Low", "Close", "Volume"]].tolist()
self.state = np.array(state, dtype=np.float32)
# 計算今天結束時的總資產
end_total_asset = self.state[0]
for i in range(self.stock_dim):
    end_total_asset += (
        self.state[4 + i * 7] * self.state[2 + i * 7]
    )  # 開盤價 * 持有股票數量
self.reward = (end_total_asset - begin_total_asset) * self.reward_scaling
# 記錄資產、日期和 Action 的變化
self.asset_memory.append(end_total_asset)
self.date_memory.append(self.all_date[self.day])
self.actions_memory.append(actions)
# 更新前一天的topk清單
self.last_topk = current_topk
# 更新前一天的topk清單
self.last_topk = current_topk
# 回傳狀態、回報、是否終止和其他信息
return self.state, self.reward, self.terminal, {}
```

```python
def render(self, mode="human"):
    """顯示交易環境的當前狀態。"""
    print(f"目前日期: {self.all_date[self.day]}")
    print(f"目前執行到第幾天: {self.day}")
    print(f"目前Reward: {self.reward}")
    print(f"目前現金金額: {self.state[0]}")
    total_asset = self.state[0] + sum(
        self.state[4 + i * 7] * self.state[2 + i * 7] for i in range(self.stock_dim)
    )
    print(f"目前總資產: {total_asset}")

def save_asset_memory(self):
    """儲存每一天的總資產記錄，並回傳一個包含日期和資產的 DataFrame。"""
    return pd.DataFrame({"date": self.date_memory, "asset": self.asset_memory})

def save_action_memory(self):
    """儲存每一天的 Action 記錄，並回傳一個包含日期和動作的 DataFrame。"""
    return pd.DataFrame(
        {"date": self.date_memory[:-1], "actions": self.actions_memory}
    )

def save_trade_memory(self):
    """儲存發生交易的記錄，並回傳一個包含日期、交易類型、交易股票數量和交易價格的 DataFrame。"""
    return pd.DataFrame(
        self.trade_memory, columns=["date", "asset", "type", "shares", "amount"]
    )
```

◆ 初始化方法 (__init__)

在 __init__ 方法中，主要設置多資產交易的 Action 空間和 State 空間：

1. Action 空間：與單一資產交易的簡單買入、賣出、持有不同，這裡的動作空間為多維連續值，每個維度對應一支股票的推薦評分。這些評分用來決定應優先交易哪些股票。

2. State 空間：包含多支股票的詳細資訊，包含以下數據：現金餘額、日期、每支股票的持有數量、開盤價、最高價、最低價、收盤價和交易量。由於是多資產交易，取值時需要注意對應每支股票的具體數據的索引。

第 4 章　AI 模型好用嗎？

◆ 執行方法 (step)

在 step 方法中，我們模擬了股票交易環境中的每一步操作流程。以下是操作的詳細步驟：

1. 檢查交易週期是否結束：程式首先檢查當前日期是否已是數據的最後一天。如果是最後一天，則將 self.terminal 設置為 True，表示交易週期結束；若不是最後一天，則繼續執行交易操作。

2. 計算總資產：計算目前的總資產，包含現金餘額和持有的股票總價值。

3. 根據 Action 選擇交易股票：根據 Action 決定前 top_k 支股票，並進行以下操作。

    - 賣出操作：賣出昨日評分在前 top_k 但今天不再列入 top_k 的股票，並更新現金餘額與持股數量，同時記錄此次交易資訊。

    - 買入操作：買入今天評分進入 top_k 的股票，並更新現金餘額和持股數量，記錄此次交易。

4. 計算總資產並紀錄交易資訊：計算總資產，並記錄每日的資產變化、日期和執行的動作。

5. 更新日期和狀態：執行完當日操作後，將日期往前推進一天，並取得下一天的股票數據來更新當前狀態。

以下是強化學習開始訓練和評估的程式，在這之前要先準備好資料集 (all_df)，並將資料集分成兩部分，訓練集 (train_df) 和測試集 (test_df)。在訓練完成後，可以使用客製化儲存函數將資產變化、動作變化和交易記錄都儲存起來。如果想進行策略上優化，就可以根據這些結果再去做策略上的調整。

```
# 使用訓練數據集 train_df 創建交易環境
env = MultiStockTradingEnv(train_df)
# 使用 A2C 算法創建模型
model = A2C("MlpPolicy", env, verbose=1)
# 訓練模型，總訓練步數為 10000 步
model.learn(total_timesteps=10000)
```

4.4 強化學習在股價預測上的應用

```python
# 將訓練好的模型儲存為文件 A2C_multi_stock.zip
model.save("A2C_multi_stock")

# 載入儲存的模型
model = A2C.load("A2C_multi_stock")
# 評估模型套在所有資料集的結果
env = MultiStockTradingEnv(all_df)
obs = env.reset()
for i in range(len(all_df["Date"].unique())):
    action, _states = model.predict(obs)
    obs, rewards, done, info = env.step(action)
    env.render()
# 儲存交易結果
asset_memory = env.save_asset_memory()    # 儲存資產變化的記錄
asset_memory.to_csv("A2C_multi_stock_assets.csv")
action_memory = env.save_action_memory()  # 儲存 Action 記錄
action_memory.to_csv("A2C_multi_stock_actions.csv")
trade_memory = env.save_trade_memory()    # 儲存交易記錄
trade_memory.to_csv("A2C_multi_stock_trades.csv")
```

　　除了設置 Environment 的細節稍有不同外，多資產交易環境的實作與單一資產的實作程式基本一致，這一切歸功於 OpenAI 的 gym 提供一個靈活的框架。以下是這個策略資產的變化結果，黑色部分是訓練集的結果，紅色部分是測試集的結果。

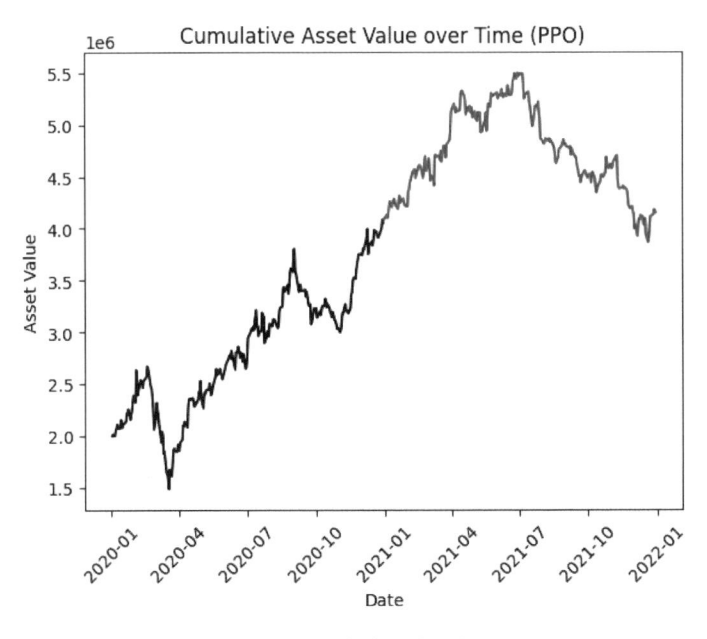

▲（圖 - 資產變化圖）

第 4 章　AI 模型好用嗎？

　　在這一章節中，我們探討了強化學習的核心概念，以及展示如何運用程式實作強化學習任務。強化學習的魅力在於它可以應用於沒有標記資料的任務中，很多時候取得標記資料是需要很多人力成本，甚至取得標記是很困難的任務。

　　雖然強化學習在訓練資料上很彈性，不要求要有標記的資料，但強化學習的訓練並不容易。成功的強化學習模型的關鍵在於設計好的獎勵機制，只有具備好的獎勵制度，才能讓 Agent 持續改進，並學會在環境中做出最佳決策。這一過程需要豐富的領域知識和創意，才能根據任務特性進行調整和優化。

　　接下來，你可以參考 GitHub 上的範例程式，結合自己的構想和需求進行改寫和優化。強化學習的世界充滿可能性，期待你發掘出更卓越的成果。

5 該如何進行交易?

　　我們這個章節最後要以真實交易來做收尾。當然我們還是必須要一再一再的強調,並不是鼓勵各位一定要去做量化交易,並且不要看到績效就一頭熱的要去投資,也不要為了想要做量化投資而欺騙自己成果還可以接受。例如說,我們看到一個策略 Sharpe Ratio 是 2.2,並且累計報酬很高,而一頭熱的就想交易,先冷靜問問看自己幾個問題:

第 5 章　該如何進行交易？

1. 嘗試過逐年回測看看嗎？有沒有報酬率或 Sharpe Ratio 數字漂亮只在特定年度？

2. 嘗試過分析買賣過程嗎？有沒有觀測到異常的獲利？有可能是資料問題導致獲利突出？

3. 如果績效數據獲利砍半，最大回撤多 20% 可以接受嗎？不要專注在累計報酬，仔細盯著最大回撤看，如果自己遇到這樣的回撤，還能維持信心嗎？

4. 資料夠長嗎？如果拿歷史資料來做參數最佳化，保留一段未參與參數最佳化的數據來驗證看看

5. 參數最佳化如果有做，績效差異會非常巨大嗎？自己的策略有金融或是數學邏輯嗎？

嘗試說給同業或朋友看看 (不用怕被偷沒關係，畢竟技術細節只有自己知道，例如說我們都知道有些法人在玩零股跟整股的套利，但我們不知道細節，所以也不可能成功模仿)。

我目前想到這幾樣，實際上還是建議更為嚴謹的好，甚至把每一個交易歷程都拿出來跟資料比對一下，都是正常的。當然了在這幾年與其他做量化的前輩們交流，的確也有形形色色的人，例如說，有些人認為回測真的不代表一切，他認為他的策略有金融跟數學上強大的邏輯，不需要做回測；例如有些人確實是看到交易績效不錯就會投一筆錢去交易，當然對他們來說投入測試的錢是小錢，即便虧損也不痛不癢，不過這不是重點。以上的案例以目前來說他們在量化交易的世界都算是成功者，所以未必有一定應該怎麼做，如同交易有很多派別，每個派別都有佼佼者，大家不必互相質疑歧視謾罵。

說來說去，最大的重點是：當你開始交易，務必確認邏輯正確，並且務必自己承擔交易的風險，畢竟作出要進行交易決定的人是自己。在想像做交易的未來中，不要只想著自己的資產翻了兩倍五倍，要想自己的資產承受 30% 的回撤時，尤其是大家可以仔細觀察，有些回撤可能是 30% 但他持續了幾乎一年之

久，如果你正在進行量化交易，喜孜孜地跟老闆或是同事報告，但是一開始就遭遇 30% 長達一年的回撤，晚上睡覺的夜晚肯定會非常折磨，如果是操作別人的資本，甚至還會受到長官老闆同事的冷嘲熱諷，那個心理壓力真的是非常巨大，在投入交易前，要好好想清楚。

好！我其實前面的目的不是想跟各位同學或前輩說教，我只是想試圖用比較討人厭的口吻要阻止大家進實單交易務必三思！我們是想向大家分享技術以及一些分析手法及策略的想法，並不是鼓勵大家做交易，如果一切都沒問題，我們要進入本書的最後章節，我們將提供範例，如何把 Backtrader 回測的結果與下單機 (永豐 API 下單) 結合，去達到每天自動幫我們買賣股票或是期貨。

警語：我們不保證交易的程式 100% 完全無問題，如果讀者要進行交易，無論任何情況，都必須要自行承擔風險。

5.1 透過 Backtrader 獲取交易訊號及串接下單 API– 以股票為例

有些時候，程式交易的目的不是只有想要搶快而已，程式交易一定比手單快，但是問題是那只是我們自以為的快而已，其實跟真正的大戶高頻商比起來，我們的快其實是超級慢，慢了百倍千倍甚至萬倍有餘，在搶快這部分我們如果資本不夠建置機器，是絕對不會贏的。所以我認為我們一般人在做程式交易無需執著於快，除非你是特種的套利策略，不然我們程式交易的重點應該是可以幫助我們執行如分 K 這樣的重複且較短的交易，或者是太大量的股票配置，讓我們可以專注在本業，解放雙手或者是去研究其他策略。

當然有時候如果換倉一季才一次，股票數量又不多，其實可以手動去進行下單，讓自己更安心一點，未必非要全都程式交易不可。除非說如果股票的部位例如說有 50 支，那此時我們可能就需要借助程式的力量去協助我們進行交易，或者是我們還有期貨的策略，希望以 30 分 K 或是其他分 K 來進行交易，此時就會更仰賴程式交易，總不可能每天上班都每 30 分鐘去廁所下個單。有了程式交易會讓我們上班能夠更專注、更認真。

第 5 章 該如何進行交易？

我們可以仰賴 Backtrader 的持倉以及歷程來幫我們達到這個目的，優點是簡單，而且與我們回測的結果更為一致，風險比較低；那缺點也是有的，就是如果對低延遲 (例如說，看到某一個訊號需要搶快，例如台指期大小微台的價差套利) 很有要求的話，程式可能就需要重新設計，專門為了最高化效率而去設置，當然這個就是後話了。

◆ 股票策略 – 運用 Backtrader 產出實時持倉及動作

我們在前面的章節中，介紹了因子分析以及使用多因子來建構股票交易策略，並取得穩定又良好的績效，因子包括了取得不動產廠房及設備、稅前盈利成長率、營業毛利成長率、營業利益成長率以及稅後淨利成長率五個因子。現在呢，我們以這個策略作為範例，end-to-end 向讀者說明我們是如何使用 Backtrader 將一個策略轉換至實盤交易，我們就拿 1-4 小節的 main_for_multiple_factors_backtrader2.py 來做範例，我將他修改檔名為 5_1_stock_bt_trade.py 並且放在第五章節的資料夾裡。

一樣我這裡描述講解較重要的部分，如果沒有調整的地方我就不贅述了。首先重要的第一件事就是，我們要嚴格的訂定起訖日，原先我們做回測的時候，回測起訖日可以自行去做選擇，現在我們的起訖日要符合邏輯。假設股票策略在後續 5-4 的小節我們會是每天早上 9:00 起來執行股票清單並進去市場購買，所以我們的起日理應要是我們上線交易的那一天，不然持股可能會有誤差；迄日應為最新的日期，才能不斷獲取最新的價格及數據去計算持倉。

1-4 小節的時候，因為是研究一個因子的可行性的關係，所以使用 2000 萬以及多空各買 20 只來驗證，不過真的要交易的時候，這樣的金額跟數量有點大，我們先簡單測試一下如果投入 50 萬，多空各買 3 檔就好，看看績效會不會差很多。我就不額外開檔案了，我直接在本來的 code 裡面改，首先我將 FactorRankStrategy 的參數改成買賣各 3 檔，並且分配金額也改成 50 萬的 90% 除以 6 只股票 (註解我就不調整囉)。

5.1 透過 Backtrader 獲取交易訊號及串接下單 API– 以股票為例

💻：PythonQuantTrading/Chapter5/5-1/5_1_stock_bt_trade.py

```python
# 加入交易策略 FactorRankStrategy，設定策略參數：
# buy_n: 每次要買入的股票數量 (20檔)
# sell_n: 每次要賣出的股票數量 (20檔)
# each_cash: 每檔股票的交易金額，這裡是總資金的 90% 除以 40 檔股票，確保每檔股票有足夠資金配置
cerebro.addstrategy(
    FactorRankStrategy, buy_n=3, sell_n=3, each_cash=500000 * 0.9 / 6
)
```

接著 set_cash 我也改成 50 萬。

💻：PythonQuantTrading/Chapter5/5-1/5_1_stock_bt_trade.py

```python
# 設定初始資金為 2000 萬元
cerebro.broker.set_cash(500000)
# 設定每筆交易的手續費為 0.1%
cerebro.broker.setcommission(commission=0.001)
```

在策略核心 next 中我們也做一下調整，原因是因為我們希望達到多空中性，我們前面是單純研究因子的可行性，所以不考量太多，以防止影響或是誤解了這個因子，但真的投入市場交易時，得考量市場的狀況做考量。因此我們必須把股數設置為 1000 股一張為單位，有同學可能會疑惑，台股明明可以交易零股啊？是的，不過最大的問題是零股在此時沒有辦法做空，所以我們如果資金量體不夠，很有可能會沒辦法如我們預期做空，我們在交易前把這些干擾因素也考慮進去。

在 next() 中 loop 股票時，我在 size 那裡多加了一段 size = (size//1000)*1000，已獲得整數的股數，透過 python 的運算符 //，我們可以獲得向下取整的整數，例如 1600 股，就會變成 1，再乘上 1000，就會是我們真實要的股數。

第 5 章　該如何進行交易？

💻：PythonQuantTrading/Chapter5/5-1/5_1_stock_bt_trade.py

```python
# 進行買入與賣出操作
for data in self.stocks:
    # 取得當前股票名稱
    name = data._name
    # 取得當前股票的收盤價
    close_price = data.close[0]
    # 計算每檔股票的交易股數
    size = int(self.params.each_cash / close_price)
    size = (size // 1000) * 1000
    # 取得當前股票的持倉情況
    position = self.getposition(data)
```

左邊是我們資金 50 萬，買賣各三檔的結果；右圖是我們本來的 2000 萬各買 20 檔的結果。可以見得我們改成交易多空各 3 檔的績效優異了一些，基本上報酬多了兩倍有餘，但也很顯然可以見到缺點，我們交易的檔數比較少，承受的風險跟波動也較大，從最大回撤就能觀測到，原先 20 檔的回撤是 -7%，交易 6 檔的話變成 -16%。不過看起來問題不大，因為 sharpe ratio 也有提升，所以我們每承擔風險獲得的報酬提升了，我們就來交易看看這個版本吧！

Start date	2017-05-16		Start date	2017-05-16
End date	2021-05-14		End date	2021-05-14
Total months	46		Total months	46
	Backtest			Backtest
Annual return	28.867%		Annual return	13.319%
Cumulative returns	166.235%		Cumulative returns	62.056%
Annual volatility	16.648%		Annual volatility	8.433%
Sharpe ratio	1.61		Sharpe ratio	1.53
Calmar ratio	1.74		Calmar ratio	1.70
Stability	0.78		Stability	0.80
Max drawdown	-16.6%		Max drawdown	-7.847%
Omega ratio	1.38		Omega ratio	1.31
Sortino ratio	2.58		Sortino ratio	2.38
Skew	0.32		Skew	0.14
Kurtosis	8.64		Kurtosis	5.08
Tail ratio	1.40		Tail ratio	1.18
Daily value at risk	-1.991%		Daily value at risk	-1.011%

▲（圖 - 執行結果，左圖是 50 萬資金多空各買 3 檔案，右圖為 2000 萬資金各買 20 檔）

5.1 透過 Backtrader 獲取交易訊號及串接下單 API– 以股票為例

一般來說，多空平衡的策略在美股是優異的，因為美股的做空並沒有太大的麻煩，而且美國市場本身就支援零股；但在台股操作這類型的多空平衡策略，要注意的是股票是否有券可以借，如果沒有今天的交易可能就會失敗；另外台股目前零股市場是不支援放空的，沒有零股的券可以借，所以我們在上面調整成交易模式的時候，要確保他是以 1000 股為單位去購買。

好！那我們複製一份檔案到 5_1，接著來說，如何借助 Backtrader 產生每天最新的持倉買賣紀錄，我們後續再根據這個紀錄去比對庫存進行自動交易。這裡我只說明因應要上線交易所做的調整，如果跟原本的 code 沒有差異的地方我就不再贅述。

首先就是最重要的調整，我們要修改起訖日，這裡我放了兩個 start_date，一個是原本的 analysis_period_start_date，一個是我們後續加的 trade_start_date，原因是因為我們在用財報資料或者是某些需要前面歷史資料來計算的案例，例如像用到了 200 ma，需要過去的歷史資料，所以我從 2024-01-01 開始叫用資料，讀者要從更久遠以前也可以，因為我們這裡還有準備一個 trade_start_date 就是真實的交易時間，到最後真的要回測的時候會將這個數據篩選到 trade_start_date。我寫到這裡的時候是 2024/11/8，所以起日 trade_start_date 我就放 2024-11-08。迄日就很重要了，因為我們要每天運行下單，所以我們的迄日 analysis_period_end_date 就必須要是最新的日期，所以我們使用 datetime.now() 獲取最新的日期然後 +1，並轉換成 YYYY-MM-DD 的格式，之所以要迄日 +1 天的原因是因為如果起訖日都是 11/8，會造成第一天運行的時候沒有資料。所以迄日我們 +1 天，實際上也不會對後續的運行造成不良影響。

💻：PythonQuantTrading/Chapter5/5-1/5_1_stock_bt_trade.py

```
# %%
# 5-1 調整
analysis_period_start_date = "2024-01-01"
analysis_period_end_date = (datetime.now()+timedelta(days=1)).strftime('%Y-%m-%d')
trade_start_date = '2024-11-08'
```

第 5 章 該如何進行交易？

接著這裡我也有調整，原先我們這裡是寫特定的兩個起訖年份，當然讀者要寫 2024 也可以，只是明年要記得改成 2025，當然我們最好是不要留下這種容易忘記改的東西，所以我們取 start_date 的年，跟 end_date 的年 +1 作為他的範圍，之所以要加一是因為 range(2024,2024) 是不會有東西的，range(2024,2025) 才會是 2024，range(2024,2026) 就會是 2024、2025。

🖥 ：PythonQuantTrading/Chapter5/5-1/5_1_stock_bt_trade.py

```python
# 指定各個季度下的因子組合和權重，用於排序和計算加權排名。
# 5-1 調整        You, 1 秒前 • Uncommitted changes
select_rank_factor_dict = {
    f"{year}-Q{quarter}": [
        {"name": "營運現金流", "weight": 0.2},
        {"name": "歸屬母公司淨利", "weight": 0.2},
        {"name": "營業利益成長率", "weight": 0.2},
        {"name": "稅前淨利成長率", "weight": 0.2},
        {"name": "稅後淨利成長率", "weight": 0.2},
    ]
    for year in range(datetime.strptime(analysis_period_start_date, '%Y-%m-%d').year,
    datetime.strptime(analysis_period_end_date, '%Y-%m-%d').year+1)
    for quarter in range(1, 5)
}
```

接著我們進入到了策略主體 FactorRankStrategy，首先 __init__ 中我加入了之後要用來儲存訂單資訊的元素 self.order_list。

🖥 ：PythonQuantTrading/Chapter5/5-1/5_1_stock_bt_trade.py

```python
def __init__(self):
    # 將所有股票數據儲存在 self.stocks 變數中
    self.stocks = self.datas
    # 記錄已買入的股票名稱
    self.buy_positions = set()
    # 記錄已賣出的股票名稱
    self.sell_positions = set()
    # 5-1 調整
    self.order_list = []
```

5.1 透過 Backtrader 獲取交易訊號及串接下單 API– 以股票為例

這裡我把 log 放進來策略裡，因為在真實交易的時候有可能真的會需要。在回測時是不是需要則見仁見智，看使用習慣。

💻 : PythonQuantTrading/Chapter5/5-1/5_1_stock_bt_trade.py

```python
# 5-1 調整
def log(self, txt, dt=None):
    ''' 日誌記錄函數 '''
    dt = dt or self.datas[0].datetime.datetime(0)
    print(f'{dt.isoformat()}, {txt}')
```

這裡比較特別一點，我們客製了一個 custom_notify_order，並且在當訂單的狀態是提交或者是接受的時候，我們將訂單資訊放進去我們的 self.order_list 裡面，等到後面的時候我們會需要。其他地方就跟本來的 notify_order 類似，唯獨我前面還有加上 order 必須不是 None 才可以，原因是我們現在要求下 1000 股，然後我們的資金又少，很有可能後面在做 buy 跟 sell 的時候 size 是 0，size 是 0 order 就會是 None，來到這裡就會報錯。

💻 : PythonQuantTrading/Chapter5/5-1/5_1_stock_bt_trade.py

```python
# 5-1 調整
def custom_notify_order(self, order):
    if order:
        if order.status in [order.Submitted, order.Accepted]:
            self.order_list.append(order)
        elif order.status == order.Completed:
            if order.isbuy():
                self.log(f'BUY EXECUTED, Price: {order.executed.price:.2f}, '
                         f'Cost: {order.executed.value:.2f}, Comm: {order.executed.comm:.2f}')
            else:
                self.log(f'SELL EXECUTED, Price: {order.executed.price:.2f}, '
                         f'Cost: {order.executed.value:.2f}, Comm: {order.executed.comm:.2f}')
            self.order = None
```

接著我們進到 next 中，首先在每一個時間點的時候，我們重置 self.order_list，因為我只需要固定存最新的訂單狀態就好。

第 5 章　該如何進行交易？

📁：PythonQuantTrading/Chapter5/5-1/5_1_stock_bt_trade.py

```python
# 5-1 調整，重置 order_list
self.order_list = []
# 取得當天所有股票的因子排名: ex: {stock1: 1, stock2: 2}
ranks = {data._name: data.rank[0] for data in self.stocks if data.rank[0]!=999999}
```

這裡的改法與先前我們做測試的時候一樣，我們的 size 向下取整，以便在後續獲取以 1000 為倍數的整數。

📁：PythonQuantTrading/Chapter5/5-1/5_1_stock_bt_trade.py

```python
# 進行買入與賣出操作
for data in self.stocks:
    # 取得當前股票名稱
    name = data._name
    # 取得當前股票的收盤價
    close_price = data.close[0]
    # 計算每檔股票的交易股數
    size = int(self.params.each_cash / close_price)
    # 調整到最接近的 1000 股
    # 5-1 調整
    size = (size // 1000) * 1000
    # 取得當前股票的持倉情況
    position = self.getposition(data)
```

在 next() 裡面的交易歷程中，我們為每一個交易的動作，包括 self.close()、self.buy()、self.sell() 都給予一個變數儲存，並且在有下單動作的時候，呼叫我們寫的自訂訂單通知，然後把我們的訂單傳進去。我們前面在 custom_notify_order 有判斷他是否下 size =0 的訂單，所以這裡我們就不再加工判斷 size 是不是 = 0，我們一樣讓他下，只是說如果 size =0，order 這個變數會是 None。

5.1 透過 Backtrader 獲取交易訊號及串接下單 API– 以股票為例

📁 : PythonQuantTrading/Chapter5/5-1/5_1_stock_bt_trade.py

```python
    # 1. 處理賣出(做空)操作
    if self.params.sell_n:
        if name in self.sell_positions and name not in sell_n_names:
            # 如果股票已賣出且不再賣出清單,則平倉
            # 5-1 調整
            order = self.close(data)
            self.sell_positions.remove(name)
            self.custom_notify_order(order)
        elif name not in self.sell_positions and name in sell_n_names:
            # 如果股票在賣出清單中,則賣出
            order = self.sell(data, size=size)
            self.sell_positions.add(name)
            # 5-1 調整
            self.custom_notify_order(order)
```

做多也是一樣的邏輯,next() 我們就改這樣就行。

📁 : PythonQuantTrading/Chapter5/5-1/5_1_stock_bt_trade.py

```python
    # 2. 處理買入(做多)操作
    if self.params.buy_n:
        if name in self.buy_positions and name not in buy_n_names:
            # 如果股票已買入且不再買入清單,則平倉
            order = self.close(data)
            self.buy_positions.remove(name)
            # 5-1 調整
            self.custom_notify_order(order)

        elif name not in self.buy_positions and name in buy_n_names:
            # 如果股票在買入清單中,則買入
            order = self.buy(data, size=size)
            self.buy_positions.add(name)
            # 5-1 調整
            self.custom_notify_order(order)
```

第 5 章 該如何進行交易？

接著，我們會用到 Backtrader 中的 stop() 方法，顧名思義就是回測結束時，Backtrader 會來看看我們有沒有定義並實作 stop()，如果有他會來執行。那我們借助這個函數，來輸出當我們回測結束時的持倉以及訂單，因為我們每天都是用最新的資料來運行，我以這就變相意味著我們最新應該持有的股票以及該下的動作。

我們直接來看程式碼吧！先從輸出 position 持倉表開始，我們在 stop() 函數這裡先創建一個 position_data 的 list，然後 for loop 每一只股票 data，如果 position 不為 0 的我們把他 print 出來，然後以 dict 的格式儲存再 append 進去我們的 position_data 的 list，以利等一下快速方便轉成 dataframe。

💻：PythonQuantTrading/Chapter5/5-1/5_1_stock_bt_trade.py

```python
# 5-1 調整
def stop(self):
    # 當回測結束時，列出當前持倉和等待執行的訂單
    # 5-1 調整 - 交易調整
    positions_data = []
    print("當前持倉和等待執行的訂單:")
    print('=============股票持倉=============')
    for data in self.datas:
        position = self.broker.getposition(data)
        # 檢查是否有持倉或等待執行的訂單
        if position.size != 0:
            print(f"""股票: {data._name}, 持倉: {position.size} 股,
            成本: {position.price}""")
            # 5-1 調整 - 交易調整
            positions_data.append({
                "股票": data._name,
                "持倉": position.size,
                "成本": position.price
            })
```

再來 orders 訂單也一樣，我們準備一個 orders_data 一個 list，然後 loop 我們前面自己定義的 self.order_list 來查看即將被執行的訂單，然後 append 每一個剛提交的訂單，也是後續我們做交易需要執行的訂單。

5.1 透過 Backtrader 獲取交易訊號及串接下單 API– 以股票為例

🖥：PythonQuantTrading/Chapter5/5-1/5_1_stock_bt_trade.py

```python
# 5-1 調整 - 交易調整
orders_data = []
print('=============執行訂單=============')
for order in self.order_list:
    action = '買進' if order.isbuy() else '賣出'
    print(f"""股票: {order.data._name},
    訂單: {action} {abs(order.size)} 股, 狀態: Submitted""")
    # 5-1 調整 - 交易調整
    orders_data.append({
        "股票": order.data._name,
        "訂單": action,
        "數量": abs(order.size),
        "狀態": "Submitted"
    })
```

最後我們分別將 position 跟 order 轉為 dataframe 並儲存成 excel 就完成了。這裡我是寫無論 positions_data 或是 orders_data 是否有數據都要輸出 excel，後續讀 excel 要做交易時我們在判斷是不是大小為 0 不需做交易。

🖥：PythonQuantTrading/Chapter5/5-1/5_1_stock_bt_trade.py

```python
# 5-1 調整 - 交易調整
positions_df = pd.DataFrame(positions_data)
positions_df.to_excel("position.xlsx", index=False)

# 5-1 調整 - 交易調整
orders_df = pd.DataFrame(orders_data)
orders_df.to_excel("order.xlsx", index=False)
```

到這裡我們就調整完 stop 函數了，其實概念都還蠻輕鬆的對吧！我們只是獲取 position 持倉以及我們下單時所存的訂單資訊，然後在回測結束時把最新狀態 print 出來，然後儲存成 excel 檔案備用。

接著是回測設定的部分，我們一樣把他調成多空都做 3 檔，然後金額是 50 萬的 9 折除以 6 筆。

第 5 章 該如何進行交易？

📄：PythonQuantTrading/Chapter5/5-1/5_1_stock_bt_trade.py

```python
# 5-1 調整
# 加入交易策略 FactorRankStrategy，設定策略參數：
# buy_n: 每次要買入的股票數量 (3檔)
# sell_n: 每次要賣出的股票數量 (3檔)
# each_cash: 每檔股票的交易金額，這裡是總資金的 90% 除以 6 檔股票，確保每檔股票有足夠資金配置
cerebro.addstrategy(
    FactorRankStrategy, buy_n=3, sell_n=3, each_cash=500000 * 0.9 / 6
)
```

在我們 loop 每一只股票的時候，我在這裡多加了一個時間篩選，我只取我們真正的交易起日，以我今天來說就是 11/8。

📄：PythonQuantTrading/Chapter5/5-1/5_1_stock_bt_trade.py

```python
# 依序加入每檔股票的數據到回測引擎中
stock_list = list(set(all_stock_and_factor_data["asset"]))
for stock in stock_list:
    data = all_stock_and_factor_data[all_stock_and_factor_data["asset"] == stock]
    data = data.drop(columns=["asset"])  # 移除不必要欄位
    data["datetime"] = pd.to_datetime(data["datetime"])  # 日期欄位轉為 datetime 格式
    # 5-1 調整
    data = data[(data["datetime"]>=trade_start_date) & (data["datetime"]<=end_date)]
    data = data.dropna().sort_values(by=["datetime"]).reset_index(drop=True)
    data = PandasDataWithRank(dataname=data)  # 使用自訂的數據格式 PandasDataWithRank
    cerebro.adddata(data, name=stock)  # 加入數據到回測引擎
```

這裡很單純的把現金設為 50 萬。

📄：PythonQuantTrading/Chapter5/5-1/5_1_stock_bt_trade.py

```python
# 5-1 調整
# 設定初始資金為 2000 萬元
cerebro.broker.set_cash(500000)
# 設定每筆交易的手續費為 0.1%
cerebro.broker.setcommission(commission=0.001)
# 加入 PyFolio 分析器，用於生成投資組合的性能分析報告
cerebro.addanalyzer(bt.analyzers.PyFolio)
# 運行策略
results = cerebro.run()
```

5.1 透過 Backtrader 獲取交易訊號及串接下單 API– 以股票為例

基本上改到這裡就完成了，還蠻簡單的吧！我們改了起訖日，學原本的 notify_order，只是多加了一個儲存 order 到我們自定義的 self.order_list 中，然後多增一個 stop() 函數，然後把回測的金額以及設定調整一下。我們來執行看看。下圖就是我們的執行結果，非常好，可見得 Backtrader 希望我們做多以及做空這好只股票，我們很清楚的可以看到我們的訂單。

```
當前持倉和等待執行的訂單：
==============股票持倉=============
股票：2009，持倉：1000 股，
              成本：41.79999923706055
股票：1802，持倉：-4000 股，
              成本：16.299999237060547
股票：2337，持倉：-2000 股，
              成本：27.950000762939453
股票：1103，持倉：4000 股，
              成本：17.799999237060547
股票：2371，持倉：-1000 股，
              成本：46.20000076293945
==============執行訂單=============
```

▲（圖 - 執行結果，股票持倉）

我們獲得了持倉，包含了股票、持倉以及成本。

	A 股票	B 持倉	C 成本
1	股票	持倉	成本
2	2009	1,000	41.80
3	2337	-2,000	27.95
4	2371	-1,000	46.20
5	1802	-4,000	16.30
6	1103	4,000	17.80

▲（圖 - 執行結果，持倉明細）

5-15

第 5 章 該如何進行交易？

接著是我們最新應該執行的訂單，稍微比對一下顯然他要我們清倉 2337、1103、2371，然後補買進 2101 多單、1301 做空、1304 做空。

股票	訂單	數量	狀態
2101	買進	1,000	Submitted
1301	賣出	1,000	Submitted
1304	賣出	5,000	Submitted
2337	買進	2,000	Submitted
2371	買進	1,000	Submitted
1103	賣出	4,000	Submitted

▲（圖 - 執行結果，交易明細）

我們 Backtrader 改造成可以交易的模式先停在這裡，我們接著要去看下單工具 shioaji(永豐 api) 如何串接交易流程去進行交易。如果讀者是使用別的下單 python api，甚至是手動下單，基本上還是可以了解一下如何串接下單 api 去進交易，畢竟各家的下單 api 應該都大同小異，只是各自有規則需要去查找他們的文件去改寫而已。

◆ **股票策略 – 永豐 API 登入、股票資料獲取及下單**

我們這裡接著來探討永豐 API 如何做使用，當然大家有自己想用的券商 Python API 當然沒有問題，我們沒有接業配也沒有立場，只是說我們把我們日常自己在交易的手法跟大家分享，因為只用過永豐 API，其他家的券商 API 沒有使用過，所以我們也不會做說明。當然我們不會在這裡花太多篇幅，因為主軸是示範如何做自動交易，而不是癥結在 API 的使用技術。

開戶以及簽署各種文件我們就不贅述了，要請大家自行與營業員聯絡。假設都開好戶之後，先去永豐證券的官網，點自己名字的頭像，會出現下面截圖的畫面，到個人服務 -> API 管理，點進去就可以申請 API 的 Token 了。

5.1 透過 Backtrader 獲取交易訊號及串接下單 API– 以股票為例

▲（圖 - 永豐金證券官網截圖）

　　進來之後會看到這個。在早幾個版本的時候，永豐是用帳密去登入的，但基於安全起見，他們現在採取 Token，我認為相當不錯也很方便，非常利於管理。下載憑證這個按鈕可以先點，先下載好憑證然後放到自己的交易資料夾中，後面會用到。下載完後可以點一下新增 API Key。

▲（圖 - 永豐金證券官網截圖 –API 管理介面）

5-17

第 5 章　該如何進行交易？

前面應該還會有要求手機驗證，驗證完後會來到新增 API KEY，這個功能非常方便，下面是全部開而且不限制 IP 的選項，是最方便的選項，但如果讀者不急的話，建議好好設置，因為有可能會有 3-5 個甚至更多的不同策略，建議 API Key 名稱要好好命名，而且權限跟帳戶都要看那個策略的需要才開，例如說是純粹的期貨策略，那就不需要證券的帳戶權限；如果只是運算並通知型的，沒有涉及到下單，則不要開啟帳務跟交易的功能，諸如此類。如果有固定的電腦跟網路在跑，能限制 IP 就更加理想。

按完確定之後，會產生一組 Token 帳密，請好好保存，我們接著就會用到。那我這裡就只選證券的，股票使用的跟期貨使用的我們就把它分開。

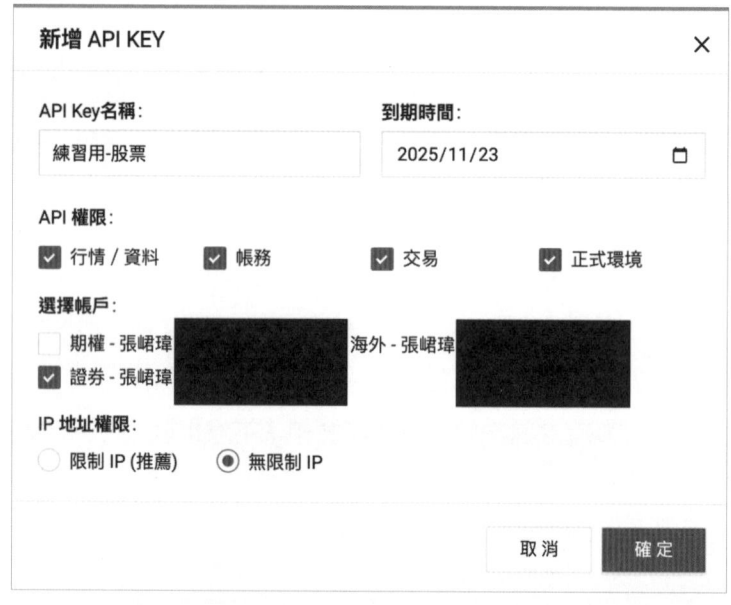

▲（圖 - 永豐金證券官網截圖 – 產生 API Key 介面）

因為我們涉及做空股票，所以讀者可以去加開信用帳戶，才能夠使用融券，也才能夠做放空的操作。

5.1 透過 Backtrader 獲取交易訊號及串接下單 API– 以股票為例

▲（圖 - 永豐金證券官網 – 加開信用帳戶）

shioaji 的 github.io 非常的詳細，不過我們不能直接請大家去探索自己找，所以我們在之後會列出一些我們會用到的功能，這些都是說明網站上面可以查到的，只是要花一點點時間去了解。另外他們也有 telegram 的群組可以去問問題，遇到有些文件可能沒有明白的，我也會去上面發問請教，telegram 聯繫營業員他會告訴你加入的連結。

▲（圖 -shioaji 的 github.io）

5-19

第 5 章 該如何進行交易？

首先我們 import shioaji 跟 pandas，shioaji 就是我們要使用的永豐 python api，在此之前請記得 install，接著我們呼叫 api 物件備用，simulation 是一個非常非常重要的參數，是供使用者測試自己寫的例如下單或價格資料是不是正確的，當同學要真的交易的時候，記得將它拿掉或設置為 True。提醒一下，他並不是所謂的模擬交易，就是例如說我們下單三張台積電，他不會真的產生三張台積電的庫存在模擬環境，只是讓你測試這個函數是不是 work。目前是這樣，未來會不會有模擬交易就不得而知了。

💻：PythonQuantTrading/Chapter5/5-1/5_1_shioaji_stock.py

```python
#%%
import shioaji as sj
import pandas as pd

api = sj.Shioaji(simulation=True)
```

這裡是我們要 login 登入，這兩個請填之前去永豐金證券官網取得的 Token。

💻：PythonQuantTrading/Chapter5/5-1/5_1_shioaji_stock.py

```python
api.login(
    api_key="api_token",
    secret_key="api_token",
)
```

這個步驟是我們要 activate 我們的 ca 憑證，有做這一步才可以進行下單。所以換句話說，如果不需要下單，只是單純要呼叫資料來運算，不需要 activate 憑證。ca_path 的檔案就是剛剛在永豐金證券的網站上要請大家下載下來丟進去資料的憑證;ca_password 跟 person_id 如果沒有特別設置，就都是身分證。

5.1 透過 Backtrader 獲取交易訊號及串接下單 API– 以股票為例

🖥 ：PythonQuantTrading/Chapter5/5-1/5_1_shioaji_stock.py

```
api.activate_ca(
    ca_path="Sinopac.pfx",
    ca_passwd="yourid",
    person_id="yourid",
)
```

如果在本地執行，上面那樣的 code 就完成了，但讀者看到的 code 是下面這個，原因是我們後續的小節會需要透過排程器來 call，如果透過排程器來 call 或者是其他任何執行方式，可能會找不到我們的 Sinopac.pfx 的憑證檔，所以我們使用 os 套件，透過下面的函數可以獲得這個執行程式的絕對路徑，我們把它再套上憑證檔，以此獲得憑證檔的絕對路徑。

🖥 ：PythonQuantTrading/Chapter5/5-1/5_1_shioaji_stock.py

```python
import os
current_dir = os.path.dirname(os.path.abspath(__file__))
print(current_dir)
pfx_path = os.path.join(current_dir, "Sinopac.pfx")
print(pfx_path)

api.activate_ca(
    ca_path=pfx_path,
    ca_passwd="PERSON_ID",
    person_id="PERSON_ID",
)
```

我們看一下他 print 出來的結果，第一條是我們這個程式的絕對路徑，第二個是憑證檔案絕對路徑，為後續做準備，所以我們者裡 activate_ca 的憑證檔路徑給予他絕對路徑。

| /Users/ | /Documents/PythonQuantTrading/Chapter5/5-1 |
| /Users/ | /Documents/PythonQuantTrading/Chapter5/5-1/Sinopac.pfx |

▲（圖 -Sinopac.pfx 的絕對路徑）

第 5 章 該如何進行交易？

我們逐一來介紹比較重要的功能。首先是我們查庫存的 list_positions()，並且我們將這個 positions 轉換成 dataframe。我們傳入 api.stock_account 就是要查詢股票的部位，期貨的話是要傳入別的東西，在 5-2 我們會提到。基本上期貨跟股票的 code 需要分開寫。

💻：PythonQuantTrading/Chapter5/5-1/5_1_shioaji_stock.py

```
執行儲存格 | 執行更高版本 | 偵錯儲存格
#%%
#獲取持倉
positions = api.list_positions(api.stock_account, unit=sj.constant.Unit.Share)
now_position = pd.DataFrame(s.__dict__ for s in positions)
print(now_position)
```

執行完後就會得到自己的部位。如果用模擬帳戶可能會看到空的，所以我用了我的帳戶來 show，很抱歉只能跟大家分享前兩筆，我們會得到一個有 13 個欄位的 dataframe，一般來說 code 到 pnl 這幾個欄位是最常用的。

	id	code	direction	quantity	price	last_price	pnl	yd_quantity
0	0	00679B	Action.Buy	2000	28.48	29.15	1256.0	2000
1	1	00687B	Action.Buy	5000	30.10	30.31	825.0	5000

	cond	margin_purchase_amount	collateral
0	StockOrderCond.Cash	0	0
1	StockOrderCond.Cash	0	0

	short_sale_margin	interest
0	0	0
1	0	0

▲（圖 - 執行結果，position 當前持倉）

這裡是 position 每一個欄位的含義。貼心的是他有幫我們準備損益，另外我們有做空，所以 cond 這個欄位就挺重要的，因為做空實際上是融券去放空的，跟券商或其他借券的人借股票去放空，最後再回補股票給他。

5.1 透過 Backtrader 獲取交易訊號及串接下單 API– 以股票為例

```
StockPosition

id (int): 部位代碼
code (str): 商品代碼
direction (Action): {Buy: 買, Sell: 賣}
quantity (int): 數量
price (float): 平均價格
last_price (float): 目前股價
pnl (float): 損益
yd_quantity (int): 昨日庫存數量
cond (StockOrderCond): {
    Cash: 現股(預設值),
    Netting: 餘額交割,
    MarginTrading: 融資,
    ShortSelling: 融券,
    Emerging: 興櫃
    }
margin_purchase_amount (int): 融資金額
collateral (int): 擔保品
short_sale_margin (int): 保證金
interest (int): 利息
```

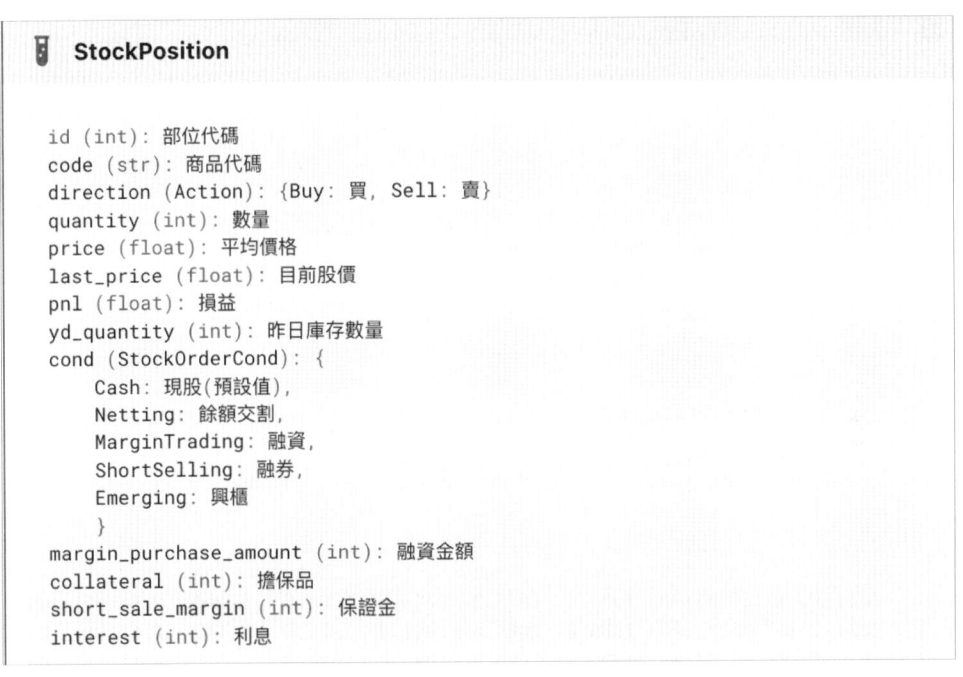

▲ (Position 持倉的欄位說明)

接下來歷史行情的部分也相當的重要，基本上有兩種：一種是 kbars 函數，一種是 ticks 函數，顧名思義就是 kbars 函數會幫我們整理好 Close、Open、High、Low、Volume 這些價量數據，並以 1 分 K 的形式給我們；那 ticks 就能獲得逐筆的資訊，不過以我們所說的股票交易的情境來說，可能不會需要用到 ticks，除非是那種講究低延遲的套利交易，例如說整股跟零股的價差套利，可能就會圍繞在 ticks。

kbars 函數寫法也很簡單，我們給他股票的 contract，不能直接傳遞 2330(至少這個版本不行，未來是否可以就不清楚)，要像下方的範例這樣傳送永豐 API 的股票 contract 才可以，再來就是傳入 start&end date 即可。接著我們依照官方文件的範例，就將它轉成 dataframe，然後將日期轉為 datetime 方便利用。

第 5 章　該如何進行交易？

💻：PythonQuantTrading/Chapter5/5-1/5_1_shioaji_stock.py

```python
#%%
#獲取行情資料
kbars = api.kbars(
    contract=api.Contracts.Stocks["2330"],
    start="2024-11-08",
    end="2024-11-08",
)
price_data = pd.DataFrame({**kbars})
price_data.ts = pd.to_datetime(price_data.ts)
print(price_data)
```

我們就可以獲得指定日期區間的開高低收量以及 Amount。

```
                      ts    Open    High     Low   Close  Volume        Amount
0    2024-11-08 09:01:00  1085.0  1085.0  1080.0  1085.0    4006  4.345960e+09
1    2024-11-08 09:02:00  1085.0  1085.0  1080.0  1085.0     662  7.175600e+08
2    2024-11-08 09:03:00  1085.0  1090.0  1080.0  1085.0     775  8.414400e+08
3    2024-11-08 09:04:00  1090.0  1090.0  1085.0  1085.0     276  2.996350e+08
4    2024-11-08 09:05:00  1085.0  1090.0  1085.0  1085.0     196  2.126800e+08
..                   ...     ...     ...     ...     ...     ...           ...
261  2024-11-08 13:22:00  1085.0  1090.0  1085.0  1085.0     417  4.541000e+08
262  2024-11-08 13:23:00  1085.0  1090.0  1085.0  1085.0     326  3.548850e+08
263  2024-11-08 13:24:00  1090.0  1090.0  1085.0  1090.0     222  2.411750e+08
264  2024-11-08 13:25:00  1090.0  1090.0  1085.0  1085.0     184  2.003150e+08
265  2024-11-08 13:30:00  1090.0  1090.0  1090.0  1090.0    5142  5.604780e+09

[266 rows x 7 columns]
```

▲（圖 - 執行結果，一分 K 數據）

接著 ticks 方法也非常簡單，就是 call ticks() 就行了，唯獨 ticks 方法只能傳入單一日期，而非可以傳入指定日期區間，可能是因為 ticks 的數據太過大量了，一次僅能索取一天，以避免伺服器太大量的負荷。

💻：PythonQuantTrading/Chapter5/5-1/5_1_shioaji_stock.py

```
執行儲存格 | 執行更高版本 | 偵錯儲存格
#%%
#獲取行情資料
```

5.1 透過 Backtrader 獲取交易訊號及串接下單 API- 以股票為例

```
ticks = api.ticks(
    contract=api.Contracts.Stocks["2330"],
    date='2024-11-08'
    )
price_data = pd.DataFrame({**ticks})
price_data.ts = pd.to_datetime(price_data.ts)
print(price_data)
```

從 ts 我們就可以看到逐筆的成交資料，以及 bid ask prcie。不過我們本書的範圍不會用到逐筆資料，通常在需要用逐筆資料的情境我們會用永豐的另一個功能 subcribe()，可以與永豐的伺服器建立 socket 連線，可以用更高速的方式接收資料，而且有五檔的資訊。如果有機會我們會再探討一些需要用到逐筆的策略，例如先前提到的套利，以及五檔的委買委賣壓力差。

```
                            ts   close  volume  bid_price  bid_volume  \
0      2024-11-08 09:00:02.469930  1085.0    3348     1080.0        3026
1      2024-11-08 09:00:02.757794  1085.0       4     1080.0        3041
2      2024-11-08 09:00:02.757854  1085.0       2     1080.0        3041
3      2024-11-08 09:00:02.779450  1085.0       4     1080.0        3041
4      2024-11-08 09:00:03.053133  1085.0       1     1080.0        3058
...                           ...     ...     ...        ...         ...
10699  2024-11-08 13:24:54.900408  1090.0       4     1085.0         843
10700  2024-11-08 13:24:58.498271  1085.0       1     1085.0         765
10701  2024-11-08 13:24:59.044608  1085.0       1     1085.0         763
10702  2024-11-08 13:24:59.175858  1085.0       1     1085.0         762
10703  2024-11-08 13:30:00.000000  1090.0    5142     1085.0        1726

       ask_price  ask_volume  tick_type
0         1085.0         622          1
1         1085.0         679          1
2         1085.0         677          1
3         1085.0         673          1
4         1085.0         666          1
...          ...         ...        ...
10699     1090.0        3207          1
10700     1090.0        3209          2
10701     1090.0        3209          2
10702     1090.0        3209          2
10703     1090.0        2644          1

[10704 rows x 8 columns]
```

▲（圖 - 執行結果，ticks 歷史數據）

第 5 章 該如何進行交易？

我們剛剛的範例以及後面的下單，很多地方都有 contract 這個參數需要傳遞，之前提提到我們不能傳遞例如說單純的 2330 給永豐的函數，他需要的是下面這一段的 contract 物件。我們把他 print 出來看一下他是什麼。

💻 ：PythonQuantTrading/Chapter5/5-1/5_1_shioaji_stock.py

```
執行儲存格 | 執行更高版本 | 偵錯儲存格
#%%
#下單契約
contract = api.Contracts.Stocks[str('2330')]
print(contract)
```

這是台積電的 contract 資訊，不過因為太長了被截斷了，我們看一下官方的規格。不過這些資訊在股票的資產中比較沒有用處，因為股票的合約沒什麼會頻繁變動的，在期貨或是其他資產的領域比較會需要用到，因為期貨契約會到期，契約常常在變動。

```
✓  #下單契約 ...
exchange=<Exchange.TSE: 'TSE'> code='2330' symbol='TSE2330' name='台積電' category='24' unit=1000
```

▲（圖 - 執行結果，契約資訊）

實際上他的規格長這樣，其實也有一些很不錯的資訊，例如說可否當沖，以及漲停跟漲跌價，我們後續會掛 LMT 單，如果讀者對於程式交易買進股票的需求是無論如何必須要買進，則可以選擇 MKT 市價單下單或是 LMT 單掛漲停價去買，這樣就可以立即成交，不過要注意它背後的邏輯，就是即便成本是漲停價，我們仍願意買嗎？

5.1 透過 Backtrader 獲取交易訊號及串接下單 API– 以股票為例

```
Stock

exchange (Exchange): 交易所 {OES, OTC, TSE ...等}
code (str): 商品代碼
symbol (str): 符號
name (str): 商品名稱
category (str): 類別
unit (int): 單位
limit_up (float): 漲停價
limit_down (float): 跌停價
reference (float): 參考價
update_date (str): 更新日期
margin_trading_balance (int): 融資餘額
short_selling_balance (int): 融券餘額
day_trade (DayTrade): 可否當沖 {Yes, No, OnlyBuy}
```

▲（圖 - 股票 contract 的規格）

接下來我們要來介紹各種常用的下單模式，首先我們先看看 shioaji 的 github.io 裡面的規格有什麼選項吧，我們來提幾個重要的。

1. **price**: price 是掛單價格，如果使用 MKT 市價單的話，這個 price 就不重要，可以隨便填，如果是 LMT 限價單的話，這個數值就至關重要，需要慎選。

2. **quantity**: 委託數量很直觀，如果整股市場下整數，如果 1000 股，一張，要寫 1；零股市場則是單位為股，所以可以填例如說 600 股，這樣的數字。

3. **action**: 買跟賣。

4. **price**_type: 分為市價、限價、範圍限價，市價跟限價對我來說已經能滿足大部分需求，範圍市價是期交所推出的功能，大意是你的買賣只會鎖在一個區間內，一般來說可能是例如 0.5%，如果價格超過昨收價 0.5% 則不會成交。

5-27

5. **order_type**：這個東西就是 ROD 當日有效單、IOC 部分成交，沒成交的取消，就是能買多少是多少、FOK 全部成交不然就全取消，就是我想買的全都買到我才成交，不然取消。一般來說限價單 (LMT) 搭配 ROD；市價單搭配 IOC or FOK。

6. **order_cond**：大多數來說都是 cash，預設也是，但如果像我們需要放空股票，則有可能會使用融券的參數 shortselling。

7. **daytrade_short:** 這個參數一般來說是 False，代表先賣後買，也就是放空的意思。不過有一大重點是，這是當沖放空，所以你一定要當天把它沖消掉。我們不要動這個參數，如果這個參數設置了，但是沒有在當日沖銷掉，則要負擔券商去幫你借券沖掉的成本，可能會需要支付更多餘的利率。

8. **custom_field、account、ca:** 這些參數就沒什麼太大的問題

```
證券委託單

version>=1.0        version<1.0

price (float or int): 價格
quantity (int): 委託數量
action (str): {Buy: 買, Sell: 賣}
price_type (str): {LMT: 限價, MKT: 市價, MKP: 範圍市價}
order_type (str): 委託類別 {ROD, IOC, FOK}
order_cond (str): {Cash:現股, MarginTrading:融資, ShortSelling:融券}
order_lot (str): {
        Common:整股,
        Fixing:定盤,
        Odd:盤後零股,
        IntradayOdd:盤中零股
    }
daytrade_short (bool): 先賣後買
custom_field (str): 備註，只允許輸入大小寫英文字母及數字，且長度最長為 6
account (:obj:Account): 下單帳號
ca (binary): 憑證
```

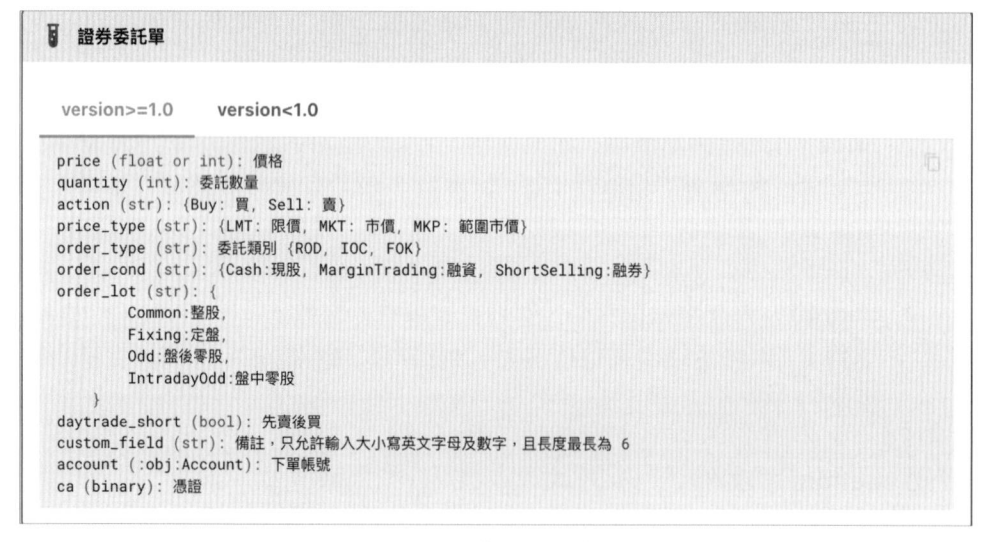

▲（圖 - 下單的可選參數參數）

5.1 透過 Backtrader 獲取交易訊號及串接下單 API– 以股票為例

接著我們來看看各種情境。一般來說標準流程都是準備 order-> place_order-> update_status-> 查看 stauts 的結果。這是市價買的例子，價格我們放收盤價的最後一筆，不過這是市價單，所以不用太注意這個 ;quantity 是張數，請不要下成股數了，我們是市價買單，所以選擇參數是 Buy + MKT + ROD，並且是在整股市場交易，所以 order_lot 故定都是 Common。account 傳入我們要交易的帳戶即可。

🖥 : PythonQuantTrading/Chapter5/5-1/5_1_shioaji_stock.py

```python
#%%
# #整股市場 - 市價買
order = api.Order(
    price=price_data['Close'].tolist()[-1],
    quantity=int(1),
    action=sj.constant.Action.Buy,
    price_type=sj.constant.StockPriceType.MKT,
    order_type=sj.constant.OrderType.IOC,
    order_lot=sj.constant.StockOrderLot.Common,
    account=api.stock_account,
)
trade = api.place_order(contract, order)
api.update_status(api.stock_account)
print(trade)
```

我們執行下單後，會回傳這樣的結果，因為太長了所以我只能部分截圖，我們也拉看一下成交回報的規格。

```
✓ # #整股市場 - 市價買 ⋯
OrderState.StockOrder {'operation': {'op_type': 'New', 'op_code': '00'
contract=Stock(exchange=<Exchange.TSE: 'TSE'>, code='2330', symbol='TS
```

▲（圖 - 整股市場，市價買執行結果）

第 5 章 該如何進行交易？

委託回報他的回傳分成四個 part:operation、order、status、contract。

首先我們先看 operation，operation 是其中最重要的部分，因為他闡述了我們的訂單究竟有無成功，且訊息是什麼。如果是我們的情境建置一個自用的小系統，這樣的回傳已經夠用了，能夠幫助我們辨別交易是否成功。

```
operation

op_type (str): {
            "New": 新單,
            "Cancel": 刪單,
            "UpdatePrice": 改價,
            "UpdateQty": 改量
         }
op_code (str): {"00": 成功, others: 失敗}
op_msg (str): 錯誤訊息
```

▲（圖 -operation 的規格）

order 的回傳內容主要是我們的訂單設置而已。這個在建置大型系統的時候非常有用，因為數據庫需要留存這樣的數據以供事後查看對帳以及檢討。

```
order

id (str): 與成交回報的trade_id相同
seqno (str): 平台單號
ordno (str): 委託單號
account (dict): 帳號資訊
action (str): 買賣別 {Buy, Sell}
price (float or int): 委託價格
quantity (int): 委託數量
order_type (str): 委託類別 {ROD, IOC, FOK}
price_type (str): {LMT: 限價, MKT: 市價, MKP: 範圍市價}
order_cond (str): {
            Cash: 現股,
            MarginTrading: 融資,
            ShortSelling: 融券
         }
order_lot (str): {
            Common: 整股,
            Fixing: 定盤,
            Odd: 盤後零股,
            IntradayOdd: 盤中零股
         }
custom_field (str): 自訂欄位
```

▲（圖 -order 的規格）

5.1 透過 Backtrader 獲取交易訊號及串接下單 API – 以股票為例

status 則是目前的委託的一些資訊，跟 order 一樣都有 id，這個 id 會與成交回報的內容一樣，可以供查帳使用。

```
status

    id (str): 與成交回報的trade_id相同
    exchange_ts (int): 交易所時間
    modified_price (float or int): 改價
    cancel_quantity (int): 取消數量
    order_quantity (int): 委託數量
    web_id (str): 下單平台代碼
```

▲（圖 -status 的規格）

contract 則也是很單純，在告訴我們這一次下單的商品資訊。

```
contract

    security_type (str): 商品類別
    exchange (str): 交易所
    code (str): 商品代碼
    symbol (str): 符號
    name (str): 商品名稱
    currency (str): 幣別
```

▲（圖 -contract 的規格）

上述說的是委託的回報，實際上有分為「委託回報」跟「成交回報」，主要都是證交所回傳的，正常來說，都是委託回報會先回來，才會收到成交回報，但是如果委託的是立即成交，有一點可能會先收到成交回報，才回來委託回報。不過我們現在示範用模擬的，所以只有委託的回報可以看。後續的部分我們會實作將這些回報資訊回傳到 Line 中通知。

好，我們花了一些篇幅來講委託回報還有一些送單的設置，接下來我們只講不同情境的差異在哪裡。剛剛是整股市場的市價買進，現在是整股市場的市價賣出，非常單純，我們只要把 actions 改為 Sell 即可。

第 5 章 該如何進行交易？

:PythonQuantTrading/Chapter5/5-1/5_1_shioaji_stock.py

```python
#%%
# #整股市場 – 市價賣
order = api.Order(
    price=price_data['Close'].tolist()[-1],
    quantity=int(1),
    action=sj.constant.Action.Sell,
    price_type=sj.constant.StockPriceType.MKT,
    order_type=sj.constant.OrderType.IOC,
    order_lot=sj.constant.StockOrderLot.Common,
    account=api.stock_account,
)
trade = api.place_order(contract, order)
api.update_status(api.stock_account)
print(trade)
```

這是執行結果。不過要特別注意的是，用市價賣出，如果部位沒有，他會顯示沒有部位可以賣出，掛單會失敗。如果要做空，如之前所說，要使用一些參數去控制才可以。

```
✓ # #整股市場 – 市價賣 ⋯

OrderState.StockOrder {'operation': {'op_type': 'New', 'op_code': '88'
contract=Stock(exchange=<Exchange.TSE: 'TSE'>, code='2330', symbol='TS
```

▲（圖 - 執行結果，市價賣出回傳）

我們可以在 msg 看到掛單失敗的訊息，意思是我們沒有部位可以被賣出，所以單取消。

```
'op_msg': '集保賣出餘股數不足，餘股數 0 股'}
```

▲（圖 - 執行結果，市價賣出庫存不足）

5.1 透過 Backtrader 獲取交易訊號及串接下單 API – 以股票為例

這是整股市場的限價單買的方式，我們 action 用成 Buy，要特別注意 price_type 要改成 LMT。使用了限價單之後，price 就非常重要了，我們在後續真的在交易時候會提到限價單的價格，我們可以用最新的市價單來當限價單的價格，但這樣非常有可能會買不到，因為如果價格漲上去再也沒有回來，我們的部位就不會成交。所以我們可以用漲停價，或者是最新的收盤價 +2-3%，來確保部位真的會順利成交。我們這裡先還是用最新的收盤價，後續會再提到。

💻 ：PythonQuantTrading/Chapter5/5-1/5_1_shioaji_stock.py

```python
#%%
#整股市場 - Limit 單買
order = api.Order(
    price=price_data['Close'].tolist()[-1],
    quantity=int(1),
    action=sj.constant.Action.Buy,
    price_type=sj.constant.StockPriceType.LMT,
    order_type=sj.constant.OrderType.ROD,
    order_lot=sj.constant.StockOrderLot.Common,
    account=api.stock_account,
)
trade = api.place_order(contract, order)
api.update_status(api.stock_account)
print(trade)
```

限價掛單的回傳沒有什麼特別的，我們快速跳過。

```
✓ #整股市場 - Limit 單買 …

OrderState.StockOrder {'operation': {'op_type': 'New', 'op_code': '00',
contract=Stock(exchange=<Exchange.TSE: 'TSE'>, code='2330', symbol='TSE
```

▲（圖 - 執行結果，整股市場 LMT 買單）

第 5 章　該如何進行交易？

整股市場的限價單賣只要把 actions 改成 Sell 即可。

📔：PythonQuantTrading/Chapter5/5-1/5_1_shioaji_stock.py

```
執行儲存格 | 執行更高版本 | 偵錯儲存格
#%%
# #整股市場 - Limit 單賣
order = api.Order(
    price=price_data['Close'].tolist()[-1],
    quantity=int(1),
    action=sj.constant.Action.Sell,
    price_type=sj.constant.StockPriceType.LMT,
    order_type=sj.constant.OrderType.ROD,
    order_lot=sj.constant.StockOrderLot.Common,
    account=api.stock_account,
)
trade = api.place_order(contract, order)
api.update_status(api.stock_account)
print(trade)
```

Limit 單賣的結果也與一般的規格無異，就是 Order 裡面的資訊會不一樣。

```
✓ # #整股市場 - Limit 單賣 …

OrderState.StockOrder {'operation': {'op_type': 'New', 'op_code': '88'
contract=Stock(exchange=<Exchange.TSE: 'TSE'>, code='2330', symbol='TS
```

```
✓ # #整股市場 - 市價賣 …

OrderState.StockOrder {'operation': {'op_type': 'New', 'op_code': '88'
contract=Stock(exchange=<Exchange.TSE: 'TSE'>, code='2330', symbol='TS
```

▲（圖 - 執行結果，市價賣出回傳）

接下來是比較重要的部分，因為我們的策略會放空股票，所以我們必須要執行融券放空以及回補，意思就是做空然後平空單部位。首先放空是沒辦法用

5.1 透過 Backtrader 獲取交易訊號及串接下單 API – 以股票為例

市價去買,所以必須要掛 LMT 單;接著 order_cond 也要調整,本來是 Cash 現金,現在要改成融券 ShortSelling,改這些參數,我們就能執行放空了。

💻:PythonQuantTrading/Chapter5/5-1/5_1_shioaji_stock.py

```python
執行儲存格 | 執行更高版本 | 偵錯儲存格
#%%
# #整股市場 – 融券放空
order = api.Order(
    price=price_data['Close'].tolist()[-1],
    quantity=int(1),
    action=sj.constant.Action.Sell,
    price_type=sj.constant.StockPriceType.LMT,
    order_type=sj.constant.OrderType.ROD,
    order_lot=sj.constant.StockOrderLot.Common,
    order_cond='ShortSelling',
    account=api.stock_account,
)
trade = api.place_order(contract, order)
api.update_status(api.stock_account)
print(trade)
```

融券放空的模擬訊息如下。不過在模擬模式,他會跳出集保賣出餘額不足。

```
✓  # #整股市場 – 融券放空 …

: {'op_type': 'New', 'op_code': '88', 'op_msg': '集保賣出餘股數不足,餘股數 0 股'},
TSE: 'TSE'>, code='2330', symbol='TSE2330', name='台積電', category='24', unit=1
```

▲(圖 - 執行結果,融券放空回傳)

這是我打開真實交易後找一隻股票來放空的範例,在做融券放空的時候,還要注意是不是有券可以借。雖說我們交易市值較大的股票池沒有券的情況有可能會稍微變少,但是仍然要注意。其實永豐有方法可以查這個股票是不是有券可以借,不過我個人是會直接下,然後傳訊息到群組中,這時候我再人工處置看要怎麼做,例如說把放空的其他股票部位加大,或者是往下一順位去放空。

第 5 章　該如何進行交易？

```
# #整股市場 - 融券放空 …
p_type': 'New', 'op_code': '88', 'op_msg': '公司總配額張數不足，餘額 0 張（自動調撥後）'},
'TSE'>, code='1108', symbol='TSE1108', name='幸福', category='01', unit=1000, limit_
```

▲（圖 - 執行結果，真實執行放空，券不足）

　　這裡要特別提醒一點，做多的話我們的 LMT 單買進，他指定的價格是不會買超過這個價格，所以前面說讀者可以往上加一點，確保買進；但是放空的邏輯是相反的哦，是只會買超過這價錢，所以讀者如果要確保空單一定能下，反而是 price 要稍微減掉一些。

　　我們做了融券放空之後，接著就是融券回補了，就是我們要買股票還給券商，融券回補就是 actions 要改成 Buy，其他就與放空一致。

🖥 ：PythonQuantTrading/Chapter5/5-1/5_1_shioaji_stock.py

```python
執行儲存格 | 執行更高版本 | 偵錯儲存格
#%%
# #整股市場 - 融券回補
order = api.Order(
    price=price_data['Close'].tolist()[-1],
    quantity=int(1),
    action=sj.constant.Action.Buy,
    price_type=sj.constant.StockPriceType.LMT,
    order_type=sj.constant.OrderType.ROD,
    order_lot=sj.constant.StockOrderLot.Common,
    order_cond='ShortSelling',
    account=api.stock_account,
)
trade = api.place_order(contract, order)
api.update_status(api.stock_account)
print(trade)
```

5.1 透過 Backtrader 獲取交易訊號及串接下單 API – 以股票為例

模擬的執行結果也沒什麼特別的。我們後續真的下單再來看成果。

```
✓  # #整股市場 – 融券回補 …

OrderState.StockOrder {'operation': {'op_type': 'New', 'op_
contract=Stock(exchange=<Exchange.TSE: 'TSE'>, code='2330',
```

▲（圖 - 執行結果，融券回補回傳）

雖然我們不會下零股，不過還是順帶介紹一下零股怎麼下單，如果讀者想玩，可以自行修改，但是零股目前是沒辦法放空的喔。零股只要注意三件事情：1. 零股也不能下市價，必須是 LMT 單。2. 零股的 order_lot 要指定為零股，也就是 IntradayOdd。3.quanitity 會變成 1 股 2 股，所以要下 100 股要寫 100。我們下面這個例子是零股買。

🖥 : PythonQuantTrading/Chapter5/5-1/5_1_shioaji_stock.py

```
執行儲存格 | 執行更高版本 | 偵錯儲存格
#%%
#零股市場 – Limit 單買
order = api.Order(
    price=price_data['Close'].tolist()[-1],
    quantity=int(10),
    action=sj.constant.Action.Buy,
    price_type=sj.constant.StockPriceType.LMT,
    order_type=sj.constant.OrderType.ROD,
    order_lot=sj.constant.StockOrderLot.IntradayOdd,
    account=api.stock_account,
)
trade = api.place_order(contract, order)
api.update_status(api.stock_account)
print(trade)
```

零股的執行成果也就不 show 了，模擬的回傳結果沒有什麼特別的。這是零股市場的賣，把 action 改成 Sell 即可，但一樣是要有庫存才會觸發哦，他會檢查我們有沒有足夠的庫存可以賣。

5-37

第 5 章 該如何進行交易？

💻：PythonQuantTrading/Chapter5/5-1/5_1_shioaji_stock.py

```
執行儲存格 | 執行更高版本 | 偵錯儲存格
#%%
#零股市場 – Limit 單賣
order = api.Order(
    price=price_data['Close'].tolist()[-1],
    quantity=int(10),
    action=sj.constant.Action.Sell,
    price_type=sj.constant.StockPriceType.LMT,
    order_type=sj.constant.OrderType.ROD,
    order_lot=sj.constant.StockOrderLot.IntradayOdd,
    account=api.stock_account,
)
trade = api.place_order(contract, order)
api.update_status(api.stock_account)
print(trade)
```

　　好。雖然看起來很長，但我們其實才介紹了部分的下單功能而已，他還有很多進階的功能等著讀者去探索！我們下一個部分，把剛剛介紹的永豐 API 的下單函數整合一下，然後跟我們回測的結果去做結合，達成每天執行回測最新資料，然後自動比對庫存去下單的功能。

◆ **股票策略 – 產生持倉、策略下單動作及整合下單函數**

　　我暫時先把負責比對庫存及下單的程式先分開寫，如果讀者覺得合併進去 backtrader 的 code 比較方便，也可以再貼進去，我個人是覺得產生交易訊號跟下單的函數分開可用性比較高。

　　接著我會先將之前的下單函數整合一下，做成一個可以通用的下單函數 Agent，以後所有的交易上線都可以複製一樣的交易 code。我創建一個 stock_agent.py 來實做這些可複用的股票下單功能。首先我們創建一個物件以用來管理及呼叫，StockAPIWrapper()，並且要求傳入 api，就是永豐的登入認證後的 api。這裡會要求傳入 api 而不是在函數裡面做，考量的是未來發展起來的話，有可能會有不同權限的 api.token，如果在物件裡面做登入，就只有一種選擇；相

5.1 透過 Backtrader 獲取交易訊號及串接下單 API− 以股票為例

反的讓登入及認證在各個交易 code 自己去做，就可以達成不同的交易系統採用不同的登入權限 token 的目的。接下來我們就是不斷封裝先前介紹我們會用到的函數，這裡先封裝 posiition 持倉還有 kbars 歷史資料的函數。

📄：PythonQuantTrading/Chapter5/5-1/stock_agent.py

```python
import pandas as pd
import shioaji as sj

class StockAPIWrapper:
    def __init__(self, api):
        self.api = api

    # 獲取持倉資料
    def get_positions(self):
        positions = self.api.list_positions(self.api.stock_account, unit=sj.constant.Unit.Share)
        now_position = pd.DataFrame(s.__dict__ for s in positions)
        return now_position

    # 獲取指定日期的行情資料（K線）
    def get_kbars(self, stock_id, start_date, end_date):
        kbars = self.api.kbars(
            contract=self.api.Contracts.Stocks[stock_id],
            start=start_date,
            end=end_date,
        )
        price_data = pd.DataFrame({**kbars})
        price_data.ts = pd.to_datetime(price_data.ts)
        return price_data
```

這裡封裝獲取 ticks 資料、獲取契約及市價買的函數。

📄：PythonQuantTrading/Chapter5/5-1/stock_agent.py

```python
    # 獲取指定日期的行情資料（Ticks）
    def get_ticks(self, stock_id, date):
        ticks = self.api.ticks(
            contract=self.api.Contracts.Stocks[stock_id],
            date=date
        )
        price_data = pd.DataFrame({**ticks})
        price_data.ts = pd.to_datetime(price_data.ts)
        return price_data

    # 下單契約
    def get_contract(self, stock_id):
        return self.api.Contracts.Stocks[stock_id]
```

```python
# 整股市場 – 市價買
def market_buy(self, contract, price, quantity):
    order = self.api.Order(
        price=price,
        quantity=quantity,
        action=sj.constant.Action.Buy,
        price_type=sj.constant.StockPriceType.MKT,
        order_type=sj.constant.OrderType.IOC,
        order_lot=sj.constant.StockOrderLot.Common,
        account=self.api.stock_account,
    )
    trade = self.api.place_order(contract, order)
    self.api.update_status(self.api.stock_account)
    return trade
```

接著是市價買以及限價買。

:PythonQuantTrading/Chapter5/5-1/stock_agent.py

```python
# 整股市場 – 市價賣
def market_sell(self, contract, price, quantity):
    order = self.api.Order(
        price=price,
        quantity=quantity,
        action=sj.constant.Action.Sell,
        price_type=sj.constant.StockPriceType.MKT,
        order_type=sj.constant.OrderType.IOC,
        order_lot=sj.constant.StockOrderLot.Common,
        account=self.api.stock_account,
    )
    trade = self.api.place_order(contract, order)
    self.api.update_status(self.api.stock_account)
    return trade

# 整股市場 – 限價買
def limit_buy(self, contract, price, quantity):
    order = self.api.Order(
        price=price,
        quantity=quantity,
        action=sj.constant.Action.Buy,
        price_type=sj.constant.StockPriceType.LMT,
        order_type=sj.constant.OrderType.ROD,
        order_lot=sj.constant.StockOrderLot.Common,
        account=self.api.stock_account,
    )
    trade = self.api.place_order(contract, order)
    self.api.update_status(self.api.stock_account)
    return trade
```

5.1 透過 Backtrader 獲取交易訊號及串接下單 API- 以股票為例

限價賣以及融券放空。

🖥 : PythonQuantTrading/Chapter5/5-1/stock_agent.py

```python
# 整股市場 - 限價賣
def limit_sell(self, contract, price, quantity):
    order = self.api.Order(
        price=price,
        quantity=quantity,
        action=sj.constant.Action.Sell,
        price_type=sj.constant.StockPriceType.LMT,
        order_type=sj.constant.OrderType.ROD,
        order_lot=sj.constant.StockOrderLot.Common,
        account=self.api.stock_account,
    )
    trade = self.api.place_order(contract, order)
    self.api.update_status(self.api.stock_account)
    return trade

# 整股市場 - 融券放空
def short_sell(self, contract, price, quantity):
    order = self.api.Order(
        price=price,
        quantity=quantity,
        action=sj.constant.Action.Sell,
        price_type=sj.constant.StockPriceType.LMT,
        order_type=sj.constant.OrderType.ROD,
        order_lot=sj.constant.StockOrderLot.Common,
        order_cond='ShortSelling',
        account=self.api.stock_account,
    )
    trade = self.api.place_order(contract, order)
    self.api.update_status(self.api.stock_account)
    return trade
```

融券回補。這裡就不封裝零股得進來了，因為我們後續應該是用不到。如果讀者覺得有需要可以自行封裝兩個零股的下單方法進來。

🖥 : PythonQuantTrading/Chapter5/5-1/stock_agent.py

```python
# 整股市場 - 融券回補
def short_cover(self, contract, price, quantity):
    order = self.api.Order(
        price=price,
```

5-41

第 5 章 該如何進行交易？

```
        quantity=quantity,
        action=sj.constant.Action.Buy,
        price_type=sj.constant.StockPriceType.LMT,
        order_type=sj.constant.OrderType.ROD,
        order_lot=sj.constant.StockOrderLot.Common,
        order_cond='ShortSelling',
        account=self.api.stock_account,
    )
    trade = self.api.place_order(contract, order)
    self.api.update_status(self.api.stock_account)
    return trade
```

我們先來試用看看，我開一個新檔案來試用。我們挑兩個來試試看就好。首先我們一樣先登入跟啟用憑證，這一次我測試我把模擬關掉，使用真實的，不過這是我自己調整的，讀者的程式碼 simulation 還是 True 哦，我也不建議沒事打開，最好是保持 True，避免下了奇怪的單。

💻：PythonQuantTrading/Chapter5/5-1/5_1_shioaji_execute_stock_trade.py

```python
#%%
from stock_agent import StockAPIWrapper
import pandas as pd
import shioaji as sj
import os

api = sj.Shioaji(simulation=False)

api.login(
    api_key="api_key",
    secret_key="api_key",
)

current_dir = os.path.dirname(os.path.abspath(__file__))
pfx_path = os.path.join(current_dir, "Sinopac.pfx")
api.activate_ca(
    ca_path=pfx_path,
    ca_passwd="PERSON_ID",
    person_id="PERSON_ID",
)
```

5.1 透過 Backtrader 獲取交易訊號及串接下單 API – 以股票為例

我們從剛剛 import 的我們自己寫的檔案中，建立起 StockAPIWrapper 這個我們自己開發的物件，並且把登入過且啟用憑證的 api 傳給他，接著我們就可以用這個物件中定義的函數了，例如我們 call get_positions()。

💻：PythonQuantTrading/Chapter5/5-1/5_1_shioaji_execute_stock_trade.py

```
執行儲存格 | 執行更高版本 | 偵錯儲存格
#%%
api_wrapper = StockAPIWrapper(api)

positions = api_wrapper.get_positions()
print(positions)
```

我們就會得到一張持倉表，direction 中可以看到一筆 Action.Sell 的，這就是放空的部位，也就是融券做空產生的。(抱歉持倉跟成本跟年齡一樣屬於隱私，請恕我遮擋)

	id	code	direction	quantity	price	last_price	pnl
0	0		Action.Buy			193.05	
1	1		Action.Buy			28.91	
2	2		Action.Buy			30.42	
3	3		Action.Buy			37.75	
4	4		Action.Buy			22.76	
5	5		Action.Buy			8.79	
6	6		Action.Buy			33.35	
7	7		Action.Buy			17.65	
8	8		Action.Buy			30.65	
9	9		Action.Buy			18.05	
10	10		Action.Buy			29.30	
11	11		Action.Buy			16.45	
12	12		Action.Buy			93.60	
13	13		Action.Buy			83.00	
14	14		Action.Buy			9.65	
15	15		Action.Buy			43.95	
16	16		Action.Buy			12.05	
17	17		Action.Sell			8.50	

▲ (圖 - 執行結果，持倉)

接著我們 call K 棒歷史資料函數，使用上也非常簡單，就跟大家在用一般的套件一樣。

💻：PythonQuantTrading/Chapter5/5-1/5_1_shioaji_execute_stock_trade.py

```
執行儲存格 | 執行更高版本 | 偵錯儲存格
#%%
# 獲取行情資料
price_data = api_wrapper.get_kbars("2330", "2024-11-08", "2024-11-08")
print(price_data)
```

執行結果我們就可以正確看到歷史資料了。

```
 # 獲取行情資料 …

                    ts    Open    High     Low   Close  Volume        Amount
0   2024-11-08 09:01:00  1085.0  1085.0  1080.0  1085.0    4006  4.345960e+09
1   2024-11-08 09:02:00  1085.0  1085.0  1080.0  1085.0     662  7.175600e+08
2   2024-11-08 09:03:00  1085.0  1090.0  1080.0  1085.0     775  8.414400e+08
3   2024-11-08 09:04:00  1090.0  1090.0  1085.0  1085.0     276  2.996350e+08
4   2024-11-08 09:05:00  1085.0  1090.0  1085.0  1085.0     196  2.126800e+08
..                  ...     ...     ...     ...     ...     ...           ...
261 2024-11-08 13:22:00  1085.0  1090.0  1085.0  1085.0     417  4.541000e+08
262 2024-11-08 13:23:00  1085.0  1090.0  1085.0  1085.0     326  3.548850e+08
263 2024-11-08 13:24:00  1090.0  1090.0  1085.0  1090.0     222  2.411750e+08
264 2024-11-08 13:25:00  1090.0  1090.0  1085.0  1085.0     184  2.003150e+08
265 2024-11-08 13:30:00  1090.0  1090.0  1090.0  1090.0    5142  5.604780e+09

[266 rows x 7 columns]
```

▲（圖 - 執行結果，2330 歷史 K 棒數據）

◆ 股票策略 – 同步真實庫存及策略庫存

接下來我們要做兩件事情：一是同步我們的庫存，讓模擬的庫存與我們的持倉一致；二是要根據下單指令 order.xlsx 去下單。

有一件非常非常重要的是，**同步庫存要慎用**，我們會提供一個排除名單，並且在函數中我們不會胡亂賣掉不在 order.xlsx 策略下單清單上的股票，雙重保險，但仍然**有風險會將讀者的其他策略或是自己定期定額的股票賣出**，因為通

5.1 透過 Backtrader 獲取交易訊號及串接下單 API – 以股票為例

常一個帳戶可能會執行 2-3 個交易策略，或者是自己想買的股票，所以務必務必要注意，如果自己已經有持倉了，可能手動去下單，讓庫存一致，再執行第二個下單指令下單。所以庫存同步是一個工具，不一定要執行，慎使用。

我們同步庫存需要考量到幾個情境：

1. 模擬庫存 > 0

    - 真實庫存 > 0

        ＊模擬庫存 > 真實庫存，買進補足

        ＊模擬庫存 < 真實庫存，賣出補齊

    - 真實庫存 < 0

        ＊融券回補，買進多單補足

    - 真實庫存 = 0

        ＊買進多單補足

2. 模擬庫存 < 0

    - 真實庫存 > 0

        ＊全數賣出後，融券放空

    - 真實庫存 < 0

        ＊模擬庫存 > 真實庫存，融券回補

        ＊模擬庫存 < 真實庫存，融券放空補足

    - 真實庫存 = 0

        ＊融券放空

3. 模擬庫存 = 0

    - 模擬庫存 = 0 但是真實庫存 != 0 的股票我們放著不處置

5-45

第 5 章 該如何進行交易？

我們馬上開始寫。首先我們打開本來的 stock_agent.py 的 code，並且繼承我們上面已經寫了的 StockAPIWrapper，透過繼承的方式，我們就可以在 StockTradeManger 物件中，取用 StockAPIWrapper 裡面的東西。另外 StockTraderManager 可接受傳入一個 exclude_list，如果不傳入也可以，用意是在做 sync position 的時候，忽略這只股票，因為這只股票有可能是同學本來就有的部位，不希望被這個策略拿去調倉。也可以不傳，不傳這個參數預設就是不會去排除任何股票。

🖥️：PythonQuantTrading/Chapter5/5-1/stock_agent.py

```python
class StockTradeManager(StockAPIWrapper):
    def __init__(self, api, exclude_list=None):
        super().__init__(api)
        self.exclude_list = exclude_list if exclude_list else []
```

我們預計 StockTraderManager 會有兩個函數：同步庫存的 sync_position 跟之後要每天根據策略結果進行調整倉位的 code，position 吃之前 backtrader 產出的 position.xlsx，另一個吃 order.xlsx。

在 sync_position 中，我們要求傳入 simulated_position，也就是 Backtrader 輸出的 position.xlsx，模擬的持倉。在一開始我們先獲得起訖日，之後通知跟取用資料會使用。這裡起日我抓今天的前兩天、迄日我抓今天 + 1 天，原因是因為我常常在六日撰寫此書，所以我需要多一點的 range 才會有資料，這個不影響我們後續進行，因為我們 always 會拿最新的一筆收盤價。如果模擬庫存是空的，那我們就什麼都不用做，直接結束即可。

🖥️：PythonQuantTrading/Chapter5/5-1/stock_agent.py

```python
# 比對模擬倉位與真實倉位
def sync_positions(self, simulated_position):
    start_date = (datetime.datetime.now() - datetime.timedelta(days=2)).strftime('%Y-%m-%d')
    end_date = (datetime.datetime.now() + datetime.timedelta(days=1)).strftime('%Y-%m-%d')
    if len(simulated_position) == 0:
        return
```

5.1 透過 Backtrader 獲取交易訊號及串接下單 API – 以股票為例

如果模擬庫存不是空的，那我們取得之前 Backtrader 輸出的股票欄位，並確保他是字串格式，以避免一邊股票代號是 int，一邊是 str，造成運算困難，並且將它整理成 dict() 字典格式方便之後使用。會變成這樣的格式 { 股票代號 : 持倉數 , 股票代號 : 持倉數 }。

💻 : PythonQuantTrading/Chapter5/5-1/stock_agent.py

```
simulated_position['股票'] = simulated_position['股票'].astype(str)
# 轉換成 dictionary 方便比對
simulated_dict = simulated_position.set_index('股票')['持倉'].to_dict()
```

模擬庫存我們處理完。接下來來處理股票帳戶的真實庫存。我們剛剛有說透過繼承的方式我們就可以取得 StockAPIWrapper 裡面的物件，所以我們呼叫他的 get_position() 來獲得真實倉位。然後我們判斷真實倉位裡面是不是有股票，如果有，我們一樣把股票代號先換成字串，然後我們做了一個額外的小處理，因為永豐的 quantity 持股，無論如何他都會是正數，即便是放空的部位，所以要佐以 direction 來判斷，如果 direction 是放空，也就是 Action.Sell，我們要把 quantity 變成負的，不然會誤會這個股票庫存的持倉方向是正的。然後我們將它整理成跟模擬庫存一樣的字典格式。如果真實持倉是空的，就賦予他空字典即可。

💻 : PythonQuantTrading/Chapter5/5-1/stock_agent.py

```
real_positions = self.get_positions()
if len(real_positions) > 0:
    real_positions['code'] = real_positions['code'].astype(str)
    # 如果 direction 是 Action.Sell，將 quantity 轉為負值
    real_positions['quantity'] = real_positions.apply(
        lambda row: row['quantity'] * -1
        if row['direction'] == sj.constant.Action.Sell else row['quantity'],
        axis=1
    )
    real_dict = real_positions.set_index('code')['quantity'].to_dict()
else:
    real_dict = {}
```

第 5 章 該如何進行交易？

接著,我們先各自取出模擬的字典以及真實持倉的字典的 key,也就是股票代號,先各自取 set 避免有重複股票連續下單兩次,然後我們對他取 union 聯集,也就是我要一個股票清單,裡面包含模擬及真實持倉所有有提到的股票,其中一邊有提到就可以。

🖥：PythonQuantTrading/Chapter5/5-1/stock_agent.py

```python
all_codes = set(simulated_dict.keys()).union(set(real_dict.keys()))
```

藉著我們 loop 這個股票清單,如果這個股票在排除的 list 中,我們就跳過。接著我們要取出模擬跟真實持倉的部位大小,有一點很重要,我們要對部位大小除以 1000 把他的單位變成張,不然可能會下四千張這樣的大小,不過現在一般證券商都會限制額度,這麼大的額度理論上不會讓你下成功。處理完部位之後,我們使用 get_contract 傳入股票代號,等一下下單會使用;接著就是 call order_price 也就是離線在最近的一分 K 的數據,並且取最後一筆收盤價,當作我們的下單價格,然後 print 出我們正在處理的股票以及他的模擬及真實部位大小,還有準備掛單的價格等等資訊。

🖥：PythonQuantTrading/Chapter5/5-1/stock_agent.py

```python
for code in all_codes:
    code = str(code)
    if code in self.exclude_list:
        continue   # 排除清單中的股票
    simulated_size = int(simulated_dict.get(code, 0)/1000)
    real_size = int(real_dict.get(code, 0)/1000)
    contract = self.get_contract(code)
    order_price = self.get_kbars(stock_id=code,
                                 start_date=start_date,
                                 end_date=end_date)['Close'].tolist()[-1]
    print(f"""Processing stock {code}:
    Simulated size = {simulated_size},
    Real size = {real_size},
    Order price = {order_price}""")
```

order_price 我這裡是取一分 K 的數據的最後一筆,讀者要使用 ticks 資料的最後一筆也沒問題,可以自行調整。

5.1 透過 Backtrader 獲取交易訊號及串接下單 API – 以股票為例

接著我們要根據我們不同的情境去下單了,還記得剛剛列的情境嗎?我們先處理 1 的部分,當模擬庫存 >0 時。

1. 模擬庫存 > 0

- **真實庫存 > 0**

    ＊模擬庫存 > 真實庫存,買進補足

    ＊模擬庫存 < 真實庫存,賣出補齊

- 真實庫存 < 0

    ＊融券回補,買進多單補足

- 真實庫存 = 0

    ＊買進多單補足

當模擬庫存 >0 時,且真實庫存 >0 時,我們要去判斷誰大,如果模擬庫存大,則我們使用市價單去買進更多部位,例如模擬要求 2330 要有 5 張,我們只有 3 張在真實庫存,這時我們就要買進 2 張;如果真實庫存大,模擬要求 2330,1 張,我們有 3 張,則是要賣出 2 張。

📄 : PythonQuantTrading/Chapter5/5-1/stock_agent.py

```python
if simulated_size > 0:  # 模擬庫存 > 0
    if real_size > 0:  # 真實庫存 > 0
        if simulated_size > real_size:  # 模擬庫存 > 真實庫存,買進補足
            print(f"""Condition: Simulated > Real (Buy).
                Action: Market Buy {simulated_size - real_size} units.""")
            self.market_buy(contract, order_price, simulated_size - real_size)

        elif simulated_size < real_size:  # 模擬庫存 < 真實庫存,賣出補齊
            print(f"""Condition: Simulated < Real (Sell).
                Action: Market Sell {real_size - simulated_size} units.""")
            self.market_sell(contract, order_price, real_size - simulated_size)
```

第 5 章　該如何進行交易？

　　另外盡可能使用市價單是希望減輕大家盯盤看是否有成交的壓力，但如果讀者評估自己平日是很有餘裕可以檢查的，可以把它換成限價單的買入函數，雖說我們的策略有先篩選市值，應該不會買到成交量真的超級低的股票，但是用市價單買還是有機會買到成本很高的股票，所以讀者可以考慮用 LMT 單，只是說用 LMT 單可能要想一下 order_price 要不要調高一點，取決讀者的想法。可以問問自己，如果你覺得你想買的股票已經漲 5% 了，是否還要按照策略的建議去買？(漲 5% 成本較高，但並不一定意味著你買到一定會賠錢，相反的還有可能因為這 5% 因小失大沒有賺到後面更高的漲幅，當然也還是有可能會因為 5% 而賠錢)。如果答案是肯定的，那讀者可以用市價單，或者是 +5% 的 order_price 去掛 LMT 單，會更容易成交；如果答案是否定的，讀者應該要用 LMT 單，並且 order_price 不要加太多，可能最多 +1% 的價格去掛單。

　　回歸正題，一樣是我們的情境 1 的第二個。

1. 模擬庫存 > 0
   - 真實庫存 > 0
     * 模擬庫存 > 真實庫存，買進補足
     * 模擬庫存 < 真實庫存，賣出補齊
   - **真實庫存 < 0**
     * 融券回補，買進多單補足
   - 真實庫存 = 0
     * 買進多單補足

　　如果模擬庫存 >0，但是真實庫存 <0 的話，此時我們應該要先融券回補我們的空頭部位，然後買進這只股票，讓他的倉位變成正的。

　　我們按照我們的情境來處理。short_cover 是 LMT 單，所以這個 order_price 讀者可以調整是否要加成本以利快速成交 ;market_buy 與剛剛說明的一樣，讀者可以決定是否要換成 LMT 掛單去買，我們後面就不再贅述類似的改動了。

5.1 透過 Backtrader 獲取交易訊號及串接下單 API– 以股票為例

📁：PythonQuantTrading/Chapter5/5-1/stock_agent.py

```python
elif real_size < 0:  # 真實庫存 < 0
    print(f"""Condition: Simulated > 0, Real < 0.
        Action: Short Cover {abs(real_size)} units,
        Market Buy {simulated_size} units.""")
    self.short_cover(contract, order_price, abs(real_size))
    self.market_buy(contract, order_price, simulated_size)
```

接著是情境 1 的第三個。

1. 模擬庫存 > 0

    - 真實庫存 > 0

        ＊模擬庫存 > 真實庫存，買進補足

        ＊模擬庫存 < 真實庫存，賣出補齊

    - 真實庫存 < 0

        ＊融券回補，買進多單補足

    - **真實庫存 = 0**

        ＊**買進多單補足**

如果模擬庫存 >0 但我們沒有這只股票的庫存，此情境單純，就只是單純下單買進，讓部位一致。至此我們處理完情境 1 了。

📁：PythonQuantTrading/Chapter5/5-1/stock_agent.py

```python
elif real_size == 0:  # 真實庫存 = 0
    print(f"""Condition: Simulated > 0, Real = 0.
        Action: Market Buy {simulated_size} units.""")
    self.market_buy(contract, order_price, simulated_size)
```

接著是情境 2，如果我們的策略要求我們放空的話，我們要做相應的處理。

2. 模擬庫存 < 0

- **真實庫存 > 0**

    ＊**全數賣出後，融券放空**

- 真實庫存 < 0

    ＊模擬庫存 > 真實庫存，融券回補

    ＊模擬庫存 < 真實庫存，融券放空補足

- 真實庫存 = 0

    ＊融券放空

如果模擬庫存是做空的，但我們擁有多頭部位，則此時我們要先出清多頭部位，然後在根據模擬庫存的股數進行融券放空。

💻：PythonQuantTrading/Chapter5/5-1/stock_agent.py

```
elif simulated_size < 0:   # 模擬庫存 < 0
    if real_size > 0:   # 真實庫存 > 0
        print(f"""Condition: Simulated < 0, Real > 0.
              Action: Market Sell {real_size} units,
              Short Sell {abs(simulated_size)} units.""")
        self.market_sell(contract, order_price, real_size)
        self.short_sell(contract, order_price, abs(simulated_size))
```

2. 模擬庫存 < 0

- 真實庫存 > 0

    ＊全數賣出後，融券放空

- **真實庫存 < 0**

    ＊模擬庫存 > 真實庫存，融券回補

    ＊模擬庫存 < 真實庫存，融券放空補足

5.1 透過 Backtrader 獲取交易訊號及串接下單 API – 以股票為例

- 真實庫存 = 0

    ＊融券放空

接著如果是模擬庫存跟真實庫存都是做空的，這時候我們需要加碼判斷我們的真實庫存是比模擬大還是小，如果模擬庫存 > 真實庫存，代表我的策略模擬要求放空 4 張，但我真實帳戶放空了 6 張，此時我們需要融券回補兩張，讓庫存變成放空 4 張；反之如果我們的模擬庫存比真實庫存還小，代表我們的空頭部位不夠，我們需要再多補充，所以需要加碼一點融券放空。

💻：PythonQuantTrading/Chapter5/5-1/stock_agent.py

```
elif real_size < 0:  # 真實庫存 < 0
    if simulated_size > real_size:  # 模擬庫存 > 真實庫存,融券回補
        print(f"""Condition: Simulated > Real (Short Cover).
            Action: Short Cover {abs(real_size - simulated_size)} units.""")
        self.short_cover(contract, order_price, abs(real_size - simulated_size))

    elif simulated_size < real_size:  # 模擬庫存 < 真實庫存,融券放空補足
        print(f"""Condition: Simulated < Real (Short Sell).
            Action: Short Sell {abs(real_size - simulated_size)} units.""")
        self.short_sell(contract, order_price, abs(real_size - simulated_size))
```

2. 模擬庫存 < 0

    - 真實庫存 > 0

        ＊全數賣出後，融券放空

    - 真實庫存 < 0

        ＊模擬庫存 > 真實庫存，融券回補

        ＊模擬庫存 < 真實庫存，融券放空補足

    - **真實庫存 = 0**

        ＊**融券放空**

如果我們的真實庫存是 0，那就非常簡單了，我們只要融券放空到一樣的部位大小即可。

第 5 章 該如何進行交易？

📖：PythonQuantTrading/Chapter5/5-1/stock_agent.py

```python
elif real_size == 0:  # 真實庫存 = 0
    print(f"""Condition: Simulated < 0, Real = 0.
        Action: Short Sell {abs(simulated_size)} units.""")
    self.short_sell(contract, order_price, abs(simulated_size))
```

再來我們特別處理一種情況，就是模擬庫存是 0，但是真實庫存不是 0，也就是說這只股票可能是讀者自行購買的，但策略本次也沒有碰過這些股票，所以我這裡選擇的處置方式是就把它跳過去不處理，這也是其中一個保險，如果模擬庫存是 0，我們卻有持倉，不需要特別處置，避免清除掉其他策略或者是讀者自己下的股票。

3. 模擬庫存 = 0

- 模擬庫存 = 0 但是真實庫存 != 0 的股票我們放著不處置

所以我們可以單純寫如果有這種情況，就把結果 print 出來就好了。

📖：PythonQuantTrading/Chapter5/5-1/stock_agent.py

```python
elif simulated_size == 0:  # 模擬庫存 = 0
    if real_size != 0:
        print(f"""Condition: Simulated = 0, Real != 0.
            Action: Skipping stock {code}.""")

print('==============================')
print("同步完成！")
```

好，我們上面已經完成了同步庫存的函數。現在我們繼續來封裝一個根據我們的 order.xlsx 來做一個根據策略即將買進賣出的持倉來做下單。做到這一步的時候是假設我們的庫存已經與策略上一致了，若不是可能會造成倉位混亂。

5.1 透過 Backtrader 獲取交易訊號及串接下單 API – 以股票為例

◆ 股票策略 – 依照策略動作進行下單

我們一樣要考量一些情境，我們之前從模擬庫存的角度出發，現在我們從真實庫存的角度來考量，當真實庫存是什麼狀態，遇到什麼樣的下單指令應該做什麼事情：

1. 真實庫存 = 0
   - 策略買進
     * 市價買入
   - 策略賣出
     * 融券放空

2. 真實庫存 >0
   - 策略買進
     * 市價買入
- 策略賣出
     * 策略股數 <= 真實持倉股數，市價賣出策略股數
     * 策略股數 > 真實持倉股數，市價賣出清空庫存 + 融券放空策略賣出股數 - 真實股數

3. 真實庫存 < 0
   - 策略買進
     * 策略股數 <= 真實持倉股數，融券回補
     * 策略股數 > 真實持倉股數，融券回補空頭部位 + 市價買進策略股數 - 真實庫存股數
   - 策略賣出
     * 融券放空

5-55

第 5 章 該如何進行交易？

首先跟 sync_positions() 的函數一樣，我們在 StockTradeManager 中新做一個 execute_orders() 的下單函數。一開始做的事情與 sync_positions() 一樣我們先判斷 order_df 的大小，如果是 0 代表沒有什麼需要執行的，直接返回，接著獲取真實庫存的倉位，並且將它存成字典備用，一樣我們要判斷當前的庫存是多方還是空方，要將 quantity 做處理，最終生成出 position_dict 的字典。

💻：PythonQuantTrading/Chapter5/5-1/stock_agent.py

```python
def execute_orders(self, order_df):
    if len(order_df)==0:
        return
    real_positions = self.get_positions()

    if len(real_positions) > 0:
        real_positions['code'] = real_positions['code'].astype(str)
        real_positions['quantity'] = real_positions.apply(
            lambda row: row['quantity'] * -1
            if row['direction'] == sj.constant.Action.Sell else row['quantity'],
            axis=1
        )
        position_dict = real_positions.set_index('code')['quantity'].to_dict()
    else:
        position_dict = {}
```

接著我們 loop 我們策略產生出來的下單指令 order_df，前面我們先取得每一個 loop 的股票、買進賣出動作、策略下單股數、契約以及當前這只股票的真實持倉，最後一樣取得起訖日以及這只股票最近的一分 K 價格。

💻：PythonQuantTrading/Chapter5/5-1/stock_agent.py

```python
for _, order in order_df.iterrows():
    stock_id = str(order['股票'])
    action = order['訂單']
    quantity = int(order['數量'] / 1000)
    contract = self.get_contract(stock_id)
    current_position = position_dict.get(stock_id, 0)

    start_date = (datetime.datetime.now() - datetime.timedelta(days=2)).strftime('%Y-%m-%d')
    end_date = (datetime.datetime.now() + datetime.timedelta(days=1)).strftime('%Y-%m-%d')
    latest_price = self.get_kbars(stock_id, start_date, end_date)['Close'].iloc[-1]
```

5.1 透過 Backtrader 獲取交易訊號及串接下單 API– 以股票為例

好,那我們來處理核心的下單邏輯。

1. 真實庫存 = 0
   - 策略買進

     ＊市價買入
   - 策略賣出

     ＊融券放空

首先是比較單純的情境,就是我們目前沒有這只股票的庫存。那就簡單了,就是策略要下什麼單,我們就買什麼。所以策略如果動作是買進,我們就市價買入 (或讀者想改限價買入);如果策略動作是賣出,我們就融券放空 (融券放空一樣因為是限價單,讀者如果想要加入成交,可以調整一下 last_price)。

💻 : PythonQuantTrading/Chapter5/5-1/stock_agent.py

```python
if current_position == 0:
    if action == "買進":
        print(f"""Condition: No position, action is Buy.
                Action: Market Buy {quantity} units at price {latest_price}.""")
        self.market_buy(contract, latest_price, quantity)

    elif action == "賣出":
        print(f"""Condition: No position, action is Sell.
                Action: Short Sell {quantity} units at price {latest_price}.""")
        self.short_sell(contract, latest_price, quantity)
```

接著我們處理真實庫存 > 0 的情況。

2. 真實庫存 >0
   - 策略買進

     ＊市價買入
   - 策略賣出

     ＊策略股數 <= 真實持倉股數,市價賣出策略股數

     ＊策略股數 > 真實持倉股數,市價賣出清空庫存 + 融券放空策略賣出股數 - 真實股數

5-57

第 5 章　該如何進行交易？

如果我們真實庫存是多方，策略要求買進，這時候兩邊方向一致，都是做多，所以我們很單純的直接市價買進或是限價買進即可。

💻：PythonQuantTrading/Chapter5/5-1/stock_agent.py

```python
elif current_position > 0:
    if action == "買進":
        print(f"""Condition: Positive position, action is Buy.
              Action: Market Buy {quantity} units at price {latest_price}.""")
        self.market_buy(contract, latest_price, quantity)
```

2. 真實庫存 >0

   - 策略買進

     ＊市價買入

   - **策略賣出**

     ＊策略股數 <= 真實持倉股數，市價賣出策略股數

     ＊策略股數 > 真實持倉股數，市價賣出清空庫存 + 融券放空策略賣出股數 - 真實股數

但如果真實庫存 > 0，策略是要放空的話，就需要特別判斷了。如果我們的策略要賣出的股數，比真實持倉還要少，那比較單純就是我們按照策略的期待賣出真實持倉的部位；不過如果策略要求賣出放空的部位比我們的真實庫存大，那這時候我們要先市價賣出，先清空我們的多頭持倉，然後再融券放空剩下的部位，到我們策略要求的放空股數數量。

💻：PythonQuantTrading/Chapter5/5-1/stock_agent.py

```python
elif action == "賣出":
    if quantity <= current_position:
        print(f"""Condition: Positive position, Sell quantity <= position.
              Action: Market Sell {quantity} units at price {latest_price}.""")
        self.market_sell(contract, latest_price, quantity)
    else:
        short_quantity = quantity - current_position
        print(f"""Condition: Positive position, Sell quantity > position.
              Action: Market Sell {current_position} units at price {latest_price}.
              Action: Short Sell {short_quantity} units at price {latest_price}.""")
        self.market_sell(contract, latest_price, current_position)
        self.short_sell(contract, latest_price, short_quantity)
```

5.1 透過 Backtrader 獲取交易訊號及串接下單 API– 以股票為例

好,那接下來剩下最後一個,我們的真實庫存是空方的。

3. 真實庫存 < 0

    - 策略買進

        ∗ 策略股數 <= 真實持倉股數,融券回補

        ∗ 策略股數 > 真實持倉股數,融券回補空頭部位 + 市價買進策略股數 - 真實庫存股數

    - 策略賣出

        ∗ 融券放空

如果我們真實庫存是空方,但是策略要求要買進,這時候方向不一樣,我們就需要特別判斷。如果策略要買進的股數 <= 我們真實的持倉,則需要將我們的真實持倉的空頭部位減持,所以融券回補即可;如果策略要求買進的股數 > 我們真實的股數,這時候我們則要先融券回補我們的空方部位,然後在市價買進我們策略要求買入剩下的股數。

💻:PythonQuantTrading/Chapter5/5-1/stock_agent.py

```
elif current_position < 0:
    if action == "買進":
        if quantity <= abs(current_position):
            print(f"""Condition: Negative position, Buy quantity <= position.
                Action: Short Cover {quantity} units at price {latest_price}.""")
            self.short_cover(contract, latest_price, quantity)

        else:
            buy_quantity = quantity - abs(current_position)
            print(f"""Condition: Negative position, Buy quantity > position.
                Action: Short Cover {abs(current_position)} units at price {latest_price}.
                Action: Market Buy {buy_quantity} units at price {latest_price}.""")
            self.short_cover(contract, latest_price, abs(current_position))
            self.market_buy(contract, latest_price, buy_quantity)
```

3. 真實庫存 < 0

    - 策略買進

        ∗ 策略股數 <= 真實持倉股數,融券回補

        ∗ 策略股數 > 真實持倉股數,融券回補空頭部位 + 市價買進策略股數 - 真實庫存股數

5-59

第 5 章 該如何進行交易？

- 策略賣出

   ＊融券放空

　　快完成了！如果策略要求賣出，但是真實股數＜０，代表兩邊是同一方向，此時只要單純的融券放空即可。

🖥 ：PythonQuantTrading/Chapter5/5-1/stock_agent.py

```
        elif action == "賣出":
            print(f"""Condition: Negative position, action is Sell.
                    Action: Short Sell {quantity} units at price {latest_price}.""")
            self.short_sell(contract, latest_price, quantity)

    print("All orders processed!")
```

　　接著我們回到之前測試的檔案來試用一下。我們前面已經登入過取得 api 了，所以現在只要 from stock_agent import 我們的這個 StockTradeManager 即可。首先我們先用用看 sync_positions()，我們讀取 position.xlsx，然後傳進去。

🖥 ：PythonQuantTrading/Chapter5/5-1/5_1_shioaji_execute_stock_trade.py

```
執行儲存格 | 執行更高版本 | 偵錯儲存格
#%%
from stock_agent import StockAPIWrapper,StockTradeManager
simulated_position = pd.read_excel('position.xlsx')
stock_manager = StockTradeManager(api)
stock_manager.sync_positions(simulated_position=simulated_position)
```

　　我們看一下執行結果，每一個應執行的股票，我們都有 print 出要處理的股票、模擬持倉、真實庫存、下單價格，並且把條件跟動作也 print 出來。不過因為現在是使用永豐 api 模擬的環境，所以會有一些錯誤訊息。

```
Processing stock 1301:
                Simulated size = -1,
                Real size = 0,
                Order price = 41.35
Condition: Simulated < 0, Real = 0.
                Action: Short Sell 1 units.
OrderState.StockOrder {'operation': {'op_type': 'New', 'op_code': '88', 'op_msg': '集保賣出餘股數不足，餘股數 0 股'}, 'order': {'id
=============================
Processing stock 2101:
```

5.1 透過 Backtrader 獲取交易訊號及串接下單 API- 以股票為例

```
                Simulated size = 1,
                Real size = 0,
                Order price = 49.1
Condition: Simulated > 0, Real = 0.
                Action: Market Buy 1 units.
OrderState.StockOrder {'operation': {'op_type': 'New', 'op_code': '00', 'op_msg': ''}, 'order': {'id': '000A24', 'seqno': '000A
==============================
Processing stock 1304:
                Simulated size = -5,
                Real size = 0,
                Order price = 12.8
Condition: Simulated < 0, Real = 0.
                Action: Short Sell 5 units.
OrderState.StockOrder {'operation': {'op_type': 'New', 'op_code': '88', 'op_msg': '集保賣出餘股數不足,餘股數 0 股'}, 'order': {'id
==============================
Processing stock 2009:
                Simulated size = 1,
                Real size = 0,
                Order price = 39.55
Condition: Simulated > 0, Real = 0.
```

▲（圖 - 執行結果，sync_positions）

order 下單清單也一樣，我們 read 下單的 excel，然後 call 我們的 execute_orders()，把下單清單傳入。

💻：PythonQuantTrading/Chapter5/5-1/5_1_shioaji_execute_stock_trade.py

```
執行儲存格 | 執行更高版本 | 偵錯儲存格
#%%
order_df = pd.read_excel('order.xlsx')
stock_manager.execute_orders(order_df=order_df)
```

我們的函數也有逐條 print 出動作還有條件，例如我們可以看到第一行，因為沒有庫存，動作是 Buy，所以我們買入了 1 張。

```
✓ order_df = pd.read_excel('order.xlsx') ...
Condition: No position, action is Buy.
                Action: Market Buy 1 units at price 49.1.
OrderState.StockOrder {'operation': {'op_type': 'New', 'op_code': '00', 'op_msg': ''}, 'order': {'id': '000007
Condition: No position, action is Sell.
                Action: Short Sell 1 units at price 41.35.
OrderState.StockOrder {'operation': {'op_type': 'New', 'op_code': '88', 'op_msg': '集保賣出餘股數不足,餘股數 0 股'}
Condition: No position, action is Sell.
                Action: Short Sell 5 units at price 12.8.
OrderState.StockOrder {'operation': {'op_type': 'New', 'op_code': '88', 'op_msg': '集保賣出餘股數不足,餘股數 0 股'}
Condition: No position, action is Buy.
                Action: Market Buy 2 units at price 20.95.
OrderState.StockOrder {'operation': {'op_type': 'New', 'op_code': '00', 'op_msg': ''}, 'order': {'id': '00000A'
Condition: No position, action is Buy.
                Action: Market Buy 1 units at price 47.35.
OrderState.StockOrder {'operation': {'op_type': 'New', 'op_code': '00', 'op_msg': ''}, 'order': {'id': '00000B'
Condition: No position, action is Sell.
```

5-61

第 5 章 該如何進行交易？

```
                    Action: Short Sell 4 units at price 17.95.
OrderState.StockOrder {'operation': {'op_type': 'New', 'op_code': '88', 'op_msg': '集保賣出餘股數不足,餘股數 0 股'}
All orders processed!
```

▲（圖 - 執行結果，execute_orders 函數執行訂單）

我知道讀到這裡讀者可能會覺得稍嫌複雜，不過別擔心，我們先了解到這裡，我們這 5-1 跟 5-2 先來準備零件，等到 5-4 我們會說明如何自建跨平台的排程器，然後會再來做整合。

至此，我們已經完成了本章節的目標。我們達成了以下的目標：

1. 將 Backtrader 回測的最新結果存成 position.xlsx 策略持倉、以及 order.xlsx 策略預計執行動作

2. 我們將永豐 API 的下單及報價函數封裝成可共用功能

3. 我們將第一步驟的 position 傳入第二步驟的函數裡，可以達到同步策略模擬庫存及真實庫存的目的

4. 我們將第一步驟的 order 傳入第二步驟的函數裡，達到了根據策略最新的動作同步進行下單的動作。

現在，我們已經可以透過手動執行來每天進行下單了，這個章節主要 focus 在股票，下個章節我們會來探討台指期如何進行。然後在 5-4 的時候，我們會介紹排程，並把 5-1 及 5-2 的策略及下單真的變成一個可用的排程，每天去幫我們下單，真實的做到自動交易。

5.2 透過 Backtrader 獲取交易訊號及串接下單 API – 以期貨為例

上一個章節 5-1 中，我們探討了股票如何去進行交易，我們用一樣的模式來看看期貨是如何去交易的，再搭配 5-4 的排程器，我們最終可以平行的一起交易各種股票及期貨策略。前面有了股票交易的相關經驗，這一次在期貨上面我想應該會比較快一些。

5.2 透過 Backtrader 獲取交易訊號及串接下單 API– 以期貨為例

我們是以不爭分奪秒的較長期交易為主軸，所以採用使用 Backtrader 來輸出清單，然後去下單的模式。當然如果是一些低延遲的交易，例如說價差套利、配對交易等需要搶快，對價格敏感的交易策略，那寫法又會不一樣了，這部分我們本書就不探討，也提醒一下我們這樣的交易模式，並不利於對價格非常敏感、需要搶快的交易策略。

當然有些同學可能會想，如果能搶快難道不是一定更好？坦白說未必，並不是所有策略都是延遲越低越好，有些較長期的策略會對較短期的價格數據不敏感，例如我們常見的投信，投信的決策流程通常很長，所以他們並不是需要搶快去搶價格做交易，但是因為投信的持倉通常都長，換倉的比例通常也不大 (當然還是要看基金跟交易團隊的特性)，所以在 9:00 交易，跟 9:01 交易，對他們來說並不是很重要的事情，與其投入去解決這個問題，放在產業、經濟等等研究上會更加合適。而且像我們這樣的交易者，有時候慢一點交易反而會受惠，會有更理想的價格。

好，那我們現在來進入正題，我們這個章節的順序可能與 5-1 會有些許不同，我們的範例順序是：

1. 介紹永豐 API 如何使用在期貨數據及交易上

2. 測試第三章節的兩個策略，決定要實作的期貨策略

3. 將期貨策略輸出最新的台指期操作

4. 實作期貨下單機，將動作付諸交易

有些同學可能會好奇，為何第二步驟還要再測試一次？原因是因為資料可能會有版權或爭議問題，所以我們提供 2019-2020 部分數據來給同學做練習使用，但是我們透過第一步驟的永豐 API 可以獲得較新的數據，我們會用 2023-2024 的數據，剛好我們之前試用 2019-2020 來選擇參數，我們可以在 2023-2024 來驗證這個參數是不是在近期仍然有不錯的效果。

第 5 章 該如何進行交易？

◆ **期貨策略 – 永豐 API 資料及下單介紹**

首先我們一樣先去永豐金證券的官網，為我們的期貨交易 code 申請一個期貨專用的 API Token。為管理及使用方便，建議大家開通 Token 的時候帳戶期貨跟證券的要分開如下。如果網絡或是系統服務是固定的環境，可以綁一個 IP，會更加安全。

▲（圖 - 永豐金證券，開通 api token）

開通完之後，我們來使用一下 shioaji 跟期貨有關的功能。首先登入這裡是一樣的，我們就不再贅述。

💻：PythonQuantTrading/Chapter5/5-2/5_2_shioaji_futures.py

```python
#%%
import pandas as pd
import shioaji as sj
import os

api = sj.Shioaji(simulation=False)

api.login(
    api_key="api_key",
    secret_key="api_key",
```

5.2 透過 Backtrader 獲取交易訊號及串接下單 API– 以期貨為例

```python
)
current_dir = os.path.dirname(os.path.abspath(__file__))
pfx_path = os.path.join(current_dir, "Sinopac.pfx")
api.activate_ca(
    ca_path=pfx_path,
    ca_passwd="PERSON_ID",
    person_id="PERSON_ID",
)
```

接著我們可以查看期貨的庫存，list_positions 中我們傳入的是 api.futout_acoount 代表著期貨的帳戶，跟先前有些許不一樣。

💻：PythonQuantTrading/Chapter5/5-2/5_2_shioaji_futures.py

```python
執行儲存格 | 執行更高版本 | 偵錯儲存格
#%%
#獲取持倉
positions = api.list_positions(api.futopt_account)
position_df = pd.DataFrame(p.__dict__ for p in positions)
print(position_df)
```

因為示範的關係，我剛好有測試的程式在交易，所以我把模擬換成是真實的，我們可以看到期貨的貨商品是 code 代表哪一期的期貨契約，MXF 代表小台指期，MXFL4 代表是小台指期 12 月的契約，其他的部分與股票一樣，quantity 是正的，做多做空由 direction 來判斷。另外 pnl 是保證金計算模式，不是一般的股票計算的模式。

```
✓  #獲取持倉 …

   id  code   direction   quantity    price  last_price    pnl
0   0  MXFL4  Action.Sell         1  23105.0     22992.0  5650.0
```

▲（圖 - 執行結果，期貨的 positions 結果）

期貨的契約概念非常重要，與股票有些許不同。我們可以透過下面的語法得知永豐有什麼期貨契約可以交易。

💻：PythonQuantTrading/Chapter5/5-2/5_2_shioaji_futures.py

```
執行儲存格 | 執行更高版本 | 偵錯儲存格
#%%
# 所有契約
print(api.Contracts.Futures)
```

像是 MXF、TXF 分別就是小台指期及大台指期，另外 BRF、BTF 則應是布蘭特原油期貨及台灣生技期貨等等，其他的代碼同學如果有興趣，可以去搜代碼 + 期貨就可以知道這個契約是什麼商品的期貨。

```
✓ # 所有契約 …
(BRF, BTF, CAF, CBF, CCF, CDF, CE1, CEF,
```

▲（圖 - 執行結果，永豐 API 有的所有期貨契約）

同學可能先前也知道，期貨商品會有分月份的。例如說台指期的合約會有近月遠月，如我們前面介紹會有多個契約，當我們要查詢某一個期貨底下所有近月遠月的契約時，可以在剛剛的 api.Contracts.Futures 後面再加一個 .XXX(期貨契約)，就可以看到他底下的所有期貨契約。

💻：PythonQuantTrading/Chapter5/5-2/5_2_shioaji_futures.py

```
執行儲存格 | 執行更高版本 | 偵錯儲存格
#%%
print(api.Contracts.Futures.TXF)
```

5.2 透過 Backtrader 獲取交易訊號及串接下單 API – 以期貨為例

執行結果如下，我們可以看到台指期的各種不同月份的期貨契約，大家就可以自行索引取得想要獲得的期貨契約。這裡因為篇幅所以是部分截圖，讀者自行操作的時候可能會看到更多選擇。

```
✓ print(api.Contracts.Futures.TXF) …
TXF(TXF202509, TXF202506, TXF202502, TXF202412, TXF202501,
```

▲（圖 - 執行結果，台指期期貨契約部分截圖，旁邊還有 R1、R2）

上述情況是如果讀者有想要操作遠期期貨時，才比較需要用到上述功能。一般來說，大多數的期貨交易者都是著重在近月，最靠近現在、成交量最大的合約；有些會參考次月，下一個月的期貨合約，來觀察遠近期貨的價差，了解其他人對未來市場的看法。無論如何，永豐其實提供了兩個好用的代號：TXFR1(近月) 跟 TXFR2(次月)，讓大家不用自己一直去更換期貨合約的代號。

> **連續期貨合約**
>
> 期貨合約一旦到期，合約即不再有效，亦即他將不會出現在您的 api.Contracts 裡。為了取得到期的期貨合約歷史資料，我們提供連續期貨合約。R1, R2 是近月及次月的連續期貨合約，他們會自動在結算日更換新的合約。您可以使用 R1, R2 合約來取得歷史資料，例如 api.Contracts.Futures.TXF.TXFR1。以下顯示如何使用 R1, R2 合約取得到期期貨的歷史 Ticks 及 Kbars。

▲（圖 - 永豐 shioaji 官方教學文件截圖）

我們來試試看，直接使用 TXFR1 就好。

💻：PythonQuantTrading/Chapter5/5-2/5_2_shioaji_futures.py

```
#%%
# 台指近全
contract_txf = api.Contracts.Futures.TXF.TXFR1
print(contract_txf)
```

5-67

第 5 章　該如何進行交易？

　　輸出結果我分三張圖來截。首先第一張可以看到這個商品是台指期近月；透過第二張圖的 delivery_date 我們可以得到這個契約的到期時間，就是每個月的第三個星期三，當然這也可以自己算；還有這個契約對標的期貨商品代號，在期交所中，這些商品都是有自己的代號的，像我們近月，202412 月的台指期和月，就是 TXFL4。

```
✓ # 台指近全 …
code='TXFR1' symbol='TXFR1' name='臺股期貨近月' category='TXF'
```

```
✓ # 台指近全 …
ery_month='202412' delivery_date='2024/12/18' target_code='TXFL4'
```

▲（圖 - 執行結果，TXFR1 商品資訊）

　　題外話一下，雖然我們的情境暫時不會用到，但永豐有訂閱商品的功能，訂閱商品是他會只要一有數據就會傳送給我們，這種模式下，我們傳 TXFR1 這樣的商品代號是不行的，我們要傳的是剛剛有提到過 target_code TXFL4 才會 work 喔，如果有同學有一些價差或是套利的程式，就會需要訂閱模式，因為訂閱模式不像這種 kbars 是發請求他才給你數據，這樣太慢了，訂閱模式是 socket，你們連接上了之後，他會不斷發給你數據。

　　接著我們來看一下怎麼獲取數據。獲取數據就單純的許多，如同股票一樣就是 api.kbars()，然後我們傳入剛剛的 TXFR1 的期貨契約，指定起訖日即可。永豐的歷史資料我記得沒有提供太多，目前應該是 2-3 年而已。我們取 2023 1 月開始到 2024 年的台指期數據備用，等一下我們要來看一下我們第三章節的兩個台指期策略在 2023-2024 比較新的數據上面績效如何。我們先將這段時間的台指期數據轉成 dataframe。

5.2 透過 Backtrader 獲取交易訊號及串接下單 API – 以期貨為例

：PythonQuantTrading/Chapter5/5-2/5_2_shioaji_futures.py

```python
執行儲存格 | 執行更高版本 | 偵錯儲存格
#%%
#獲取行情資料
kbars = api.kbars(
    contract=contract_txf,
    start="2023-01-01",
    end="2024-12-10",
)
price_data = pd.DataFrame({**kbars})
price_data.ts = pd.to_datetime(price_data.ts)
print(price_data)
```

把他 print 出來之後可以看到他的格式，是一分 K 的數據，與股票數據長得差不多。

```
✓ #獲取行情資料 …
                        ts     Open     High      Low    Close  Volume  \
0      2023-01-03 08:46:00  14050.0  14063.0  14043.0  14048.0    2230
1      2023-01-03 08:47:00  14048.0  14051.0  14039.0  14050.0     905
2      2023-01-03 08:48:00  14050.0  14052.0  14046.0  14050.0     490
3      2023-01-03 08:49:00  14050.0  14051.0  14038.0  14039.0     427
4      2023-01-03 08:50:00  14038.0  14048.0  14033.0  14042.0     597
...                    ...      ...      ...      ...      ...     ...
527813 2024-12-10 17:34:00  22994.0  22995.0  22990.0  22993.0      20
527814 2024-12-10 17:35:00  22994.0  22997.0  22994.0  22996.0      13
527815 2024-12-10 17:36:00  22997.0  22997.0  22992.0  22993.0      17
527816 2024-12-10 17:37:00  22992.0  22992.0  22973.0  22976.0     169
527817 2024-12-10 17:38:00  22976.0  22984.0  22973.0  22984.0      58

            Amount
0       31337041.0
1       12709817.0
2        6883821.0
3        5996528.0
4        8381717.0
...            ...
527813    459846.0
527814    298942.0
527815    390895.0
527816   3883763.0
527817   1332580.0

[527818 rows x 7 columns]
```

▲（圖 - 執行結果，期貨 kbars 數據）

第 5 章　該如何進行交易？

因為我們後續希望拿這個數據來驗證那兩個期貨策略，所以在這裡我們將他 resample 成 30 分 K 並儲存成 CSV 備用，resample 的部分在前面章節有做詳細的說明，我們這裡就不再贅述囉。

💻：PythonQuantTrading/Chapter5/5-2/5_2_shioaji_futures.py

```python
#%%
# 歷史行情儲存成 30 分 K 以利回測
price_data = price_data.rename(columns={'ts':'Date'})
price_data = price_data.set_index('Date')
price_data = price_data.between_time('08:45', '13:45')

# 早上8:45 ~ 13:45的資料做resample，並使用offset
price_data = price_data.resample(
    '30min', closed='right', label='right', offset='15min').agg({
    'Open': 'first',
    'High': 'max',
    'Low': 'min',
    'Close': 'last',
    'Volume': 'sum'
}).dropna()
price_data.to_csv('TXF_30.csv')
```

他與股票數據一樣也有支援可以查特定日期的 ticks，逐筆成交數據。

💻：PythonQuantTrading/Chapter5/5-2/5_2_shioaji_futures.py

```python
#%%
#獲取行情資料
ticks = api.ticks(
    contract=contract_txf,
    date='2024-12-10'
    )
price_data = pd.DataFrame({**ticks})
price_data.ts = pd.to_datetime(price_data.ts)
print(price_data)
```

5.2 透過 Backtrader 獲取交易訊號及串接下單 API– 以期貨為例

如下圖結果，我們就會得到細節到毫秒的逐筆成交的數據，不過發展基於逐筆的量化並不是本書的目標，所以我們就先帶過。

```
#獲取行情資料 …
                          ts    close  volume  bid_price  bid_volume  \
0      2024-12-09 15:00:00.055  23235.0      44        0.0           0
1      2024-12-09 15:00:00.149  23240.0       1    23235.0           3
2      2024-12-09 15:00:00.149  23235.0       1    23235.0           3
3      2024-12-09 15:00:00.266  23235.0       1    23235.0           2
4      2024-12-09 15:00:00.366  23235.0       1    23235.0           1
...                        ...      ...     ...        ...         ...
66896  2024-12-10 13:44:59.858  23090.0       1    23086.0           5
66897  2024-12-10 13:44:59.888  23091.0       1    23090.0           6
66898  2024-12-10 13:44:59.888  23092.0       1    23090.0           6
66899  2024-12-10 13:44:59.948  23090.0       1    23090.0           6
66900  2024-12-10 13:44:59.948  23090.0       5    23090.0           6

       ask_price  ask_volume  tick_type
0            0.0           0          1
1        23240.0           1          1
2        23240.0           1          2
3        23241.0           1          2
4        23241.0           4          2
...          ...         ...        ...
66896    23090.0           1          1
66897    23091.0           1          1
66898    23091.0           1          1
66899    23091.0           1          2
66900    23091.0           1          2

[66901 rows x 8 columns]
```

▲（圖 - 執行結果，永豐獲取台指期的逐筆數據）

上面我們介紹完了取得價格及合約的部分，現在我們來討論下單的部分。期貨商品的買進跟賣出比較單純，一不會分整股零股，二不會有所謂的需要融券放空、寫法不同的情況。

首先是台指期的市價買進，其實與股票的也非常相似，action 是 Buy;price 如果是市價單則不太重要，但我們還是規規矩矩的傳入最新的收盤價;quantity 是口數;其他部分要換成期貨的 Type，這些也都是官方的範例，我們可以直接使用;account 要換成期貨的帳戶。

第 5 章 該如何進行交易？

:PythonQuantTrading/Chapter5/5-2/5_2_shioaji_futures.py

```
執行儲存格 | 執行更高版本 | 偵錯儲存格
#%%
# # 台指期市價單 Buy
order_txf = api.Order(
        action=sj.constant.Action.Buy,
        price=int(price_data['Close'].tolist()[-1]),
        quantity=1,
        price_type=sj.constant.FuturesPriceType.MKT,
        order_type=sj.constant.OrderType.IOC,
        octype=sj.constant.FuturesOCType.Auto,
        account=api.futopt_account
    )
trade_mxf = api.place_order(contract_txf, order_txf)
```

下單完之後一樣會有回傳，真實交易則也是單子送出之後會有一個 callback 通知；成交時也會有，這個我們在 5-4 Line API 進行交易推播的時候會談到如何介接。

```
✓ # # 台指期市價單 Buy …
: ''}, 'order': {'id': '0000BE', 'seqno': '0000BE', 'ordno': '000086',
, 'exchange_seq': '000001', 'broker_id': 'F002000', 'account_id': '1583
```

▲（圖 - 執行結果，期貨市價買單結果）

接著是市價賣單，只要把 Buy 改為 Sell 即可。

:PythonQuantTrading/Chapter5/5-2/5_2_shioaji_futures.py

```
執行儲存格 | 執行更高版本 | 偵錯儲存格
#%%
# 台指期市價單 Sell
order_txf = api.Order(
        action=sj.constant.Action.Sell,
        price=int(price_data['Close'].tolist()[-1]),
```

5.2 透過 Backtrader 獲取交易訊號及串接下單 API– 以期貨為例

```
        quantity=1,
        price_type=sj.constant.FuturesPriceType.MKT,
        order_type=sj.constant.OrderType.IOC,
        octype=sj.constant.FuturesOCType.Auto,
        account=api.futopt_account
    )
trade_mxf = api.place_order(contract_txf, order_txf)
```

輸出與市價買單一樣，只是說讀者要注意自己是否有 position，無倉位時下市價 Sell 就是放空的意思；有倉位的話要看是比 Sell 多還是少，如果有更多多方倉位，則是會被 Sell 掉幾口，如果多方倉位比較少，則會被賣到歸 0 剩餘的變成空單。

```
✓  # 台指期市價單 Sell …
OrderState.FuturesOrder {'operation': {'op_type': 'New', 'op_code':
OrderState.FuturesDeal {'trade_id': '0000BF', 'seqno': '0000BF', 'or
```

▲（圖 - 執行結果，市價賣出）

因為台指期流動性佳，所以市價買進理論上在大部分的情況是比較不會遇到買到驚人的價格的，但是在爆天量的時候還是有可能會承擔非常高的成本，我遇過最驚人的曾經有滑價幾乎 30 點過，以大台來說，跟模擬比起來我就先賠了 200*30=6000 元了，每一口我先賠 6000 元，所以滑價成本有時候也是非常巨大，尤其是台指期這種成交熱絡的商品。

另外 LMT 單就會緩解不少滑價問題，但是要考量的是，是否 LMT 單掛下去會導致你交易的次數大幅降低，進而影響你的獲利？或是與回測時相差過遠？上述的例子，雖說我可能多承擔了 6000 元的成本，可是這一單我可能最終還是賺了 20-30 萬，雖說我成本高但不代表這一單必賠，而且是否也有可能我賣出時也遭遇滑價，而且是朝向對我有利的方向滑？讓我出在更好的位置？所以一般來說，因設備問題搶單效率不佳容易遭受滑價，但是滑價成本非常難以估計，一般來說我不會嘗試去估計，我們對策略要以嚴格的角度來看，所以會朝向將手續費設更高、在回測中每筆交易扣除一點滑價成本，來假設自己會遇到滑價，即

5-73

第 5 章 該如何進行交易？

便考量了我每次都因為滑價而賠錢，策略仍然賺錢的話，會增加策略的 Robust 程度。

還有要小小注意的是，我個人期貨市價單是用 IOC 單，允許部分成交，以流動性非常高的期貨像是台指期，坦白說除非你的資金量體真的超級巨大，都開幾百口幾千口，不然這個 order type 在台指期這個產品中，且是市價單的情況下，影響應該不大。

回歸正題，下 LMT 買單也非常簡單，只要把 price_type 改為 LMT，然後把 Order Type 改為 ROD，也就是掛單到收盤都有效即可。另外與股票相同當我們使用 LMT 單的時候，price 就相當重要了。

📄：PythonQuantTrading/Chapter5/5-2/5_2_shioaji_futures.py

```python
執行儲存格 | 執行更高版本 | 偵錯儲存格
#%%
# 台指期 Limit 單 Buy
order_txf = api.Order(
        action=sj.constant.Action.Buy,
        price=int(price_data['Close'].tolist()[-1]),
        quantity=1,
        price_type=sj.constant.FuturesPriceType.LMT,
        order_type=sj.constant.OrderType.ROD,
        octype=sj.constant.FuturesOCType.Auto,
        account=api.futopt_account
    )
trade_mxf = api.place_order(contract_txf, order_txf)
```

LMT 單一樣會有掛單回傳的訊息以及成交回傳的訊息。

```
✓ # 台指期 Limit 單 Buy …
OrderState.FuturesOrder {'operation': {'op_type': 'New', 'op_code': '00',
```

▲（圖 - 執行結果，台指期 LMT 單）

5.2 透過 Backtrader 獲取交易訊號及串接下單 API – 以期貨為例

LMT 賣單則是把 Buy 改為 Sell。

💻：PythonQuantTrading/Chapter5/5-2/5_2_shioaji_futures.py

```python
#%%
# 台指期 Limit 單 Sell
order_txf = api.Order(
        action=sj.constant.Action.Sell,
        price=int(price_data['Close'].tolist()[-1]),
        quantity=1,
        price_type=sj.constant.FuturesPriceType.LMT,
        order_type=sj.constant.OrderType.ROD,
        octype=sj.constant.FuturesOCType.Auto,
        account=api.futopt_account
    )
trade_mxf = api.place_order(contract_txf, order_txf)
```

我們就會收到執行結果。

```
✓ # 台指期 Limit 單 Sell …
OrderState.FuturesOrder {'operation': {'op_type': 'New', 'op_code': '00',
```

▲（圖 - 執行結果，LMT 賣單）

好，那到這裡我們介紹了 shioaji 如何獲取契約、資料及下單，我個人是覺得期貨的下單規則會比較單純一點，雖然我們還有很多 shioaji 進階的功能沒有使用到，但上述內容已經足夠我們執行本書想要強調的交易模式了。接著我們拿著我們剛剛獲得的最新的台指期 30 分 K 資料，在我們之前的策略套一下試試看。

第 5 章　該如何進行交易？

◆ **期貨策略 – 以新的資料測試兩個期貨策略**

我們先來看看突破高點的策略，我們將檔案換成我們上一個部分產生出來的 CSV 檔案。其他部分我們就不修改。我這裡就不另外新開檔案囉，我把新資料丟進去我們第三章節所示範的 code 裡面重跑。如果讀者覺得檔案名稱重複了想要區別再修改一下檔名。

💻：PythonQuantTrading/Chapter3/3-3/3_3_futures_highest_high_lowest_low_bt.py

```
# 初始化 Cerebro 引擎
cerebro = bt.Cerebro()
df = pd.read_csv('TXF_30.csv')
df = df.dropna()
df['Date'] = pd.to_datetime(df['Date'])
df.index = df['Date']
df = df.between_time('08:45', '13:45')
data_feed = bt.feeds.PandasData(
    dataname=df,
    name='TXF',
    datetime=0,
    high=2,
    low=3,
    open=1,
    close=4,
    volume=5,
    plot=False,
)
cerebro.adddata(data_feed, name='TXF')
```

下面是執行結果，左圖是本來經過參數最佳化的績效，但是在我們的新數據中，表現相當的淒慘，我們不只是賠錢的，還腰斬了，並且後面還輸到沒有辦法再多開一口。交易很早就中止了。顯然這個策略不是好策略、或者是需要更多濾網來調整、有時候也可能是保證金放少了，未來會再次偉大 (不過我嘗試過了，並不是)，顯然這個不是我們要變成交易 code 的目標。

5.2 透過 Backtrader 獲取交易訊號及串接下單 API– 以期貨為例

Start date	2019-03-04	Start date	2023-01-03
End date	2020-02-27	End date	2024-12-10
Total months	11	Total months	22
	Backtest		Backtest
Annual return	137.766%	Annual return	-37.177%
Cumulative returns	129.733%	Cumulative returns	-57.667%
Annual volatility	52.715%	Annual volatility	67.423%
Sharpe ratio	1.90	Sharpe ratio	-0.35
Calmar ratio	7.22	Calmar ratio	-0.56
Stability	0.86	Stability	0.55
Max drawdown	-19.088%	Max drawdown	-66.858%
Omega ratio	1.43	Omega ratio	0.89
Sortino ratio	3.22	Sortino ratio	-0.48
Skew	1.08	Skew	-0.15
Kurtosis	7.86	Kurtosis	12.37
Tail ratio	1.24	Tail ratio	0.90
Daily value at risk	-6.243%	Daily value at risk	-8.587%
Gross leverage	0.27	Gross leverage	0.13

▲（圖 - 執行結果，左圖是歷史資料參數最佳化結果；右圖是拿全新的資料測試參數的結果）

　　這是一個 lesson learn，如果讀者們有很大一包資料，例如說 2015–2024 一整包連續的資料，千萬不要把整包拿去做參數最佳化來取得參數，千萬不要。應該要拿例如說 2015-2021 之類的，來挑選參數，然後在 2022-2024 裡面測試這一組參數，當然我們一定會預期這一組參數在 2022-2024 效果會打折，畢竟這一組參數是在 2015-2021 這一段時間最佳的，但像上面這樣打折打到骨折就是參數最佳化的慘例子，如果沒有做正確的事情，很容易過於自滿而產生很大的誤會，在未來用真實的錢去學到教訓。

第 5 章　該如何進行交易？

當然比較進階的做法還有交叉驗證這樣的方式去尋找參數，不過那個概念在機器學習或是深度學習中找尋參數會比較常用。

那我們來看看多頭趨勢策略吧！我們一樣拿出之前的檔案，我們把資料替換一下就好，其他的不改。

🖥：PythonQuantTrading/Chapter3/3-3/3_3_futures_ma_close_strategy.py

```python
# 初始化 Cerebro 引擎
cerebro = bt.Cerebro()
df = pd.read_csv('TXF_30.csv')
df = df.dropna()
df['Date'] = pd.to_datetime(df['Date'])
df.index = df['Date']
df = df.between_time('08:45', '13:45')
data_feed = bt.feeds.PandasData(
    dataname=df,
    name='TXF',
    datetime=0,
    high=2,
    low=3,
    open=1,
    close=4,
    volume=5,
    plot=False,
)
cerebro.adddata(data_feed, name='TXF')
```

左邊是我們之前多頭趨勢策略參數最佳化的結果，有 173% 的累計報酬及 2.33 的 sharpe ratio；在我們的新資料期間表現不如先前的好，也是少了不少的報酬，但其實帶來的報酬仍然不錯，我們投入 30 萬的資金，在這一段時間內幾乎兩倍，變成 60 萬的資金，雖說最大回撤有點大。

5.2 透過 Backtrader 獲取交易訊號及串接下單 API– 以期貨為例

	Start date	2019-03-04		Start date	2023-01-03
	End date	2020-02-27		End date	2024-12-10
	Total months	11		Total months	22
		Backtest			Backtest
Annual return		185.292%	Annual return		48.104%
Cumulative returns		173.667%	Cumulative returns		106.733%
Annual volatility		50.474%	Annual volatility		82.496%
Sharpe ratio		2.33	Sharpe ratio		0.87
Calmar ratio		7.57	Calmar ratio		0.78
Stability		0.90	Stability		0.66
Max drawdown		-24.473%	Max drawdown		-61.66%
Omega ratio		1.51	Omega ratio		1.18
Sortino ratio		3.90	Sortino ratio		1.39
Skew		0.41	Skew		1.27
Kurtosis		2.44	Kurtosis		9.88
Tail ratio		1.22	Tail ratio		0.92
Daily value at risk		-5.892%	Daily value at risk		-10.107%
Gross leverage		0.29	Gross leverage		0.22

▲（圖 - 執行結果，左圖是歷史資料參數最佳化結果；
右圖是拿全新的資料測試參數的結果）

坦白說，這樣的策略我個人還是不建議直接去投入交易，雖說他在未來的新資料中表現沒有差得像剛剛這麼誇張，他至少也創造了資產翻倍的獲利，我客觀地認為，這個多頭排列的因子是有機會的，我們可以再加一些濾網或是考量成交量等等方式去再次優化他。不建議直接交易，但這看起來是有效可以再往下鑽研或是跟其他因子做結合的因子。我們以這個策略來當作範例，按照剛剛股票的模式，來產生庫存及輸出的動作，然後在 5-4 中，我們可以自己建立可以操作股票跟期貨的排程器，天天為我們賺錢。

第 5 章 該如何進行交易？

◆ 將永豐期貨 API 封裝成函數 – 期貨價格及下單函數

我們稍微改一下順序，前面我們是先將股票策略加上 stop() 函數以及做了一個 custom_notify_order() 改裝，然後才去封裝股票函數。不過稍微比較不一樣的是，因為我們前面修改的版本他是日頻的，日頻的股票資料很好取得，我們使用 yfinance 來做，不過現在我們的期貨 30 分 K 的來源必須要仰賴我們的永豐 API 的期貨數據，所以我們先來封裝永豐期貨的 API 股價及下單的部分，我們在下一個部分要修改期貨策略的時後會比較順暢，最後我們再來處理期貨的庫存同步以及下單。

我們前面有過股票的整合經驗，期貨的相對更簡單一點，因為期貨不像股票會有融券放空跟回補這些比較複雜的操作。首先我們創建一個 futures_agent.py 的檔案，然後一樣創建一個 FuturesAPIWrapper() 的物件，一樣我們這個物件初始化時會要求傳入 api token。

📖：PythonQuantTrading/Chapter5/5-2/futures_agent.py

```python
import pandas as pd
import shioaji as sj

class FuturesAPIWrapper:
    def __init__(self, api):
        self.api = api
```

首先我們一樣也封裝獲得期貨部位的函數，與股票相差不多中是我們傳入的是期貨的 account。

📖：PythonQuantTrading/Chapter5/5-2/futures_agent.py

```python
# 獲取持倉資料
def get_positions(self):
    positions = self.api.list_positions(self.api.futopt_account)
    now_position = pd.DataFrame(s.__dict__ for s in positions)
    return now_position
```

5.2 透過 Backtrader 獲取交易訊號及串接下單 API– 以期貨為例

接著我們封裝我們的 K 棒數據，其實他的用法幾乎跟股票是一樣了，只是一樣傳入的是台指期的契約。

💻：PythonQuantTrading/Chapter5/5-2/futures_agent.py

```python
# 獲取指定日期的行情資料（K線）
def get_kbars(self, contract, start_date, end_date):
    kbars = self.api.kbars(
        contract=contract,
        start=start_date,
        end=end_date,
    )
    price_data = pd.DataFrame({**kbars})
    price_data.ts = pd.to_datetime(price_data.ts)
    return price_data
```

期貨的買單賣單，市價或是限價單其實就非常簡單了，我們就是把先前介紹的下單函數封裝進去就是了，並且讓他先暫時回傳 trade 變數。

💻：PythonQuantTrading/Chapter5/5-2/futures_agent.py

```python
# 整股市場 – 市價買
def market_buy(self, contract, price, quantity):
    order = self.api.Order(
        price=price,
        quantity=quantity,
        action=sj.constant.Action.Buy,
        price_type=sj.constant.FuturesPriceType.MKT,
        order_type=sj.constant.OrderType.IOC,
        octype=sj.constant.FuturesOCType.Auto,
        account=self.api.futopt_account,
    )
    trade = self.api.place_order(contract, order)
    self.api.update_status(self.api.futopt_account)
    return trade
```

這是市價賣的函數,我們一樣封裝進來。

:PythonQuantTrading/Chapter5/5-2/futures_agent.py

```python
# 整股市場 - 市價賣
def market_sell(self, contract, price, quantity):
    order = self.api.Order(
        price=price,
        quantity=quantity,
        action=sj.constant.Action.Sell,
        price_type=sj.constant.FuturesPriceType.MKT,
        order_type=sj.constant.OrderType.IOC,
        octype=sj.constant.FuturesOCType.Auto,
        account=self.api.futopt_account,
    )
    trade = self.api.place_order(contract, order)
    self.api.update_status(self.api.futopt_account)
    return trade
```

限價買。

:PythonQuantTrading/Chapter5/5-2/futures_agent.py

```python
# 整股市場 - 限價買
def limit_buy(self, contract, price, quantity):
    order = self.api.Order(
        action=sj.constant.Action.Buy,
        price=price,
        quantity=quantity,
        price_type=sj.constant.FuturesPriceType.LMT,
        order_type=sj.constant.OrderType.ROD,
        octype=sj.constant.FuturesOCType.Auto,
        account=self.api.futopt_account
    )
    trade = self.api.place_order(contract, order)
    self.api.update_status(self.api.stock_account)
    return trade
```

5.2 透過 Backtrader 獲取交易訊號及串接下單 API– 以期貨為例

限價賣。

🖥 : PythonQuantTrading/Chapter5/5-2/futures_agent.py

```python
# 整股市場 - 限價賣
def limit_sell(self, contract, price, quantity):
    order = self.api.Order(
        action=sj.constant.Action.Sell,
        price=price,
        quantity=quantity,
        price_type=sj.constant.FuturesPriceType.LMT,
        order_type=sj.constant.OrderType.ROD,
        octype=sj.constant.FuturesOCType.Auto,
        account=self.api.futopt_account
    )
    trade = self.api.place_order(contract, order)
    self.api.update_status(self.api.stock_account)
    return trade
```

因為有前面股票的例子，期貨這裡相對稍微比較簡單一點，至此我們先封裝好了我們的下單及取得價格的函數，我們接著也要像股票一樣，去設置同步庫存以及執行下單的函數。

◆ 多頭排列的台指期策略 – 輸出最新的持倉及動作

我們先回來將我們要交易的 MA 多頭趨勢策略輸出我們要的最新的持倉以及動作。與股票稍微有點不同的是，股票我們是用免費的資料 yfinance 來取得數據 (當然讀者也可以將之改為 shioaji)，並沒有替換數據，但現在這個例子我們得先透過 shioaji 獲取期貨資料之後我們才能做實時回測，並且將最新的持倉及動作輸出出來。

我們馬上開始來改吧！首先我們先 import 我們剛剛做出來的 futures_agent 以及 shioaji，並且 login 我們的永豐 API。

第 5 章 該如何進行交易？

🖥 ：PythonQuantTrading/Chapter5/5-2/5_2_futures_bt_trade.py

```python
import datetime
import backtrader as bt
import pandas as pd
import calendar
import empyrical as ep
import pyfolio as pf
import warnings
# 5-2 import 需要的套件
from futures_agent import FuturesAPIWrapper
from datetime import datetime ,timedelta
warnings.filterwarnings('ignore')
# 5-2 調整，登入 shioaji
import shioaji as sj
import os

api = sj.Shioaji(simulation=True)

api.login(
    api_key="api_key",
    secret_key="api_key",
)
current_dir = os.path.dirname(os.path.abspath(__file__))
pfx_path = os.path.join(current_dir, "Sinopac.pfx")
api.activate_ca(
    ca_path=pfx_path,
    ca_passwd="PERSON_ID",
    person_id="PERSON_ID",
)
```

　　這裡我們多加一個東西，我們要寫我們真實想要開始交易的時間，我這裡設置 2024-12-23，讀者視自己的情況去做調整囉。我們後續會用到這個變數，我們這裡特地用了大寫，原因是在寫比較正式的 code，如果是重要變數，一般來說會用大寫來表示，如果重要參數比較多，甚至會額外開一個 config 檔案，在裡面記錄變數。

🖥 ：PythonQuantTrading/Chapter5/5-2/5_2_futures_bt_trade.py

```python
# 5-2 定義自己喜歡的策略開始日
LIVE_TRADE_START = '2024-12-23'
```

5-84

5.2 透過 Backtrader 獲取交易訊號及串接下單 API– 以期貨為例

我們先往策略設置看，先暫時略過策略的部分，移到程式碼的下方。首先我們先初始化回測引擎，然後這裡我們做了一個額外的操作，我們要獲取起訖日，這裡的起訖日會用在取得資料的時候，因為我們會使用 long_ma，會需要最少 60 筆的數據來運算，我們使用 30 分 K，所以每天基本上日盤會有 10 根 K 棒，理論上我們使用 6 個交易日就有足夠資料，不過為防連假或是其他因素，我們放更長的時間，也就是取過去 30 天的數據以防有意外發生，另外這個 30 天並非是 30 個交易日，真實取得的交易日可能只有 20-22 天上下，如果沒有太多連假的話。

💻：PythonQuantTrading/Chapter5/5-2/5_2_futures_bt_trade.py

```python
# 初始化 Cerebro 引擎
cerebro = bt.Cerebro()

# 5-2 調整，獲取起訖日
today = datetime.today()
start_date = today - timedelta(days=30)
today = today.strftime('%Y-%m-%d')
start_date = start_date.strftime('%Y-%m-%d')
```

接著我們來獲取數據。我們 call 我們的期貨交易物件 FutuesAPIWrapper，並且傳入 api，另外我們使用 get_kbars() 來獲取數據，這裡我傳入的 contract 改成了 MXF 小台，是因為對我來說我在測試策略的時候一般來說會使用小台來看看是否符合預期，所以我使用小台的數據，接著我們傳入起訖日，然後將 shioaji 的日期欄位 ts 改成 Date 備用。

💻：PythonQuantTrading/Chapter5/5-2/5_2_futures_bt_trade.py

```python
# 5-2 調整，獲取數據
FuturesWrapper = FuturesAPIWrapper(api=api)
data = FuturesWrapper.get_kbars(contract=api.Contracts.Futures.MXF.MXFR1,
                                start_date=start_date,
                                end_date=today)
data = data.rename(columns={'ts':'Date'})
```

5-85

第 5 章 該如何進行交易？

這裡可以閒閒地聊一下，坦白說讀者用 TXF、MXF 或者是 TMF 都可以，意思是說可以回測的時候一直都用 TXF，下單的那部分再去調整到底要下小台或是微台也可以，原因是因為理論上來說，大小微台不會有太大的價差。當然是理論上，因為理論上大小台背後對標的東西是一樣的，他們的價值應是相同，所以當有巨大不合理的價差出現時，會有許多套利程式，無論是來自隱世高手的自然人，還是那些強大的自營商，去弭平這樣的價差，當然事實上是微台剛出的時候可能會與大小台有很大的價差，我們曾經在作價差套利時有看過接近百點驚人的價差可以套利，當然微台出了一陣子了所以現在的價差都非常小了，只有非常偶爾才會閃現出 10 點左右的價差。

所以我這裡為求謹慎，如果我要交易小台，我這裡也會用小台的數據，但實際上我們用這麼長的分 K 來看，應該是不會看到太大的價差差異，所以從結論上來說應該是沒有太大的差別，上述的那些細節，在逐筆中才會有比較好的發現。

我們回歸正題，這裡我們做一些數據的操作，我們首先是將 Date 欄位確保他是 datetime 格式，然後我們只取日盤的數據，之後我們來做 resample 將它變成 30 分 K，並且確保一下 reset_index() 讓 Date 是一個欄位，然後我們再去除掉髒數據。最後兩步驟以及第一步驟其實未必要做，因為數據可能已經是長這樣了，但為了避免意外，或者是有時候想換資料源，所以我都會再做一次。

💻：PythonQuantTrading/Chapter5/5-2/5_2_futures_bt_trade.py

```python
# 5-2 調整，只保留日盤並且做成 30 分 K
data.index = pd.to_datetime(data['Date'])
data = data.between_time('08:45', '13:45')
data = data.resample('30min', closed='right', label='right', offset='15min').agg({
        'Open': 'first',
        'High': 'max',
        'Low': 'min',
        'Close': 'last',
        'Volume': 'sum'
}).dropna()
data = data.reset_index()
data = data.dropna()
```

5.2 透過 Backtrader 獲取交易訊號及串接下單 API– 以期貨為例

這一段 code 我們要特別說一下，我們在取得資料長度的時候不會使用最後一筆，是什麼緣故呢？因為我們在做實盤交易的時候，假設我們是 30 分 K，假設我的排程 9:15 交易，但這時候等到我們程式運行到取得資料的部分的時候，可能已經是 9:15:03，可能已經經過 3 秒了，這時候下一根 K 棒就已經生成了，也就是在數據上會看到 9:45 的 30 分 K 數據，那很顯然這個 9:45 時間點的 30 分 K 還在運行，還不完整，我們不能採用，所以要去除掉最後一筆。後面就比較普通了，我們取完之後把資料 add 進去即可。

🖥 : PythonQuantTrading/Chapter5/5-2/5_2_futures_bt_trade.py

```python
# 5-2 調整，取得最新的資料長度
data = data.iloc[:-1]

data_feed = bt.feeds.PandasData(
    dataname=data,
    name='MXF',
    datetime=0,
    high=2,
    low=3,
    open=1,
    close=4,
    volume=5,
    plot=False,
)
cerebro.adddata(data_feed, name='MXF')
```

接著我有改一下策略的情況，我這裡完全按照我想交易的方法去設置，我準備了 25 萬來測試策略，並且 setcommission 也使用小台的保證金及乘數，另外手續費我會設置高一點，以評估滑價的成本。到這裡我們的基本設置就完成了，基本上就是將數據改成從 shioji 取得，然後我們做數據處理讓他變成 30 分 K，並且去除掉最後一筆，然後調整一下我們的資金設置還有交易商品的設置。

第 5 章 該如何進行交易？

💻：PythonQuantTrading/Chapter5/5-2/5_2_futures_bt_trade.py

```python
# 設定初始資金和交易成本
cerebro.broker.setcash(250000.0)
cerebro.broker.setcommission(commission=70, margin=62000, mult=50)
print('初始資產價值: %.2f' % cerebro.broker.getvalue())
cerebro.addanalyzer(bt.analyzers.PyFolio, _name='pyfolio')

# 執行回測
results = cerebro.run()
print('最終資產價值: %.2f' % cerebro.broker.getvalue())
```

接著我們要開始修改策略方面的設置了。首先是 __init__ 的部分，我們像之前股票一樣在 __init__ 中初始化 order_list 這一個 list 變數，紀錄訂單情況。

💻：PythonQuantTrading/Chapter5/5-2/5_2_futures_bt_trade.py

```python
def __init__(self):
    # 收盤價
    self.dataclose = self.datas[0].close
    # 成交量
    self.datavolume = self.datas[0].volume

    # 移動平均線
    self.ma_short = bt.indicators.SMA(self.dataclose, period=self.params.ma_short)
    self.ma_medium = bt.indicators.SMA(self.dataclose, period=self.params.ma_medium)
    self.ma_long = bt.indicators.SMA(self.dataclose, period=self.params.ma_long)

    # 成交量移動平均線
    self.vol_ma_short = bt.indicators.SMA(self.datavolume, period=self.params.ma_short)
    self.vol_ma_long = bt.indicators.SMA(self.datavolume, period=self.params.ma_long)
    # 5-2 調整，新增 order_trace
    self.order_list = []
```

先前已經有股票的例子了，我們也做一樣的事情，我們定義 customer_notify_order() 來做訂單的儲存。

5.2 透過 Backtrader 獲取交易訊號及串接下單 API– 以期貨為例

🖥 : PythonQuantTrading/Chapter5/5-2/5_2_futures_bt_trade.py

```python
# 5-2 調整，新增 custom_notify_order
def custom_notify_order(self, order):
    if order:
        if order.status in [order.Submitted, order.Accepted]:
            self.order_list.append(order)
        elif order.status == order.Completed:
            if order.isbuy():
                self.log(f'BUY EXECUTED, Price: {order.executed.price:.2f}, '
                         f'Cost: {order.executed.value:.2f}, Comm: {order.executed.comm:.2f}')
            else:
                self.log(f'SELL EXECUTED, Price: {order.executed.price:.2f}, '
                         f'Cost: {order.executed.value:.2f}, Comm: {order.executed.comm:.2f}')
            self.order = None
```

這裡我們加一個邏輯，來判斷當資料日期大於我們的開始交易日我們才進行回測。

🖥 : PythonQuantTrading/Chapter5/5-2/5_2_futures_bt_trade.py

```python
def next(self):
    self.order_list=[]
    # 5-2 調整
    if self.datas[0].datetime.datetime(0) >=datetime.strptime(LIVE_TRADE_START, '%Y-%m-%d'):
        position_size = self.getposition().size
        position_price = self.getposition().price
```

有些讀者可能會有一點好奇，為何我們之前股票的例子為何沒有在 next() 中加入上面這個日期的判斷？原因是因為我們之前的策略性質，我們資料的處理是在外面，也就是在進到策略湖之前就先準備好資料，所以我們可以透過準備好資料再篩選起訖日的方式來控制我們的回測的輸入輸出；但現在我們的這個策略在 __init__ 中用到了 Backtrader 的技術指標，所以即便我們交易從今天開始，我們為了要計算例如說 60 Ma，我們在外面準備資料的時候需要準備超過 60 筆的數據，然後輸入進來計算 60 MA 或是其他需要數據計算的技術指標，才開始回測。所以我們沒有辦法在外面控制準確的交易起訖日，我們轉為在 next 中判斷。兩種不同的回測方式，在準備交易程式碼時就需要調整不同的寫法。

第 5 章 該如何進行交易？

好，我們接下去，接下來的 code 我便不贅述，我在每一個有下單的地方，無論是 buy()、sell() 還是 close() 我們都記錄一下 custom_notify_order()。

💻 : PythonQuantTrading/Chapter5/5-2/5_2_futures_bt_trade.py

```python
# 不更動策略核心邏輯
if (
    option_expiration(self.datas[0].datetime.datetime(0)).day
    == self.datas[0].datetime.datetime(0).day
):
    if self.datas[0].datetime.datetime(0).hour >= 13:
        if position_size != 0:
            order = self.close()
            self.log("Expired and Create Close Order")
            self.custom_notify_order(order)
        return
```

💻 : PythonQuantTrading/Chapter5/5-2/5_2_futures_bt_trade.py

```python
# 無持倉情況
if position_size == 0:
    # 多頭進場條件
    if (self.dataclose[0] > self.ma_short[0] and
        self.dataclose[0] > self.ma_medium[0] and
        self.dataclose[0] > self.ma_long[0] and
        self.vol_ma_short[0] > self.vol_ma_long[0]):
        order = self.buy()
        self.log('創建買單')
        self.custom_notify_order(order)
```

💻 : PythonQuantTrading/Chapter5/5-2/5_2_futures_bt_trade.py

```python
    # 空頭進場條件
    elif (self.dataclose[0] < self.ma_short[0] and
          self.dataclose[0] < self.ma_medium[0] and
```

5-90

5.2 透過 Backtrader 獲取交易訊號及串接下單 API– 以期貨為例

```python
                    self.dataclose[0] < self.ma_long[0] and
                    self.vol_ma_short[0] < self.vol_ma_long[0]):
                order = self.sell()
                self.log('創建賣單')
                self.custom_notify_order(order)
```

💻：PythonQuantTrading/Chapter5/5-2/5_2_futures_bt_trade.py

```python
        # 已有持倉情況
        else:
            if position_size > 0:
                # 多頭
                stop_loss_price = position_price * (1 - self.params.stop_loss_pct)
                take_profit_price = position_price * (1 + self.params.take_profit_pct)
                if self.dataclose[0] >= take_profit_price:
                    order = self.close()
                    self.log('平多單 - 停利')
                    self.custom_notify_order(order)
                elif self.dataclose[0] <= stop_loss_price:
                    order = self.close()
                    self.log('平多單 - 停損')
                    self.custom_notify_order(order)
```

💻：PythonQuantTrading/Chapter5/5-2/5_2_futures_bt_trade.py

```python
            elif position_size < 0:
                # 空頭
                stop_loss_price = position_price * (1 + self.params.stop_loss_pct)
                take_profit_price = position_price * (1 - self.params.take_profit_pct)
                if self.dataclose[0] <= take_profit_price:
                    order = self.close()
                    self.log('平空單 - 停利')
                    self.custom_notify_order(order)
                elif self.dataclose[0] >= stop_loss_price:
                    order = self.close()
                    self.log('平空單 - 停損')
                    self.custom_notify_order(order)
```

接著也一樣，我們來定義一下 stop() 函數，我們要在回測結束的時候輸出最後的持倉以及動作。首先我們先來處理 position 持倉，我們獲取 Backtrader 的持倉物件，並且在他的 size 不是 0 的時候，將持倉 append 到我們預先準備的 list 中備用。

第 5 章　該如何進行交易？

💻：PythonQuantTrading/Chapter5/5-2/5_2_futures_bt_trade.py

```python
# 5-2 調整，stop 函數
def stop(self):
    # 回測結束時輸出最終持倉與最後一筆訂單動作
    print("當前持倉:")
    positions_data = []
    position = self.getposition()
    if position.size != 0:
        print(f"合約持倉: {position.size} 口, 成本: {position.price}")
        positions_data.append({
            "合約": "Futures",
            "持倉數量": position.size,
            "持倉成本": position.price
        })
    else:
        print("無持倉")
```

接著我們來處理訂單資訊，我們一樣 loop 儲存在我們的 order_list 中的東西，如果是空的則不會新增，理論上我們這裡即便有訂單觸發，也是只會有一筆數據而已，畢竟我們這個情境的商品只有一個台指期而已。

💻：PythonQuantTrading/Chapter5/5-2/5_2_futures_bt_trade.py

```python
print('==============最後一筆訂單動作==============')
orders_data = []
for order in self.order_list:
    action = '買進' if order.isbuy() else '賣出'
    print(f"合約: Futures, 訂單: {action} {abs(order.size)} 口")
    orders_data.append({
        "合約": "Futures",
        "訂單": action,
        "數量": abs(order.size),
    })
```

最後我們把 position 還有 order 儲存成 excel 即可，我前面的名字加上 futures 以分辨是股票還是期貨的訂單及庫存檔案。

5-92

5.2 透過 Backtrader 獲取交易訊號及串接下單 API– 以期貨為例

💻：PythonQuantTrading/Chapter5/5-2/5_2_futures_bt_trade.py

```python
positions_df = pd.DataFrame(positions_data)
positions_df.to_excel("futures_position.xlsx", index=False)

orders_df = pd.DataFrame(orders_data)
orders_df.to_excel("futures_order.xlsx", index=False)
```

到這裡，我們已經完成了改版，主要調整了幾個東西：

1. 更換數據源，使用 shioaji 獲取即時期貨數據，並轉 30 分 K

2. 只取到數據的倒數第二筆，並且調整使用資金以及商品乘數

3. 在 next 中加入檢查是否為交易開始日，並且在每一個下單動作的部分加入紀錄訂單的函數

4. 實作 stop 函數來輸出最新的持倉狀態以及最新的動作

接著我們來寫一個與先前差不多的，我們來同步期貨的庫存以及根據下單動作進行下單。

◆ 將永豐期貨 API 封裝成函數 – 同步庫存以及實時下單

我們馬上就開始吧！首先我們拿出剛剛的 futures_agent 的程式來加一個新的 Class 來實作訂單同步以及執行訂單。

首先我創建了一個新物件 FuturesTradeManager，並繼承我們前面的 FuturesAPIWrapper，與股票的不同，股票我們傳入一個要排除的股票 list，而期貨我們一般來說不會面臨選股問題，所以比較不會有衝突的問題，而且如果有衝突，一般來說我們的處理方式是會換一個產品，例如說本來要交易大台，已經有其他策略在執行大台了，假設只有一個交易賬戶的話，我們可以換成四口小台，或是 20 口微台，來達到類似的效果。當然了如果可以選擇，我一般來說會選擇有更多口可以下的機會，而不是一口大台或小台，原因是因為有更多口、

更多次可以下，一般來說勝利的機會會比較大，通俗的理解就是給自己一點可以攤平的機會。

回歸正題，現在我們的期貨部位管理的函數要求傳入 contract 期貨契約，並且我們在這裡先獲取該契約的目標合約，先前有稍微提到過，我們會用小台指近 MXFR1，但其實他認得是他背後的最近月的期貨契約，我們在獲取庫存的時候，認得是這個 target_code，等一下會有實際範例，我們這裡先不多提。

💻：PythonQuantTrading/Chapter5/5-2/futures_agent.py

```python
class FuturesTradeManager(FuturesAPIWrapper):
    def __init__(self, api, contract):
        super().__init__(api)
        self.contract = contract
        self.target_code = contract.target_code
```

定義好 Class 需要的初始傳入參數後，我們來實作期貨的同步庫存功能，一樣我們命名為 sync_positions，並且要求傳入模擬部位的倉位，然後我們開頭也先獲取這個起訖日供之後的取用資料使用。然後如果傳入的模擬倉位的大小是 0，代表現在模擬沒有進過倉位，我們的 simulated_position 就判定為 0，因為期貨會有互相沖銷的問題，所以我是建議即便模擬倉位是 0，我們也去處置一下部位，以避免之後的部位互沖會混亂。

💻：PythonQuantTrading/Chapter5/5-2/futures_agent.py

```python
def sync_positions(self, simulated_position):
    start_date = (datetime.datetime.now() - datetime.timedelta(days=2)).strftime('%Y-%m-%d')
    end_date = (datetime.datetime.now() + datetime.timedelta(days=1)).strftime('%Y-%m-%d')
    if len(simulated_position) == 0:
        simulated_position=0
```

接著我們獲取模擬部位的持倉數量，然後獲得真實倉位的部位大小及方向，如果真實倉位的大小 > 0 代表我們有部位，不過即便有部位我們還是需要篩選出我們要交易商品的部位即可，因為讀者有可能自己的真實倉位中可能有大台或個股期貨、金融電子期貨之類的，所以我們必須要先篩選出我們要交易的商品。下圖我們再次看一下永豐的 positions 回傳的，等於符號上面的是永豐的

5.2 透過 Backtrader 獲取交易訊號及串接下單 API – 以期貨為例

positions，我們可以看到他的 code 是 MXFA5，是小台的近月的期貨契約代號，而不是小台近月的 code MXFR1，這是需要注意的事情，等號的下面是期貨契約的資訊，我們可以發現 MXFA5 是在契約中的 target_code。

```
    print(positions)
    print('=============')
    print(api.Contracts.Futures.MXF.MXFR1)
✓ 0.0s

   id   code    direction  quantity    price  last_price     pnl
0   0  MXFA5   Action.Buy         1  23349.0     23210.0  -6950.0
=============
code='MXFR1' symbol='MXFR1' name='小型臺指近月' category='MXF' delivery_month='202501'
```

update_date='2024/12/27' target_code='MXFA5'

▲（圖 - 永豐的 position 回傳以及小台的契約規格）

好，我們回來寫 code，前面我們獲得模擬倉位的大小，然後 real_positons 我們先獲得真實庫存的 dataframe，我們會做兩次判斷 real_positions 大小的判斷，一次是判斷我們整體倉位是不是有的，再一次判斷是不是有我們要交易的目標的倉位，如果有我們做跟股票一樣的處理，判斷 direction 是不是 Sell，如果是 Sell 則是做空部位，則要把 quantity 乘上負數代表空頭部位，如果判斷都不成立的話，則把 real_positions 賦予為 0。

💻 : PythonQuantTrading/Chapter5/5-2/futures_agent.py

```python
        simulated_position = simulated_position['持倉數量'].tolist()[-1]
        real_positions = self.get_positions()
        if len(real_positions) > 0:
            real_positions = real_positions[real_positions['code']==self.target_code]
            if len(real_positions) >0:
                real_positions['quantity'] = real_positions.apply(
                    lambda row: row['quantity'] * -1
                    if row['direction'] == sj.constant.Action.Sell else row['quantity'],
                    axis=1
                )
                real_positions = real_positions['quantity'].tolist()[-1]
            else:
                real_positions = 0
        else:
            real_positions = 0
```

第 5 章 該如何進行交易？

上述的 code 可能會有同學覺得很奇怪，為什麼要判斷兩次 real_positions 大小，而不要直接篩選 code 是 self.target_code 然後看一下大小就好，具體原因是因為我們獲取永豐的 position dataframe，如果沒有庫存，他是全空的，不會有 code 欄位讓你做判斷，所以如果要處理則是要從一開始的 get_positions() 的函數就去處理，如果得到空的則我們要創建一個有欄位的空 dataframe，否則我們就得先判斷是不是空的 dataframe，才做欄位索引。

接著我們 process_order 變數把模擬倉位跟真實倉位互減，就可以知道我們真實需要下單的倉位是多少，然後我們透過 get_kbars 來獲得最新的期貨數據，獲取最後一筆來當作等一下下單可能會用到的下單價格，然後我們 print 出將執行的內容。

💻：PythonQuantTrading/Chapter5/5-2/futures_agent.py

```python
process_order = simulated_position-real_positions
order_price = self.get_kbars(contract=self.contract,
                              start_date=start_date,
                              end_date=end_date)['Close'].tolist()[-1]
print(f"""Processing contract {self.target_code}:
    Simulated size = {simulated_position},
    Real size = {real_positions},
    Order price = {process_order}""")
```

期貨就非常簡單了，因為期貨只有買進跟賣出的選項，不會有例如融券放空、融券回補等等不同的寫法。我們就單純如果要執行的買賣股數是正的，我們就 market_buy，反之我們就 market_sell，當然了傳入的數量 process_order 要取絕對值，不能傳遞負的值給永豐的下單函數，到此我們就處理完了庫存同步。與先前相同，讀者也可以自己選擇要將它改成限價買入賣出，而不是市價。

💻：PythonQuantTrading/Chapter5/5-2/futures_agent.py

```python
if process_order > 0:
    print(f"""Action: Market Buy {process_order}.""")
    self.market_buy(self.contract, order_price, abs(process_order))
elif process_order < 0:
```

5.2 透過 Backtrader 獲取交易訊號及串接下單 API– 以期貨為例

```
        print(f""""Action: Market Sell {process_order}."""")
        self.market_sell(self.contract, order_price, abs(process_order))
print("同步完成！")
```

我們剛剛完成了庫存同步的部分，接著我們來依據我們 backtrader 輸出的 futures_order.xlsx 來執行下單。這部分就更簡單了。

我們直接來寫 code，首先我們創建一個 execute_orders 的函數，並且要求傳入模擬部位的 order 指令，首先判斷 order_df 是否為 0 決定是不是有訂單需要執行，然候我們取得要下單的訂單欄位，就是買進或是賣出的動作；然後獲取數量，接著獲取起訖日以及跟前面一樣獲得最新的收盤價數據備用。

🖥：PythonQuantTrading/Chapter5/5-2/futures_agent.py

```python
def execute_orders(self, order_df):
    if len(order_df)==0:
        return
    action = order_df['訂單'].tolist()[0]
    quantity = order_df['數量'].tolist()[0]
    start_date = (datetime.datetime.now() - datetime.timedelta(days=1)).strftime('%Y-%m-%d')
    end_date = (datetime.datetime.now() + datetime.timedelta(days=1)).strftime('%Y-%m-%d')
    order_price = self.get_kbars(self.contract, start_date, end_date)['Close'].iloc[-1]
```

一樣我們的 execute_orders 是假設我們的庫存已經同步完成，所以我們直接判斷 action 是買進還是賣出，如果是買進則 call market_buy；反之如果是賣出則 call market_sell，一樣傳入的量 quantity 要取絕對值。我們就完成了我們的下單指令。

🖥：PythonQuantTrading/Chapter5/5-2/futures_agent.py

```python
if action =="買進":
    self.market_buy(self.contract, order_price, abs(quantity))
elif action == "賣出":
    self.market_sell(self.contract, order_price, abs(quantity))
print("All orders  processed!")
```

是不是相對股票來說簡單多了？接著我們來嘗試使用看看！

第 5 章　該如何進行交易？

◆ 測試使用 FuturesTradeManager

接著我們來測試一下這個函數！首先我們一樣要先從 futures_agent 中 import 模組，然後登入 shioaji。

🖥：PythonQuantTrading/Chapter5/5-2/5_2_shioaji_execute_futures_trade.py

```python
#%%
from futures_agent import FuturesAPIWrapper,FuturesTradeManager
import pandas as pd
import shioaji as sj
import os

api = sj.Shioaji(simulation=True)
api.login(
    api_key="api_key",
    secret_key="api_key",
)
current_dir = os.path.dirname(os.path.abspath(__file__))
pfx_path = os.path.join(current_dir, "Sinopac.pfx")
api.activate_ca(
    ca_path=pfx_path,
    ca_passwd="PERSON_ID",
    person_id="PERSON_ID",
)
```

接著使用上我們就傳入登入過後的 api，然候使用看看 get_positions() 這個功能來獲取庫存。

🖥：PythonQuantTrading/Chapter5/5-2/5_2_shioaji_execute_futures_trade.py

```python
#%%
api_wrapper = FuturesAPIWrapper(api)

positions = api_wrapper.get_positions()
print(positions)
```

5-98

5.2 透過 Backtrader 獲取交易訊號及串接下單 API– 以期貨為例

我們來看看執行結果。永豐 api 的期貨是可以支持模擬的，裡面會有在模擬環境下過的紀錄，我因為之前測試跑過，所以裡面有模擬的一口多單。不過這個模擬環境我印象中一開始是沒有的，我也沒有在使用，一般來說我都是用例如說微台來實單測試策略。不過有需要的話可以來用用看這個模擬環境，隨著 shioaji 的推進，未來可能會更完整。

```
✓  api_wrapper = FuturesAPIWrapper(api) …

    id  code    direction   quantity    price   last_price    pnl
0   0   MXFA5   Action.Buy         1  23349.0      23210.0 -6950.0
```

▲（圖 - 執行結，FuturesAPIWrapper 的 get_positions）

接著來測試看看 get_kbars 獲取數據。

🖥 ：PythonQuantTrading/Chapter5/5-2/5_2_shioaji_execute_futures_trade.py

```
執行儲存格 | 執行更高版本 | 偵錯儲存格
#%%
# 獲取行情資料
price_data = api_wrapper.get_kbars(contract=api.Contracts.Futures.MXF.MXFR1,
                                   start_date="2024-12-26",
                                   end_date="2024-12-27")
print(price_data)
```

我們可以順利得到指定日期的 1 分 K 期貨數據。

```
✓  # 獲取行情資料 …

                       ts     Open     High      Low    Close  Volume  \
0     2024-12-26 00:00:00  23387.0  23388.0  23386.0  23386.0      11
1     2024-12-26 00:01:00  23386.0  23390.0  23383.0  23388.0      61
2     2024-12-26 00:02:00  23389.0  23389.0  23388.0  23389.0       8
3     2024-12-26 00:03:00  23388.0  23388.0  23384.0  23384.0      11
4     2024-12-26 00:04:00  23385.0  23385.0  23384.0  23385.0       5
...                   ...      ...      ...      ...      ...     ...
2256  2024-12-27 23:55:00  23190.0  23193.0  23185.0  23192.0     260
2257  2024-12-27 23:56:00  23190.0  23193.0  23182.0  23184.0     247
```

```
2258  2024-12-27 23:57:00   23186.0  23192.0  23181.0  23186.0   215
2259  2024-12-27 23:58:00   23188.0  23189.0  23178.0  23181.0   149
2260  2024-12-27 23:59:00   23181.0  23183.0  23167.0  23174.0   317

        Amount
0      257258.0
1     1426629.0
2      187111.0
3      257250.0
4      116923.0
...         ...
2256  6029306.0
2257  5727596.0
2258  4985105.0
2259  3454234.0
2260  7346046.0

[2261 rows x 7 columns]
```

▲（圖 - 執行結果，FuturesAPIWrapper 的 K 棒數據）

最後來測試最重要的兩個函數！首先從 sync_positions 同步庫存開始，我們首先先 read 我們前一個 py 檔案產生出來的 futures_position 期貨持倉數據，然後呼叫 FuturesTradeManager，傳入 api 以及我們要交易的契約，這裡我先放小台指期，然後我們 call sync_positions，把我們的持倉部位丟進去。

💻：PythonQuantTrading/Chapter5/5-2/5_2_shioaji_execute_futures_trade.py

```
執行儲存格 | 執行更高版本 | 偵錯儲存格
#%%
simulated_position = pd.read_excel('futures_position.xlsx')
print(simulated_position)
futures_manager = FuturesTradeManager(api=api,
                                      contract=api.Contracts.Futures.MXF.MXFR1)
futures_manager.sync_positions(simulated_position=simulated_position)
```

執行結果我們可以看到 Backtrader 輸出的模擬倉位有一口多單，但我們 shioaji 這裡的倉位也有一口多單，所以什麼事情都無需做，庫存已經同步完成。

5.2 透過 Backtrader 獲取交易訊號及串接下單 API – 以期貨為例

```
✓ simulated_position = pd.read_excel('futures_position.xlsx')
    合約   持倉數量   持倉成本
0   MXF       1      23015
Processing contract MXFA5:
            Simulated size = 1,
            Real size = 1,
            Order size = 0
同步完成！
```

▲（圖 - 執行結果，sync_positions 的庫存同步執行節果）

接著我們讀取 futures_order 也就是即將要下單的 excel，然後我們 call execute_orders 並把他傳入。

💻：PythonQuantTrading/Chapter5/5-2/5_2_shioaji_execute_futures_trade.py

```
執行儲存格 | 執行更高版本 | 偵錯儲存格
#%%
order_df = pd.read_excel('futures_order.xlsx')
futures_manager.execute_orders(order_df=order_df)
```

不過因為我們測試時候的 futures_order 是空的，所以並沒有須要下單的部位。

```
✓ order_df = pd.read_excel('futures_order.xlsx') …
All orders  processed!
```

▲（圖 - 執行結果，execute_orders 的庫存同步執行節果）

第 5 章 該如何進行交易？

至此，我們已經完成了本章節的目標。我們達成了以下的目標：

1. 將 Backtrader 回測的最新結果存成期貨策略持倉、以及 futures_order.xlsx 策略預計執行動作

2. 我們將永豐 api 的期貨下單及報價函數封裝成可共用功能

3. 我們將第一步驟的 position 傳入第二步驟的函數裡，可以達到同步策略模擬庫存及真實庫存的目的

4. 我們將第一步驟的 order 傳入第二步驟的函數裡，達到了根據策略最新的動作同步進行下單的動作。

其實步驟與股票蠻類似的，只是說股票的放空跟回補動作更加複雜。

至此我們完成了期貨跟股票的輸出回測結果及下單。不過現在還未達成完全自動化去交易的步驟，在下面的小節中，我們會搭建一個 Airflow 排程器，然後接著發送交易通知，至此我們的交易才算是完整。

我最後做個總結，還是有幾個重點需要注意一下：第一個是我們再次強調不鼓勵大家進行全自動化的程式交易，如果同學有打算這麼做，務必再次檢查邏輯，並以小量的金錢先做基本測試模擬，我們不鼓勵也不對任何產生的損失做負責。

第二個是我們期貨跟股票的交易模式坦白說會遇到進場時間較慢的問題，因為排程啟動到執行有可能已經經過 3-5 秒了，視電腦設備的情況，這是我個人的觀點，我認為以 30 分 K 的交易架構，甚至是 5 分也是如此，更別提一天交易一次的股票，我覺得這樣的交易模式搶快並不是非常重要的事情，我自己在交易，也有分持有較久的股票交易、做坡段的 5 分、30 分 K 的策略以及使用 ticks 毫秒等級的套利，對我來說只有後者我們會更在乎低延遲，前者我個人並未因為這 3-5 秒而蒙受損失。當然如果讀者不認同的話，非常追求效能，還是有幾個解法：第一個是排程提早 5-10 秒啟動，那記得我們的程式就要改，因為我們撈數據會排除最後一筆，如果讀者提早啟動，最後一筆應會是我們當前的 30 分 K；第二個是不要讓 Backtrader 輸出 excel，直接把我們 agnet 裡面的下單函數整合

進 backtrader 的 stop 裡，如此就可以達到搶快的效果。

那到這裡我們要進入下一個小節了，讀者如果有任何問題，隨時發信給我們，或者是在 github 上面提出 issue，我們都會去看以及回覆。

5.3 Line Message API 進行交易推播

◆ **建置 Line 官方帳號**

我們在 5-4 小節中，才來完整的製作可以運行交易的排程。在那之前我們先岔題講一下如何透過 line api 來發送交易的通知，之後整合到排程中才會更加順暢，我們除了可以發送排程之外，還可以不斷發送交易通知。

或許再過五六年之後，就沒有太多人記得這個超好用的服務了 –Line Notify，因為他太簡單使用了，又是完全免費，所以無論電商、交易甚至是個人排程等等到處都可以見到使用 Line Notify 來進行通知的身影。但令人萬分難過的是，這個服務即將走向盡頭，真的是非常可惜，也讓許多人趕著要準備去研究其他的訊息推送方案。

▲（圖 -Line Notify 官方公告）

5-103

第 5 章　該如何進行交易？

訊息通知有萬萬種方式，除了下架的 Line Notify 之外，還有 Telegram、Discord、Slack 等等，甚至是上一本書「Python 金融市場賺大錢聖經」中，我們有提到使用 Email 來發送通知。Line API 在其中是功能萬分強大的其中一種，大家能想像到的互動、圖卡、主動推播等等行銷功能都完全沒問題，萬分強大。但也有很大的學問在裡頭，屬於易學難精，而且他是要收費的。

根據我現在獲得的資訊，我們限制在 200 則訊息以內是免費的，如果是一個日頻策略 + 一個省吃儉用的 30 分 K 的策略應該是足夠的。但再多應該就不行了，可能就需要繳交月費來使用。

以一對一溝通為主	針對持續新增的好友，精準推播分眾訊息	
輕用量 固定月費 **0 元** ☐ 免費訊息則數 200 則 ☐ 不可加購訊息	**中用量** 固定月費 **800 元** ☐ 免費訊息則數 3,000 則 ☐ 不可加購訊息 *台幣未稅	**高用量** 固定月費 **1,200 元** ☐ 免費訊息則數 6,000 則 ☐ 加購訊息費用：0.2 元/則起降 （請參閱加購訊息價目表） *台幣未稅
所有方案仍可繼續享有 LINE 官方帳號的後台基礎功能		

▲（圖 -Line 官方帳號收費方案，2025/1 月）

如果讀者真的覺得這個收費方案很不能接受的話，還可以考慮一下 Telegram，我記得他是免費的，但他可能有點偏小眾，所以我選擇介紹 Line Message，或許可以幫助讀者在未來發展屬於自己的交易機器人。

我們直接開始吧，其實照著 Line API 的官方去做的話，應該可以自己挖掘出來的，但因為他們的功能實在是太多了，我們只需要主動的訊息通知而已，所以找著找著會有點花時間，我這邊幫讀者用最快的方式去開發出類似 Line Notify 的功能，如果對他更廣大的行銷或是字卡等等功能有興趣的話，請再去官方文件挖掘囉。

5-104

5.3 Line Message API 進行交易推播

　　我這裡預設大家都有 Line 帳號，首先我們先搜尋 Line Message API，在第二或是第三個選項應該有一個 zh-hant 的中文版的介面，點一下，然後找到下圖這個 Messaging API(點英文的也可以，但介面有一點點不一樣，擔心讀者可能找不到)

▲ (圖 -Line Developers Messaging API 介面)

　　上圖點一下開始體驗之後，會到下圖這個介面，我們要先創建一個 Line 的官方帳號。

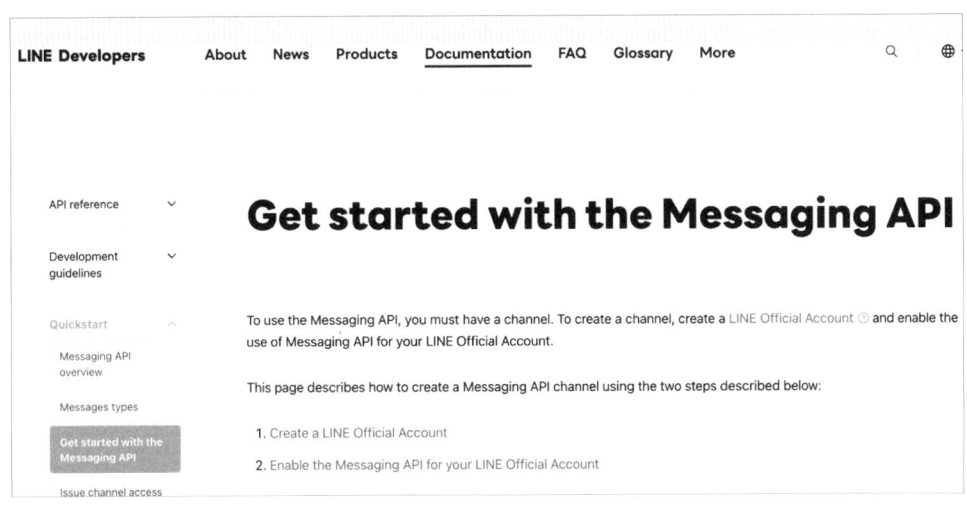

▲ (圖 -Messaging API 官方教學文件)

5-105

第 5 章　該如何進行交易？

官方帳號創建基本上就是一個類似填寫表單的過程，這個看讀者想要填什麼可以任意填寫，不影響我們開發。

▲（圖 - 建立 Line 官方帳號）

申請完成後就會看到下面的介面了，可以點一下前往 LINE Official Account Manager。

▲（圖 -Line 官方帳號創建成功）

5.3 Line Message API 進行交易推播

就可以看到下面這個主控台囉。因為是我自己做交易用，我沒有發給其他人，所以我很不好意思的取名叫崐瑋交易機器人。

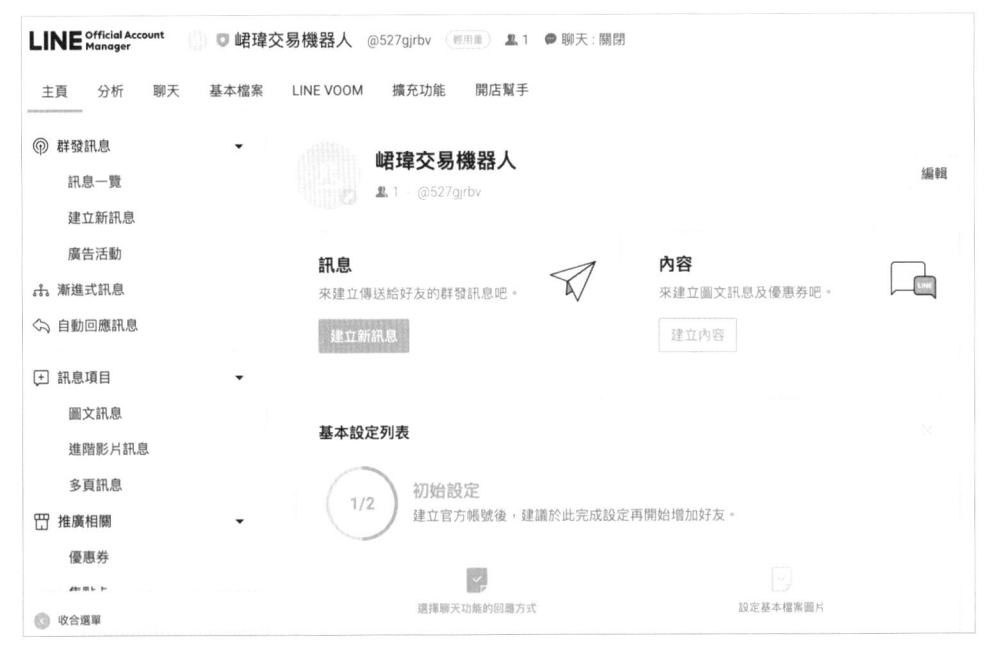

▲（圖 -Line 官方帳號管理平台介面）

接下來打開 Line 就會發現自己的機器人預設向自己發了訊息，如果同學對機器人的大頭貼及打招呼的話有想要調整的，可以在剛剛的 console 中做調整，我們這裡就不多說明囉。

▲（圖 -Line 機器人加入好友打招呼）

5-107

第 **5** 章 該如何進行交易？

接著我們再回來 console 這裡的，點選聊天的頁籤。然後找到下圖下方紅框處的開啟 Messaging API。

▲（圖 -Line 官方帳號介面，聊天頁籤）

點一下下圖紅框處，開啟 Messaging API 的設定畫面。

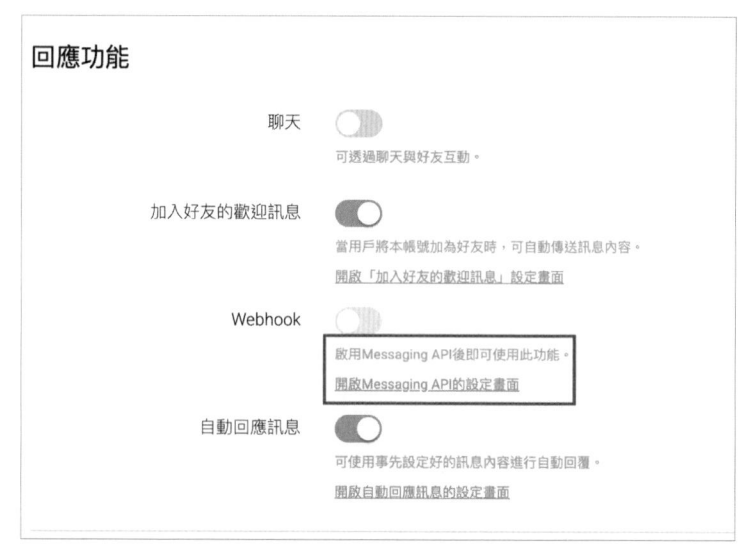

▲（圖 - 開啟 Messaging API 設定畫面）

點下去之後會需要打開 Messaging API 的使用，可以把 Channel ID 還有 secret 先保存起來備用，雖然我們暫時不會用到就是了。這樣我們就開啟了 Messaging API 了

5.3 Line Message API 進行交易推播

▲（圖 - 開啟後會獲取 Channel 資訊可保存）

我們到剛剛為止是註冊機器人並且啟用 Messaging API，接著我們要來獲取可以發訊息的 token 然後來寫一下程式來準備發 Line 通知了，接著我們開新分頁搜一下 Line Developers Console，找到下面這個介面，我們點一下右上角的 Console。

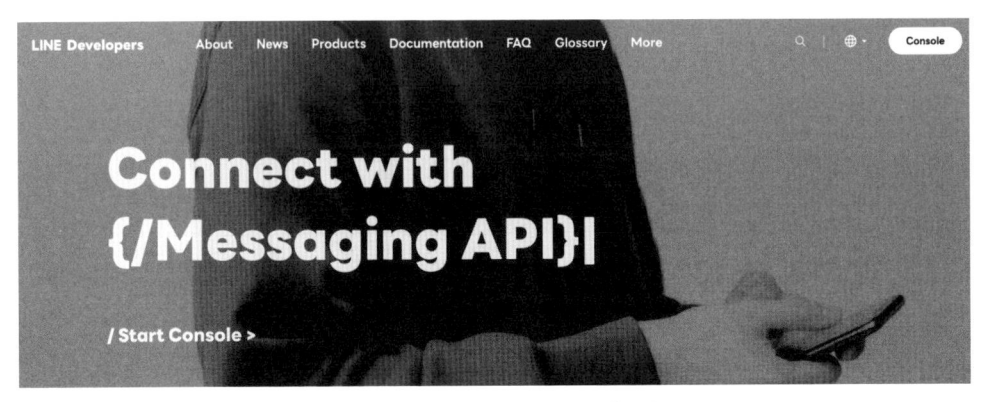

▲（圖 -Line Developers 介面）

5-109

第 5 章 該如何進行交易？

接著找到自己的機器人，然後找到 Messaging API 的頁籤，我們要來申請 Token。

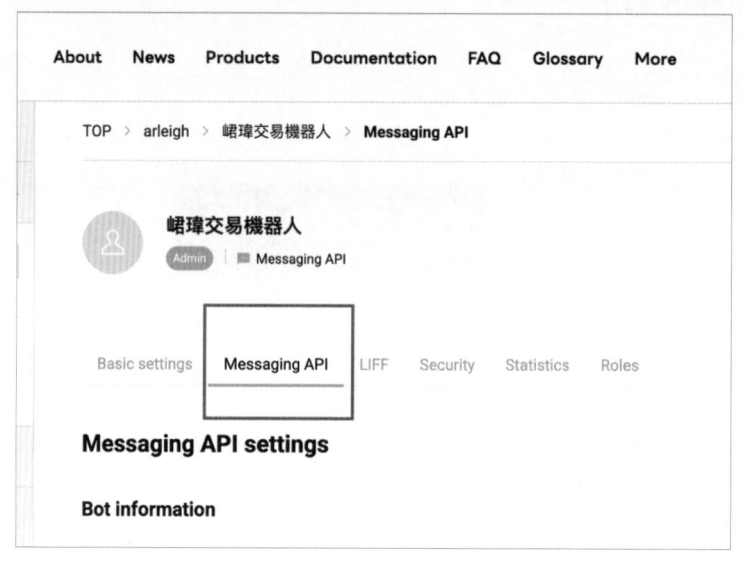

▲（圖 -Line Developers Messaging API 頁籤）

接著滑下去找到下方這個 Channel access token，我們點一下 Issue 可以獲得 Token，這一步驟獲得的 Token 非常重要，要好好留存，後續發訊息就靠這個了。

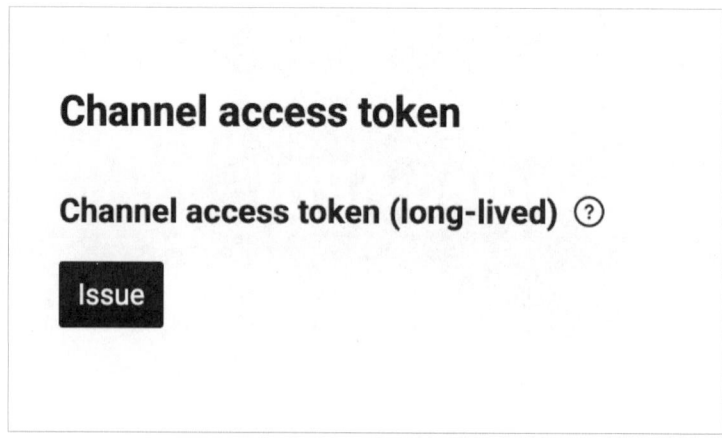

▲（圖 - 獲取 Channel access token）

5-110

5.3 Line Message API 進行交易推播

我們獲取了發送訊息的 Token 之後，還有一個重要的概念，我們在推送訊息的時候要選擇要推送給誰，他會需要一個 user ID，這個 user ID 跟大家使用 Line 搜尋好友的 ID 不一樣，很重要，這個觀念一定要記得，這個 user ID 要特別獲取，因為我們目前的範圍是發通知給自己，所以我們只要獲得自己帳號的 User ID 即可。我們找到下圖紅框處的 Basic settings 的頁籤。

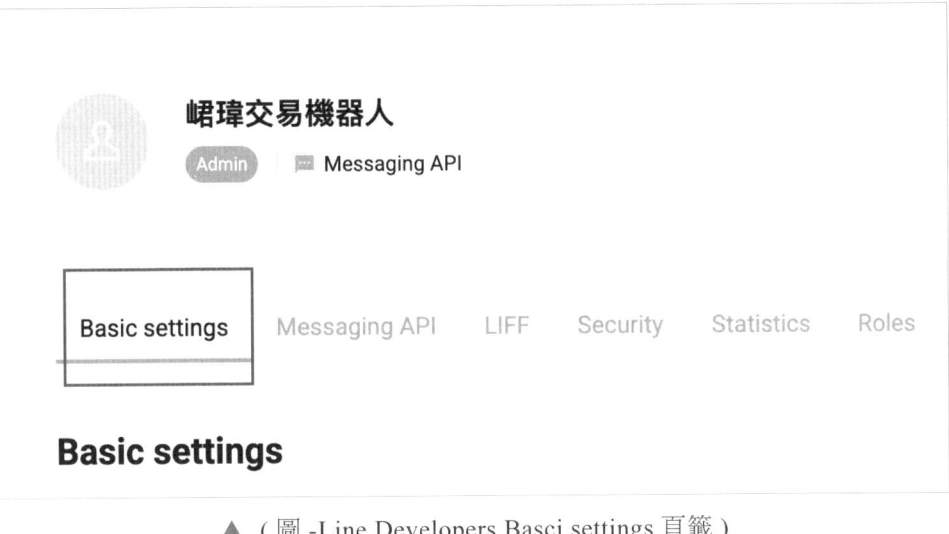

▲（圖 -Line Developers Basci settings 頁籤）

往下滑，就可以找到我們自己的 user ID。就是這個東西，請把他複製起來。

▲（圖 - 獲取自己的 user ID)

那可能有同學會想知道如果想要發給其他人怎麼辦呢？我們岔題一下來看一下 user ID 要怎麼取得，在他們的開發文件中可以找到 Get user IDs 的文章，裡面會有說明如何取得 user ID。

5-111

第 5 章　該如何進行交易？

▲（圖 - 獲取 user IDs 的教學介面）

獲得 user ID 的教學有以下四種，第一種是我們剛剛有介紹到的方式，就是獲得自己的 user ID；第二種我們不採用，因為他需要架一個 webhook，也就是需要架一個類服務，然後從其他使用者使用的紀錄來解析獲得 user ID；第三種是獲得有加我們官方帳號好友的人的 ID；第四種是教如何一次獲得一個群組的 user ID。第一種我們剛剛已經介紹完了，就是去 Basic settings 中取得，我們接下來來講第三種。

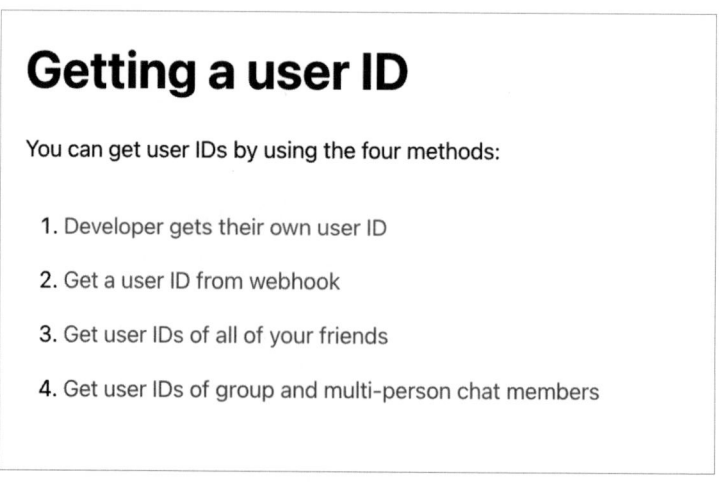

▲（圖 - 四種方式獲得 user ID)

5-112

5.3 Line Message API 進行交易推播

如果你想推銷你的交易程式，得先讓你的客戶先加入你的機器人，然後其實官方有給一個 API 讓我們 call，可以獲得加我們好友的人的 user ID。

Get user IDs of all of your friends

You can get the user IDs of all users who added your LINE Official Account as a friend with the Get a list of users who added your LINE Official Account as a friend endpoint.

> **Note**
>
> This feature is available only to verified and premium accounts. For more information on account types, see Account Types of LINE Official Account on LINE for Business.

▲（圖 - 獲取所有加入官方帳號的人的 user IDs）

不過要注意的事似乎只有被認證過的高級帳號才可以用，所以 Line Message 除非是當作自己的通知在使用，而且用量偏少，可能才會是完全免費，不然應該是多少都會被他們收一點。

> **Note**
>
> This feature is available only for verified or premium accounts. For more information about account types, see the Account Types of LINE Official Account page on LINE for Business.

▲（圖 -user IDs 的警告，要高級賬戶或是認證後的才可以使用此功能）

官方提供的語法如下，我們就可以看到我們好友的追蹤人數了，等一下我們再用 Python 改寫一下。另外那個 {channel access token} 要換成我們剛剛獲取的 access token。

第 5 章　該如何進行交易？

```
======================cmd =====================
curl-v-X GET https://api.line.me/v2/bot/followers/ids\
-H 'Authorization:Bearer{channel access token}' \
-d 'limit=1000' \
-d 'start=yANU9IA...' \
-G
```

◆ 透過 python push 訊息給我們自己的帳號

如果同學之前有使用過 line notify 的話，其實 Messaging API 的原理也跟 Line Notify 沒什麼差異，就是發 requests 去給他們的 bot 的端口。所以我們先 import requests，然後官方文件中有提到發 message 的 url 是 push，我們就使用這個，再準備一下 headers，headers 的 Authorization 中的 Bearer 後面要空格貼上我們申請的 channel access token。

💻 ：PythonQuantTrading/Chapter5/5-3/line_message_test.py

```python
import requests

url = "https://api.line.me/v2/bot/message/push"

headers = {
    "Content-Type": "application/json",
    "Authorization": "Bearer FoD9QnEO9hL5bk0GBHv6Emc3LTSVQ8GPEva/tnFKi+1x4p
}
```

接下來 payload 的部份是要放我們要發給誰，然後 messages 要發什麼。to 這裡填的是我們剛獲取的個人 user IDs，messages 則依照他的格式，可以一次傳很多段訊息出去，像我們這樣子寫就會是兩段訊息。我們等一下來看看成果就知道。

5.3 Line Message API 進行交易推播

💻：PythonQuantTrading/Chapter5/5-3/line_message_test.py

```
payload = {
    "to": "U72bb16001e1832fcbe76c64bf7397d63",
    "messages": [
        {
            "type": "text",
            "text": "Hello, world1"
        },
        {
            "type": "text",
            "text": "Hello, world2"
        }
    ]
}
```

這個端口是要發 post requests 的，我們發 post requests 把我們的訊息及要發給誰的 payload 傳遞給 line message 的 server，然後我們保險起見看一下 response 的 status 是不是成功的，如果不是要 print 出失敗的原因。

💻：PythonQuantTrading/Chapter5/5-3/line_message_test.py

```
response = requests.post(url, headers=headers, json=payload)
# 檢查回應
if response.status_code == 200:
    print("Message sent successfully")
else:
    print(f"Failed to send message. Status code: {response.status_code}, Response: {response.text}")
```

我們執行看看，看起來沒有問題，成功發出了。

```
~/Documents/BookCodeV1/Chapter5/5-3 git:(main) (0.47s)
python3 line_message_test.py
Message sent successfully
```

▲（圖 -line_message_test 的執行結果）

第 5 章 該如何進行交易？

我們打開 Line 來看一下，就會看到交易機器人確實傳了兩個訊息給我們，成功！

▲（圖 -Line 收到機器人發出的測試通知）

接著我們來快速看一下獲得好友 id 的端口，一樣我們從官方文件中取得要發 requests 的 url，並且一樣準備一下帶有 channel access token 的 headers，這一次我們發 gwet 的請求。

🖥：PythonQuantTrading/Chapter5/5-3/line_message_test.py

```
# # 獲取好友 id
url = "https://api.line.me/v2/bot/followers/ids"
headers = {
    "Content-Type": "application/json",
    "Authorization": "Bearer FoD9QnEO9hL5bk0GBHv6Emc3LTSVQ8GPE
}

response = requests.get(url, headers=headers)
```

一樣我們看一下回傳是不是 200，如果是的話我們 print 出成功，不是的話 print 出失敗的原因。

5.3 Line Message API 進行交易推播

📄：PythonQuantTrading/Chapter5/5-3/line_message_test.py

```python
# 檢查回應
if response.status_code == 200:
    print("Message sent successfully")
else:
    print(f"Failed to send message. Status code: {response.status_code}, Response: {response.text}")
```

我們來執行看看。不過這一次就沒有好消息了，因為我用來示範的這個官方帳號是免費的而且好像也還沒有通過審核，所以我沒有權限使用這個功能，不過至少可以確定這個功能是這樣去操作的。

```
~/Documents/BookCodeV1/Chapter5/5-3 git:(main) (0.732s)
python3 line_message_test.py
Failed to send message. Status code: 403, Response:
: {"message":"Access to this API is not available for your account"}
```

▲（圖 - 查看 user IDs 的執行結果）

◆ 創建推送 Line 通知的工具包

我們寫之前，可以簡單來想一下規格。這個工具包為了方便好用，我可能會設計成他只傳入 message 字串，也就是希望推播的文字，其他要傳給誰或者是 channel access token 我們如前面的作法把它放在環境中的 .env 裡面。

所以我先在 5-3 的資料夾中，新增一個 .env 的檔案，然後往裡面放一個 LINETOKEN 以及 LINEUSERID 的環境變數，並把數值填進去。

```
⚙ .env      ✕
Chapter5 > 5-3 > ⚙ .env
  1   LINETOKEN=FoD9QnEO9hL5bk0GBHv6Emc3
  2   LINEUSERID=U72bb16001e1832fcbe76c6
```

▲（圖 -.env 裡面的環境變數）

5-117

第 5 章　該如何進行交易？

首先我創建一個 tool.py，先 import 需要的套件，往裡面創建一個函數 send_line_message，傳入變數必須是 messages。

💻：PythonQuantTrading/Chapter5/5-3/tool.py

```python
import requests
from dotenv import load_dotenv
import os

def send_line_message(messages):
    """
    發送 Line 訊息的函數。

    :param messages: 訊息列表，每個訊息為一個字典，包含 type 和 text
    """
```

接著我們像前面章節的範例，從 .env 中取出我們的 line channel token 以及 user_id。

💻：PythonQuantTrading/Chapter5/5-3/tool.py

```python
current_dir = os.path.dirname(os.path.abspath(__file__))
# 載入 .env 檔案中定義的變數
load_dotenv(f"{current_dir}/.env")
# 取得儲存在 .env 檔案中 FINLAB API Token
line_token = os.getenv("LINETOKEN")
user_id = os.getenv("LINEUSERID")
```

這個步驟與我們剛剛 test 的部分差不多，我們只是原來 headers 中的 line_token 中是寫死的，現在我們傳入我們從 .env 裡面獲得的 line_token；payload 裡面的 to 要發給誰也是我們透過 env 裡面的 user_id 來獲取，最後我們發 post reqeusts，把 response 的狀態碼返回，我們就完成了。其實相當簡單吧？我們只是把他用 function 包起來，然後要求傳入變數是 message 字串，然後把 line 的 channel token 以及 user_id 放進去 .env 裡面，然後將狀態碼返回。

5.3 Line Message API 進行交易推播

💻：PythonQuantTrading/Chapter5/5-3/tool.py

```python
url = "https://api.line.me/v2/bot/message/push"
headers = {
    "Content-Type": "application/json",
    "Authorization": f"Bearer {line_token}"
}
payload = {
    "to": user_id,
    "messages": [
    {
        "type": "text",
        "text": f"{messages}"
    },]
}
response = requests.post(url, headers=headers, json=payload)
return response.status_code
```

最後我們在下方來快速測試一下，這個 tool.py 我們最終是要放進去 airflow 排程裡面用的，所以要記得這個測試的 code 測試完之後要砍掉哦。

💻：PythonQuantTrading/Chapter5/5-3/tool.py

```python
respone_code = send_line_message('測試 tool.py')
```

我們執行一下看一下結果。

```
~/Documents/BookCodeV1/Chapter5/5-3 git:(main) (0.74s)
python3 tool.py
```

▲（圖 - 執行 tool.py 測試）

我們打開 Line，就可以看到確實收到了訊息。我們的函數就這樣完成了，相當簡單吧！當然 Line 官方帳號的功能絕非這麼單調，他可以做到很多神奇又美觀的事情，但那不是本書的主軸，就留給有興趣的讀者們自行探索囉。

▲（圖 - 確認測試結果，收到測試內容）

◆ 為永豐 api shioaji 綁上 line 通知訂單及成交回報

因為我們免費方案一個月只有 200 則而已，所以其實我建議要算一下到底什麼元素需要做通知，像是回報如果讀者手上自己有券商 app，其實可以上去看成委回，未必要把永豐的成交及訂單回報綁定 Line Message。但是我們還是大概教學一下要怎麼把永豐 api 下單後的訂單成立還有成交回報綁上 Line Message API，至於讀者真的實際上想交易的話，又想要收到成交委託回報的 Line 通知的話，屆時可以把他貼上去。

其實永豐的官網已經很好的示範給我們要如何處理成交回報。這是他們預設的寫法，他們預設遇到成交或是委託的時候會 print 出委託及成交的資訊，所以我們之前在使用的時候才會發現，我們明明就沒有 print 東西，但是他成交了會自動 print 出成交或委託的信息。

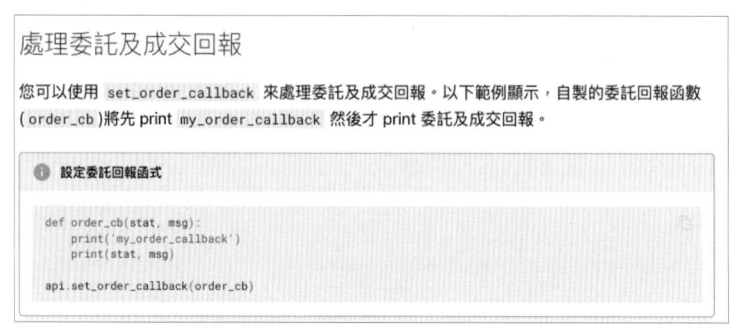

▲（圖 - 永豐 shioaji 處理委託及成交回報教學介面）

5.3 Line Message API 進行交易推播

我直接寫一段 code 介紹一下怎麼把 Line Message 加進去，其實很多同學看到這裡的時候可能已經很有感覺了。我先創建一個 shioaji_notify.py 的檔案。

首先我們一樣先 import 我們要的東西，要記得 from tool import 我們的通知套件。然後我們先使用 shioaji 官網的範例，定義一個 order callback 的函數，其實我們跟範例比起來，也就是直接加一個 send_line_message，然後把 msg 傳遞出去即可。

：PythonQuantTrading/Chapter5/5-3/shioaji_notify.py

```python
from tool import send_line_message
import shioaji as sj

def order_cb(stat, msg):
    send_line_message(str(msg))
    print(stat, msg)
```

接著我們登入 shioaji，這裏我們就不贅述了。

：PythonQuantTrading/Chapter5/5-3/shioaji_notify.py

```python
api = sj.Shioaji(simulation=True)


api.login(
    api_key="api_key",
    secret_key="api_key",
)

current_dir = os.path.dirname(os.path.abspath(__file__))
pfx_path = os.path.join(current_dir, "Sinopac.pfx")
api.activate_ca(
```

```
    ca_path=pfx_path,
    ca_passwd="PERSON_ID",
    person_id="PERSON_ID",
)
```

登入之後我們也如同範例一樣 set_order_callback，然後傳入我們定義的 order_cb，也就是 callback 函數。

💻：PythonQuantTrading/Chapter5/5-3/shioaji_notify.py

```
api.set_order_callback(order_cb)
```

為了看一下 callback 成委回的回應範例，所以下單這裡我就隨便寫一個範例了，我們下 1102 這只股票，這只是一個範例，我們就不說太多了。

💻：PythonQuantTrading/Chapter5/5-3/shioaji_notify.py

```python
#下單契約
contract = api.Contracts.Stocks[str('1102')]
# #整股市場 – 市價買
order = api.Order(
    price=31.75,
    quantity=int(1),
    action=sj.constant.Action.Buy,
    price_type=sj.constant.StockPriceType.MKT,
    order_type=sj.constant.OrderType.IOC,
    order_lot=sj.constant.StockOrderLot.Common,
    account=api.stock_account,
)
trade = api.place_order(contract, order)
api.update_status(api.stock_account)
```

5.3 Line Message API 進行交易推播

最後的地方我特別加一個 time.sleep 3 秒，然後 logout。要特別 sleep 3 秒是因為，如果沒有 sleep，程式就結束了，結束的很快，我們可能根本就看不到 shioaji server 端傳回來的成委訊息，但如果 sleep 一下就能穩定收到成委訊息。當然真實交易的時候可就不需要了，不然可能會影響下單速度。

💻：PythonQuantTrading/Chapter5/5-3/shioaji_notify.py

```
import time
time.sleep(3)
api.logout()
```

執行之後打開 Line 我們就能看到成交委託回報了，不過這個有點醜，我們可以稍微對他做一點點美化。

{'operation': {'op_type': 'New', 'op_code': '00', 'op_msg': ''}, 'order': {'id': '000017', 'seqno': '000017', 'ordno': '000052', 'account': {'account_type': 'S', 'person_id': '', 'broker_id': '9A95', 'account_id': '0583782', 'signed': True}, 'action': 'Buy', 'price': 31.75, 'quantity': 1, 'order_cond': 'Cash', 'order_lot': 'Common', 'custom_field': '', 'order_type': 'ROD', 'price_type': 'MKT'}, 'status': {'id': '000017', 'exchange_ts': 1737531574.354709, 'order_quantity': 1, 'modified_price': 0, 'cancel_quantity': 0, 'web_id': '137'}, 'contract': {'security_type': 'STK', 'exchange': 'TSE', 'code': '1102'}}

下午 3:39

▲（圖 -line 收到成交委託回報訊息）

5-123

第 5 章 該如何進行交易？

我這裡只是做一個範例，實際上使用者需要什麼資訊，可能就再自己提取囉。我們在 order_cb 函數中，取出買賣動作、價格、股票代號，然後組成一個字串在發送 line 通知。

💻：PythonQuantTrading/Chapter5/5-3/shioaji_notify.py

```python
def order_cb(stat, msg):
    action = msg['order']['action']
    price = msg['order']['price']
    code = msg['contract']['code']
    # 組成字串
    result = f"{action} at {price} for {code}"
    send_line_message(str(result))
    print(stat, msg)
api.set_order_callback(order_cb)
```

我們再重新打開 line 看一下，成委回就會變得非常乾淨簡潔。

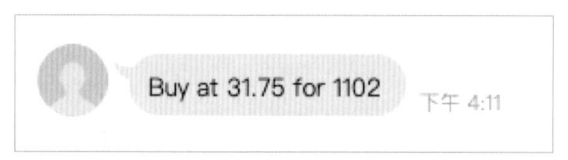

▲（圖 -line 收到調整過後的成交委託回報訊息）

使用永豐 api 的 callback 再綁上 Line Messaging API 大致上就這樣，其實是不是非常簡單呢？我們只要在官方範例的 order_cb 中加入我們的 Line Messaging API 即可，至於要傳送什麼樣的資訊，則看讀者自己的情況調整。當然如果成委回以及各種下單的東西都通知的話，200 則可能完全不夠，所以使用者自己斟酌究竟要通知什麼樣的資訊了。

本小節大致上就到這裡，我們創建了 Line 官方帳號，並且完成了一個透過官方帳號推播訊息的函數，並且也成功跟 shioaji 結合起來。

5-124

我們後續在 5-4 小節要上架股票跟期貨策略的時候，我們再把這些東西加上去，讓他不只可以自動交易，通知也非常順暢無虞。

5.4 自建 Airflow 排程環境

在交易的環境中，一定會有需要排程執行交易的環節。當然了，有些同學會認為他可以直接每天早上起來運行程式交易的 code，但其實能真的堅持每天執行交易程式，而不會遇到什麼意外其實是蠻困難的事情，而且如果只有 1-2 只程式則無所謂，如果有很多只呢？

在先前的書中，我們是建議使用者透過 Windows 內建的排程器來執行，因為非常簡單易用，而且不用錢，幾乎沒有技術難度，相當適合初學者，其實 Linux 或是 Mac 也有排程器，但每一個主流作業系統我們都要介紹一下他的排程器怎麼用其實不太現實，而且過於佔篇幅，而且學會 Airflow 對自己絕對是有益處的，但如果讀者時間不夠，又是 Windows 電腦的話，可以參考上一本書的設定，直接使用 Windows 排程。

其實我個人的交易程式目前都是在 Google Cloud Platform，也就是 GCP 上，然後透過 Cloud Run 去運行打包好的交易程式，再使用它配套好的 Cloud Scheduler 來運行。

▲（圖 -GCP Cloud Run 部分截圖）

但我個人還是建議使用 Airflow，因為他可以達到更複雜的操作，複製到其他機器上也容易，甚至架在雲端上也完全沒問題，而且非常強大，再者對同學的技術履歷也是大加分，Airflow 幾乎是做數據的人必備需要學會的工具之一，又是完全免費的，使用 GCP 每個月會被收取一點使用費用，雖然也不是很貴就是了。不過我個人使用 GCP 的原因其實只有兩個，一個是我沒有穩定閒置的電腦可以運行交易程式，所以我放去雲端；再者 GCP 建構排程其實也很容易，我之前有閒置電腦的時候，我也是自建本地端的 Airflow。

但前提是，如果是要安裝 airflow 在本地的話，在目前 airflow 其實是不支援 Windows 的，在 Mac 以及 Linux、Ubuntu 等作業系統環境作用良好。不過現代有 Docker 這樣超級棒的容器技術產生，即便在 Windows 亦或是任何系統，我們都能夠運行例如 Airflow 這樣的系統不受限制。我們會花一點點篇幅來講一下 Docker，但 Docker 技術細節真的是太多了，我們就花 1-2 頁簡介一下，真的要學習 Docker 的話得要去尋求其他資源精進，因為光容器化技術 Docker 就有整整一本書在探討裡面的技術，不是我們一兩個章節可以說完的。所以我們先簡介一下 Docker，然後再來介紹如何透過 Docker 建置 Airflow 環境，並且無論在 Mac、Windows、Ubuntu、Linux 都能暢快運行。

Docker 簡介

因為 Docker 真的是一個太重要細節又太多的東西，完整介紹完幾乎都可以寫一本 500 頁以上的書，所以我們只做簡介，並且後續會說明依照 Airflow 官方的指引，如何透過 Docker 建構出 Airflow 環境，並且在無論何種作業系統中都可以運行，Docker 可愛的鯨魚想必現在已經是做技術的人無人不知無人不曉的了。

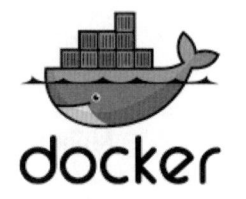

▲（圖 -Docker logo）

5.4 自建 Airflow 排程環境

撇開什麼虛擬化的容器技術這種艱澀難懂的名詞，畢竟我們是講述投資分析技術的書籍，而不是工程書籍，我們用白話來理解 Docker 為何受歡迎以及他為何存在。

我們從最基礎的開始想，今天如果你是一家軟體公司的老闆，你開發了一個 Python 的投資系統 (我們不探討什麼 server-client side 的系統，就單純講一個觸發訊號下單的程式)，你需要為你的 200 台工程師、ui/ux、測試、PM 等等職位的電腦都安裝這個模組，以讓他們可以 co-work。問題來囉，這 200 台電腦中，有 100 台是 Windows XP，50 台是 Linux，20 台是 Mac OS，20 台是 Windows 2020，10 台是 Ubuntu，那這下糟糕了，這些機器裡面他們各自 Python 版本都不同，甚至是沒有 Python，更別提我們系統使用到的套件是不是 Windows 不能用？例如說別人需要 Airflow，哇，那慘了，Windows 裝不了 Airflow，還要在 Windows 中安裝 WSL 虛擬的子系統 Linux 才有辦法。這還只是作業系統面的差異，假設那 20 台 Windows 2020，裡面有 Python 2.7，而且他還必須要 Python 2.7，你是不是還要幫他再建虛擬環境等等。

這種安裝問題想想就麻煩，這時候 VM(Virtual Machines) 就出現了，下圖是 VM 的簡單架構，VM 是想要處理作業系統虛擬化的技術，他底層會有一台非常完善又很大的硬體設施，例如說有 100 core cpu，400 g 記憶體 (我舉例假設，不探討是不是有可能)，但很顯然這麼大一個電腦沒有效率，這時候他可以幫你切割出例如說 50 台 Windows 作業系統的電腦，每一台 2 core cpu，8 g 的記憶體，分給你想要測試、開發、展示這個你開發的投資系統的工程師及 pm 等等，並且可以確保開出來的作業系統環境幾乎一致，除此之外，如果你的團隊想要測試是不是兼容 Linux 系統，他也可以再開一個 linux 作業系統的機器。

第 5 章　該如何進行交易？

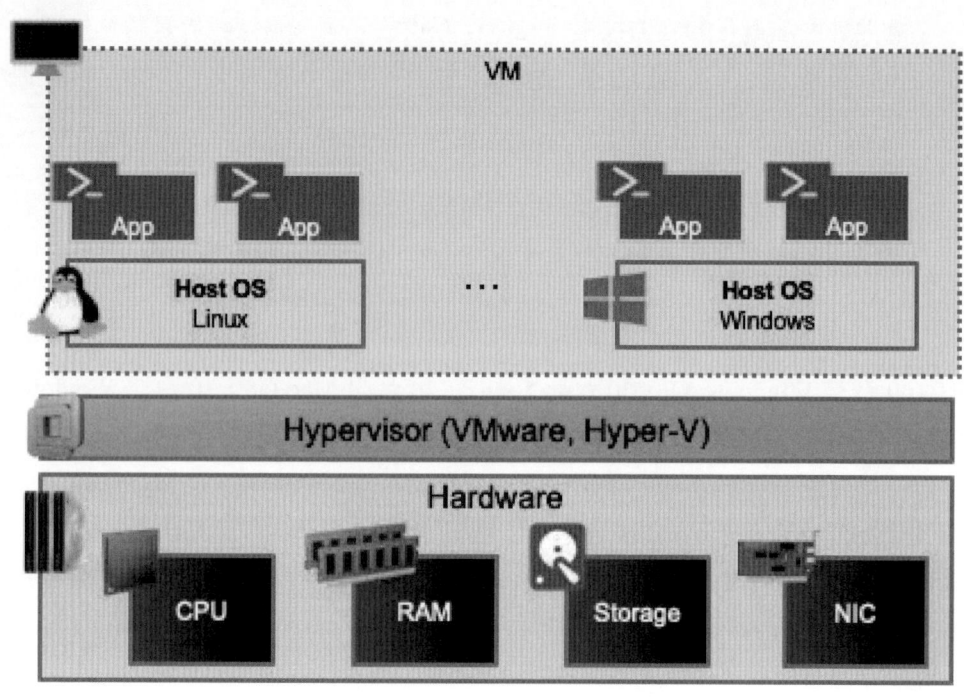

▲（圖 -VM 架構圖，源自 Medium）

　　上述就是 VM 的優點，除了讓你的機器分配更加有效率之外，他也可以確保作業系統中心化，就是由一個例如說 infra 團隊來統一開啟、安裝、分配，但也有顯而易見的小缺點，一個是他啟動虛擬機器雖說比直接安裝一台電腦的作業系統還方便許多，但仍然需要不少的時間，而且進去之後也需要再安裝 Python 等等的 package，其實就開發者的角度來說，仍然有點小麻煩。

　　那說到這裡，無論是個人電腦還是 VM，大家有體認到對工程師來說麻煩的地方在哪裡嗎？-- 沒錯，就是作業系統以及執行環境，有時候我只是需要一個可以跑 Python 的簡單環境而已，我卻要因此安裝 Windows 或是其他的作業系統，進去之後還可能遇到什麼時區問題、作業系統問題，而且資源實在太浪費了，我沒有需要一個完整好用的環境去運行一個簡單的 Python 檔案，這時候 Docker 的好處就來了，我可以把 Docker 的定義檔案給各種不同身份的同事，假設我寫的是後端 server，我想要給前端運行讓他串接，我可以直接把 code 還有 Docker

5.4 自建 Airflow 排程環境

定義檔丟給他，即便他完全不懂 Python、電腦裡面也完全沒有 Python，只要他有 Docker，他就可以無痛運行，也無論他的環境究竟是 Mac 還是 Windows，是不是非常神奇？

那 Docker 是什麼呢？ Docker 是一個開源專案，由 GO 所寫，Docker 有兩個最基本也最重要的概念 (其實還有一個 Registry 的概念，有點像是 Github 的 repo 儲存庫，只是說這是專門儲存 image 的儲存庫，但我們不太會用到這個概念)：

◆ 1.Image 映像檔

可以把它想成是以前我們在玩 VM 的 OS（安裝在虛擬機上的作業系統）。如果沒有用過 VM，也可以稍微理解成裝在個人電腦裡面的作業系統，是一個唯讀的完整操作系統環境，裡面僅僅安裝了必要的應用程序和支援程式。

其實映像檔是一個模板，也就是說，可以用它來重複建立下面要說的 Container，改一改就可以不斷重複的建立各種不同的運行環境，而且其他人拿著你的這個映像檔，他可以完全創造出跟你一樣的環境，不會有什麼在你的電腦可以跑，在他的卻不行的情況。

◆ 2.Container

Container 和 Image 可以理解成一個是實體，一個是定義，Image 是一個定義檔案，而 Container 是根據定義建造出來的環境。

一個 Image 可以串造多個 Container，要理解的話可以想像成一個 Windows 作業系統的映像檔光碟，是不是可以在多個機器裝出一樣的Windows作業系統？只是 Container 更加輕量。如果暫時不談他的虛擬化技術的話，Container 也可以理解成一個小電腦，他彼此之間是互相分離，而且隨時可以被啟動、開始、刪除。

再看看下圖整理的 Container 跟 VM 的差別，我們看左右的差別，裡面的技術細節暫時不探討，重點是右邊的 VM 我們可以看到每一個 App 底下其實都有一個 Guest OS，這就是我們一直在強調的，無論是 VM 還是個人電腦，他之所以麻煩是因為他的底部有一個作業系統需要安裝，可能是 Linux, Windows, Ubuntu 這些的，那安裝這些東西顯然需要一點時間，但 Docker 他只有一個 Host OS 在底部，他每一個 App 都不需要一個這麼獨立的作業系統，裡面是最輕量、最小化我們執行這個 App 需要的東西。一言以蔽之，VM 及個人電腦，我們要運行 App A, App B 等等，需要耗費大量的精神準備作業系統及環境，而且很多可能都跟我們的 App 毫無關係；但如果是 Docker，我們在 Container 裡面安裝的就是最輕量、只有我們的 App 所需要的東西，不安裝跟 App 不相關、不需要的東西，所以他的速度是神速。

CONTAINERS

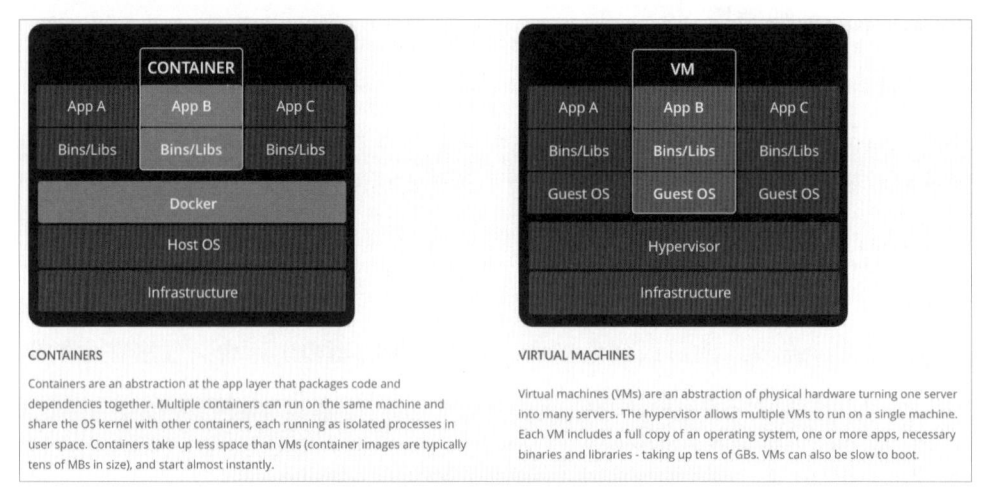

Containers are an abstraction at the app layer that packages code and dependencies together. Multiple containers can run on the same machine and share the OS kernel with other containers, each running as isolated processes in user space. Containers take up less space than VMs (container images are typically tens of MBs in size), and start almost instantly.

VIRTUAL MACHINES

Virtual machines (VMs) are an abstraction of physical hardware turning one server into many servers. The hypervisor allows multiple VMs to run on a single machine. Each VM includes a full copy of an operating system, one or more apps, necessary binaries and libraries - taking up tens of GBs. VMs can also be slow to boot.

▲（圖 -Container 及 VM 架構比較）

所以很直觀的就可以感受到，VM 或是個人電腦，他的環境創建及啟動，最快也需要幾分鐘，而且需要裝很多無關的東西，所以容量最基礎也需要 GB 等級，效能也較慢；但 Docker 他因為非常非常輕量，專為了那個 App、系統或是 Python 執行檔而生，所以他啟動幾乎是秒開，容量需要也非常低，常常甚至 100-200 MB 就綽綽有餘。

我們來看下圖，感受一下一個簡單的 Python 的 Docker 執行環境有多簡單 (當然 Docker 可以達成很複雜的操作)，看這份定義檔。我們一開始選擇我們要的基礎映像，像我們選擇 python:3.9-slim，他會去 docker 的官方儲存庫中，找一個非常輕量但是裡面幫我們裝好 python 的基礎映像，就直接把他想成我們開了

5.4 自建 Airflow 排程環境

一個只有 python 3.9 的機器，裡面非常乾淨，然後假設我們的程式叫做 app.py，我們只需要把本地的 code 透過 Copy 複製進去容器裡，然後像我們一般在自己的電腦中一樣，安裝套件包，然後執行 app.py，我們只要把這個定義檔給別人，還有我們那一包包含 app.py 的資料夾，無論對方會不會寫 Python，無論什麼做作業系統，他只要有 Docker，就能運行你的 code，並且跑出跟你一模一樣的結果。總之這是 Dockerfile，可以把它理解為工程藍圖，我們的 Docker 會依照我們寫的藍圖，去蓋房子出來，而房子就是 Container，也就是一個乾淨超輕量環境，專門為了運行 app.py 而生的環境。

```dockerfile
# 使用官方 Python 基礎映像
FROM python:3.9-slim

# 設置工作目錄
WORKDIR /app

# 複製當前目錄的內容到容器內
COPY . .

# 安裝必要的套件
RUN pip install --no-cache-dir -r requirements.txt

# 設置預設的指令執行
CMD ["python", "app.py"]
```

▲（圖 -Dockerfile 示意圖）

不過話又說回來，我們是以工程師開發的角度去看個人電腦、VM 及 Docker，他們之間並不是互相取代的關係，他們每一個都有不可取代之處。個人電腦的 OS 著重在個人使用，所以以方便易懂的作業系統介面為主，並且給予個人辦公及使用的自由性;VM 也不是為了環境統一而生的，這個技術著重在分享硬體資源的技術，讓資源分享更有效率，能夠達到環境統一，只是單純 VM 通常是中心化管理的，是一個團隊在處理，自然能夠安裝出環境比較接近一致的電腦;而 Docker 是為了容器即服務而誕生的,他的裡面是一個系統、app、一個程序,無論大小,都有一個自己乾淨的執行環境,這個執行環境小而美、乾淨而且安裝啟動都飛快,但他的缺點也顯而易見,他是 for 一個服務或系統的乾淨環境,沒辦法像個人電腦這樣,你忽然想裝一個系統就隨意安裝。

一言以蔽之的話,個人電腦是著重在使用者體驗;Docker 是以 app 或是系統為單位建置的技術;VM 是以作業系統為單位建置的技術。

◆ Docker 安裝

安裝的話基本就是請大家搜尋 Docker 找到屬於自己的作業系統再順順的安裝就行了,我們再如何安裝這裡就不贅述了,我目前安裝的 5-7 台電腦都蠻順利的,沒有特別遇到什麼問題。

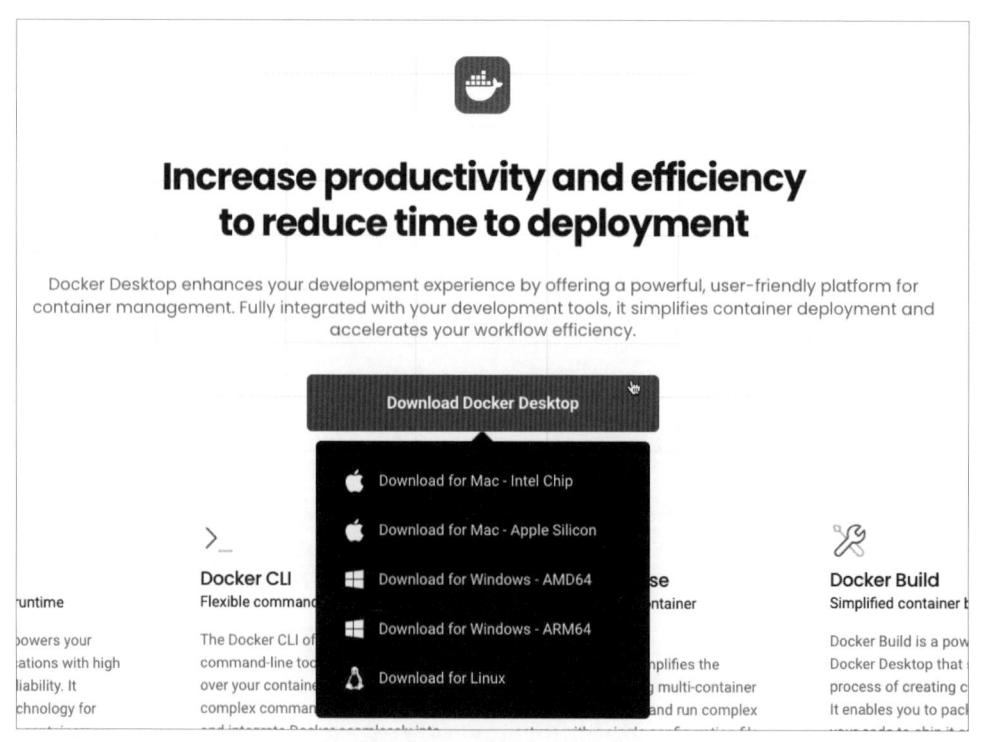

▲(圖 -docker 下載的介面)

5.4 自建 Airflow 排程環境

另外提醒 Docker 是需要打開及關閉的哦,像我現在是用 Mac,我如果重新啟動電腦需要 Docker 我會點擊 Docker 把它打開才能使用。平常如果沒有要用可以關閉 Docker,因為他佔的資源也不少。

▲(圖 -Docker 啟動後的 logo)

要確認有沒有安裝成功或是有沒有正確開啟可以簡單下一個指令測試看看,例如看一下 Docker 的版本。

```
docker --version
Docker version 20.10.21, build baeda1f
```

▲(圖 -docker 指令,查看版本)

一些基本的指令還有介面我們就在後續建置完 Airflow 再來看一下囉。

Airflow 簡介

我們現在要介紹鼎鼎大名的 Airflow– 這個幾乎在業界大部分 Python 團隊中都可以見到的排程器,即便未來不走交易,學會 Airflow 絕對是大加分,相對於其他的排程器。甚至許多讀者在看本書前,可能已經對這一套工具瞭若指掌。

▲(圖 -Airflow 官方圖)

5-133

第 5 章 該如何進行交易？

Airflow 是一個專為工作流程自動化設計的開源平台。它讓開發者能夠以程式碼的形式定義、排程和監控複雜的任務流。無論是資料處理、機器學習模型訓練還是系統整合，Airflow 都能提供靈活的解決方案。最重要的是，它以 Python 程式式碼編寫，並以 DAG（Directed Acyclic Graph，有向無環圖）的形式來組織工作流程。

上面的這段話是很官方色彩的介紹文，白話說就是 DAG 是一種演算法，他顧名思義沒有環，永遠不走回頭路，不斷向前進，好處是 DAG 可以隨時重新繪製，隨時重新定義任務跟任務之間的順序關係。

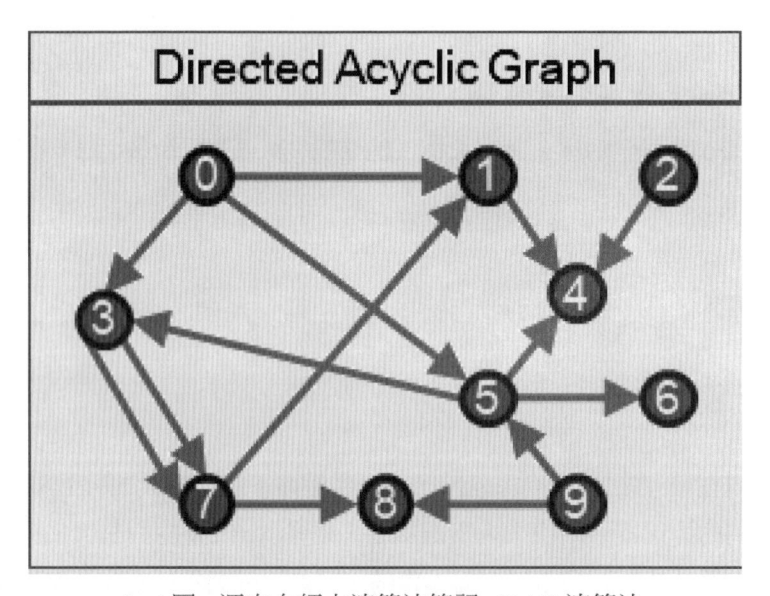

▲ (圖 - 源自台師大演算法筆記 –DAG 演算法 , https://web.ntnu.edu.tw/~algo/DirectedAcyclicGraph.html)

而放在排程器 Airflow 中，這個演算法就是他的核心，代表了任務之間的依賴關係還有執行順序，這類型的東西是 Airflow 的優勢之一，他不只是定義了任務的順序，還可以有依存性，以我們前面交易的例子來說就是，我們先執行 Backtrader 輸出交易訊號，才 call function 去做交易，有了依存性，我們就可以設置成，我前面的 Backtrader 的輸出訊號要成功，我才去 call function 做交易，如果這個依存性不存在，那我們可能會面臨一直下重複單的窘境。

5.4 自建 Airflow 排程環境

我們搭配著下圖看，是官方曾經釋出的一個 Airflow 簡易架構圖，裡面有幾個元素我們可以說明一下：

◆ 1. Scheduler（排程器）

負責監控 DAG 定義，並安排任務的執行順序。它會根據排程配置的時間間隔啟動任務。可以把它想像成是 Airflow 的核心，只要按照他的規範寫排程設定檔，他就會掃描出來幫你列出排程並在指定的時間跟方式去運行。

◆ 2. Executor（執行器）

實際執行任務的模組。會由執行器去執行我們定義好的任務。根據需求，可以選擇不同的執行器類型，例如：

- SequentialExecutor：單執行緒，適合本地測試。
- LocalExecutor：多執行緒，適合小型部署。
- CeleryExecutor 和 KubernetesExecutor：分散式執行，適合生產環境。

以我們的情況應該會選擇 LocalExecutor 或是 SequentialExecutor，一般來說在使用雲環境的業界，KubernetesExecutor 是更常見的執行器的選擇，這樣就可以做到一個任務分配一台專門給他的小而美，環境又乾淨的機器，有些同學可能會覺得費用會很高，其實只要有精準使用機器，那個花費其實並不貴，我們買日常電腦是因為還有例如作業系統等等的授權才貴，如果只是單純執行 py 檔，而且可能只需要 1 core cpu，2 g memory 的小機器，其實很便宜，更何況說他只有你執行排程的那幾分鐘跟你收機器錢而已，執行完關閉機器就不收錢了，效率其實相當高。

◆ 3. Webserver（網頁伺服器）

提供友好的用戶介面，讓你可以通過瀏覽器查看 DAG 狀態、排程細節和執行日誌。這也是 airflow 吸引人的主因之一，他有一個很漂亮的介面給你管理排程。而且還有做到根據使用者去進行權限控管的功能。

5-135

◆ 4. Metadata Database（執行資料資料庫）

用來記錄 DAG、任務執行狀態、日誌和排程結果等所有相關資訊。這也是蠻重要的功能，他可以讓我們知道排程執行的情況。

◆ 5. DAG

是 Airflow 的核心概念，表示任務之間的依賴關係與執行順序。每個 DAG 都由一系列任務組成，這些任務依據預定的邏輯執行。雖然聽起來很饒口，但是從實務面來說，DAG 在 Airflow 中的呈現方式其實就是一個資料夾，我們把定義好的排程丟進這個資料夾裡，他就會掃描並建立、執行排程，我是說從表面上來看，當然從技術上來看不是這樣。

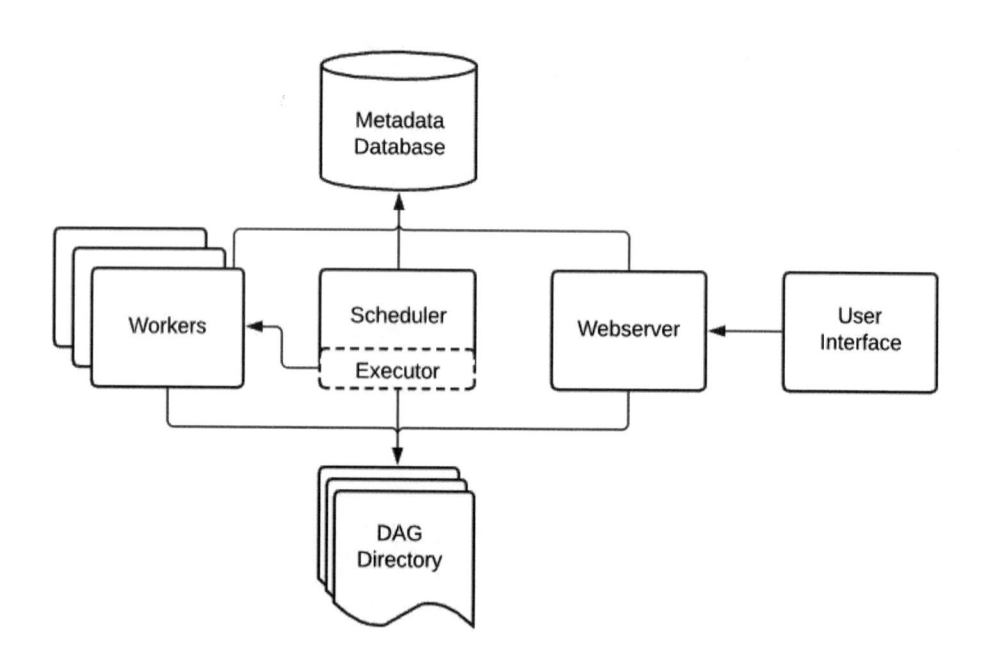

▲（圖 -Airflow 簡易架構圖）

5.4 自建 Airflow 排程環境

Airflow 會相當吸引人除了他是功能非常完善的排程器之外，他還提供了漂亮好用的介面、跟雲端也有高度整合，雲地都可以、權限控管也能做到、排程警告跟 Log 等等也非常完整，幾乎是缺點最少的排程器了，而且他的排程功能真的非常的全面，大家能想到的各種排程執行情境他幾乎都能做到。概念我們就講到這裡，我們直接操作，同學可能會更有感覺。

◆ 在本地建置 Airflow 環境 – 透過 Docker 建置

我們透過 Docker 來建置 Airflow 的話，在 Windows 還是 Mac 都是沒問題的，我們會按照 Airflow 官方標準的方式來建置。

我們會走一遍這一篇比較簡要的流程，詳細資訊同學也可以上網看一下。

Home / How-to Guides / Running Airflow in Docker

Running Airflow in Docker

This quick-start guide will allow you to quickly get Airflow up and running with the CeleryExecutor in Docker.

▲（圖 -Airflow 官方透過 Docker 建置的教學文件）

其實整篇講了很詳細的應用，但我們要用 Docker 建置起 Airflow 的步驟超乎想像的簡單。首先要請同學打開 Docker，可以點開 Docker Desktop，透過介面去理解確認會更簡單，我這裡使用的電腦是 Mac，但我想 Windows 應該也差不多，同學可以切換去 Images 的那個頁籤。

第 5 章 該如何進行交易？

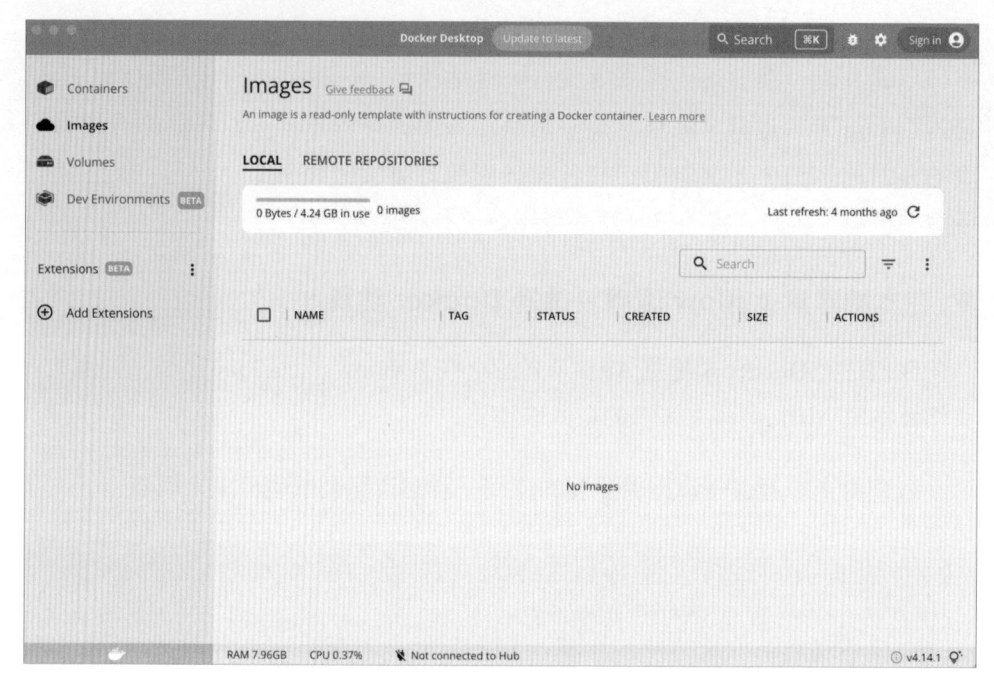

▲（圖 -Mac 中啟動 Airflow 的介面）

◆ 下載官方的 Docker Compose

我有在 5-4 的 folder 裡面放一個 txt 檔案儲存指令，首先我們透過 curl LfO 的方式去下載 Airflow 官方幫我們準備好的標準的 Docker Compose，這邊要注意一下在下這個指令的時候請先用 cd 的語法進入到讀者的專案資料夾哦，例如說我會 cd 到 5-4 這個 folder 裡面，才下載這個指令，後續會比較簡單操作。

```
========================cmd =====================
curl-LfO 'https://airflow.dev.org.tw/docs/apache-airflow/2.9.2/docker-compose.yaml'
```

5-138

5.4 自建 Airflow 排程環境

下載完之後會有下面這樣的結果。

```
~/Documents/dev/BookCodeV1/Chapter5/5-3 git:(main) (0.8s)
curl -LfO 'https://airflow.dev.org.tw/docs/apache-airflow/2.9.2/docker-compose.yaml'
  % Total    % Received % Xferd  Average Speed   Time    Time     Time  Current
                                 Dload  Upload   Total   Spent    Left  Speed
100 11340  100 11340    0     0  15719      0 --:--:-- --:--:-- --:--:-- 15994
```

▲ (圖 - 下載 Docker Compose)

此時我們應該就可以在資料夾中看到一個 ocker-compose.yaml 的檔案。

```
∨ 5-3
    創建 airflow commend.txt
    docker-compose.yaml
```

▲ (圖 - 下載完後本地出現 docker-compose.yaml)

Docker Copose 的細節我們在這裡不贅述，但是要簡單理解的話，可以把他想成一個集合體，他幫你把很多要用的系統都幫你準備好，你使用這個 yaml 檔案建置可以一次建置好很多個 Image。可以很直觀地想，如果我們要建置起一個 Airflow 服務，會需要以下這些服務來支援：

```
This file contains several service definitions:

• airflow-scheduler  - The scheduler monitors all tasks and DAGs, then triggers the task instances once their
  dependencies are complete.
• airflow-webserver  - The webserver is available at http://localhost:8080.
• airflow-worker  - The worker that executes the tasks given by the scheduler.
• airflow-triggerer  - The triggerer runs an event loop for deferrable tasks.
• airflow-init  - The initialization service.
• postgres  - The database.
• redis  - The redis - broker that forwards messages from scheduler to worker.
```

▲ (Airflow 官網 Docker Compose 所建置的 Airflow 服務)

5-139

第 5 章 該如何進行交易？

今天如果沒有 Docker Compose，我們就不能做事了嗎？當然不是，只是說你可能要用繁雜的指令分別建置起每一個服務才可使用，而 Docker Compose 是幫你包好了這些設置，讓你可以簡單下個指令，就按照官方建議的規格把那些服務都透過 Docker 建置好。其實在 Mac 或是 Linux 本地不透過 Docker 建置 Airflow 也沒有多困難，要下的指令應該也在 10 個以內，但是還是透過 Docker 來建置的會稍微比較完整而且比較穩健，畢竟是官方建議的。

如果讀者的電腦沒辦法下這個指令，其實可以直接去那個 https 的那個網站，就是他 curl-LfO 後面的那個目標網址，網址貼到瀏覽器上會是一個文字，把他全部複製起來，在本地開一個 txt 檔案，然後貼上，把副檔名改成 .yaml，也有一樣的效果。

接著一樣在我們下載那個 yaml 檔案的路徑中下以下得指令即可。

```
========================cmd =====================
docker compose up airflow-init
```

我們的 Airflow 服務就透過 Docker 在建置中囉。

```
~/Documents/dev/BookCodeV1/Chapter5/5-3 git:(main)
docker compose up airflow-init
WARN[0000] The "AIRFLOW_UID" variable is not set. Defaulting to a blank string.
WARN[0000] The "AIRFLOW_UID" variable is not set. Defaulting to a blank string.
[+] Running 1/39
 ∴ postgres Pulling
   ∷ fd674058ff8f Already exists
   ∷ 503beb04f504 Waiting
   ∷ a1fdc53615e7 Waiting
[+] Running 1/455 Waiting
 ∴ postgres Pulling
   ∷ fd674058ff8f Already exists
   ∷ 503beb04f504 Waiting
   ∷ a1fdc53615e7 Waiting
[+] Running 1/455 Waiting
 ∴ postgres Pulling
   ∷ fd674058ff8f Already exists
   ∷ 503beb04f504 Waiting
   ∷ a1fdc53615e7 Waiting
[+] Running 1/455 Waiting
 ∴ postgres Pulling
   ∷ fd674058ff8f Already exists
   ∷ 503beb04f504 Waiting
   ∷ a1fdc53615e7 Waiting
```

▲（圖 -Docker 初始建置 Airflow 服務）

5.4 自建 Airflow 排程環境

建置完之後我們就可以在 Images 的介面中，看到在電腦本地 local 中有三個主要的 Image，這三個都是 Airflow 的服務會用到的。

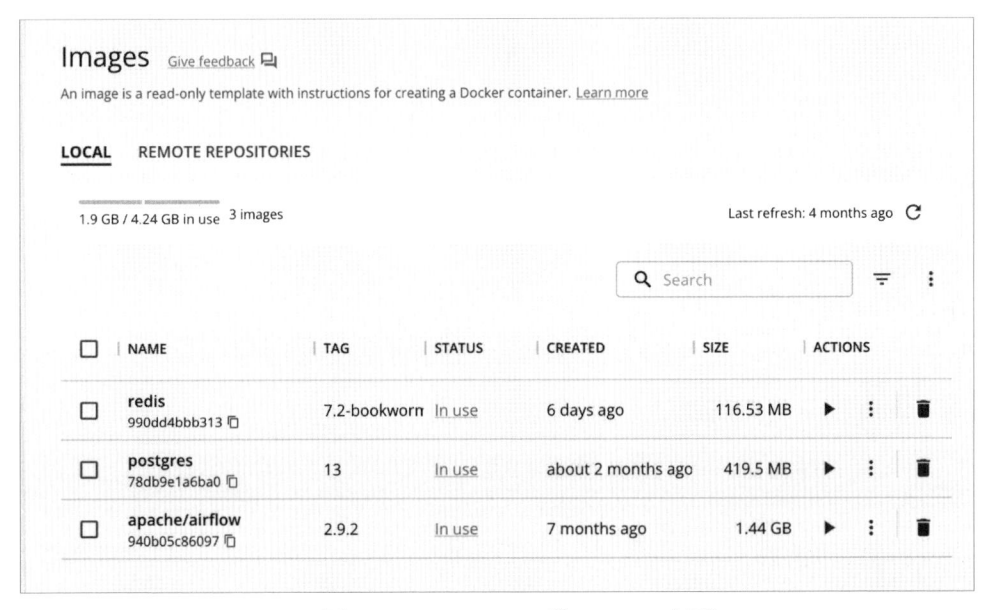

NAME	TAG	STATUS	CREATED	SIZE
redis 990dd4bbb313	7.2-bookworn	In use	6 days ago	116.53 MB
postgres 78db9e1a6ba0	13	In use	about 2 months ago	419.5 MB
apache/airflow 940b05c86097	2.9.2	In use	7 months ago	1.44 GB

▲（圖 -Docker Desktop 的 Images 介面）

接下來在左方的導覽上面，點選 Containers 我們就可以看到他已經幫我們建置好一個 Containers，也就是容器，我們啟動他 Airflow 就完成囉。

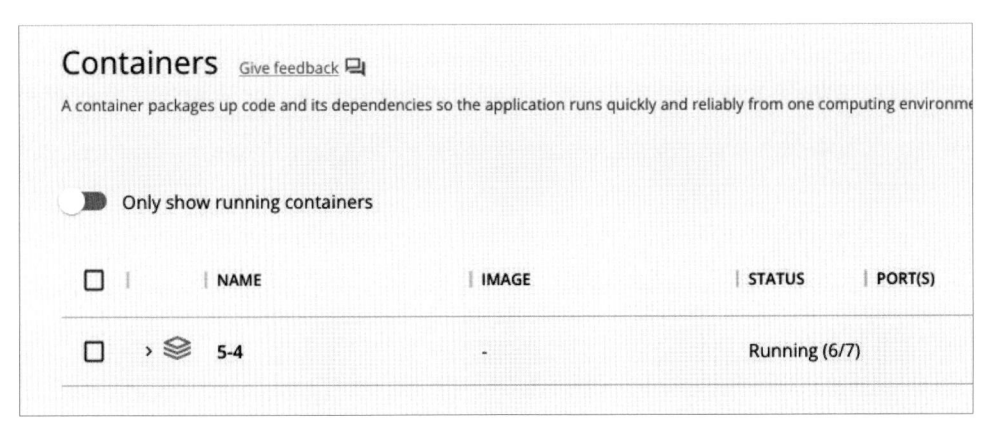

NAME	IMAGE	STATUS	PORT(S)
5-4	-	Running (6/7)	

▲（圖 -Docker Desktop 的 Containers 介面）

5-141

要查看一下自己的服務有沒有啟動，可以在瀏覽器中造訪 http://0.0.0.0:8080，本地端就有一個 Airflow 可以看到了。

▲（圖 - 在本地 http://0.0.0.0:8080 的 Airflow website ui）

如果沒有看到網頁，要確保自己的 Airflow 的 Containers 是不是有 run 起來，可以 cd 到我們放 Docker Compose 的路徑，像我是放在 5-4 的 folder 裡面，我們進去之後下以下指令，就可以確保 Airflow 服務在本地正被啟動了。

======================cmd ======================

docker compose up

我們下指令之後就可已看到他 run 起了多個 Containers，不過這個要起動一陣子，沒有這麼快，請同學去上個廁所倒個咖啡稍微等待一下。

```
~/Documents/dev/BookCodeV1/Chapter5/5-3 git:(main)
docker compose up
WARN[0000] The "AIRFLOW_UID" variable is not set. Defaulting to a blank string.
WARN[0000] The "AIRFLOW_UID" variable is not set. Defaulting to a blank string.
[+] Running 7/0
 ⋮ Container 5-3-redis-1               Running
 ⋮ Container 5-3-postgres-1            Running
 ⋮ Container 5-3-airflow-init-1        Created
 ⋮ Container 5-3-airflow-triggerer-1   Created
 ⋮ Container 5-3-airflow-scheduler-1   Created
 ⋮ Container 5-3-airflow-webserver-1   Created
 ⋮ Container 5-3-airflow-worker-1      Created
```

▲（圖 -docker compose up 啟動 Airflow）

5.4 自建 Airflow 排程環境

　　如果能夠在本地端看到 http://0.0.0.0:8080 的網頁內容，我們就成功了。透過他這種方式建置的話，他會幫我們建置一組初始密碼，帳密是 airflow/airflow，輸入之後就可以看到下面的畫面囉。

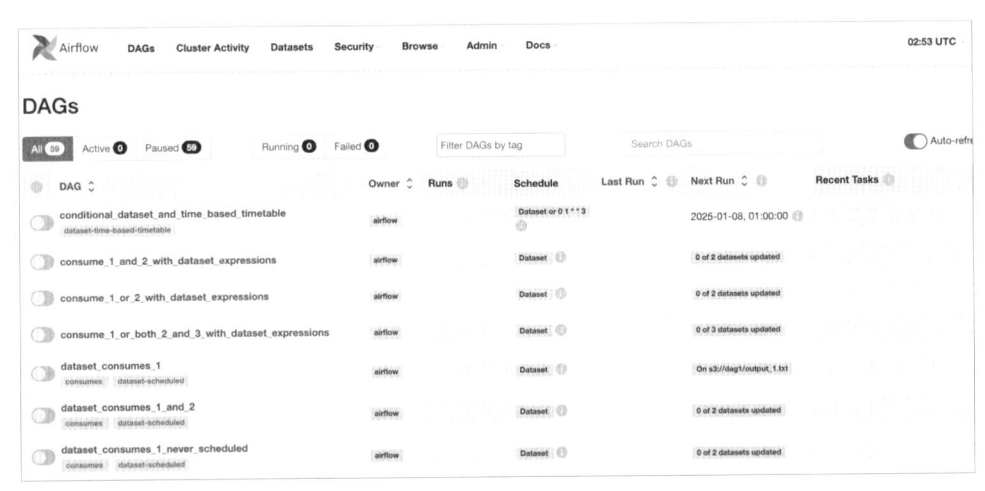

▲（本地 Airflow web ui 呈現的範例排程）

◆ 調整時區及取消範例排程

　　不過我們現在先來調整兩個小問題，再來把我們兩個想要執行的交易放進去排程，首先第一件事情是，我們上面有一大堆根本沒看過的排程，這些是官方的範例排程，第二件事情是，他的日期是 UTC，我們需要的日期是 UTC+8，我們需要調整一下時區。

　　我們打開 docker-compose.yaml，找到下圖的這個位置，並注意紅框處，我們把 AIRFLOW__CORE__LOAD__EXAMPLES 設為 false，把他給的範例隱藏掉，然後新增一個變數，AIRFLOW__CORE__DEFAULT__TIMEZONE 把它設為 Asia/Taipei，代表設為台灣的時區。

```
 43    #                                     ueiduit.
 44    #
 45    # Feel free to modify this file to suit your needs.
 46    ---
 47    x-airflow-common:
 48      &airflow-common
 49      # In order to add custom dependencies or upgrade provider packages you can use your extended image.
 50      # Comment the image line, place your Dockerfile in the directory where you placed the docker-compose.y
 51      # and uncomment the "build" line below, Then run `docker-compose build` to build the images.
 52      image: ${AIRFLOW_IMAGE_NAME:-apache/airflow:2.9.2}
 53      # build: .
 54      environment:
 55        &airflow-common-env
 56        AIRFLOW__CORE__EXECUTOR: CeleryExecutor
 57        AIRFLOW__DATABASE__SQL_ALCHEMY_CONN: postgresql+psycopg2://airflow:airflow@postgres/airflow
 58        AIRFLOW__CELERY__RESULT_BACKEND: db+postgresql://airflow:airflow@postgres/airflow
 59        AIRFLOW__CELERY__BROKER_URL: redis://:@redis:6379/0
 60        AIRFLOW__CORE__FERNET_KEY: ''
 61        AIRFLOW__CORE__DAGS_ARE_PAUSED_AT_CREATION: 'true'
 62        AIRFLOW__CORE__LOAD_EXAMPLES: 'false'
 63        AIRFLOW__CORE__DEFAULT_TIMEZONE: 'Asia/Taipei'
 64        AIRFLOW__WEBSERVER__DEFAULT_UI_TIMEZONE: 'Asia/Taipei'
 65        AIRFLOW__API__AUTH_BACKENDS: 'airflow.api.auth.backend.basic_auth,airflow.api.auth.backend.session'
```

▲（圖 -docker-compose.yaml 的設定）

為了確保時區沒有問題，通常我會準備 airflow.cfg，也就是他的 config 檔，然後把裡面的 timezone 變數也改一下。不過正常來說，我們前面 docker-compose.yaml 的 AIRFLOW__CORE__DEFAULT_TIMEZONE 設為 Asia/Taipei 時區應就無問題，但保險起見我都會調整。

我們 cd 到 config 的資料夾裡，下載 airflow.cfg，就能獲得 airflow 的預設 config 檔。

======================cmd =====================
airflow config list--defaults >〝airflow.cfg〞

```
~/Documents/BookCodeV1/Chapter5/5-4/config git:(main)±20
airflow config list --defaults > "airflow.cfg"
```

▲（圖 -cmd 下指令獲取 airflow.cfg）

5.4 自建 Airflow 排程環境

我們打開 config 資料夾裡面的 airflow.cfg 中,搜尋到 default_timezone,如果他有註解的話把註解打開,並把他換成 Asia/Taipei。

```
Chapter5 > 5-4 > config > ✿ airflow.cfg
28    #
29    # .. code-block:: python
30    #
31    #     def func_name(file_path: str, zip_file: zipfile.ZipFile | None = None) -> bool: ...
32    #
33    # Variable: AIRFLOW__CORE__MIGHT_CONTAIN_DAG_CALLABLE
34    #
35    # might_contain_dag_callable = airflow.utils.file.might_contain_dag_via_default_heuristic
36
37    # Default timezone in case supplied date times are naive
38    # can be `UTC` (default), `system`, or any `IANA <https://www.iana.org/time-zones>`
39    # timezone string (e.g. Europe/Amsterdam)
40    #
41    # Variable: AIRFLOW__CORE__DEFAULT_TIMEZONE
42    #
43    default_timezone = Asia/Taipei
```

▲(圖 - 修改 airflow.cfg 裡面的 default_timezone)

接著我們在回去 docker-compose.yaml 中,搜尋被他註解掉的 AIRFLOW_CONFIG 這個變數,我們把這個註解打開,代表我們要使用自己定義的 airflow.cfg。

```
AIRFLOW__CORE__LOAD_EXAMPLES: 'false'
AIRFLOW__API__AUTH_BACKENDS: 'airflow.api.auth.backend.basic_auth,airflow.api.auth.backend.session
AIRFLOW__CORE__DEFAULT_TIMEZONE: Asia/Taipei
# yamllint disable rule:line-length
# Use simple http server on scheduler for health checks
# See https://airflow.apache.org/docs/apache-airflow/stable/administration-and-deployment/logging-
# yamllint enable rule:line-length
AIRFLOW__SCHEDULER__ENABLE_HEALTH_CHECK: 'true'
# WARNING: Use _PIP_ADDITIONAL_REQUIREMENTS option ONLY for a quick checks
# for other purpose (development, test and especially production usage) build/extend Airflow image
_PIP_ADDITIONAL_REQUIREMENTS: ${_PIP_ADDITIONAL_REQUIREMENTS:-}
# The following line can be used to set a custom config file, stored in the local config folder
# If you want to use it, outcomment it and replace airflow.cfg with the name of your config file
AIRFLOW_CONFIG: '/opt/airflow/config/airflow.cfg'
```

▲(圖 - 打開 docker compose yaml,打開 AIRFLOW_CONFIG 的註解)

5-145

改完之後，我們先下語法關閉現在的 Airflow Containers

======================cmd ====================
docker compose down

或是有時候確保環境乾淨我會把他全部砍掉重新建置一次，也可以選擇下這個指令。

======================cmd ====================
docker compose down--volumes--rmi all

然後再把他重新啟動一次。

======================cmd ====================
docker compose up

等他跑完之後，再次打開網頁登入後，我們就可以看到介面變得非常乾淨，已經沒有他給的測試的排程了。

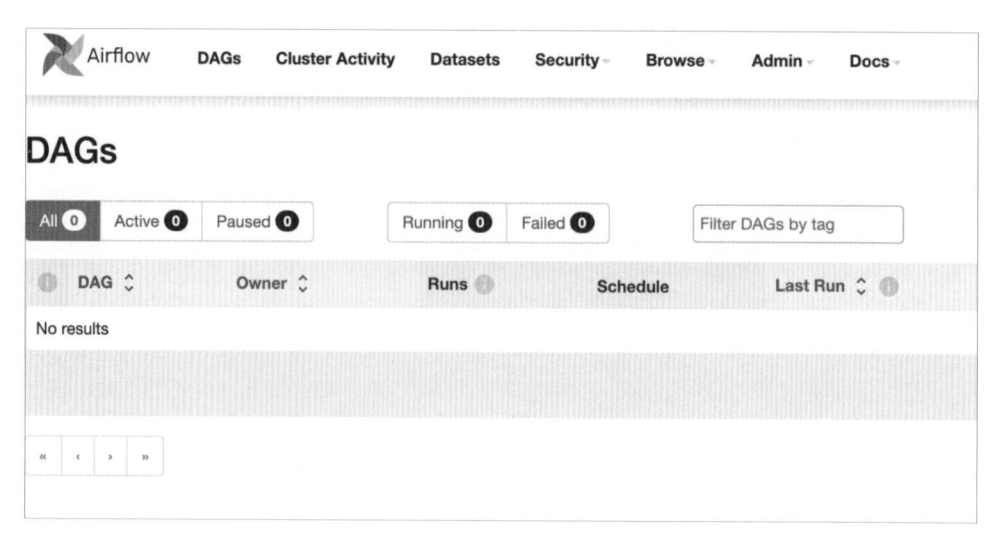

▲（圖 -Airflow website ui 介面 – 清除掉範例排程）

5.4 自建 Airflow 排程環境

另外右上方我們也可以看到有一個 +8 的選項可以選，選下去之後我們就可以得到現在的時間了。

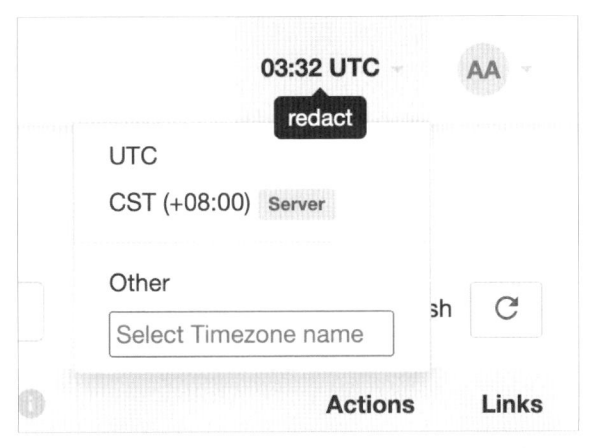

▲ （Airflow website ui 介面 – 調整 UTC+8 時區）

好，至此我們完成了本地建置 airflow，其實總結來說步驟相當簡單：

1. 安裝 Docker

2. 下指令 **curl-LfO 'https://airflow.dev.org.tw/docs/apache-airflow/2.9.2/docker-compose.yaml'**，獲取 docker-compose.yaml，如果無法使用指令，則可以用手動的或取

3. 下指令 **docker compose up airflow-init**，開始建置 Airflow 的 Image&Container

4. docker compose up 啟動

如果不需調整時區的話，大致上是這樣，如果調整時區的話，需要再加上：下指令獲取 airflow.cfg 更改 timezone-> docker yaml 更改時區變數並取消 airflow.cfg 的路徑註解 -> 重建。

接著我們就要把股票還有期貨的交易 code 整合進來了。

第 5 章　該如何進行交易？

◆ 如何寫一個 Airflow 排程 –DAG&Operator

寫一個 airflow 排程有非常大的學問，如 Docker 一般一個完整的 Airflow 教學可以寫成一本書，但一般來說，一個完整寫成書的 airflow 教學，是 for 同學會具備能力在一個頗具規模的公司建立完整的 Airflow 體系，包含透過 DAG config 快速上架排程、如何部署在雲端上善用可伸縮性、排程基於 Slack 的通知、如何建置在正式環境等等議題，但我們如果是個人交易，我認為我們 focus 在投資分析技術及如何做交易上面，在 Airflow 排程這方面 fit 到我們的需求即可。

如果認同的話，那我們其實大致上掌握一些排程的寫法，DAGs 及 Operators 即可，我們就繼續看下去囉，當然讀者對完整學習 Airflow 很有興趣也絕對沒問題，坊間有許多書籍是專門在講 Airflow 的。

回歸正題，要建置一個 for 我們情境的排程，其實我們只需要掌握 DAG 的寫法即可，DAG 的寫法有三種，第一種是我們呼叫 with DAG，然後在裡面聲明這個排程的名字、起始時間、還有 schedule，也就是多久執行一次，daily 顧名思義就是每日都跑，他後續還需要定義 Operators，不過 Operators 我們後續再來討論。第一個寫法也是我個人最習慣的寫法。

```python
import datetime

from airflow import DAG
from airflow.operators.empty import EmptyOperator

with DAG(
    dag_id="my_dag_name",
    start_date=datetime.datetime(2021, 1, 1),
    schedule="@daily",
):
    EmptyOperator(task_id="task")
```

▲（圖 -DAG 的第一種寫法 –with DAG）

5.4 自建 Airflow 排程環境

第二個寫法是使用 Python 的裝飾器，其實只是寫法不同，達成的效果跟需要填寫的東西都是一樣的。

```python
import datetime

from airflow.decorators import dag
from airflow.operators.empty import EmptyOperator


@dag(start_date=datetime.datetime(2021, 1, 1), schedule="@daily")
def generate_dag():
    EmptyOperator(task_id="task")


generate_dag()
```

▲（圖 -DAG 的第二種寫法 –@dag 裝飾器）

第三種寫法是直接賦予他一個變數。

```python
import datetime

from airflow import DAG
from airflow.operators.empty import EmptyOperator

my_dag = DAG(
    dag_id="my_dag_name",
    start_date=datetime.datetime(2021, 1, 1),
    schedule="@daily",
)
EmptyOperator(task_id="task", dag=my_dag)
```

▲（圖 -DAG 的第二種寫法 – 賦予變數）

5-149

第 5 章 該如何進行交易？

Airflow DAGs 的 schedule 相當重要，除了前面的 daily 每天執行之外，他還有 once 只執行一次的選項，continuous 是不間斷地持續運行，對我來說我最常用的還是第一個選項，0 0 * * *，這個是 cron 表達式，這個不算是 Airflow 的專利，算是一種公定的語法，定義什麼時候執行的一個語法，在其他的排程器甚至是很多場合都有這樣的寫法。

```
with DAG("my_daily_dag", schedule="0 0 * * *"):
    ...

with DAG("my_one_time_dag", schedule="@once"):
    ...

with DAG("my_continuous_dag", schedule="@continuous"):
    ...
```

▲（圖 -DAG 的 schedule）

這個 cron 的寫法我們可以多著墨一下，它是由五個位數組成的，第一個表達了在幾分開始、第二個是時、第三個是日、第四個是月、第五個是星期幾，如果無需設置則保留星星 * 即可。

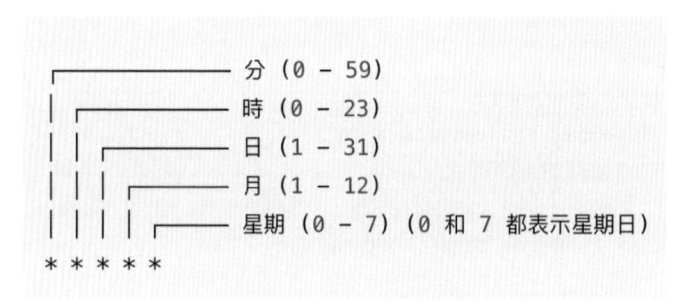

```
┌─────────── 分 (0 - 59)
│ ┌───────── 時 (0 - 23)
│ │ ┌─────── 日 (1 - 31)
│ │ │ ┌───── 月 (1 - 12)
│ │ │ │ ┌─── 星期 (0 - 7) (0 和 7 都表示星期日)
* * * * *
```

▲（圖 -cron 的定義）

5-150

5.4 自建 Airflow 排程環境

這裡是一些範例，我們可以看到各種不同的排列組合的結果。例如說第一個每天早上 9 點執行，我們不指定在哪一天、月、星期幾，我們就可以直接這樣寫，當想要控制日期或月份的時候，我們才在那個位置填上數字。

Cron 表達式	描述
`0 9 * * *`	每天上午 9:00 執行一次
`30 14 * * 1`	每週一下午 2:30 執行一次
`0 8-18/2 * * *`	每天 8:00 到 18:00，每兩小時執行一次
`0 0 1 * *`	每月 1 日的午夜執行一次
`0 6 1 1 *`	每年 1 月 1 日上午 6:00 執行一次

▲（圖 -cron 的範例）

除了 cron 之外，剛剛有提到 Airflow 官方其實有提供一些簡單的選項，例如說 @once、@daily 或是 @weekly 等等，其實他也是用 cron 表達式可以處理的，所以理解 cron 表達式絕對是沒有壞處的。

preset	meaning	cron
`None`	Don't schedule, use for exclusively "externally triggered" DAGs	
`@once`	Schedule once and only once	
`@hourly`	Run once an hour at the beginning of the hour	`0 * * * *`
`@daily`	Run once a day at midnight	`0 0 * * *`
`@weekly`	Run once a week at midnight on Sunday morning	`0 0 * * 0`
`@monthly`	Run once a month at midnight of the first day of the month	`0 0 1 * *`
`@yearly`	Run once a year at midnight of January 1	`0 0 1 1 *`

▲（圖 -Airflow 提供的 schedule 說明及對應到的 cron）

第 5 章 該如何進行交易？

再來是 Operators，我們的 DAG 主要是在定義排程的設定，包含什麼時候要執行、排程的名字、owner 等等的基本資訊，有點像是設定檔，重點要執行什麼會由 Operators 來執行，所以 DAG 裡面如前面的例子，我們也會需要定義 Operators。

這是官方的範例，在一個 DAG 中，我們可以自由定義 Operators，然後用超級直觀的方式就可以敘述這兩個 Operators 的執行順序，是不是其實超簡單的？簡單到我好像也不知道要特別說明什麼。

```
Operators
An Operator is conceptually a template for a predefined Task, that you can just define declaratively inside your DAG:

with DAG("my-dag") as dag:
    ping = HttpOperator(endpoint="http://example.com/update/")
    email = EmailOperator(to="admin@example.com", subject="Update complete")

    ping >> email
```

▲（圖 -Airflow 官方 Operators 說明）

Airflow 的 Operator 有非常多種，下面是基本上最常用的三個 Operators，一個是 BashOperator，通常會把大家下在 cmd 裡面的指令放在這裡；第二個是 PythonOpeator，這是我們最常用的，顧名思義是執行 Python 檔案的 Operators；最後是 EmailOperator，是專門拿來發 email 的 Operators。

- **BashOperator** - executes a bash command
- **PythonOperator** - calls an arbitrary Python function
- **EmailOperator** - sends an email

▲（圖 - 最常用的三個 Operator）

5.4 自建 Airflow 排程環境

當然他的 Operators 不只這樣而已，有非常多處理各種不同問題的 Operators，還包含了許多 db 的操作，當然這些 Operators 他都有幫你封裝很多處理流程，例如說 db 的 Operator，他就會幫你處理好與資料庫連線有關的細節，我們只需要提供帳號密碼即可，當然能不能用 Python Operators 自己處理連線？那當然也沒問題了！

- HttpOperator
- MySqlOperator
- PostgresOperator
- MsSqlOperator
- OracleOperator
- JdbcOperator
- DockerOperator
- HiveOperator
- S3FileTransformOperator
- PrestoToMySqlOperator
- SlackAPIOperator

▲ (圖 - 其他 Operator)

看到這裡，我們基本上把 airflow 最基礎的東西描述了一下，所以我們想要建構一個執行我們交易 code 的排程，只要注意：

1. 想好排程名稱、如何執行，定義 DAG

2. 將要執行的 py 檔案放在指定資料夾裡，透過 PythonOpeator 去執行

3. 決定一下執行順序

剛剛的都只是在講很基礎的概念，如果沒有什麼想法，我們透過後續的實作來感受一下！

5-153

第 5 章　該如何進行交易？

將股票策略加入 Airflow 排程中

我們第一次要把我們自己寫的 code 整合到 Airflow 排程中，所以這一個部分會說的比較多一點，有比較多的前置作業，這裡搞定之後下一個部分放期貨的就會比較簡單一些了。

前置作業有幾個步驟：

1. 我們先將 5-1、5-2 的股票還有期貨的 code 放到 airflow 資料夾中的 DAG 資料夾裡。

2. 改檔名，並將他簡單用 function 包裝，讓 Airflow 的 DAG 可以執行

3. 準備自定義的 Dockerfile，安裝我們需要的套件以及把交易 code 包進去

4. 重新 build Airflow

◆ 建置完整的交易所需環境

不過在開始之前，非常重要的，我還是要再次呼籲，大家在做程式交易的時候要做好萬全的準備，最好不要放著讓他自己跑，期貨我認為勉強還可以，但股票策略我們又剛好是多空都做，坦白說全自動交易困難重重，例如我們要做空，會面臨沒有券可以空、會面臨例如股東會前夕強制回補、會面臨如果當日意外要沖掉空頭部位，還需要簽署空頭部位的當沖相關文件等等，股票的融券放空跟回補其實是挺複雜的。當然技術上我們還是會說要怎麼做，但實際上交易在股票策略中我非常不支持全自動交易，以我們的這種選股情境來說，所以盡可能還是由人為來下單比對庫存。

我們直接來動手做！首先我們把前面 5-1 的股票交易 code 先搬進來 dags 資料夾備用，並且我有改了一下檔名，把前面的贅字都拿掉了。另外要記得 finlab 的 key 的 .env 還有 Shioapac.pfx 永豐的 ca 的檔案也要放進來，還有第一章節的 utils 我們也一起丟進來。至於 dags_execute_stock_trades.py 是我們等一下要寫得排程檔案，我先放著，讀者可以先忽略。

5.4 自建 Airflow 排程環境

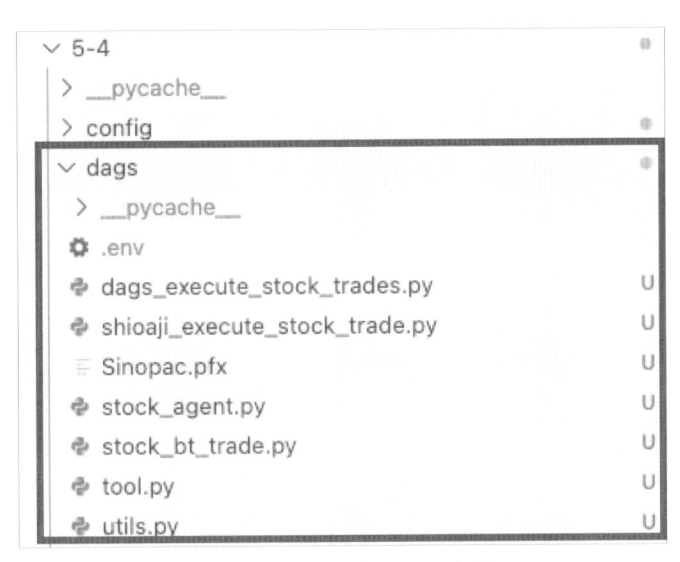

```
∨ 5-4
  > __pycache__
  > config
  ∨ dags
    > __pycache__
    ⚙ .env
    🐍 dags_execute_stock_trades.py        U
    🐍 shioaji_execute_stock_trade.py      U
    ≡ Sinopac.pfx                          U
    🐍 stock_agent.py                      U
    🐍 stock_bt_trade.py                   U
    🐍 tool.py                             U
    🐍 utils.py                            U
```

▲（圖 -5-4 裡面的 dags 架構）

要注意放進去的 .env 裡面，要包含 FINLABTOKEN,LINETOKEN,LINE-USERID 這幾個元素哦。

```
Chapter5 > 5-4 > dags > ⚙ .env
1    FINLABTOKEN=SOcQx3eZE11qkNZLfMib
2    LINETOKEN=FoD9QnEO9hL5bk0GBHv6Em
3    LINEUSERID=U72bb16001e1832fcbe76
```

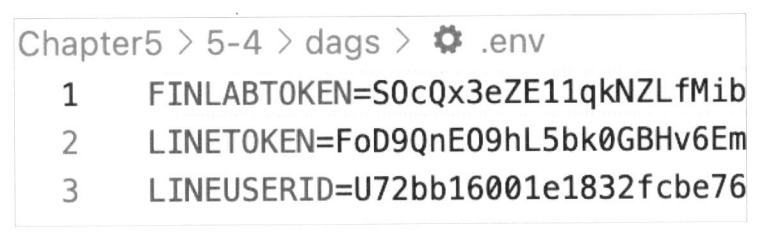

▲（圖 -dags 裡面的 .env）

再來就是我們要準備一下這一個交易 code 會需要的套件包，因為使用預設他是使用乾淨的 Dockerfile，也就是 Airflow 需要的套件去建置 Airflow，是一個乾淨無污染的環境，但顯然我們要運行交易還有很多額外的套件需要安裝，所以我們需要準備套件包備用。這個套件包的路徑不是放在 dags 或是其他資料夾中哦，要放在 5-4 的資料夾與 docker-compose.yaml 同一層。

5-155

第 5 章 該如何進行交易？

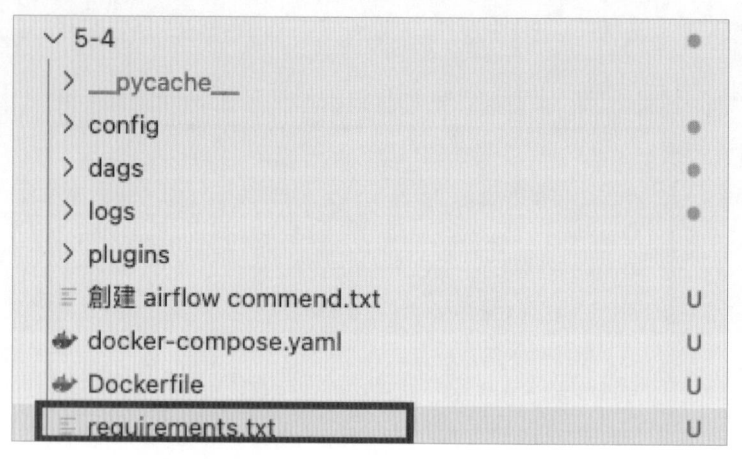

```
∨ 5-4
  > __pycache__
  > config
  > dags
  > logs
  > plugins
    創建 airflow commend.txt          U
    docker-compose.yaml               U
    Dockerfile                        U
    requirements.txt                  U
```

▲（圖 -5-4 的 requirements.txt 的位置）

這個套件包我們不需要將書中完整的套件封裝進去，我們取交易必要的需求即可。畢竟例如 Alphalens 或是 Pyfolio 這樣的分析工具我們在交易的 code 中應是無需使用的。

```
Chapter5 > 5-4 >   requirements.txt
1    pandas==2.2.3
2    shioaji==1.2.4
3    backtrader
4    finlab
5    yfinance
6    openpyxl
```

▲（圖 -5-4 的 requirements.txt 的內容）

接下來我們要準備 Dockerfile。這個 Dockerfile 我們如果不準備，就沒有辦法安裝自己需要的套件例如 shioaji，我們在與 requirements.txt、docker-compose.yaml 的這一層創建一個 Dockerfile。大家要注意 Dockerfile 檔名要取叫這個哦，如果用 DockerFile 或者是 dockerfile 這樣的檔名可能建置的時候會找不到。

5.4 自建 Airflow 排程環境

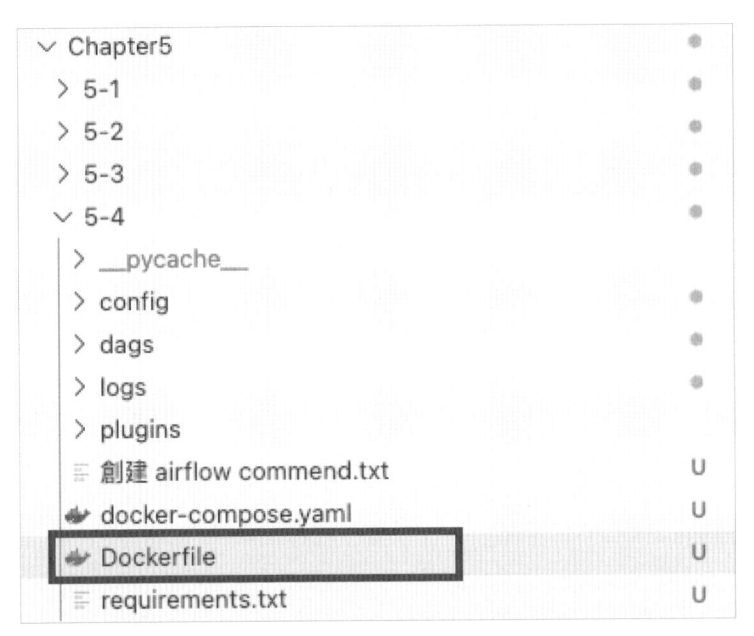

▲（圖-5-4 中 Dockerfile 的位置）

接著我們打開 Dockerfile，我在裏面指定使用 Airflow 2.9.2 這個版本，因為 Airflow 這個工具實在是太有名太大了，所以理所當然他會有官方準備好的 Docker Airflow 映像。另外我們在 Docker 中要把我們本地的套件檔案 requirements.txt 複製到 Docker 建置出來的容器裡面，然後保險起見我會設置環境變數 TZ 為台灣的時區，然後我們再執行一下 RUN pip install 我們的套件包。我們的 Dockerfile 基本上還蠻單純的。

```
Chapter5 > 5-4 > 🐳 Dockerfile > ...
1    # 使用官方 Airflow 映像
2    FROM apache/airflow:2.9.2
3    # 複製必要文件到容器
4    COPY ./requirements.txt /requirements.txt
5    ENV TZ=Asia/Taipei
6    # 安裝 Python 依賴
7    RUN pip install --no-cache-dir -r /requirements.txt
8
```

▲（圖-Dockerfile 裡面的寫法）

第 5 章 該如何進行交易？

我們可以先來建置看看，這一次我會把之前建置的太過乾淨的環境都砍掉，cd 到 5-4 的資料夾中，執行：

```
======================cmd =====================
docker compose down --volumes --rmi all
```

我們等他砍完，就可以再重新建置了。

```
~/Documents/BookCodeV1/Chapter5/5-4 git:(main) (10.963s)
docker compose down --volumes --rmi all
WARN[0000] The "AIRFLOW_UID" variable is not set. Defaulting to a blank string.
WARN[0000] The "AIRFLOW_UID" variable is not set. Defaulting to a blank string.
[+] Running 16/16
 ⋮ Container 5-4-airflow-scheduler-1      Removed
 ⋮ Container 5-4-airflow-worker-1         Removed
 ⋮ Container 5-4-airflow-triggerer-1      Removed
 ⋮ Container 5-4-airflow-webserver-1      Removed
 ⋮ Container 5-4-airflow-init-1           Removed
 ⋮ Container 5-4-redis-1                  Removed
 ⋮ Container 5-4-postgres-1               Removed
 ⋮ Volume 5-4_postgres-db-volume          Removed
 ⋮ Image 5-4-airflow-init:latest          Removed
 ⋮ Image 5-4-airflow-webserver:latest     Removed
 ⋮ Image postgres:13                      Removed
 ⋮ Image 5-4-airflow-worker:latest        Removed
 ⋮ Image redis:7.2-bookworm               Removed
 ⋮ Image 5-4-airflow-triggerer:latest     Removed
 ⋮ Image 5-4-airflow-scheduler:latest     Removed
 ⋮ Network 5-4_default                    Removed
```

▲（圖 - 徹底清掃 Docker 環境）

在同樣的資料夾路徑，執行下面語法，這一次我們 compose up 後面多加了一個 build，是要告訴我們的語法說，我們有自己準備的 Dockerfile 要根據這個來建置。這次建置也會比較久，我們可以先去休息一下，大概 1-3 分鐘。

```
======================cmd =====================
docker-compose up --build
```

5.4 自建 Airflow 排程環境

建置完之後一樣用 airflow/airflow 就可以登入，就能夠看到這個介面了！如果讀者是乾淨的環境自己照步驟慢慢做，應該會看到空的；如果是 clone code 下來執行，應該會看到有三個排程。

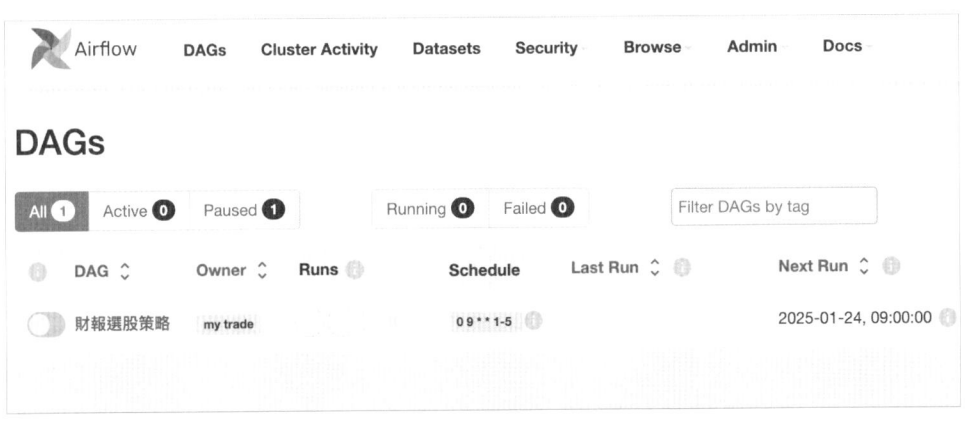

▲ (圖 - 建置完後的 Airflow ui)

至此我們把我們所需的交易環境準備好了，等一下要去調整一下股票的 code 了。

◆ 準備股票交易 code

好的，那我們要把研究的 code 做成可以執行交易的版本，我們需要調整幾個東西：

1. 把 Line Messaging 塞到 Backtrader 產出 position 及 order 的地方。

2. 把 Line Messaging 塞到永豐的 callback(如果需要)

3. 把所有交易 code 做成 function 讓 dags 排程檔案可以 import 並 call

4. 寫 dags 排程檔案

第 5 章　該如何進行交易？

　　一般來說大家在程式裡面 print 出來的東西，都會出現在 Airflow 的 console 上，等一下末尾會帶大家看一下，不過有時候電腦放在家裡執行排程，人去上班，如果恰巧又不方便顧電腦顧交易的話，就需要仰賴 Line 發通知出來了。我 print 出來跟發通知的部分只是給一個範例，讀者要自行看情況自己決定什麼地方應該要 print 出來或是發通知哦。

　　除了 dags_ 開頭的那個 py 檔案以外，我們紅框框起來的這 py 檔案就是主要要改的對象，剩下的都是套件包我們不動，這兩個檔案是我們的核心，一個是負責使用 Backtrader 產生出新的持倉以及交易動作；另一個是執行交易。我們主要調整這兩個。

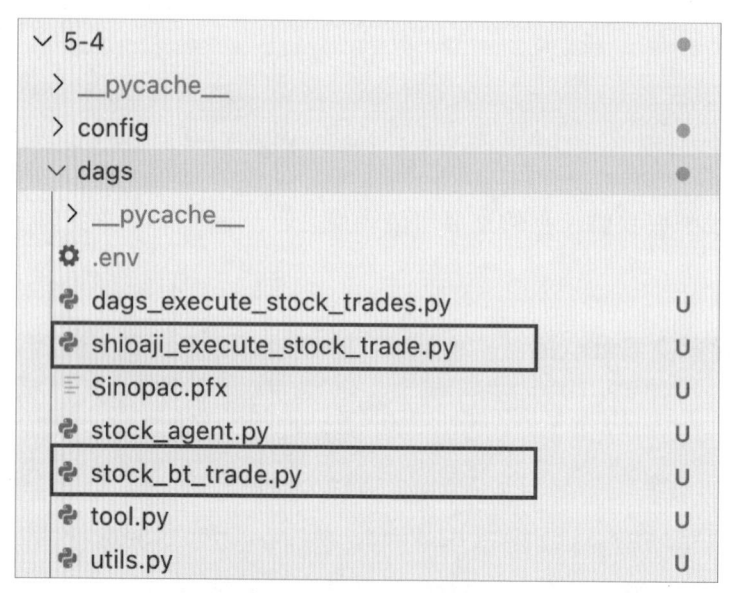

▲（圖 -dags 資料夾中的兩個需要調整的股票交易程式）

　　動手寫程式之前，在開頭或是在任何地方先定義一下結構跟想達成的目的是一個不錯的習慣，首先我們有五個目的如下，我們會一個個來處理。

5-160

5.4 自建 Airflow 排程環境

💻：PythonQuantTrading/Chapter5/5-4/stock_bt_trade.py

```
# 1.將整個 code 用函數包起來
# 2.移除 pyfolio 相關的東西
# 3. import 我們的 sned_line_message 進來
# 4. 確認交易日期 trade_start_date
# 5. 在 stop 中增加 line messaging
```

我定義一個 get_stock_trade_list 將整個本來是一次執行的程式透過 function 包起來，雖然說這樣子可能程式碼會有一點點難看，如果有一點看不下去的同學可以再對結構做調整，不過我們的 purpose 是最快速的將程式碼掛上排程可以交易，所以我們就不調整。

💻：PythonQuantTrading/Chapter5/5-4/stock_bt_trade.py

```python
def get_stock_trade_list():
    執行儲存格 | 執行更低版本 | 偵錯儲存格
    # %%
    # 載入需要的套件
    import os
    import sys

    import backtrader as bt
    import pandas as pd

    utils_folder_path = os.path.dirname(os.path.dirname(os.path.dirname(__file__)))
    sys.path.append(utils_folder_path)

    import utils as chap1_utils  # noqa: E402
    from datetime import datetime, timedelta
    chap1_utils.finlab_login()
```

要記得 import 的地方要從 tool 這個 package 中 import send_line_message 哦。

💻：PythonQuantTrading/Chapter5/5-4/stock_bt_trade.py

```
from tool import send_line_message
```

5-161

第 5 章 該如何進行交易？

這裡要記得改，例如說我是 1/20 在做測試，所以我改成 2025/1/20。

💻：PythonQuantTrading/Chapter5/5-4/stock_bt_trade.py

```python
# 5-1 調整
analysis_period_start_date = "2017-05-16"
analysis_period_end_date = (datetime.now()+timedelta(days=1)).strftime('%Y-%m-%d')
trade_start_date = '2025-01-20'
```

接著我們移到 stop 這裡，我們只需要在 for loop 裡面，埋入 send_line_message，並把希望他通知的訊息埋進去，這裡讀者可以自己調整看看自己想要收到什麼樣的通知訊息。

💻：PythonQuantTrading/Chapter5/5-4/stock_bt_trade.py

```python
# 5-1 調整
def stop(self):
    # 當回測結束時，列出當前持倉和等待執行的訂單
    # 5-1 調整 – 交易調整
    positions_data = []
    print("當前持倉和等待執行的訂單:")
    print('=============股票持倉=============')
    for data in self.datas:
        position = self.broker.getposition(data)
        # 檢查是否有持倉或等待執行的訂單
        if position.size != 0:
            print(f"""股票: {data._name}, 持倉: {position.size} 股,
成本: {position.price}""")
            #5-4 調整
            send_line_message(messages=f"""持倉股票: {data._name}, 持倉: {position.size} 股""")
            # 5-1 調整 – 交易調整
            positions_data.append({
                "股票": data._name,
                "持倉": position.size,
                "成本": position.price
            })
```

剛剛我們是埋入 position 模擬持倉部分的通知，再來我們 order 這裡也要處理，埋入 send_line_message 的函數通知即將要交易的訂單。

5.4 自建 Airflow 排程環境

💻：PythonQuantTrading/Chapter5/5-4/stock_bt_trade.py

```python
# 5-1 調整 - 交易調整
orders_data = []
print('=============執行訂單=============')
for order in self.order_list:
    action = '買進' if order.isbuy() else '賣出'
    #5-4 調整
    send_line_message(messages=f"""訂單股票:{str(order.data._name)},
                    訂單:{str(action)}{str(abs(order.size))}股""")
    print(f"""股票: {order.data._name},
訂單: {action} {abs(order.size)} 股, 狀態: Submitted""")
    # 5-1 調整 - 交易調整
    orders_data.append({
        "股票": order.data._name,
        "訂單": action,
        "數量": abs(order.size),
        "狀態": "Submitted"
    })
```

接著是執行回測的部分，這裡我有特別再調整一下資金，因為快要封關了，避免意外我沒有放太多再來進單，我把資金改成 10 萬做測試，然後把下方 Pyfolio 有關的分析都刪掉了。

💻：PythonQuantTrading/Chapter5/5-4/stock_bt_trade.py

```python
# 5-1 調整
cerebro.addstrategy(
    FactorRankStrategy, buy_n=2, sell_n=2, each_cash=100000 * 0.95 / 4
)
# 依序加入每檔股票的數據到回測引擎中
stock_list = list(set(all_stock_and_factor_data["asset"]))
for stock in stock_list:
    data = all_stock_and_factor_data[all_stock_and_factor_data["asset"] == stock]
    data = data.drop(columns=["asset"])  # 移除不必要欄位
    data["datetime"] = pd.to_datetime(data["datetime"])  # 日期欄位轉為 datetime 格式
    # 5-1 調整
    data = data[(data["datetime"]>=trade_start_date) & (data["datetime"]<=analysis_period_end_date)]
    data = data.dropna().sort_values(by=["datetime"]).reset_index(drop=True)
    data = PandasDataWithRank(dataname=data)  # 使用自訂的數據格式 PandasDataWithRank
    cerebro.adddata(data, name=stock)  # 加入數據到回測引擎
# 5-1 調整
# 設定初始資金為 50 萬元
cerebro.broker.set_cash(100000)
# 設定每筆交易的手續費為 0.1%
cerebro.broker.setcommission(commission=0.001)
# 運行策略
results = cerebro.run()
```

第 5 章 該如何進行交易？

到這裡我們初步就調整完 stock_bt_trade.py 產生 position 跟 order 的程式碼了，其實主軸就是 focus 在埋入 send_line_message，其他都是小調整，讀者也可以調整一下 print，到時後我們可以透過 Airflow 的 console 來觀測這些 print 出來的東西，有 bug 的時候也可以分辨問題是出在哪一段。

接下來我們來調整負責同步庫存及執行交易的 shioaji_execute_stock_trade。這個就更簡單了，只要用函數包裝起來，然後把我們的 send_line_mesaage 放進永豐的成委回的 callback 即可，然後一樣要 import 該 import 的東西。

💻 ：PythonQuantTrading/Chapter5/5-4/shioaji_execute_stock_trade.py

```
# 1.code 用函數包裝起來
# 2.將 line 通知加入 order callback
```

我用 execute_stock_trade 作為函數名稱把它包裝起來，並且裡面要 import send_linne_message 以及 time。

💻 ：PythonQuantTrading/Chapter5/5-4/shioaji_execute_stock_trade.py

```python
def execute_stock_trade():
    from stock_agent import StockAPIWrapper
    import pandas as pd
    import shioaji as sj
    import os
    from tool import send_line_message
    import time
    current_dir = os.path.dirname(os.path.abspath(__file__))
    pfx_path = os.path.join(current_dir, "Sinopac.pfx")
    api = sj.Shioaji(simulation=True)
```

接著我在 activate_ca 的下面，把我們前面提到的永豐成委回的函數中加入 send_line_message，這裡如之前介紹的一樣，如果讀者覺得整個成委回的 json 傳去 line 很醜的話，可以按照之前的教學內容調整成好看的格式。加完之後我們在 set_order_callback 設定這個成委回 callback 要做的事情。

5.4 自建 Airflow 排程環境

💻：PythonQuantTrading/Chapter5/5-4/shioaji_execute_stock_trade.py

```python
api.activate_ca(
    ca_path=pfx_path,
    ca_passwd="personid",
    person_id="personid",
)


def order_cb(stat, msg):
    send_line_message('交易回報：'+str(msg))
    print(stat, msg)

api.set_order_callback(order_cb)
```

最後我在最下方加入了一個 time.sleep(3)，原因與之前說明的一樣，稍微 sleep 一樣比較可以穩定地收到成委回的訊息。

💻：PythonQuantTrading/Chapter5/5-4/shioaji_execute_stock_trade.py

```python
#%%
from stock_agent import StockAPIWrapper,StockTradeManager
simulated_position = pd.read_excel('position.xlsx')
stock_manager = StockTradeManager(api)
stock_manager.sync_positions(simulated_position=simulated_position)


執行儲存格 | 執行更高版本 | 偵錯儲存格
#%%
order_df = pd.read_excel('order.xlsx')
stock_manager.execute_orders(order_df=order_df)
time.sleep(3)
```

大致上是這樣，我們就調整完程式了，是不是蠻簡單的？其實核心也只是包裝成函數以利 airflow 的 dags 可以 call，然後在關鍵的地方埋入 send_line_message。

第 5 章 該如何進行交易？

◆ 準備股票交易排程 (DAGs)

接下來我們要來定義排程，其實我們前面已經大致上說過 DAGs 及 Operator 還有排程 cron 的概念了，而且負責交易的兩只 code 也準備好了，其實這裡就只是把各種概念組裝起來，只是前面可能說的比較抽象，如果自己親手建置排程，應該就會清晰許多了。

我命名了一個 dags 開頭的 py 檔案，只要跟排程有相關的檔案，我都會以 dags 開頭做命名，以區分排程以及一般程式的區別。首先我們先 import 我們排程會需要的東西，其中還包含了我們剛剛 stock_bt_trade 以及 shioaji_execute_stock_trade 封裝的函數。

📄：PythonQuantTrading/Chapter5/5-4/dags_execute_stock_trades.py

```
from airflow import DAG
from airflow.operators.python import PythonOperator
from datetime import datetime, timedelta
from stock_bt_trade import get_stock_trade_list
from shioaji_execute_stock_trade import execute_stock_trade
from airflow.operators.bash import BashOperator
import pendulum
```

這裡我們也處理一下時區的問題，Airflow 官方有特別說明，不要使用其他套件或是 datetime 這樣的套件來處理時區，他們說會有一點 bug，所以按照官方的要求，我們使用 pendulum 這個比較冷門的套件來處理 timezone 的問題，我們先定義一個變數 local_tz，並且使用套件 pendulm.timezone()，傳入台灣的時區備用。

📄：PythonQuantTrading/Chapter5/5-4/dags_execute_stock_trades.py

```
local_tz = pendulum.timezone("Asia/Taipei")
```

5-166

5.4 自建 Airflow 排程環境

接著我們定義一些基本的參數:

1. owner: 是有點像是命名的東西,到時候介面上會顯示這個排程是誰在 own 的,讀者可以任意改。

2. depends_on_past: 一般來說會設置 False,設置為 True 的話,上一次任務要成功,這一次才會執行。這個讀者可以自己考慮要不要設置,我保持 False 是因為如果電腦放在家裡執行,有時候 30 分 K 的策略如果券商 API 有什麼狀況或是偶發的 bug,可能會導致後面排程都不會進行。

3. email_on_failutre/email_on_retry: 如它字面上的意思,是 Airflow 有支援 Email,但我們沒有使用那個功能,所以這裡都是 False,如果都要用的話要先在 config 檔案裡面設置 email 信息,再提供收件人,我們這裡不贅述。

4. retries: 如字面意思,當失敗發生時是否 retry,我們這裏設置一次。

5. retry_delay:是設置當失敗時,多久才 retry,我們這裏設置一分鐘,讀者可以視情況修改。

Airflow 的參數非常之豐富,這裡選擇一些比較常見常使用的參數來設置。

📖 : PythonQuantTrading/Chapter5/5-4/dags_execute_stock_trades.py

```
default_args = {
    'owner': 'my trade',
    'depends_on_past': False,
    'email_on_failure': False,
    'email_on_retry': False,
    'retries': 1,
    'retry_delay': timedelta(minutes=1),
}
```

第 5 章 該如何進行交易？

接下來我們要來寫核心 DAG 囉，首先先由 with DAG 開始，裡面我們先傳入剛剛定義的參數，然後 description 是對排程的描述，到時候也可以在 ui 中看到描述，另外最重要的事 schedule_interval，這個就是我們先前提到的 cron 表達式，我們這裡情境很單純，是每週一到五早上 9 點執行，所以我們就寫成 0 9 * * 1-5 即可，其實現在有 chatgpt，網上也有很多幫忙理解 cron 語法的工具，同學不用硬記這個寫法，有需要再去問再去查就可以。start_date 我這裡使用最新的日期，datetime.now()，啟動時他會去看最新日期當作執行起日，記得要傳入 local_tz 讓他知道時區是 UTC+8 台灣時區，最後 catchup 是在說過去的排程需不需要補跑，我們沒有這個需求，從排程 server 啟動那一次開始跑即可，所以設置 False。

💻：PythonQuantTrading/Chapter5/5-4/dags_execute_stock_trades.py

```python
# DAG 定義
with DAG(
    '財報選股策略',
    default_args=default_args,
    description='多頭交易策略',
    schedule_interval='0 9 * * 1-5',  # 週一到週五，每天早上 9 點執行
    start_date=datetime.now(local_tz),  # 設定 DAG 開始日期
    catchup=False,
) as dag:
```

接著在 dags 裡面，我這裡會定義四個排程：

1. BashOperator 輸出排程開始

2. 執行庫存及待執行訂單清單 –get_stock_trade_list

3. 執行庫存同步及交易下單 –execute_stock_trade

4. BashOperator 輸出排程結束

5.4 自建 Airflow 排程環境

從技術上來說其實 1 跟 4 這個可有可無，只是正式排程前後掛一個 start 跟 end 算是一種小習慣？也是一種比較可擴充的寫法，例如說如果讀者最後建置的 Airflow 中加入了 Email 通知，那可能會想在 start 跟 end 的那兩個 Operator 做啟動跟結束通知，或者是如果有一些權限 token 需要獲取的，也可以在 1 跟 4 來處理，當然了以我們的情境來說確實算是可有可無，讀者可以自行斟酌囉。

首先我們先來做第一個，其實很簡單，我們就 call 他的 BashOperator，我覺得大家可以把這個想成打開 cmd 終端機的操作，我們的這個 task_id 會有點像是排程的唯一 id 或是一個辨別的東西，到時候在 ui 上我們會看到 ;bash_command 則是要下的語法，我們只是掛一個開始的排程而已，所以這裡就簡單輸出一個 echo 排程開始處理在介面上，start 的 task 就完成了。

💻：PythonQuantTrading/Chapter5/5-4/dags_execute_stock_trades.py

```
start_dag_task = BashOperator(
    task_id='開始排程處理',
    bash_command='echo "排程開始處理..."'
)
```

接著我們接我們剛剛封裝好的使用 Backtrader 產生股票模擬庫存及交易清單的程式，並且很理所當然的使用 PythonOperator 去 call。是不是超級簡單的？

💻：PythonQuantTrading/Chapter5/5-4/dags_execute_stock_trades.py

```
# 第一個任務：執行 stock_bt_trade.py
run_stock_bt_trade = PythonOperator(
    task_id='使用backtrader產生股票交易清單',
    python_callable=get_stock_trade_list
)
```

第 5 章　該如何進行交易？

同理執行下單也是，我們一樣用 PythonOperator 去 call execute_stock_trade 這個函數即可。

💻：PythonQuantTrading/Chapter5/5-4/dags_execute_stock_trades.py

```python
# 第二個任務：執行 shioaji_execute_stock_trade.py
run_shioaji_execute_stock_trade = PythonOperator(
    task_id='執行下單',
    python_callable=execute_stock_trade
)
```

最後我們像第一個簡單排程一樣，我們最末尾放一個 BashOperator 輸出結束排程。到這裡，我們就定義完我們這個 dags 裡面的所有 task 任務了。

💻：PythonQuantTrading/Chapter5/5-4/dags_execute_stock_trades.py

```python
end_dag_task = BashOperator(
    task_id='結束排程處理',
    bash_command='echo "排程結束處理..."'
)
```

最終四個 task 會長這樣，頭尾放一個 start 跟 end 的單純輸出的 BashOperator，中間兩個則是我們的兩個股票交易的 code。當然到這裡還缺了一點點，我們需要來確認這四個 task 的執行順序，這樣可是還沒有定義順序的哦。

💻：PythonQuantTrading/Chapter5/5-4/dags_execute_stock_trades.py

```python
) as dag:

    start_dag_task = BashOperator(
        task_id='開始排程處理',
        bash_command='echo "排程開始處理..."'
    )
```

5-170

5.4 自建 Airflow 排程環境

```python
# 第一個任務：執行 stock_bt_trade.py
run_stock_bt_trade = PythonOperator(
    task_id='使用backtrader產生股票交易清單',
    python_callable=get_stock_trade_list
)

# 第二個任務：執行 shioaji_execute_stock_trade.py
run_shioaji_execute_stock_trade = PythonOperator(
    task_id='執行下單',
    python_callable=execute_stock_trade
)

end_dag_task = BashOperator(
    task_id='結束排程處理',
    bash_command='echo "排程結束處理..."'
)
```

可能很多讀者已經想到要怎麼寫了，沒錯，先前有稍微簡單提到過，Airflow 是用這樣 >> 單純簡單的符號來表達順序，我們的順序很理所當然就如下來寫。

🖥 : PythonQuantTrading/Chapter5/5-4/dags_execute_stock_trades.py

```python
# 定義相依性：第一個成功後執行第二個
start_dag_task >> run_stock_bt_trade >> run_shioaji_execute_stock_trade >> end_dag_task
```

很難想像吧！到這裡我們已經完成了把股票策略上線去交易了！

◆ 打開 airflow 執行我們的股票交易排程

如果之前 Docker 還開著的話，先把他關掉再重啟，因為我們有調整 dags 裡面的排程，所以需要重新把他 up 起來。

```
======================cmd =====================
docker-compose up
```

5-171

第 5 章 該如何進行交易？

我假設讀者是從頭開始學起，一開始看到的時候是空空如也的。現在我們等他啟動完之後，就可以看到我們的排程囉，我們介紹一些比較基礎重要的元素。

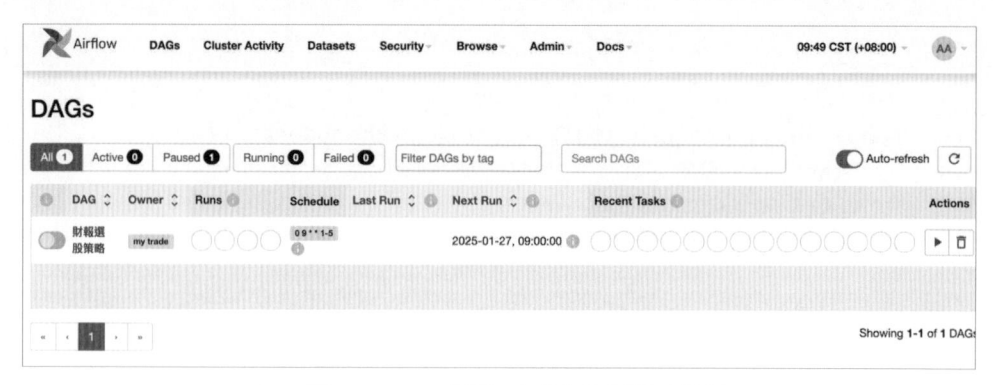

▲（圖 -Airflow 介面 – 可以看到股票排程）

首先在排程這裡，下圖紅框處預設這裡是灰色的，這代表這個排程還沒有被啟動，讀者打開網頁記得要看一下，要啟動的時候要把它打開，像現在快要農曆年的時候，就可以打開先把它關掉，避免他在春節期間一直跑，雖然應該是不會有負面影響，畢竟也無法下單，但是會造成無謂的資源耗損就是了。另外在旁邊的 DAG 可以看到我們 DAG 命名的名稱，還有 owner。其實旁邊還有一個 Runs 是狀態，這個等一下我們運行的時候再看一下。

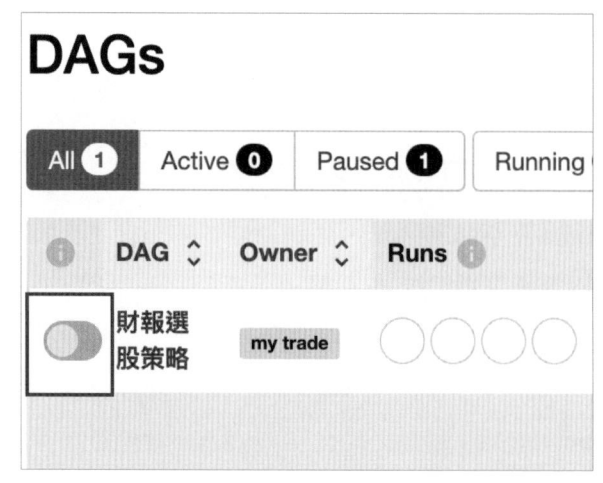

▲（圖 - 打開排程的控制鈕、DAG、Owner 及運行狀態）

5.4 自建 Airflow 排程環境

往旁邊看一點，會有 Schedule 以及下一次運行，因為我寫到這裡是 2025/1/25 早上，所以他的 Next Run 會是下週一的早上 9 點。

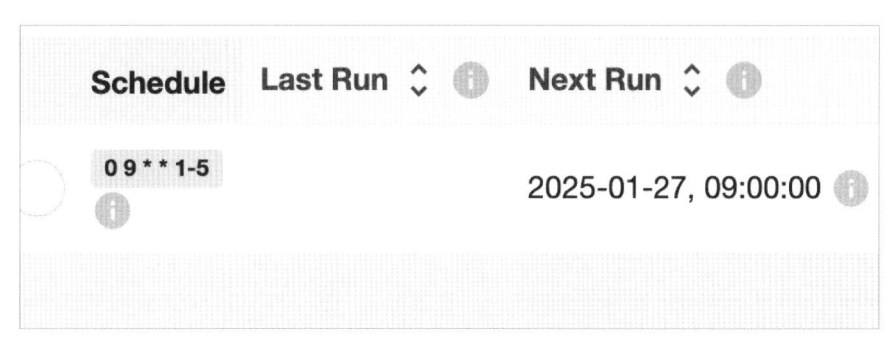

▲（圖 -Schedule 設定以及最近一次執行、下一次執行）

最旁邊會有一個 Actions 的按鈕，他是可以單次執行這個排程的按鈕，我們可以來單次執行看看，就不等到禮拜一再跑了。

▲（圖 - 單次 trigger 排程）

如果點了單次執行之後，排程就會預設打開了，另外在 Runs 以及旁邊的 Recent Tasks 就會看到狀態了。

第 5 章　該如何進行交易？

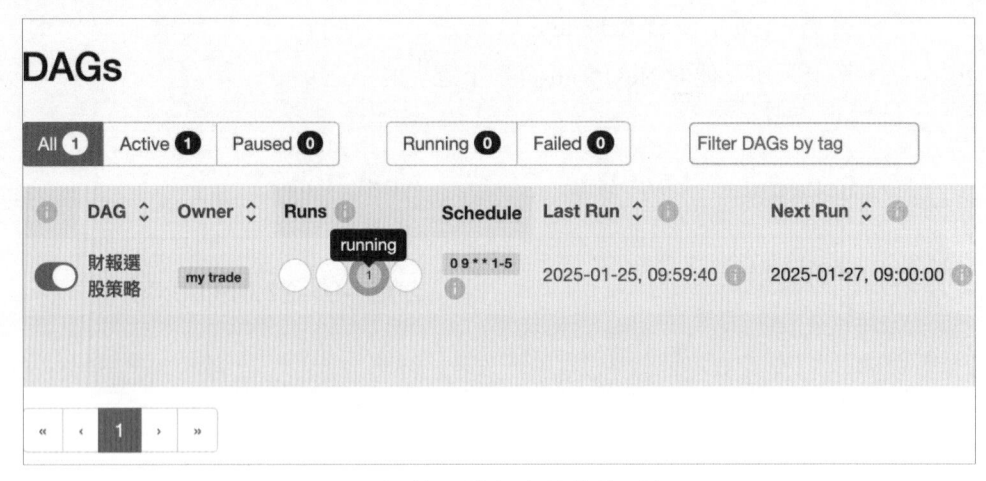

▲（圖 - 按了執行之後狀態更新）

結果我在 2025/1/25 的時候執行失敗了，不過正好，我透過這個機會跟讀者一起看一下如果發生錯誤會長怎樣，那要如何去查看錯誤。下圖紅色的就是失敗了，非常的顯眼，把滑鼠移過去他會有 failed 的字樣。我們點選「財報選股策略」那一個字串，就是 DAG 下面那個，點他就可以進入排程內頁。

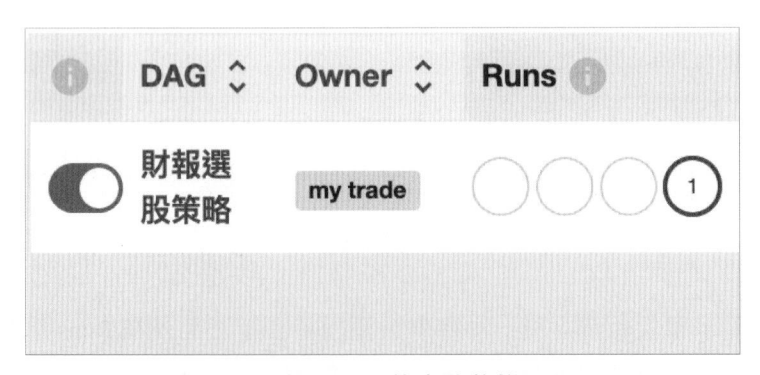

▲（圖 -Runs 的失敗狀態）

我們會到這個介面來。這介面有一些基本資訊，我們也可以在這個策略的名字右邊發現一個灰色的字，就是我們定義 DAGs 時候的 description，右上角也有一個執行的按鈕，讀者也可以從這邊去執行。我們來看幾個重點。

5.4 自建 Airflow 排程環境

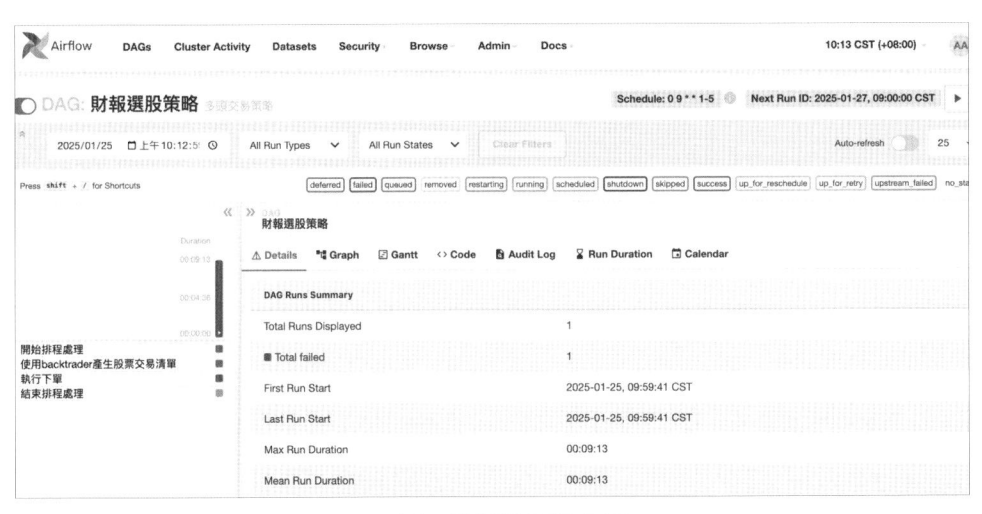

▲（圖 - 排程詳細的內頁）

一般來說最常看的就是這張圖了，其實他也很好理解，綠的就是執行成功了，所以我們的第一個跟第二個排程其實是成功的，但第三個排程失敗了，也就是說我們的庫存及交易清單都有正確生產出來，但是在要去 snyc position 還有下單的時候失敗了，那最後一個步驟也理所當然因為第三步驟掛了所以就沒有執行了。

▲（圖 - 排程執行的狀態，包含每一個 tasks）

第 5 章 該如何進行交易？

旁邊這個 Details 則是展示了這個排程的各種參數及設定還有描述，讀者可以往下探索。

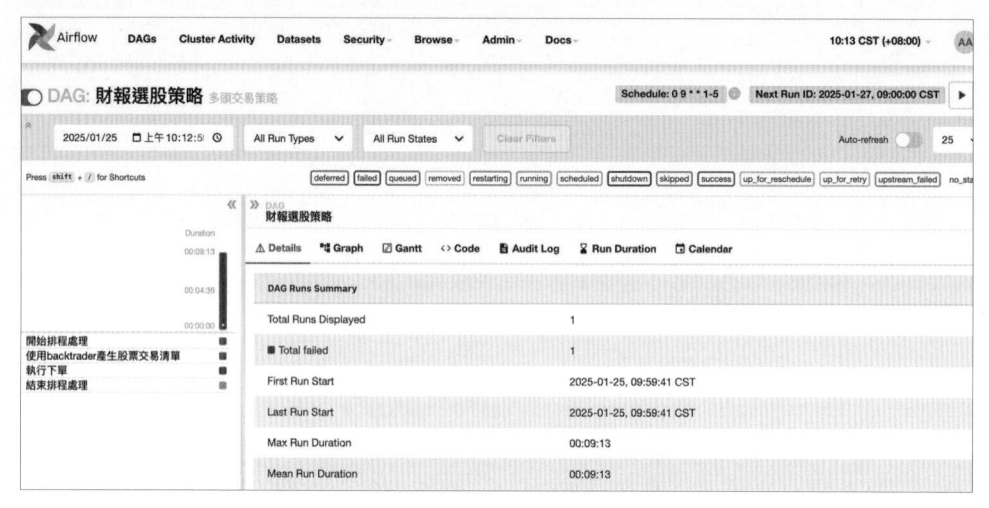

▲（圖 - 排程內頁的 Details 頁籤）

Graph 適合在做報告以及介紹自己的架構的時候使用，他用圖的方式非常清楚的表達了步驟跟流程，還有使用的 Operator，當然我們情況很簡單，所以圖看起來沒什麼，其實在業界比較複雜的架構下，這個圖就很好用了，可以很快的讓人家理解是如何運行的。

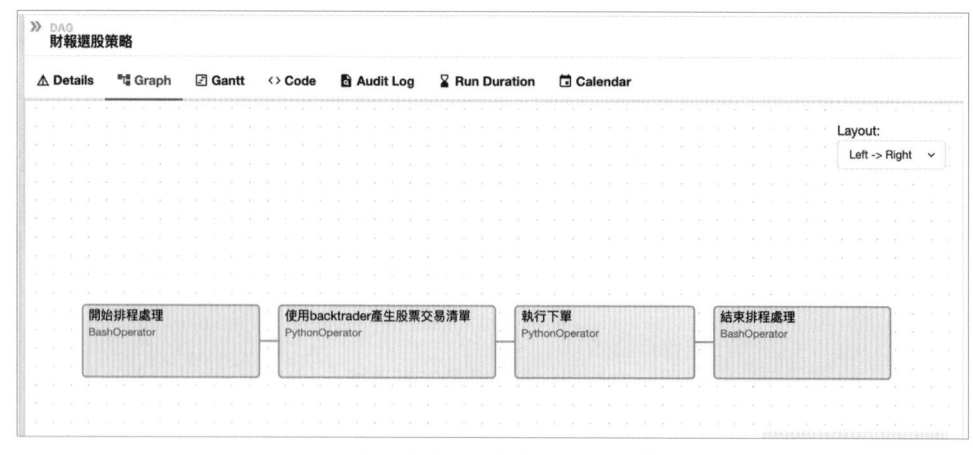

▲（圖 - 排程內頁的 Graph 頁籤）

5.4 自建 Airflow 排程環境

在 Code 這個頁籤，他還可以讓我們看到我們 DAG 的 code。

```python
from airflow import DAG
from airflow.operators.python import PythonOperator
from datetime import datetime, timedelta
from stock_bt_trade import get_stock_trade_list
from shioaji_execute_stock_trade import execute_stock_trade
from airflow.operators.bash import BashOperator
import pendulum

local_tz = pendulum.timezone("Asia/Taipei")

default_args = {
    'owner': 'my trade',
    'depends_on_past': False,
    'email_on_failure': False,
    'email_on_retry': False,
    'retries': 1,
    'retry_delay': timedelta(minutes=1),
}
```

▲（圖 - 排程內頁的 Code 頁籤）

不過上面都不是重點，排程最重要的應該是兩個元素：一個是有沒有執行成功，第二個是執行的紀錄，包含錯誤，也就是 Log。我們如下圖，點一下紅框處，一定要點在那裡哦，如果我要先看使用 Backtrader 產生股票交易清單的紀錄，你一定要點在他的專屬方格上，如下圖的紅框處。如果今天我們執行了 n 次，有很多條柱狀圖跟方匡，記得要點在最新的。

5-177

第 5 章　該如何進行交易？

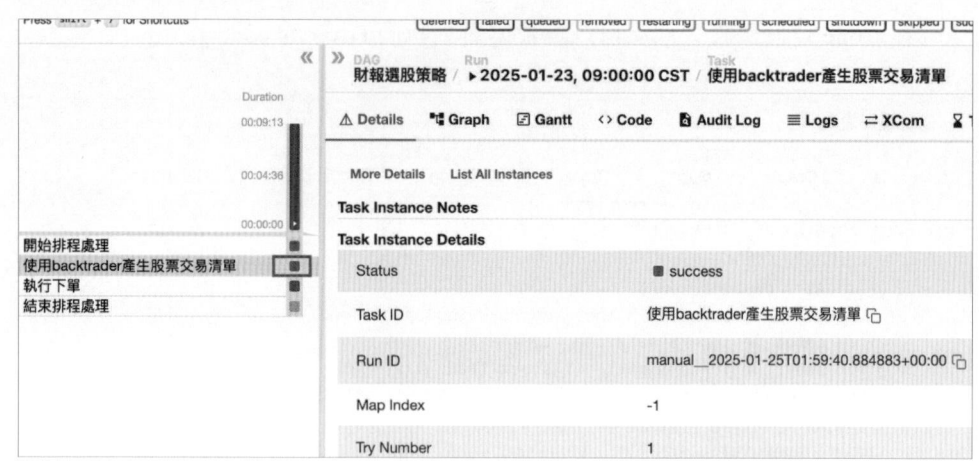

▲（圖 - 查看使用 Backtrader 產生股票交易清單 task 內容）

點下去之後，右邊這裡就會有一個 Logs，我們點進去。

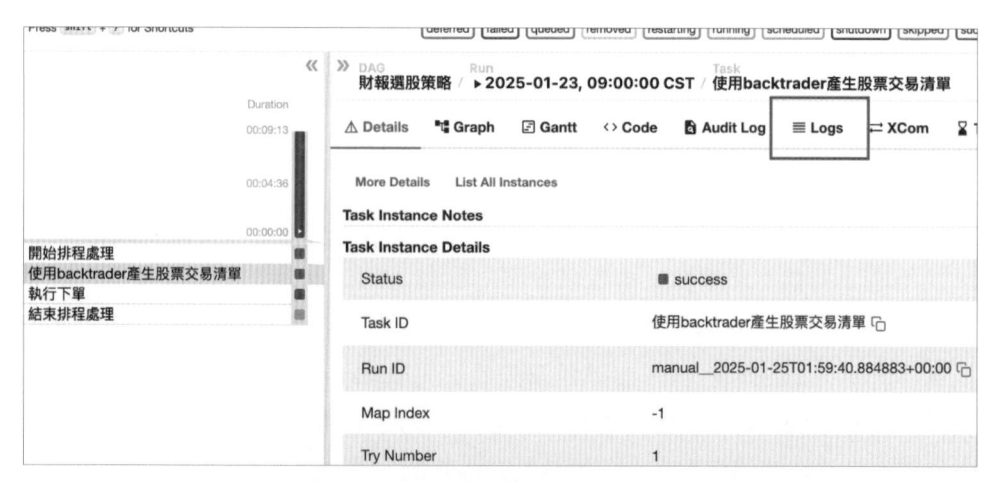

▲（圖 - 查看使用 Backtrader 產生股票交易清單 Logs 內容）

這裡就可以看到 log 了。因為這個排程是成功的，沒有錯誤，所以沒問題。我們可以在上面看到我們想要 print 出來的東西。甚至有一些我們不喜歡看到但不影響執行的 warnings。

5.4 自建 Airflow 排程環境

▲（圖 - 查看使用 Backtrader 產生股票交易清單 Logs 詳細內容）

不過重點還是在執行下單這個任務，我們一樣點在他上面，然後去看 Logs。讀者有注意到這個 Logs 有第一頁跟第二頁嗎？在 by attempts 下面，在找的時候如果很長可以多翻幾頁看看。

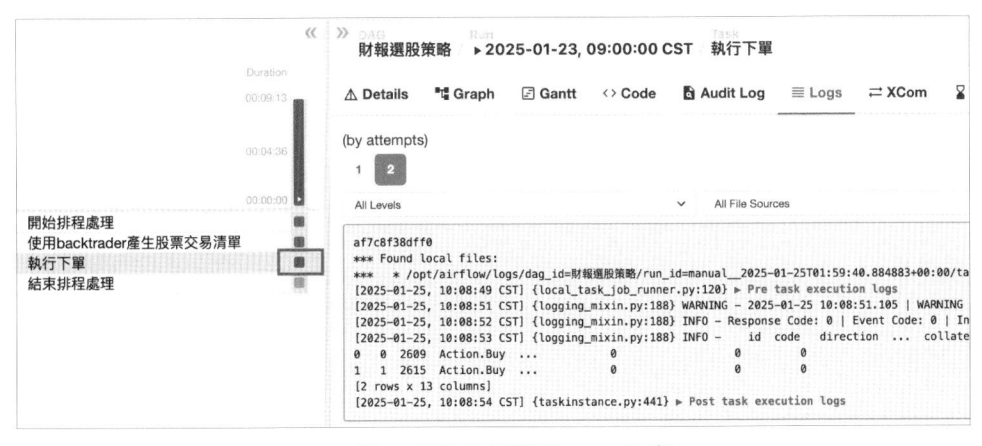

▲（圖 - 查看執行下單 task 內容）

第 5 章　該如何進行交易？

我們看到像這樣的 Post task execution logs 或是類似這樣的粗體藍字都可以點擊把他展開來看，我們把他展開來看就可以清楚地發現，問題出在我們的 stock_agent 函數中，我們取得的 k 棒數據有問題，導致排程走不下去，很高可能是獲得了空的開高低收量的數據。

```
[2 rows x 13 columns]
[2025-01-25, 10:08:54 CST] {taskinstance.py:441} ▼ Post task execution logs
[2025-01-25, 10:08:54 CST] {taskinstance.py:2905} ERROR - Task failed with exception
Traceback (most recent call last):
  File "/home/airflow/.local/lib/python3.12/site-packages/airflow/models/taskinstance.py", line 465, in _execute_task
    result = _execute_callable(context=context, **execute_callable_kwargs)
             ^^^^^^^^^^^^^^^^^^^^^^^^^^^^^^^^^^^^^^^^^^^^^^^^^^^^^^^^^^^^
  File "/home/airflow/.local/lib/python3.12/site-packages/airflow/models/taskinstance.py", line 432, in _execute_callable
    return execute_callable(context=context, **execute_callable_kwargs)
           ^^^^^^^^^^^^^^^^^^^^^^^^^^^^^^^^^^^^^^^^^^^^^^^^^^^^^^^^^^^^
  File "/home/airflow/.local/lib/python3.12/site-packages/airflow/models/baseoperator.py", line 401, in wrapper
    return func(self, *args, **kwargs)
           ^^^^^^^^^^^^^^^^^^^^^^^^^^^
  File "/home/airflow/.local/lib/python3.12/site-packages/airflow/operators/python.py", line 235, in execute
    return_value = self.execute_callable()
                   ^^^^^^^^^^^^^^^^^^^^^^^
  File "/home/airflow/.local/lib/python3.12/site-packages/airflow/operators/python.py", line 252, in execute_callable
    return self.python_callable(*self.op_args, **self.op_kwargs)
           ^^^^^^^^^^^^^^^^^^^^^^^^^^^^^^^^^^^^^^^^^^^^^^^^^^^^
  File "/opt/airflow/dags/shioaji_execute_stock_trade.py", line 42, in execute_stock_trade
    stock_manager.sync_positions(simulated_position=simulated_position)
  File "/opt/airflow/dags/stock_agent.py", line 170, in sync_positions
    order_price = self.get_kbars(stock_id=code,
                  ^^^^^^^^^^^^^^^^^^^^^^^^^^^^^
IndexError: list index out of range
```

▲（圖 - 點擊 Post task execution logs 查看詳細錯誤訊息）

我其實大概可以知道是哪裡有問題，在我們 stock_agent 中，我們 sync_positions 的 get_kars 是為了要獲得最新的收盤數據填入我們下單函數中，為了這個目的我們取用收盤價數據的時候是 2 天，但是因為現在是特別時期，是即將農曆年間，我在寫這一段的時候是 2025/1/25，所以封關早就超過兩天了，很理所當然的會是空資料。所以我自己私底下把他調整 5 天，為了測試可以通過，讀者看到的還會是 2 天的版本哦。

5.4 自建 Airflow 排程環境

在找到問題之後，我調整完排程就執行成功囉，都是賞心悅目的全綠色。

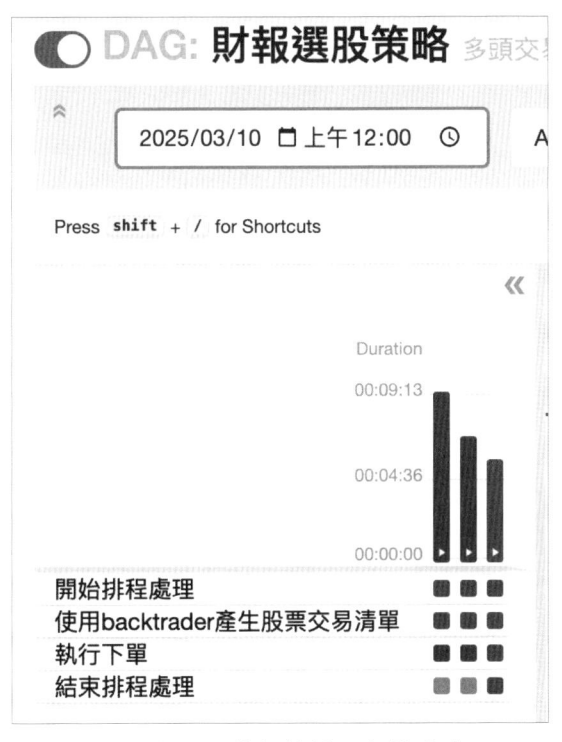

▲（圖 -task 執行結果 – 全部成功）

因為執行成功了，所以打開 Line 就可以看到結果了。

▲（圖 -Line 通知，持倉通知）

第 5 章 該如何進行交易？

也可以看到負責下單的函數回來的結果。

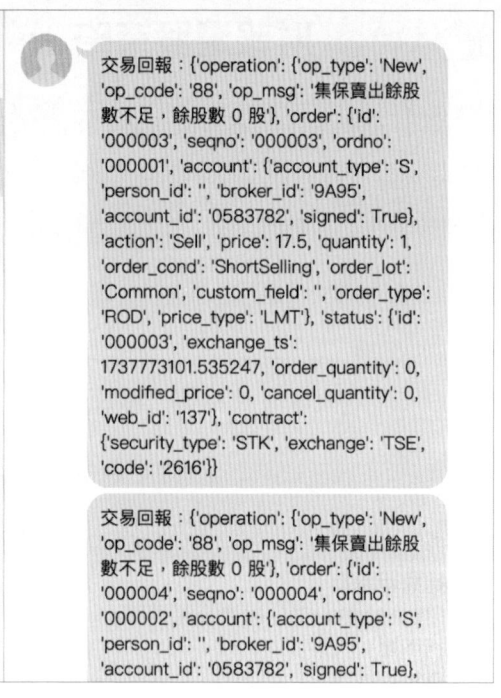

▲（圖 -Line 通知，下單通知）

我們再回到首頁去，在 Runs 這裡我們就可以看到，綠色的圈圈是 1，紅色的是 2，我總共執行了三次排程，兩次失敗一次成功，所以他是這樣顯示。

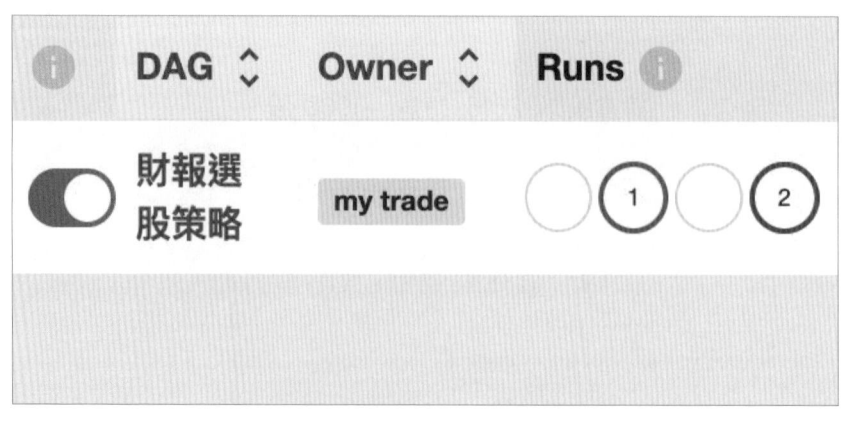

▲（圖 - 排程首頁，Runs 狀態）

往旁邊看 Recent Tasks 是四個都成功 – 從這裡讀者可以感受到 Runs 跟 Recent Tasks 的顏色代表什麼了嗎？沒錯 Runs 是總共的，從排程上架到後面總共的成功失敗次數;Recent Tasks 是最近一次的 Tasks 有幾個成功失敗的。

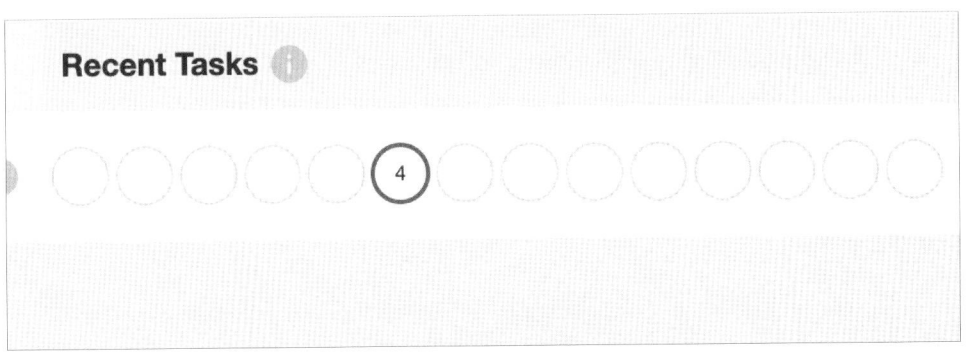

▲（圖 - 排程首頁，Recent Tasks 狀態）

到這裡我們已經把股票的交易策略上架了！從產生交易清單、庫存到真實下單。因為這是我們第一次真正的操作 airflow，所以佔的篇幅比較長，下一部分我們講期貨策略的時候，就不再重複描述這麼多了，我們接著把期貨策略也上架！

將期貨策略加入 airflow 排程中

◆ 準備期貨交易 code

有了剛剛股票的範例，我們期貨其實改法也大同小異，首先我們先將期貨的檔案先放進來 dags 裡面，先忽略另一個 dags 開頭的期貨檔案。

一樣，我們要改的東西也差不多：

1. 把 Line Messaging 塞到 Backtrader 產出 position 及 order 的地方。

2. 把 Line Messaging 塞到永豐的 callback(如果需要)

3. 把所有交易 code 做成 function 讓 dags 裡面的排程檔案可以 import 並 call

4. 寫 dags 裡面的排程檔案

我們直接開始改吧，先從 futures_bt_trade.py 開始，我們的目標一樣先列出來，我們重點也在用函數包起來、移除 Pyfolio 以及使用 send_line_message，然後改一下交易相關的設定。

🖥 ：PythonQuantTrading/Chapter5/5-4/futures_bt_trade.py

```
# 1.將整個 code 用函數包起來
# 2.移除 pyfolio 相關的東西
# 3. import 我們的 sned_line_message 進來
# 4. 確認交易日期以及交易相關設定
# 5. 在 stop 中增加 line messaging
```

首先我用 get_futures_trade_list 的 funtion 把所有的 code 包起來。

🖥 ：PythonQuantTrading/Chapter5/5-4/futures_bt_trade.py

```python
def execute_futures_trade():
    from futures_agent import FuturesAPIWrapper,FuturesTradeManager
    import pandas as pd
    import shioaji as sj
    import os
    from tool import send_line_message
    import time
    current_dir = os.path.dirname(os.path.abspath(__file__))
    pfx_path = os.path.join(current_dir, "Sinopac.pfx")
```

並且在 import os 下面我 import 了 Line 通知 send_line_message。

5.4 自建 Airflow 排程環境

🖥 : PythonQuantTrading/Chapter5/5-4/futures_bt_trade.py

```python
from tool import send_line_message
```

LIVE_TRADE_START 我調整為我開始測試交易的日期。讀者自己看情況做調整囉。

🖥 : PythonQuantTrading/Chapter5/5-4/futures_bt_trade.py

```python
# 5-2 定義自己喜歡的策略開始日
LIVE_TRADE_START = '2025-01-20'
```

接著我在 stop 函數這裡，在 print 合約持倉的下面，把 send_line_message 埋入，並且要他提醒我的期貨持倉等等資訊，

🖥 : PythonQuantTrading/Chapter5/5-4/futures_bt_trade.py

```python
# 5-2 調整, stop 函數
def stop(self):
    # 回測結束時輸出最終持倉與最後一筆訂單動作
    print("當前持倉:")
    positions_data = []
    position = self.getposition()
    if position.size != 0:
        print(f"合約持倉: {position.size} 口, 成本: {position.price}")
        send_line_message(f'期貨持倉:合約持倉: {position.size} 口, 成本: {position.price}')
        positions_data.append({
            "合約": self.datas[0]._name,
            "持倉數量": position.size,
            "持倉成本": position.price
        })
    else:
        print("無持倉")
```

往下，到 order 訂單的部分，我也在 print 合約口數下面加入 send_line_message 提醒期貨合約應下單的口數。

第 5 章 該如何進行交易？

💻：PythonQuantTrading/Chapter5/5-4/futures_bt_trade.py

```python
print('=============最後一筆訂單動作=============')
orders_data = []
for order in self.order_list:
    action = '買進' if order.isbuy() else '賣出'
    print(f"合約: Futures, 訂單: {action} {abs(order.size)} 口")
    send_line_message(f'期貨order:"合約: Futures, 訂單: {action} {abs(order.size)} 口')
    orders_data.append({
        "合約": order.data._name,
        "訂單": action,
        "數量": abs(order.size),
    })
```

接著移到下方調整一下交易相關的成本以及確保 Pyfolio 被移除了。讀者要確認一下這些設定是不是符合自己的真實情境喔。

💻：PythonQuantTrading/Chapter5/5-4/futures_bt_trade.py

```python
cerebro.adddata(data_feed, name='MXF')

# 添加策略
cerebro.addstrategy(MA_Volume_Strategy)

# 設定初始資金和交易成本
cerebro.broker.setcash(250000.0)
cerebro.broker.setcommission(commission=70, margin=62000, mult=50)
print('初始資產價值: %.2f' % cerebro.broker.getvalue())
cerebro.addanalyzer(bt.analyzers.PyFolio, _name='pyfolio')

# 執行回測
results = cerebro.run()
print('最終資產價值: %.2f' % cerebro.broker.getvalue())
```

接著我們來改下單相關的 code。我們的目標是用函數包起來，然後永豐 shioaji 的 callback 一樣加入 send_line_message。

5.4 自建 Airflow 排程環境

📄：PythonQuantTrading/Chapter5/5-4/shioaji_execute_futures_trade.py

```
# 1.code 用函數包裝起來
# 2.將 line 通知加入 order callback
```

首先我用 execute_futures_trade 將整段 code 包成一個 function，然後從 tool 中 import send_line_message。

📄：PythonQuantTrading/Chapter5/5-4/shioaji_execute_futures_trade.py

```python
def execute_futures_trade():
    from futures_agent import FuturesAPIWrapper,FuturesTradeManager
    import pandas as pd
    import shioaji as sj
    import os
    from tool import send_line_message
    current_dir = os.path.dirname(os.path.abspath(__file__))
    pfx_path = os.path.join(current_dir, "Sinopac.pfx")
    api = sj.Shioaji(simulation=True)
```

接著在 ca 啟動之後，像之前股票的案例一樣，我們做一個 place_cb 的函數，然後設定 callback 要透過 send_line_message 把訂單傳去 line。然後透過 set_order_callback 設置。一樣如果讀者要調整簡化傳入的成委回格式，就再自行調整囉。

📄：PythonQuantTrading/Chapter5/5-4/shioaji_execute_futures_trade.py

```python
    print('ca 啟動成功')

    def place_cb(stat, msg):
        send_line_message(messages=str(msg))
        print(stat, msg)

    api.set_order_callback(place_cb)
```

第 5 章 該如何進行交易？

這裡我有改一個地方，就是 FuturesTradeManager 中，我把 contract 調整為微台 TMF，因為我只是測試而已，就從微台開始。股票可能不能這樣，我們準備多少錢、交易多少股，執行就應該如此，因為股票沒有像期貨這樣有一模一樣的保證金較少的微型產品，期貨在部署測試策略就非常方便，我們即便回測或做什麼事都是用小台或是大台，但我們在真的交易可以換成微台，前面都不需要調整，只要自己算一下下的口數、保證金夠不夠即可。

💻：PythonQuantTrading/Chapter5/5-4/shioaji_execute_futures_trade.py

```
#%%
simulated_position = pd.read_excel('futures_position.xlsx')
print(simulated_position)
futures_manager = FuturesTradeManager(api=api,
                                      contract=api.Contracts.Futures.TMF.TMFR1)
futures_manager.sync_positions(simulated_position=simulated_position)
```

接著在最後的部分我也加入了 time.sleep 希望可以收到成交委託回報。到這裡我們把兩個期貨交易 code 都改好了，有了之前股票的例子，期貨修改的邏輯也很像，我們很快就改完了。

💻：PythonQuantTrading/Chapter5/5-4/shioaji_execute_futures_trade.py

```
order_df = pd.read_excel('futures_order.xlsx')
futures_manager.execute_orders(order_df=order_df)
print('輸出完成')
time.sleep(3)
```

接著我們來寫期貨的排程囉！期貨的排程寫起來在 cron 上面會有一點小變化。我們一開始與股票排程一模一樣，import 該有的套件、準備時區、準備 default_args，只是這一次 import 的要是 futures_bt_trade 以及 shioaji_execute_futures_trade。

5.4 自建 Airflow 排程環境

💻：PythonQuantTrading/Chapter5/5-4/dags_execute_futures_trades.py

```python
from airflow import DAG
from airflow.operators.python import PythonOperator
from airflow.operators.bash import BashOperator
from datetime import datetime, timedelta
from futures_bt_trade import get_futures_trade_list
from shioaji_execute_futures_trade import execute_futures_trade
import pendulum

local_tz = pendulum.timezone("Asia/Taipei")

default_args = {
    'owner': 'my trade',
    'depends_on_past': False,
    'email_on_failure': False,
    'email_on_retry': False,
    'retries': 1,
    'retry_delay': timedelta(minutes=1),
}
```

在寫 DAGs 之前，我們要先想一下我們要的。我們是 30 分 K，所以期貨 8:45 開始到 13:45，每半小時執行一次，但我們最後一次交易應是 13:15，13:45 的那一次排程其實不需要執行，畢竟執行完了也沒東西可以買了，收盤了。

我們來想想，cron 要怎麼寫？cron 的結構還記得嗎？我們看這張圖，來想一下：從 8:45–13:15 每 30 分鐘執行一次，該怎麼寫？

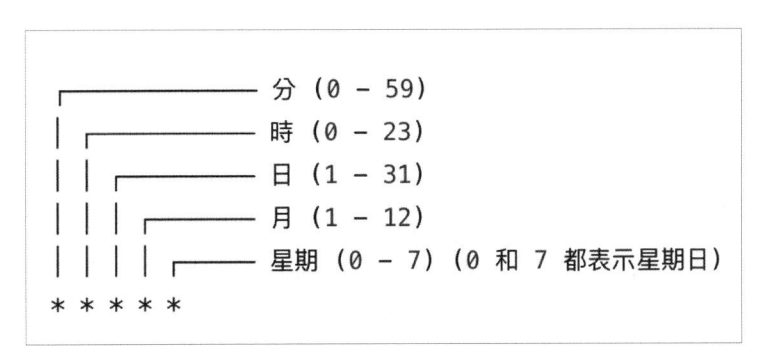

```
┌──────── 分 (0 - 59)
│ ┌────── 時 (0 - 23)
│ │ ┌──── 日 (1 - 31)
│ │ │ ┌── 月 (1 - 12)
│ │ │ │ ┌ 星期 (0 - 7) (0 和 7 都表示星期日)
* * * * *
```

▲（圖 -cron 說明）

第 5 章 該如何進行交易？

cron 可以寫每 30 分鐘執行一次嗎？當然可以，Airflow 在每一個欄位都可以這樣寫 */30，代表每 30 分鐘執行一次。但像下圖這樣寫，會是什麼呢？會是每週 1-5，從 8 點 –13 點，每 30 分鐘執行一次，所以會是 8:30、9:00、9:30 一直下去，顯然不符合我們 8:45 開始的邏輯。

```
*/30 8-13 * * 1-5
```

▲（圖 -cron 8 點 -13 點，每週 1-5 每 30 分鐘執行一次）

那有同學可能會想，那這樣寫呢？那這樣就會是 8:45 開始沒錯，可是問題是他會變成 8-13 點的每個 45 分開始執行。會變成 8:45、9:45、10:45 一直下去直到 13 點。顯然每個小時的 15 分的排程沒了，也沒有達成我們的目的。

```
45 8-13 * * 1-5
```

▲（圖 -cron 8 點 -13 點，每週 1-5 每到 45 分執行一次）

有同學可能會想，難道分的那個欄位，不能同時支援每 30 分鐘執行一次，然後 45 分開始嗎？很遺憾以現階段來說，達不到，沒辦法單純用 cron 表達式去完成。當然 airflow 早就想到這個問題了，所以其實可以自己定義我們上面的需求，透過寫 Timetables 然後放進 plugin 資料夾裡，就可以做出很複雜的排程。但這個就不是單純簡單的 cron 可以達成的，需要寫一些稍微比較複雜的 Python code。那怎麼辦呢？

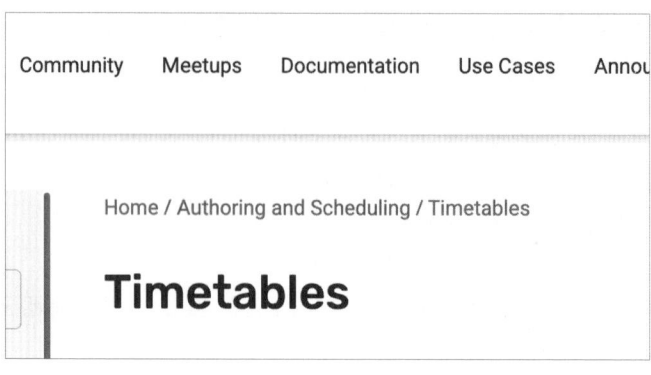

▲（圖 -Airflow Timetables 教學介面）

5.4 自建 Airflow 排程環境

聰明的讀者可能已經想到了，那我們難道不能拆成兩個排程分別執行嗎？沒錯！這是最簡單暴力又最快速達到我們目的的方式，我們可以寫兩個排程來達到我們要的效果！像下圖這樣，上面的排程就會 8:45、9:45、10:45 直到 12:45 執行；下面的就會 9:15、10:15、11:15 直到 13:15，兩個一起跑，我們就達成目的了。

$$45\ 8\text{-}12\ *\ *\ 1\text{-}5$$

$$15\ 9\text{-}13\ *\ *\ 1\text{-}5$$

▲（圖 - 兩個 cron 達成 8:45–13:15 每半小時執行一次）

我們直接來寫吧，來寫第一個 DAG！其他的設定都跟之前寫股票的方法一樣，只是 dag_id 我們特別標注一下是 0845_1245 的這一組排程，然後填入我們第一組的 cron。

🖥：PythonQuantTrading/Chapter5/5-4/dags_execute_futures_trades.py

```python
#
# 第一個 DAG：每週一到五的 8:45, 9:45, 10:45, 11:45, 12:45
#
with DAG(
    dag_id='多頭趨勢期貨交易策略_0845_1245',
    default_args=default_args,
    description='多頭交易策略 (8:45~12:45，每小時的第 45 分)',
    schedule_interval='45 8-12 * * 1-5',  # cron
    start_date=datetime.now(local_tz),
    catchup=False,
) as dag_1:
```

裡面的排程也就跟股票一樣，我們前後各放一個 BashOperator 表達排程的開始與結束。

💻：PythonQuantTrading/Chapter5/5-4/dags_execute_futures_trades.py

```
start_dag_task = BashOperator(
    task_id='開始排程處理_第一段',
    bash_command='echo "排程開始處理...(8:45~12:45，每小時的 45 分)"'
)
```

接著一樣用 PythonOperator call get_futures_trade_list 來輸出期貨持倉以及下單清單。

💻：PythonQuantTrading/Chapter5/5-4/dags_execute_futures_trades.py

```
run_futures_bt_trade = PythonOperator(
    task_id='使用backtrader產生期貨交易清單_第一段',
    python_callable=get_futures_trade_list
)
```

然後下一個就是要 call 期貨執行下單的函數。

💻：PythonQuantTrading/Chapter5/5-4/dags_execute_futures_trades.py

```
run_shioaji_execute_futures_trade = PythonOperator(
    task_id='期貨執行下單_第一段',
    python_callable=execute_futures_trade
)
```

最後包裝 BashOperator 的排程結束。

💻：PythonQuantTrading/Chapter5/5-4/dags_execute_futures_trades.py

```
end_dag_task = BashOperator(
    task_id='結束排程處理_第一段',
    bash_command='echo "排程結束處理...(8:45~12:45，每小時的 45 分)"'
)
```

5.4 自建 Airflow 排程環境

　　總體排程長這樣，從架構來說跟股票的基本上是一模一樣的。只是裡面執行的函數、名稱以及 cron 等等調整一下即可。

💻：PythonQuantTrading/Chapter5/5-4/dags_execute_futures_trades.py

```
with DAG(
    dag_id='多頭趨勢期貨交易策略_0845_1245',
    default_args=default_args,
    description='多頭交易策略 (8:45~12:45，每小時的第 45 分)',
    schedule_interval='45 8-12 * * 1-5',  # cron
    start_date=datetime.now(local_tz),
    catchup=False,
) as dag_1:

    start_dag_task = BashOperator(
        task_id='開始排程處理_第一段',
        bash_command='echo "排程開始處理...(8:45~12:45，每小時的 45 分)"'
    )

    run_futures_bt_trade = PythonOperator(
        task_id='使用backtrader產生期貨交易清單_第一段',
        python_callable=get_futures_trade_list
    )

    run_shioaji_execute_futures_trade = PythonOperator(
        task_id='期貨執行下單_第一段',
        python_callable=execute_futures_trade
    )

    end_dag_task = BashOperator(
        task_id='結束排程處理_第一段',
        bash_command='echo "排程結束處理...(8:45~12:45，每小時的 45 分)"'
    )
```

　　在這個 dags 的最後，我們一樣定義一下執行順序，第一個 8:45_12:45 的排程我們就做好了。

5-193

第 5 章　該如何進行交易？

💻：PythonQuantTrading/Chapter5/5-4/dags_execute_futures_trades.py

```
start_dag_task >> run_futures_bt_trade >> run_shioaji_execute_futures_trade >> end_dag_task
```

第二個排程我們就不贅述太多了，裡面的內容完全一模一樣，只是一些描述性的東西以及 cron 我們稍微調整一下。cron 調整成 9:15 開始。

💻：PythonQuantTrading/Chapter5/5-4/dags_execute_futures_trades.py

```python
#
# 第二個 DAG：每週一到五的 9:15, 10:15, 11:15, 12:15, 13:15
#
with DAG(
    dag_id='多頭趨勢期貨交易策略_0915_1315',
    default_args=default_args,
    description='多頭交易策略 (9:15~13:15，每小時的第 15 分)',
    schedule_interval='15 9-13 * * 1-5',  # cron
    start_date=datetime.now(local_tz),
    catchup=False,
) as dag_2:
```

裡面的排程以及執行順序，除了 bash_command 還有 task_id 等等描述型的東西改一下即可。

💻：PythonQuantTrading/Chapter5/5-4/dags_execute_futures_trades.py

```python
with DAG(
    dag_id='多頭趨勢期貨交易策略_0915_1315',
    default_args=default_args,
    description='多頭交易策略 (9:15~13:15，每小時的第 15 分)',
    schedule_interval='15 9-13 * * 1-5',  # cron
    start_date=datetime.now(local_tz),
    catchup=False,
) as dag_2:
```

5.4 自建 Airflow 排程環境

```
start_dag_task = BashOperator(
    task_id='開始排程處理_第二段',
    bash_command='echo "排程開始處理...(9:15~13:15，每小時的 15 分)"'
)

run_futures_bt_trade = PythonOperator(
    task_id='使用backtrader產生期貨交易清單_第二段',
    python_callable=get_futures_trade_list
)

run_shioaji_execute_futures_trade = PythonOperator(
    task_id='期貨執行下單_第二段',
    python_callable=execute_futures_trade
)

end_dag_task = BashOperator(
    task_id='結束排程處理_第二段',
    bash_command='echo "排程結束處理...(9:15~13:15，每小時的 15 分)"'
)

start_dag_task >> run_futures_bt_trade >> run_shioaji_execute_futures_trade >> end_dag_task
```

到這裡我們也將期貨的排程以及要執行的程式都準備好了！現在我們一樣啟動 Airflow 來看一下！如果已經啟動的記得先把他關掉，我們需要重新啟動，他才會吃到 dags 裡面我們新增的檔案及排程。

◆ 打開 Airflow 執行我們的期貨交易排程

如果之前 Docker 還開著的話，先把他關掉再重啟，因為我們有調整 dags 裡面的排程，所以需要重新把他 up 起來。

```
========================cmd =====================
docker-compose up
```

啟動後我們打開網頁後就可以看到上面多了兩個排程了！我們一樣可以點一下那個執行的按鈕單次執行看看

第 5 章　該如何進行交易？

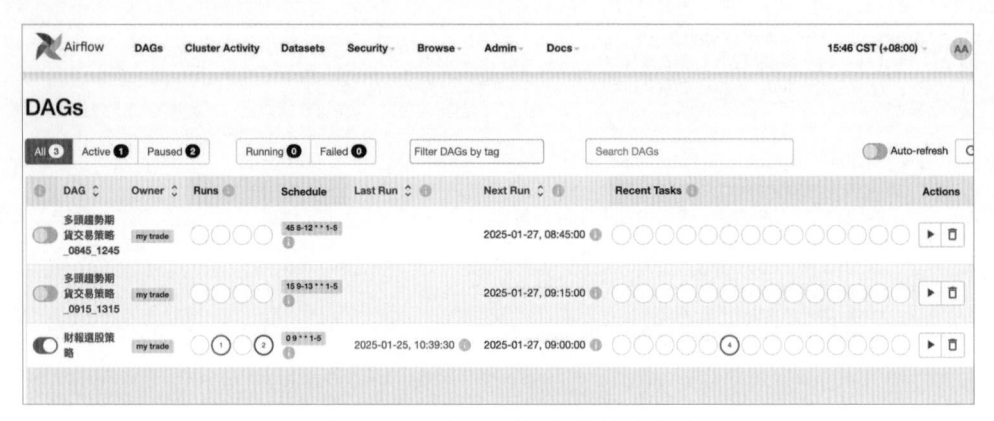

（圖 -Airflow 加了兩個期貨策略的介面）

我們可以從 Next Run 中看到，的確如我們的期待，一個排程是 8:45 開盤的時候運行，另一個是 9:15 的時候執行，理論上第一個排程下一次他會是 2025-1-27 9:45; 第二個排程是 2025-01-27 10:15 分運行。

（圖 - 最上面兩個期貨策略的 Last Run 及 Next Run）

5-196

5.4 自建 Airflow 排程環境

我們分別點進去兩個排程，就會看到他們全都是綠燈！執行成功！

▲（圖 - 兩個期貨策略運行成功）

執行完後打開 Line，就可以看到他通知我們的持倉通知，之所以有兩個是因為我一次執行兩個的關係，如果只有持倉資訊則代表沒有要下單的部位。

期貨持倉:合約持倉: 2 口, 成本: 23337.0

期貨持倉:合約持倉: 2 口, 成本: 23337.0

▲（圖 -Line 的期貨持倉通知）

也能收到兩個下單的成委回。

第 5 章　該如何進行交易？

```
{'operation': {'op_type': 'New', 'op_code':
'00', 'op_msg': ''}, 'order': {'id': '000035',
'seqno': '000035', 'ordno': '00000C',
'account': {'account_type': 'F',
'person_id': '', 'broker_id': 'F002000',
'account_id': '1583425', 'signed': True},
'action': 'Buy', 'price': 23809.0,
'quantity': 1, 'order_type': 'IOC',
'price_type': 'MKT', 'oc_type': 'Auto',
'custom_field': ''}, 'status': {'id': '000035',
'exchange_ts': 1737792597.902755,
'order_quantity': 1, 'modified_price': 0,
'cancel_quantity': 0, 'web_id': 'Z'},
'contract': {'security_type': 'FUT',
'exchange': 'TAIFEX', 'code': 'TMFB5'}}
```

```
{'operation': {'op_type': 'New', 'op_code':
'00', 'op_msg': ''}, 'order': {'id': '000036',
'seqno': '000036', 'ordno': '00000D',
'account': {'account_type': 'F',
'person_id': '', 'broker_id': 'F002000',
'account_id': '1583425', 'signed': True},
'action': 'Buy', 'price': 23809.0,
'quantity': 1, 'order_type': 'IOC',
'price_type': 'MKT', 'oc_type': 'Auto'
```

▲（圖 -Line 的期貨成委回通知）

到這裡，我們已經成功把我們所研究的股票、期貨的策略，轉成可以進行交易的排程！本章節的目標我們已經達成！

5.5　結語 – 交易前請看

本書的最後，最後再跟讀者聊一聊，我們希望這一本書可以同時跟讀者們分享從因子分析到交易策略的建構及回測，再到真的去掛排程進行交易的完整流程。不過我們是從技術層面在探討這件事情，其實真實的股票交易更加複雜，我們需要考量各種難以事先預估的事情，在很有信心打開股票的自動交易程式時，舉幾個簡單的先回答自己，確定都沒問題，我才建議打開股票的交易排程，因為多空都做的股票交易，真的有很多可能需要交易的人判斷的事情：

5.5 結語 – 交易前請看

1. 如果你要買的股票沒有量，怎麼辦？市價買會失敗，如果掛 LMT 單，有可能會有人願意賣。如果你掛了市價單，買到貴 3-5% 的股票怎麼辦？

2. 如果要放空的話，沒有券完全不能放空，是找下一個標的？還是不交易了？

3. 如果要放空的時候，剛好遇到不能放空的情況呢？例如法說會前夕？不動作嗎？換下一個標的嗎？還是去尋求該標的其他放空機會？例如是否有可轉債可放空？個股期可放空？

當然了，以上所有東西，都是交易系統可以 cover 的，例如說永豐的 shioaji 其實可以查到是否有券可以放空，不過這是超進階甚至有點複雜的交易系統了。

說真的我自己在運行的多空都做的股票交易策略，我是自己產生交易清單自己去下單的，股票交易情境真的很複雜，真的是需要人工顧的，所以我再一次的呼籲，我建議股票排程中負責下單的那個排程可以註解掉，只使用輸出策略模擬的庫存及下單動作即可。我認為期貨的還可以，因為期貨是相對做多做空非常容易、成交量又非常大的產品，期貨的完全自動交易是更為簡單問題較少的，但是還是要注意期貨是高槓桿產品，要特別注意自己的風險承擔能力。

在真的開始之前，檢查幾件事情：

1. 測試過策略了嗎？真的如自己的預期嗎？

2. 回測的部分，資金量調整成自己的資金量體了嗎？

3. 開始交易日期調整了嗎？

4. 特別注意產生的股數對嗎？例如用 backtrader 或是其他回測軟體，預設多以股為單位，如果忘記改，直接傳入 shioaji，可能會變成下 1000 張，但其實本來只要下 1000 股。

5. 下的產品正確嗎？

6. .env 正確提供各種我們需要的 token 跟 key 了嗎？

第 5 章 該如何進行交易？

在書上我們可能沒有辦法完全聊到所有事情，有時候沒有想到，但如同我的上一本書 Python 金融市場賺大錢聖經一樣，我們會提供 github 以及 email 聯繫方式，大家可以隨時在上面與我們聊聊，未必要問技術類的問題，閒聊也是沒問題的。

我們在交易的這幾年來，嘗試、研究並真實交易過許多交易策略，從大家都熟知的基本的 CTA 趨勢策略 (就是一堆技術指標條件出來的策略) 開始，玩股票、期貨、ETF，到現在我們會進行一些比較特殊的交易，包括使用最新的深度學習、強化學習、LLM 去進行基於價量、財報、籌碼的選股、預測期貨產品的漲跌幅、進行套利交易，包括先前的微台剛出時，我們搶先進去套微台、小台、大台的價差，並利用期貨互抵去沖銷部位，或是我們計算台股權值股的實時價格與期貨的實時價格，計算是否有偏離推算價格，也有一些基於事件的特殊交易在研究，例如說當可轉債突破轉換價，且融券出現大量時，我們預期未來的融券回補而希望從中獲取利潤云云。

當然了，我們在本書希望傳達的是分析技術與如何去進行交易，並不是要教學如何去投資，或是鼓勵大家衝進去股票市場裡。我想會買這本書的讀者，應該有許多人跟我們一樣，雖然我們還沒有賺得盆滿鉢滿、大富大貴，但是我們對這個領域有熱情，想要不斷的挑戰，所以我們才一頭栽下去研究，希望能取得長期贏得 0050 的報酬。

金融市場因為期待的利潤太過可觀了，總是有許多人希望不斷的挑戰、不斷的研究，以獲得超越 0050 的報酬，這也是我覺得投資市場不好做的原因，除了參與人超級多，一個商品的上漲有千萬種可能性之外，積極投入的人都是有野心的，沒有人甘於現狀，每個人都希望不斷賺比大家更多的錢，所以大家都不斷再進步。現在我們大家在這一本書上包含我自己，也與讀者們共同成長，希望能為大家開啟邁入量化投資分析以及交易的基礎之門。

最後，再次強調，真的要進行交易，務必要檢查再檢查，我並不鼓勵一頭熱就進去做程式交易，不要為了程式交易或自動交易酷炫就衝進去，不要跟錢過不去！我們祝福各位讀者，研究順利！交易成功賺大錢！

深智數位
股份有限公司

深智數位
股份有限公司